跨境电商
大监管

底层逻辑、合规运营与案例评析

冯晓鹏 ○ 著

中国海关出版社有限公司
·北京·

图书在版编目（CIP）数据

跨境电商大监管：底层逻辑、合规运营与案例评析/冯晓鹏著. —北京：中国海关出版社有限公司，2022.3
ISBN 978-7-5175-0575-4

Ⅰ. ①跨… Ⅱ. ①冯… Ⅲ. ①电子商务-运营管理 Ⅳ. ①F713.365.1

中国版本图书馆CIP数据核字（2022）第048214号

跨境电商大监管：底层逻辑、合规运营与案例评析
KUAJING DIANSHANG DA JIANGUAN：DICENG LUOJI、HEGUI YUNYING YU ANLI PINGXI

作　　者：	冯晓鹏
策划编辑：	史　娜
责任编辑：	景小卫
出版发行：	中国海关出版社有限公司
社　　址：	北京市朝阳区东四环南路甲1号　　邮政编码：100023
网　　址：	www.hgcbs.com.cn
编 辑 部：	01065194242-7527（电话）
发 行 部：	01065194238/4246/4254/5127（电话）
社办书店：	01065195616（电话）
	https://weidian.com/?userid=319526934（网址）
印　　刷：	北京新华印刷有限公司　　经　销：新华书店
开　　本：	170mm×240mm　1/16
印　　张：	37.25　　字　数：650千字
版　　次：	2022年3月第1版
印　　次：	2022年3月第1次印刷
书　　号：	ISBN 978-7-5175-0575-4
定　　价：	108.00元

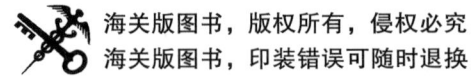

海关版图书，版权所有，侵权必究
海关版图书，印装错误可随时退换

序

近年来，跨境电商乘着国家战略布局、政策红利的"东风"，呈现出蓬勃发展的态势。跨境电商行业体量庞大，商业形态多样化、碎片化，存在一定的偷税漏税、走私犯罪、商品侵权等隐患，给监管带来了很多新挑战、新课题。同时，社会各界（监管机构、跨境电商从业者和消费者等）对跨境电商规范化发展的呼声居高不下。在此背景下，本书作者冯晓鹏律师对跨境电商领域的监管原理进行系统梳理，对领域内的合规风险进行筛选分析，出版本著作有其现实的必要性和重要意义。

晓鹏律师既有在海关系统工作17年、参与跨境电商执法和研究的丰富履历，又有之后在律师事务所担任进出口贸易合规业务合伙人积累的鲜活素材。这使他不仅具备对跨境电商监管领域在宏观设计和监管思路上的理解，而且能够从实务的角度了解和掌握监管理念在落实到市场主体商业运营以及行政机关执法、司法机关审判时的具体表现。这几年，晓鹏律师一直立足于跨境电商监管和实践的研究课题，不断总结、梳理、反思和探寻，点滴思考最终聚沙成塔，笔耕不辍换来声声回响。继出版专著《跨境电商通关：运营与合规》之后，他基于对跨境电商领域新出现的监管要求和企业实践，进行更全面、更深入的总结和梳理，形成本书的文稿。

经过认真研读发现，本书是目前市面上鲜有的对跨境电商领域监管和实践进行系统梳理和分析的著作。在我看来，本书主要有以下三个特点：

第一，本书对截至目前跨境电商领域的监管做了详细的梳理。众所周知，之所以讲跨境电商碎片化，不仅是商品、从业群体的碎片化，还在于政策的碎片化，令出多门、纷繁复杂且不断更新，要对该领域的监管体系做一个全景梳理非常困难。但本书不仅整体介绍了跨境电商的概念、行业发展概况，而且对跨境电商基本监管制度和重要模式所涉及的监管规定一一进行了细致的梳理和介绍。包括新拓展的跨境电商出口监管模式、检察机关于2021年全面铺开的合规不起诉工作等，本书均将其涵盖在内，为读者了解跨境电商监管的全貌进行了分析和介绍。

第二，本书不仅着眼于跨境电商基本监管原则这一主干，而且延展涵盖了跨境电商与不同监管领域交叉部分的脉络。本书既讨论了跨境电商经营中的消费者权益保护、数据合规、走私、知识产权保护、传销、广告宣传、反不正当竞争、反垄断、供应链金融等问题，又讨论了跨境电商经营中相对热门的医药产品、保健食品、化妆品、宠物食品、母婴产品、烟草产品、艺术品等商品类别涉及的监管问题。对这些跨境电商行业实际面临的监管热点和难点的讨论是难能可贵的，因为业界往往只关注"跨境"，而忽略了"电子"和"商务"。实际上，跨境电商并非真空，也不能脱离在经营中涉及的不同角度、不同主管部门的监管要求。本书对新兴跨境电商业态模式与传统监管领域交叉中的政策法律适用问题的分析和论证，对读者全方位把握跨境电商合规要求有很大的参考价值。

第三，本书除了对政策法律和理论研究进行梳理分析之外，一大亮点是用了不小的篇幅，为读者筛选每个问题项下有代表性的典型案例，并作为论证的延伸进行个案讨论、逐个进行专业点评。如果说对政策法律和理论研究的梳理分析是理解正面监管的"应有之义"，那么对个案中法律政策的适用分析是理解正面监管的"弦外之音"。读者同时听一听"应有之义"和"弦外之音"，更有助于深刻理解跨境电商行业监管的外延和内涵。

基于以上三个特点，我认为本书与已有的跨境电商领域著作相比有很大的进步，对读者而言，既是从事相关理论研究的重要参考资料，又是开展实务的详细工作指南。

对于从事跨境电商领域业务的企业界人士而言，无论是平台运营方，还是商家，亦或是为其提供物流、支付、仓储等服务的第三方，本书为此领域所涉及的监管原则以及合规风险进行了充分的论证，并且在此基础上，结合作者多年为不同环节企业提供法律服务的经验，为企业开展各个类别的跨境电商业务提出了合规建议。这些建议既符合现有法律政策规定的框架，也符合企业运营的实际情况，可操作性强，对于企业选择合规发展方向、及时排除合规风险具有很大的指导意义。

对于身处立法、执法、司法部门以及高校的读者而言，作者结合其在海关系统工作并参与《中华人民共和国电子商务法》跨境电商部分的立法论证的经历，以及近年在法律服务中协助众多的跨境电商企业在实践中解决问题的经验，融入了其关于跨境电商制度顶层设计和监管理念的思考，读者可以从中开拓视野，获得一些启发和思路。

对于同在法律服务行业的律师读者而言，目前跨境电商行业法律服务还是法律服务市场的"蓝海"，质量和水平参差不齐，难以满足不断发展的法律服务需求。本书是作者对其多年参与该领域监管和法律服务所形成的心得和经验的完整汇总，为法律服务中应注意的难点和解决的思路进行了全面的介绍。对于有志于探索和从事该行业法律服务的律师读者而言，本书可以作为实务操作的指引和备查手册。

放眼观去，世界正处于前所未有之大变局中，跨境电商行业的蓬勃发展乃时势所造。我辈既逢盛世，应躬身入局，知行合一。在此，我向广大读者郑重推荐这部著作，预祝本书成为跨境电商领域发展潮流中的一朵浪花，激荡起思考和讨论的波浪，也预祝读者从中汲取知识、受到启发、打开思路、收获智慧。

上海海关学院　校长、教授、博士生导师

丛玉豪

2022年2月

前　言

数字经济的发展使国际贸易踏上了数字化转型道路，推动了跨境电子商务的兴起和繁荣，与此同时，新时代国家战略的布局和安排赋予了跨境电商更重要的历史使命，国际政治经济关系的多元化走向也使跨境电商行业迎来了新一轮机遇及挑战。从2016年3月24日财政部、海关总署、国家税务总局发布《关于跨境电子商务零售进口税收政策的通知》（财关税〔2016〕18号）以来，跨境电商业务从最初的小范围零售进口模式开始探索，逐步拓展到包括零售出口、企业对企业出口、企业出口海外保税仓等模式，其正面清单不断拓展。2022年1月28日，财政部等八部门发布《关于调整跨境电子商务零售进口商品清单的公告》（2022年第7号公告），在2019年版《跨境电子商务零售进口商品清单》的基础上，增加了29项近年来消费需求旺盛的商品，目前清单内共有1476项8位HS编码商品。跨境电商业务在国家扩大开放、强化内需的"春风"中，从一棵枝丫单薄的"新生树苗"长成了枝繁叶茂的"根深大树"。

笔者从2016年离开海关系统到金杜律师事务所工作至今的六年中，有幸参与了众多关于跨境电商的法律服务项目，也从法律服务的角度为海关总署等监管部门提出顶层设计的意见和看法，从而有幸见证了跨境电商从最初的"摸着石头过河"到逐步规范的历程。实践的迅速发展促使监管部门出台新的监管规定，而监管规定的颁布和实施也在不断调整着跨境电商的发展模式和发展方向。监管和实施、理论和实践之间这种相互作用，使得跨境电商领域成为法律和政策更新最快、业务形态重塑最频繁的行业和领域。

一方面，海关系统17年的工作经历以及参与《中华人民共和国电子商务法》跨境电商部分的立法论证的经验，使笔者更能从顶层设计的角度理解跨境电商的监管逻辑；另一方面，协助众多的跨境电商企业在实践中解决一个又一个的问题，又使笔者有机会观察到顶层设计在落实到具体实施过程中的关键点和难点。两相对照，不时激发着笔者的思考和感悟。

笔者所著的《跨境电商通关：运营与合规》一书，于2019年7月由法律出版社出版发行。该书中，笔者对跨境电商的基本概念、不同的商业模式、发展历程及未来趋势进行了梳理和介绍，对跨境电商通关领域所涉及的各类基础法律问题和理论作了系统性和整体性的分析和总结。一方面，跨境电商所涉及的内容非常丰富，而该书旨在对跨境电商这一新生事物进行全面的介绍，对其中的通关问题进行系统且整体性的研究，限于篇幅及体系的设计，不得不对于通关环节以外的法律问题，以及具体领域的特殊问题有所删减。另一方面，跨境电商作为一个充满活力的新兴领域，近两年也有不少新的变化。

习近平总书记在2021年12月主持召开中央全面深化改革委员会第二十三次会议时强调，发展社会主义市场经济是我们党的一个伟大创造，关键是处理好政府和市场的关系，使市场在资源配置中起决定性作用，更好发挥政府作用。在跨境电商领域，处理好政府和市场的关系更是海关、跨境电商企业参与市场活动的重中之重。海关作为国家进出境监督管理机关，监管是最基本、最重要的职责。优化服务不能突破监管底线，只有管得住，才能放得开。而跨境电商作为新业态发展至今已形成了规模，一些问题、漏洞、讨论与反思也逐渐显现。"拆单"在监管层面和行业惯例间的不同理解和矛盾、跨境电商销售中加入推广商是否构成"二次销售"，"合规不起诉"的监管模式能否在跨境电商行业应用开来等，都是笔者在实际工作中屡见不鲜的问题。

与此同时，"不确定性"仍在煽动着"蝴蝶的翅膀"，大国博弈与逆全球化继续扮演着世界经济发展的暗线，新冠肺炎疫情形势仍然严峻，跨境电商企业在过去的两年里遇到不少挑战。跨境电商出海遭亚马逊大规模封号、被出口地当地律师事务所针对知识产权的围猎、物流渠道不畅导致成本高昂等问题时有发生。在此消彼长的熵增运行中，在大变局的时代，跨境电商这片"蓝海"并非风平浪静。

面对跨境电商市场近几年的巨变，笔者结合自己的实务经验和理论研究，不揣浅陋，完成了本书的写作。本书与《跨境电商通关：运营与合规》互为补充。笔者在本书中跳出通关这一具体环节，试图对跨境电商相关领域中的重点问题进行深入具体的探讨，同时对跨境电商近几年的新发展进行研究。本书分为上、中、下三篇。上篇主要对跨境电商监管的原理进行梳理；中篇主要对跨境电商相关领域的一些突出问题，包括消费者权益、走私、知识产权、广告等进行实证分析；下篇则结合案例对跨境电商主要商品如医药产品、母婴产品等的销售合规问题进行研究。

一

按照笔者起初的设想，上篇本不打算再进行基本概念等方面的介绍，但是后来考虑到这样不利于未阅读过《跨境电商通关：运营与合规》一书或者缺乏相关知识背景的读者顺利地阅读本书，令本书缺乏完整性，所以最终决定先对一些基本概念问题进行界定。此外，在第一章概述中，笔者也结合了自己的一些新思考和新研究，如对社交媒体平台及平台上的经营者是否属于跨境电商经营者等问题进行了论述。因此总体而言，本书也是对于前一本书内容的完善和发展。对于跨境电商，国际上历来有不同的定义，即便在我国的立法、实践、学术研究中，也有不同的观点，如果对此不予明确，将很难进行深入的讨论和研究。总体而言，跨境电商有广义和狭义之分，前者可以泛指在跨境交易的任一环节运用到电子商务技术的商业模式，后者特指跨境电商海关特殊监管贸易方式。本书的讨论范围并不限于狭义的跨境电商范畴。

电商的蓬勃发展是建立在当今社会、技术、经济基础之上的，同时也离不开国家的政策支持。过去的两年，在疫情的冲击之下，国内外局势都发生了很大的改变，疫情对于世界经济、国家经济社会的发展都有着重要的影响。本书第二章即基于这种背景，对跨境电商的过去、现在与未来进行了梳理和描绘。接着，笔者在第三章中对于我国现行的跨境电商监管规则进行了体系化的梳理，并通过表格的形式体现出来。这样一方面有利于读者能够清晰明了地快速了解跨境电商监管所涉及的内容，在研究相关问题的时候能以此为参考；另一方面也补充梳理了近几年新增的监管规则。当然，如果读者希望详细、全面了解相关监管规定的话，可以借助《跨境电商通关：运营与合规》一书或者其他参考资料。

鉴于前一本书的论述主要从通关的不同方面展开，缺乏对不同模式的监管的专门梳理，这对于无暇阅读，或者只想了解其中某一种模式的重点问题的读者而言并不方便。因此本书第四章到第九章分别以不同的电商模式为切入点，论述现状、流程、监管要点、主要问题等重要内容，并给出合理的建议。其中包括跨境电商直购进口、网购保税进口、零售直邮出口、特殊区域零售出口、企业对企业出口、C2C模式等。在这些部分中，笔者不求面面俱到，而是重点论述近几年出现的一些新监管规则，以及监管中的一些新问题、重点问题。

二

本书中篇主要针对跨境电商相关领域涉及的重要问题进行了专题讨论。在中篇的每一章中，内容一般包括现状、监管规则、案例评析、建议等。一方面，希望通过对实践中的主要情况、监管的重点内容（主要是相应领域的特殊问题）进行梳理和分析，帮助读者了解相应具体领域的主要问题；另一方面，通过选取近年来出现的较有代表性的案例进行分析，以案释法，以求对相关问题有更为深刻的认识。笔者在每一章中都选取了典型案例进行深入分析，其中既包括诉讼案例，也包括行政处罚案例，涉及内容广泛。在论述这部分内容以及选取案例的时候，笔者也不完全拘泥于严格的"跨境电商"范围，为了更加全面、深刻地理解相关问题，进行一定的延伸是合理且必要的。当然，所有的讨论仍然是以广义的跨境电商为出发点和中心展开的。

第一，跨境电商与消费者权益保护问题。大量境外商品以跨境电商通关方式进入中国，在满足了消费者多元消费需求的同时，也带来了一定的产品责任风险和维权监管难度。尽管跨境电商零售进口的卖方均为境外跨境电商企业，但境内代理人作为境外注册的跨境电商企业在境内委托代为通关申报主体，同时也承担跨境电商企业在境内涉及的民事连带责任，其中就包含了消费者权益保护责任。此外，商务部、发展改革委、财政部、海关总署、税务总局、市场监管总局联合印发的《关于完善跨境电子商务零售进口监管有关工作的通知》（商财发〔2018〕486号）通过对境内平台的法律监管，也间接实现了对境外跨境电商的合规监管。

第二，跨境电商与数据合规问题。近年来互联网企业的数据监管（尤其是数据的跨境流动）受到了诸多关注，并且出现了一些影响范围较大的案件，因此笔者对相关的监管要求和发展趋势进行了梳理和总结。相关的规定较为零散并且在变化和完善当中，因此这一问题值得长期关注。

第三，跨境电商与走私问题。这部分内容虽然在《跨境电商通关：运营与合规》一书中有重点的介绍，但是一方面走私问题是跨境电商运营中颇受关注的，也是实践中争议很大的问题之一，而且笔者在实务中对此有非常多的接触，积累了一些新的认识和经验；另一方面近几年也出现了一些新的规定或实际案例，非常值得探讨。在跨境电商背景下，走私呈现出许多新形态。在实践中，认定是否构成走私、走私是否构成犯罪、构成犯罪之后如何定罪量刑是至关重要的问题。跨境电商作为一种新型业态，不排除在实践中有部分跨境电商经营者缺乏对走私的认识，或者抱着侥幸的心理，从而实施了涉嫌走私的行为。例如，保税仓中的商品临近保质期，商家利用员工的信息进行"刷单"，将其从保税仓运出并进行商业使用等行为在实践中并不鲜见。如果一律以走私甚至走私犯罪处理，可能会对商业运营发展造成一定的阻碍。因此，笔者认为，对于不合规的情形，如果没有明显的故意走私行为，可按照申报不实处理；构成走私但未触及犯罪起点的，可进行行政处罚；构成走私犯罪的，除刑事处罚外，还可考虑合规不起诉的政策。具体的定罪量刑，可参考最高人民法院、最高人民检察院2021年发布的《关于常见犯罪的量刑指导意见（试行）》中的原则、方法、量刑情节进行适用。

第四，跨境电商与知识产权保护问题。这也是近年来广受关注的问题。知识产权的重要性不言而喻，知识产权保护是新时代国家经济发展的必然选择，我国对于跨境电商知识产权问题的监管日渐完善和严格。但与此同时，我国跨境电商常常还是因为出口侵权或涉嫌侵权产品而遭到知识产权权利人的维权，在美国等国家遭遇诉讼，这十分不利于我国相关经营者的长远发展。这既有客观上的原因，也有主观上的原因。但无论如何，加强知识产权监管、做好知识产权合规对于跨境电商的健康发展而言是必不可缺的。

第五，跨境电商与传销问题。互联网、跨境电商的发展也给传销活动带来了新的载体，一些传销组织采用所谓"跨境电商""多层分销"等名义，以高额回报为诱饵，发展人员形成上下线关系进行传销活动。此外，一些电商平台，尤其是社交电商平台，以"人"作为拓宽销售渠道的经营方法，比如要求消费者成为会员，并通过给予返利、优惠等方式鼓励会员推荐他人加入，甚至让会员从被推荐者的消费中获得提成等——这些经营模式常常有涉嫌传销的可能。在实践中，因为传销被处罚的跨境电商屡见不鲜，还出现了"云某品"特大传销犯罪案这类涉及范围广、影响大的案件。如何区分正常的新型商业模式和不正常的传销行为，是理论和实践中亟需解决的问题。

第六，跨境电商与广告宣传问题。违法广告宣传在我国多年来一直并不鲜见,而在依托互联网发展起来的跨境电商领域,更是广告泛滥,监管也更为不易。相对于传统的广告经营,跨境电商领域的广告经营出现了许多新问题,如在不同的情况下,电商平台在广告经营活动中分别扮演何种角色、要承担何种责任?近年来直播带货兴起,主播们往往需要对商品进行广告宣传或向消费者进行推荐,是否能根据广告法等相关规定追究主播及平台、直播间的责任?此外,在互联网背景下,程序化购买广告兴起,其与传统的广告经营更是有许多区别,相关主体的监管应该如何进行?从广告内容方面看,我国广告监管要求较为严格,对于许多特殊商品还有一些专门的规定,但在实践中违法的行为还是比较普遍。为此,近年来国家也在不断加大监管的力度,鉴于这些新型广告经营的特殊性,还出台了《互联网广告管理暂行办法》《网络直播营销管理办法(试行)》等规定,配合《中华人民共和国广告法》等一般法律进行适用。

第七,跨境电商与反不正当竞争、反垄断问题。随着电商市场的快速发展,反不正当竞争和反垄断成了近几年的热门话题,尤其是围绕电商平台的"二选一"要求,此前已经出现过大量的讨论和多个颇受关注的诉讼,但截至2022年1月也尚未有对这些诉讼的最终判决。在传统的不正当竞争案件中,"竞争关系"往往被视为构成不正当竞争的前提和基础,而且经常限于狭义的同业竞争当中。但是,在电商领域,不同行业之间的界线愈加模糊,在市场竞争中只要经营主体之间存在一定的交叉或关联关系,甚至经营主体存在利用或争夺他人在市场中形成的竞争优势的行为,都可能被认定为经营者之间存在竞争关系。此外,跨境电商中的虚假流量、比价软件所涉及的不当竞争问题也是目前理论和实践中的难点。

垄断是自由竞争中生产高度集中的必然结果,而电商平台本身就具有网络效应、资源聚合效应等特点,往往是强者恒强,一旦电商平台获得垄断地位,其所掌握的大量的客户数据信息,又进一步使其得以巩固这种垄断地位,并容易滥用这些资源,阻碍正当竞争,损害消费者的权益。近年来,国家逐渐加快了对跨境电商领域反垄断的步伐。2020年12月召开的中共中央政治局会议,明确提出"强化反垄断和防止资本无序扩张";2020年公布的《〈中华人民共和国反垄断法〉修订草案(公开征求意见稿)》中新增互联网经营者市场支配地位认定标准,并加大了对违法行为的处罚力度;2021年2月《国务院反垄断委员会关于平台经济领域的反垄断指南》出台,对于平台经济的垄断问题作了较为详细的规定；2021年4月，执法机关对某电商巨头开出了我国反垄断执法历史上的最大罚单……可以预见，对于包括跨境电商在内的互联网经济领域进行严格的反垄断监管，是未来的趋势。

第八，跨境电商与供应链金融问题。供应链金融是银行或供应链核心企业通过管理上下游中小企业的资金流和物流，把单个企业的不可控风险转变为供应链企业整体的可控风险，通过立体获取各类信息，将风险控制在最低点的金融服务。在复杂多变的国际贸易环境下，为跨境电商提供供应链金融服务已成为大势所趋，以阿里金融为代表的跨境电商平台与供应链金融相结合的电商供应链金融融资模式应运而生。目前，针对这一新型的跨境电商融资模式，进行理论和案例研究至关重要。

三

本书下篇采取了与中篇类似的体例，就几种重要的、特殊的跨境电商商品进行了专门的研究。

从2017年国务院宣布取消互联网药品交易A、B、C证的审批开始，近几年跨境医药电商得到了一系列的政策支持。2019年12月，北京"跨境医药电商试点"政策正式获得国家药监局批复，部分境内注册的境外药品有望通过跨境电商模式销售。2021年5月，国务院同意在河南省开展跨境电子商务零售进口药品试点。2019年修订的《中华人民共和国药品管理法》也明确了网络销售药品各方的主要权责。毫无疑问，通过跨境电商的方式进口药品是值得期待的，但是不可否认的是，目前仍然存在很多需要解决的问题。

随着经济发展与居民消费水平的提高，保健品越发成为消费热门，来自海外的"洋保健品"更是吸引了大量消费者踊跃购买。保健品具有较为特殊的属性，我国将其明确为"保健食品"，有着较为复杂和严格的监管要求。在跨境保健品销售中，存在进口申报问题、广告宣传问题及成分标签问题等。实践中相关的违法案件也是屡见不鲜，值得关注与探讨。

近年来，国内化妆品市场规模年均增长率达10%以上，体量持续扩张，跨境电商成为进口化妆品的重要渠道。鉴于化妆品直接作用于人体表面，国家主管部门为保证消费者的健康和安全，在法律法规中落实企业主体责任，在进口化妆品上市前后实施严格的检验检疫及监督管理。此外，如果进口化妆品的成分中含有诸如濒危野生动植物成分等特殊材料，还会受到特殊的监管。因此，对于相关经营者来说，了解并严格遵守相关的监管规定是至关重要的。

虽然相较于欧美国家，我国宠物行业起步较晚，但近年来市场规模逐年提升，增长迅速，处于快速发展期。受此影响，近年来通过跨境电商渠道进口或出口的宠物食品贸易额快速增加。目前来看，我国并未全面放开境外宠物食品的零售进口渠道，境外宠物食品只能以跨境电商网购保税方式零售进口。目前，我国对于宠物食品的监管要求颇为严格，所涉及的法律法规包括《中华人民共和国进出境动植物检疫法》《宠物饲料管理办法》《宠物饲料生产企业许可条件》《宠物饲料标签规定》《宠物饲料卫生规定》等，宠物食品的原料不同，所涉及的监管也有所不同，应该引起相关经营者的注意。

跨境母婴电商这些年也获得了快速的发展。虽然人口出生率下降似乎无可避免，但是考虑到我国已实施三孩生育政策，且人口基数巨大，再加上居民生活水平的提高，跨境母婴电商仍有一定的持续增长空间。但是，伴随跨境母婴电商渗透率的提高，也出现了商品质量问题、物流问题、虚假促销、货不对板等许多问题，应引起重视。婴幼儿奶粉等母婴产品由于其特殊性，以及对于健康的影响，一向在我国的严格监管范围之内，所涉及的监管法律法规也是非常之多，在具体的经营活动中，既要符合《中华人民共和国食品安全法》《中华人民共和国广告法》等法律的规定，也要遵守《关于加强进口婴幼儿配方乳粉管理的公告》等一系列文件的规定。

国家对烟草专卖品的生产、销售、进出口业务实行垄断经营、统一管理的专卖制度。经营烟草制品批发业务的企业、经营烟草制品零售业务的企业或者个人都需要向有关部门申请许可证。并且，我国目前也不允许通过电商渠道向消费者出售烟草产品（包括电子烟产品）。但是实际中利用电商平台或社交媒体经营销售烟草产品的现象，包括利用电商平台联系、招揽消费者，私下交易的情况仍然存在，这涉及非法经营问题。在现阶段的走私案件中，走私烟草产品占比颇高，走私方式包括通过个人行邮方式进行走私，或者通过伪报品名的方式利用跨境电商模式进行走私等。在某些情况下，走私行为和非法经营行为还存在牵连或竞合关系。

随着我国经济的发展和人民生活水平的提高，我国消费者对于艺术品的需求也在不断增长。目前，中国是世界艺术品交易市场前三强，仍有巨大的发展空间，而电商与艺术品交易的结合无疑是发展趋势之一。事实上，跨境电商艺术品进口也得到了国家政策的鼓励。2018年11月，中国标准化研究院主持编制国家标准《电子商务交易产品信息描述：艺术品》，自2020年7月1日起实施。此外，海关总署、文化和旅游部发布的《关于简化综合保税区艺术品审批及监管手续的公告》也大大简化了综合保税区艺术品进口审批及监管手续。鉴于艺术品的特殊性，在实践中经常涉及行政许可问题，且对于一些特殊的艺术品还有专门的要求。

本书中所援引的案例大多数来自中国裁判文书网、威科先行法律数据库、国家市场监督管理总局（或地方市场监督管理局）等权威机构的网站或数据库，少量来源于权威的媒体报道。除了引用法院或执法机关的论述外，笔者也对相关案例进行了相应的分析和论述，但其为一家之言，仅供学术交流，不代表官方立场。

跨境电商作为一种新兴的业态，其监管规则目前仍在不断发展、完善，且其涉及的领域也相当广泛。本书虽然对其中的一些重要问题进行了探讨和研究，但远不能囊括跨境电商所涉及的所有问题，且限于个人学识的局限性，在论述中难免会挂一漏万，无法将相关问题都论述清楚。跨境电商相关的许多问题，仍需要持续的关注和研究。

冯晓鹏
2022年3月

上篇 跨境电商监管原理 001

第一章　跨境电商概述 / 003
　　一、跨境电商的概念 / 003
　　二、跨境电商的经营者 / 005
　　三、跨境电商的分类 / 006
　　四、跨境电商的特征 / 008
　　五、海关主要监管模式 / 011

第二章　跨境电商行业发展概况 / 014
　　一、我国跨境电商发展形势 / 014
　　二、我国跨境电商的特点 / 021
　　三、我国跨境电商的发展历程与趋势 / 025
　　四、RCEP对跨境电商的影响 / 040

第三章　现行跨境电商监管制度 / 045
　　一、经营规范 / 045
　　二、税收征纳 / 047
　　三、外汇管理 / 049
　　四、信息保护 / 052

五、行政许可 / 055
六、其他监管规定、行业规范 / 057

第四章　跨境电商直购进口监管原理 / 061
一、直购进口的特点及发展趋势 / 061
二、直购进口海关监管模式 / 063
三、企业开展直购进口业务 / 065
四、直购进口业务开展的问题分析 / 070
五、直购进口业务合规建议 / 076

第五章　跨境电商网购保税进口监管原理 / 078
一、网购保税进口的特点及发展历程 / 078
二、网购保税进口海关监管模式 / 081
三、企业开展网购保税进口业务 / 083
四、网购保税进口业务开展的问题分析 / 086
五、网购保税进口业务合规建议 / 092

第六章　跨境电商零售直邮出口监管原理 / 094
一、零售直邮出口的特点及发展趋势 / 094
二、零售直邮出口海关监管模式 / 096
三、零售直邮出口业务开展的问题分析 / 098
四、零售直邮出口业务合规建议 / 108

第七章　跨境电商特殊区域零售出口监管原理 / 110
一、特殊区域零售出口海关监管模式 / 111
二、特殊区域零售出口的优势 / 113
三、特殊区域零售出口业务开展的退货问题分析 / 114
四、特殊区域零售出口视野中的海外仓 / 117
五、特殊区域零售出口业务合规建议 / 121

第八章　跨境电商企业对企业出口监管原理 / 122

一、企业对企业出口监管模式的形成背景和原因 / 123

二、企业对企业出口监管模式的利好 / 125

三、企业对企业出口海关监管模式 / 126

四、企业对企业出口业务开展的问题分析 / 132

五、企业对企业出口业务合规建议 / 134

第九章　跨境电商与 C2C 模式 / 137

一、C2C 模式的定义及其优劣势 / 137

二、海关对 C2C 模式的监管要求 / 138

三、平台同时运营 C2C 模式与 B2C/BBC 模式的风险分析 / 144

四、C2C 模式消费者保护问题 / 147

五、C2C 模式合规建议 / 151

中　篇
跨境电商相关领域问题研究　153

第十章　跨境电商与消费者权益保护问题 / 155

一、跨境电商企业及境内代理人消费者权益保护责任 / 155

二、跨境电商平台消费者权益保护责任 / 160

三、案例评析 / 162

四、跨境电商消费者权益保护合规指引 / 168

第十一章　跨境电商与数据合规问题 / 170

一、跨境电商业务涉及数据环节简析 / 171

二、《网络安全审查办法》对跨境电商企业的监管 / 172

三、个人信息出境规范性文件对跨境电商的监管 / 180

四、《个人信息保护法》视角下的跨境电商生态数据
　　合规问题 / 183

五、案例评析 / 192

　　六、跨境电商数据合规建议 / 193

第十二章　跨境电商与走私问题 / 196

　　一、跨境电商走私的特征 / 197

　　二、跨境电商走私的客观行为归类 / 198

　　三、跨境电商走私的法律责任 / 203

　　四、跨境电商走私犯罪的认定问题 / 204

　　五、跨境电商走私溯及力及与其他犯罪竞合的法律适用 / 212

　　六、跨境电商走私犯罪的刑事政策及合规不起诉问题 / 214

　　七、案例评析 / 223

　　八、跨境电商企业及平台走私风险防范措施 / 229

第十三章　跨境电商与知识产权保护问题 / 232

　　一、跨境电商知识产权保护概况 / 232

　　二、我国跨境电商知识产权监管制度 / 236

　　三、跨境电商出口知识产权保护的问题 / 246

　　四、案例评析 / 252

　　五、跨境电商知识产权合规建议 / 256

第十四章　跨境电商与传销问题 / 262

　　一、传销的概念及发展 / 262

　　二、传销的表现形式 / 263

　　三、跨境电商零售构成传销的具体认定 / 265

　　四、实施传销行为的法律责任 / 268

　　五、跨境电商传销牵连走私的具体认定 / 272

　　六、案例评析 / 273

　　七、跨境电商营销合规建议 / 282

第十五章　跨境电商与广告宣传问题 / 284

　　一、跨境电商广告宣传活动的监管规定 / 284

二、广告宣传违规的法律责任 / 289
　　三、案例评析 / 298
　　四、跨境电商广告宣传合规建议 / 304

第十六章　跨境电商与反不正当竞争问题 / 307
　　一、《反不正当竞争法》在跨境电商领域的适用 / 307
　　二、跨境电商常见的不正当竞争行为 / 311
　　三、案例评析 / 318
　　四、跨境电商不正当竞争风险防范与合规建议 / 326

第十七章　跨境电商与反垄断问题 / 328
　　一、我国跨境电商平台反垄断基本情况 / 328
　　二、跨境电商平台反垄断监管重点 / 329
　　三、案例评析 / 337
　　四、跨境电商平台反垄断合规建议 / 345

第十八章　跨境电商与供应链金融问题 / 349
　　一、我国跨境电商企业融资现状 / 349
　　二、供应链金融的概念 / 350
　　三、跨境电商供应链金融的模式 / 354
　　四、跨境电商供应链金融的特点与优势 / 355
　　五、案例评析 / 356
　　六、跨境电商供应链金融存在的风险 / 360
　　七、跨境电商供应链金融合规发展建议 / 362

下 篇
跨境电商重点商品类别相关案例分析　363

第十九章　跨境电商之医药产品销售 / 365
　　一、跨境电商医药产品销售现状与发展趋势 / 365
　　二、跨境电商进出口医药产品的监管要求 / 367
　　三、跨境电商平台医药产品销售存在的问题 / 380
　　四、案例评析 / 383
　　五、跨境电商医药产品进出口展望 / 392
　　六、跨境电商医药产品销售合规建议 / 395

第二十章　跨境电商之保健食品销售 / 399
　　一、保健食品市场准入要求与跨境电商保健食品销售现状 / 399
　　二、保健食品的进口监管要求 / 403
　　三、案例评析 / 407
　　四、跨境电商保健食品销售的合规建议 / 413

第二十一章　跨境电商之化妆品销售 / 417
　　一、跨境电商化妆品销售现状 / 417
　　二、化妆品相关政策法规及监管体系 / 418
　　三、进口化妆品合规要求 / 420
　　四、案例评析 / 423
　　五、跨境电商化妆品销售的合规建议 / 426

第二十二章　跨境电商之宠物食品销售 / 432
　　一、宠物食品的市场分析及进口现状 / 433
　　二、进口宠物食品的监管要求 / 435
　　三、案例评析 / 440
　　四、跨境电商零售进口宠物食品的展望 / 445
　　五、跨境电商宠物食品销售的合规建议 / 447

第二十三章　跨境电商之母婴产品销售 / 450

一、跨境电商母婴产品销售现状 / 450

二、跨境电商母婴产品政策法规及监管体系 / 451

三、案例评析 / 455

四、跨境电商母婴产品销售的合规建议 / 462

第二十四章　跨境电商之烟草产品销售 / 465

一、烟草产品的专卖制度与进口现状 / 465

二、烟草产品的进口监管要求 / 467

三、电子烟相关问题 / 469

四、烟草走私及相关问题 / 470

五、案例评析 / 474

六、烟草走私案件的审判要点 / 480

七、烟草产品进出口的合规建议 / 483

第二十五章　跨境电商之艺术品销售 / 485

一、跨境电商艺术品交易市场的现状 / 485

二、跨境电商艺术品进口的监管要求和风险分析 / 487

三、案例评析 / 492

四、跨境电商艺术品销售的合规建议 / 498

附录一　跨境电商监管依据概览 / 503

附录二　跨境电商领域若干重要的法律法规 / 511

后　记 / 568

上 篇
跨境电商监管原理

跨境电商进出口业务模式发展至今已初成体系，本篇将全面梳理1210、9610、9710、9810等跨境电商特殊海关监管代码的特色以及对比分析各自优势与适用领域。个人行邮物品及一般货物贸易的传统贸易方式在广义跨境电商业务领域中仍然存续，如何有效区分监管、各取所长，仍待进一步研究探讨。

跨境电商除海关监管外，还涉及众多其他领域的法律规制，包括但不限于税收、外汇、知识产权、信息保护、行政许可等，本篇对此进行了细致的梳理，可供主管部门及行业决策、经营者综合考量。

第一章
跨境电商概述

近些年来,"跨境电商"一词屡屡出现在众多法律法规、政府文件中;关于"跨境电商"的新闻报道多如牛毛;对于"跨境电商"的学术研究也方兴未艾。我们在进入这一领域之前,必须首先解决以下问题:跨境电商究竟为何物?不同的人所说的"跨境电商"是不是有相同的内涵和外延?讨论应该建立在统一的概念之上,否则必然是徒添困惑而无所裨益的。本章将从明确跨境电商及其相关概念开始,通过论述跨境电商的特征、分类等基本问题,为本书的展开奠定基础。

一、跨境电商的概念

"跨境电商"是"跨境电子商务"的简称,因此对于"电子商务"的认识是理解"跨境电商"的关键。事实上,目前对于"电子商务"并无统一的定义。世界贸易组织语境下的电子商务是指通过电子通信网络进行产品的生产、广告、销售和分配;而欧盟理事会则将电子商务定义为通过电子手段进行的商务活动,包括对货物和服务的电子贸易、数字内容的网上交货、电子资金转移、电子股票交易、电子提单、商业拍卖、设计开发以及广告和售后服务等各种商业行为。[1]由此可见,不同定义之下的"电子商务"是有着巨大差异的,而我国语境下的电子商务与上述国际上的定义也有较大的差别。根据《中华人民共和国电子商务法》(下称《电子商务法》)第二条的规定,电子商务是指通过互联网等信息网络销售商品或者提供服务的经营活动。换言之,我国所谓的"电子商务"限于通过信息网络平台的商业交易。根据《中华人民共和国电子商务法条文研析与适用指引》一书的观点,电子商务平台在电子商务活动中处于核心和枢纽的地位,"平

---

[1] 贺琼琼. 电子商务法[M]. 武汉:武汉大学出版社,2016:1.

台内经营者虽然独立开展交易活动，但是必须遵守平台等媒介的交易规则，并且必须使用平台提供的自动信息系统达成交易，平台等媒介的所在地（登记地）实际上决定着电子商务活动的发生地"。①

在这种背景下，对于"跨境电商"的定义也有不同版本。其中，我国商业上的主流说法是将跨境电子商务概括为"通过互联网等信息网络从事商品或者服务进出口的经营活动"。②然而，各种概念的核心涵摄并无争议，可以概括为分属不同关境的交易主体，借助互联网等电子化通信手段促成交易（交易询价、谈判磋商、缔结合同、履行合同等），并通过跨境物流或异地仓储送达商品、完成交易的国际商务活动。准确来说，跨境电商的定义有广义和狭义之分。

广义上的跨境电商可以泛指在跨境交易的任一环节运用到电子商务技术的商业模式。在我国语境下，与上述对"电子商务"的主流理解相对应，在境内电子商务平台上涉及跨境要素的电子商务行为即可定义为跨境电子商务，包括境外法人或者非法人组织入驻平台向国内销售商品或服务，例如众多的外国企业在天猫、京东等平台上从事经营活动；包括境内的法人或非法人组织在平台上向境外销售商品或服务，例如众多卖家在速卖通、阿里巴巴国际站上向境外的买家销售并出口商品；包括平台内的卖家和买家均为国内企业，但货物的交付涉及进出口等情形；甚至包括交易发生在境内，但商品的交付或者服务的提供发生在境外等情形。

狭义的跨境电商特指跨境网络零售，即分属不同关境的交易主体通过电子商务平台达成交易、进行跨境支付结算、通过跨境物流送达商品、完成交易的一种国际贸易新业态。需要注意的是，2018—2019年商业界热议的"跨境电商新政"实际上仅指通过与海关联网的电子商务交易平台交易，能够实现物流、支付、交易电子信息"三单"比对的跨境电商零售进口行业，而本书的论述内容并不限于此。

跨境电商涵盖实物流、信息流、资金流、单证流。随着跨境电商的不断发展，跨境电商核心企业吸引并孵化了一些配套的公司，如软件公司、代运营公

---

① 电子商务法起草组. 中华人民共和国电子商务法条文研析与适用指引[M]. 北京：中国法制出版社，2018：13.

② 电子商务法起草组. 中华人民共和国电子商务法条文研析与适用指引[M]. 北京：中国法制出版社，2018：276.

司、在线支付公司、物流公司等，服务内容涵盖网店装修、图片翻译描述、网站运营、营销、物流、退换货、金融服务、质检、保险等，整个行业生态系统越来越健全，分工更清晰，并逐渐呈现出生态化的特征。目前，我国跨境电商服务业已经初具规模，有力推动了跨境电商行业的快速发展。[1]

此外，在日常生活中，人们还常常把"跨境电商"作为"跨境电商经营者"的简称，在接触相关内容时应注意辨别。

二、跨境电商的经营者

根据《电子商务法》第九条的规定，电子商务经营者包括电子商务平台经营者、平台内经营者以及通过自建网站、其他网络服务销售商品或者提供服务的电子商务经营者。按照这一定义，作为电子商务经营者种属概念的跨境电子商务经营者也可以主要分为平台经营者、平台内经营者和自建网站的经营者三类。跨境电商平台经营者是指在跨境电子商务中为交易双方或者多方提供网络经营场所、交易撮合、信息发布等服务，供交易双方或者多方独立开展交易活动的法人或者非法人组织。跨境电商平台内经营者系入驻平台并通过平台直接与交易对象进行交易的主体，有些平台也有自营项目，此时自营店铺应当视为平台内企业，遵循电子商务平台内经营者的相关规定。除了依托于电商平台，部分出口型电商也会自建网站销售本企业商品，比如南京领添信息技术有限公司旗下的SHEIN品牌。

值得讨论的是，近年来，微商、网络直播随着分享经济、O2O（"online to offline"的缩写，即线上到线下）、社交网络平台的快速发展而产生，其经营形态与传统电商风格迥异，是否应归属于电商经营者范畴也自始存在争议。从立法时一审稿的"电子商务第三方平台和电子商务经营者"到二审稿加入"自建网站经营的电子商务经营者"，再到三审稿加入"通过自建网站、其他网络服务销售商品或者提供服务的电子商务经营者"，《电子商务法》中"电子商务经营者"的内涵和外延不断扩张，除了第二条第三款明确排除的主体外，已基本涵盖了通过互联网进行营销活动的所有经营主体。据此，在社交平台或者社交媒体上销售商品或者服务的经营者，虽然所依托的是社交平台，但其本质上并没有脱离"利用网

---

[1] 柯丽敏，洪方仁. 跨境电商理论与实务（第2版）[M]. 北京：中国海关出版社，2019：5.

络服务"来从事经营活动的本质，因此应当属于《电子商务法》第九条中的通过"其他网络服务销售商品或者提供服务的电子商务经营者"类型。在这种情况下，微信、论坛社区、直播平台等社交媒体是否属于《电子商务法》第九条中所指的电子商务平台？笔者认为，社交媒体的主要作用是社交，与电商平台有重要区别，不应因为少部分用户在其上从事与经营相关的活动就将其定性为电商平台。但是如果社交媒体开放了面对经营者入驻的功能并且允许这些经营者稳定地开展经营活动，成为平台内经营者，那么在这种应用场景下也可以认为社交媒体兼具有电子商务平台的属性。2021年出台的《网络交易监督管理办法》也在第七条中印证了笔者的观点，即"网络社交、网络直播等网络服务提供者为经营者提供网络经营场所、商品浏览、订单生成、在线支付等网络交易平台服务的，应当依法履行网络交易平台经营者的义务"。

由于跨境电商有不同的分类，且其经营模式也在不断地发展，所以在具体的跨境电商经营活动中所涉及的主体可能会有所不同。

三、跨境电商的分类

根据不同的分类标准，跨境电商可以有不同的分类。

（一）根据交易性质分类

根据交易性质的不同，跨境电商可以分为跨境一般贸易与跨境电商零售。跨境一般贸易（business to business，一般缩写为B2B或BB）是指商业主体之间利用互联网平台达成跨境交易，从本质上讲其仍为一般贸易类型，只是促成交易的手段与时俱进，享受了科技便利化的成果。跨境电商零售又分为B2C零售（business to customer，一般缩写为B2C或BC）[①]与C2C零售（customer to customer，一般缩写为C2C或CC）。B2C零售是指分属不同关境的企业与消费者在线上交易，企业销售商品或提供服务的商业模式；C2C零售是个体卖方对个体买方的交易。这两种是跨境电商的主流交易模式，以此为基础，在实践中也衍生出一些其他的跨境电商交易类型，比如"政府对政府模式"（government to government 或G2G），以及B2B2C（business to business to consumer）模式，等等。

---

① 其中网购保税进口又常被称为"B2B2C"。

目前，从交易规模上看，B2B一般贸易占据跨境电商的主要市场份额，但其监管措施与传统一般贸易差异较小，而国家重点探索的贸易模式是跨境零售，尤其是跨境电商零售进口。商界所热议的所谓"跨境电商新政"并不是覆盖全行业的政策，是特指2019年1月1日正式实施的一批专门针对跨境电商零售进口的促进与监管政策。

（二）根据商品流向分类

根据商品流向的不同，跨境电商可分为跨境进口和跨境出口。

从广义的角度看，跨境进口当然也包括B2C或B2B在内的各种电商进口。但是在我国的语境下，跨境进口主要指跨境零售进口。传统的跨境进口主要指消费者在国外电商网站上购物，商品通过转运或直邮等方式入境送达的模式。而商务部、发展改革委等部门发布的《关于完善跨境电子商务零售进口监管有关工作的通知》（商财发〔2018〕486号）中所规定的跨境电商零售进口，是指中国境内消费者通过跨境电商第三方平台经营者自境外购买商品，并通过"网购保税进口"（海关监管方式代码1210）或"直购进口"（海关监管方式代码9610）运递进境的消费行为。跨境电商零售进口商品应符合以下条件：在《跨境电子商务零售进口商品清单》内、限于个人自用并满足跨境电商零售进口税收政策规定的条件；通过与海关联网的电子商务交易平台交易，能够实现交易、支付、物流电子信息"三单"比对；未通过与海关联网的电子商务交易平台交易，但进出境快件运营人、邮政企业能够接受相关电商企业、支付企业的委托，承诺承担相应法律责任，向海关传输交易、支付等电子信息。

"网购保税进口"是将货物先大批量发往保税区，境内消费者下单后再从保税区内单件发出，利用保税区"境内关外"的特征备货，达到降低采购成本、提升消费体验的目的。这种模式适用于品类相对专注、备货量大的电商企业。"直购进口"是指与海关联网的跨境电商平台在境内消费者下单后将"三单"信息传输给海关，商品通过海关跨境电商专门监管场所入境，按照个人邮递物品征税。这种模式适用于销售品类宽泛、不易批量备货的电商企业。

广义的跨境电商出口是指国内电子商务企业通过电子商务平台达成出口交易、进行支付结算，并通过跨境物流配送的一种国际商业活动。[1]根据交易

---

[1] 柯丽敏，洪方仁.跨境电商理论与实务[M].北京：中国海关出版社，2016：5.

性质不同，跨境电商出口也可以分为跨境一般贸易出口和跨境电商零售出口。我国零售出口同样可适用9610和1210的海关监管方式。此外，2020年还试点新设两种新的出口监管模式，即"9710跨境电商B2B直接出口"以及"9810跨境电商出口海外仓"①。相关内容将在本书后面章节详述，在此不赘述。

四、跨境电商的特征

特征是就比较对象而言的，选取不同的参照角度可能会得出不同的结论。

与传统外贸相比，跨境电商的特征可以归结为电子化、个性化、碎片化、高频次和低货值。

电子化有两层含义：一是指跨境电商在交易的过程中，从下单、销售、沟通到支付均通过电子信息媒介或平台进行，多以无纸化形式呈现；二是指电子化产品（游戏、影视、软件、数字信息）在跨境电商领域快速发展。个性化主要体现为个性化的消费需求、多样化的产品类目以及更快的产品更新换代周期。碎片化主要是指随着互联网接入门槛的降低，跨境电商交易主体朝着数量增加、单个主体体量变小、消费范围分散的趋势发展。高频次是指跨境电子商务中的交易主体下单、预订、销售、沟通和支付的互动频次和频率均远远高于传统外贸。与高频次相对应的是低货值，跨境电商最为活跃的商业模式是跨境零售，而B2C或C2C的单笔订单中大部分是小批量、低货值的生活消费商品。跨境电商与传统外贸对比见表1.1。

表1.1 跨境电商与传统外贸对比表

类型	传统外贸	跨境电商
交易方式	面对面谈判	远程磋商
交易内容	单笔货值高、频次低	单笔货值低、频次高
商品种类	大宗商品为主，种类较少	种类多样且富有个性化
市场规模	市场规模大、增长缓慢	市场规模小、增长迅速
支付结汇	信用证、电汇	信用证、电汇、互联网金融等
物流方式	海运、铁路运输为主	空运、海运、铁路运输、邮递小包、海外仓、保税区等多种方式

---

① 参见海关总署公告2020年第75号《关于开展跨境电子商务企业对企业出口监管试点的公告》。

跨境电商行业的发展趋势主要呈现四大特征：第一，跨境电商进出口规模保持高速增长；第二，跨境电商进出口商品品类集中度较高；第三，跨境电商贸易伙伴日益多元化；第四，跨境电商发展区域格局呈现东强西弱。①

（一）跨境电商进出口规模保持高速增长

2021年，我国跨境电子商务蓬勃发展。海关总署数据显示，全国跨境电商进出口总额达1.98万亿元，增长15%。2017—2021年全国跨境电子商务进出口总额及增速见图1.1。

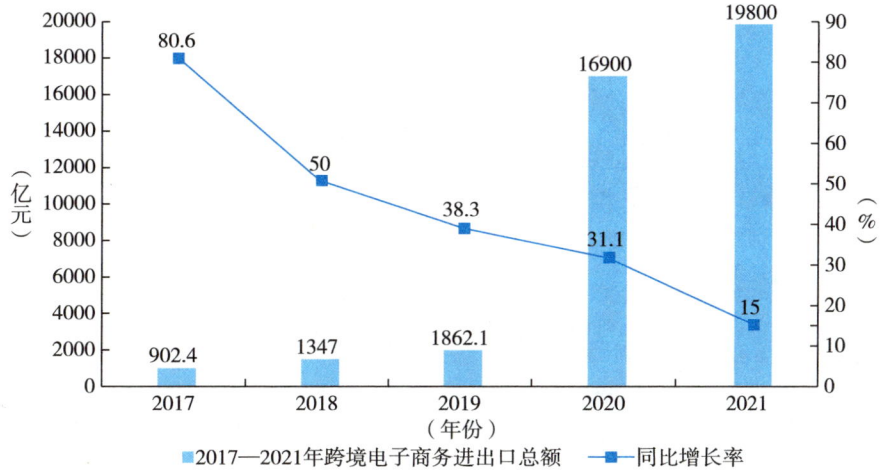

图1.1　2017—2021年全国跨境电子商务进出口总额及增速②

（二）跨境电商进出口商品品类集中度较高

从商品品类看，2020年中国跨境电商零售出口额排名前十的品类合计占比为97%，纺织原料及纺织制品，光学、医疗等仪器，钟表，乐器，革、毛皮及制品，箱包，肠线制品等实现快速增长，增速均超过30%（见表1.2）。2020年中国跨境电商零售进口额排名前十的品类合计占比为99%，活动物，

---

① 商务部电子商务和信息化司.中国电子商务报告2020[R].北京：中国商务出版社，2021.
② 2017—2020年数据均来自《中国电子商务报告2020》，2021年数据来自海关总署2021年全年进出口有关情况新闻发布会。2020年，海关总署增列监管方式代码9710、9810，相关数据均按可比口径计算。

动物产品,光学、医疗等仪器,钟表,乐器等实现较快增长,增速均超过25%(见表1.3)。①

表1.2 2020年中国跨境电商零售出口额排名前十的品类占比情况及增速

商品品类	占比(%)	同比增速(%)
特殊交易品及未分类商品	51	161.3
纺织原料及纺织制品	18	106.0
机电、音像设备及其零件、附件	9	10.6
杂项制品	5	29.4
塑料及其制品;橡胶及其制品	4	20.1
革、毛皮及制品;箱包;肠线制品	2	31.4
贱金属及其制品	2	−39.2
光学、医疗等仪器;钟表;乐器	2	40.9
鞋帽伞等;羽毛品;人造花;人发品	2	30.0
珠宝、贵金属及制品;仿首饰;硬币	2	34.2

表1.3 2020年中国跨境电商零售进口额排名前十的品类占比情况及增速

商品品类	占比(%)	同比增速(%)
化学工业及其相关工业的产品	44	24.6
食品;饮料、酒及醋;烟草及制品	35	21.6
机电、音像设备及其零件、附件	4	23.0
杂项制品	4	−21.9
纺织原料及纺织制品	2	8.9
光学、医疗等仪器;钟表;乐器	2	28.4
活动物;动物产品	2	37.4
鞋帽伞等;羽毛品;人造花;人发品	2	−18.6
革、毛皮及制品;箱包;肠线制品	2	−11.9
动、植物油、脂、蜡;精制食用油脂	2	20.6

---

① 商务部电子商务和信息化司. 中国电子商务报告2020[R]. 北京:中国商务出版社,2021.

（三）跨境电商贸易伙伴日益多元化

从贸易伙伴看，2020年中国跨境电商零售进口来源地排名前十的分别为：中国香港、日本、韩国、美国、澳大利亚、荷兰、新西兰、德国、西班牙、英国。中国跨境电商零售出口目的地排名前十的分别为：马来西亚、美国、新加坡、英国、菲律宾、荷兰、法国、韩国、中国香港、沙特阿拉伯。《区域全面经济伙伴关系协定》（Rational Comprehensive Economic Partnership，简称"RCEP"）的生效，使得我国与东盟各国、日本、韩国、澳大利亚和新西兰等建立了更密切的合作关系。

（四）跨境电商发展区域格局呈现东强西弱

从规模来看，东部沿海地区仍处于领先地位。2020年，中国跨境电商零售进出口总额排名前五的省份为：广东、浙江、河南、福建、湖南，其中广东省的总额远超过其他省份，强弱差距明显。从105个跨境电商综合试验区来看，2020年跨境电商零售进出口总额排名前五的城市为：广州、东莞、郑州、宁波、深圳。从省会城市来看，2020年跨境电商零售进出口总额排名前五的城市为：广州、郑州、杭州、长沙、南京。

从增速来看，中西部地区跨境电商增速领跑全国。2020年，中国跨境电商零售进出口增速排名前五的省份为：青海、贵州、江西、甘肃、新疆。从105个跨境电商综合试验区来看，2020年跨境电商零售进出口增速排名前五的城市为：嘉兴、温州、泸州、德宏傣族景颇族自治州、连云港。从省会城市来看，2020年跨境电商零售进出口增速排名前五的城市为：贵阳、沈阳、兰州、南昌、福州。

五、海关主要监管模式

为了促进跨境贸易电子商务进出口业务发展，方便企业通关和规范海关管理，海关总署根据不同的跨境电商类型规定了不同的监管方式代码，总结如下。

（一）跨境电商零售进口监管方式

跨境电商零售进口监管方式见表1.4。

表1.4 跨境电商零售进口监管方式对比表

监管方式代码	B2C网购保税进口（1210）	B2C直购进口（9610）	直邮C2C进口
适用税种及税率	跨境电商综合税（按法定应纳税额的70%征收，分为6.3%、9.1%、17.9%、23.1%）计税基数为商品零售价格+运费+保险费		行邮税（分为13%、20%、50%）计税基数为货物申报价值或海关税基
适用商品	符合《跨境电子商务零售进口商品清单》		所有商品（除进口限制、禁止的食品）
额度限制	单个用户单笔订单不可超过5000元，年度交易限额2.6万元		单个包裹总价值不得超过1000元（不可分割商品除外）；发自港澳台地区包裹单个包裹总价值不得超过800元（不可分割商品除外）
通关程序	1.产品海关备案； 2.货物海关电子账册备案； 3.货物送达跨境电商试点口岸； 4.到货抽检，检疫申报； 5.货物入保税仓； 6.等待订单； 7.海关订单申报（"三单"对碰）； 8.缴税放行	1.货物海关电子账册备案； 2.等待订单； 3.海关订单申报（"三单"对碰）； 4.缴税放行	1.运抵口岸（第一入境口岸DDP或收件人所在地口岸DDU）； 2.海关抽检； 3.缴税放行

（二）跨境电商出口监管方式

跨境电商出口监管方式见表1.5。

表1.5 跨境电商出口监管方式对比表

监管方式代码	B2B直接出口（9710）	出口海外仓（9810）	直邮出口（9610）	保税出口（1210）	市场采购贸易（1039）
适用范围	跨境电商企业通过跨境电商平台与境外企业达成交易后出口	跨境电商企业出口海外仓	跨境电商企业通过跨境电商平台从境内直邮出口	跨境电商企业通过跨境电商平台从海关特殊监管区域出口	在经认定的市场集聚区采购经备案的商品并由符合条件的经营者出口
通关监管要求	1.跨境电商企业或其委托的代理报关企业、境内跨境电商平台企业、物流企业应向海关提交申报数据、传输电子信息，对数据真实性承担相应法律责任； 2.应当符合检验检疫相关规定，配合海关查验		1.出口申报前，跨境电商企业或其代理人、物流企业应向海关传输交易、收款、物流等电子信息，并对数据真实性承担相应法律责任； 2.出口时，"清单核放、汇总申报"（跨境电子商务综合试验区内"清单核放、汇总统计"）； 3.跨境电商零售出口商品监管作业场所经营人、仓储企业应建立符合海关监管要求的计算机管理系统，并按照海关要求交换电子数据； 4.配合海关查验，对零售出口产品及其装载容器、包装物实施检疫		1.单票货值最高限额为15万美元； 2.对外贸易经营者对商品的真实性、合法性承担责任，经市场采购商品认定体系确认的商品信息应当与海关数据联网共享； 3.每票报关单商品品种在5种以上可以有条件简化申报； 4.市场采购贸易出口商品应当在采购地海关申报，需在采购地实施检验检疫的，应向采购地海关提出申请

以上仅是对跨境电商主要海关监管方式的简单梳理，各监管方式的具体内容将在其他章节中进行详细论述。

第二章
跨境电商行业发展概况

2020年以来，新冠肺炎疫情对世界经济造成了巨大冲击，但是跨境电商逆势而上，对推动经济复苏起了重要的作用。据统计，2020年，中国跨境电商市场规模达12.5万亿元，同比增长19.04%，其中出口占比77.6%，进口占比22.4%；2021年市场规模预计将达14.6万亿元。[①]电商的蓬勃发展是建立在当下的社会、技术、经济基础之上的，同时也离不开国家的政策支持。本章将从几个方面对跨境电商的发展进行概述。

一、我国跨境电商发展形势

跨境电商之所以能够在当今时代出现并且获得巨大的发展空间，离不开技术变革提供的基础条件，同时也是因为其顺应了国际贸易的发展方向，契合世界政治经济多元化的需求。当然，跨境电商在我国境内的发展也与新时代国家经济社会发展息息相关。

（一）国际贸易数字化转型

传统国际贸易向数字化转型的趋势早已开始，目前仍在快速地发展。2019年发布的《中共中央、国务院关于推进贸易高质量发展的指导意见》第十五条就明确指出，要提升贸易数字化水平；形成以数据驱动为核心、以平台为支撑、以商产融合为主线的数字化、网络化、智能化发展模式；推动企业提升贸易数字化和智能化管理能力；大力提升外贸综合服务数字化水平。无论对企业

---

① 勇全. 2020年度中国跨境电商市场数据报告[EB/OL]. (2021-05-19)[2021-06-18]. http://www.100ec.cn/detail--6592730.html.

来说，还是对国家来说，贸易数字化转型，是无法回避的"赛道"。

1. 互联网技术驱动贸易升级

互联网的应用与发展是推动国际贸易方式转型升级的重要因素。然而，互联网三大"传统红利"正在消失：人口红利见顶、投资环境趋冷、模式红利难获肯定。[①] 在此趋势下，技术驱动的红利正逐渐成为数字经济时代下企业改善运营效率、增强抗风险能力的关键一环。在技术红利的驱动下，数据能力开始为企业降本提效、优化营销赋能，全球贸易的开展也不再以单纯的线下或线上贸易为主流，而是朝着线上线下协同增长的方向转变。

2. 消费升级带动贸易方式创新

我国社会主要矛盾已经转化为人民日益增长的美好生活需要和不平衡不充分的发展之间的矛盾，消费升级是人民日益增长的美好生活需要的一个主要表现。消费升级的主要原因在于消费者生活质量的提升。一方面，消费者对产品品质的要求越来越高；另一方面，消费者多样化的消费需求也在同步增加。因此，各国消费者已经无法满足于国内产品带来的消费体验，希望通过境外市场寻求多样化产品。在这种消费趋势下，能够连接国内和国外两个市场的跨境电商逐渐获得消费者的青睐，成为获取商品的重要途径。

随着互联网的广泛运用，数字基础设施不断完善，电子商务在全球范围深入发展，全球网络零售市场不断扩大。eMarketer发布的《2020跨境电商金融服务报告》显示，2023年，全球跨境电商网络零售额将达到6.5万亿美元，在全球消费品零售总额中占比达到22%，可见全球数字化消费生活方式正逐步养成。[②] 可以预见，数字化消费将进一步引发市场需求、生活方式深刻变革，基于社交网络、视频直播等为代表的新型跨境电商消费形态不断扩大，跨境电商平台深度链接全球产能、市场和消费资源的枢纽作用将进一步释放。

3. 企业数字化转型动力加强

新需求带来新变化。为了更好地迎合消费者逐渐数字化的生活方式，面对分享数字经济时代日益丰富的市场和消费资源，传统以线下贸易为主要方式的

---

① 崔昊. 中国企业2020互联网新周期下的增长逻辑[EB/OL]. (2020-04-09)[2020-12-10]. https://mp.weixin.qq.com/s/O4zi_V4RFInUaiAHQcqXtA.
② 2020跨境电商金融服务报告：中国跨境电商零售出口规模超1万亿[EB/OL]. (2020-12-29)[2021-01-20]. http://vr.sina.com.cn/news/report/2020-12-29-doc-iiznezxs9561472.shtml.

企业需提高自身数字化建设的能力,推动企业向数字化方向转型升级。可以预见,未来跨境电商交易将持续朝着数字化方向前进,这也要求跨境电商企业充分利用云计算、大数据、人工智能等新生型数字经济,将其广泛运用于跨境贸易服务、生产、物流和支付环节,降低信息沟通成本,减少商品流通环节,提高商品流通效率,实现跨境贸易从劳动型驱动升级为智慧型驱动。①

(二)国际政治经济环境深刻变化

目前,一方面全球经济联系越来越紧密,各国之间经济往来日益增多,但另一方面也存在着各种各样的摩擦甚至对抗,给国家间的经贸关系蒙上阴影。特别是新冠肺炎疫情的出现和持续,必然会给世界经济带来深远的影响。对于跨境电商来说,可谓机遇巨大,但也不乏挑战。

1. 新冠肺炎疫情进入常态化阶段

2020年以来,在新冠肺炎疫情的巨大冲击下,国家间商品流动严重受阻,全球贸易大幅受挫。②在全球疫情难以得到控制的情况下,世界经济中的不稳定性和不确定性明显增加,跨境电商行业的生存和发展面临严峻挑战。

在物流方面,各国疫情防控措施下国际物流部分线路停航、停运,对供应链时效和成本造成了不利影响;在消费方面,国内外消费者整体消费力和购买力潜力不足,跨境电商进出口业务量受到不同程度的影响;在运营模式方面,原本活跃的零散小型代购、微商、直播等,受到来自国际包裹及旅游口岸关停等各方面的较大限制;在资金方面,疫情加大了跨境电商交易双方的违约风险,特别是中小型企业可能因无法回笼资金而陷入发展困境。

但是从长远看,新冠肺炎疫情不只带来消极影响。国务院新闻办公室2021年全年进出口情况发布会上,海关总署新闻发言人李魁文表示:"跨境电商、市场采购等新业态新模式是我国外贸发展的有生力量,也是国际贸易发展的重要趋势。新冠肺炎疫情发生以来,我国跨境电商发挥在线营销、在线交易、无接触交付等特点优势,积极培育参与国际合作和竞争的新优势,进出口规模持续快速增

---

① RCEP:世界不再等美国了,机会留给了跨境电商![EB/OL].(2020-11-20)[2022-01-21]. https://jishuin.proginn.com/p/763bfbd31C2C6763bfbd31C2C6763bfbd31cc6.
② 张德勇.新发展格局下中国扩大对外开放展新姿[EB/OL].(2020-11-20)[2022-01-21]. https://new.qq.com/omn/20201120/20201120A0383Z00.html.

长。"①可见，跨境电商仍然可以抓住其中机遇实现跨越式发展。例如，精准定位疫情常态化趋势下消费者的需求，同步调整进出口产品的品类：基于消费者对身体健康的更多关注，保健品的需求将进一步增加；在防护常态化的影响下，个人防护产品、环境杀菌消毒类产品的消费需求也将大大增加；因境外游受限，通过跨境电商零售进出口生活必需品、快消品的趋势也将持续走高。

2. 保守主义与单边主义抬头

当今世界正经历着百年未有之大变局，国际经济和政治局势正在发生深刻的变化。2008年金融危机之后，以美国为首的西方发达国家经济社会发展陷入低迷，面临产业空心化严重、人口老龄化以及贫富差距加大等问题。与此同时，以中国为代表的新兴市场国家和发展中国家不断发展，经济实力不断增强，在不久的将来，人类历史将首次出现发展中国家整体的经济体量超越发达国家的局势。这种国际力量的变化，也将深刻地推动国际政治、国际经济的变革。跨境电商归根到底也是国际贸易的一种方式，将会深刻地受其影响。比如对于国际市场的开拓、对于跨境电商国际规则的制定，都需要在此种大背景之下进行考虑。

在这种背景下，保守主义、单边主义逐渐抬头。其中最为典型的事件就是中美贸易摩擦，特朗普高举"美国优先"的大旗，通过增加关税、增加其他贸易壁垒（如进行301调查）、退出（或消极对待）国际组织等方式沉重地打击了国际合作。拜登上台后，美国的这种保守主义和单边主义倾向并没有消除。并且，随着国际力量对比的变化，美国等国家为了维持自身的强大影响力、在国际事务中的主导权，必然会持续地存在选择保守主义和单边主义的倾向。

此外，新冠肺炎疫情使得全球经济受到了沉重的打击，并且这种影响仍将长时间存在。在这种情况下，可以预见的是，国际范围内的保守主义和单边主义将会更加严重，这将使得全球合作、国际贸易投资、全球产业链价值链供应链受到更大的冲击。

然而，这并不意味着逆全球化将会成为主流。和平与发展仍然是时代主题。世界经济发展到如今，各国之间已经建立起密不可分的联系，没有一个国家能够脱离国际市场而得到很好的发展。这些年来，我国不断提倡多边主义，推动人类

---

① 国新办举行2021年全年进出口情况新闻发布会[EB/OL].（2022-01-14）[2022-01-21]. http://www.scio.gov.cn/xwfbh/xwbfbh/wqfbh/47673/47714/wz47716/Document/1718896/1718896.htm.

命运共同体的建设，获得了许多国家的响应，这便是明证。即便是美国国内有不少声音叫嚣"中美脱钩论"，但中美之间仍然有着紧密的经济联系。这在跨境电商中体现得尤为明显，目前美国仍然是我国跨境电商出口的重要市场，而在2020年1月15日签署的中美贸易协定中，同样也涉及了跨境电商的问题。

例如，中美贸易协定强调知识产权保护，严厉打击电商平台的盗版和假冒行为，对跨境电商相关企业而言，跨境电商低价竞争时代即将成为过去，未来品牌化建设将成为企业发展的关键；再如，协议中，双方就汇率问题达成平等互利的共识，并明确了尊重对方货币政策自主权等重要原则，这有助于保持外汇市场和金融市场的稳定运行，为跨境电商提供一个有利的外部环境。[①] 另外，美方明确将取消部分对华拟加征和已加征的关税，并承诺会加大对中国输美产品关税豁免的力度，这会降低我国跨境电商企业出口美国的关税成本，有助于进一步开拓美国市场。

由此可见，即便当前世界经济遭受着单边主义和保守主义的冲击，我们仍然有理由对此保持乐观，也有理由相信跨境电商具备很好的发展前景。

3. 国际供应链运营成本波动

供应链运营成本是指企业在采购、生产、销售过程中为支撑供应链运转所发生的一切成本，主要包括物料成本、劳动成本、运输成本、设备成本和其他变动成本等。与国内电商相比，我国跨境电商对供应链运营成本的控制主要体现在运输环节，因此，在国际关系特别是中美关系日益不确定和复杂化的趋势下，跨境物流成本的波动会给我国跨境电商供应链运营成本的控制带来多方面的影响。

近年来，万国邮政联盟（下称"万国邮联"）相关制度的变化是跨境物流行业的重点关注方向。万国邮联实行"终端费制度"，该制度基于传统邮政的公共服务性质，特别考虑到发展中国家的负担能力，因此在确定终端费时保持了较低的标准，超出部分的成本实际上由国家公共财政承担。这使得发展中国家通过邮政系统提供的跨境物流服务成本较低，从而在跨境电子商务竞争上更具价格优势。

然而，在美国宣布退出万国邮联的压力和影响下，2019年9月25日，在瑞士日内瓦举行的万国邮联特别会议通过了关于国际邮件费率改革的新方案，

---

① 中美经贸协议签了！对跨境电商有啥影响？[EB/OL]. (2020-01-16) [2020-12-15]. https://www.sohu.com/a/367222587_100273032.

提出在2020年保持现行的费率计价体系，从2021年开始允许成员自行决定费率，与此同时对成员自行决定费率施加了限制，如成本费用比不得超过70%等。终端费制度的变动将对跨境电商带来一系列影响。

首先，电商出口面临物流渠道的重新选择。由于目前跨境电商中大量的低货值轻小件商品所采用的发货模式是低成本的邮件小包，在终端费制度于2021年面临变动的情况下，中国邮政向他国支付的终端费将大幅上涨，物流成本上涨将直接影响出口商品的价格竞争力，出口电商的物流渠道会面临重新评估选择。①

其次，跨境电商出口报关模式将发生变化。由于邮政小包发货方式中的出口报关主体是邮政公司，这部分出口无法纳入海关货物贸易监管与统计，因个别地区外汇管理部门和税务部门无法确认贸易真实性，出口企业在收汇、退税手续等方面存在诸多不便。随着邮政小包成本优势的下降，跨境电商出口企业在选择其他物流方式的同时，也会影响其出口所选择的报关模式。

虽然跨境电商企业面临诸多挑战，但我国跨境电商企业可以充分运用国家给予跨境电商的各种政策红利，根据自己的商品结构、市场范围以及平台组合的实际情况，做到提前预判、积极调整、灵活应对。例如，面对物流模式的重新选择，跨境出口电商应借此机会尽可能地将出口物流纳入关于跨境电商出口的海关、外汇、退税等现行合规框架中，充分运用9610、1210等海关监管方式、海关监管区域（中心）等业务载体，享受国家对跨境电商企业的政策红利，创造新的利润空间。

（三）国家政策助推跨境电商新业态发展

跨境电商可以说是新时代下发展最为迅速的贸易方式。业界有人认为，跨境电商将逐渐成为未来国际贸易竞争的关键领域。近年来，我国政府推动跨境电商快速健康发展，大力推进政策创新，将其视为国际贸易发展的新引擎、产业转型的新业态和对外开放的新窗口。2018年11月5日，习近平总书记在首届中国国际进口博览会（下称"进博会"）开幕式上指出，"中国将进

---

① 事实上，万国邮联2016年就曾上调终端费用，其变革会引导部分邮政小包业务量向专线小包转移。2020年受疫情影响，跨境专线的市场占比由2019年的20%左右提高至30%左右，预计将会进一步提高。
艾瑞咨询. 中国跨境电商出口物流综合服务行业研究报告2021[R/OL]. (2021-06-23) [2021-08-12]. https://pdf.dfcfw.com/pdf/H3_AP202106231499540834_1.pdf? 1624467133000.pdf.

一步降低关税,提升通关便利化水平,削减进口环节制度性成本,加快跨境电子商务等新业态新模式发展",[1]再一次凸显了跨境电商在我国新一轮更高层次对外开放格局中的重要作用。具体而言,新时代下,跨境电商在扩大开放、扩大进口以及推进多元化出口方面都承担着新的使命。

1. 扩大开放

改革开放40多年来,以开放促改革、促发展是我国现代化建设不断取得新成就的重要经验。[2]

扩大开放需要开拓更广泛的国际市场。其中,跨境电商作为一种能够冲破国家间贸易障碍、使国际贸易走向无国界贸易、引起世界经济贸易发生巨大变革的新业态,其所构建起来的开放、多维、立体的多边经贸合作模式极大地拓宽了我国企业进入国际市场的路径,能够实现多边资源的优化配置与企业间的互利共赢。而对于消费者而言,跨境电商使他们非常容易地获取其他国家的信息并买到物美价廉的商品。因此,在新时代下,跨境电商经营者应充分把握机遇,不断扩大交易规模,开展更为广泛的贸易交流,这既有助于企业获取更高利润,也将助力我国经济实现新的增长。

2. 扩大进口

当前,国际政治经济格局深刻调整,我国对外贸易结构深刻变化。主动扩大进口有利于统筹国内国际两个大局,促进对外贸易平衡发展,对优化产业结构、促进经济发展、满足人民美好生活需要具有十分重要的作用,是推动经济高质量发展的内在需要,是坚持互利共赢开放战略、推动形成全面开放新格局的必然要求。[3]

进博会是中国政府旨在推动贸易自由化和经济全球化、主动向世界开放市场的重大举措,有利于促进世界各国加强经贸交流合作,促进全球贸易和世界经济增长,推动开放型世界经济发展。国家主席习近平在2018年4月博

---

[1] 习近平. 共建创新包容的开放型世界经济——在首届中国国际进口博览会开幕式上的主旨演讲[EB/OL].(2018-11-05)[2020-12-09]. http://www.xinhuanet.com/politics/leaders/2018-11/05/c_1123664692.htm.

[2] 人民日报评论部. 扩大开放,共建一带一路[N/OL]. 人民日报,2020-11-18 [2020-12-14]. https://www.yidaiyilu.gov.cn/xwzx/roll/155515.htm.

[3] 商务部解读《关于扩大进口促进对外贸易平衡发展的意见》[EB/OL].(2018-07-11)[2020-12-14]. http://www.gov.cn/zhengce/2018-07/11/content_5305724.htm.

鳌亚洲论坛主旨演讲时指出，进博会不是一般性的会展，而是中国主动开放市场的重大政策宣示和行动。2021年11月4日，第四届进博会开幕式上，习近平总书记再次强调，中国将更加注重扩大进口，促进贸易平衡发展。中国将增设进口贸易促进创新示范区，优化跨境电商零售进口商品清单，推进边民互市贸易进口商品落地加工，增加自周边国家进口。中国将推进内外贸一体化，加快建设国际消费中心城市，发展"丝路电商"，构建现代物流体系，提升跨境物流能力。[①]对于跨境电商企业来说，应牢牢抓住相关政策红利支持，通过多元化的营销模式，积极扩大特色优质消费品进口，满足我国人民群众日益多样化的消费需求，提升广大人民群众的幸福感和获得感。

3.鼓励出口

新时代对外开放需要坚持互利共赢原则推动出口。当前，我国已经拥有了一批研发能力强、产品质量好、品牌价值高、国际化经营理念完善的优质企业。这些企业通过出口和投资等方式参与全球经济分工，有利于提高全球生产要素配置效率，推动全球生产可能性曲线向外延伸。

中国进出口商品交易会（下称"广交会"）是我国鼓励进出口的一项重要举措。值得一提的是，2020年6月15日举办的第127届广交会首次设立跨境电商专区版块，与全国105个跨境电商综合试验区（下称"综试区"）和6家跨境电商平台建立链接，阿里巴巴国际站、京东国际站、敦煌网等国内跨境电商平台代表在广交会上首次亮相。[②]该创举是我国鼓励跨境电商出口的另一重要信号，意味着我国跨境电商企业可立足于自身比较优势，实现跨境电商贸易新业态的积极发展，不断推进出口市场多元化，在塑造优质"中国制造"品牌、实现品牌化战略的同时，有效提高各国消费者福利，实现互利共赢。

二、我国跨境电商的特点

跨境电商在信息技术推动下快速发展，为国际贸易带来了巨大机遇，同时也带来了不少挑战。在此背景下，2018年2月，各国海关、相关业界人士、

---

① 习近平在第四届中国国际进口博览会开幕式上的主旨演讲[EB/OL].（2021-11-04）[2022-01-21]. http://www.gov.cn/xinwen/2021-11/04/content_5648892.htm.
② 首届线上广交会开设跨境电商专区板块 [N/OL]. 凤凰财经网，2020-06-15 [2021-01-25]. https://finance.ifeng.com/c/7xKMXBbu6F1.

学者齐聚北京，参加首届世界海关跨境电子商务大会，会议达成了《北京宣言》以巩固相关成果。《北京宣言》强调，跨境电商发展涉及众多参与方，各方应加强政策对话、沟通和经验分享，以充分发挥跨境电商对于推动经济增长方式重塑、促进经济复苏、推动发展中国家经济繁荣和中小微企业成长的作用。中国作为较早发展跨境电商产业的国家，经过多年的探索，形成了以下具有中国特色的发展经验。

（一）主体类型渐趋丰富

总体而言，我国现有的跨境电商参与主体类型较为丰富，以跨境电商零售进口为例，主要可分为跨境电商企业、跨境电商平台、境内服务商、消费者，由各政府监管部门实施有效监管。

具体而言：

第一类主体为跨境电商企业，具体是指注册在境外，向国内消费者销售商品的货权所有人。[①]根据此定义，海外经销商、品牌商及代理商都可以成为跨境电商企业。

第二类主体为跨境电商平台，主要为交易双方提供网络虚拟交易场所、制定交易规则等服务，例如天猫国际等。

第三类主体为境内服务商，主要是指在境内办理工商登记、具有相应资质，接受跨境电商企业委托为其提供系统、支付、仓储、物流、报关、结汇等服务，具备相应的经营资质，直接向海关提供相关支付、物流、仓储等信息，接受海关、市场监管等部门的后续监管，并承担相应责任的跨境电商主体。

第四类主体为消费者，主要是指境内购买跨境零售进口商品的消费者，也是为跨境电商零售进口商品缴纳税款的纳税义务人，需要在一定范围内承担相应的义务和法律责任。

对上述主体，由包括承担监督、管理、执行角色的海关等部门负责对跨境商品实施质量安全风险监测，作为监管责任主体的各试点城市政府的主要职责为确保本地区试点工作的顺利推进。

---

① 参见《关于完善跨境电子商务零售进口监管有关工作的通知》对跨境电商零售进口经营者（跨境电商企业）所作定义："自境外向境内消费者销售跨境电商零售进口商品的境外注册企业，为商品的货权所有人。"

尽管我国跨境电商参与主体类型丰富，但总体来看形成了以消费者为中心的结构。在消费者权益保障方面，跨境电商零售进口政策与《电子商务法》紧密衔接，强调"政府部门、跨境电商企业、跨境电商平台、境内服务商、消费者各负其责"的原则，并围绕"消费者权益保障"这一重点对各方提出了具体的责任要求，例如要求跨境电商企业承担商品质量安全主体责任，境内服务商承担如实申报责任，政府实施质量安全风险监测等。对于跨境电商平台特别赋予了质量安全防控的责任，同时提出要求平台履行先行赔付的责任。

（二）业务模式日益完善

跨境电商行业体量庞大，商业形态呈现多样化。如第一章所述，跨境电商企业可以根据不同的标准作出不同的分类。根据商品流向的不同，跨境电商企业分为跨境出口企业和跨境进口企业；根据交易性质的不同，跨境电商分为跨境一般贸易与跨境电商零售；根据企业经营商品品类的不同，跨境电商分为垂直型[①]和综合型；根据企业是否拥有商品的所有权，跨境电商分为自营型和平台型；根据企业的盈利方式的不同，平台型企业又分为信息服务平台和交易服务平台。具体分类见表2.1。

表2.1 中国主要跨境电商经营模式分类

经营模式	平台型	自营型	自营+平台双模式
跨境出口（B2B）	阿里巴巴国际站、中国制造网、环球资源网、敦煌网	/	/
跨境进口（B2B）	1688.com、海带网	/	/
跨境电商零售出口（B2C）	速卖通、eBay、亚马逊、Wish	兰亭集势、DX、米兰网	/
跨境电商零售进口（B2C、C2C）	淘宝全球购、洋码头	聚美优品、小红书	天猫国际、京东全球购、考拉海购

具体来说，目前我国跨境电商出口企业有五种模式，分别为B2B信息服务平台、B2B交易服务平台、B2C交易服务平台、B2C独立站自营和B2C平台

---

① 垂直型跨境电商平台是指专门卖某一种品类的平台。

大卖家；我国跨境电商进口企业有四种模式，分别是C2C交易服务平台、B2C交易服务平台、B2C自营和B2C自营+平台，具体可参考图2.1。部分企业只是从事跨境电商中的某一细分业务，而一些行业巨头则利用规模和资源优势综合开展并整合多项跨境业务，形成协同效应，如阿里巴巴、京东等。此外，自2017年以来，中国轻工业品进出口公司联合商务部全球商品采购中心共同推出"G2G"（"政府对政府"）合作模式，目前已在政府监管引导下获得良性发展。该模式以央企为主体，以国家行业组织为纽带，可以有效解决海外供应商身份认定、跨境商品质量监管等问题，①为跨境交易的产品正本清源，保证产品质量由中国轻工业品进出口公司等大型央企提供"背书"，形成G2B2C（政府/央企对企业平台对个人客户）的生态链。②

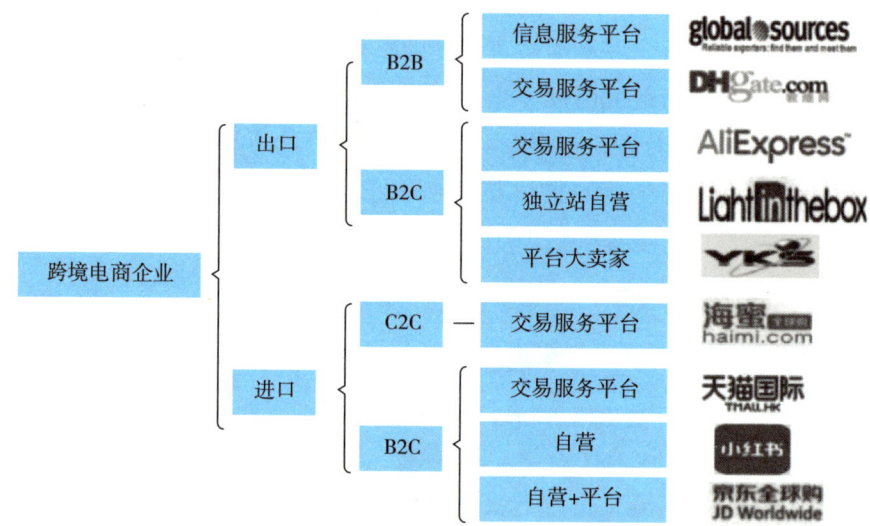

图2.1　我国跨境电商企业模式分类③

（三）海关监管模式灵活多样

跨境电商主体类型的日益丰富和业务模式的逐渐多样化意味着监管方式

---

① 跨境电商进入"G2G"时代 中央监管结算仓正式亮剑[EB/OL].（2017-06-22）[2021-01-25]. http://it.people.com.cn/n1/2017/0622/c1009-29356939.html.

② 中央监管结算仓能否带来"鲶鱼效应"？[EB/OL].（2019-11-11）[2021-01-25]. https://global.lianlianpay.com/article_other/20-10694.html.

③ 图片来源：2017年华泰证券跨境电商行业研究报告。

也在不断与时俱进。跨境电商作为一种新的商业形态,其有序发展离不开商务、财政、外汇等各个监管部门的各司其职和互相配合。

就海关监管这一层面而言,目前海关针对跨境电商零售进出口,在建立适合跨境电商发展的管理制度、监管模式和信息化系统建设等方面进行了有益的尝试,探索出一系列新理念、新模式和新手段。概括起来是"一个理念,两个平台,'三单'对比,四种模式,五大举措",即始终坚持一个包容、审慎、创新、协同的理念;联通海关监管平台与跨境电商企业平台两个平台;实现交易、支付、物流三方数据与申报信息"三单"比对;试点网购保税进口、直购进口、一般出口、特殊区域出口四种监管模式;按照《跨境电子商务零售进口商品清单》实施正面清单管理,征收跨境电商税,实施清单申报,创新退货监管,实现申报信息和扫描图像同屏比对五大举措,确保有效监管。①

三、我国跨境电商的发展历程与趋势

跨境电商作为一种新型的商业模式,从出现、快速发展到今天,时间并不长。这些年我国的跨境电商发展迅速,取得了巨大的成就,并且前景依然广阔。

(一)政策导向

跨境电商在我国的发展离不开政策的导向。纵观跨境电商在我国的发展情况,可以将其划分为以下几个阶段。

1. 缘起:关注电子商务推动国际贸易发展

2007年,《电子商务发展"十一五"规划》(发改高技〔2007〕1194号)首次明确提出"电子商务正在突破国家和地区局限,影响着世界范围内的产业结构调整和资源配置,加速经济全球化进程……我国对外开放水平提高和市场化进程加快,大力发展电子商务已成为我国参与全球经济合作的必然选择",并提出以下发展目标:

(1)推广电子商务在国际贸易与经济合作中的应用,加强国际贸易电子

---

① 参见2017年7月6日时任海关总署署长于广洲在WCO理事会年会上的发言。

商务公共服务,更好地利用国内国外两个市场、两种资源,强化国际竞争优势;

(2)支持国际贸易电子商务公共服务平台和相关标准建设,为从事贸易活动的企业提供单证处理、贸易申报、物流信息处理、贸易结算、跨境电子单证交换等电子商务服务,促进银行、保险、检验检疫[①]、贸易管理、口岸物流、交通、海关等国际贸易相关机构间的业务协同、数据共享;

(3)鼓励企业及相关机构积极参与电子商务国际标准、贸易规则的制定和修订。鼓励企业利用电子商务拓展国际市场,研究国际电子商务发展动态。

2011年年底,随着国内电子商务稳步发展、不断成熟,以及全球化趋势的深入推动,跨境电子商务逐步受到国家关注,商务部发布《"十二五"电子商务发展指导意见》(商电发〔2011〕第375号),首次提出"应用电子商务完成进出口贸易额占我国当年进出口贸易总额的10%以上"的发展目标,并提出以下工作任务:

(1)应用电子商务提高贸易便利化水平,大力推动主要贸易单证的标准化和电子化进程,支持地方建设"单一电子窗口"平台,促进海关、检验检疫、港口、银行、保险、物流服务的电子单证协同,提高对外贸易监管效率,降低企业成本;

(2)支持跨境电子商务平台建设,鼓励中小企业应用跨境电子商务平台拓展海外市场,减少渠道环节,树立中国品牌形象,开展国际合作,解决跨境电子商务中存在的问题;

(3)鼓励会展企业依托实体展会,积极应用信息技术与互联网举办网上展会,创新服务形式和内容,走线上线下相结合的发展道路。大力发展贸易撮合、认证征信、网商供需见面会等电子商务增值服务,建立展会型电子商务平台;

(4)充分发挥电子商务在扩大进口中的作用。支持建立服务进口企业的联合采购平台和进口产品分销与直销电子商务平台,进一步增强进口贸易企业的采购和销售能力。

2012年2月,《关于促进电子商务健康快速发展有关工作的通知》(发改办高技〔2012〕226号)强调"研究跨境贸易电子商务便利化措施,提高通关管

---

① 2018年3月,中共中央印发了《深化党和国家机构改革方案》,将国家质量监督检验检疫总局的出入境检验检疫管理职责和队伍划入海关总署。在此之前,海关和检验检疫业务分属不同的部门管理。

理和服务水平"。2012年3月，为增强我国电子商务平台的对外贸易功能，提高我国企业利用电子商务开展对外贸易的能力和水平，进一步落实《"十二五"电子商务发展指导意见》，商务部首次发布《关于利用电子商务平台开展对外贸易的若干意见》（商电发〔2012〕74号），并提出如下具体落实意见：

（1）充分认识利用电子商务开展对外贸易的重要意义，开拓国际市场，推动外贸方式发展转变，促进内外贸融合；

（2）全面增强电子商务平台对外贸易服务功能，例如信息管理、合规经营以及支付、物流、报关等"一站式"服务；

（3）着力提升企业利用电子商务平台开展对外贸易的水平，加大人才、资金和技术投入，加强软硬件建设，注意风险防控，把握市场需求，坚持诚信经营，保障商品质量；

（4）加强对利用电子商务平台开展对外贸易的支持，拓展进出口业务，例如政策支持、资金支持、宣传支持，建设"单一电子窗口"，提高对外贸易监管效率；

（5）加强对利用电子商务平台开展对外贸易的监督，各部门对电子商务平台对外贸易情况进行跟踪检查，防范贸易违法违规风险等。

一系列文件及发展目标的出台充分反映市场及政府对于跨境电商发展的期待，电商与国际贸易"结缘"。随着跨境电商实践日趋多样、数量猛增，越来越多的需求和问题促使跨境电商作为一种新业态被赋予更多的关注，有关的正式配套政策也随之出台，跨境电商进入"探索阶段"。

2. 探索：创立创新跨境电商模式政策

近年来，虽然与跨境电商相关的政策在不断更新，但不管其作出何种改变，总的方向都是在大力支持和规范跨境电商的发展。从政策出台的广度来看，国务院及各相关主管部门均出台了支持跨境电商发展的相关政策，加大了管理制度创新的力度。在政策密集出台的同时，在跨境电商零售方面，采取先试点、逐步推广的策略，并逐步完善税收、监管方面的制度。政策落地效果显著，利好政策促进了跨境电商蓬勃发展。具体来看，中国的跨境电商政策自2012年实施至今，从萌芽探索步入成熟实践，大致可分为如下几个阶段：

（1）试点探索阶段（2012.12—2016.04）

2012年12月，国家发展和改革委员会、海关总署在郑州召开动员大会，跨境电商试点拉开序幕，由郑州、杭州、宁波、上海、重庆5个城市从不同方向进行试点。例如，郑州试点进口跨境电商，杭州试点出口跨境电商。从海关监管意义上讲，2012年是跨境电商的元年，跨境电商正式进入发展创新期。截至2015年年底，又陆续批准设立了广州、天津、福州、平潭、深圳5个进口试点城市（地区）。

从2012年12月跨境电子商务试点开始到2016年4月7日，这一阶段跨境电商从无到有，各试点海关都做了大量的创新和尝试。例如，海关总署委托广州海关开发建设跨境电商广州版系统，并以此为蓝本升级打造海关总署跨境电商零售进口及出口统一版系统通关子系统，分别于2016年和2018年在全国推广，有力支撑了跨境电商业务快速发展。这一阶段的政策以创新为发展特点和主要趋势，目的在于探索适应跨境电商发展的管理制度。

在跨境电商进口方面，海关总署推出了"直购进口"和"网购保税进口"两大海关监管模式，并着手推行订单、支付单、物流单的"三单"比对工作①。同时，充分发挥区域（中心）监管优势，允许电商企业将涉及国计民生、国内消费者欢迎的消费品事先批量进入区域（中心）存放，境内消费者网上购买后再逐批分拨配送，节省国际邮件运输成本，缩短购买商品交付时间。②同期，国家外汇管理局、国家质检总局亦出台了相应的试点政策，支持跨境电商进口发展。③

在跨境电商出口方面，为了解决中小微企业不能结汇、退税的问题，监管部门创新"清单核放、定期申报"方式，通过电子订单、电子支付凭证、电子运单与报关清单的自动比对实现分类通关、快速验放，并定期汇总清单数据形成一般贸易报关单，通过与税务、外汇部门的电子数据联网，为企业办理退税、结汇，扶持中小微跨境电商企业的发展。

---

① 参见海关总署公告2014年第56号《关于跨境贸易电子商务进出境货物、物品有关监管事宜的公告》。
② 跨境贸易电子商务服务试点情况介绍[EB/OL].（2013-07-09）[2020-12-28]. http://e.cntv.cn/20130709/104458.shtml.
③ 参见国家外汇管理局相关文件：（1）《支付机构跨境电子商务外汇支付业务试点指导意见》（汇综发〔2013〕5号）（该文件已于2015年1月20日废止）；（2）《关于开展支付机构跨境外汇支付业务试点的通知》（汇发〔2015〕7号）（该文件已于2019年4月29日废止）；参见国家质检总局相关文件：（1）《关于进一步发挥检验检疫职能作用促进跨境电子商务发展的意见》（国质检通〔2015〕202号）；（2）《关于加强跨境电子商务进出口消费品检验监管工作的指导意见》（国质检检〔2015〕250号）。

在税收方面，本阶段内跨境电商零售进口商品均按个人物品征税，即征收行邮税。行邮税共设3档税率，分别为13%、20%和50%，税额在50元人民币以下予以免征。

在信息化手段创新方面，建立与电子商务相适应的网络化管理模式；通过企业备案和商品备案认证企业资质，对商品范围进行限定，由企及物控制监管风险；通过电商、物流、支付企业与海关、税务、外汇等口岸管理部门的系统对接，实现信息及时共享，监管前推后移；通过无纸化申报和随附单据电子化，对交易、支付、物流和申报数据的交叉核对，降低企业通关成本，提升监管效率和严密性。

（2）"四八"新政阶段（2016.04—2016.05）

所谓"四八"新政，即2016年4月8日生效实施的《关于跨境电子商务零售进口税收政策的通知》（财关税〔2016〕18号），规定跨境电商零售进口商品不再依据个人物品征税，而是以货物进口征税（包括关税、增值税、消费税），同时规定了个人单次2000元、年度20000元人民币的交易限额。限额内跨境电商零售进口商品的关税暂设为0，增值税和消费税则按法定应纳税额的70%征收。同时，国家财政部、海关总署等主管部门分两批发布《关于公布跨境电子商务零售进口商品清单的公告》，从监管的角度提出更高层次的要求，如网购保税商品"一线"进区时需按货物核验通关单，部分特殊商品进口需办理注册或备案等许可证件。由于许可证件无法在短期内获取，通关单、许可证件政策导致进口订单锐减，"四八"新政对于跨境电商零售进口产生了巨大冲击，跨境电商平台出现了大面积的断货情况，众多跨境电商企业的经营活动陷入停滞，因此相关政策在实施仅一个月后便暂缓实施。跨境电商新政部分监管要求按下暂停键，实际上这正是创新贸易模式与监管政策之间磨合的体现。

（3）过渡期阶段（2016.05—2018.12）

为使跨境电商零售进口行业能够更好地适应新的监管和税收政策，避免政策对跨境电商行业产生过大冲击，2016年5月，国家对跨境电商零售进口实施一年的过渡期政策，过渡期内，在试点城市（地区）继续按"四八"新政实施前的监管要求进行监管，即网购保税商品"一线"进入区域（中心）时暂不验核通关单，暂不执行《跨境电子商务零售进口商品清单》备注中关于化妆品、婴幼儿配方奶粉、医疗器械、特殊食品（包括保健食品、特殊医学用途配方食品等）的首次进口许可证、注册或备案要求；过渡期内，对所有地区的直购模式也暂不执行《跨境电子商务零售进口商品清单》备注中关于化妆品、婴幼儿配方奶粉、医疗器械、特殊食品（包括保健食品、特殊医学用途配方食品等）的首次进口许可证、注册或者备案要求。最终，经过两次延期，过渡期延长至2018年年底。

（4）现行政策阶段（2019.01至今）

在跨境电商进口方面，2018年11月21日，国务院总理李克强主持召开国务院常务会议，决定延续和完善跨境电商零售进口政策并扩大适用范围，加大税收优惠力度，以激发更大的消费潜力，由此奠定了中国现行跨境电商零售进口的政策基调。在这一阶段，我国跨境电商零售进口政策体系基本形成，涵盖了监管模式、税收政策、准入管理等方面。相关政策措施主要包括：《关于调整跨境电商零售进口商品清单的公告》进一步扩大允许进口的商品范围[1]，2019年版清单中8位HS编码商品数量达到1413个[2]；《关于完善跨境电子商务零售进口监管有关工作的通知》（财关税〔2018〕49号）则明确按"个人自用进境用品"监管原则，不执行有关商品首次进口许可批件、注册或备案要求[3]；《关于完善跨境电子商务零售进口税收政策的通知》则进一步加大了税收优惠力度，将个人的单次交易限额由人民币2000元提高至5000元，年度交易限额由人民币20000元提高至26000元[4]；《关于跨境电子商务零售进出口商品有关监管事宜的公告》（海关总署公告2018年第194号）则进一步明确了海关监管权责；检疫准入方面，《关于跨境电子商务零售进出口商品有关监管事宜的公告》要求对相关部门明令暂停进口疫区商品和对出现重大质量安全风险的商品启动风险应急处置，同时"海关对跨境电子商务零售进出口商品及其装载容器、包装物按照相关法律法规实施检疫，并根据相关规定实施必要的监管措施"，根据《中华人民共和国进出境动植物检疫法》（下称《进出境

---

[1] 参见财政部、发展改革委、工业和信息化部、生态环境部、农业农村部、商务部、人民银行、海关总署等公告2018年第157号《关于调整跨境电商零售进口商品清单的公告》。
[2] 按照《关于调整跨境电子商务零售进口商品清单的公告》规定，自2022年3月1日起，优化调整2019年版《跨境电子商务零售进口商品清单》，新增29项商品，删除1项商品，新增115项税则号列，删除80项税则号列，调整后清单内的8位HS编码商品数量达到1476个。
[3] 参见商务部、发展改革委、财政部等《关于完善跨境电子商务零售进口监管有关工作的通知》。
[4] 参见财政部、海关总署、国家税务总局《关于完善跨境电子商务零售进口税收政策的通知》。

动植物检疫法》）以及配套法律法规相关要求执行监管；其他禁限制准入方面，《中华人民共和国禁止进出境物品表》（海关总署令43号）（下称《禁止进出境物品表》）规定，烈性毒药、武器弹药等禁止入境。国家邮政局、公安部、国家安全部《关于发布〈禁止寄递物品管理规定〉的通告》（国邮发〔2016〕107号）规定，易燃易爆气体、危险货物、危险化学品等禁止通过寄递渠道流通。除此之外，相关监管机构亦针对跨境电商企业注册登记、数据监管等各方面出台了一系列配套措施。

在跨境电商出口方面，为了解决出口跨境电商一直存在的退税难问题，财政部等四部门出台《关于跨境电子商务综合试验区零售出口货物税收政策的通知》（财税〔2018〕103号），对跨境电子商务综试区内的跨境电子商务零售出口企业出口未取得有效进货凭证的货物，凡符合规定条件的，试行增值税、消费税免税政策。随后，国家税务总局出台2019年第36号公告即《关于跨境电子商务综合试验区零售出口企业所得税核定征收有关问题的公告》，明确综试区内的跨境电商企业在符合规定条件下，试行采用应税所得率方式核定征收企业所得税，应税所得率统一按照4%确定。此外，综试区内实行核定征收的跨境电商企业符合小型微利企业优惠条件的，仍可享受相应所得税优惠政策，同时，其取得的收入如属于所得税法规定的免税收入的，可按规定享受免税收入优惠政策。另外，为帮助企业积极应对新冠肺炎疫情影响，使跨境电子商务商品出得去、退得回，海关总署全面推广跨境电子商务出口商品退货监管措施，出台了2020年第44号公告即《关于全面推广跨境电子商务出口商品退货监管措施有关事宜的公告》，规定跨境电子商务出口企业、特殊区域内跨境电子商务相关企业或其委托的报关企业可向海关申请开展跨境电子商务零售出口、跨境电子商务特殊区域出口、跨境电子商务出口海外仓商品的退货业务。

2019年1月1日，《电子商务法》开始实施，该法是我国电商领域首部综合性法律。其中，第二十六条"电子商务经营者从事跨境电子商务，应当遵守进出口监督管理的法律、行政法规和国家有关规定"，将跨境电子商务经营者纳入该法管辖范围，也规定了其受该法约束的同时，还应当遵守其他法律法规及规定。至此，《电子商务法》与《关于完善跨境电子商务零售进口监管有关工作的通知》《关于完善跨境电子商务零售进口税收政策的通知》《关于跨境电子商务综合试验区零售出口货物税收政策的通知》《跨境电子商务零售进口商品清单》《关于跨境电子商务综合试验区零售出口企业所得税核定征收有关问题的公告》《关于跨境电子商务零售进出口商品有关监管事宜的公告》《关于全面推广跨境电子商务出口商品退货监管措施有关事宜的公告》等相结合，共同构成了我国跨境电商法律法规政策体系。总之，从这一时期跨境电商政策的变化来看，我国跨境电商法律法规政策发展逐渐进入常态化和稳定期。①

另外，2015年3月，国家在杭州设立第一个跨境电商综试区；到2022年1月底，一共设立了6批跨境电商综试区，总共132个，见表2.2。

表2.2　中国跨境电商综试区设立批次

批次	时间	城市（地区）
第一批次	2015.3.7	杭州
第二批次	2016.1.6	天津、上海、重庆、合肥、郑州、广州、成都、大连、宁波、青岛、深圳、苏州
第三批次	2018.7.24	北京、呼和浩特、沈阳、长春、哈尔滨、南京、南昌、武汉、长沙、南宁、海口、贵阳、昆明、西安、兰州、厦门、唐山、无锡、威海、珠海、东莞、义乌
第四批次	2019.12.24	石家庄、太原、赤峰、抚顺、珲春、绥芬河、徐州、南通、温州、绍兴、芜湖、福州、泉州、赣州、济南、烟台、洛阳、黄石、岳阳、汕头、佛山、泸州、海东、银川
第五批次	2020.5.6	雄安新区、大同、满洲里、营口、盘锦、吉林、黑河、常州、连云港、淮安、盐城、宿迁、湖州、嘉兴、衢州、台州、丽水、安庆、漳州、莆田、龙岩、九江、东营、潍坊、临沂、南阳、宜昌、湘潭、郴州、梅州、惠州、中山、江门、湛江、茂名、肇庆、崇左、三亚、德阳、绵阳、遵义、德宏傣族景颇族自治州、延安、天水、西宁、乌鲁木齐
第六批次	2022.1.22	鄂尔多斯、扬州、镇江、泰州、金华、舟山、马鞍山、宣城、景德镇、上饶、淄博、日照、襄阳、韶关、汕尾、河源、阳江、清远、潮州、揭阳、云浮、南充、眉山、红河哈尼族彝族自治州、宝鸡、喀什地区、阿拉山口

除了跨境电商政策试点地域的持续扩大，政府同时也在推进跨境电商监管内容的扩大。截至2021年9月，海关总署已经增列了1210（保税电商）、1239（保税电商A）、9610（跨境电商B2C进出口）、9710（跨境电商B2B出

---

① 宁波海关.发挥跨境电商优势　助力外贸克难前行[EB/OL].（2020-06-03）[2020-12-28]. http://www.customs.gov.cn/ningbo_customs/470797/3033014/3122140/index.htm.

口）、9810（跨境电商B2B出口海外仓）等适用于跨境电商进出口的监管代码，规范跨境电商进出口行为，同时给予清关便利，助力行业健康发展。总体而言，跨境电商的繁荣发展与国家支持保持着高度的一致，也与相关具体政策完美契合。

跨境电商政策的变化离不开国家发展全局的变化，对此，下文将对跨境电商发展各阶段较为重要的国家倡议、政策方略等进行梳理，以期能够把跨境电商的发展置于国家经济发展全局的背景下，更好地理解和分析预测跨境电商领域未来的政策走向。

3. 发展：国家倡议、政策方略助力跨境电商高质量发展

（1）"一带一路"倡议为跨境电商带来积极影响

根据《推动共建丝绸之路经济带和21世纪海上丝绸之路的愿景与行动》[①]，"一带一路"沿线贯穿东亚、东南亚、中亚以及部分欧洲和非洲地区。中国愿意同沿线国家和地区共同商建自由贸易区，拓宽贸易领域，创新贸易方式，发展跨境电子商务等新的商业形态。自此，"一带一路"倡议成为我国深化对外开放、深度融入世界经济格局的重要举措，也为我国跨境电商提供了全新机遇和重大增长点。

首先，"一带一路"倡议为跨境电商与"中国智造""中国制造"走向世界的结合注入新的发展动力。我国享有"世界工厂"的称号，而且近年来中国自主生产的产品逐步受到世界关注。跨境电商模式为这类商品提供了一个无地理界限的平台，让企业和消费者、生产商和经销商、供货商和订货商之间直接面对，摆脱了传统贸易模式所受到的时间和空间的限制。

其次，"一带一路"倡议的实施在客观上是对跨境电商的支持。"一带一路"倡议引领各国完善经济合作机制，为跨境电商创造良好的政治和经济合作环境。特别是我国与"一带一路"沿线国家和地区已建立了"中国—东盟中心"组织、上海合作组织、亚欧会议、中阿合作论坛、亚太经合组织等成熟的多边合作机制，各国在合作与沟通中将更加完善关于物流、通关、货币等政策的衔接。从地理位置上看，"一带一路"沿线很多国家和地区和中国相近，具有交通和交流上的便捷性，目前沿线多个国家和地区也在加强物流的

---

① 国家发展改革委、外交部、商务部《推动共建丝绸之路经济带和21世纪海上丝绸之路的愿景与行动》，2015年3月发布．

基础设施建设，必然会为跨境电商的发展提供有力的支撑。

最后，"一带一路"倡议有助于我国跨境电商产业的全球布局。截至2021年12月，中国已与145个国家、32个国际组织签署了200多份共建"一带一路"合作文件。① 目前，已经有部分国内的大型跨境电商企业参与到"一带一路"建设中。例如，阿里巴巴与马来西亚宣布建设"数字自由贸易区"，在该国打造世界电子贸易平台（全称Electronic World Trade Platform，简称"eWTP"）数字中枢，致力于帮助包括马来西亚在内的东南亚地区的中小企业和个体参与全球贸易。

（2）粤港澳大湾区建设为跨境电商带来发展利好

粤港澳大湾区，是指广州、深圳、珠海、佛山、东莞、中山、江门、惠州、肇庆（市区）九市和香港、澳门两个特别行政区组成的城市群。从2015年《推动共建丝绸之路经济带和21世纪海上丝绸之路的愿景与行动》开始，到2017年《深化粤港澳合作 推进大湾区建设框架协议》② 在香港成功签署，再到2019年《粤港澳大湾区发展规划纲要》③ 出台，粤港澳大湾区力求到2035年基本实现高水平互联互通、各类资源要素高效便捷流动的发展目标。

粤港澳大湾区同纽约、旧金山、东京这世界三大湾区相比，其优势在于常住人口第一。此外，粤港澳大湾区还是在两种制度、三个法域、三个关税区背景下的深化合作，这意味着大湾区建设既有体制叠加优势，也亟待监管创新，以最大限度推进人流、物流、资金流、信息流畅通。鉴于大湾区涉及三个关税地区、三种不同的海关治理制度，协调湾区内监管制度、创新边境合作模式将是重要举措。未来，粤港澳大湾区的发展将为企业发展带来新的契机，同时粤港澳大通关也将为外贸企业提供新的动力。

（3）"十四五"规划下跨境电商的新发展

我国已正式从"十三五"全面建成小康社会决胜阶段迈入一个崭新的时期——"十四五"时期。这是我国全面建成小康社会、实现第一个百年奋斗目标之后，乘势而上开启全面建设社会主义现代化国家新征程、向第二个百年

---

① 我国已与145个国家、32个国际组织签署200多份共建"一带一路"合作文件[EB/OL]．(2021-12-16) [2022-01-21]．http://www.gov.cn/xinwen/2021-12/16/content_5661337.htm．
② 国家发展和改革委员会、广东省人民政府、香港特别行政区政府、澳门特别行政区政府《深化粤港澳合作 推进大湾区建设框架协议》，2017年7月1日签署。
③ 中共中央、国务院《粤港澳大湾区发展规划纲要》，2019年2月18日印发。

奋斗目标进军的第一个五年。

十四五规划①建议提出，要增强消费对经济发展的基础性作用，顺应消费升级趋势，提升传统消费，培育新型消费，适当增加公共消费。以质量品牌为重点，促进消费向绿色、健康、安全发展，鼓励消费新模式新业态发展。②2020年9月，国务院常务会议审议通过《关于以新业态新模式引领新型消费加快发展的意见》，从四个方面提出15项具体举措，为进一步培育壮大各类消费新业态新模式、促进线上线下消费深度融合提供政策指引。③《意见》提出的"加强信息网络基础设施建设""完善商贸流通基础设施网络""大力推动智能化技术集成创新应用"等政策措施，将为跨境电商发展提供巨大支持。

（二）消费趋势

我国关于跨境电商政策的变化发展呈现出了大力支持跨境电商这一新业态、新模式实现可持续发展的导向，因此，从监管层面上看，由于能够在监管层面享受到诸多政策优惠，跨境电商行业短期内将持续保持稳定增长的发展趋势。

1. 境内消费市场规模升级扩大

近几年来，跨境电商零售行业在我国取得了快速的发展。根据海关总署发布的数据，通过海关跨境电子商务管理平台零售进口商品总额，在2018年达785.8亿元，增长39.8%；在2019年达918.1亿元，增长16.8%；在2020年达5700亿元，增长16.5%（见图2.2）。可以预见的是，我国跨境电商的规模，将在继续加大对外开放力度政策的推动下，取得进一步的增长。

随着跨境电商零售进口步入稳定的流量期，反哺线下商业模式、打通线上线下渠道成为新趋势。线下店的出现，可以让用户近距离接触商品，获得"即见即得"的购物体验。在新零售热潮下，加速线上线下的整合已经成为零售业的共同"默契"。以盒马鲜生、超级物种为代表的新零售模式代表着用户对新型线下商业模式的高度接受，跨境商品线下店作为新零售模式下的又一个新种类，也有利于推动线下流量增长。可以预见，在进口消费和网络消费

---

① 《中共中央关于制定国民经济和社会发展第十四个五年规划和二〇三五年远景目标的建议》，2020年10月29日中国共产党第十九届中央委员会第五次全体会议通过。
② 中共中央关于制定国民经济和社会发展第十四个五年规划和二〇三五年远景目标的建议[EB/OL].（2020-11-03）[2020-12-09]. http://www.xinhuanet.com/2020-11/03/c_1126693293.htm.
③ 参见国务院办公厅《关于以新业态新模式引领新型消费加快发展的意见》（国办发〔2020〕32号）。

的双轮驱动下,跨境电商零售进口将继续成为扩大消费规模的重要平台。①

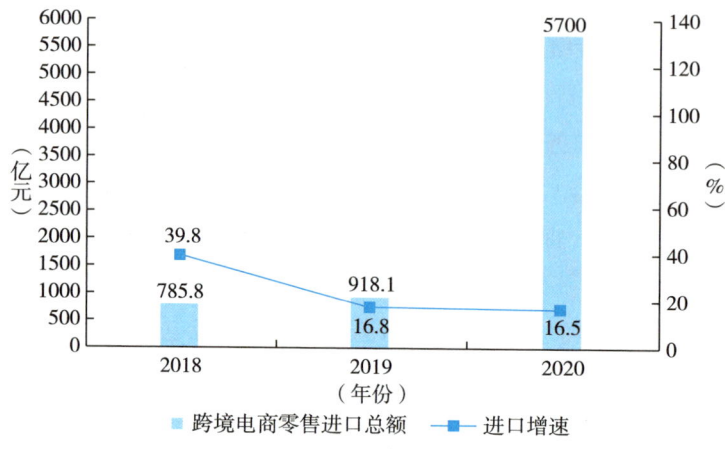

图2.2 2018—2020年中国跨境电商零售进口总额及增速②

2.注重消费安全与品质生活

随着跨境电商行业的发展,消费者的品牌意识和品质观念日趋成熟。根据阿里研究院发布的《2020中国消费品牌发展报告》显示,我国消费者的消费模式正持续发生转变,消费结构与发达国家日益相像。2015年至2019年,居民医疗健康、文化娱乐消费占比快速攀升,五年来两项支出分别累计增长63%和46%。受到疫情和人口结构的影响,消费者将持续关注健康领域。麦肯锡认为,到2020年中国家庭全年在食物上的支出占比将持续下降,"可选品"和"次必需品"的支出将显著增加,预计文教娱乐支出超过五分之一。③可见,品质已经逐渐成为消费者进行跨境网购的核心标配。因此,未来,跨境电商企业在对进出口产品的选择上也应重视对品质的把控。

3.消费偏好个性化增强

除了对产品品质的愈加注重,个性化偏好也成为消费的新趋势。消费者

---

① 曾霞.消费升级背景下跨境进口零售电商的发展现状和趋势[J].当代经济,2019(2).
② 2018、2020年数据来自海关总署2018、2020年全年进出口有关情况新闻发布会,2019年数据来自商务部发布的《中国电子商务报告2019》。2020年,海关总署增列监管方式代码9710、9810,相关数据均按可比口径计算。
③ 阿里研究院.2020中国消费品牌发展报告[R/OL].(2020-10-07) http://www.aliresearch.com/ch/information/informationdetails?articleCode=69743223395979264&type=%E6%96%B0%E9%97%BB.

在跨境网购时对商品的多样性有强烈追求，不仅局限于爆款和标品。此外，消费者不再局限于选择单一色系的商品，色彩丰富的产品成为消费新宠。[1]

在这种消费趋势下，一方面，跨境电商作为新业态、新模式，其本身的存在与传统贸易方式相比，能为消费者带来新鲜感；另一方面，基于数字经济发展起来的跨境电商还能同时带来更加多样化的消费体验。因此，为了能够长期保持相关优势，跨境电商在未来的发展过程中，需要更加注重模式的更新，满足消费者的个性化需求。

（三）贸易趋势

1. 跨境电商业务结构升级与商业模式创新

随着绿色消费、健康消费成为网络消费新趋势，直播电商、内容电商等娱乐和消费相结合的新模式受到消费者喜爱，跨境电商业务结构升级与商业模式创新是经济新常态下的必然结果。

为了能够抓住新机遇下的发展机会，电商正加快推动产业数字化发展。大型电商企业通过用户直连工厂的"C2M"模式（customer to manufacturer），以线上资源反哺实体企业，打造"智能制造平台"，实现促创新、降成本、补短板。在发展过程中，C2M模式也渐渐与直播电商相融合——通过可视化的直播平台向消费者展示商品生产制造全过程，得以有效破解消费者对商品品牌缺乏认知度、对商品品质缺乏信任等痛点，有力助推我国本土企业创建自主品牌，助推制造业产业链升级，引领国货品牌消费增长。[2]

除此之外，随着跨境电商新零售系统技术以及大数据的发展，跨境电商O2O这一运营模式也发生了质的改变：跨境电商企业利用大数据及新技术，通过差异化的数据实现企业的精准化营销，使传统的O2O模式实现新一轮的转型升级。此前，传统的O2O模式只是单纯通过线上与线下的联动，为开展线下实体运营的企业带来销售渠道的增加。但是，"O2O线上线下一体化"新模式却实现了实体店与互联网的融合，通过门店的

---

[1] 追求品质、个性化消费特征明显 [N/OL]. 钱江晚报, 2018-01-18 [2020-12-07]. https://news.163.com/18/0118/05/D8DK7TQR000187VI.html.

[2] 商务部研究院：新消费引领国内大循环，拼多多等重塑"互联网+农业+消费"产业链 [EB/OL]. (2020-12-09) [2020-12-10]. http://www.eeo.com.cn/2020/1209/443621.shtml.

线上运营,形成线上线下的无缝衔接,让消费者体验更便捷化、个性化的服务。

2. 跨境电商"新零售"与服务贸易渠道拓宽

伴随着互联网和电子商务的发展,"新零售"在全球悄然兴起,早在21世纪初,沃尔玛、亚马逊等企业便对此有所布局。我国"新零售"起步于2016年,多家实体零售企业开始尝试接入美团、饿了么等电商平台,门店开始使用互联网技术改装,并纷纷试水线上门店。

就目前情况来看,我国"新零售"行业开始呈现出"两超多强"的竞争局面,"两超"指阿里巴巴和腾讯,"多强"则指其余探索"新零售"模式的企业。在"新零售"模式的探索下,阿里巴巴注重运用自身丰富的资源来引领发展。其作为跨境电商头部企业,将"新零售"与服务贸易相结合,既扩大了跨境电商涉猎的业务范围,也进一步拓宽了服务贸易市场。阿里巴巴的"新零售"+服务贸易模式主要面向海外服务贸易市场,例如医美、留学、人力资源等,海外符合资质要求的服务贸易供应商,通过跨境电商平台发布服务商品信息,通过境内责任人提供境内部分消费者服务和售后保障,由境外服务商提供境外部分消费者服务,平台提供信息发布、交易撮合、消费安全兜底保障、供应商监管等服务,并解决跨境支付履约问题。这一业态可以丰富服务贸易市场供给数量和质量,改善参差不齐、鱼龙混杂的跨境服务贸易市场。

(四)监管趋势

1. 定位:跨境电商作为海关研究优化跨境贸易监管的"试验田"

如何对跨境电商零售进口进行监管,实际上既没有纵向的历史经验可循,也没有横向的外国经验借鉴,因此我国的跨境电商监管政策是在不断探索中逐渐定型的。2018年11月至12月间,我国相关部门就跨境电商监管政策,先后出台了四个文件,包括《关于完善跨境电子商务零售进口监管有关工作的通知》《关于完善跨境电子商务零售进口税收政策的通知》《关于调整跨境电商零售进口商品清单的公告》《关于跨境电子商务零售进出口商品有关监管事宜的公告》,这些文件是对2016年出台的跨境电商零售进口政策的延续和完善,是扩大开放、更大激发消费潜力的重要举措,可以看作这个探索过程的阶段性总结。可以预见,在今后一段时期内,跨境电商监管政策能够在这一方向上相对保持稳定，也正因如此，这些文件对于跨境电商业务的今后走向具有举足轻重的意义。①

仔细研读海关监管文件的适用对象，可发现上述政策仅针对跨境电商直购进口以及网购保税进口，并不涉及行邮渠道和一般贸易等贸易方式的进出口。但是，跨境电商中的试点创新政策逐步探索成熟后，势必将进一步补充完善海关等管理部门对整个跨境贸易活动的监督和管理。因此，伴随着跨境贸易数字化的逐步推进，海关对跨境贸易活动可取得的监管数据将逐步丰富，海关在跨境电商领域内的先行先试的各项创新举措，将为海关做好其他传统贸易领域的监管和服务提供经验。

2. 创新：多模式综合监管

从宏观层面看，跨境电商成为海关监管政策创新的"试验田"；从微观层面看，海关监管方式与区域（中心）的优惠政策深度结合，形成了具有竞争力、生命力的发展模式。

海关特殊监管区域目前存在六种类型，分别是保税区、出口加工区、保税物流园区、跨境工业区、保税港区以及综合保税区。②截至2021年12月底，全国31个省、市、自治区现有海关特殊监管区域168个。③

海关特殊监管区域有以下基本特征：一是须经国务院审批，划定特定区块享受所在地国家赋予区域的贸易便利化措施、宽松贸易管制要求、优惠税收政策等；二是采取封闭围网管理，区域基础设施和监管设施设置规范较为严格；三是都具有一线、二线的通关特征；四是都具备保税功能，即可对区内的货物适用保税政策。

几十年来，海关特殊监管区域在承接国际产业转移、推进加工贸易转型升级、扩大对外贸易和促进就业等方面发挥了积极作用，但发展中也存在种类过多、功能单一等问题。针对此问题，全国各地海关积极探索，丰富和拓展了海关特殊监管区域功能，形成跨境电商"多模式综合监管"新优势。

---

① 国际贸易律师：2018版跨境电商海关监管政策解读[EB/OL].（2020-01-17）[2020-12-10]. http://www.haiguanlvshi.com/hgjg/gjmyls20117.html.
② 参见《国务院关于促进海关特殊监管区域科学发展的指导意见》（国发〔2012〕58号）。
③ 海关总署自贸区和特殊区域发展司. 截至2021年12月底全国海关特殊监管区域情况[EB/OL].（2021-07-14）[2022-01-21]. http://zms.customs.gov.cn/zms/hgtsjgqy0/hgtsjgqyndqk/4129084/index.html.

跨境电商"多模式综合监管"拓展了原有特殊监管区域功能，通过简化卡口进出区手续，突出监管重点，允许非保税货物入区，区内货物可以在不同账册间流转。电子商务企业可根据市场需求，在满足海关监管的前提下，同时开展跨境电商、保税展示交易等多种业务，丰富产品种类，拓宽业务范围，增强企业竞争力。①

四、RCEP对跨境电商的影响

我国参加的《区域全面经济伙伴关系协定》（以下简称"RCEP"）已达到协定生效门槛，于2022年1月1日开始生效。RCEP生效实施后，将推动我国三分之一的对外贸易实现零关税，还会促进区域内贸易便利化和营商环境的提升，带动相应服务和投资开放，从而极大提高各签约方的福利水平及其之间的贸易规模。

对于跨境电商企业而言，RCEP是当前我国签署的最高标准的自由贸易协定，在RCEP的巨大市场里，可以参与原产地的价值累积，利用统一的规则体系降低经营成本，减少经营的不确定性风险，这将会是进出口企业一场不容错过的自贸"盛宴"。

（一）RCEP重点内容简析

1. 关税减免

根据RCEP协定附件中的关税承诺表，RCEP协定各成员之间货物贸易关税减让以立即降至零关税、10年内降至零关税的承诺为主。以中国为例，中国关税承诺表中涉及8277个8位HS编码，从协定生效后第10年，对日本以外的缔约方，大约80%的8位HS编码商品降至零关税；协定生效后第20年，对所有缔约方，80%~90%的8位HS编码商品降至零关税。②

对于出口到日本的企业来说，RCEP有利于跨境电商企业开拓此前对中国

---

① 河南自贸试验区郑州片区探索跨境电商"多模式综合监管"模式[EB/OL].（2020-07-31）[2020-12-10]. http://fgw.henan.gov.cn/2020/07-31/1747459.html.
② RCEP缔约方的贸易及关税减让概要[EB/OL].(2021-04-07)[2022-01-24]. https://mp.weixin.qq.com/s/x0BeP00ovkOGeGeuGfkGbg

进口产品征收关税颇高的日本市场。2006—2016年，日本自中国进口产品加权平均关税税率一直高于进口自世界其他国家和地区产品的加权平均关税税率。RCEP协定签署后，日本对中国产品的免关税比例将达到86%。其中，电机电器、核反应堆、锅炉、车辆及其零附件、医疗设备等行业中70%~80%的商品将在RCEP签署后立即实现零关税，而服装纺织、家具、塑料制品等行业几乎全部产品将在过渡期后实现零关税。

而对于中国与东盟、韩国、澳大利亚、新西兰等先前已签署贸易协定（安排）的国家，RCEP实施后，其关税减让将与其他优惠贸易协定（安排）关税减让并行实施。每项优惠贸易协定（安排）都有自己的关税减让清单和原产地规则，同一项货物在不同协定下将对应不同的降税水平和原产地规则。各进出口企业应根据自身情况，结合RCEP及其他优惠贸易协定（安排）的关税减让幅度、原产地规则及其实施操作程序进行综合评估、比较，优化企业供应链，充分利用优惠政策，达到经济收益最大化。

2. 原产地规则

原产地规则是一国根据国家法律法规或国际协定约定的原则，制定并实施的确定生产或制造货物的国家或地区的具体规定，是商品的"经济国籍"。是否满足原产地规则，对自由贸易协定项下交易的商品所征收的关税会产生显著差异，也会对企业跨境供应链安排以及经济利益产生巨大影响。从根本上说，RCEP对于企业最重要的经济价值就在于原产地累积规则。正是有了15国这样大范围的区域成分累积，使得跨境流通的商品更加容易获得协定项下原产资格，享受RCEP优惠关税。

以韩国原产货物为例，RCEP生效后，中国与韩国之间的优惠贸易协定将有RCEP、中韩自贸协定、亚太贸易协定三项。海关总署关税征管司曾以我国自韩国享惠进口的主要货物锂镍钴锰氧化物（HS编码为28429030）为例，列举货物在RCEP、中韩自贸协定、亚太贸易协定三项协定项下的适用情况、降税水平及原产地规则的主要差异，见表2.3。[①]

---

① 企业充分利用关税减让优惠政策要点[EB/OL].（2021-04-28）[2022-01-24]. https://mp.weixin.qq.com/s/G04DKkcHO4U_kZ1tgNCAxg.

表2.3 关于锂镍钴锰氧化物三个协定的主要差异

优惠贸易安排	RCEP	中韩自贸协定	亚太贸易协定
是否在降税清单	是	是	否
协定税率	0	0[①]	—
原产地标准	子目改变或区域价值成分40%	品目改变	—
适用的原产地证明	原产地证书或原产地声明	原产地证书	—

在关税减让方面,该货物在RCEP、中韩自贸协定项下适用的协定税率均为0,而在亚太贸易协定项下并不适用关税减让。在原产地标准方面,RCEP项下为选择性标准"子目改变或区域价值成分40%",二者符合其一即可。在中韩自贸协定项下为"品目改变"单一标准,不但较RCEP项下的"子目改变"更为严格,且不能适用区域价值成分标准。显然货物要获得中韩自贸协定项下原产资格,相对比较难。在提交原产地证明方面,进口企业在中韩自贸协定项下必须提交原产地证书,而在RCEP项下可选择使用原产地证书或原产地声明,为企业提供了更多的选择和便利。就锂镍钴锰氧化物而言,虽然在中韩自贸协定与RCEP中均适用零关税,但RCEP的原产标准更为灵活,程序上也更为便利,更有利于企业享受优惠政策。

3.知识产权边境保护

RCEP第十一章"知识产权"的"边境措施"部分,对主管部门在知识产权边境保护中的职责作出了规定。其中,对于"有正当理由怀疑可能存在盗版货物或假冒商标货物进口",海关有依权利人申请中止放行和依职权中止放行两种执法方式。

首先,如知识产权的权利持有人有正当理由怀疑可能存在盗版货物或假冒商标货物进口,可向海关提出中止放行的申请,并提供足以保护被告和主管机关并防止滥用的保证金或同等担保。在这种情况下,各成员方也可以规定,在不损害一缔约方关于信息保密的法律法规的前提下,主管机关有权将发货人、进口商或收货人的名称和地址、货物的描述、货物的数量,以及如

---

① 中韩自贸协定的协定税率为2021年协定税率,RCEP协定税率为协定生效后第一年协定税率。该货物在我国进口时的最惠国税率为5.5%。

已知货物的原产地，应告知权利持有人。其次，海关也应当设立或维持关于进口装运的程序，可依职权中止放行涉嫌盗版或假冒商标的货物。在此情况下，海关可以要求权利持有人提供相关信息。在以上两种情况采取中止放行的措施时，海关应在合理期限内认定涉嫌盗版货物或假冒商标货物是否侵犯知识产权权利。

"边境措施"这一节，也规定了主管机关的对侵权货物的销毁程序和申请、储存、销毁等的费用要求。

（二）RCEP对跨境电商的意义

1. 减免关税有利于提高出口商品的竞争力

RCEP减免关税的措施主要将为跨境电商B2B企业，尤其是为出口企业带来利好。关税的减免有望降低我国跨境电商企业出口商品在进口国的税费成本，进而为海外市场的用户带来更加优惠的价格，提高出口商品的市场竞争力。

此外，新冠肺炎疫情期间，传统外贸行业遭受了一定的打击，获客渠道与交易磋商渠道逐步发生变化，关税减免政策有利于鼓励我国传统外贸出口企业向跨境电商转型。

2. 贸易标准化有利于削弱交易壁垒

此前，跨境电商商品出口海外面临一个较大的合规风险，即各国贸易标准存在差异，包括各项原产地规则、市场准入政策、投资政策、服务贸易政策等。伴随着原产地规则、海关程序、检验检疫、技术标准等统一规则落地，区域内贸易规则逐渐规范与统一，区域内市场的贸易标准一体化大大削弱了交易壁垒。

3. 生产要素自由流动有利于海外仓的建设与运作

RCEP签订后，区域内的各国国家资源流动、商品流动、技术合作、服务资本合作、人才合作等都将更加便利，而海外仓的建设阻碍也将大大减少。例如，各方承诺对于区域内各国的投资者、公司内部流动人员、合同服务提供者、随行配偶及家属等各类商业人员，在符合条件的情况下，可获得一定居留期限，享受签证便利，以便开展各种贸易投资活动。对此，企业可以抓住机遇进行海外资本、人员投入，推进区域品牌化建设，高质量推进海外仓建设，丰富海外仓功能，对海外市场资源进行有效的整合。

4. 促进贸易数字化，助力电商企业转型升级

以RCEP为例，RCEP涵盖了一系列推动贸易数字化、降低信息沟通成本的规则。例如，协定要求推进无纸化贸易，认可电子文件与纸质文件具有同等法律效力；除了法规特殊要求外，任一组织不得否认电子签名的法律有效性；所有组织应鼓励应用互认的电子认证，等等。

可以预见，未来跨境电商交易将持续朝着数字化方向前进，这也要求跨境电商企业充分利用云计算、大数据、人工智能等新生型数字技术，并将其广泛运用于跨境贸易服务、生产、物流和支付环节，提升效率，实现自身从劳动型驱动升级为智慧型驱动。

第三章
现行跨境电商监管制度

本章对跨境电商相关基础或重要的监管规定进行了梳理和总结，便于读者快速了解或查找相关内容。

一、经营规范

《电子商务法》作为我国电商领域首部综合性法律，是我国跨境电子商务经营者的一门必修课。该法详细规定了电子商务经营者、电子商务平台经营者、快递物流服务提供者及电子支付服务提供者的义务与责任，为跨境电商经营者提供了合规指引，相关梳理见表3.1。

表3.1 《电子商务法》相关规定

	事项	相关规定
电子商务经营者	营业信息公示	● 电子商务经营者应当在其首页显著位置，持续公示营业执照信息、与其经营业务有关的行政许可信息。 ● 电子商务经营者自行终止从事电子商务的，应当提前三十日在首页显著位置持续公示有关信息。
	商品/服务信息披露	● 电子商务经营者应当全面、真实、准确、及时地披露商品或者服务信息，保障消费者的知情权和选择权。 ● 电子商务经营者不得以虚构交易、编造用户评价等方式进行虚假或者引人误解的商业宣传，欺骗、误导消费者。
	定向搜索和搭售提示	● 电子商务经营者根据消费者的兴趣爱好、消费习惯等特征向其提供商品或者服务的搜索结果的，应当同时向该消费者提供不针对其个人特征的选项。 ● 电子商务经营者搭售商品或者服务，应当以显著方式提请消费者注意，不得将搭售商品或者服务作为默认同意的选项。

表 3.1 续 1

事项		相关规定
电子商务经营者	押金退还	● 电子商务经营者按照约定向消费者收取押金的，应当明示押金退还的方式、程序，不得对押金退还设置不合理条件。 ● 消费者申请退还押金，符合押金退还条件的，电子商务经营者应当及时退还。
电子商务平台经营者	入驻商家核验登记	● 平台应要求入驻平台销售商品或提供服务的经营者提交其身份、地址、联系方式、行政许可等真实信息，进行核验、登记，建立档案，并定期核验更新。
	报送信息、配合监管	● 平台应按规定向市场监督管理部门报送平台内经营者的身份信息，并配合市场监督管理部门，为应当办理市场主体登记的经营者办理登记提供便利。
	信息记录及留存	● 平台应记录、保存平台上发布的商品和服务信息、交易信息，并确保信息的完整性、保密性、可用性。 ● 商品和服务信息、交易信息保存时间自交易完成之日起不少于三年；法律、行政法规另有规定的，依照其规定。
	交易规则公示和修改	● 平台应在其首页显著位置持续公示平台服务协议和交易规则信息或者上述信息的链接标识，并保证经营者和消费者能够便利、完整地阅览和下载。 ● 平台修改服务协议和交易规则，应当在其首页显著位置公开征求意见，采取合理措施确保有关各方能够及时充分表达意见。修改内容应在实施前七日公示。
	违法公示	● 平台依据平台服务协议和交易规则对平台内经营者违反法律、法规的行为实施警示、暂停或者终止服务等措施的，应当及时公示。
	自营业务区别标记	● 平台在其平台上开展自营业务的，应当以显著方式区分标记自营业务和平台内经营者开展的业务，不得误导消费者。
	信用评价制度	● 平台应当建立健全信用评价制度，公示信用评价规则，为消费者提供对平台内销售的商品或者提供的服务进行评价的途径。 ● 平台不得删除消费者对其平台内销售的商品或者提供的服务的评价。
	商品/服务搜索与竞价排名	● 平台应根据商品或者服务的价格、销量、信用等以多种方式向消费者显示商品或者服务的搜索结果。 ● 对于竞价排名的商品或者服务，应当显著标明"广告"。

表 3.1 续 2

事项		相关规定
快递物流服务提供者	快递物流服务	●电子商务当事人可以约定采用快递物流方式交付商品。快递物流服务提供者为电子商务提供快递物流服务，应当遵守法律、行政法规，并应当符合承诺的服务规范和时限。快递物流服务提供者在交付商品时，应当提示收货人当面查验；交由他人代收的，应当经收货人同意。
电子支付服务提供者	电子支付	●电子商务当事人可以约定采用电子支付方式支付价款。电子支付服务提供者为电子商务提供电子支付服务，应当遵守国家规定，告知用户电子支付服务的功能、使用方法、注意事项、相关风险和收费标准等事项，不得附加不合理交易条件。电子支付服务提供者应当确保电子支付指令的完整性、一致性、可跟踪稽核和不可篡改。
	对账服务及交易记录	●电子支付服务提供者应当向用户免费提供对账服务以及最近三年的交易记录。

二、税收征纳

近年来，随着跨境电商在经济生活中的重要性逐步提升，相关部门对跨境电商税收征纳的监管和引导也在不断加强和完善。限于篇幅，本小节笔者仅对跨境电商零售进口商品税收政策及跨境电商出口退税政策进行简要介绍，见表3.2。

表 3.2 税收征纳相关规定

事项		相关规定
跨境电商零售进口商品税收政策	零售进口商品综合税率[1]	●跨境电子商务零售进口商品的单次交易在限值人民币5000元以内并且不超过个人年度交易限值人民币26000元的，关税税率暂定为0%；进口环节增值税、消费税取消免征税额，按法定应纳税额的70%征收；对于单次交易完税价格超过5000元限值但低于26000元年度交易限值，且订单下仅一件商品时，可以自跨境电商零售渠道进口，按照货物税率全额征收关税和进口环节增值税、消费税，交易额计入年度交易总额，但年度交易总额超过年度交易限值的，应按一般贸易管理。

---

[1] 参见《关于跨境电子商务零售进口税收政策的通知》《关于完善跨境电子商务零售进口税收政策的通知》。

表3.2续1

事项		相关规定
跨境电商零售进口商品税收政策	零售进口税款计算[①]	• 单次交易完税价格在限值人民币5000元以内并且不超过个人年度交易限值人民币26000元的： 应纳税额=应征关税+应征消费税+应征增值税 　　　　=0+完税价格÷（1-消费税税率）×消费税税率×0.7+（完税价格+法定计征的消费税税额）×增值税税率×0.7。 • 单次交易完税价格超过5000元限值但低于26000元年度交易限值，且订单下仅一件商品的，按照跨境电商零售渠道进口，其他的按照一般贸易模式进口： 应纳税额=完税价格×关税税率+法定计征的消费税+法定计征的增值税。
	零售进口的纳税主体[②]	• 消费者为跨境电商零售进口商品税款的纳税义务人；跨境电商平台、物流企业或报关企业为税款代扣代缴义务人，向海关提供税款担保，并承担相应的补税义务及相关法律责任。
	跨境电商平台、物流企业或报关企业的代收代缴义务[③]	• 代收代缴义务人应当如实、准确向海关申报跨境电子商务零售进口商品的商品名称、规格型号、税则号列、实际交易价格及相关费用等税收征管要素。 • 为审核确定跨境电子商务零售进口商品的归类、完税价格等，海关可以要求代收代缴义务人按照有关规定进行补充申报。 • 海关对符合监管规定的跨境电子商务零售进口商品按时段汇总计征税款，代收代缴义务人应当依法向海关提交足额有效的税款担保。海关放行后30日内未发生退货或修撤单的，代收代缴义务人在放行后第31日至第45日内向海关办理纳税手续。
跨境电商出口退税政策	出口货物增值税、消费税免退税[④]	• 跨境电商平台上的经营者出口在规定范围内的货物，包括出口企业出口货物和出口企业或其他单位视同出口货物，可以实行退还或者免征增值税以及消费税的政策。 • 平台内经营者应在货物报关出口之日次月起至次年4月30日前的各增值税纳税申报期内，收齐有关凭证，向主管税务机关办理出口货物增值税、消费税免退税申报。

---

① 参见《关于完善跨境电子商务零售进口税收政策的通知》。
② 参见《关于完善跨境电子商务零售进口监管有关工作的通知》。
③ 参见《关于跨境电子商务零售进出口商品有关监管事宜的公告》。
④ 参见《关于出口货物劳务增值税和消费税政策的通知》（财税〔2012〕39号）。

第三章 现行跨境电商监管制度

表3.2续2

事项		相关规定
跨境电商出口退税政策	综试区电子商务出口企业出口增值税、消费税免税政策[1]	对综试区电子商务出口企业出口未取得有效进货凭证的货物，同时符合下列条件的，试行增值税、消费税免税政策： ● 电子商务出口企业在综试区注册，并在注册地跨境电子商务线上综合服务平台登记出口日期、货物名称、计量单位、数量、单价、金额。 ● 出口货物通过综试区所在地海关办理电子商务出口申报手续。 ● 出口货物不属于财政部和税务总局根据国务院决定明确取消出口退（免）税的货物。

三、外汇管理

跨境电商出口收款涉及跨境资金流转，所涉及的国家外汇管理法律法规以及规范性文件非常复杂。本小节在总结我国重点跨境收款收结汇的法律法规的基础上，对跨境收款结汇的基本要求、办理跨境收款收结汇的基本方式等方面进行简要介绍，见表3.3。

表3.3 外汇管理相关规定

事项		相关规定
跨境收款结汇的基本要求	谁出口谁收汇[2]	● 企业应当按照"谁出口谁收汇、谁进口谁付汇"原则办理贸易外汇收支业务，捐赠项下进出口业务等外汇局另有规定的情况除外。
	货物贸易外汇管理方式[3]	● 外汇管理局分支局对企业的贸易外汇管理方式由现场逐笔核销改变为非现场总量核查。外汇局通过货物贸易外汇监测系统，全面采集企业货物进出口和贸易外汇收支逐笔数据，定期比对、评估企业货物流与资金流总体匹配情况，便利合规企业贸易外汇收支；对存在异常的企业进行重点监测，必要时实施现场核查。

---

[1] 参见《关于跨境电子商务综合试验区零售出口货物税收政策的通知》。
[2] 参见《货物贸易外汇管理指引》第十四条。
[3] 参见《关于货物贸易外汇管理制度改革的公告》（国家外汇管理局公告2012年第1号）。

表3.3续1

事项		相关规定
跨境收款结汇的基本要求	企业动态分类管理①	● 外汇局根据企业贸易外汇收支的合规性及其与货物进出口的一致性，将企业分为A、B、C三类。A类企业进口付汇单证简化，可凭进口报关单、合同或发票等任何一种能够证明交易真实性的单证在银行直接办理付汇，出口收汇无须联网核查；银行办理收付汇审核手续相应简化。对B、C类企业在贸易外汇收支单证审核、业务类型、结算方式等方面实施严格监管，B类企业贸易外汇收支由银行实施电子数据核查，C类企业贸易外汇收支须经外汇局逐笔登记后办理。 ● 外汇局根据企业在分类监管期内遵守外汇管理规定情况，进行动态调整。A类企业违反外汇管理规定将被降级为B类或C类；B类企业在分类监管期内合规性状况未见好转的，将延长分类监管期或被降级为C类；B、C类企业在分类监管期内守法合规经营的，分类监管期满后可升级为A类。
办理跨境收款收结汇的基本方式	直接收款、自行或代理办理收结汇	● 就跨境电商出口收款而言，银行间支付可细分为境外外汇账户收款、境内经常项目外汇账户收款或者跨境人民币账户收款。 ● 跨境出口电商应当依法取得对外贸易经营权后在外汇管理部门办理贸易外汇收支企业名录的登记手续，然后到银行开立经常项目外汇账户（如需通过境外账户或者离岸账户的需事先取得外汇局的批准）以办理收结汇手续。境内卖家可根据自身经营情况在境内银行开立单位或个人外汇账户。需要注意的是，开立个人外汇账户，个人结汇和购汇的年度总额分别有等值5万美元的限制。
	采用第三方支付机构通道收款②	● 经贸易外汇收支企业名录登记的支付机构可开展境外汇支付业务，可以为跨境电子商务交易双方提供外汇资金收付及结售汇服务。 ● 境外买家的付款在进入银行的外汇备付金账户之后，支付机构根据真实合法的交易背景，实现交易信息的逐笔还原，为出口电商办理结售汇业务。 ● 第三方支付机构解决了跨境电商平台单独对接各银行的难题，降低了平台开发成本及平台使用费率，为用户提供了更加友好的跨境支付操作界面，而且可以在买家和卖家的交易中发挥货款监管的作用，因此，第三方支付机构通道是目前大多数跨境电商出口平台上境内卖家使用的收款模式。

① 参见《关于货物贸易外汇管理制度改革的公告》。
② 参见《支付机构外汇业务管理办法》(汇发〔2019〕13号)。

表3.3续2

事项		相关规定
数字人民币和跨境人民币支付	推行跨境人民币结算	● 从2009年人民银行等六部门联合发布公告2009年第10号《跨境贸易人民币结算试点管理办法》开始，跨境贸易人民币结算的适用范围已从上海、广东（广州、深圳、珠海、东莞）5个城市逐步扩大到全国范围；参与主体从列入试点名单的企业扩大到境内所有从事货物贸易、服务贸易及其他经常项目的企业。 ● 人民银行和海关总署等六部门先后下发《关于简化跨境人民币业务流程和完善有关政策的通知》（银发〔2013〕168号）、《关于简化出口货物贸易人民币结算企业管理有关事项的通知》（银发〔2014〕80号）、《关于进一步完善人民币跨境业务政策促进贸易投资便利化的通知》（银发〔2018〕3号）等文件，简化了跨境人民币业务流程并明确，凡依法使用外汇结算的跨境交易，境内银行可在"了解客户、了解业务、尽职审查"的"展业三原则"基础上直接办理跨境人民币结算。 ● 2021年1月4日，《关于进一步优化跨境人民币政策 支持稳外贸稳外资的通知》（银发〔2020〕330号）出台，强调支持贸易新业态跨境人民币结算，要求境内银行在满足交易信息采集、真实性审核的条件下，可按相关规定凭交易电子信息为跨境电子商务等贸易新业态相关市场主体提供经常项目下跨境人民币结算服务。 ● 除了商业银行，第三方支付机构也可以在人民银行的批准下办理电子商务人民币资金跨境支付业务。人民银行上海总部《关于上海市支付机构开展跨境人民币支付业务的实施意见》明确规定具有必要资质的第三方支付机构，经备案可以依托互联网，为境内外收付款人之间，基于非自由贸易账户的真实交易需要转移人民币资金提供支付服务。 ● 根据上述政策，境内卖家在跨境电商平台上也可以直接以人民币作为收款的币种，只要该笔交易符合一般结汇条件，收款后可通过银行或者有资质的第三方支付机构直接办理跨境人民币结算业务。
	数字人民币	● 2019年10月28日，中国正式提出央行数字货币DC/EP，是基于区块链技术提出的全新加密电子货币体系。2020年10月，人民银行起草《中华人民共和国中国人民银行法（修订草案征求意见稿）》，规定人民币包括实物形式和数字形式，为发行数字人民币提供了法律依据；为防范虚拟货币风险，该文件明确任何单位和个人禁止制作和发售数字代币。 ● 数字人民币的中心化管理能实现支付即结算，可以提高商户资金周转效率，有助于解决中小企业流动性问题，提高货币流通速度和货币政策执行效率。数字人民币目前试点中采用了零费率形式（未来可能有其他的费用），有利于商户资金的结算。

表3.3续3

事项		相关规定
数字人民币和跨境人民币支付	数字人民币	● 2021年5月，数字人民币首次在海南跨境进口电商企业国免（海南）科技有限公司使用并完成支付，这是数字人民币首次应用在跨境进口电商支付场景并在海南落地成功。
境内消费者在支付时的个人数据安全问题	第三方支付平台的个人数据安全问题	● 第三方支付业务开展流程中往往会涉及金融数据的处理，例如用户的使用习惯和消费习惯数据，并结合既有的平台数据对用户进行分析并形成用户画像。这往往可能对用户的个人信息权益产生一定的影响。 ● 2020年10月1日生效的新版国家标准GB/T 35273—2020《信息安全技术 个人信息安全规范》就明确提出了对基于不同业务目的所收集的个人信息的汇聚融合和合规监管要求。 ● 2021年1月，中国人民银行发布的《非银行支付机构条例（征求意见稿）》在支付交易处理业务、资料保存、信息收集、使用与处理、信息本地化方面，进一步强化了对支付机构的个人信息保护要求。可以预见的是，该条例落地后，后续一系列配套规范亦将随之出台。 ● 《中华人民共和国数据安全法》更是确立了我国数据安全领域的基本法律框架，明确了支付机构应当遵守数据安全法在数据分级分类保护、数据安全保护制度、数据交易、数据安全审查制度、数据跨境流动安全等方面的规定和要求。

四、信息保护

2021年8月20日，经第十三届全国人大常委会第三十次会议审议后，《中华人民共和国个人信息保护法》获得通过并公布。2021年11月1日起生效实施后，《中华人民共和国个人信息保护法》（下称《个人信息保护法》）将与《中华人民共和国网络安全法》（下称《网络安全法》）、《中华人民共和国数据安全法》（下称《数据安全法》）一起构建我国网络空间治理和数据保护的法律体系。作为首部专门规定个人信息保护的法律，《个人信息保护法》将成为个人信息保护领域的"基本法"，见表3.4。

表3.4 《个人信息保护法》相关规定

事项	相关规定
明确域外适用效力	在中华人民共和国境外处理中华人民共和国境内自然人个人信息的活动，有下列情形之一的，适用本法： ● 以向境内自然人提供产品或者服务为目的； ● 为分析、评估境内自然人的行为； ● 法律、行政法规规定的其他情形。
处理个人信息的合法性基础	符合下列情形之一的，个人信息处理者方可处理个人信息： ● 取得个人的同意； ● 为订立、履行个人作为一方当事人的合同所必需，或者按照依法制定的劳动规章制度和依法签订的集体合同实施人力资源管理所必需； ● 为履行法定职责或者法定义务所必需； ● 为应对突发公共卫生事件，或者紧急情况下为保护自然人的生命健康和财产安全所必需； ● 为公共利益实施新闻报道、舆论监督等行为，在合理的范围内处理个人信息； ● 依照本法规定在合理的范围内处理个人自行公开或者其他已经合法公开的个人信息； ● 法律、行政法规规定的其他情形。
处理个人信息前的告知要求	个人信息处理者在处理个人信息前，应当以显著方式、清晰易懂的语言真实、准确、完整地向个人告知下列事项： ● 个人信息处理者的名称或者姓名和联系方式； ● 个人信息的处理目的、处理方式，处理的个人信息种类、保存期限； ● 个人行使本法规定权利的方式和程序； ● 法律、行政法规规定应当告知的其他事项。 前款规定事项发生变更的，应当将变更部分告知个人。
处理敏感个人信息的条件和敏感个人信息的定义	● 敏感个人信息是一旦泄露或者非法使用，容易导致自然人的人格尊严受到侵害或者人身、财产安全受到危害的个人信息，包括生物识别、宗教信仰、特定身份、医疗健康、金融账户、行踪轨迹等信息，以及不满十四周岁未成年人的个人信息。 ● 处理敏感个人信息应当取得个人的单独同意；法律、行政法规规定处理敏感个人信息应当取得书面同意的，从其规定。 ● 个人信息处理者处理敏感个人信息的，还应当向个人告知处理敏感个人信息的必要性以及对个人权益的影响；依照本法规定可以不向个人告知的除外。 ● 个人信息处理者处理不满十四周岁未成年人个人信息的，应当取得未成年人的父母或者其他监护人的同意，并应当制定专门的个人信息处理规则。 ● 法律、行政法规对处理敏感个人信息规定应当取得相关行政许可或者作出其他限制的，从其规定。

表 3.4 续 1

事项	相关规定
个人信息处理者向境外传输个人信息的条件	个人信息处理者因业务等需要，确需向中华人民共和国境外提供个人信息的，应当具备下列条件之一： ● 通过国家网信部门组织的安全评估； ● 按照国家网信部门的规定经专业机构进行个人信息保护认证； ● 按照国家网信部门制定的标准合同与境外接收方订立合同，约定双方的权利和义务； ● 法律、行政法规或者国家网信部门规定的其他条件。 中华人民共和国缔结或者参加的国际条约、协定对向中华人民共和国境外提供个人信息的条件等有规定的，可以按照其规定执行。 个人信息处理者应当采取必要措施，保障境外接收方处理个人信息的活动达到本法规定的个人信息保护标准。
个人在个人信息处理活动中的权利	● 个人对其个人信息的处理享有知情权、决定权，有权限制或者拒绝他人对其个人信息进行处理；法律、行政法规另有规定的除外。 ● 个人有权向个人信息处理者查阅、复制其个人信息。个人请求查阅、复制其个人信息的，个人信息处理者应当及时提供。个人请求将个人信息转移至其指定的个人信息处理者，符合国家网信部门规定条件的，个人信息处理者应当提供转移的途径。 ● 个人发现其个人信息不准确或者不完整的，有权请求个人信息处理者更正、补充。个人请求更正、补充其个人信息的，个人信息处理者应当对其个人信息予以核实，并及时更正、补充。
个人信息处理者的安全保护义务	应当根据个人信息的处理目的、处理方式、个人信息的种类以及对个人权益的影响、可能存在的安全风险等，采取下列措施确保个人信息处理活动符合法律、行政法规的规定，并防止未经授权的访问以及个人信息泄露、篡改、丢失： ● 制定内部管理制度和操作规程； ● 对个人信息实行分类管理； ● 采取相应的加密、去标识化等安全技术措施； ● 合理确定个人信息处理的操作权限，并定期对从业人员进行安全教育和培训； ● 制定并组织实施个人信息安全事件应急预案； ● 法律、行政法规规定的其他措施。
个人信息处理者设置个人信息保护负责人的义务	● 处理个人信息达到国家网信部门规定数量的个人信息处理者应当指定个人信息保护负责人，负责对个人信息处理活动以及采取的保护措施等进行监督。 ● 个人信息处理者应当公开个人信息保护负责人的联系方式，并将个人信息保护负责人的姓名、联系方式等报送履行个人信息保护职责的部门。

表 3.4 续 2

事项	相关规定
个人信息处理者的个人信息安全审计义务	• 个人信息处理者应当定期对其处理个人信息遵守法律、行政法规的情况进行合规审计。 • 履行个人信息保护职责的部门在履行职责中，发现个人信息处理活动存在较大风险或者发生个人信息安全事件的，可以按照规定的权限和程序对该个人信息处理者的法定代表人或者主要负责人进行约谈，或者要求个人信息处理者委托专业机构对其个人信息处理活动进行合规审计。
个人信息处理者的事前风险评估义务	个人信息处理者应当事前进行个人信息保护影响评估，并对处理情况进行记录： • 处理敏感个人信息； • 利用个人信息进行自动化决策； • 委托处理个人信息、向第三方提供个人信息、公开个人信息； • 向境外提供个人信息； • 其他对个人有重大影响的个人信息处理活动。
个人信息处理者的补救和通知义务	发生或者可能发生个人信息泄露、篡改、丢失的，个人信息处理者应当立即采取补救措施，并通知履行个人信息保护职责的部门和个人。通知应当包括下列事项： • 发生或者可能发生个人信息泄露、篡改、丢失的信息种类、原因和可能造成的危害； • 个人信息处理者采取的补救措施和个人可以采取的减轻危害的措施； • 个人信息处理者的联系方式。 个人信息处理者采取措施能够有效避免信息泄露、篡改、丢失造成危害的，个人信息处理者可以不通知个人；履行个人信息保护职责的部门认为可能造成危害的，有权要求个人信息处理者通知个人。
境外个人信息处理者的特殊义务	• 境外的个人信息处理者应在境内设立专门机构或者指定代表，负责处理个人信息保护相关事务，并将机构的名称或者代表的姓名、联系方式等报送履行个人信息保护职责的部门。

五、行政许可

《电子商务法》第十二条规定，电子商务经营者从事经营活动，依法需要取得相关行政许可的，应当依法取得行政许可。根据《关于跨境电子商务零售进出口商品有关监管事宜的公告》，跨境电商物流企业应获得国家邮政管理部门颁发的《快递业务经营许可证》；支付企业为银行机构的，应具备银保监会或者原银监会颁发的《金融许可证》；支付企业为非银行支付机构的，应具备中国人民银行颁发的《支付业务许可证》。另外，根据《电信业务经营许可管理办法》（工业和信息化部令第42号），跨境电商平台在跨境电子商务中为交易双方或多方提供网络经营场所、交易撮合、信息发布等服务，属于从事经营性互联网信息服务，应当依法取得电信管理机构颁发的《增值电信业务经营许可证》，具体规定见表3.5。

表3.5 经营增值电信业务相关规定

事项	相关规定
具备条件	经营增值电信业务，应当具备下列条件： ● 经营者为依法设立的公司； ● 有与开展经营活动相适应的资金和专业人员； ● 有为用户提供长期服务的信誉或者能力； ● 在省、自治区、直辖市范围内经营的，注册资本最低限额为100万元人民币；在全国或者跨省、自治区、直辖市范围经营的，注册资本最低限额为1000万元人民币； ● 有必要的场地、设施及技术方案； ● 公司及其主要投资者和主要经营管理人员未被列入电信业务经营失信名单； ● 国家规定的其他条件。
申请材料	申请办理增值电信业务经营许可证的，应当向电信管理机构提交下列申请材料： ● 公司法定代表人签署的经营增值电信业务的书面申请，内容包括：申请经营电信业务的种类、业务覆盖范围、公司名称和联系方式等； ● 公司营业执照副本及复印件； ● 公司概况，包括：公司基本情况，拟从事电信业务的人员、场地和设施等情况； ● 公司章程、公司股权结构及股东的有关情况； ● 经营电信业务的业务发展和实施计划及技术方案； ● 为用户提供长期服务和质量保障的措施； ● 网络与信息安全保障措施； ● 证明公司信誉的有关材料； ● 公司法定代表人签署的公司依法经营电信业务的承诺书。
经营许可证的使用	● 电信业务经营者应当按照经营许可证所载明的电信业务种类，在规定的业务覆盖范围内，按照经营许可证的规定经营电信业务。 ● 电信业务经营者应当在公司主要经营场所、网站主页、业务宣传材料等显著位置标明其经营许可证编号。

六、其他监管规定、行业规范

(一)《网络交易监督管理办法》

纵览2021年5月生效的《网络交易监督管理办法》(国家市场监督管理总局令第37号)全文,其在《电子商务法》的规范下对参与网络交易的各方主体提出了更为细致和明确的要求,对各方主体的经营行为做了全面规范,同时回应了社会关注的"平台二选一""网络社交、直播电商规范管理"等热点问题。在《非银行支付机构条例(征求意见稿)》正式出台后,网络交易各方参与主体将面临《电子商务法》实施后的二次合规梳理。网络交易相关规定见表3.6。

表3.6 网络交易相关规定

事项		相关规定
网络交易主体经营行为规范	个人信息收集	● 取得被收集者授权同意。 ● 明示收集、使用的目的、必要性、范围、方式。 ● 不得采取一次概括授权方式。 ● 不得以默认授权、捆绑授权、停止安装使用等手段,强迫或者变相强迫被收集者同意收集、使用与经营活动无直接关系的信息。 ● 收集、使用敏感信息(生物识别信息、健康信息、财产信息、社交信息),应逐项取得被收集者同意。
	禁止欺骗误导消费者	不以下列方式欺骗误导消费者: ● 虚构交易; ● 编造用户评价; ● 对评价进行误导性展示,包括将好评前置、差评后置或者不显著区分不同商品或者服务的评价; ● 采用谎称现货、虚构预订、虚假抢购等方式进行虚假营销; ● 虚构点击量、关注度等流量数据,以及虚构点赞、打赏等交易互动数据; ● 实施混淆行为,引人误认为是他人商品、服务或者与他人存在特定联系; ● 编造、传播虚假信息或者误导性信息,损害竞争对手的商业信誉、商品声誉。
	违规评价的技术处理	● 网络交易经营者可对法律、行政法规禁止发布的评价进行技术处理。

表3.6续1

事项		相关规定
网络交易主体经营行为规范	商品、服务搭售要求	● 以直接捆绑或者提供多种可选项方式向消费者搭售商品或者服务的，应以显著方式提醒消费者注意。 ● 提供多种可选项方式的，不得将搭售商品或者服务的任何选项设定为消费者默认同意。 ● 不得将消费者以往交易中选择的选项在后续独立交易中设定为消费者默认选择。
	自动续展服务要求	● 提供自动展期、自动续费等服务的，应以显著方式提醒消费者注意。 ● 在服务期间内，应当为消费者提供显著、简便的随时取消或者变更的选项，并不得收取不合理费用。 ● 在展期、续费等日期前5日以显著方式提醒消费者注意。
	提供格式条款要求	● 格式条款不得免除或者部分免除网络交易经营者对其所提供的商品或者服务应当承担的修理、重作、更换、退货、补足商品数量、退还货款和服务费用、赔偿损失等责任。 ● 格式条款不得排除或者限制消费者提出修理、更换、退货、赔偿损失以及获得违约金和其他合理赔偿的权利。 ● 格式条款不得排除或者限制消费者依法投诉、举报、请求调解、申请仲裁、提起诉讼的权利。 ● 格式条款不得排除或者限制消费者依法变更或者解除合同的权利。 ● 格式条款不得规定网络交易经营者单方享有解释权或者最终解释权。 ● 格式条款不得含有其他对消费者不公平、不合理的规定。
	商品、服务信息报送	● 按国家市场监督管理总局、省级市场监督管理部门的要求，提供特定时段、特定品类、特定区域的商品或者服务的价格、销量、销售额等数据。
	终止网络交易要求	● 网络交易经营者自行终止从事网络交易活动的，应当提前30日在其网站首页或者从事经营活动的主页面显著位置，持续公示终止网络交易活动公告等有关信息，并采取合理、必要、及时的措施保障消费者和相关经营者的合法权益。
网络交易平台责任	平台信息核验要求	● 网络交易平台经营者应对入驻平台的经营者的身份、地址、联系方式、行政许可等信息进行核验、登记、建档。 ● 网络交易平台应对登记档案至少每6个月核验更新一次。

表3.6续2

事项		相关规定
网络交易平台责任	平台报送经营者信息要求	● 网络交易平台应于每年1月和7月向住所地省级市场监督管理部门报送平台内经营者的身份信息。
	服务协议和交易规则完整保存要求	● 变更服务协议和交易规则的，应完整保存修改后的版本生效之日前三年的全部历史版本。 ● 服务协议和交易规则可便利、完整地阅览和下载。
	建立检查监控机制	● 网络交易平台应建立检查监控制度。 ● 发现平台内经营者违反市场监督管理法律、法规、规章，损害国家利益和社会公共利益，违背公序良俗的，应依法采取必要处置措施。 ● 网络交易平台对依法采取的必要处置措施应保存有关记录。
	平台报告义务	● 网络交易平台应向平台住所地县级以上市场监督管理部门报告平台内经营者违反市场监督管理法律、法规、规章，损害国家利益和社会公共利益，违背公序良俗的情况。
	平台处置公示要求	● 网络交易平台对平台内经营者采取警示等处理措施，应自处理措施作出之日起一个工作日内予以公示。 ● 公示应载明平台内经营者网店名称、违法行为、处理措施等信息。 ● 警示、暂停服务等短期处理措施应持续公示至处理措施期满之日止。
	平台信息保存义务	● 网络交易平台应长期保存平台内经营者的身份信息。 ● 网络交易平台对交易信息（商品或者服务信息，支付记录、物流快递、退换货以及售后等）的保存时间自交易完成日起不少于3年。
	平台公平竞争要求	● 网络交易平台不得干涉平台内经营者的自主经营。 ● 网络交易平台不得对平台内经营者在平台内的交易、交易价格以及与其他经营者的交易等进行不合理限制或者附加不合理条件。 ● 网络交易平台不得通过不合理搜索降权、下架商品、限制经营、屏蔽店铺、提高服务收费等手段强制平台内经营者接受。 ● 网络交易平台不得禁止或者限制平台内经营者自主选择快递物流等交易辅助服务提供者。

（二）《网络直播营销行为规范》

2020年，"直播带货"作为疫情期间重要的线上宣传推广方式之一，吸引了众多玩家。2020年6月24日，中国广告协会发布了《网络直播营销行为规范》，希望通过加强行业自律的方式推进直播带货行业的诚信建设和良性发展。下文根据该规范整理了各方主体的主要义务，见表3.7。

表3.7　网络直播参与主体的主要义务

参与主体	主要义务
商家	● 获得相应资质及许可，并亮证亮照经营。 ● 提供符合相关商品质量和使用安全法律法规要求的商品或服务。
主播	● 实名认证，不得转让或出借账号。 ● 不得以任何形式导流用户私下交易。 ● 禁止流量造假。
网络直播营销平台	● 电商平台类：规范商家主体资质，督促营业执照及行政许可信息公示。 ● 内容平台类：加强对入驻本平台的商家、主播交易行为规范，防止主播诱导用户进行线下交易。 ● 社交平台类：规范内部交易秩序，禁止主播诱导用户绕过合法交易程序在社交群组进行线下交易，采取措施防范违法犯罪及违反网络内容生态治理规定的行为。

第四章
跨境电商直购进口监管原理

直购进口，海关监管代码为9610，全称为"跨境贸易电子商务"，由海关总署公告2014年第12号确定，适用于境内个人或电子商务企业通过电子商务交易平台实现交易，并采用"清单核放、汇总申报"模式办理通关手续的电子商务零售进出口商品（通过海关特殊监管区域或保税监管场所一线的电子商务零售进出口商品除外）。在跨境电商零售平台发展的早期，直购进口是主要的进口模式。虽然随着平台实力不断发展强化及国家政策扶持力度加大，网购保税进口开始发展起来，但直购进口也有自身的特有优势，目前在跨境电商零售进口中仍然具有重要的地位。

跨境电商直购进口具有信息化、阳光化、便捷化的特点，是电商"海淘"购物转型的重要渠道之一。在此模式下，国内消费者在跨境电商平台上确定交易，由消费者或者物流公司通过平台完成网上购物和电子支付，然后商家在境外设立的仓库按客户订单配货集货，通过国际快递直邮中国配送给境内客户或通过自身合作的物流转运公司、国际航空公司等递送给境内客户。直购进口因其在商品种类的多样性上具有优势，多被经营品类较宽泛的跨境电商平台及海外电商企业所采用。

一、直购进口的特点及发展趋势

（一）直购进口的特点

直购进口具备以下特点：

1.商品类别多样，利于新商品快速跨境销售。直购进口广泛适用于销售品类宽泛琐碎、不易批量备货的商品，有利于新上市产品开展跨境销售，便于跨境电商企业新品试水。此外，基于用户体验而产生的定制产品，即非标品，通过直购进口方式将更加灵活。直购进口使用的商品不限于保税仓既有的商品范围，但对于《跨境电子商务零售进口商品清单》中备注标明的"仅限网购保税商品"也不适用，因此在判断是否通过直购进口模式入境时，应当关注并遵守《跨境电子商务零售进口商品清单》的备注要求。

2."先下单后发货"模式，无须先期大量备货，有效避免货物积压以及批量退货等问题，节省境内仓储环节及成本。

3.通关环节简便灵活。直购进口模式下境外商品从境外供应商或海外仓直运入境，无须经境内保税仓"一线入区、二线出区"通关手续及其他监管要求，直接从监管作业场所入境通关。

4.物流时间相对较长、成本相对较高，这是直购进口较为突出的缺点。相对于网购保税进口而言，直购进口的发货地在境外，采用国际邮快件方式寄递，物流时效平均4~7天左右，甚至更长，单件商品的运费相比于大货集运的平均单价成本更高。

（二）直购进口的发展趋势

"直购进口"的概念由《关于完善跨境电子商务零售进口监管有关工作的通知》首次确立，该文件规定通过"直购进口"的跨境电商商品应满足以下条件：

1.属于《跨境电子商务零售进口商品清单》内、限于个人自用并满足跨境电商零售进口税收政策规定的条件。

2.通过与海关联网的电子商务交易平台交易，能够实现交易、支付、物流电子信息"三单"比对。

3.未通过与海关联网的电子商务交易平台交易，但进出境快件运营人、邮政企业能够接受相关电商企业、支付企业的委托，承诺承担相应法律责任，向海关传输交易、支付等电子信息。

与之相配套，《关于跨境电子商务零售进出口商品有关监管事宜的公告》强调："跨境电子商务零售进口商品申报前，跨境电子商务平台企业或跨境电子商务企业境内代理人、支付企业、物流企业应当分别通过国际贸易'单一窗口'或跨境电子商务通关服务平台向海关传输交易、支付、物流等电子信息，并对数据真实性承担相应责任。"直购进口模式因其依托国际邮件、快件等全程门对门物流服务的特殊模式，允许"邮政企业、进出境快件运营人可以接受跨境电子商务平台企业或跨境电子商务企业境内代理人、支付企业的委托，在承诺承担相应法律责任的前提下，向海关传输交易、支付等电子信息"。由此可见，在通关申报环节，直购进口的申报主体更加多元。

不仅如此，在2021年网购保税试点扩大至所有自贸试验区、保税物流中心等之前，《关于完善跨境电子商务零售进口监管有关工作的通知》中网购保税仅适用于37个试点城市，后扩展至86个试点城市及海南全岛，而网购保税试点的限制则从某种程度上推动了直购进口的快速发展，大量非试点城市在推进跨境电商政策落地实施的过程中将直购进口作为首要发展的跨境电商零售进口模式，这直接影响了直购进口在适用范围和规模上的先期优势，吸引了大量传统外贸企业及海淘代购者向跨境电商零售进口业务转型，有利于海关统计与监管。

二、直购进口海关监管模式

（一）海关监管流程

直购进口海关监管流程见图4.1。

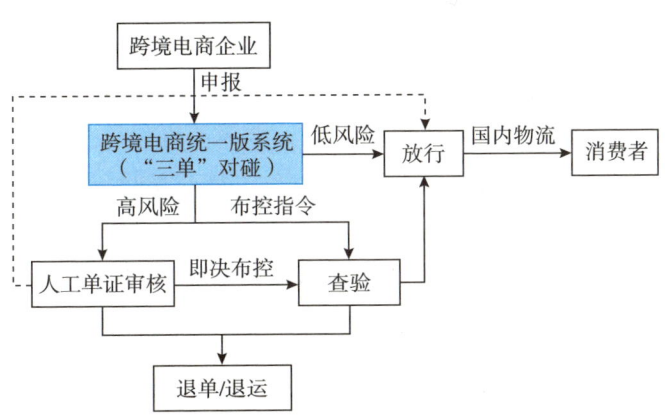

图4.1　直购进口海关监管流程图

1. 企业申报

直购进口模式下，消费者在跨境电商平台下单后，申报企业通过跨境电商全国统一版系统进行申报，并向海关推送"三单"信息。其中，申报企业可以委托物流公司或代理报关公司代为申报。

2. 海关审单

海关在接收到申报企业向海关推送的"三单"信息后，系统会自动核对申报信息的内容与格式，如果申报信息存在错误，系统会自动将信息原路退回；如果信息无误，系统会将信息传送至审单中心，由海关关员对申报信息进行专业化人工审核，主要审核申报商品的价格、原产地、HS 编码等，进而对每票商品作出风险评估。对高风险商品选择布控查验，对低风险商品选择直接放行。

3. 海关查验

被审单环节布控抽中的商品，海关会进行实货查验。实货查验主要是为了确认实际货物与申报信息是否相符，例如实货的品名、数量、规格、原产地、HS 编码与申报数据是否相符，另外还需核实实货是否存在瞒报、夹藏的违法现象。

海关查验环节至关重要，一方面有效维护了国门安全，将危害国家安全的货物拒之门外，另一方面有效保证了应税尽税。

4. 海关征税

目前，海关多采用线上支付的方式征收税款，凭跨境电商企业或其代理人出具的保证金或保函按月集中征税。同时，海关还实施"税款担保、集中纳税、代扣代缴"征税模式，这提高了税款征收和通关验放的时效。《关于跨境电子商务零售进口税收政策的通知》实施之后，限额内跨境网购商品关税为零，增值税、消费税为应缴税额的 70%，完税价格超过 5000 元单次交易限值但低于 26000 元年度交易限值，且订单下仅一件商品时，可以自跨境电商零售渠道进口，按照货物税率全额征收关税和进口环节增值税、消费税，交易额计入年度交易总额，但年度交易总额超过年度交易限值的，应按一般贸易管理。海关对于商品价值一般是根据申报企业提供的商品发票来确定，如果申报企业无法提供发票，则由海关对商品进行估价。

5. 海关放行

直购进口商品在审单完成后直接放行或在查验完成后放行，此时申报企业可以从海关监管仓库中将商品提走，也可以委托物流公司将商品提走，最终将商品运送至消费者手中。

（二）海关监管要点

1. 进口商品以及申报主体行为合法性

我国海关在对直购进口商品进行监管时，既要监管商品，又要监管申报主体。例如，国家明令禁止入境象牙、枪支弹药及其零件、毒品、反动宣传品，一旦查获，全部没收，并对申报主体进行处罚。如果涉及数量较大且情节严重，将移交缉私局并立案调查。对于申报主体，海关也会审核其申报资质，并对其所有的申报行为进行实时监控。

2. 申报信息真实性

直购进口商品具有"小批量、低价值"的特点，申报主体除了代理报关企业或物流企业，也可能由寄件人自行申报。有的寄件人为了偷逃税款，提供给海关的申报信息与实际商品不相符，对于这种违法行为，海关必须在审单、查验过程中认真严谨，对商品的实际情况作出准确的判断。

3. 申报价格合理性

海关对商品价值的判定主要是根据发票，然而有的商家为了降低成本，提高产品竞争力，故意开具价格相对较低的发票以达到少交税款的目的。所以，海关在查验过程中要对商品的实际价值作出判断，审核申报价格是否合理。

三、企业开展直购进口业务

（一）企业开展直购进口业务具体流程

直购进口在具体的业务流程上类似于国内电商，消费者购买支付后，国外商品通过海关跨境电商专门监管场所入境并送达，但在操作过程中因需满足进口电商的特殊要求而存在部分差异。

采用此模式进口产品的前期准备工作包括商品采购及政府备案。商品采购方式多种多样，既可由商家直接向供应商采购后将商品置于海外仓库存放，也可由供应商直接备货，有订单后由供应商直接发货。政府备案则包括电商企业备案及商品备案，企业通过商品备案，相当于提前对跨境电商进口商品进行国家标准的符合性审核，如产品是否涉及濒危、是否含有动物源性、植物源性成分等，在通关环节可据此节省海关验核的时间，提高通关效率。需明确的一点是，从当前的法律法规规定及各海关实践来看，备案并非是强制要求,而是海关推出的一种个性化服务措施,由企业按照自愿原则选择备案与否。

直购进口方式具体包括以下6个步骤:(1)下单购物:消费者在网站上下单,并完成支付;(2)订单处理:跨境电商企业根据订单信息,在海外仓库对订单进行处理,包括分拣、打包等操作;(3)国际运输:跨境物流企业将订单包裹从境外运输到清关的口岸;(4)"三单"数据传输:商品申报前,跨境电商平台或跨境电商企业境内代理人、支付企业、物流企业应当分别通过国际贸易"单一窗口"或跨境电子商务通关服务平台传输交易、支付、物流等电子信息;(5)清关申报:商品到达国内口岸后,跨境电商企业境内代理人办理清关手续;(6)国内派送:清关完毕后将货物移交给国内快递公司进行派送,送至消费者手中。直购进口的步骤也可参见图4.2。

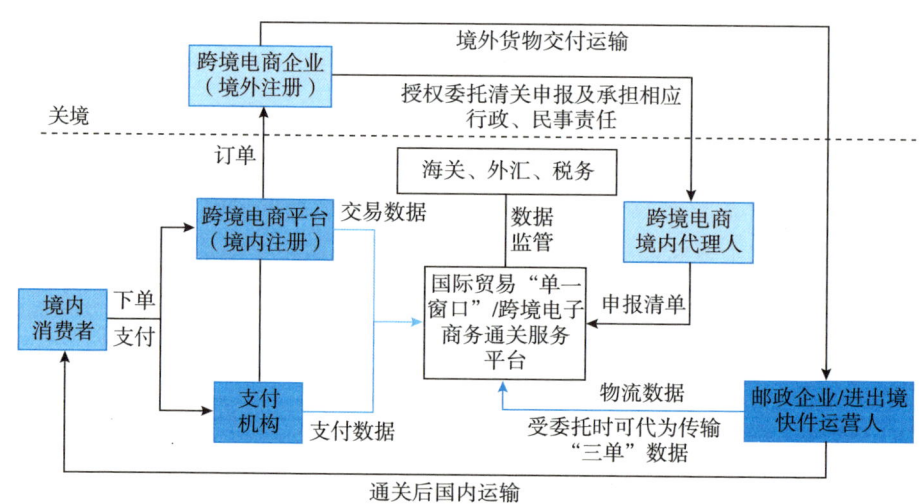

图4.2 直购进口业务运作主要步骤

(二)各类主体在直购进口业务中的合规要求及法律责任

在跨境电商直购进口业务中,参与主体除消费者及政府监管部门外,还包括跨境电商平台企业、跨境电商企业境内代理人、物流企业及支付企业。根据《关于完善跨境电子商务零售进口监管有关工作的通知》《关于跨境电子商务零售进出口商品有关监管事宜的公告》等相关法规规定,上述主体合规要求及各自所承担的法律义务和责任见表4.1。

表4.1　各类主体的合规要求及法律义务和责任

主体类型	业务范围	合规要求	法律义务及责任
跨境电商平台企业	为交易双方（消费者和跨境电子商务企业）提供网页空间、虚拟经营场所、交易规则、信息发布等服务，设立供交易双方独立开展交易活动的信息网络系统	境内工商注册登记；所在地海关备案[①]，"跨境贸易电子商务类型"一栏勾选"电子商务交易平台"	通过电子商务通关服务平台实时向电子商务通关管理平台传输申报交易、支付等电子数据，并对数据真实性负责；应对交易真实性和消费者（订购人）身份信息真实性进行审核并承担相应责任
跨境电商企业境内代理人	开展跨境电子商务零售进口业务的境外注册企业所委托的境内代理企业	境内工商注册登记；所在地海关备案，"跨境贸易电子商务类型"一栏勾选"电子商务企业"；相关行政许可	通过电子商务通关服务平台实时向电子商务通关管理平台传输申报交易电子数据，并承担如实申报责任；依法接受相关部门监管，并承担民事责任；应对交易真实性和消费者（订购人）身份信息真实性进行审核并承担相应责任

[①] 《中华人民共和国海关法》（2021年修订）第十一条：进出口货物收发货人、报关企业办理报关手续，应当依法向海关备案。
海关总署公告2019年第14号《关于〈报关单位注册登记证书〉（进出口货物收发货人）纳入"多证合一"改革的公告》：申请人办理工商注册登记时，需要同步办理《报关单位注册登记证书》（进出口货物收发货人）的，应按照要求勾选进出口货物收发货人的备案登记，并补充填写相关备案信息。市场监管部门按照"多证合一"流程完成登记，并在总局层面完成与海关总署的数据交换。海关确认接收到企业工商注册信息和商务备案信息后即完成企业备案，企业无须再到海关办理备案登记手续。

表4.1续1

主体类型	业务范围	合规要求	法律义务及责任
物流企业	接受跨境电子商务平台企业、跨境电子商务企业或其代理人委托为其提供跨境电子商务零售进出口物流服务的企业，在跨境电商直购进口业务模式下应为邮政企业或者已向海关办理代理报关登记手续的进出境快件运营人	境内工商注册登记；所在地海关备案，"跨境贸易电子商务类型"一栏勾选"物流企业"；国家邮政管理部门颁发的《快递业务经营许可证》	通过电子商务通关服务平台实时向电子商务通关管理平台传输申报物流电子数据，并对数据真实性负责
支付企业	接受跨境电子商务平台企业或跨境电子商务企业境内代理人委托为其提供跨境电子商务零售进口支付服务的银行、非银行支付机构以及银联等	境内工商注册登记；所在地海关备案，"跨境贸易电子商务类型"一栏勾选"支付企业"；支付企业为银行机构的，应具备银保监会或原银监会颁发的《金融许可证》；支付企业为非银行支付机构的，应具备中国人民银行颁发的《支付业务许可证》，支付业务范围应当包括"互联网支付"	通过电子商务通关服务平台实时向电子商务通关管理平台传输申报支付电子数据，并对数据真实性负责

表4.1续2

主体类型	业务范围	合规要求	法律义务及责任
监管场所经营企业	由企业负责经营管理，供进出境运输工具或者境内承运海关监管货物的运输工具进出、停靠，从事海关监管货物的进出、装卸、储存、集拼、暂时存放等有关经营活动	境内工商注册登记；符合《海关监管作业场所（场地）设置规范》，办理相关海关手续；所在地海关备案，"跨境贸易电子商务类型"一栏勾选"监管场所经营人"；应当建立符合海关监管要求的计算机管理系统，并按照海关要求交换电子数据；应按照快递类或者邮递类海关监管作业场所规范设置	装卸、储存、集拼、暂时存放非海关监管货物的，应当与海关监管货物分开，设立明显标识，并且不得妨碍海关对海关监管货物的监管；应当妥善保存货物进出以及存储等情况的电子数据或者纸质单证，保存时间不少于3年；应当将海关监管作业场所内存放超过3个月的海关监管货物情况向海关报告；应当根据海关需要，向海关传输非海关监管货物进出海关监管作业场所等信息

根据海关总署发布的《"跨境电子商务监管"政务服务事项办事指南》的要求，企业对于其向海关所申报及传输的电子数据承担法律责任，电子单证数据使用数字签名技术，具体见表4.2。

表4.2 跨境电商进口业务单证责任主体

序号	业务单证	责任主体	数字签名
1	进口清单	电商企业或其代理人	是
2	电子订单	电商企业或电商平台或受委托的快件运营人、邮政企业	是
3	支付单	支付企业或受委托的快件运营人、邮政企业	是
4	运单及运单状态	物流企业	是
5	撤销申请单	电商企业或其代理人	是
6	退货申请单	电商企业或其代理人	是
7	入库明细单	海关监管作业场所经营企业	是

四、直购进口业务开展的问题分析

从2016年《关于跨境电子商务零售进口税收政策的通知》出台到2018年年底的跨境电商系列政策以及《电子商务法》在2019年的实施，这不仅是为了便利境内消费者"买全球"的消费需求，同时也是在政策和法律层面对之前无序发展的"代购""海淘"市场的重整与规范。直购进口模式相比网购保税进口通关环节更加简单灵活，物流方式仍然依托跨国邮政或快件，适用范围广，加之跨境电商特有的税收及监管优惠，成为传统进口贸易及"海淘"转型的首选，但也由此引发多种违规、违法风险，最为常见的有以下几种。

（一）禁限商品合规风险

根据《关于跨境电子商务零售进出口商品有关监管事宜的公告》规定，"电子商务企业不得进出口涉及危害口岸公共安全、生物安全、进出口食品和商品安全、侵犯知识产权的商品以及其他禁限商品"，且"海关对跨境电子商务零售进出口商品及装载容器、包装物按照相关法律法规实施检疫"。跨境电商零售进口对于商品的范围要求是清晰明确的，《关于完善跨境电子商务零售进口监管有关工作的通知》规定跨境电商零售进口商品必须属于《跨境电子商务零售进口商品清单》内商品，目前即为2022年3月1日起实施的最新优化调整清单中的1476项8位税号商品。然而，即使一项商品可以归入《跨境电子商务零售进口商品清单》，要通过跨境电商渠道进口也仍然受到其他条件的制约，例如清单内的备注要求。相比于网购保税进口，直购进口面临更多的限制，例如，海鲜等生鲜类商品仅能通过网购保税进口，而不能进行直购进口。

在"代购""海淘"向跨境电商直购进口转型的过程中，一些原本可以通过行邮监管进境的商品却因不在《跨境电子商务零售进口商品清单》上而无法适用跨境电商优惠政策，由此导致一些商家选择通过伪报品名、夹藏瞒报等方式将商品以跨境电商方式进入国内，例如将境外药用保健品或药品伪报成食品等。由于跨境电商零售进口不执行商品首次进口许可批件、注册或备案要求，在实际的归类中，一些境外新型有药用宣传的保健品的成分认定常常是企业关注的重点，是否可以被归入"2106其他税号未列名的食品"也可能存在一定的争议，由此导致被海关认定申报不实甚至伪报走私的风险。

（二）"推单"合规风险

"推单"是指其他商业主体将消费者的下单"转推"给跨境电商平台，由平台向海关代推订单的模式，这是在"代购""海淘"向跨境电商零售进口转型中产生的变通模式。目前，除了几家头部跨境电商企业，多数跨境电商平台都存在消费群体有限的困境。而"代购""海淘"淘宝店主、微商等主体经过此前多年的经营往往有自己稳定的客户群体，但没有与海关系统对接的电商平台，二者恰好存在互补的合作空间。因"推单"的来源主体多为"代购""海淘"商家，所适用的模式主要为直购进口而非网购保税进口，其核心运营方式可以概括为：跨境电商经营者与境外商家，或境内淘宝、微商等店铺，或其他未在海关备案的电商平台合作，将消费者的真实订单导入与海关联网的跨境电商平台，根据导入的真实订单匹配支付单和物流单，并将"三单"信息推送给海关，最终以跨境电商零售进口模式将境外商品申报入境并直接寄送至下单的消费者。"推单"的流程见图4.3。

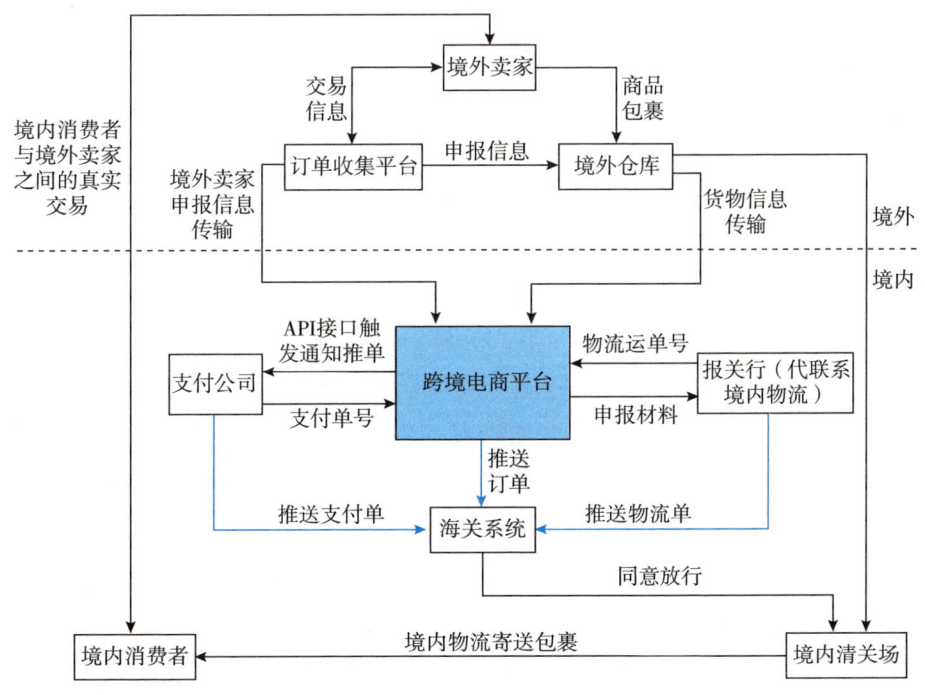

图4.3 "推单"流程

根据不同的订单类型，此种经营模式又可分为两类：一类是消费者在境内网店或平台下单，跨境电商平台"吸收"这部分订单后再以消费者的订单信息向境外商家下单；另一类是消费者直接向境外商家或职业代购下单，跨境电商经营者与境外商家或职业代购合作，将订单"转移"到平台内。可以看出，这种经营模式的订单信息虽未在与海关联网的跨境电商平台上生成，但并非虚假订单，而是境内消费者逐笔下单的真实订单；商品也不存在境内二次集货、销售的问题，而是直接寄送给境内真实下单的消费者。

根据目前跨境电商直购进口的监管要求，适用跨境电商零售进口的消费行为应当直接发生在跨境电商平台上，并且需要向海关如实传输"三单"信息。其中，与海关联网的平台应根据在平台内发生的真实交易向海关推送"三单"信息；未与海关联网的平台，可以由电商企业、支付企业委托进出境快件运营人、邮政企业向海关传输交易、支付等电子信息。而"推单"模式中虽然有真实订单，但订单并非直接产生于向海关"推单"的跨境电商平台，这种操作模式在一定程度上使得跨境电商零售进口业态脱离了海关的监管；同时，因为订单产生于其他平台或商家，向海关"推单"的支付单也就只能依靠支付公司作出形式一致的支付单，而非消费者的原始支付单。因此，虽然这种经营模式在业内普遍存在，但难言合规。

"推单"前后进口模式的变化将可能影响税收，以个人物品进境的行邮税率与以跨境电商直购进口的跨境电商综合税率的差距将可能引发走私的动机与风险。例如，就饮料而言，一箱400元的饮料通过个人物品跨境直邮模式进境，饮料的行邮税率为13%，跨境电商综合税率为9.1%，经过"推单"后以跨境电商直购进口方式进境，该项饮料的进口就获得了3.9%的税率差优惠，对于"海淘""代购"而言，在该种情况下采用"推单"模式的主观合规性存疑，甚至有被认定为走私的违法风险。

尽管"推单"本身并不必然导致诸如"刷单""拆单"等逃税走私的海关监管风险，但仍然存在因申报不实从而影响海关统计及监管的问题，同时也影响正常个人物品进境下行邮税的征收及境内消费者跨境电商额度的计算。

案例 董某衡、自贡市爱某淘贸易有限公司走私普通货物、物品罪案①

  2016年9月，董某衡与鹤山市某万有限公司（下称"某万公司"）负责人郑某（另案处理）合谋，决定将本应以其他贸易方式申报入境的货物伪报成跨境电商货物入境，由爱某淘公司利用"某包裹网"物流服务平台，在德国揽收客户代购或销往国内的奶粉、化妆品等货物，经打包后通过第三方运往国内，交由某万公司以跨境电商零售进口方式申报入境及清关。在这期间，爱某淘公司根据客户在"某包裹网"录入的包裹转运信息，通过事前设立的空壳跨境电商平台，制作虚假货物购销订单，使虚假订单与某万公司事前提供的物流运单号、爱某淘公司向深圳某支付服务公司（下称"支付公司"）购买的支付流水号相匹配，制造货物订单、物流单、支付单相互匹配的假象，并分别由爱某淘公司、某万公司、支付公司向海关推送货物订单、物流单、支付单，以达海关对跨境电商零售进口申报的"三单"比对要求，以此逃避海关监管，享受国家关于跨境电商零售进口税率优惠政策。自2017年1月3日至2019年7月23日，爱某淘公司通过上述伪报贸易方式走私进口各类商品，共偷逃税额人民币6096826.09元。

  董某衡辩护人提出，涉案行为发生在跨境电商B2C模式刚刚兴起之时，被告人对爱某淘运营模式是否合规认知较为模糊，违法性认识较弱，其从事跨境电商B2C的动机并非为偷逃税款。客观方面，爱某淘公司的走私行为有真实贸易基础，相比于其他跨境电商全部虚假"刷单"走私，爱某淘公司实施"推单"行为的危害性明显较低；郑某是本案犯意提起者和教唆者，在伪报贸易方式走私过程中，爱某淘公司主要听从郑某的引导和要求，且某万公司和郑某负责实施走私物品进境的关键环节，故某万公司和郑某是专门从事揽货并组织跨境电商进行走私活动的主导者和主要实施者，在共同犯罪中起主要作用，爱某淘公司和董某衡仅是从犯。

---

① （2020）粤07刑初47号。

法院经查，爱某淘公司通过境外仓库揽收的奶粉、妇婴用品等大量商品，是国外客户通过其他途径购买后转运入境的货物，并非境内消费者在爱某淘公司电商平台上真实订购的商品。依法应以一般贸易方式向海关申报入境，并按相应税率缴纳入境税费，不符合享受国家关于跨境电商零售进口的相关优惠税率条件。爱某淘公司为少缴货物入境税费，伙同其他公司相互配合"刷单"，刻意制造"三单"一致假象，逃避海关监管，将本应以一般贸易方式向海关申报入境的货物伪报成以跨境电商零售进口方式入境，偷逃应缴税额，故应以一般贸易进口货物税率计核应缴税额。被告单位爱某淘公司及被告人董某衡明知涉案商品并非在本公司跨境电商平台真实销售商品，仍与清关公司、物流公司、支付公司相互配合，以伪报方式偷逃应缴税额，系走私普通货物罪的共犯。被告单位爱某淘公司及被告人董某衡被纠集参与本案，在某万公司负责人郑某推荐、指引下从事走私犯罪，并非本案犯意提出者，未参与清关及报关环节，且非偷逃税款的最大获利者，在共同犯罪中起次要作用，系从犯。

最后，法院判处被告单位爱某淘公司犯走私普通货物罪，判处罚金人民币500万元。被告人董某衡犯走私普通货物罪，判处有期徒刑三年两个月。

本案判决内容反映出，对于"代购""海淘"向跨境电商直购进口转型的过程中存在的不合规过渡模式，海关、司法机关仍然持审慎的态度，不放任"推单"模式的无序生长，严格监管"三单"数据传输真实性，正是推动跨境电商直购进口规范化的必要举措。

（三）退货合规风险

2016年，在跨境电商政策施行初期，海关总署公告2016年第26号《关于跨境电子商务零售进出口商品有关监管事宜的公告》（已废止）要求"退回的商品应当在海关放行之日起30日内原状运抵原监管场所"。由于直购进口存在物流时间相对较长的问题，消费者退货申请时限相应缩短，可能导致消费者无法在规定时间内申请退货，退货企业时常面临退货商品不能及时进入海关监管作业场所完成退货手续的风险，进而造成商品在海关监管作业场所外退货仓库积压的情况。而上述积压的商品因无法完成退货手续，需要代扣代缴跨境电商综合税，同时受跨境电商商品不得在国内二次销售的政策限制，已缴纳税款的退货商品无法在国内进行销售，退货企业最终只能进行销毁、内部员工购买等方式处置。退货慢、退货难不仅给跨境电商企业带来了经营损失风险，还影响了消费者年度购买跨境电商商品的26000元额度。因未能在规定时限内完成退货，消费者的年度购买限额无法及时调整，退货商品占用额度导致相应订购人享受跨境电商税收优惠的范围进一步受限，影响跨境消费体验。

就企业反馈的"退货难"问题，加之新冠肺炎疫情因素影响，海关总署于2020年3月发布2020年第45号公告即《关于跨境电子商务零售进口商品退货有关监管事宜的公告》。在跨境电商零售进口模式下，公告允许跨境电商企业境内代理人或其委托的报关企业在原《中华人民共和国海关跨境电子商务零售进口申报清单》（下称《申报清单》）内申请全部或部分商品退货，跨境电子商务企业及其境内代理人应保证退货商品为原跨境电商零售进口商品。退货企业需在《申报清单》放行之日起30日内申请退货，并且在《申报清单》放行之日起45日内将退货商品运抵原海关监管作业场所的，相应税款不予征收，并调整消费者个人年度交易累计金额。

该公告不仅给予企业更加宽松的退货操作时间，同时还取消了原公告中"符合二次销售""原状运抵"的要求，将该项认定的标准交由申请退货的主体评判，为企业处理退货提供便利，企业不再对消费者退货标准进行严苛要求，进一步提升了消费者的购物退货体验。

然而，退货政策仍然保留"退货商品需运抵原海关监管作业场所、原海关特殊监管区域或保税物流中心（B型）"的要求，对于直购进口而言，退货商品难以像网购保税模式一样集中处理批量退回，退回原监管场所后单件商品退运出境的物流成本相对较高，退货方式仍然需要进一步优化，期待未来能够进一步实现转关退货，助力直购进口电商打造"退货归集中心"，实现各地集中批量退货。

（四）监管作业场所库存盘亏的法律风险

鉴于跨境电商零售进口具有优惠的税收政策，因此监管作业场所货物管理显得尤为重要。按照相关法律法规规定，经营企业应当凭海关放行信息办理海关监管货物出入海关监管作业场所的手续。《中华人民共和国海关行政处罚实施条例》（下称《海关行政处罚实施条例》）第十八条规定，经营海关监管货物的运输、储存、加工、装配、寄售、展示等业务，有关货物灭失、数量短少或者记录不真实，不能提供正当理由的，处货物价值5%以上30%以下罚款，有违法所得的，没收违法所得。如若被海关监管或稽查发现严重的盘亏，且相关企业无法提供合理解释时，可能会被海关进行相应处罚。

从目前的实践而言，利用系统问题未凭海关放行信息即打包快递出区等非正常手段致使货物流出监管作业场所的行为均可能造成库存盘亏。此外，非法办理退货手续，诸如在退货数量与原进口数量不一致、退货的商品品名与原进口品名不一致等情形下办理货物重新入库，都有可能造成库存盘亏。

针对监管作业场所货物监管问题，直接责任主体为跨境电商监管场所经营企业，而此类企业往往为跨境电商企业或跨境电商平台的境内合作服务商。

五、直购进口业务合规建议

（一）准确归类，如实申报

从"海淘""代购"转为开展直购进口业务时，跨境电商企业应首先确保进口的商品属于《跨境电子商务零售进口商品清单》的范畴。同时，需要关注清单内备注的限制性要求，例如，在清单中，许多商品都有"仅限网购保税商品"的要求，比如"干、熏、盐制的其他猪肉"等清单中的前44种商品都属于此类。此外，清单中的部分商品可能会有其他的限制条件，最典型的便是"列入《进出口野生动植物种商品目录》且不能提供《中华人民共和国濒危物种进出口管理办公室非〈进出口野生动植物种商品目录〉物种证明》的商品除外"，如"其他蛋"（税号04079090）、"珊瑚及水产品壳、骨的粉末及废料"（税号05080010，且即便不在例外之列也只能适用网购保税进口）等。此外，对于部分商品还有额外的数量限制，比如按照规定，每人每年进口"其他稻谷"（税号10061089）、"长粒米糙米"（税号10062020）、"长粒米精米"（税号10063020）、"其他精米"（税号10063080）的商品合计不超过20千克。企业在进口之前应当先确定相关商品是否在《跨境电子商务零售进口商品清单》之内，且是否属于清单中的例外产品。

在新型商品归类存在疑问或争议时，企业应事先与主管海关进行充分的沟通，必要时申请预归类，进行归类审核，以做到商品归类和风险控制前置。

（二）积极防范走私风险

跨境电商零售直购进口的商品以"个人自用、合理数量"为原则，不能进行二次销售，通过低报价格、传输虚假的"三单"信息等将商品进口入境后再进行销售的行为更可能涉嫌走私。因此，参与跨境电商业务的企业应保障交易、支付、物流数据的真实性。应重点警惕大量不同人员使用同一收货地址且人员无相关性、人员信息与联系方式不一致、大量人员使用同一付款信息且人员无相关性等情形，避免成为电商企业"刷单""推单"的协助者。对于电商平台来说，也应该建立防止跨境电商零售进口商品虚假交易及二次销售的风险控制体系，加强对短时间内同一购买人、同一支付账户、同一收货地址、同一收件电话反复大量订购，以及盗用他人身份进行订购等非正常交易行为的监控，采取相应措施予以控制。

（三）强化监管场所合规运营

监管场所经营企业应严格按照海关放行信息办理海关监管货物出入海关监管作业场所的手续，避免未凭海关放行信息即打包快递出区等非正常手段致使货物流出监管作业场所的行为。同时，应当建立相关的退货处理机制，保证在退回的商品数量与原进口数量一致、退货的商品品名与原进口品名一致等合规情形下办理货物重新入库手续。另外，如果经营企业认为库存存在合理范围内的盘亏情况，应提前准备好相关证明材料，以备在被海关监管或稽查时向海关提供合理解释。

此外，为了行稳致远，电商企业还应该在各方面完善自身的经营模式，在降低自身经营风险的同时，提高市场竞争力，以便在激烈的市场竞争中获得优势。比如，对于电商平台来说，要建立平台内交易规则、交易安全保障、消费者权益保护、不良信息处理等管理制度；建立消费纠纷处理和消费维权自律制度，依法维护消费者权益；建立商品质量安全风险防控机制，加强质量安全风险防控。对于跨境电商零售进口经营者来说，也应建立商品质量安全风险防控机制，包括收发货质量管理、供应商管理等；遵守消费者权益保护的要求，比如做好商品信息披露、提供商品退换货服务、根据法律要求履行对消费者的提醒告知义务等。

第五章
跨境电商网购保税进口监管原理

网购保税进口，海关监管方式代码为1210，全称为"保税跨境贸易电子商务"，由海关总署公告2014年第57号确定，适用于境内个人或电子商务企业在经海关认可的电子商务平台实现跨境交易，并通过海关特殊监管区域或保税监管场所进出的电子商务零售进出境商品。海关特殊监管区域、保税监管场所与境内区外（场所外）之间通过电子商务平台交易的零售进出口商品不适用该监管方式。

网购保税进口是指跨境电商企业利用海关特殊监管区域政策和保税仓储政策，将其在跨境电商交易平台销售的商品提前大批量发往保税区等特殊监管区域，一旦境内消费者通过跨境电商交易平台生成订单，该商品能够迅速从特殊监管区域内单件发出，利用保税区"境内关外"的特征备货，由跨境电商企业或物流公司向海关保税区办理通关手续，由物流公司分装运送至消费者，达到降低采购成本、提升消费体验的目的。这种模式适用于品类相对专注、备货量大的电商企业。

网购保税进口是区别于一般贸易、保税货物内销和行邮快件的一种新兴进口方式。采用该模式进口的产品主要以终端消费品为主，适用于品类相对集中、备货量大的电商企业，在价格和时效上具有优势，可以满足人们对消费品质及消费多元化的追求，对吸引中国海外旅游购买消费回流、刺激国内行业发展有着重要作用。

一、网购保税进口的特点及发展历程

（一）网购保税进口的特点

网购保税进口主要有以下几个特点：
1.网购保税进口实际上是对海关特殊监管区域政策的灵活运用，特殊监管区域的最大特点就是"境内关外",其提供的绿色清关通道为商品从区内到境内(二线监管)通关提供便利,商品从境外到区内则有较为严格的海关监管(一线监管)。

2.在保税备货模式下,申报的完税价格为跨境电商交易平台定价。

3.商品拟从特殊监管区域出区向海关申报前,跨境电商企业(跨境电商交易平台)、支付企业、物流企业分别通过跨境电商通关服务平台向海关传输订单、支付凭证和运单,由海关实行"三单"对碰无误后予以放行。

依托上述特点,网购保税进口相比直购进口而言,先期区内备货使得消费者下单后商品通关物流时效更快、成本更低。

就零售商品而言,1210网购保税进口与9610直购进口不同之处在于,因1210网购保税进口商品需批量进入区域(中心),监管更有保障,所以在《跨境电子商务零售进口商品清单》中规定的商品、范围等方面比9610直购进口更广。例如,2019年版清单新增的冻挪威海鳌虾、冻牡蛎、冻扇贝、冻章鱼等居民餐桌上的海鲜类商品以及大部分鲜花类产品,由于检疫准入要求较高,只能通过1210网购保税方式进口[①],即网购保税进口商品的范围更广,适用于《跨境电子商务零售进口商品清单》内的全部商品。需要明确的一点是,不管是通过9610直购进口方式还是通过1210网购保税进口方式进口的跨境商品,在入境环节都须符合检疫要求,比如宠物粮食需要提供检疫许可证,燕窝制品需要提供生产国与生产企业合格证明,包括其他政府批文、原产地国家有关证明等用于办理入境手续。1210网购保税进口和9610直购进口的比较见表5.1。

表5.1 1210网购保税进口与9610直购进口比较表

比较项目	1210网购保税进口	9610直购进口
实施区域范围	2021年将跨境电商零售进口试点扩大至所有自贸试验区、跨境电商综试区、综合保税区、进口贸易促进创新示范区、保税物流中心(B型)所在城市(及区域)	原则上任何城市都可以开展

---

① 参见2019年版《跨境电子商务零售进口商品清单》。

表5.1续

比较项目	1210网购保税进口	9610直购进口
商品首次进口要求	按个人自用进境物品监管	按个人自用进境物品监管
物流模式	一般以海运方式批量运至海关特殊监管区域或保税物流中心，待国内消费者下单后，再运送至消费者	商品在国外打包，统一通过航空等国际物流运输至国内海关监管作业场所，按照小包逐个向海关申报，海关放行后运递至消费者
退货管理	国内进行，退货手续简单	国际物流操作，国外海关清关
模式特征	"网购保税进口"是将货物先大批量发往保税区，境内消费者下单后再从保税区内单件发出，利用保税区"境内关外"的特征备货，达到降低采购成本、提升消费体验的目的	"直购进口"是指与海关联网的跨境电商平台在境内消费者下单后将"三单"信息传输给海关，商品通过海关跨境电商专门监管场所入境
适用电商主体	适用于品类相对专注、备货量大的跨境电商企业	适用于销售品类宽泛琐碎、不易批量备货的跨境电商企业

（二）网购保税进口的发展历程

纵观网购保税进口业务的发展历程，准予开展此业务的城市（地区）由2012年5月设立的5个城市[①]，至2015年年底拓展到10个试点城市（地区）[②]，再于2019年1月扩展至37个城市（地区）[③]，接着在2020年1月，又

[①] 分别为上海、重庆、杭州、宁波、郑州5个城市。
[②] 增加了广州、深圳、福州、平潭、天津5个试点城市（地区）。
[③] 根据《关于完善跨境电子商务零售进口监管有关工作的通知》，北京、天津、上海、唐山、呼和浩特、沈阳、大连、长春、哈尔滨、南京、苏州、无锡、杭州、宁波、义乌、合肥、福州、厦门、南昌、青岛、威海、郑州、武汉、长沙、广州、深圳、珠海、东莞、南宁、海口、重庆、成都、贵阳、昆明、西安、兰州、平潭等37个城市（地区）准予开展跨境电商零售进口业务，自2019年1月1日起执行。

将50个城市（地区）和海南全岛纳入跨境电商零售进口试点范围[①]。最终，在《关于扩大跨境电商零售进口试点、严格落实监管要求的通知》（商财发〔2021〕39号）中，确定将跨境电商零售进口试点扩大至所有自贸试验区、跨境电商综试区、综合保税区、进口贸易促进创新示范区、保税物流中心（B型）所在城市（及区域）。相关城市（区域）经所在地海关确认符合监管要求后，即可按照《关于完善跨境电子商务零售进口监管有关工作的通知》要求，开展网购保税进口业务。相关数据显示，近年来网购保税进口业务量激增，"跨境电商平台/跨境电商企业及境内代理人+保税仓储""一线入境、二线出区"模式越来越成熟，可以预见，网购保税进口将越来越成为跨境电商零售进口的"主力军"。

二、网购保税进口海关监管模式

网购保税进口业务主要依托海关特殊监管区域或保税物流中心（下称"区域（中心）"）开展，商品从境外整批进境，以小包裹形式零散出区，海关对区域（中心）内网购保税商品实施电子账册管理，主要涉及一线进境、保税仓储、二线出区三个环节。此外，网购保税商品还可以根据企业的具体需求在不同区域之间流转、在同一区域（中心）内不同企业间流转，以及与保税货物之间状态互换。上述这些环节均需要办理海关通关手续，受到海关的监管。

与9610直购进口的不同之处在于，因1210网购保税进口业务须通过区域（中心）开展，海关监管作业需进一步细分为"一线进境"和"二线出区"两个环节，各环节海关监管流程详见图5.1和图5.2。

[①] 根据商务部、发展改革委、财政部等六部门共同发布的《关于扩大跨境电商零售进口试点的通知》（商财发〔2020〕15号），将石家庄、秦皇岛、廊坊、太原、赤峰、抚顺、营口、珲春、牡丹江、黑河、徐州、南通、连云港、温州、绍兴、舟山、芜湖、安庆、泉州、九江、吉安、赣州、济南、烟台、潍坊、日照、临沂、洛阳、商丘、南阳、宜昌、襄阳、黄石、衡阳、岳阳、汕头、佛山、北海、钦州、崇左、泸州、遵义、安顺、德宏、红河、拉萨、西宁、海东、银川、乌鲁木齐等50个城市（地区）和海南全岛纳入跨境电商零售进口试点范围。

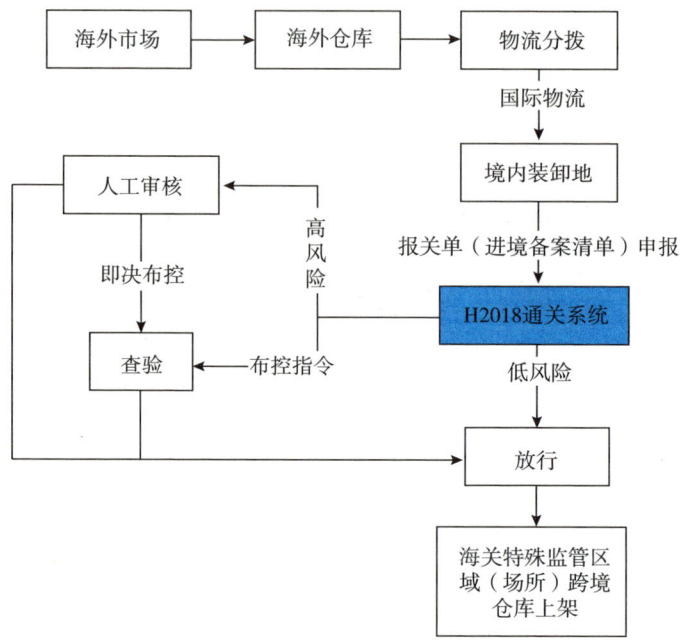

图 5.1　1210"一线进境"流程图

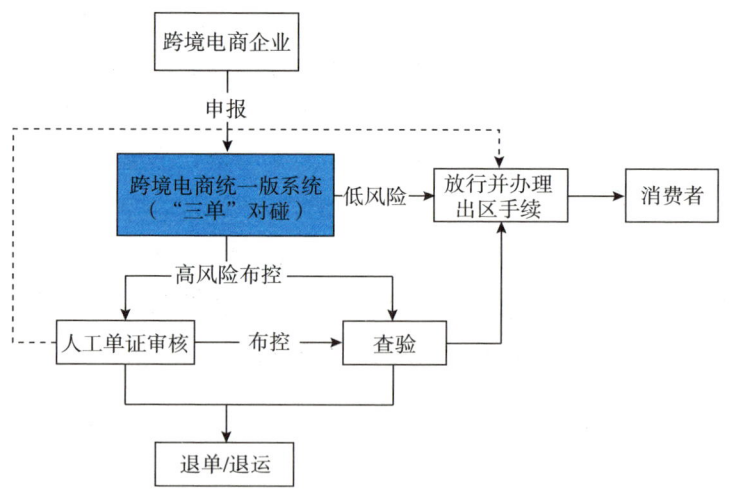

图 5.2　1210"二线出区"流程图

(一)"一线进境"

网购保税商品"一线进境"通关需要向海关申报报关单(备案清单)、保税核注清单及核放单,具体见表5.2。

表5.2 网购保税商品"一线进境"通关的申报单证

报关单（备案清单）	网购保税商品办理一线进境通关手续的单证
保税核注清单	网购保税商品抵账核注的专用单证，由区域（中心）内仓储企业向海关报送
核放单	网购保税商品进入区域（中心）的单证

经上述单证报送放行后，网购保税商品进入区域（中心）进行保税仓储，海关对其实行"跨境进口"电子账册管理。

（二）"二线出区"

境内消费者在跨境电商平台上下单购买区域（中心）内的网购保税商品后，参与跨境电商进口业务的企业应如实传输交易、支付、物流"三单"数据并对数据真实性负责：跨境电商平台或跨境电商企业境内代理人传输交易数据，支付机构传输支付数据，物流企业传输物流数据。

"三单"数据传输并经海关总署对碰核验后，由跨境电商企业境内代理人或其委托的报关企业提交《中华人民共和国海关跨境电子商务零售进出口商品申报清单》。

进口清单放行后，区内企业根据已放行的进口清单汇总申报保税核注清单，核注清单放行后再申报核放单，凭核放单运出区域（中心）。

三、企业开展网购保税进口业务

（一）企业开展网购保税进口业务具体流程

网购保税进口业务正式运作主要有以下七个步骤：（1）跨境电商企业及其境内代理人将境外商品从海外运输（空运、海运、国际铁路运输等）至区域（中心）；（2）完成通关手续后，商品在跨境电商平台上架销售；（3）消费者在跨境电商平台下单，并完成支付；（4）跨境电商平台、跨境电商企业境内代理人、支付机构、物流企业向海关传输交易、支付、物流"三单"数据，海关接收并核实《中华人民共和国海关跨境电子商务零售进出口商品申报清单》；（5）保税仓储企业根据订单信息，在仓库进行分拣、打包等操作处理；（6）商品出区，在出区过程中，海关监管系统根据布控指令随机查验，若查验无异常则包裹放行；（7）清关完毕后将货物移交给国内物流进行派送，送至消费者手中。网购保税进口的步骤也可参考图5.3。

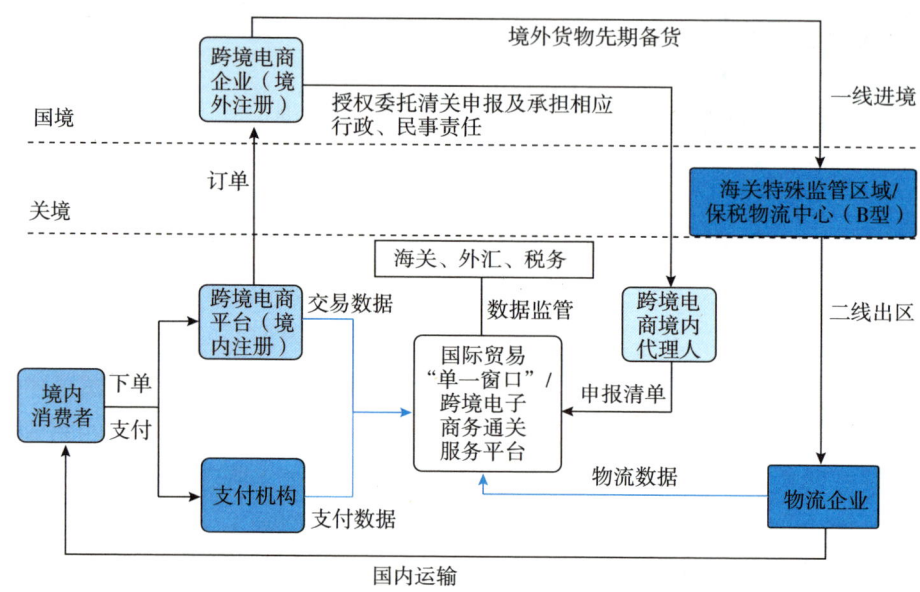

图5.3　网购保税进口业务运作主要步骤

（二）各类主体在网购保税进口业务中的合规要求及法律责任

与跨境电商直购进口业务相近，网购保税进口业务的参与主体包括跨境电商平台企业、跨境电商企业境内代理人、物流企业及支付企业。除此之外，因其"先期备货"的特性，主体中还增加了区域（中心）内的保税仓储企业。根据《关于完善跨境电子商务零售进口监管有关工作的通知》《关于跨境电子商务零售进出口商品有关监管事宜的公告》及相关法规规定，上述主体合规要求及各自所承担的法律义务和责任见表5.3。

表5.3　各类主体的合规要求、法律义务和责任

主体类型	业务范围	合规要求	法律义务及责任
跨境电商平台企业	为交易双方（消费者和跨境电子商务企业）提供网页空间、虚拟经营场所、交易规则、信息发布等服务，设立供交易双方独立开展交易活动的信息网络系统	境内工商注册登记；所在地海关备案，"跨境贸易电子商务类型"一栏勾选"电子商务交易平台"	通过电子商务通关服务平台实时向电子商务通关管理平台传输申报交易、支付等电子数据，并对数据真实性负责；应对交易真实性和消费者（订购人）身份信息真实性进行审核并承担相应责任
跨境电商企业境内代理人	开展跨境电子商务零售进口业务的境外注册企业所委托的境内代理企业	境内工商注册登记；所在地海关备案，"跨境贸易电子商务类型"一栏勾选"电子商务企业"；相关行政许可	通过电子商务通关服务平台实时向电子商务通关管理平台传输申报交易电子数据，并承担如实申报责任；依法接受相关部门监管，并承担民事责任；应对交易真实性和消费者（订购人）身份信息真实性进行审核并承担相应责任
物流企业	接受跨境电子商务平台企业、跨境电子商务企业或其代理人委托为其提供跨境电子商务零售进出口物流服务的企业，在跨境电商网购保税进口业务模式下应为邮政企业或者已取得国内快递资质的企业	境内工商注册登记；所在地海关备案，"跨境贸易电子商务类型"一栏勾选"物流企业"；国家邮政管理部门颁发的《快递业务经营许可证》	通过电子商务通关服务平台实时向电子商务通关管理平台传输申报物流电子数据，并对数据真实性负责

表5.3续

主体类型	业务范围	合规要求	法律义务及责任
支付企业	接受跨境电子商务平台企业或跨境电子商务企业境内代理人委托为其提供跨境电子商务零售进口支付服务的银行、非银行支付机构以及银联等	境内工商注册登记；所在地海关备案，"跨境贸易电子商务类型"一栏勾选"支付企业"；支付企业为银行机构的，应具备银保监会或原银监会颁发的《金融许可证》；支付企业为非银行支付机构的，应具备中国人民银行颁发的《支付业务许可证》，支付业务范围应当包括"互联网支付"	通过电子商务通关服务平台实时向电子商务通关管理平台传输申报支付电子数据，并对数据真实性负责
仓储企业	在海关监管区域内，为跨境电商提供进口物品的仓储、代理报关等相关服务	境内工商注册登记；所在地海关备案；正式开展业务前需设立用途为"跨境进口"的电子账册	通过电子商务通关服务平台实时向电子商务通关管理平台申报清单等电子数据

四、网购保税进口业务开展的问题分析

（一）申报不实

根据《关于完善跨境电子商务零售进口监管有关工作的通知》规定，跨境电商平台或跨境电商企业作为代收代缴义务人应当如实、准确向海关申报跨境电子商务零售进口商品的商品名称、规格型号、税则号列、实际交易价格及相关费用等税收征管要素。

《海关行政处罚实施条例》第十五条规定，进出口货物的品名、税则号列、数量、规格、价格、贸易方式、原产地、启运地、运抵地、最终目的地或者其他应当申报的项目未申报或者申报不实的，分别依照下列规定予以处罚，有违法所得的，没收违法所得：（1）影响海关统计准确性的，予以警告或者处1000元以上1万元以下罚款；（2）影响海关监管秩序的，予以警告或者处1000元以上3万元以下罚款；（3）影响国家许可证件管理的，处货物价

值5%以上30%以下罚款；（4）影响国家税款征收的，处漏缴税款30%以上2倍以下罚款；（5）影响国家外汇、出口退税管理的，处申报价格10%以上50%以下罚款。

对于跨境电商而言，申报不实影响海关统计的案件在1210网购保税跨境电商零售进口模式中较为频发，且申报不实现象多集中在品名、税则号列、原产地等子项上，较少出现同时涉证、涉税违法行为的情况，因此单次处罚金额较低，例如：

案例1：某跨境电商企业A采用1210网购保税进口模式申报进口一批NIKE运动鞋，申报原产地为美国，但经海关查验，实际原产地为泰国，海关依据《海关行政处罚实施条例》第十五条第（一）项规定对A企业进行处罚。

案例2：某跨境电商企业B采用1210网购保税进口模式申报进口一批化妆品，申报税号33049900××，实际应为33049100××，两税号虽然均属于《跨境电子商务零售进口商品清单》，实际税收及监管未受影响，但因归类错误影响统计准确性，海关同样依据《海关行政处罚实施条例》第十五条第（一）项规定对B企业进行处罚。

（二）刷单、走私

1210进口模式中，经常会出现企业采用刷单或类似方式将商品从保税区套购出去的情况。这轻则可能涉及海关申报违法而遭到处罚，重则会被认定为走私行为，从而面临行政处罚甚至刑罚。对于经营者而言，这是需要避免的。

重庆某电子商务公司行政处罚案[①]

当事人重庆某电子商务公司利用员工等人的信息将保税区内的商品以跨境电商零售进口的方式购买出口，但实际上收货人和使用者都是公司本身，因此执法机关认为应当以一般贸易货物向海关申报进口纳税。执法机关将当事人的行为定性为海关申报违法、影响国家税款征收，而没有认定为走私。

---

① 渝关缉违字〔2020〕0014号。

> 执法机关发现，2017年1月1日至2018年5月25日，当事人向海关申报跨境电子商务零售订单存在以下行为：使用他人身份信息，将存放在保税区内快到保质期的部分电商货物套购出区作为奖品和赠送，共335票。订单的收件信息均为当事人员工及相同的地址，造成订单信息中存在不同卖家身份证信息对应同一收件人或收货地址的情况。使用在北京的线下实体店，用员工身份信息购买保税电商货物出区，供线下实体店做样品展示及试用，共66票。使用其他企业收集他人身份证件信息下单购买保税区电商货物邮寄出区发送到实际收件人手中。执法机关认为，当事人利用公司员工作为收件人，将401票跨境电子商务零售商品刷单购买出区，用作公司线下样品展示或奖品赠送等公司用途，实际订购人为当事人公司，已改变了商品贸易性质，应当以一般贸易货物向海关申报进口纳税，经计核，该部分涉案货物完税价格325500.15元人民币，漏缴税款42687.65元人民币，滞纳金6014.49元。当事人使用他人身份证件信息下单购买保税区电商货物，订购人身份证件信息、支付信息未向海关如实申报，影响国家税款征收，该行为违反了《海关法》第二十四条及当时仍生效的海关总署公告2016年第26号《关于跨境电子商务零售进出口商品有关监管事宜的公告》之规定，因此处以罚款。

在本案中，当事人利用自身员工的身份信息，将跨境零售商品购买出区，但实际上货物并非公司员工购买的，最终实际的收件人和使用人也都是公司本身。与一般的刷单行为略有不同，本案中的物流信息或许是真实而非购买空白快递单号的；或许也确实是在电商平台进行了下单和支付等行为，但这并不影响执法机关将其认定为"刷单"行为。其根本原因就在于，实际订购人实质上是公司，商品也是被公司用作经营用途，因此不属于跨境零售进口商品的性质。值得注意的是，虽然其中大部分商品被用作奖品和赠送品，即便其中有部分是赠送给员工（处罚决定书中没有明确赠送的主体），但这从根本上而言，仍然是公司用作自身经营行为的体现，而不同于消费者直接购买的零售进口行为。

在本案中，执法机关所用的表述是"漏缴税款"而非偷逃税款，可以推测其认为当事人的行为没有严重的主观恶意。执法机关认为当事人的行为违反《海关法》第二十四条，即"进口货物的收货人、出口货物的发货人应当向海关如实申报，交验进出口许可证件和有关单证"之规定，也表明执法机关只是将当事人的行为定性为海关申报违法、影响国家税款征收，并没有上升到走私的程度，因此最后处罚的力度也是比较轻的。[①]笔者认为，这种做法是合理的，因为一则本案中漏缴的税款数额不大，且当事人也主动配合调查，对社会经济的影响比较小；二则本案当事人主观恶性较小，且实践中的这种情形也较多。如果把更为严厉的"走私"的范围定得太过广泛，将会不利于正常经济活动的开展。但对于电商经营者而言，努力做到合规经营，避免走私风险仍然是非常重要的。

但是，类似的行为如果被认定为有偷逃税款的故意，则很可能被认定为走私行为。具体的分析及案例在本书的第九章将会述及，在此不做展开。

（三）"网购保税+线下自提"

"网购保税+线下自提"即将网购保税进口商品在区域（中心）内实体"体验店"进行展示，消费者完成线上下单、经过身份验证、跨境支付、"三单"信息核对、缴纳跨境税等一系列合规购买流程后，可以在"体验店铺"当场提货完成购买的模式。跨境电子商务"网购保税+线下自提"业务是"保税+实体新零售"的创新实践之一，对提升跨境电商消费体验、引导境外消费回流有着积极的促进作用。

目前在实践中，大部分跨境电商"体验店"设置在区域（中心）内，但是有部分的跨境电商为了解决区域（中心）距离消费中心远、顾客体验率低的经营困境，将部分的"体验店"设置在远离区域（中心）内的中心城区。但是这种模式只能实现展示作用，并不能在中心城区"体验店"按照跨境电商模式交易并发货。这种模式固然是带来了更多商机，但同时也对政府监

---

① 执法机关根据《海关行政处罚实施条例》第十五条"进出口货物的品名、税则号列、数量、规格、价格、贸易方式、原产地、启运地、运抵地、最终目的地或者其他应当申报的项目未申报或者申报不实的，分别依照下列规定予以处罚，有违法所得的，没收违法所得：……（二）影响海关监管秩序的，予以警告或者处1000元以上3万元以下罚款；……（四）影响国家税款征收的，处漏缴税款30%以上2倍以下罚款"两项，分别对当事人从轻罚款1万元和3.4万元。

管提出了更高要求。监管部门对跨境电商企业或跨境电商平台企业违规运行"网购保税+线下自提"模式实施严厉打击。《关于完善跨境电子商务零售进口监管有关工作的通知》强调"原则上"不允许在海关特殊监管区域以外进行"网购保税+线下自提"模式，谨防二次销售等违规行为。

随着消费者购物需求水平的日渐提升，各大跨境电商头部企业与新零售创新融合的探索尝试也日趋增多。2020年12月11日，盒马跨境购项目正式在上海浦东森兰商都中心启动，该项目运用互联网、大数据及人工智能技术，整合天猫全球采购、菜鸟全球供应链及盒马线上线下融合运营的综合能力，为国内消费者购买跨境进口商品提供了新的商业场景。秉承"全球买，全球运，全国卖"的理念，盒马通过跨境电商网购保税模式，最快30分钟可送达消费者指定地址，让消费者高效便捷享受到买遍全球的极佳购物体验，为浦东打造国际消费中心提供了新的实践样本。

该模式实际上是充分利用了森兰商都中心与外高桥保税区之间的区位距离优势，通过极速通关及阿里系统内部成熟物流供应链间接实现了"网购保税+线下极速送货"的目的，并未打破《关于完善跨境电子商务零售进口监管有关工作的通知》限制的"网购保税+线下自提"适用区域范围。盒马的具体业务模式如下：

1.消费者在森兰保税展示交易中心进行商品选购，并通过线上跨境电商平台进行下单支付，指定收货地址（目前理解为可以选择门店）；

2.跨境电商平台及物流企业向海关传输交易、支付、物流"三单"数据，经核验对碰后，商品从保税区拣货运出，送至消费者收货地址；

3.货物送至指定地址后，消费者可凭个人订购时的身份信息及支付信息签收。

（四）退货问题及其改革

相对于国内电商零售，跨境电商零售进口的重要缺点之一即是退货手续烦琐，退货成本高、时间长。与9610进口模式的退货规则类似，在保税进口模式中，根据海关总署《关于跨境电子商务零售进口商品退货有关监管事宜的公告》的规定，退货企业应当在原《申报清单》放行之日起30日内申请退货，并且在《申报清单》放行之日起45日内将退货商品运抵原海关特殊监管区域或保税物流中心（B型）（网购保税进口1210、1239）。符合上述要求的，相应税款不予征收，并调整消费者个人年度交易累计金额。

具体而言，对于跨境电商网购保税零售进口（1210）商品，传统退货流程为：消费者向跨境电商卖家发起退货申请，将退货商品邮寄至电商企业在区域（中心）外单独设立的退货仓库，由企业对退货商品进行理货及品质验核，以是否符合二次销售条件为标准进行分拣。分拣完成后，对于符合二次销售条件的商品向海关申请退货进入区域（中心），海关按规定退回所征税款并返还消费者个人额度。①这种模式之下，需要在区域（中心）之外单独建仓，且分拣也在区域（中心）之外，监管流程复杂，效率也不高。

为了便利退货，降低企业运营成本，海关创新了退货中心仓模式。该模式允许电商企业将原本设在区域（中心）外的专门退货仓库迁至区域（中心）内，与企业现有保税仓合并，设立区域（中心）内退货中心仓，将跨境电商零售进口退货商品的企业质检、理货、分拣、申报重新上架等作业流程转移至区域（中心）内，"一站式"完成全业务退货流程。其流程如图5.4所示。②

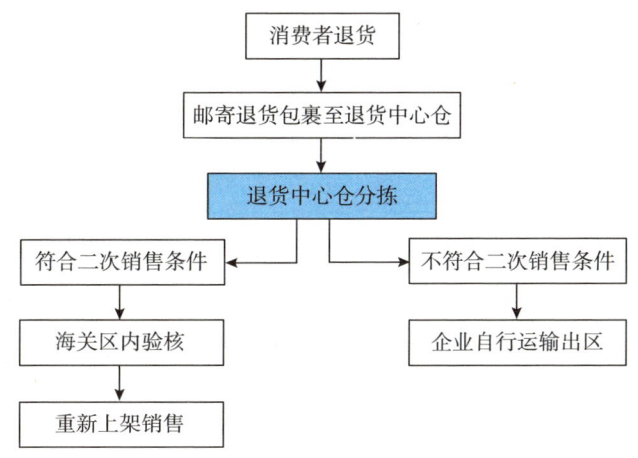

图5.4 退货中心仓模式退货流程

退货中心仓模式节省了区域（中心）外单独设置仓库的成本，精简了区域（中心）外品控、分拣等处置环节，有效降低了企业经营成本并缩短整体退货时间，有助于进一步提升消费者购物体验。此外，该模式延伸了海关监

---

① 退货中心仓助力跨境电商持续健康发展[EB/OL].（2021-07-09）[2021-07-12]. https://mp.weixin.qq.com/s/7IKVfmrFX3f-hxu4SQQUgQ.

② 同①。

管链条,将跨境电商零售进口商品退货处置全流程纳入海关监管,形成监管闭环,同时降低了二次销售风险。①

也正因如此,《国务院关于做好自由贸易试验区第六批改革试点经验复制推广工作的通知》(国函〔2020〕96号)将"跨境电商零售进口退货中心仓模式"作为贸易便利化领域的改革试点经验,要求在全国范围内复制推广。具体的要求为:在海关特殊监管区域内设置跨境电商零售进口退货中心仓,将区外的分拣、退货流程转移至区内,实行退货中心仓场所硬件设施监管,海关对电商企业相关设施实地验核后准予备案,划定跨境电商退货车辆出入区指定路线。实行退货包裹出入区监管,实施卡口管理、物流监控管理、仓内卸货管理、复运出区管理。实行合格包裹上架监管,加强单证审核和查验管理。②

当然,退货中心仓改革只是简化了退货流程,优化了监管,退货的主要监管程序、退货商品的要求、时间要求等仍并无变化,企业需要注意其中的合规风险。

五、网购保税进口业务合规建议

(一)跨境电商平台加强内部合规管理

随着网购保税进口业务试点推广至全国并逐步成为跨境电商零售进口业务模式的主流,参与相关业务的企业,尤其是作为业务核心主体的跨境电商平台企业,应当充分发挥其平台信息汇集审核的优势,加强内部合规管理。建议参考《海关高级认证企业标准(跨境电子商务平台企业)》进行细化落实。

1. 专人审查交易真实

跨境电商平台应建立交易电子信息复核制度,设置专门人员对向海关传输及开放实时监管端口获取的电子数据进行真实性、完整性和有效性的合理

---

① 退货中心仓助力跨境电商持续健康发展[EB/OL].(2021-07-09)[2021-07-12]. https://mp.weixin.qq.com/s/7IKVfmrFX3f-hxu4SQQUgQ.

② 国务院关于做好自由贸易试验区第六批改革试点经验复制推广工作的通知[R/OL].(2020-07-07)[2021-06-20]. http://www.gov.cn/zhengce/content/2020-07-07/content_5524720.htm.

审查。加强平台对于订购人真实身份的校验能力。

2. 完善平台系统监控

建立真实、准确、完整并有效控制跨境电子商务经营活动的信息系统，在资质审核、进出口申报、业务风险管理等方面具备可记录、可追溯、可查询、可分析、可预警等功能。利用平台运营所积累的数据对商品价格、归类等税收监管要素、产品质量和交易真实性进行实时监控，如发现刷单、二次销售等法律风险，应及时启动平台处理机制并及时报告给海关。

3. 建立数据库配合海关风险防控

建立知识产权库、价格数据库、历史交易库和企业信息库等后台业务风险管理数据库，并应海关要求提供有关风险防控信息。根据风险评估结果、违法违规记录等建立电商企业及境内代理人分级管理制度，对有违规记录或风险较高的企业进行严格监管，并向海关主管部门进行定期名单报备。

（二）跨境电商企业及境内代理人根据实际业务需求选择适合的保税仓

1. 根据业务布局区位选择保税仓所在地，如靠近消费主体以减轻物流成本，同时关注内地与沿海等不同区位保税仓的优劣势，如人工成本、仓储成本等，选择更有利于优化库存动销的保税区和保税仓。

2. 根据业务类型选择业务与服务较为成熟的地区，例如，先行试点的城市，其在网购保税模式上探索深入，经验丰富，对于模式创新（如"网购保税+新零售""保税进口+零售加工""网购保税转一般贸易进口"等）更为宽容；对于新试点城市，尽管地方扶持力度大，优惠补贴有较强吸引力，企业仍然要关注当地海关监管及通关服务的能力，就新模式进行事前充分沟通，获得海关的支持。

3. 保税仓储企业作为海关稽核查对象，应定期进行保税仓库存盘点，以及跨境电商商品账册实时核对监管，跨境电商企业在选择保税仓时应重点关注其合规运营情况以及是否有违规记录，进行合作前的充分调查，保障网购保税商品与其他一般保税商品区分仓储、商品溯源码管理等，防止违规内销、二次销售等风险。

第六章
跨境电商零售直邮出口监管原理

跨境电商业务中，境内个人或电子商务企业通过跨境电子商务交易平台实现交易，通过跨境物流送达商品给消费者并完成交易的跨境贸易商业活动为跨境电商零售出口。跨境电商零售出口业务主要包括9610模式出口和1210模式出口。其中在"9610零售直邮出口"模式下，境外消费者通过电子商务平台购买商品，电商企业及电商平台将交易、支付、物流"三单"数据实时传输给海关后，商品以邮件、快件方式直接从境内运送出境。

一、零售直邮出口的特点及发展趋势

近两年，我国的跨境电商行业进入快速发展的通道，特别是疫情发生以后，得益于人员流动的限制，线上购物以及"宅经济"的地位愈加重要。一方面，由于我国疫情防控取得显著成效，在全球主要国家中首先恢复了正常的生产秩序，加之我国本来就有完整的工业体系、为数众多的出口产品，在这种情况下，海外对于中国产品的需求更是不断增强；另一方面，由于疫情的阻隔，线下的出口贸易受到种种阻碍，比如人员来往的限制等，因此，通过跨境电商的渠道出口就变得愈发重要。

零售直邮出口在跨境电商出口中有着重要地位。就具体的数据来看，2021年我国跨境电商进出口总额达1.98万亿元，增长15%，其中出口额1.44万亿元，增长24.5%[1]；2020年我国跨境电商进出口总额达1.69万亿元，增长了31.1%，其中出口额1.12万亿元，增长40.1%，进口额0.57万亿元，增长

---

[1] 2021年全年进出口情况[EB/OL]．（2022-01-14）[2022-01-21]．http://www.scio.gov.cn/xwfbh/xwbfbh/wqfbh/47673/47714/wz47716/Document/1718896/1718896.htm.

16.5%，①而其中跨境电商B2C交易占比22.4%。②在B2C出口中，直邮出口占了重要比重。根据相关统计，以销售目标市场为北美市场的跨境电商零售出口为例，通过跨境直邮的方式出口的订单约占出口订单的一半。③

虽然目前不少企业开始布局海外仓，政府也出台了一系列的相关支持政策，但是笔者认为，零售直邮出口的模式仍然是不可替代的，并且还将持续发展。这是因为，首先，如上所述，在疫情尚未结束或者所谓的"后疫情时代"，海外市场对于中国产品的需求仍然是旺盛的，跨境电商出口仍然有巨大的增长空间。其次，零售直邮出口相对而言也有着自己显著的优势，比如入手简单，门槛低，对于中小卖家以及品类多、销量低的非标品而言非常友好。再次，数字技术的发展降低了全球贸易的门槛，使得大批的创业者、小企业得以投身其中。目前电商平台、支付平台及物流系统的发展，使得通过直邮方式出口的成本越来越低。最后，国家政策的支持也促进了跨境零售直邮出口。为了方便跨境电商零售进出口企业的通关，我国早在2014年就增加了代码为9610的海关监管方式；为了促进跨境电商的发展，截至2022年1月，我国已经建立了105个跨境电子商务综合试验区，并颁布了一系列的优惠、便利政策，包括税收优惠等。这对于跨境零售直邮出口具有很大的促进作用。此外，自"一带一路"倡议提出以来，中欧班列迅猛发展，大量的电商零售商品通过中欧班列直邮出口到欧洲国家。特别是在疫情的背景之下，中欧班列在跨境直邮出口中扮演着越来越重要的作用。2020年2月，海关总署出台了支持中欧班列发展的10条措施，其中包括支持利用中欧班列开展跨境电商、快件、邮件运输业务等内容。因此，利用中欧班列出口也越来越普遍，比如中欧班列（成都）已经是常态化跨境直邮出口模式，一列中欧班列相当于10架货运专机的运能，中欧班列（成都）开创了跨境电商包裹运输的新格局。④事实上，我国越来越多的城市都开始鼓励采用"跨境电商9610+中欧班列"的模式出口，这对于相关经营者而言无

---

① 海关总署：2020年我国跨境电商进出口1.69万亿元，增长31.1%[EB/OL]．(2021-01-19)[2021-05-21]．https://new.qq.com/omn/20210119/20210119A0CES100.html．
② 网经社．2020中国跨境电商市场数据报告[R/OL]．(2021-05-20)[2021-05-21]．https://mp.weixin.qq.com/s/2mIm5mFj66NUVAMgPafejA．
③ 艾瑞咨询．2020&2021年中国跨境出口B2C电商发展报告：北美篇[R/OL]．(2021-03-31)[2021-05-21]．https://mp.weixin.qq.com/s/FyaUOAGiWWlWljfrI6-ULQ．
④ 李力可．成都：中欧班列跨境直邮出口业务常态化运行[EB/OL]．(2020-03-12)[2021-05-21]．http://www.xinhuanet.com/fortune/2020-03/12/c_1125702933.htm．

疑也是一个很好的发展机会。另外，疫情之下的经济恢复和发展也离不开出口这驾"马车"的拉动，因此我国中央及各级政府的利好政策仍然倾向于鼓励电商零售出口，而跨境电商零售出口的模式有利于提供相当多的就业岗位，解决众多中小微企业的生存之道。综上，在可预见的未来，跨境电商零售直邮出口必然会持续迎来快速发展的机会。

二、零售直邮出口海关监管模式

根据海关总署公告2014年第12号《关于增列海关监管方式代码的公告》，零售直邮出口采取的是9610的出口报关模式，全称"跨境贸易电子商务"。跨境电商9610出口与9610进口监管要求相同，流程相逆，典型特征是"清单核放，汇总登记"。

在9610零售直邮出口模式下，跨境电商企业与海关联网开放数据或通过国际贸易"单一窗口"或跨境电子商务通关服务平台传输数据。根据海关总署《关于跨境电子商务零售进出口商品有关监管事宜的公告》，跨境电子商务零售出口商品申报前，跨境电子商务企业或其代理人、物流企业应当分别通过国际贸易"单一窗口"或跨境电子商务通关服务平台向海关传输交易、收款、物流等电子信息，并对数据真实性承担相应法律责任。跨境电子商务零售商品出口时，在放行后的汇总申报阶段，会因所在地区不同而适用不同的汇总方式，跨境电商综试区海关采用"简化申报，清单核放，汇总统计"方式通关，跨境电商企业依据《申报清单》，经清关放行后，仅需汇总统计，无须再形成报关单向海关申报；与之相对的是综试区之外的其他海关，仍然采用"清单核放，汇总申报"的方式通关，跨境电商企业或其代理人应于每月15日前（当月15日是法定节假日或者法定休息日的，顺延至其后的第一个工作日）前将上月结关的《申报清单》依据收发货人、运输方式、运抵国、出境口岸、HS编码、申报计量单位、币制等进行归并，汇总形成报关单向海关申报，并依据报关单的随附单证办理结汇、退税。

（一）零售直邮出口业务的基本流程

9610零售直邮出口模式具体包括以下四个步骤：（1）跨境电商平台、物流公司等参与出口业务的机构向海关进行信息登记；（2）境外买家在跨境出口电商平台下单后，通过支付机构完成付款；（3）跨境电商平台分别向境内卖家发送订单信息和支付信息，境内卖家按订单发货；（4）跨境电商企业或其代理人及物流公司向国际贸易"单一窗口"或跨境电子商务通关服务系统实时传输交易、收款、物流的出口"三单"数据，"三单"一致，清单核放，汇总申报。业务流程如图6.1所示。

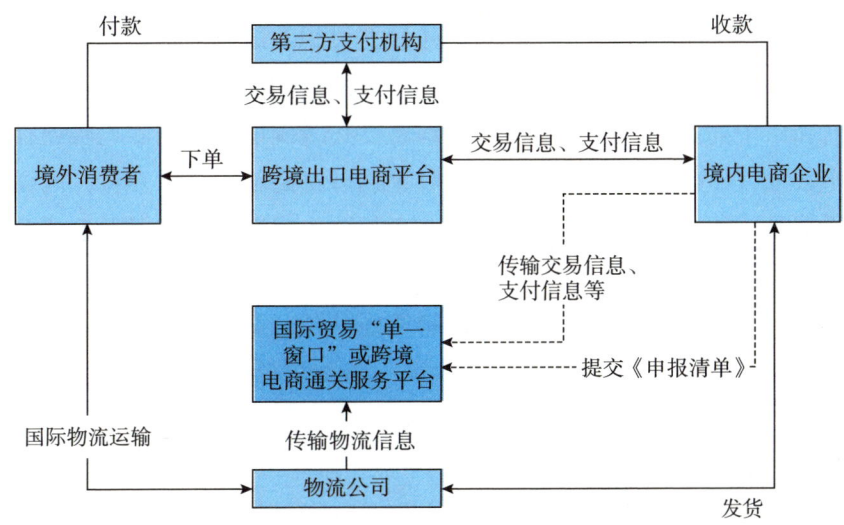

图6.1 零售直邮出口的业务流程

（二）零售直邮出口海关监管要点

在此模式之下，海关只需要对跨境电商企业实现报送的出口商品清单进行审核，审核通过后就可办理实货放行手续。具体而言，出口报关包括以下要求：

1.电商企业、监管场所经营企业、支付企业和物流企业按照规定向海关备案并取得相关资质；

2.交易、支付、仓储和物流等数据通过接口传送到海关设立的电子商务通关管理平台，海关据以核放出口，即"清单核放"；

3.出口卖家在规定的期限内进行集中报关取得报关单，即"汇总申报"；

4.采用全程信息化对接的无纸化系统，所有资料通过电子化交互完成。

该模式与其他报关模式的本质区别在于，出口信息通过电子商务通关管理平台自动在海关进行备案，海关可以对该笔出口贸易的交易、支付和物流信息实现实时监管，并通过"三单"信息核对确定出口卖家、收发货人和收款人三者统一。这种模式解决了先通关后出境、每单必报、报关人与收汇人不一致以致无法结汇和出口退税、海关及外汇统计数据有误差、出口电商本身的贸易财务数据失真等问题。

海关总署公告2018年第165号《关于实时获取跨境电子商务平台企业支付相关原始数据有关事宜的公告》明确提出，"参与跨境电子商务零售进口业务的跨境电商平台企业应当向海关开放支付相关原始数据，供海关验核"。此举是海关针对跨境电商零售进口可能产生的虚构交易信息偷逃税的行为进行事前和事中的主动监管，海关可依据需要实时调取跨境电商平台保存的支付原始数据，以确保交易的真实性。对于跨境电商零售出口而言，同样存在因虚构交易、物流、资金"三单"信息而骗取出口退税的情况。上述公告已于2019年1月1日与《电子商务法》一同施行。可以预计的是，若跨境电商零售进口的支付原始数据实时获取机制实施顺利有效，未来海关将要求跨境出口电商平台也开放原始数据，便于进一步加强跨境电商外汇及出口退税监管。

在此种通关模式之下，海关监管的重点要求在以下几个方面：

1.跨境电商企业或其代理人、物流企业应当对其在出口申报前向海关传输的交易、收款、物流等电子信息数据的真实性承担相应法律责任；

2.出口时，遵循"清单核放、汇总申报"（跨境电商综试区内"清单核放、汇总统计"）的相关程序规则与要求；

3.跨境电商零售出口商品监管作业场所经营人、仓储企业应当建立符合海关监管要求的计算机管理系统，并按照海关要求交换电子数据；

4.配合海关查验以及对零售出口产品及其装载容器、包装物实施检疫。

三、零售直邮出口业务开展的问题分析

（一）退免税比较复杂

跨境电子商务中的三类主体包括：一是自建跨境电子商务销售平台的电子商务出口企业；二是利用第三方跨境电子商务平台开展电子商务出口的企业；三是为电子商务出口企业提供交易服务的跨境电子商务第三方平台。其中，自建跨境电子商务销售平台的电子商务出口企业和利用第三方跨境电子

商务平台开展电子商务出口的企业（包括单位和个体工商户）可适用出口退（免）税、免税相关政策。

目前，对于跨境电商主体适用退免税政策的主要依据是财政部、国家税务总局发布的《关于跨境电子商务零售出口税收政策的通知》（财税〔2013〕96号），以及财政部、国家税务总局、商务部、海关总署发布的《关于跨境电子商务综合试验区零售出口货物税收政策的通知》（财税〔2018〕103号）。

根据上述规定，目前关于跨境电子商务出口税收，可以分为出口退（免）税、有票免税、无票免税几种类型。

《关于跨境电子商务零售出口税收政策的通知》第一条规定了出口退（免）税情形。电子商务出口企业出口货物〔财政部、国家税务总局明确不予出口退（免）税或免税的货物除外〕，符合相应条件的，适用增值税、消费税退（免）税政策：（1）电子商务出口企业属于增值税一般纳税人并已向主管税务机关办理出口退（免）税资格认定；（2）出口货物取得海关出口货物报关单（出口退税专用），且与海关出口货物报关单电子信息一致；（3）出口货物在退（免）税申报期截止之日内收汇；（4）电子商务出口企业属于外贸企业的，购进出口货物取得相应的增值税专用发票、消费税专用缴款书（分割单）或海关进口增值税、消费税专用缴款书，且上述凭证有关内容与出口货物报关单（出口退税专用）有关内容相匹配。

《关于跨境电子商务零售出口税收政策的通知》第二条规定了有票免税情形。电子商务出口企业出口货物不符合第一条规定条件但同时符合下列条件的，适用增值税、消费税免税政策：（1）电子商务出口企业已办理税务登记；（2）出口货物取得海关签发的出口货物报关单；（3）购进出口货物取得合法有效的进货凭证，其中合法有效的进货凭证包括增值税专用发票、增值税普通发票及其他普通发票、海关进口增值税专用缴款书、农产品收购发票、政府非税收入票据。

在跨境零售直邮出口业务中，出口企业往往因为出口的品种众多而订单零散，有些出口企业即使取得了进项的增值税发票，但无法做到每个零散的订单中都可以一一对应进项发票，进而无法满足上述办理要求中关于提供增值税发票的要求。这种矛盾造成了在实际中，大量的出口电商并没有选择跨境电商9610模式与海关的跨境电子商务服务平台相关联，而是直接通过交给邮政企业或者快递企业通过个人物品的方式邮寄出境。

为了解决该问题，2018年9月28日，财政部、国家税务总局等部门出台《关于跨境电子商务综合试验区零售出口货物税收政策的通知》，跨境电子商务综试区内的跨境电子商务零售出口企业出口未取得有效进货凭证的，在符合以下条件的情况下，可以"无票免税"：（1）电子商务出口企业在综试区注册，并在注册地跨境电子商务线上综合服务平台登记出口日期、货物名称、计量单位、数量、单价、金额；（2）出口货物通过综试区所在地海关办理电子商务出口申报手续；（3）出口货物不属于财政部和税务总局根据国务院决定明确取消出口退（免）税的货物。

个别地区税务机关还出台了进一步细化无票免税的操作细则，例如，陕西省税务局发布的陕税公告〔2019〕2号《关于中国（西安）跨境电子商务综合试验区零售出口货物免税管理有关事项的公告》规定，对符合无票免税规定的零售出口货物，电子商务出口企业应在货物报关出口之日次月起至次年5月31日前的各增值税纳税申报期内按规定向主管税务机关办理零售出口货物免税申报；增值税一般纳税人应在当期《增值税纳税申报表》（适用于增值税一般纳税人）附列资料（一）第18栏相应位置填报上述适用免税政策货物销售额，将出口货物销售额填报于《增值税纳税申报表》主表第8栏"免税销售额"和《增值税减免税申报明细表》中的"免税项目—出口免税"项下；增值税小规模纳税人应在当期《增值税纳税申报表》（小规模纳税人适用）第13栏填报上述适用免税政策货物销售额；电子商务出口企业逾期未申报免税的，应视同内销货物征收增值税、消费税；电子商务出口企业对应征增值税的销售额、免征增值税的销售额应分别进行核算，未分别核算的，不得免税。

（二）外汇问题

外汇监管领域下的跨境电商是指通过电子商务手段完成交易并涉及商品和货物跨境的贸易方式。具体结合海关监管意义而言，跨境电商包括了海关监管领域内符合特定监管条件的全部跨境电商类型，包括1210、9610、9710、9810、1239、1039等代码表示的监管方式。外汇监管政策与国家近年来对跨境电商整体监管政策相一致，在资金进出、外汇监管方面，政策的导向是"包容审慎"，更多地体现出鼓励创新、先行先试的指导精神。

对于跨境电商外汇监管的主要依据包括基础性的法规规章、规范文件，如《中华人民共和国外汇管理条例》《个人外汇管理办法》《个人外汇管理办法实施细则》，以及国家外汇管理局发布的《关于进一步促进贸易投资便利化完善真实性审核的通知》（汇发〔2016〕7号）、《关于进一步推进外汇管理改革完善真实合规性审核的通知》（汇发〔2017〕3号）、《关于进一步促进跨境贸易投资便利化的通知》（汇发〔2019〕28号）、《关于优化外汇管理支持涉外业务发展的通知》（汇发〔2020〕8号）等。上述法规规章、规范文件确定了跨境电商外汇监管的基本原则仍然是：跨境电商企业所开展的货物进出口交易属于经常项目中涉及货物的交易项目，企业应确保收付汇都符合真实、合法的交易基础；金融机构应当按照国务院外汇管理部门的规定，对交易单证的真实性及其与外汇收支的一致性进行合理审查。

另外，跨境电商的外汇监管规范中还包括针对性的核心政策。虽然这些核心政策的出台并不一定只是为了便利跨境电商，而是为了从更大的层面便利贸易发展，但是这些核心政策确实更加符合跨境电商特殊的业务模式和形态。例如，国家外汇管理局出台的《支付机构外汇业务管理办法》（汇发〔2019〕13号）、《关于优化外汇管理支持涉外业务发展的通知》（汇发〔2020〕8号）、《关于支持贸易新业态发展的通知》（汇发〔2020〕11号）等，以及海关总署针对跨境电商平台企业如何建设能够实现与海关对接、助力海关实时获取支付数据的系统而出台的2018年第165号《关于实时获取跨境电子商务平台企业支付相关原始数据有关事宜的公告》和2018年第179号《关于实时获取跨境电子商务平台企业支付相关原始数据接入有关事宜的公告》。

结合上述法律法规和规章制度，关于跨境电商出口外汇监管的重点问题可汇总为以下几个方面。

1.关于跨境零售出口的收汇主体管理

《经常项目外汇业务指引（2020年版）》规定，外汇管理部门实行"贸易外汇收支企业名录"登记管理，具有真实货物贸易外汇收支业务需求的企业，凭《贸易外汇收支企业名录登记申请表》和营业执照向所在地外汇局申请名录登记。另外，根据国家外汇管理局《关于进一步促进跨境贸易投资便利化的通知》第五条规定，年度货物贸易收汇或付汇累计金额低于20万美元的（不含）小微跨境电商企业办理货物贸易收付汇手续时，可免于办理"贸易外汇收支企业名录"登记（下称"名录登记"），外汇局依法对免于办理名录登记的小微跨境电商企业实施监督检查。

对于从事跨境零售出口个体经营的个人,《个人外汇管理办法》第十条规定,从事货物进出口的个人对外贸易经营者,在商务部门办理对外贸易经营权登记备案后,其贸易外汇资金的收支按照机构的外汇收支进行管理;第十一条规定,个人进行工商登记或者办理其他执业手续后,可以凭有关单证办理委托具有对外贸易经营权的企业代理进出口项下及旅游购物、边境小额贸易等项下外汇资金收付、划转及结汇。

上述规定为个人对外贸易经营者开展外汇收支业务提供了两个思路:个人办理对外贸易经营权登记备案后以个人名义开展外汇收支;委托具有对外贸易经营权的企业开展外汇收支。

《个人外汇管理办法实施细则》进一步细化了上述两个路径的操作方式。其中第九条规定,个人经常项目项下经营性外汇收支按以下规定办理:(一)依法办理工商登记或者其他执业手续、取得个人工商营业执照或者其他执业证明、按照国务院商务主管部门的规定办理备案登记、取得对外贸易经营权、从事对外贸易经营活动的个人,办理对外贸易购付汇、收结汇应通过本人的外汇结算账户进行;其外汇收支、进出口核销、国际收支申报按机构管理;(二)个体工商户委托有对外贸易经营权的企业办理出口的,可通过本人的外汇结算账户收汇、结汇。结汇凭合同及物流公司出具的运输单据等商业单证办理。代理企业将个体工商户名称、账号以及核销规定的其他材料向所在地外汇局报备后,可以将个体工商户的收账通知作为核销凭证。

2. 关于跨境电商出口支付机构的外汇监管要求

2019年4月,国家外汇管理局正式发布《支付机构外汇业务管理办法》。这一文件出台之前,国家外汇管理局为积极支持跨境电子商务发展、防范互联网外汇支付风险,于2013年在北京等五个地区启动支付机构跨境外汇支付试点并于2015年将试点扩大至全国,在此基础上总结试点经验,结合市场需求和跨境电子商务特点,出台上述管理办法以完善支付机构外汇业务管理、进一步便利跨境电子商务结算、防范跨境资金流动风险。

该管理办法第二条规定,支付机构通过合作银行为市场交易主体跨境交易提供的小额、快捷、便民的经常项下电子支付服务,包括代理结售汇及相关资金收付服务,适用该办法。跨境电子商务结算过程中支付机构的相关行为规范包括:

(1)支付机构应具备下列条件,并办理贸易外汇收支企业名录登记:具有相关支付业务合法资质；具有开展外汇业务的内部管理制度和相应技术条件；申请外汇业务的必要性和可行性；具有交易真实性、合法性审核能力和风险控制能力；至少5名熟悉外汇业务的人员（其中1名为外汇业务负责人）；与符合相关要求的银行合作；

（2）支付机构应在登记的业务范围内开展经营活动；

（3）支付机构应尽职核验市场交易主体身份的真实性、合法性，并应对交易的真实性、合法性及其与外汇业务的一致性进行审查；

（4）支付机构应按照外汇账户管理有关规定，在每家合作银行开立一个外汇备付金账户，账户名称结尾标注"PIA"（payment institute account），用于收付市场交易主体暂收待付的外汇资金；

（5）支付机构办理的外汇业务均应通过外汇备付金账户进行；外汇备付金账户资金与自有外汇资金应严格区分，不得混用；外汇备付金账户不得提取或存入现钞；

（6）支付机构和合作银行应建立外汇备付金信息核对机制，逐日核对外汇备付金的存放、使用、划转等信息，并保存核对记录；外汇备付金账户纳入外汇账户管理信息系统管理，合作银行应及时按照规定将数据报送外汇局；

（7）支付机构不得在境外开立外汇备付金账户，或将市场交易主体资金存放境外，另有规定的除外；

（8）支付机构应根据要求报送相关业务数据和信息，并保证数据的及时性、准确性、完整性和一致性；

（9）支付机构应按照国际收支申报相关规定，在跨境交易环节（实际涉外收付款项时）对两类数据进行间接申报：一类是集中收付或轧差净额结算时支付机构的实际涉外收付款数据；另一类是逐笔还原集中收付或轧差净额结算前境内实际收付款机构或个人的原始收付款数据；

（10）支付机构应妥善保存办理外汇业务产生的各类信息，客户登记有效期内应持续保存，客户销户后相关材料和数据至少保存5年；

（11）支付机构应定期向注册地外汇分局报送客户外汇收支业务金额、笔数、外汇备付金余额等数据，并对部分大额收支交易及时报告，对异常或高风险交易采取相应措施后及时向合作银行及注册地外汇分局报告。

3.关于跨境电商出口交易的外汇审核要求

《支付机构外汇业务管理办法》第四章规定了对跨境交易的审核要求，

包括：

（1）支付机构按照真实、可跟踪稽核、不可篡改原则采集交易信息，确保交易信息来源客观、可信、合法；

（2）交易信息原则上应包括商品或服务名称及种类、数量、交易币种、金额、交易双方及国别、订单时间等必要信息；

（3）支付机构应对采集的交易信息进行持续随机验证，可通过物流等信息进行辅助验证，相关资料留存5年备查；

（4）跨境电商的资金收付与交易在主体、项目、金额等方面应当确保一致，另有规定的除外；

（5）对于违规风险较高的交易，支付机构应要求市场交易主体提供相关单证材料。不能确认交易真实合规的，应拒绝办理，相关材料留存5年备查；

（6）支付机构外汇业务的单笔交易金额原则上不得超过等值5万美元；

（7）合作银行应对支付机构外汇业务真实性、合规性进行合理审核、随机抽查并留存相关材料5年备查；可要求支付机构及交易相关方就可疑交易提供真实合法的单证材料以审核或抽查。

根据上述规定，支付机构通过银行，对于违规风险不高的交易，可以凭交易电子信息为市场主体跨境交易提供小额、快捷、便民的经常项下电子支付服务，进一步便利跨境电子商务支付结算。具体来说，银行和交易机构在满足交易信息采集、真实性审核等条件下可以凭交易电子信息为跨境电子商务经营者、购买商品或服务的消费者提供结售汇及相关资金收付服务，而上述交易电子信息是支付机构从跨境电商平台等采集到的下单、支付、物流运输等信息，并不需要支付单、订单、物流单等交易凭证。

例如，根据广州市商务局印发《广州市把握RCEP机遇促进跨境电子商务创新发展的若干措施》，"对已在线上综合服务平台备案的跨境电商经营者，支持银行按照展业三原则和有关规定要求，审核其货物贸易相关交易真实性和合规性。对能够确认交易真实合规、符合条件的，银行可凭平台推送的电子单证直接为其办理货物贸易外汇收支结算业务和经常项目下跨境人民币结算业务，市场主体可免于提交纸质单证"。从这个角度来说，确实是将便利跨境电商收付汇落到实处，进一步拓宽跨境电商交易支付结算渠道，为跨境电商企业收付汇提高了效率，节省了较多的时间和人力。

此外，国家外汇管理局《关于优化外汇管理支持涉外业务发展的通知》

文中，明确提出要优化银行跨境电商外汇结算，允许更多的银行按照《支付机构外汇业务管理办法》的规定，在满足交易信息采集、真实性审核等条件下，凭交易电子信息为跨境电子商务市场主体提供结售汇及相关资金收付服务。

4. 关于出口收汇管理的新进展

国家外汇管理局《关于支持贸易新业态发展的通知》设置了许多开创性的便利。例如，对从事跨境电子商务的企业，允许其将出口货物在境外发生的仓储、物流、税收等费用与出口货款轧差结算，并按规定办理实际收付数据和还原数据申报；跨境电子商务企业出口至海外仓销售的货物，汇回的实际销售收入可与相应货物的出口报关金额不一致；跨境电子商务企业按现行货物贸易外汇管理规定报送外汇业务报告；境内国际寄递企业、物流企业、跨境电子商务平台企业可在一定期限内为客户代垫与跨境电子商务相关的境外仓储、物流、税收等费用。上述规定提高了企业跨境收支的灵活性，减少了企业资金跨境占用。跨境电商企业只要是正规报关，就能够收汇，解决了此前海外仓货物销售后难以通过渠道回款的问题。

另外，规定对于从事跨境电子商务的境内个人，可以通过个人外汇账户办理跨境电子商务外汇结算，境内个人办理跨境电子商务项下结售汇，提供有交易额的证明材料或交易电子信息的，不占用个人年度便利化额度。这一条是对《个人外汇管理办法》第十条关于个人从事货物进出口的外汇收支管理的进一步发展和细化，解决了个人从事跨境电商与个人外汇年度总额限制之间的冲突问题。

《关于支持贸易新业态发展的通知》还规定了外贸综合服务企业可以根据客户委托代办出口收汇手续。经办银行可凭外贸综合服务企业推送的交易电子信息办理出口收汇，外汇或结汇资金直接进入委托客户的账户。根据《个人外汇管理办法》的相关规定，传统的被委托企业一般都是具备外贸经营权的进出口企业，但随着外贸综合服务企业的不断发展，其不仅能为企业提供物流、报关、信保、融资等服务，还能提供出口收汇、出口退税的服务，这能大大降低许多国内中小型跨境电商企业开拓国际市场的外贸综合成本。

（三）关于零售直邮出口的退货问题

近年来，通过跨境电子商务平台向境外销售国产商品的行业发展态势喜人，但跨境电商出口零售商品后能否实现顺利退货，一直是多年困扰市场和业界的问题。根据海关开展的企业调研情况显示，跨境电商出口包裹退货比例平均约为5%，其中服装等部分品类商品退货比例达10%以上，国内电商企业出口海外仓再进行线上销售的电商商品也存在因滞销、消费者退货等原因的退货需求。长期以来，跨境电商出口平台处理退换货的方式基本是采用以进口的方式再"买回来"或者是直接在海外打折处理。无论是哪一种方式，都增加了企业的运营成本，处理效率低，整个流程下来所需费用甚至超过商品本身，影响了企业扩大出口的动力。

为了解决上述"出口退货难"的问题，海关总署于2020年3月27日发布《关于全面推广跨境电子商务出口商品退货监管措施有关事宜的公告》，并专门发布了配套监管方案，为跨境电商出口进一步释放了政策红利。

1.允许退货的出口类型

上述公告第一条规定，"跨境电子商务出口企业、特殊区域［包括海关特殊监管区域和保税物流中心（B型）］内跨境电子商务相关企业或其委托的报关企业可向海关申请开展跨境电子商务零售出口、跨境电子商务特殊区域出口、跨境电子商务出口海外仓商品的退货业务"。根据上述规定，跨境电商零售出口、跨境电商特殊区域出口、跨境电商出口海外仓三种模式的跨境电商商品都可以向全国范围内的海关申请出口退货，业务模式实现全覆盖。

2.允许退货的商品范围

对国家禁止进境货物、物品不予办理退货手续。跨境电商退货商品的检验检疫按照有关规定办理。[①]

上述公告第三条规定，根据跨境电商出口时申报或报关所采用的具体方式，跨境电商出口企业可以对原《中华人民共和国海关出口货物报关

[①] 黄埔海关.解读｜全面推广跨境电商出口商品退货[EB/OL].（2020-04-03）[2021-6-21]. https://mp.weixin.qq.com/s/ydtzZeY9NfKwfQEnXa6jqQ.

单》、《中华人民共和国海关跨境电子商务零售出口申报清单》或《中华人民共和国海关出境货物备案清单》所列全部或部分商品申请退货。

3. 允许退货时间

退货商品可单独运回，也可批量运回，退货商品应在出口放行之日起1年内退运进境。对于超过期限的出口商品，暂不支持通过跨境电商渠道办理退货手续。

4. 申请办理跨境电商出口退货的企业应具备条件

上述公告第二条规定，申请开展退货业务的跨境电子商务出口企业、特殊区域内跨境电子商务相关企业，应具备以下主要条件：建立退货商品流程监控体系，向海关开放生产作业系统，并承担退货商品必须为原出口商品的主体责任；开展跨境电商出口海外仓及特殊区域出口海外仓模式的企业，向海关提供海外仓（含自建、租用等）相关证明资料，向海关开放生产系统中涉及境外进出仓库、仓储、销售、物流派送等信息；与海关账册系统联网，实现账册信息的联动印证；申请退货的商品应具有可验核的标识，以便海关抽核退货商品是否为原出口商品。[①]

9610零售直邮出口退货模式见图6.2。

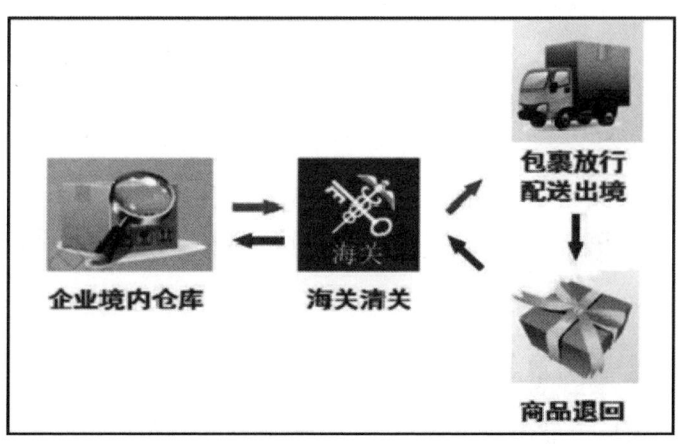

图6.2 9610零售直邮出口退货模式

---

① 广州海关. 解读 | 跨境电商出口商品怎样退货？[EB/OL].（2020-02-20）[2021-06-21]. https://mp.weixin.qq.com/s/CC9aglCLOuMiqAYF9FgHjg.

四、零售直邮出口业务合规建议

(一) 企业要摆正心态合规经营

跨境电商出口平台要履行好登记注册等法定义务；构建完备的监管机制，如与商家签署相关的管理协议；对产品质量的监管要尽到合理的注意义务。跨境出口电商商家应熟悉相关业务流程，特别是出口申报与退免税等的要求；选择好注册企业的地点（比如在试验区内）、选择合适的第三方平台、选择靠谱的物流模式、了解出口目的地的政策和法律要求、保证产品的质量安全，避免侵犯知识产权等。

(二) 研究构建跨境电商平台在线纠纷解决程序

跨境电商零售出口的基本特征是卖家和消费者分处不同国家或地区，在发生争议时难以采用传统的争议解决方式。跨境电商平台企业可以考虑建立在线纠纷解决程序，以降低因为商家在国内消费者在国外而导致的争议解决沟通的成本问题，必要时可以与跨境电商平台所在地的官方在线纠纷解决程序进行对接。我国部分地区也在筹备建设官方的在线纠纷解决程序，如《广州市把握RCEP机遇促进跨境电子商务创新发展的若干措施》的通知即提出，依照《亚太经合组织（APEC）企业间（B2B）跨境商事争议在线解决（ODR）合作框架》及《示范程序规则》设置平台解纷流程，实现谈判、调解、仲裁全流程在线完成，并提供线上提交材料、线上审核、线上沟通及文书智能生成、在线签署等多项功能，运用信息化技术赋能，为跨境、跨语言、不同法律管辖权的争议提供快速电子解决方案和执行机制。

(三) 注意知识产权合规问题

对于我国跨境电商出口企业而言，需特别注意避免侵犯他人的知识产权，为此，企业需要提高自身的自主创新能力，通过个性化设计提高出口产品的附加值。目前，海关总署已经开通了"知识产权海关保护备案系统"，出口企业可以充分利用该系统查询在海关总署备案的知识产权情况，初步判断自己的商品是否侵权。若企业对利用系统查询的结果仍然判断不准，还可以利用海关预确认制度进行咨询。出口企业应当积极了解产品销售地的知识产权保护政策和同行业商品的知识产权注册情况，切不可心存侥幸，必要情况下应及时进行市场调查，对产品所使用的商标、装潢、宣传语、外观设计等进行检索、分析，以判断是否侵权。此外，跨境电商出口企业在入驻国外跨境电商平台时，要注意平台是否提供了有效的知识产权侵权抗辩渠道以及知识产权保护措施，跨境电商出口企业需对此认真研究评估，选择有完善救济渠道及保护措施的平台入驻。

跨境电商平台企业应当遵守《电子商务法》的规定，在知道或者应当知道的情况下，或者在接到知识产权权利人的侵权通知后，及时采取删除、屏蔽、断开链接、终止交易和服务等必要措施维护权利人权利。除此之外，笔者在实务工作中总结出的电商平台合规措施还包括：（1）电商平台企业应该要求入驻商户提供有效的证明文件，对商品内容合法性至少进行形式审查，同时保留必要的商品来源证明材料，实现源头可溯。（2）电商平台也可以推出惩戒措施，比如建立企业失信黑名单，在一定时间内禁止侵权商家入驻平台。（3）新兴电商平台可以借鉴成熟平台的制度经验，搭建知识产权保护平台，通过平台及时发布相关资讯、解答常见权属争议问题；建立权利人身份信息、权属信息认证机制；提供投诉渠道；颁布知识产权侵权处理规则等，为权利人与经营者提供明确的指引。（4）电商平台应当与海关实现平台对接并实时分享数据信息，为海关提供违法犯罪线索，联手打击知识产权侵权行为。

第七章
跨境电商特殊区域零售出口监管原理

从1990年开始，我国先后推出六种形态的海关特殊监管区域，从最早的保税区设立到后来的出口加工区、保税物流园区、保税港区、综合保税区和跨境工业区等几种类型的海关特殊监管区域。这六种特殊监管区域，设立之初有不同的政策功能特点。保税区是为了服务和保障保税加工企业对一些设备和料件进行保税监管的需要而设立的。出口加工区主要是立足于推动外贸发展，服务企业扩大出口而设立的。随着对外开放的进一步发展，保税物流业务蓬勃兴起，为了推动区港一体化，更好地发挥保税区的物流枢纽作用，又建立了保税物流园区。随后，为配合我国航运中心建设，建立了保税港区。由于不同的特殊区域功能各异，不能够适应综合性要求，所以在上述基础上又建立了综合保税区，整合优化各种特殊区域的一些政策和功能，实行统一化要求。现在的综合保税区是海关特殊监管区域的最高形态[1]。根据海关总署自贸区与特殊区域发展司的统计，截至2021年12月底，全国31个省、市、自治区共设立海关特殊监管区域168个。其中，综合保税区155个，保税区9个，保税港区2个，出口加工区1个，珠澳跨境工业区（珠海园区）1个。[2]针对跨境电商特殊区域零售出口，海关先后研究出了"1210特殊区域零售出口"模式和"1210特殊区域出口海外仓零售"模式。

---

[1] 海关特殊监管区域的发展在对外开放中发挥积极作用[EB/OL].（2019-01-10）[2021-06-30]. http://www.gov.cn/xinwen/2019-01/10/content_5356576.htm.

[2] 海关总署自贸区和特殊区域发展司. 截至2021年12月底全国海关特殊监管区域情况[EB/OL].（2021-05-06）[2022-01-21]. http://zms.customs.gov.cn/zms/hgtsjgqy0/hgtsjgqyndqk/4129084/index.html.

一、特殊区域零售出口海关监管模式

（一）特殊区域零售出口海关监管要点

根据货物出口时状态和销售环节的不同，特殊区域零售出口可分为1210特殊区域零售出口和1210特殊区域出口海外仓零售两种形式。

具体而言，特殊区域零售出口是指，企业将商品批量出口至区域（中心），海关对其实行账册管理；境外消费者通过电商平台购买商品后，通过物流快递形式送达境外消费者。特殊区域出口海外仓零售是指，企业将商品批量出口至区域（中心），海关对其实行账册管理；企业在区域（中心）内完成理货、拼箱后，批量出口至海外仓，通过电子商务平台完成零售后再将商品从海外仓送达境外消费者。

从海关监管的角度，1210特殊区域零售出口申报分为两段：

第一段为从国内申报报关单进入特殊区域，该段在"单一窗口"按照货物一般贸易方式（代码为0110）入区进入跨境电商出口账册即可。

第二段为从特殊区域申报实际离境，其中分为（1）海外仓模式：依旧以报关单的形式，按照货物在"单一窗口"申报报关单进入海外仓即可，贸易方式为1210；（2）清单模式：在"单一窗口"或跨境电商服务平台申报清单，可不申报报关单，海关用跨境电商出口统一版进行监管。

1210特殊区域零售出口和传统的9610零售直邮出口的对比见表7.1。

表7.1 1210特殊区域零售出口和9610零售直邮出口对比表

对比项目	1210		9610
	特殊区域零售出口	特殊区域出口海外仓零售	
交易性质	B2C	B2C	B2C
适用范围	特殊监管区和保税物流中心（B型）	特殊监管区和保税物流中心（B型）	无限制，但监管场所必须符合海关监管要求
申报模式	申报清单	报关单或申报清单	申报清单
优势	1.入区即退税；2.批量入区、集货出口，降低物流成本		综试区内企业可采用4位HS编码简化申报，适用"清单申报、汇总统计"

（二）特殊区域零售出口业务两种模式的基本流程和优劣对比

1210特殊区域零售出口（常称传统模式）与1210特殊区域出口海外仓零售（常称海外仓模式）相比，首要的差别在于，传统模式将出口商品存放于经海关批准设立的专门存放保税货物及其他未办结海关手续货物的区域（中心）内，而海外仓模式下，商品在送达国外消费者之前，将存放在海外仓库。1210特殊区域零售出口与1210特殊区域出口海外仓零售在业务流程方面的区别见图7.1和图7.2。

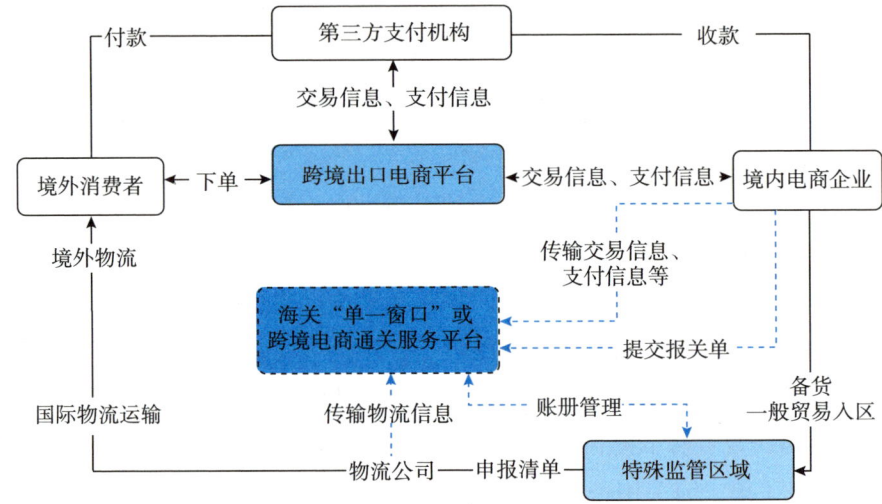

图7.1　1210特殊区域零售出口业务流程图

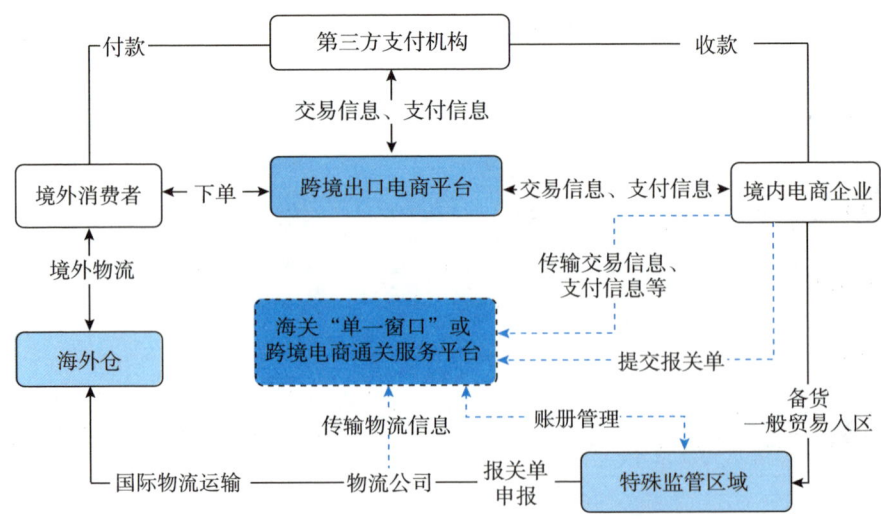

图7.2　1210特殊区域出口海外仓零售业务流程图

在海外仓模式下，境内多个商家发往不同海外仓的货物可以在海关特殊监管区域内进行集中分拨，将相同境外流向的跨境电商货物集中起来一次申报，待海外完成零售后再分批结汇，并可灵活选择全国通关一体化、转关等模式进行通关。此外，海外仓模式可同等享受传统模式所具备的"入区即退税"（保税区除外）和"退回特殊区域进行重新清理、维修、包装后再销售"等优势政策。[①] 通过对相关数据的搜集、统计和分析，在海外仓模式下，跨境电商零售出口企业在供应链环节可以享受一定的便利，见表7.2。[②]

表7.2　传统模式与海外仓模式对比表

对比项目	传统模式	海外仓模式
物流时效	国际物流＋消费者所在地国内物流：DHL5～7天，FedEx7～10天，UPS10天以上	消费者所在地国内物流：以菜鸟海外仓为例，可实现官方海外仓所在国3日达，泛欧7日达（工作日）[③]
物流成本	从中国发DHL到美国：124元人民币/千克	美国发货：只需5.05美元/千克

由此可见，一方面，海外仓模式提高了商品的通关效率，缩短了配送时间，一定程度上降低了企业的商品运输、申报等方面的成本，退税流程也更简便快捷；但另一方面，与传统模式相比，海外仓模式的仓储成本相对较高，因此，出口产品在储存方面对流动性的要求较高。综合各方面因素判断，海外仓模式能够在多大程度上为企业节省运营成本，减轻企业的经营压力还有待后续的精准测算。可以肯定的是，海外仓模式可以为境外消费者带来更佳的消费体验——境外消费者在网购国内商品时可享受到更优惠的价格以及更快的配送速度。

二、特殊区域零售出口的优势

跨境电商特殊区域零售出口的主要优势有以下四点：

一是便利的"入区即退税"（保税区除外）政策，第一段货物申报入区后即可用二线入区（代码为0110）的报关单办理退税，可以让卖家实现提前快速退

---

① 跨境电商"1210保税出口海外仓"监管模式在江苏落地[EB/OL].（2020-11-02）[2020-12-25]. http://www.customs.gov.cn/customs/xwfb34/302425/3350541/index.html.
② 海外仓[EB/OL].[2020-12-25]. https://wiki.mbalib.com/wiki/%E6%B5%B7%E5%A4%96%E4%BB%93.
③ 菜鸟官方海外仓官网数据[EB/OL].[2020-12-25]. https://page.cainiao.com/courierreward/warehouse/warehouse.html.

税，订单产生后再分包裹分批运往境外，相对于原碎片化订单，有效降低了企业退税成本与整体物流费用，提升了通关时效，企业资金运用效率随之提高。

二是区域（中心）为跨境电商企业测试新品以及退换货带来便利，是跨境电商企业境外销售的"缓冲带"，区内备货的保税商品如果销量不理想，经内销补税，仍可快速流回境内处理，减小损失。

三是货物批量入区以及集货运输出口，有效降低了企业物流成本。特殊区域出口充分利用"统一报关分批出口"优势，满足了跨境出口订单碎片化、多元化的要求，解决了传统跨境小包出口结汇、退税、数据统计难等问题，提升了贸易效率。

四是畅通跨境电商出口退货渠道，退换货可直接在特殊区域内完成，对退运回国的货物可以直接在特殊区域内重新打包销售，提高作业效率，保障跨境商品"出得去，退得回"，解决企业后顾之忧。

三、特殊区域零售出口业务开展的退货问题分析

退货渠道的畅通与否直接影响到消费者对跨境电商模式的购物体验以及复购率的高低，关系到跨境电商企业未来的发展空间，在宏观层面还会对国家跨境电商政策能否稳步推进、扩大实施产生影响。

特殊区域零售出口的海关监管以海关总署《关于跨境电子商务零售进出口商品有关监管事宜的公告》为基础，并通过《关于全面推广跨境电子商务出口商品退货监管措施有关事宜的公告》进行细化。具体而言，为了落实《国务院关于促进综合保税区高水平开放高质量发展的若干意见》（国发〔2019〕3号）关于优先支持综合保税区发展的要求，以及为推动1210进口政策在综合保税区的早日全面适用，"1210出口零售"的出口及退货业务目前允许在国内综合保税区和经批准设立跨境电商综合试验区的特殊区域内开展。对于出口海外仓，考虑到海外仓零售数据存储在境外，监管部门难以实施有效监管，目前将其限定在有跨境电商发展基础和监管经验的综合试验区，能够发挥地方政府和相关企业的作用，形成监管合力[①]。

---

① 朱昉，须捷，李涛，等. 跨境电商进出口商品退货指引[EB/OL]. (2021-04-29)[2021-06-21]. https://mp.weixin.qq.com/s/ODWP-xhAa4kra37Sosn3gg.

（一）特殊区域零售出口退货流程

第一步，退货单申报：企业通过国际贸易"单一窗口"或跨境电子商务通关服务平台向海关申报《海关跨境电子商务零售进出口商品退货单》，退货申请的商品种类、数量等不得超出原出口清单的商品种类和数量范围，电商企业、平台企业须与原出口清单一致。

第二步，进境到货管理：在《海关跨境电子商务零售进出口商品退货单》放行前，跨境电商退货商品应存放在符合海关监管要求的退货商品理货区、待放行区。监管作业场所运营人按规定进行盘点，并向海关发送到货信息。

第三步，查验管理：海关通过机检、人工查验加强对退回商品的监管，可利用商品的标识和企业数据库抽查等方式核对货物相关信息。查验在特殊区域外监管作业场所进行的，查验无误后退货商品应按现行规定返回原特殊区域，同时采取措施加强途中监管。

第四步，账册核增：区内企业汇总已放行的《海关跨境电子商务零售进出口商品退货单》，向海关申报核注清单。核注清单审核通过后，对应的原特殊区域的跨境电商出口底账相应核增。

第五步，退运至境内区外：以《海关跨境电子商务零售进出口商品退货单》方式从境外原状退回特殊区域的退货商品，需办理出区进口至境内区外的，原国内出口企业应在原出口进区报关单放行之日起1年内，以退运货物（4561）监管方式向主管海关申报进口报关单，在报关单备注栏首位填写原出口报关单号，并提交不涉及退税或未退税、退税已补税等相关证明材料。经海关审核同意后准予不征税复进口至境内区外。

（二）特殊区域出口海外仓退货流程

第一步，退货申报管理：退货商品由境外退运至原特殊区域时，区内企业向海关申报保税核注清单，根据保税核注清单数据归并生成进口报关单/进境备案清单，并在报关单/备案清单录入界面"业务事项"选项中勾选"跨境电商海外仓"选项，监管方式代码为4561（退运货物），在备注栏首位填写区内原出口报关单号/出境备案清单号。

第二步，查验管理：对跨境电商特殊区域出口海外仓零售的退货商品，海关按照布控指令进行查验，并重点验核其是否为原出口商品复运进境。对出口海外仓商品及其退货，优先查验。需要注意的是，特殊区域出口海外仓零售模式仅适用因品质或规格原因向海关办理出口商品退货申请。①

第三步，账册核增：退货商品对应的进口报关单/进境备案清单审核放行后，对应特殊区域的原海外仓出口底账相应核增。

第四步，退运至境内区外：从境外海外仓原状退回特殊区域的退货商品，因品质或规格等原因需出区进口至境内区外的，原国内出口企业应在原出口进区报关单放行之日起1年内以退运货物（代码为4561）的监管方式向主管海关申报进口报关单，在报关单备注栏首位填写原出口报关单号，并提交不涉及退税或未退税、退税已补税等相关证明材料。经海关审核同意后准予不征税复进口至境内区外。

（三）特殊区域零售出口退货账册处理

跨境电商特殊区域零售出口企业应提前申请设立账册，具体分为跨境电商出口账册和跨境电商海外仓账册。跨境电商特殊区域零售商品出口的退货，应退回原跨境电商出口账册；跨境电商特殊区域出口海外仓零售商品的退货，包括消费者正常原因或滞销商品退货，应退回原海外仓账册；其他跨境电商零售出口商品的退货，可退回普通物流账册。跨境电商特殊区域零售出口的退货商品，可流转至区内其他保税物流账册，海关按照现行规定实施保税监管。

企业需向海关申请设立跨境电商海外仓账册的，应在综合保税区或跨境电子商务综合试验区的区域（中心）内注册，且信用等级为一般信用及以上。企业应向主管海关递交海外仓（含自建、租用等）相关证明材料（如办理其他手续时已经递交，无须重复提供），主动向海关开放生产系统中涉及境外进出仓库、仓储、销售、物流派送等信息，并承诺出口至海外仓的商品通过电子商务平台销售（如按1210方式出口，需承诺零售）。鼓励企业将海外仓的WMS（仓储管理系统）和OMS（订单管理系统）等业务数据向海关业务监管信息化系统共享。对于符合上述要求的企业，经主管海关审核同意后，准予在区域（中心）内设立海外仓账册。

---

① 广州海关. 电商出口业务退货流程[EB/OL].（2020-06-16）[2021-06-27]. https://mp.weixin.qq.com/s/PoTlf6lL0Yye9kc75jAg0w.

（四）特殊区域零售出口退货的商品流向

跨境电商特殊区域零售出口的商品在退回原区域（中心）后，如需复运出境的，企业须按照有关管理规定办理进境入区手续，在区内对退货商品在保税状态下进行仓储、分拣打包、加贴标签及运单等处置并复运出境。对于需退运至境内区外的商品，如不涉及退税或者能够提供税务部门未退税证明、退税已补税证明，经审核为原出口电商商品、自出口放行之日起1年内且属于因品质或规格原因退回的，准予复运进境并可不征税办理出区进口至境内区外的手续，出口退货商品可单独运回也可批量运回。

四、特殊区域零售出口视野中的海外仓

（一）海外仓的兴起和发展

海外仓是指建立在海外的仓储设施。在跨境贸易电子商务中，海外仓是指国内企业将商品通过大宗运输的形式运往目标市场国家，在当地建立仓库、储存商品，然后再根据当地的销售订单，第一时间作出响应，及时从当地仓库直接进行分拣、包装和配送。

目前，跨境电商出口约40%的订单是从海外仓发货的，跨境通、纵腾、有棵树等超级大卖家仓发比例更是高达80%以上。亚马逊上的中国卖家使用FBA（亚马逊物流）的比例更高，电子商务情报公司Marketplace Pulse公布的数据显示，超过77%的中国卖家使用FBA，居于Top10000的中国头部卖家中，高达96%的卖家使用FBA。[1]

各大跨境电商交易平台都大力鼓励卖家使用海外仓，并对本地发货的店铺给予流量倾斜、店铺账号的安全保障和售后服务保障，如Wish对于平台海外仓卖家给予3倍以上的流量倾斜，对海外仓卖家回款效率更快。平台对本地发货的流量倾斜，驱动了跨境电商卖家转向海外仓模式。

---

[1] 一文读懂海关新政策9710、9810带来的信号[EB/OL].（2020-06-16）[2021-06-28]. https://mp.weixin.qq.com/s/E5oJNC9rtfupkgGKis_gFA.

此外，2020年新冠肺炎疫情波及了全球供应链，很多国际航班停飞，直邮类业务受到严重影响，但海外仓业务量持续增长，如速卖通平台春季期间海外仓履约的 GMV 提升了 40%~50%。[①]疫情凸显了海外仓的本地化运营优势，让跨境卖家们深刻认识到海外仓比直发物流更具竞争力。可以预见的是，海外仓物流模式将成为跨境电商出口的主流，依托海外仓建设和相关政策优惠，大量境内跨境电商企业及境内跨境电商平台将不断扩大"走出去"的业务地域范围，与境外本土电商相比形成有效竞争优势。

（二）关于海外仓建设和发展的相关政策规定

海外仓模式有效解决了跨境电商本土化服务需求，是我国跨境电商布局国际零售市场的极佳渠道，因此，我国政府多次出台政策鼓励企业海外仓建设。自2015年以来，国家层面多次出台支持海外仓发展的文件和利好政策，部分政策梳理见表7.3。

表7.3 关于支持海外仓的部分政策梳理

序号	发布时间	发布部门	名称	主要内容
1	2015年5月	商务部	"互联网+流通"行动计划	运用市场化机制，推动建设100个电子商务海外仓；鼓励电子商务企业"走出去"建立海外营销渠道，创立自有品牌，多渠道、多方式建立海外仓储设施等，提升电商企业全球化经营能力
2	2016年7月	商务部	商务发展第十三个五年规划纲要	培育一批跨境电子商务平台和企业，鼓励跨境电子商务企业通过规范的"海外仓"等模式，融入境外零售体系

[①] 速卖通：疫情期海外仓履约GMV占比提升40%至50%[EB/OL].（2020-03-11）[2021-06-28]. https://www.cifnews.com/app/postsinfo/473719.

表7.3续

序号	发布时间	发布部门	名称	主要内容
3	2019年2月	国家邮政局、商务部、海关总署	关于促进跨境电子商务寄递服务高质量发展的若干意见（暂行）	鼓励跨境寄递服务企业通过投资并购、战略联盟、业务合作等方式整合境内外收寄、投递、国际运输、通关、境外预检视、境外预分拣、海外仓等资源，提供面向全球的一体化、综合性跨境包裹、商业快件等寄递服务。支持跨境寄递服务企业在重要节点区域设置海外仓，发展境外寄递服务网络，符合条件的，可以按规定程序申报外经贸发展专项资金支持
4	2020年2月	商务部	关于应对新冠肺炎疫情做好稳外贸稳外资促消费工作的通知	支持外贸新业态新模式发展。指导跨境电商综试区提供海外仓信息服务，帮助企业利用海外仓扩大出口
5	2020年12月	商务部	关于印发首批优秀海外仓实践案例好经验好做法的函	加强制度、管理和服务创新，积极探索新经验新做法，推动海外仓持续健康发展
6	2021年3月	国家发展改革委等28个部门	关于印发《加快培育新型消费实施方案》的通知	推动B2B直接出口和出口海外仓享受跨境电商通关便利
7	2021年6月	—	国务院常务会议	积极推动海外仓发展。鼓励传统外贸企业、跨境电商和物流企业等参与海外仓建设，提高海外仓数字化、智能化水平，促进中小微企业借船出海，带动国内品牌、双创产品拓展国际市场空间

（三）海外仓的兴起和发展对跨境电商出口的积极作用

1. 适应了跨境贸易电子商务对物流业要求的提高

中国制造参与国际竞争的过程中，如何实现物流时效的提高和物流成本的降低，是跨境贸易电子商务实现可持续发展的关键。海外仓的兴起和发展使得中国电商企业在走出国门的过程中能快速适应当地买家的消费习惯、向国外消费者提供与国外电商一样的本土化服务。

第一,海外仓允许境内的卖家将零散的国际小包转化成大宗运输,并通过自建头程专线物流、与国际主流航空公司合作等,开发价格低于国际快件巨头、效率高于传统海运的头程物流线路,大大降低物流成本。第二,海外仓能以海外仓为支点,与所在国主流快递公司签订战略合作协议,个别有条件的海外仓自建当地物流团队,将传统的国际派送转化为当地派送,确保商品更快速、更安全、更准确地到达消费者手中,实现尾程配送"次日达"或"两日达",完善消费者跨境贸易购物体验。第三,海外仓的退货处理流程高效便捷,适应当地买家的购物习惯,让买家在购物时更加放心,能够解决传统的国际间退换货问题。第四,海外仓与传统仓储物流相结合可以规避外贸风险,避免因节假日等特殊原因造成的物流短板,从而提高我国电商的海外竞争力。

2. 有助于实现境内卖家的跨境资源统筹

无论是企业还是个体电商,运营过程中必然涉及对人力、物流、资金流的跨境合理统筹,不仅要维护好自己的电子商务平台,还需要能降低成本、加快配送时效、规避风险的仓储和物流能力。利用海外仓,卖家只要把货物大批量运到海外仓库,就有专门的海外仓工作人员代替商家处理后续各项琐事,在线处理发货订单,一旦有人下单就立即完成抓货、打包、贴单、发货等一系列物流程序,这给商家节省了人力成本。另外,由于世界各地的仓储成本不一致,境内卖家也可以根据下游客户分布、物流能力等方面,综合考虑统筹不同地区海外仓的仓储安排。

3. 数据化物流体系带动跨境电商产业链的升级

优秀海外仓有别于传统仓储设施的重要标志,也是海外仓提高服务能效的重要措施,主要有三个。一是运用智能设备。积极装配智能机器人、自动化立体库堆垛机、自动轻型物件分拣机等智能设备,提升仓配效率、降低人工成本。有的海外仓智能机器人超过100台、承担70%的出库拣选任务。二是打造自动化传输、分拣线。在仓内集成各类自动化设施,设计自动化仓管方案,实现全自动流水作业。有的海外仓智能分拣速度高达3600件/时。三是进行智能分仓。设计解决方案,为卖家评估最优分仓比例,测算全程物流成本,最多可降低30%的尾程派送成本。

从长远来看，数据化物流日趋完善将进一步带动跨境电商产业链的升级。通过数据管理物流，分析流程中的时间点数据，有利于卖家在配送过程、成品发货流程等方面找出问题，在供应链管理、库存水平管控、动销管理等方面提高效率。

五、特殊区域零售出口业务合规建议

第一，在跨境电商出口实践中，对于高客单价商品，如不能进行二次销售，出口卖家通常会考虑退回国内。在跨境电商出口海外仓退货试点尚未全面推广的情况下，更多商品会以进口模式回到内地，或是退回香港由电商上门自取，电商除了运费的损失外，还可能产生进口关税的费用。但海关推出1210模式下退货监管渠道之后，跨境电商企业可以通过申请将无法销售的货物退回区内。在此过程中，电商企业应当注意确保退货的商品为跨境电商出口账册、跨境电商海外仓账册中的原商品。特别是在退货运输途径含多个主体时，作为申报责任人的电商企业应当承担谨慎检查货品是否为原出口商品、是否混淆其他商品的情形。

第二，1210特殊区域出口的最终交易大多发生在境外登记的电商平台，也可能通过多种渠道收款。在外汇结算方面，跨境电商企业应当确保交易真实存在，从而在外汇结算时符合货物贸易外汇管理中"谁出口谁收汇"的基本合规原则。

第八章
跨境电商企业对企业出口监管原理

虽然企业对消费者出口（B2C出口）热度不减，但企业对企业出口仍占我国对外贸易较大比重。在跨境电商政策持续为B2C出口加码的同时，只能以一般贸易方式开展的B2B出口业务相比之下在通关等各方面略显不便，需要对传统的通关监管方式予以变革，为B2B出口注入新的经济发展活力。

为此，2020年7月1日，海关总署开始施行《关于开展跨境电子商务企业对企业出口监管试点的公告》，宣布在北京海关、天津海关等共10个直属海关正式开展跨境电商B2B出口试点，充分发挥跨境电商稳外贸、保就业等积极作用。至此，我国体量庞大的出口单票价值低但单量大的中小微出口企业可选择"跨境电商B2B直接出口"（海关监管方式代码9710）或者"跨境电商出口海外仓"（海关监管方式代码9810）方式开展对外贸易。2020年9月1日，海关总署将试点城市扩大至22个（见表8.1），上海海关、福州海关、青岛海关等12个海关也可依法开展相关业务。2021年7月1日开始，在试点一年的基础上，根据海关总署公告2021年第47号《关于在全国海关复制推广跨境电子商务企业对企业出口监管试点的公告》，跨境电商B2B出口模式在全国海关复制推广。

表8.1 跨境电商B2B出口监管试点城市发展

时间	批次	实行海关
2020年7月1日	第一批10个	北京海关、天津海关、南京海关、杭州海关、宁波海关、厦门海关、郑州海关、广州海关、深圳海关、黄埔海关
2020年9月1日	第二批12个	上海海关、福州海关、青岛海关、济南海关、武汉海关、长沙海关、拱北海关、湛江海关、南宁海关、重庆海关、成都海关、西安海关
2021年7月1日	第三批	全国海关

一、企业对企业出口监管模式的形成背景和原因

（一）企业对企业出口规模及发展趋势不断增加和向好

根据艾瑞咨询《2021年中国新跨境出口B2B电商行业研究报告》显示，目前B2B跨境电商仍是跨境电商主体，2019年中国跨境B2B电商规模达3.7万亿元，在中国跨境电商规模中占比74.1%。[①]根据该报告，相较于C端电商渗透率，B端电商渗透率滞后相对明显，主要原因为，相较于C端而言，B端交易的有效达成需要的决策链条更复杂、决策周期更长、相关的基础设施及配套服务构建难度更大。随着利好跨境电商B2B出口政策的相继出台，B端数字化水平逐渐提高，以及B端配套设施服务的持续构建和完善，未来B2B的渗透率将加速提升，B2B的主体地位将不断强化。根据预测，2020—2025年，中国跨境电商复合增速达25%，中国跨境B2B电商市场规模分别为4.5万亿元、5.7万亿元、7.4万亿元、9.4万亿元、11.7万亿元以及13.9万亿元，在中国跨境电商市场规模中的占比分别为72.8%、72.1%、72.2%、72.6%、72.9%以及73.4%。[②]

在国际环境方面，"一带一路"倡议旨在积极发展与中亚、东欧、东南亚周边国家在投资贸易等多个领域和范围的深度合作。目前，我国商务部已与多个海外国家相关部门建立长效双边电子商务合作机制，且线上商贸从欧亚地区扩展到了欧亚非地区。2020年11月15日，东盟十国以及中国、日本、韩国、澳大利亚、新西兰共15个国家，正式签署《区域全面经济伙伴关系协定》（RCEP），标志着全球规模最大的自由贸易协定正式达成。从东亚经贸一体化的整体视角看，RCEP的签署及其富有实效的成果，有助于RCEP成员之间加强经贸往来，助力域内贸易提速换挡。

（二）海关深化跨境电商监管改革

我国设立跨境电商零售进口试点，主攻B2C方面的探索创新；跨境电商综试区主要侧重跨境电商B2B方面，国务院2020年发布的《关于同意在雄安新区

---

① 艾瑞咨询. 2021年中国新跨境出口B2B电商行业研究报告[EB/OL].（2021-02-28）[2021-06-30]. http://report.iresearch.cn/report/202102/3737.shtml.
② 同①。

等46个城市和地区设立跨境电子商务综合试验区的批复》中，要求国务院有关部门要着力在跨境电商B2B相关环节的技术标准、业务流程、监管模式和信息化建设等方面探索创新，研究出台更多支持措施。从这几年的实践来看，我国在跨境电商领域的创新探索成果更多体现在B2C领域，跨境电商B2B创新突破不大。

而据相关统计数据显示，我国跨境电商出口货值中，传统一般贸易方式占79%，快件、邮件方式占11%，跨境电商方式（1210、9610、1239）占10%，也就是说，90%的市场业务量并没有纳入海关跨境电商监管范畴中。尤其是跨境电商B2B出口缺少专属的通关监管方式，常借助一般贸易、邮快件渠道报关出口，造成跨境电商贸易统计不准确、产业扶持政策不精准等一系列问题。

为加快跨境电商新业态的发展，充分发挥跨境电商稳外贸、保就业等积极作用，下一步我国必须着力深化跨境电商B2B领域的监管改革。

（三）跨境电商的市场新业态提出市场诉求和需要

以前，跨境电商出口企业多采用一般出口模式（9610），海关实行4位HS编码简化归类申报。2019年，国家税务总局出台《关于跨境电子商务综合试验区零售出口企业所得税核定征收有关问题的公告》，跨境电商出口所得税采用核定征收办法，应税所得率统一按照4%确定。这些跨境电商支持措施主要集中在零售出口领域，而占市场份额近80%的跨境电商B2B出口无法享受相应的通关、税收支持，因为无法纳入跨境电商统计，也无法享受地方政府的跨境电商奖励政策。因此，市场主体都希望增设跨境电商B2B出口专门监管方式代码，实行简化申报和便利通关。

另外，2020年，新冠肺炎疫情对我国传统外贸进出口行业产生较大影响，为保障广交会等重要展览会的顺利开展，第127届春季广交会首次改为网上举办。2020年6月15日，第127届广交会"云开幕"，广交会官网设有跨境电商专区板块，与105家跨境电商综试区和6家跨境电商平台建立链接，开展线上交易；通过广交会线上成交的货物可通过新的监管方式通关，享受9710、9810新监管模式带来的通关便利，进一步扩大企业受惠面。

2019年12月，国家增设24家跨境电商综试区，全国达到59家；2020年4月，国家再次设立第五批46个跨境电商综试区，全国达到105家。国务院在不到四个月时间里，连续批复了多家综试区城市，原因在于传统的广交会全国每个省份都要组团参加，为了让全国有外贸竞争力的城市都能参加网上广交会，跨境电商综试区城市就必须进行扩容。

（四）深化跨境电商财税汇深层次改革的需要

海关监管改革是财税汇改革的基础，海关为跨境电商B2B直接出口、跨境电商出口海外仓增列监管方式，将跨境电商B2B出口纳入跨境电商监管，将为商务、财政、税务、外汇等部门后续出台配套支持措施提供支点。

二、企业对企业出口监管模式的利好

（一）国家层面，有利于政府更精准的宏观调控，推动外贸高质量发展

跨境电商综试区侧重跨境电商B2B领域的探索创新，但多年来未有实质性突破。海关增列两个监管方式代码，对跨境电商B2B出口模式做了清晰界定和具体划分，并将跨境电商B2B贸易从一般贸易中剥离出来，有利于政府准确统计外贸进出口额，掌握外贸出口结构和发展形势，精准作出宏观调控和支持政策，推动外贸高质量发展。

（二）海关监管层面，有利于建立全面覆盖的监管体系和全口径的统计制度

以前，跨境电商依据海关监管方式不同，分为个人物品监管、跨境电商监管和货物监管三种。一是以个人物品方式出境的海外仓商品，没有明确标识，依据现有的海关统计制度，无法纳入海关统计。二是接受海关跨境电商监管9610、1210报关出口的商品份额较少，如据市场测算，2018年我国跨境电商零售出口额达1.46万亿元，而通过海关跨境电子商务管理平台零售出口商品总额为561.2亿元，仅占市场规模的3.8%。三是通过一般贸易报关出境的跨境电商商品，纳入传统一般贸易统计范畴，造成跨境电商统计数据失真。

通过增设新的监管方式代码，将以往通过一般贸易+海外仓出口的跨境电商商品纳入跨境电商监管范畴，除了通过邮件、快件渠道寄递出境的商品

无法纳入监管外，基本实现了跨境电商出口商品的全面监管和统计，更能全面客观反映跨境电商行业的真实发展情况。

（三）企业层面，享受更多的跨境电商通关、财税优惠政策和各地出台的资金奖励政策

增列跨境电商B2B监管方式代码后，将给跨境电商企业带来多种利好：一是跨境电商B2B出口将享受简化申报和便利通关；二是商务、财政、税务、外汇等部门将出台配套支持措施，企业将享受财税汇等方面的优惠政策；三是纳入跨境电商统计后，也可以享受地方政府的跨境电商资金奖励和税费减免等政策。

三、企业对企业出口海关监管模式

（一）企业对企业出口海关监管要点

跨境电商B2B出口主要指境内企业通过跨境物流将货物运送至境外企业或海外仓，并通过跨境电商平台完成交易的贸易形式。根据海关总署《关于开展跨境电子商务企业对企业出口监管试点的公告》，"9710跨境电商B2B直接出口"是指境内企业通过跨境电商平台与企业达成交易，通过跨境物流将货物直接出口送达境外企业；"9810跨境电商出口海外仓"则指境内企业先将出口货物通过跨境物流送达海外仓，通过跨境电商平台实现交易后从海外仓送达购买者的贸易方式。

采用9710及9810监管模式出口的企业均需通过国际贸易"单一窗口"或"互联网+海关"的跨境电商通关服务系统和货物申报系统，向海关提交申报数据、传输电子信息，并对数据真实性承担相应法律责任。

对于这两种模式，海关的监管要点包括以下几点。

1. 报关单位注册登记

跨境电商企业、跨境电商平台企业、物流企业等参与跨境电商B2B出口业务的境内企业，应当依据海关报关单位注册登记管理有关规定在海关办理注册登记，并在跨境电商企业类型中勾选相应的企业类型；已办理注册登记未勾选企业类型的，可在国际贸易"单一窗口"提交注册信息变更申请。

2. 出口海外仓业务模式备案

开展出口海外仓业务的跨境电商企业，还应当在海关办理出口海外仓业务模式备案。

（1）企业资质条件：开展跨境电商出口海外仓业务的境内企业应在海关办理注册登记，且企业信用等级为一般信用及以上。

（2）备案资料要求：① 两个登记表：《跨境电商出口海外仓企业备案登记表》《跨境电商海外仓信息登记表》（一仓一表）；② 海外仓证明材料：海外仓所有权文件（自有海外仓）、海外仓租赁协议（租赁海外仓）、其他可证明海外仓使用的相关资料（如海外仓入库信息截图、海外仓货物境外线上销售相关信息）等；③ 海关认为需要的其他材料。上述资料应向企业主管地海关递交，如有变更，企业应及时向海关更新相关资料。

3. 电子信息传输

跨境电商企业或其委托的代理报关企业、境内跨境电商平台企业、物流企业应当通过国际贸易"单一窗口"（https://new.singlewindow.cn/）（见图8.1）或"互联网+海关"（http://online.customs.gov.cn/）（见图8.2）向海关提交申报数据、传输电子信息，并对数据真实性承担相应法律责任。

图8.1　中国国际贸易"单一窗口"界面

图8.2　海关总署"互联网+海关"界面

4. 检验检疫

跨境电商B2B出口货物应当符合检验检疫相关规定。

5. 海关查验

海关实施查验时，跨境电商企业或其代理人、监管作业场所经营人应当按照有关规定配合海关查验。海关按规定实施查验，对跨境电商B2B出口货物可优先安排查验。

6. 通关一体化及转关

跨境电商B2B出口货物适用全国通关一体化，也可采用"跨境电商"模式进行转关。

全国通关一体化核心是"两个中心、三项制度"。

两个中心：一是税收征管中心，二是风险防控中心。税收征管中心由海关总署直接管理，海关按照商品和行业分类对货物涉税申报要素实行全国统一的专业化、集约化、智能化的批量审核，可有效地解决执法不统一的问题。风险防控中心对于通关监管中涉及的企业商品安全准入及其他风险进行统一的分析和处置，统一下达风险布控的指令，管控进出境的风险。

三项制度：一是"一次申报、分步处置"，是为了解决货物进出口过程中手续繁多、耽误时间长、通关成本高的问题，将过去大部分或全部在通关现场办理的手续，进行前推后移。企业进行一次申报，海关首先进行安全准入风险排查，对于涉税的其他事项分步进行后续处置，缩短企业通关时间，让货物能够顺畅地在短时间内通关。二是征管方式改革，在以往企业申报、海关审核的方式下，以税收申报为例，由于涉及价格、归类、原产地，海关在口岸对其逐一审核耗费大量时间成本，全国通关一体化下，实行企业自主申报、自主缴税，海关抽查审核，重点进行后续的审查和处理。三是协同监管，全国通关一体化下，通过将隶属海关功能化，不同业务分属不同海关承担，例如，口岸型海关负责货物的通关现场监管，属地型海关负责企业后续的稽查和信用管理，通过协同配合提高监管效率。

跨境电商B2B出口货物可按照"跨境电商"类型办理转关，通过H2018通关管理系统通关的，同样适用全国通关一体化。对单票金额在人民币5000元（含）以内且不涉证、不涉检、不涉税的货物，可通过跨境电商出口统一版系统以申报清单的方式进行通关，申报要素比报关单减少57项，清单无须汇总报关单，让中小微出口企业申报更为便捷，通关成本进一步降低。

（二）跨境电商出口模式监管要点对比

笔者初步梳理了各类跨境电商出口模式的监管要点，对比详见表8.2。

表8.2 各类跨境电商出口模式的监管要点

比较项目	1210		9610	9710	9810
	特殊区域零售出口	特殊区域出口海外仓零售	零售直邮出口	跨境电商企业对企业直接出口	跨境电商出口海外仓
适用区域	区域（中心）		没有严格限制	全国海关[①]	
注册备案登记	1.跨境电子商务企业、物流企业等参与跨境电子商务零售出口业务的企业，应当向所在地海关办理信息登记；2.如需办理报关业务，向所在地海关办理注册登记			跨境电商企业、跨境电商平台企业、物流企业等参与跨境电商B2B出口业务的境内企业，应当在海关办理注册登记	

---

① 根据2021年6月22日海关总署发布的《关于在全国海关复制推广跨境电子商务企业对企业出口监管试点的公告》，在现有试点海关基础上，在全国海关复制推广跨境电商B2B出口监管试点。

表 8.2 续

海外仓备案	—	开展出口海外仓业务的跨境电商企业，应办理出口海外仓业务模式备案	—	—	开展跨境电商出口海外仓及退运业务的企业，应在海关办理出口海外仓业务模式备案
申报方式	申报清单	报关单或备案清单	申报清单		报关单或备案清单〔单票低于5000元人民币（含）且不涉证、不涉税、不涉检的货物可报送申报清单〕
申报信息	跨境电商企业或其代理人、物流企业应当向海关传输交易、收款、物流等电子信息				跨境电商出口企业或其代理人应向海关传输交易订单或海外仓订仓单电子信息，物流企业向海关传输物流电子信息，具备条件的可加传收款信息
申报系统	跨境电商出口统一版系统				单票低于5000元人民币（含）且不涉证、不涉税、不涉检的货物可通过跨境电商出口统一版系统申报；单票超过5000元人民币或涉政涉税涉检的货物通过H2018通关管理系统申报

（三）跨境电商出口监管模式优势与不足对比

在9710、9810监管方式尚未出台之前，跨境电商出口的通关监管模式大致分为三类：境内外企业之间通过互联网达成外贸交易，以0110一般货物贸易模式大批量出口；境内跨境电商企业与境外消费者通过境内跨境电商平台达成商品交易，以9610直邮出口或通过1210海关特殊监管区域（保税区）出口；在限定试点市场集聚区以1039市场采购模式简化申报出口。

海关总署于2015年曾首次批准杭州海关进行跨境电商B2B出口监管模式试点：企业向杭州综试区"单一窗口"提交电子数据，海关即刻在平台接收并对订单、支付单、物流单等数据进行网上审核，随后企业通过通关一体化模式办理出口手续。如今，海关明确新设9710、9810监管方式代码，专用于跨境电商B2B出口，跨境电商出口监管体系由此更为完整。跨境电商B2B出口监管模式9710、9810的新设将近年来在跨境电商B2C领域的创新监管经验推广到B2B领域，这是我国外贸行业积极应对新冠肺炎疫情、贯彻落实党中央"六稳""六保"要求的重要举措。①受新冠肺炎疫情冲击，外贸企业尤其是小微出口企业在订单、物流上面临着重重压力，跨境电商B2B出口监管模式的出现将有效降低企业通关成本，也降低了企业出口前操作和物流成本。此外，根据跨境电商通关和物流模式多元化的实际，跨境电商B2B出口监管模式明确跨境电商B2B出口货物适用全国通关一体化，也可采用跨境电商模式进行转关，灵活应对各类出口不便情形。

但跨境电商B2B监管模式与之前存在的9610、1210以及0110监管模式相比，尽管解决了众多企业在通关和物流方面的难题，但因为实施时间较短，仍有多方面的配套措施有待落实。笔者整理了几种监管模式的优势和不足并进行对比，见表8.3。

表8.3 几种监管模式的优势和不足

监管方式代码	9710、9810	9610、1210	1039	0110
优势	1.优先安排查验，系统实时验放；2.适用全国通关一体化，也可采用"跨境电商"模式转关；3.满足企业批量出口需求，降低出口成本	1.便利价值低、单量大的零售商品快速出口；2.享受跨境电商综试区增值税、消费税免税、核定征收企业所得税等税收优惠政策；3.1210入区退税政策	1.无票免税；2.多品种多批次租柜，简化通关；3.允许个人外汇等	全国通用，适用范围较广
不足	1.新制度监管便利措施具体落实尚未明确，关税、外汇等配套政策仍需进一步细化完善；2.无明文规定支持9710适用跨境电商出口退货政策	商品批量出口前仍须单独包装并贴好面单，降低了企业出口前操作和物流成本	适用限制性因素较多	通关时效较慢，不利于跨境电商统计

---

① 海关总署口岸监管司.跨境电商B2B出口监管模式受市场欢迎[EB/OL].（2020-06-15）[2021-06-30]. https://mp.weixin.qq.com/s/zaJf8be4iN1av5vzgZyjGw.

四、企业对企业出口业务开展的问题分析

（一）企业对企业出口的退货问题

"海外仓"是从事出口跨境电子商务的企业在境外自建或租用仓库，将货物批量发送至境外仓库，通过跨境电商平台实现境外销售和物流配送的跨国物流形式。近年来，"海外仓物流模式"是我国跨境电商出口领域的关注热点与发展重点。跨境电商B2B出口模式专门明确9810"跨境电商出口海外仓"，合理替代了原来通过0110一般货物贸易方式出口海外仓的物流通关方式，使海关统计和监管更为清晰直观。

结合海关总署《关于全面推广跨境电子商务出口商品退货监管措施有关事宜的公告》，跨境电子商务出口企业可向海关申请开展跨境电子商务出口海外仓商品的退货业务，应符合以下条件：（1）申请开展退货业务的跨境电子商务出口企业应当建立退货商品流程监控体系，保证退货商品为原出口商品，并承担相关法律责任；（2）退货企业可以对原《海关出口货物报关单》《海关跨境电子商务零售出口申报清单》所列全部或部分商品申请退货；（3）跨境电子商务出口退货商品可单独运回也可批量运回，退货商品应在出口放行之日起1年内退运进境。

根据上述规定，跨境电商海外仓物流模式已形成"9810出口海外仓—平台实现交易送达境外消费者—境外消费者退货—跨境电商企业出口后1年内申请单独/批量运回退货商品"的完整闭环，具体详见图8.3。

对跨境电商出口海外仓货物1年内退运进境的，以企业和商品为单元建立底账数据，退货申报指定原出口报关单及商品，在有效期内对退货进行总量控制管理，退货商品和数量不超过原出口数量。[①]

但对于跨境电商B2B出口9710模式，因为不属于海关总署《关于全面推广跨境电子商务出口商品退货监管措施有关事宜的公告》中所列的跨境电子商务"零售出口、特殊区域出口、出口海外仓"的适用范围，所以暂时无明文规定支持9710模式适用跨境电商出口退货政策。

---

① 黄岛海关. 9710、9810来了，哪些问题是你需要知道的[EB/OL].（2020-09-29）[2021-06-29]. https://mp.weixin.qq.com/s/fxYGE7N2mUpX3lURee2ETQ.

第八章 跨境电商企业对企业出口监管原理

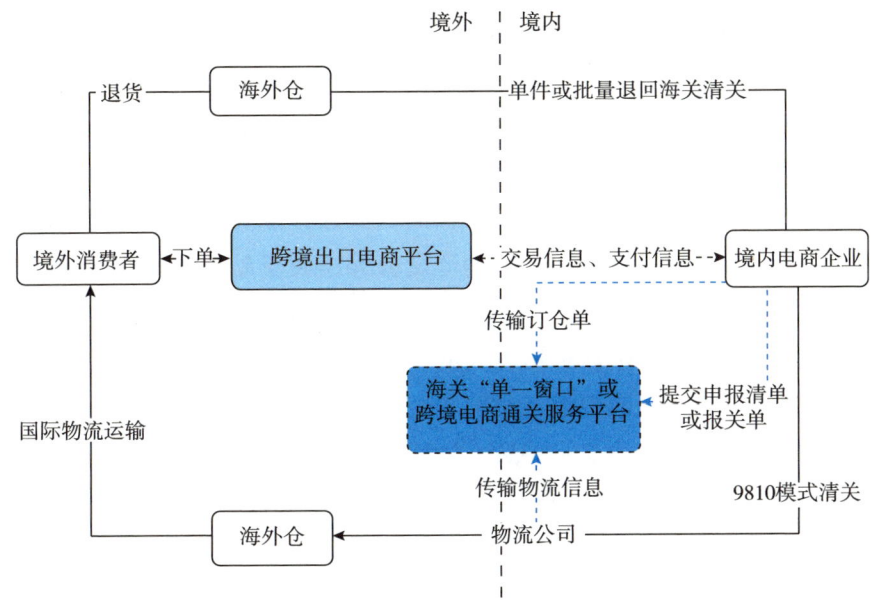

图 8.3 9810 出口海外仓退货流程

（二）企业对企业出口的外汇问题

对于跨境电商 B2B 出口的两种监管模式，9710 模式近似于 0110 模式（一般贸易），其作用更多的是将线上订单贸易方式与传统国际贸易区分开，便于宏观贸易统计监测。而 9810 模式下，货物出口时尚未完成销售，也未收到外汇付款，导致出口申报与资金收结存在时间差且数据通常不一致，情况比较复杂，难以完全符合现行跨境货物贸易"谁出口谁收汇"的外汇结算规定。

2020 年 5 月，国家外汇管理局发布《关于支持贸易新业态发展的通知》，规定从事跨境电子商务的企业可将出口货物在境外发生的仓储、物流、税收等费用与出口货款轧差结算，并按规定办理实际收付数据和还原数据申报；跨境电子商务企业出口至海外仓销售的货物，汇回的实际销售收入可与相应货物的出口报关金额不一致；境内国际寄递企业、物流企业、跨境电子商务平台企业，可为客户代垫与跨境电子商务相关的境外仓储、物流、税收等费用，代垫期限原则上不得超过 12 个月；涉及非关联企业代垫或代垫期限超过 12 个月的，应按规定报备所在地外汇局。上述规定推出后，从事 9810 模式的跨境电商企业可以解决在外汇结算和海关申报出口的数据不一致而导致部分外汇收款无法合法结汇的问题。

但相比一般贸易或B2C零售出口业务，9810模式下出口报关的商品销售尚未发生，且最终交易发生在境外，较容易产生外汇结算方面的合规风险，包括：

一是境外销售的订单不一定通过境内登记的电商平台产生，因此难以监管其实际交易情况。相比B2C零售进口，跨境电商出口并未要求电商平台在境内注册。海外买家交易发生在境外，交易数据存于境外，国内监管部门难以有效追踪监控，容易发生虚假、伪造交易等违反交易真实性原则并导致外汇流失的情形。

二是境外销售时，企业根据当地的实际情况可能通过多种渠道收款，包括当地的第三方支付、信用卡支付、银行卡转账甚至现金收款。而多种收款方式的结算和到账时间可能不一致，导致当期结算的出口收汇金额与出口申报金额存在差异进而影响合法结汇。

三是尽管国家外汇管理局《关于支持贸易新业态发展的通知》允许轧差结算方式，但因海外仓的仓储、物流、管理等相关费用多数发生在境外，国内监管部门在物理和技术上难以对海外仓进行监管，所以难以保证境外发生费用的真实性，容易存在企业虚构、伪造或夸大实际费用变相转移外汇的漏洞。

五、企业对企业出口业务合规建议

从海关监管角度分析，跨境电商B2B出口模式的监管要求与一般货物贸易模式的监管要求一致，大部分跨境电商出口商品不涉及出口征税，因此并无较为明显的新增监管风险。不仅如此，9710、9810将0110模式中原来承担的跨境电商批量出口部分进行承接细化，跨境电商企业与海关进行数据电子传输，更加有利于海关进行信息化的区分统计监管。

从企业角度分析，跨境电商B2B出口模式为中小跨境电商企业提供了更多便利选择，有效缓解了B2C出口碎片化通关导致的监管成本和通关成本增加的问题。然而，新模式的确立及有效运行仍然要依靠企业的合理选择及合规经营，笔者初步梳理了以下要点供跨境电商企业参考。

（一）明确主体资格符合要求

除基础的海关报关注册登记外，跨境电商企业选择9810模式出口的，应当在海关开展出口海外仓业务模式备案。海关将依托"单一窗口"传输的申报数据对企业资质及注册备案登记进行校验审核，未通过审核的跨境电商企业无法申报。因此，跨境电商企业及其代理人、物流公司等参与跨境电商B2B出口报关的企业应首先关注自身及合作方资质是否符合海关监管要求，自身核验确认后再开展相关业务会更加稳妥。

（二）充分研究选择出口模式

尽管跨境电商B2B出口模式有诸多政策便利及优势，但在实际操作中并非适用于所有跨境电商企业。出口通关及跨境物流成本虽然有所降低，但境外建设或租用海外仓的成本、境外仓储管理成本也被新纳入了成本计算范围。对于小微企业而言，海外仓备货是否真的就比小包邮寄的成本更低呢？实则不一定，海外仓备货选货也同样承担着不小的成本风险。所以，建议跨境电商企业在积极追寻政策优惠之前，应充分了解企业自身商业目标，研究、计算、比较采取不同模式的整体成本，选取适合自身发展的最优方案，真正将政策"为我所用"。

（三）注重海关查验及知识产权

跨境电商B2B出口带来了更多便利通关措施，但其监管执行基础仍然是一般货物贸易监管制度。海关查验效率的提升并非意味着监管放宽，跨境电商B2B出口单列监管方式后，海关将跨境电商出口电子信息与申报数据进行实时核对跟进，反而更有利于开展风险分析与风险防控。跨境电商企业对数据真实性承担相应法律责任，因此应更加注重商品合规及申报合规，以应对海关优先并严格的查验。此外，近年来跨境电商知识产权问题也受到广泛关注，"龙腾行动2020""蓝网行动"旨在加强对"化整为零""蚂蚁搬家"式进出境侵权行为的打击。可以预见的是，在跨境电商B2B出口模式试点并推广后，海关知识产权边境保护力度会进一步加强。跨境电商企业应做好知识产权权利登记及合法授权，避免因侵权导致的法律责任风险。

（四）防范非法申报退货风险

与9610、1210模式一样，9810模式也适用海关总署《关于全面推广跨境电子商务出口商品退货监管措施有关事宜的公告》的"跨境电商出口退货监管政策",但申请开展退货业务的跨境电商企业应依照公告规定建立退货商品流程监控体系,保证退货商品为原出口商品,并承担如实申报的法律责任。跨境电商企业应在申报退货时注意核对退货商品与原报关单中的商品信息是否一致,例如,申请退货商品的数量不得超过原出口报关单中对应商品的数量。如果跨境电商企业申报的退货数量超出原出口报关单对应商品数量,或申报退货的商品品名与原出口报关单不相符,跨境电商企业将可能面临伪报多报退运货物的申报不实甚至走私的法律责任风险。

(五)关注后续配套支持措施

跨境电商综试区零售出口优惠政策将如何适用于跨境电商B2B出口模式?新设海外仓模式是否有独特的新政策?这些都是跨境电商企业在转型升级中的重要考量。"在跨境电商B2B改革中,增列监管方式代码将为商务、财政、税务、外汇等部门出台配套支持措施提供支点。"[1] 可以明确的是,相关配套政策势必将随之陆续出台,灵活监管,为跨境电商出口这一新增长点提供通关便利。例如,国家外汇管理局《关于支持贸易新业态发展的通知》强调:"从事跨境电子商务的企业可将出口货物在境外发生的仓储、物流、税收等费用与出口货款轧差结算,并按规定办理实际收付数据和还原数据申报。跨境电子商务企业出口至海外仓销售的货物,汇回的实际销售收入可与相应货物的出口报关金额不一致。"跨境电商企业应及时关注政策更新,必要时可积极向有关部门反馈跨境电商B2B出口模式中的配套政策需求,与海关等监管部门一同推进外贸新增长,主动抗击疫情及国际局势带来的不利影响。

---

[1] 海关总署口岸监管司,厦门海关.解读 | 跨境电商B2B出口监管试点政策[EB/OL].(2020-06-13)[2021-06-30]. https://mp.weixin.qq.com/s/1gJ9gWy1vsFu5vtF720bBw.

第九章
跨境电商与C2C模式

在跨境电商发展初期，因政策扶持不明显且业务未形成规模，大部分的海淘商家、出口卖家均依托个人邮包、快件跨境寄递商品，形成"C2C模式"。尽管跨境电商零售进出口模式逐步发展并推广，但出于多种因素的考虑，仍有很大一部分跨境电商商家选择通过C2C模式进出口商品。本章将从C2C模式的概念出发，梳理海关对该模式的监管规定，分析同一平台上运营C2C模式与B2C/BBC模式的风险并给出对策建议。

一、C2C模式的定义及其优劣势

跨境电商C2C模式是指跨境电商平台网站为小商家或个人消费者提供在线交易平台，卖方在平台上发布待售商品信息，买方自行选购商品，通过在线平台达成交易，进行支付结算，并通过转运、直邮的方式送达商品的一种跨境贸易方式。在海关通关环节，其实际对应的法律概念为"个人物品邮寄进出境"。该模式下的"个人邮递物品"是指按我国海关的规定属于个人自用、合理数量范围内的进出境旅客分离运输的行李物品、亲友间相互馈赠的物品和其他个人物品。

本章讨论的C2C模式，主要体现在进口领域，即电商平台上的卖家从境外通过邮件/快递方式向境内消费者寄送商品，并且未向海关实时传输"三单"信息且并未作为跨境零售进口商品向海关申报。

C2C模式进出口商品受到众多跨境电商商家青睐。其原因在于：一是行业进入的门槛低、成本费较少，个人即可进行经营活动，不需要大量囤货；二是在跨境过程中查验简单，有免税空间；三是物品不受《跨境电子商务零售进口商品清单》的范围限制。如果跨境零售商品并不作为"跨境电商零售进口"的商品，则无须向海关传输订单、支付和物流"三单"信息，卖家可以自行决定物流方式，平台仅提供了一个供卖家展示信息和达成交易的网络空间（平台自营情况除外，平台自营时，责任与风险类同于入驻商家）。而对于消费者来说，C2C模式能有效解决用户多样化、个性化需求。在C2C电商平台上，海外个人卖家通过现场直播的形式代购，使消费者获得购物的场景感。对于C2C平台来说，平台本身不备货，轻资产，毛利率高，人员投入及营销费用低，成本小。"洋码头"是目前较为知名的C2C跨境电商平台。

但相应的，这一模式也存在诸多问题：

首先，存在假货，商品质量难以控制。例如，某些不法商家在国内注册为海外卖家，并在国内购买高仿奢侈品寄至国外，再由国外朋友发货回国内。假货摇身一变，成为正规代购商品。

其次，客户投诉无法有效解决，售后服务体验不佳。例如，卖家不配合退款，而客服无法有效解决消费者问题，甚至不理会消费者诉求的情况时有出现。

此外，C2C模式的跨境电商平台实质上是集合了部分海外代购的"海淘平台"，其监管存在区域限制，海外买手无须在境内进行市场主体登记[①]，导致海外代购资质难以有效审核，《电子商务法》以及跨境电商零售进口系列政策等B2C方向的规定难以适用，仍存在"灰色地带"。

最后，实践中经常出现漏税、偷逃税甚至走私的现象。虽然行邮进口每次有金额限制，但是没有年度购买限额，因此实践中经常存在通过化整为零的方式，将本应该通过一般货物进口的商品分批次通过行邮进口的案件，这种行为涉嫌走私。此外，C2C直邮的包裹可能是发货人自己打包的，实践中同样会出现发货人因为申报意识不强或故意为之，从而在包裹中夹带其他商品的情况，这同样有可能涉嫌走私。

二、海关对C2C模式的监管要求

海关对于个人邮递进境物品管理的基本原则是：既方便正常往来，照顾个人合理需要，又要限制走私违法活动。据此原则，海关规定了个人每次邮寄物品的限值、免税额和禁止、限制邮寄物品的品种。对邮寄进出境的物品，

---

① 根据《电子商务法》，如果卖家在境内有推广服务商，且从事的不是零星小额交易活动，则有可能需要依法办理市场主体登记。

海关依法进行查验,并按章征税或免税放行。个人物品邮寄进境因渠道不同,具体分为邮政清关和快件清关。

(一)邮政清关和快件清关

1.邮政清关

邮政清关即依据万国邮政联盟系统寄送并交由中国邮政在境内投递,通过设立在海关的中国邮政国际互换局进行邮件批量通关,例如美国邮政、日本邮政等。大部分邮件查验均通过X光机进行非侵入式查验,只有少部分邮件需要人工开拆查验。在开拆查验中,所有开拆、封装工作均由邮政工作人员实施,查验完毕后,由邮政工作人员负责封装,这些工作通常在监控设备下进行。海关查验完毕后放行的邮件,由邮政继续处理和投递,因此通过邮政进境的物品,海关的查验力度相对较小。邮政清关示意图见图9.1。

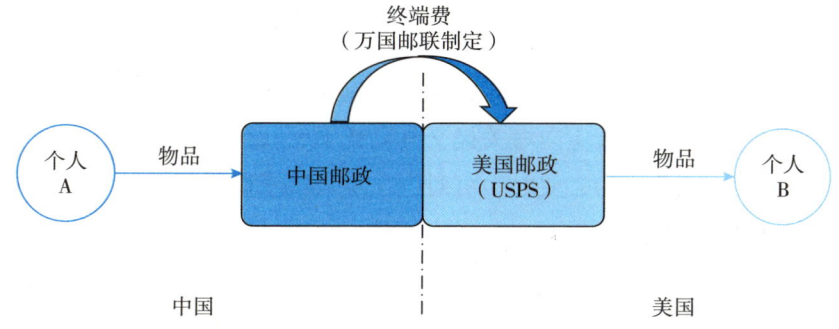

图9.1 邮政清关示意图(以向美国出口为例)

根据海关总署公告2018年第164号《关于启用进出境邮递物品信息化管理系统有关事宜的公告》,邮政企业负责采集邮件面单电子数据并向海关信息系统传输,面单信息包括收寄件人名称、收寄国家(地区)及具体地址,内件品名、数量、重量、价格(含币种)等,进境邮递物品所有人应当承担邮寄进境物品的申报责任,进境邮件以寄件人在邮件面单填写信息为申报内容,境内收件人可以补充邮件的有关申报内容,并对补充信息的真实性负责。

在C2C出口中,商家通常也是采用邮政报关。相对于其他跨境电商报关方式,此种方式对于物品的申报没有非常严格的规定,邮政字段仅需物品名称、数量、价值等即可，大大少于报关单要求的商品字段，并且采取批量清关的方式，非主动报关，相对简单，比较适合在出口单票价值较低的商品时采用。但是这将无法获得出口退税，也缺乏正常结汇的方便路径。

2. 快件清关

快件清关是指使用快递方式承揽物品运输，并一般在各地方快件监管中心进行清关。依据《海关对进出境快件监管办法（2018年修订）》和海关总署公告2016年第19号《关于启用新快件通关系统相关事宜的公告》规定，个人物品类进境快件属于"B类快件"，即境内收件人（自然人）收取的个人自用物品。①B类快件报关时，快件运营人应当向海关提交B类快件《进出境快件个人物品申报单》、每一进出境快件的分运单、进境快件收件人或出境快件发件人身份证影印件和海关需要的其他单证。B类快件的限量、限值、税收征管等事项应当符合海关总署关于邮递进出境个人物品的相关规定。快件清关示意图见图9.2。

《海关对进出境快件监管办法（2018年修订）》第十八条规定，海关对进境快件中的个人物品实施开拆查验时，运营人应通知进境快件的收件人到场，收件人不能到场的，运营人应向海关提交其委托书，代理收件人的义务，并承担相应法律责任。海关认为必要时，可对进出境快件予以径行开验、复验或者提取货样。

图9.2　快件清关示意图（以向美国出口为例）

---

① 根据海关总署《关于启用新快件通关系统相关事宜的公告》的规定，快件分为三类：A类快件是指无商业价值的文件、单证、票据和资料（依照法律、行政法规以及国家有关规定应当予以征税的除外）；B类快件是指境内收寄件人（自然人）收取或者交寄的个人自用物品（旅客分离运输行李物品除外）；C类快件是指价值在5000元人民币（不包括运、保、杂费等）及以下的货物（涉及许可证件管制的，需要办理出口退税、出口收汇或者进口付汇的除外）。

（二）具体监管要求

根据海关总署公告2010年第43号《关于调整进出境个人邮递物品管理措施有关事宜》的规定，无论是邮件寄送还是快递寄送，个人邮寄进出境物品应当遵循以下监管规定：

1. 个人邮寄进境物品，海关依法征收进口税，但应征进口税税额在人民币50元（含50元）以下的，海关予以免征，根据国务院关税税则委员会《关于调整进境物品进口税有关问题的通知》（税委会〔2019〕17号），最新进口税税率见表9.1。

表9.1　个人邮寄物品进口税税率表

个人邮寄进境物品名称	税率
书报、刊物、教育用影视资料；计算机、视频摄录一体机、数字照相机等信息技术产品；食品、饮料；金银；家具；玩具、游戏品、节日或其他娱乐用品；药品（对国家规定减按3%征收进口环节增值税的进口药品，按照货物税率征税）	13%
运动用品（不含高尔夫球及球具）、钓鱼用品；纺织品及其制成品；电视摄像机及其他电器用具；自行车；税目1、3中未包含的其他商品	20%
烟、酒；贵重首饰及珠宝玉石；高尔夫球及球具；高档手表；高档化妆品	50%

在计算应缴税额时，需要首先确定完税价格。根据海关总署公告2012年第15号《关于修订〈中华人民共和国进境物品归类表〉和〈中华人民共和国进境物品完税价格表〉有关事项的公告》，进境物品完税价格按照以下原则确定：《进境物品完税价格表》[①]已列明完税价格的物品，按照《进境物品完税价格表》确定；《进境物品完税价格表》未列明完税价格的物品，按照相同物品相同来源地最近时间的主要市场零售价格确定其完税价格；实际购买价格是《进境物品完税价格表》列明完税价格的2倍及以上，或者《进境物品完税价格表》列明完税价格的1/2及以下的物品，进境物品所有人应向海关提供销售方依法开具的真实交易的购物发票或收据，并承担相关责任。海关可以根据物品所有人提供的上述相关凭证，依法确定应税物品完税价格；

---

① 由于该表不断进行调整，请及时关注海关总署关于调整《中华人民共和国进境物品归类表》和《中华人民共和国进境物品完税价格表》的公告。

2.个人寄自或寄往港、澳、台地区的物品，每次限值为800元人民币；寄自或寄往其他国家和地区的物品，每次限值为1000元人民币；

3.个人邮寄进出境物品超出规定限值的，应办理退运手续或者按照货物规定办理通关手续。但邮包内仅有一件物品且不可分割的，虽超出规定限值，经海关审核确属个人自用的，可以按照个人物品规定办理通关手续；

4.邮运进出口的商业性邮件，应按照货物规定办理通关手续；

5.禁止邮寄《禁止进出境物品表》中所列物品。

根据上述规定，当平台上的卖家从境外以境内消费者个人为收件人寄送商品时，海关按照个人邮寄进境物品进行监管，依法进行查验，如果邮寄进境物品不属于"禁止入境"负面清单内的物品，则免税放行或按章征税。对于符合个人每次邮寄物品的限值和免税额的邮件和快递，海关予以免税放行；对于超过单次限值的，海关予以退运或者按照个人进境物品税率进行征收。

另外需要注意的是，在一般的电子商务经营行为中，卖家和消费者可以自行协商交付运输的物流形式，包括从境外交付；《电子商务法》并未要求平台或者卖家向海关传输平台上的订单、支付和物流"三单"信息。①

在全国通关一体化改革不断深化中，海关持续改革寄递通关模式，分步推广"两类通关"，将C类快件纳入货物的一体化通关管理，推动邮件和A类、B类快件通关整合。自2019年8月30日成立以来，中国（广西）自由贸易试验区根据自贸试验区、综合保税区、跨境电商综试区"三区叠加"的特点，对国际邮件、国际快件、跨境电商创新实施"三合一"的集约化监管，实现多种业务统一场地作业、同一时间清关，避免重复投资、重复建设，也符合根据跨境邮件、快件与跨境电商监管标的同为个人物品的同质化特点。虽然C2C直邮并非海关总署规定的跨境电商进出口监管方式，但由于其在实务中也被跨境电商企业广泛适用，海关正逐步探索对个人邮递物品与跨境电

---

① 根据《电子商务法》的规定，电子商务平台为交易双方提供网络经营场所以及提供交易撮合、信息发布等服务，供交易双方或者多方独立开展交易活动。根据第二十条规定，平台上的卖家"应当按照承诺或者与消费者约定的方式、时限向消费者交付商品或者服务，并承担商品运输中的风险和责任"，此处并未限制卖家和消费者达成协议从境外进行交付。同时，根据第三十一条规定，对于平台上卖家和消费者之间的订单、支付、物流等信息，电子商务平台的法律义务是"记录、保存平台上发布的商品和服务信息、交易信息，并确保信息的完整性、保密性、可用性。商品和服务信息、交易信息保存时间自交易完成之日起不少于三年；法律、行政法规另有规定的，依照其规定"。

商其他进出口方式的集约监管，方便跨境电商企业"一站式"办理包裹进出口通关业务。C2C模式与B2C/BBC模式对比见表9.2。

表9.2　C2C模式与B2C/BBC模式对比表

跨境零售进口模式	个人物品邮寄入境（C2C模式）		跨境电商零售进口（B2C/BBC模式）	
	邮政	快件	直购进口（9610）	网购保税进口（1210）
通关方式	邮政部门统一处理和投递，海关抽查查验	快件运营人向海关申报，海关抽查查验	交易、支付、物流"三单"数据向海关传输申报	
适用限值	境外1000元，港澳台800元		单次交易5000元，年度个人交易26000元	
纳税计算	进口税：13%，20%，50% 进口税低于50元的，免予缴纳		跨境电商税：关税0，增值税、消费税按法定应纳税额70%征收	
海关监管要求	自用合理数量的个人物品		按个人物品监管，按货物征税	
商家及平台主体注册登记	须市场主体登记，但非报关单位的无须海关注册		须进行市场主体登记与海关注册	
海关企业信用管理	非报关单位，不受海关企业信用管理		平台、入驻商家、物流公司、报关公司等受海关企业信用管理	
商品范围	除禁止限制进境、禁止邮递外的其他个人物品		仅限《跨境电子商务零售进口商品清单》内商品	

（三）平台同时运营C2C模式和B2C/BBC模式

对于同一电子商务平台上能否同时运营一般电商模式（包括C2C模式）和B2C/BBC模式，《电子商务法》和《关于完善跨境电子商务零售进口监管有关工作的通知》都没有明确禁止，而且两种模式下的相关规范存在交叉，体现为：

1.《关于完善跨境电子商务零售进口监管有关工作的通知》规定，从事B2C/BBC模式业务的平台应当取得海关注册登记，但《电子商务法》并不限制一般的电商平台（此处指未获得海关注册登记的平台）上的卖家出售《跨境电子商务零售进口商品清单》内的商品，也不限制卖家从境外交付商品；

2. 即使对于已经获得海关注册登记的平台，《关于完善跨境电子商务零售进口监管有关工作的通知》也明确允许平台上同时存在B2C/BBC模式（对应境外企业的卖家）和一般的电子商务模式（对应国内企业的卖家）。

因此，现实中确实客观存在很多平台上国内卖家和境外卖家共存、B2C/BBC模式和C2C模式共存的情况。

三、平台同时运营C2C模式与B2C/BBC模式的风险分析

虽然在同一平台上同时运营C2C模式和B2C/BBC模式不为法律法规所禁止，但结合《电子商务法》和《关于完善跨境电子商务零售进口监管有关工作的通知》对于C2C模式和B2C/BBC模式的规定，该做法可能存在主体资格障碍、申报不实、走私等风险。

（一）主体资格障碍

电商平台上的境外企业卖家和国内企业卖家交叉从事C2C模式和B2C/BBC模式时，存在主体资格的障碍并可能导致平台监管的风险。

首先，对于B2C/BBC模式而言，《关于完善跨境电子商务零售进口监管有关工作的通知》明确规定电商平台主体应当为境外企业，因此从监管逻辑上看，国内电商企业（此处不包括作为境外企业的代理的情形）无法在经海关注册登记的平台上从事B2C/BBC业务。

其次，对于C2C模式而言，因为其不能适用《关于完善跨境电子商务零售进口监管有关工作的通知》，其应当符合《电子商务法》第十条及第十一条、第二十七条和第二十八条关于平台上电商企业应当办理工商登记和税务登记、平台承担相应的监管督促义务的相关规定，因此，对于跨境电商企业（境外企业）而言，在从事C2C模式时存在上述主体资质登记的障碍。对应地，对于平台监管责任而言，平台应当规定B2C/BBC模式卖家和C2C模式卖家分别符合《关于完善跨境电子商务零售进口监管有关工作的通知》和《电子商务法》关于平台上卖家的主体资质和登记要求。

因此，如果按照《关于完善跨境电子商务零售进口监管有关工作的通知》和《电子商务法》关于经营主体资质的相关规定，对于平台上境外企业卖家和国内企业卖家交叉从事C2C模式和B2C/BBC模式（包括境外企业卖家同时

从事C2C模式和B2C/BBC模式的情形），严格意义上并不符合上述文件的相关规定，同时可能导致平台承担怠于履行监督报告义务的相关法律责任。

（二）申报不实

电商平台上的B2C/BBC模式和C2C模式混淆经营可能导致平台存在申报不实法律风险。

《关于完善跨境电子商务零售进口监管有关工作的通知》规定，对于平台内共存的境外卖家和国内企业卖家，平台应建立相互独立的区块或频道为两种类型的卖家提供平台服务，或以明显标识对跨境电商零售进口商品和非跨境商品予以区分，避免误导消费者。

同时，根据海关总署《关于跨境电子商务零售进出口商品有关监管事宜的公告》，B2C/BBC模式下进口商品申报前，平台或境外企业卖家的境内代理人、支付企业、物流企业应当分别通过国际贸易"单一窗口"或跨境电子商务通关服务平台向海关传输交易、支付、物流等电子信息，并对数据真实性承担相应责任。海关有关部门可以根据海关总署《关于实时获取跨境电子商务平台企业支付相关原始数据有关事宜的公告》，对平台提供的订单号、商品名称、交易金额、币制、收款人相关信息、商品展示链接地址、支付交易流水号、验核机构、交易成功时间以及海关认为必要的其他数据进行验核。

因此，如果平台上B2C/BBC模式和C2C模式混淆经营，部分B2C/BBC模式下的商品仅向海关传输了订单信息和支付信息，但没有对应的物流信息，无法实现"三单"数据一致，将会导致平台向海关申报的信息与海关自行验核的信息不一致，进而构成申报不实。依据《海关行政处罚实施条例》第十五条规定：影响海关统计准确性的，予以警告或者处1000元以上1万元以下罚款；影响海关监管秩序的，予以警告或者处1000元以上3万元以下罚款；影响国家税款征收的，处漏缴税款30%以上2倍以下罚款。

（三）逃税相关的走私风险

平台上B2C/BBC模式区块/频道内的商品通过其他渠道（包括C2C模式）入境可能导致逃避代收代缴税费相关的走私风险。

如前所述，平台内B2C/BBC模式应当成立单独的区块/频道进行经营，换言之，该区块/频道内的商品属于《关于完善跨境电子商务零售进口监管有关工作的通知》监管项下的"跨境零售进口"商品，入境时应当向海关申报并适用9610或者1210的海关监管方式代码。因此，对于该区块/频道内的商品，在商品进口时需要完成完整的"三单"传输，并由平台作为商品进口税费的代收代缴义务人，如实、准确向海关申报商品名称、规格型号、税则号列、实际交易价格及相关费用等税收征管要素，代为履行纳税义务，并承担相应的补税义务及相关法律责任。

特别需要注意的是，对于在平台上应当采用B2C/BBC模式的商品，平台所承担的税费代扣代缴义务是法定责任，无论消费者事后是否实际支付相关税费，均不影响平台在进口时应当先行代扣代缴。因此，对于平台B2C/BBC模式区块/频道内的商品，如果海关查获其已经通过C2C模式或其他非B2C/BBC模式入境，但平台未按照跨境零售进口电商的规定代收代缴相关税费，则存在平台被认定为逃避履行代扣代缴税费义务，进而可能涉嫌走私的法律风险。依据《海关行政处罚实施条例》第七条第（二）项规定，"经过设立海关的地点，以藏匿、伪装、瞒报、伪报或者其他方式逃避海关监管，运输、携带、邮寄国家禁止或者限制进出境的货物、物品或者依法应当缴纳税款的货物、物品进出境的"，没收走私货物、物品及违法所得，可并处偷逃应纳税款3倍以下罚款；情节严重的，将承担走私刑事责任。

（四）二次销售相关的走私风险

对于平台上B2C/BBC模式区块/频道内的商品，平台若未履行必要的监管责任，将可能面临二次销售相关的走私风险。

依据《关于完善跨境电子商务零售进口监管有关工作的通知》规定，从事B2C/BBC模式的平台应当建立防止跨境电商零售进口商品虚假交易及二次销售的风险控制体系，加强对短时间内同一购买人、同一支付账户、同一收货地址、同一收件电话反复大量订购，以及盗用他人身份进行订购等非正常消费交易行为的监控，采取相应措施予以控制；及时关闭平台内禁止以跨境电商零售进口形式入境商品的展示及交易页面，并将有关情况报送相关部门。根据笔者理解，该规定特别明确了平台对于确保相关交易符合"个人自用、合理数量"的原则的监控和报告义务。

对于B2C/BBC模式区块/频道内混用C2C模式的商品，因为平台无法接收、监控完整的"三单"信息，因此，不能排除个别卖家采取刷单、伪报品名、瞒报数量等方式逃避上述通知对于跨境零售进口商品的监管规定，并化整为零进行走私。平台如果违反了本身的监控报告义务，存在未尽责审核订购人身份信息真实性、甚至为二次销售提供便利等情形的，可能构成走私或违规的共同行为人，由海关依法处理；构成犯罪的，依法追究刑事责任。

四、C2C模式消费者保护问题

如前所述，C2C跨境电商模式中一个重要的问题，就是卖家进入的门槛低，监管困难，产品质量难以得到保证，消费者的权益也通常难以得到有效的保护。这不仅会导致许多纠纷的出现，也会大大影响电商平台的市场声誉，电商平台还有可能要因此承担法律责任。

（一）消费者权益保护难题

虽然《电子商务法》第十七条规定，电子商务经营者应当全面、真实、准确、及时地披露商品或者服务信息，保障消费者的知情权和选择权，但在实践中，消费者的知情权在C2C模式中经常容易受到侵犯。在进行此种消费的时候，消费者通常只能通过经营者所提供的商品图片、描述来了解商品的情况并购买，而这种信息很可能是不完全的。从客观的情况来看，C2C模式中的经营者或者境外买手有两种经营方式，一是先购买了相关的商品，等消费者在平台上下单之后将该商品邮寄或者带给消费者；二是自己并不事先购买货物，而是消费者先在平台上下单，经营者再按照消费者的订单进行采购并直接邮寄给消费者。特别是在后一种情况中，经营者所提供的商品信息往往也只是通过其他途径所获得的，未必和商品真实情况一致。

此外，C2C的经营模式也决定了消费者在购物之后，退货是更加复杂的。因为C2C模式主要采用的是海外代购的方式，如果需要退货，则不仅需要考虑相应的邮寄费用，还要考虑商品是否符合境外原商家的退货条件。这对于自然人经营者而言是比较沉重的成本。因此，虽然《中华人民共和国消费者权益保护法》（下称《消费者权益保护法》）第二十五条规定，经营者采用网络、电视、电话、邮购等方式销售商品，消费者有权自收到商品之日起七日内退货，且无须说明理由。但是在实践中，C2C跨境电商的经营者可能会通过格式条款约定不支持七天无理由退款。根据《消费者权益保护法》规定，"其他根据商品性质并经消费者在购买时确认不宜退货的商品，不适用无理由退货"，不适用无理由退货或许是可行的，但应该经消费者确认。商家通过格式条款直接规定不能无理由退货，也应该在显著的地方标示，最好是对消费者予以提醒，否则仍有可能被认为属于无效。

案例一 侯某伟与李某买卖合同纠纷案[①]

李某系淘宝平台上某注册网店的经营者。2018年6月21日，侯某伟在李某店中选购了一款现货欧米茄星座系列18K黄金镶钻款机械女表，型号123.55.27.20.57.002，售价69800元。该表的商品介绍注明"代购""不支持7天无理由"。当日因付款额度限制，侯某伟先支付5万元后，李某将手表邮寄至案外人陆某。2018年6月24日，陆某携表与侯某伟一同至本市徐汇区某手表服务中心接受测走时服务，结论为走时（日误差）±3秒。当日，侯某伟又通过李某发送的付款链接支付了19000元，取得了手表及相关附件。之后，侯某伟向李某索要手表的发票，李某于2018年6月28日向侯某伟邮寄日期为2018年6月18日、金额为1131844.34日元的日文领收证一份。

2018年6月25日，侯某伟以卖家未发货为由要求退款19000元，淘宝网客服经调查，于2018年6月28日认定侯某伟的主张不成立，驳回了侯某伟的请求。2018年6月29日，侯某伟以网购商品消费者有权7日内无理由退货为由要求退还货款，李某以商品介绍页面已有提示以及手表系经验货后当面交付为由拒绝。侯某伟又要求李某提供手表在国内交易的发票、购货凭证和服务单据，李某表示手表来自日本，已将发票补上。淘宝网客服于2018年7月5日认定买家反馈的问题不在保障范围内，驳回了侯某伟的请求。于是侯某伟起诉李某退款并给予3倍赔偿。

---

① （2019）沪02民终10146号。

> 一审法院认为，侯某伟提交的证据不足以证明李某实施了欺诈行为，故侯某伟要求退一赔三的诉讼请求，缺乏事实依据。李某在网页上的商品介绍中已经标明不支持7天无理由退货，侯某伟依然与李某进行交易，且买卖双方最终在线下当面完成交易。现侯某伟要求无理由退货，缺乏法律依据。二审法院对此予以维持。

笔者认为，本案中，双方的争议其实还是比较多的，包括是否构成欺诈、能否退货等。此外，原告还要求被告交付发票、购货凭证和服务单据等材料，因为法院认为这些单据不影响案件认定而没有对此作出要求，但原告是否有权要求被告交付是存疑的（被告因为是代购，事实上也无法提供）。换言之，尽管法院已作出了判决，但是并未能从实质层面定分止争。此外，从实际情况看，要求原告证明被告存在欺诈，确实也是比较难以做到的——作为个人，获取相关证据的能力非常有限，并且维权的成本也很高。

（二）电商平台的角色

将消费者权益保护完全系于纠纷发生之后的司法途径是不现实的，也是缺乏效率的。作为平台提供者，电商平台应该在其中发挥着重要的作用，比如加强平台内的日常监管以及规定纠纷解决机制。这不仅是维护自身商誉、吸引用户的要求，也是法律赋予的义务。例如，《电子商务法》第五十八条规定，国家鼓励电子商务平台经营者建立有利于电子商务发展和消费者权益保护的商品、服务质量担保机制。第六十一条规定，消费者在电子商务平台购买商品或者接受服务，与平台内经营者发生争议时，电子商务平台经营者应当积极协助消费者维护合法权益。此外，法律还规定了在特定情况下，电商平台需要对平台内经营者损害消费者权益的行为承担相应的责任。根据《电子商务法》第三十八条规定，电子商务平台经营者知道或者应当知道平台内经营者销售的商品或者提供的服务不符合保障人身、财产安全的要求，或者有其他侵害消费者合法权益行为，未采取必要措施的，依法与该平台内经营者承担连带责任。对关系消费者生命健康的商品或者服务，电子商务平台经营者对平台内经营者的资质资格未尽到审核义务，或者对消费者未尽到安全保障义务，造成消费者损害的，依法承担相应的责任。电商平台违反本条义务的，还可能要面临执法机关的处罚。

此外，C2C电商平台在审核卖家的注册时应该确保其个人信息的准确。根据《消费者权益保护法》第四十四条的规定，消费者合法权益受到损害的，如果网络交易平台提供者不能提供销售者或者服务者的真实名称、地址和有效联系方式的，消费者也可以向网络交易平台提供者要求赔偿；网络交易平台提供者作出更有利于消费者的承诺的，应当履行承诺。

在实践中，C2C电商平台可以通过完善内部监管措施、与平台内经营者签订相关协议等方法来更好地解决产品质量或消费者保护问题。比如与经营者约定禁止销售假冒伪劣产品、禁止对消费者进行价格欺诈等，并约定违约责任，这在法律上是可以得到承认的。又如在经营者销售假冒伪劣产品的时候，以侵害平台商誉为由追究侵权责任，也是可能得到法院认可的。

> **案例二　　浙江某网络有限公司诉张某文侵权责任纠纷案**[①]
>
> 被告张某文利用妻子的身份证在淘宝网注册了网店，用于销售假冒运动鞋，最终被判处刑罚。淘宝网认为被告的行为对其造成了商誉和经济上的严重负面影响，请求其赔偿损失并赔礼道歉。法院最终认可原告的诉讼请求（对赔偿金额作了相应调整）。

在本案中，淘宝网作为第三方交易平台与被告签订了淘宝服务协议。该协议第6.3条第1款约定，如会员的行为使淘宝网及/或其关联公司、支付宝公司遭受损失（包括自身的直接经济损失、商誉损失及对外支付的赔偿金、和解款、律师费、诉讼费等间接经济损失），会员应赔偿淘宝网及/或其关联公司、支付宝公司的上述全部损失。该条虽然属于格式条款，但并非明显偏离公平原则，且已提醒对方注意，因此可以认可其效力。

关于C2C平台对售假网络零售商家的请求权基础问题，该案主审法官认

---

① （2018）浙1081民初12065号。

为，首先，C2C平台企业是网络零售商售假行为的利害关系人。零售商在平台上任意贩卖假货，会削弱平台对买家的吸引力，买家会对平台的商誉提出质疑，从而会减少平台的流量和降低流量变现能力；而且平台为了维护其在市场上的商誉，往往要安排大量人力物力用于处理零售商售假引发的投诉、纠纷调解等工作，以及主动打假、配合公安及其他行政机关执法调查、到法院应诉、对权利人的解释等工作。其次，本案原告淘宝网已经建立起自身的商誉，并且这种商誉是被消费者认识到的，被告的行为已经造成了商誉减损的后果，因此对原告构成了侵权。其实在本案中，淘宝网与其说是为了获得被告的经济赔偿，不如说是为了对平台内的经营者施加压力，同时向外界传达自身打击假冒伪劣产品的态度。无论如何，这种方法应该有利于监管平台内的经营行为、保护消费者的利益，对于存在大量自然人卖家的C2C平台而言是不错的选择。

五、C2C模式合规建议

（一）做好卖家或买手的信息审核工作

基于C2C模式，入驻平台的卖家通常是外国的买手，相对而言进行监督管理的困难更大，在准入的环节做好审核工作非常重要。此外，平台在经营过程中也可以设置一些规则对卖家进行一定程度的管理，比如对申请入驻平台的卖家进行主体身份真实性审核，在网站公示主体身份信息和消费者评价、投诉信息等。应当与申请入驻平台的卖家签署协议，就商品质量安全主体责任、消费者权益保障等方面明确双方责任、权利和义务。此外，还可以根据经营表现对卖家设置不同的诚信等级，从而便于监督和激励卖家诚信经营。

（二）熟悉相关的通关政策，提高报关的准确度和效率

C2C模式适用个人邮递进境物品的监管模式，法律法规对邮递的限值、免税额以及限制、禁止进出口的物品都有规定，需要严格遵守。此外，此种方式进口的商品限于个人自用，如果平台或商家发现购买者通过利用他人身份及限额大量购进商品，则应考虑其合法性。平台或商家也应该在交易时或者在购物网页中告知相关政策，以免消费者因不了解相关政策而产生不必要的纠纷。

（三）经营应该更加规范

在平台中同时存在C2C和B2C模式时，应在平台页面上明确区分，提示消费者，在具体的经营过程中，比如物流报关时，在平台内部也应有完善的独立经营方式，避免混淆。

（四）完善质量监控措施以及售后服务管理

如前所述，C2C跨境电商模式最大的问题是产品质量难以保证，以及售后服务不完善，从而影响消费者的购物体验，并有可能给平台带来法律责任。因此，完善质量管理措施是很有必要的。平台应当建立消费纠纷处理和消费维权自律制度，消费者在平台内购买商品，其合法权益受到损害时，平台须积极协助消费者维护自身合法权益。平台还应建立商品质量安全风险防控机制，在网站醒目位置及时发布商品风险监测信息、监管部门发布的预警信息等。在发现产品质量问题时及时处理；产品发生质量问题之后，做好相应的处理工作。鉴于平台卖家（买手）分散、追究其责任并不是那么容易，产品质量问题的负面影响可能很大程度上会由平台进行处理。因此，防患于未然总是最好的做法。以"洋码头"为例，其可提供平台鉴别服务以供消费者选择，在这种模式之下，平台卖家（买手）先将商品寄送给平台，平台鉴别之后才对消费者进行发货。

中 篇
跨境电商相关领域问题研究

鉴于当下跨境电商进出口业务在商品销售与合规经营方面遇到的诸多热点问题,本篇将着眼于消费者权益保护、数据合规、走私、知识产权、传销、广告宣传、反不正当竞争、反垄断和供应链金融等跨境电商重点问题,对其中涉及的基本理论进行研究,结合实践中的典型案例对相关的监管规定、实践中存在的争议和难点问题进行梳理、分析和总结,并提出一些合规建议。

本篇所涉及的领域本身内容丰富且复杂,如广告宣传、反不正当竞争、反垄断等都有较为完整的独立立法,与跨境电商只是属于交叉关系。本篇也只是在跨境电商的背景下对相关问题进行研究,尽量不纠缠于该领域一般性的理论和立法问题。

第十章
跨境电商与消费者权益保护问题

近年来，我国已初步构建了适应外贸新业态新模式发展的政策框架。对于消费者而言，"买全球"已然不是一个难题。大量境外商品以更加便捷的跨境电商通关方式进入中国，"不执行有关商品首次进口许可批件、注册或备案要求"，在满足了消费者多元消费需求的同时，也带来了一定的产品责任风险和维权监管难度。因跨境电商零售进口的销售者和生产者均在境外，在产品发生问题时，消费者权益保护责任往往难以落实且成本较高。

消费者权益保护是跨境电商乃至整个电子商务的核心问题。尽管跨境电商零售进口的卖方均为境外跨境电商企业，在实际的法律归责中较难追究，但基于《关于完善跨境电子商务零售进口监管有关工作的通知》对跨境电商零售进口模式的规制要求，境内代理人作为境外注册的跨境电商企业在境内委托代为通关申报主体，同时也承担着跨境电商企业在境内涉及的民事连带责任，其中就包含了消费者权益保护责任。此外，上述《通知》对跨境电商平台这一核心主体的范围界定为"在境内注册"，通过对境内平台的法律监管，进一步加强对境外跨境电商的合规监管。

一、跨境电商企业及境内代理人消费者权益保护责任

《关于完善跨境电子商务零售进口监管有关工作的通知》将跨境电商企业界定为"自境外向境内消费者销售跨境电商零售进口商品的境外注册企业，为商品的货权所有人"，强调了跨境电商商品的境外属性。《电子商务法》第二条规定，中华人民共和国境内的电子商务活动，适用本法；第二十六条规定，电子商务经营者从事跨境电子商务，应当遵守进出口监督

管理的法律、行政法规和国家有关规定。《电子商务法》中的"电子商务经营者"并不能直接适用于上述《通知》中的跨境电商企业，因为"电子商务经营者"须在境内依法办理市场主体登记，这将对跨境电商的监管力度造成一定影响。为了平衡"跨境交易特色"与"国内监管保障"，该《通知》首次创设了"境内代理人"这一角色，即"在境内办理工商登记的企业，承担如实申报责任，依法接受相关部门监管，并承担明示连带责任"。作为跨境电商企业在境内的"代表"，"境内代理人"为国内行政部门加强跨境电商监管提供了有力"抓手"。《消费者权益保护法》《电子商务法》《网络交易监督管理办法》等一系列法律及规定，通过对境内代理人的适用，进一步规制了境外跨境电商企业的经营行为，保障消费者权益。

跨境电商企业及境内代理人应关注以下消费者权益保护要求：

（一）信息披露：保障消费者知情权

《消费者权益保护法》第八条规定，消费者享有知悉其购买、适用的商品或者接受的服务的真实情况的权利。相比于国内电商，跨境电商因商品来源产地不在境内，存在语言、标准等差异，再加上跨境涉及通关申报等诸多问题，消费者对于其了解就更加有限，因此知情权的保护更加重要。跨境电商企业应充分披露通关所涉的风险，并先行告知消费者。保障消费者知情权的法律规范对比见表10.1。

表10.1　保障消费者知情权的法律规范对比表

《消费者权益保护法》	《电子商务法》	《网络交易监督管理办法》	《关于完善跨境电子商务零售进口监管有关工作的通知》
第二十八条 采用网络、电视、电话、邮购等方式提供商品或者服务的经营者……应当向消费者提供经营地址、联系方式、商品或者服务的数量和质量、价款或者费用、履行期限和方式、安全注意事项和风险警示、售后服务、民事责任等信息。	第十七条 电子商务经营者应当全面、真实、准确、及时地披露商品或者服务信息，保障消费者的知情权和选择权。	第十九条 网络交易经营者应当全面、真实、准确、及时地披露商品或者服务信息，保障消费者的知情权和选择权。 第二十一条 网络交易经营者向消费者提供商品或者服务使用格式条款、通知、声明等的，应当以显著方式提请消费者注意与消费者有重大利害关系的内容，并按照消费者的要求予以说明……	履行对消费者的提醒告知义务，会同跨境电商平台在商品订购网页或其他醒目位置向消费者提供风险告知书，消费者确认同意后方可下单购买。告知书应至少包含以下内容： （1）相关商品符合原产地有关质量、安全、卫生、环保、标识等标准或技术规范要求，但可能与我国标准存在差异。消费者自行承担相关风险。 （2）相关商品直接购自境外，可能无中文标签，消费者可通过网站查看商品中文电子标签。 （3）消费者购买的商品仅限个人自用，不得再次销售。

（二）质量安全：保障消费者人身、财产安全

跨境电商商品因原产地有关质量、安全、卫生、环保、标识等标准或技术规范要求与我国标准存在差异，因此在质量风险控制上，跨境电商企业应承担更重要的责任。跨境电商相关法律法规规定中对于质量安全责任也进行了强调，见表10.2。

表10.2 保障消费者人身、财产安全的法律规范对比表

《消费者权益保护法》	《电子商务法》	《网络交易监督管理办法》	《关于完善跨境电子商务零售进口监管有关工作的通知》
第十九条 经营者发现其提供的商品或者服务存在缺陷，有危及人身、财产安全危险的，应当立即向有关行政部门报告和告知消费者，并采取停止销售、警示、召回、无害化处理、销毁、停止生产或者服务等措施。采取召回措施的，经营者应当承担消费者因商品被召回支出的必要费用。 第二十五条 经营者采用网络、电视、电话、邮购等方式销售商品，消费者有权自收到商品之日起七日内退货，且无须说明理由……除前款所列商品外，其他根据商品性质并经消费者在购买时确认不宜退货的商品，不适用无理由退货。 消费者退货的商品应当完好。经营者应当自收到退回商品之日起七日内返还消费者支付的商品价款……	第十三条 电子商务经营者销售的商品或者提供的服务应当符合保障人身、财产安全的要求和环境保护要求，不得销售或者提供法律、行政法规禁止交易的商品或者服务。	第十一条 网络交易经营者销售的商品或者提供的服务应当符合保障人身、财产安全的要求和环境保护要求，不得销售或者提供法律、行政法规禁止交易、损害国家利益和社会公共利益、违背公序良俗的商品或者服务。	2. 承担消费者权益保障责任，包括但不限于商品信息披露、提供商品退换货服务、建立不合格或缺陷商品召回制度、对商品质量侵害消费者权益的赔付责任等。当发现相关商品存在质量安全风险或发生质量安全问题时，应立即停止销售，召回已销售商品并妥善处理，防止其再次流入市场，并及时将召回和处理情况向海关等监管部门报告。 …… 4. 建立商品质量安全风险防控机制，包括收发货质量管理、库内质量管控、供应商管理等。 5. 建立健全网购保税进口商品质量追溯体系，追溯信息应至少涵盖国外启运地至国内消费者的完整物流轨迹，鼓励向海外发货人、商品生产商等上游溯源。

（三）其他要点：个人信息收集使用，严控默认搭售、自动续费等

除上述信息披露及质量安全两个突出重点外，跨境电商企业及境内代理人还应当关注近期消费者权益保护热点，包括但不限于个人信息保护、搭售、自动续费等经营行为，保障消费者的隐私权及自主选择权。

网络交易一直处于滥用消费者个人信息的重灾区，定向营销等经营方式在为消费者带来网络购物便利的同时，也引发了消费者对个人隐私数据泄露的强烈不安。无论是《消费者权益保护法》《电子商务法》，还是《网络交易监督管理办法》，均向电商经营者就"个人信息的收集、使用"问题提出了要求，经营者应当遵循合法、正当、必要的原则，明示收集、使用信息的目的、方式和范围，未经消费者同意，不得强迫或者变相强迫消费者同意收集、使用与经营活动无直接关系的信息。《网络交易监督管理办法》进一步细化了要求，"网络交易经营者不得采用一次概括授权、默认授权、与其他授权捆绑、停止安装使用等方式，强迫或者变相强迫消费者同意收集、使用与经营活动无直接关系的信息。收集、使用个人生物特征、医疗健康、金融账户、个人行踪等敏感信息的，应当逐项取得消费者同意"。这对于设立跨境电商App、自建网站的跨境电商企业提出了更细致的限制要求。随着《数据安全法》《个人信息保护法》的陆续出台，未来在电商领域对于个人信息保护的规则也将日趋严格，责任更重，特别是涉及数据跨境流动的跨境电商领域，相关企业及境内代理人更应关注并强化内部合规管理。关于数据安全及个人信息保护的问题，本书另有专章解读，此处不再赘述。

保障消费者自主选择权是消费者权益的又一大重点，以往商家为了实现销售盈利最大化，设计了各式各样的商品搭售和自动续费方式，在说明含糊、隐蔽默认勾选的情况下，消费者往往陷入"圈套"，花了"冤枉钱"。《电子商务法》的出台曾一度冲击了搭售行为，新实施的《网络交易监督管理办法》则在此基础上进一步细化搭售的限定形式，并对自动续费等问题进行了明确，见表10.3。

表10.3　保障消费者自主选择权的法律规范对比表

《电子商务法》	《网络交易监督管理办法》
第十九条 电子商务经营者搭售商品或者服务，应当以显著方式提请消费者注意，不得将搭售商品或者服务作为默认同意的选项。	第十七条 网络交易经营者以直接捆绑或者提供多种可选项方式向消费者搭售商品或者服务的，应当以显著方式提请消费者注意。提供多种可选项方式的，不得将搭售商品或者服务的任何选项设定为消费者默认同意，不得将消费者以往交易中选择的选项在后续独立交易中设定为消费者默认选择。 第十八条 网络交易经营者采取自动展期、自动续费等方式提供服务的，应当在消费者接受服务前和自动展期、自动续费等日期前五日，以显著方式提请消费者注意，由消费者自主选择；在服务期间内，应当为消费者提供显著、简便的随时取消或者变更的选项，并不得收取不合理费用。

二、跨境电商平台消费者权益保护责任

相比境外跨境电商企业及其境内代理人，注册在境内的跨境电商零售进口平台在消费者权益保护的责任承担上越发受到关注，如何进一步落实平台责任、通过平台实现对境外跨境电商企业的监管，是近年立法的趋势。

（一）制定服务协议和交易规则

跨境电商平台作为为交易双方（消费者和跨境电商企业）提供网页空间、虚拟经营场所、交易规则、交易撮合、信息发布等服务，设立供交易双方独立开展交易活动的信息网络系统的经营者，在消费者注册及商家入驻前就应设置合理的服务协议与交易规则，引导入驻商家保障消费者合法权益，为消费者合法维权提供有效帮助。电商平台制定服务协议和交易规则的法律规范对比见表10.4。

表10.4　电商平台制定服务协议和交易规则的法律规范对比表

《电子商务法》	《关于完善跨境电子商务零售进口监管有关工作的通知》
第三十二条 电子商务平台经营者应当遵循公开、公平、公正的原则，制定平台服务协议和交易规则，明确进入和退出平台、商品和服务质量保障、消费者权益保护、个人信息保护等方面的权利和义务。	建立平台内交易规则、交易安全保障、消费者权益保护、不良信息处理等管理制度。对申请入驻平台的跨境电商企业进行主体身份真实性审核，在网站公示主体身份信息和消费者评价、投诉信息，并向监管部门提供平台入驻商家等信息。与申请入驻平台的跨境电商企业签署协议，就商品质量安全主体责任、消费者权益保障以及本通知其他相关要求等方面明确双方责任、权利和义务。

（二）资质审核及侵权赔偿责任

跨境电商平台对入驻商家的资质审核是消费者购买商品的信任基础，如果入驻平台的跨境电商企业的商品存在问题，则不仅是企业本身要承担责任，具有审核监管责任的平台也要为其审核不到位从而损失消费者信任负责。

《关于完善跨境电子商务零售进口监管有关工作的通知》对于跨境电商平台强调了"先行赔付"的侵权责任，相比纯国内电商的平台责任，跨境电商平台的消费者权益保障责任要求更高，承担的合规成本更高，也一定程度上影响了跨境电商平台格局，因为体系成熟、实力雄厚的大平台更有能力承担

相应风险，而在跨境电商领域开拓新平台将面临更严峻的挑战。电商平台资质审核及侵权赔偿责任的法律规范对比见表10.5。

表10.5　电商平台资质审核及侵权赔偿责任的法律规范对比表

《消费者权益保护法》	《电子商务法》	《网络交易监督管理办法》	《关于完善跨境电子商务零售进口监管有关工作的通知》
第四十四条 消费者通过网络交易平台购买商品或者接受服务，其合法权益受到损害的，可以向销售者或者服务者要求赔偿。网络交易平台提供者不能提供销售者或者服务者的真实名称、地址和有效联系方式的，消费者也可以向网络交易平台提供者要求赔偿；网络交易平台提供者作出更有利于消费者的承诺的，应当履行承诺。网络交易平台提供者赔偿后，有权向销售者或者服务者追偿。 网络交易平台提供者明知或者应知销售者或者服务者利用其平台侵害消费者合法权益，未采取必要措施的，依法与该销售者或者服务者承担连带责任。	第三十八条 电子商务平台经营者知道或者应当知道平台内经营者销售的商品或者提供的服务不符合保障人身、财产安全的要求，或者有其他侵害消费者合法权益行为，未采取必要措施的，依法与该平台内经营者承担连带责任。 对关系消费者生命健康的商品或者服务，电子商务平台经营者对平台内经营者的资质资格未尽到审核义务，或者对消费者未尽到安全保障义务，造成消费者损害的，依法承担相应的责任。	第五十二条 网络交易平台经营者知道或者应当知道平台内经营者销售的商品或者提供的服务不符合保障人身、财产安全的要求，或者有其他侵害消费者合法权益行为，未采取必要措施的，依法与该平台内经营者承担连带责任。 对关系消费者生命健康的商品或者服务，网络交易平台经营者对平台内经营者的资质资格未尽到审核义务，或者对消费者未尽到安全保障义务，造成消费者损害的，依法承担相应的责任。	建立消费纠纷处理和消费维权自律制度，消费者在平台购买商品，其合法权益受到损害时，平台须积极协助消费者维护自身合法权益，并履行先行赔付责任。

（三）区分频道，避免误导

跨境电商平台尽管在商品交易中属于"第三方"，但随着跨境电商平台发展不断成熟，平台也开展了自营业务。此外，国内主流跨境电商平台实际上多为国内电商平台的"国际/海外"分支频道，商品销售时也存在一个平台入口同时销售国内和跨境商品的情况。在一定程度上，这样的商业布局确实能为平台企业带来更多收益，但是在实际运营中仍然存在因标识区分不明确而对消费者产生误导的情况。为帮助消费者更加明晰自营与非自营、境内电商与跨境电商之间的责任主体、交易方式等区别，相关法律法规对此进行了特殊强调，见表10.6。

表10.6　电商平台区分频道和避免误导的法律规范对比表

《电子商务法》	《关于完善跨境电子商务零售进口监管有关工作的通知》
第三十七条 电子商务平台经营者在其平台上开展自营业务的，应以显著方式区分标记自营业务和平台内经营者开展的业务，不得误导消费者。	对平台入驻企业既有跨境电商企业，也有国内电商企业的，应建立相互独立的区块或频道为跨境电商企业和国内电商企业提供平台服务，或以明显标识对跨境电商零售进口商品和非跨境商品予以区分，避免误导消费者。

（四）社交电商、直播电商等新业态也应遵守平台责任

疫情影响下的跨境电商发展迎来爆发期，社交电商、直播电商等新业态也从境内电商市场逐步扩展至跨境电商领域，面对新业态的监管，新实施的《网络交易监督管理办法》明确，网络社交、网络直播等网络服务提供者为经营者提供网络经营场所、商品浏览、订单生成、在线支付等网络交易平台服务的，应当依法履行网络交易平台经营者的义务。依托社交、直播发展的跨境电商应同样关注并遵守平台义务及责任，保障消费者权益。

三、案例评析

关于跨境电商的民事案例纠纷多集中于消费者权益保护方面。2021年7月15日，杭州互联网法院举办司法服务保障中国（浙江）自贸试验区建设暨跨境贸易法庭发布《杭州互联网法院跨境贸易法庭服务和保障中国（浙江）自由贸易试验区建设白皮书》。白皮书指出，跨境电子商务案件的裁判规则提

炼及法律争议主要涉及以下问题①：

1. 对跨境零售进口商品中文电子标签认定时，电子标签与纸质标签具有同等效力；

2. 商家需在醒目位置风险告知相关商品符合原产地相关标准或技术规范要求，履行提醒义务后，消费者再主张退款或赔偿的，法院不予支持；

3. 对职业索赔行为认定判断标准；

4. 对跨境电商企业境内代理人连带责任进行认定；

5. 对跨境电商平台自营主体认定；

6. 对"七天无理由退货"的适用认定；

7. 对跨境电商纠纷案件中平行进口的认定。

2020年，跨境电子商务案件数量占普通电子商务案件数量的4%，同比增幅超过40%，在跨境电子商务案件类型中，网络服务类合同纠纷及买卖合同纠纷占到总数的85%。以上问题反映出，在跨境电商法律规制系统化、成熟化的过程中，消费者和商家、平台之间仍然在法律法规适用上存在争议。

（一）跨境商品中文标签效力案

案例一　余某诉某跨境电商公司网络购物合同纠纷案②

2020年8月12日，原告余某通过国内某知名跨境电商平台，向平台内入驻的一家香港跨境电商公司购买了某品牌可可粉。原告收到被告自保税仓递送入境的案涉商品后，发现商品外包装无中文标签。原告认为，被告交付的商品为进口食品，却未按照《中华人民共和国食品安全法》（下称《食品安全法》）的相关规定在商品实物的外包装上加贴书面中文标签，属于不符合食品安全标准的食品，被告明知案涉商品不符

---

① 跨境电商案件呈现八大新特点|杭州互联网法院发布服务和保障中国（浙江）自由贸易试验区建设白皮书[EB/OL]. (2021-07-16) [2021-08-21]. https://mp.weixin.qq.com/s/cugoOgX0MNp-YT1U2sMsIw.

② （2020）浙0192民初6370号。

> 合食品安全标准仍然销售，应承担退一赔十的责任。被告认为，商品系跨境食品，已在商品信息页面上展现了商品的中文电子标签，同时在消费者下单前进行了告知，告知其商品无中文标签，请其到商品页面查看，该商品符合食品安全标准，亦不构成食品标签瑕疵。
>
> 法院经审理，首先确定双方均同意选择适用中国大陆法律，法院认为，本案商品实物虽无纸质中文标签，但商品经检测符合我国食品安全标准。平台已通过下单页面的红色醒目字体方式履行了消费者提醒告知义务，原告在应知案涉商品直接购自境外，可能无中文标签，需通过网站查看商品中文标签的情况下，仍下单购买案涉商品，表明其已充分考虑自身风险承担能力，因此案涉商品的中文电子标签对其具有与中文纸质标签相同的法律效力，故被告以中文电子标签形式展示案涉商品信息，符合《食品安全法》对进口食品中文标签的要求，遂驳回原告全部诉讼请求。①

据杭州互联网法院介绍，本案是国内首例在跨境电商零售进口领域确认进口食品中文电子标签与食品外包装中文标签具有同等法律效力的案件。《食品安全法》规定一般进口食品应有中文标签，但对近年来大量涌现的跨境零售食品的中文电子标签效力未作出明确规定。《关于完善跨境电子商务零售进口监管有关工作的通知》提及"应对消费者进行风险告知：相关商品直接购自境外，可能无中文标签，消费者可通过网站查看商品中文电子标签"。但在具体适用中并无明确规定。笔者及所在团队曾就此问题咨询过商务部、市场监管总局，得到的答复是：商财发〔2018〕486号《通知》中对"中文电子标签"的要求，初衷是希望将外文标签翻译成中文，便于消费者查看；目前暂未出台细化具体规定，电子标签的要求应便于消费者显著直观地查看商品基本信息，目前具体内容及格式可参考同类商品一般进口的中文标签。

在行业内，电子标签与纸质标签具有同等效力；现实中，对电子标签是否具有法律效力还有一定的争议。本案对此法律空白进行了大胆的创设，明

---

① 杭州互联网法院跨境贸易法庭丨典型案例裁判规则指引（第一辑）[EB/OL].（2021-03-15）[2021-08-21]. https://mp.weixin.qq.com/s/G8L0nCu7A6-brsGkpoHaYg?

确了在跨境电商零售进口交易中，跨境电商经营者已履行对消费者的提醒告知义务并获得消费者确认同意后，在商品订购网页使用符合要求的中文电子标签视为具有中文标签。

由本案延伸思考，跨境电商企业提供的中文标签翻译如果混淆了产品名称、品种、类别、适用人群等重要的产品信息，诱导消费者作出错误的选择，造成进口商品的属性发生变化，导致适用与其本身不同产品的安全标准，进而影响该产品被认定为不符合相应的安全标准的产品，跨境电商企业仍然要对消费者由此产生的损失承担赔偿责任。

（二）跨境新型商品类别判定案

> **案例二　戴某诉某科技公司产品责任纠纷案**①
>
> 原告戴某曾多次在被告某科技公司经营的电商店铺购买电子烟雾化液。被告在产品交易快照中突出宣传案涉产品为"马来西亚风情""马来西亚原装进口烟油""马来西亚原装正品""纯植物萃取可以吃的烟油"等。原告收货后，发现案涉产品实物均标注原产地为马来西亚，部分产品未标注生产日期，全部产品未标注产品标准代号。原告认为被告销售的电子烟雾化液属于食品，且不符合食品安全标准，要求被告退一赔十。法院经审理认为，案涉产品在技术要求上涉及多项食品安全国家标准和食品添加剂使用标准，且销售者在产品宣传上亦在强调原料系可用于食品的成分和添加剂等，足以使消费者产生信赖，因此按我国相关标准，涉案产品属于食品，且存在不符合食品安全标准的问题，遂支持了原告的诉讼请求。

跨境电商商品因遵循境外原产地标准而存在与我国标准有差异的情况，甚至在商品品类认定及监管上也有所不同，而跨境电商贸易方式不执行"首次进口注册许可备案"的要求，更是为境外新兴商品打开了大门，境外的新兴产品

---

① 杭州互联网法院跨境贸易法庭 | 典型案例裁判规则指引（第一辑）[EB/OL].（2021-03-15）[2021-08-21]. https://mp.weixin.qq.com/s/G8L0nCu7A6-brsGkpoHaYg?

不断涌入国内，为消费者满足了多元消费需求。然而，这样的差异与放宽政策一定程度上也会给消费者带来风险。以跨境电商食品为例，因境内外对食品的定义不同，部分境外商品是否属于食品类别难以界定，即使能够确认类别，也容易在标准认定差异中产生法律适用困难，消费者权益保障存在空白地带。

根据杭州互联网法院的分析，本案针对跨境电商中出现的商品类别问题，建立起三个判断标准：（1）结合经营者对相关产品的主观宣传；（2）结合我国相关法律法规以及其他规范性文件对于食品类别的客观规定；（3）以保障我国消费者合法权利为原则。本案中，从经营者对案涉产品的宣传来看，经营者以食品标准对案涉电子烟雾化液作出销售承诺并用于产品宣传；从我国地方规范性文件对案涉产品的技术要求来看，案涉产品在技术要求上涉及多项食品安全国家标准和食品添加剂使用标准，且产品原料亦强调可用于食品的成分和添加剂等。而且，以我国从严监管食品行业的现实考量来看，将案涉产品认定为食品，更符合普通消费者的消费期待，更有利于保障我国消费者的合法权益。

本案的适用意义可扩展至保健品、药品、化妆品等涉及消费者人身安全的品类商品。例如，某网站上某泰国减肥产品含有"西布曲明"等禁药成分，某植物提取成分保健品含有二甲双胍药物成分等。在判定此类跨境电商商品是否适用《食品安全法》被追究民事赔偿责任，更严重者甚至涉及有毒有害食品罪的刑事责任时，本案的判断标准仍然值得关注和参考。

（三）跨境职业索赔案

案例三　原告刘某与被告秦某、浙江淘宝网络有限公司产品责任纠纷案[①]

2016年6月至7月，原告刘某多次在被告秦某经营的淘宝店铺购买日本奶粉。后原告以奶粉无中文标签及未经检验检疫为由，主张奶粉为不符合国家食品安全标准的产品，要求被告秦某退一赔十，并要求被告淘宝公司承担连带赔偿责任。另查明，原告在2016年6月至7月，在多

---

① （2017）浙8601民初815号。

家淘宝店铺购买日本奶粉，每家购买金额均在5000元左右，并均以相同的理由要求退一赔十。

本案争议焦点是原告是否能够被认定为消费者。法院认为，原告在一个月左右的时间多次在本案被告秦某的淘宝店中购买案涉产品，且在同一时间段在别的淘宝店铺大量、反复购买相同或相似的奶粉，原告均以相同的理由诉至法院。可见，原告购买案涉产品并非为消费所需，而是为了获取高额赔偿而进行的恶意购买，其购买性质应定性为营利。

《食品安全法》赋予消费者要求支付货款十倍赔偿的权利，目的在于通过加大食品生产经营者的违法成本，从而引导食品生产经营者依法经营，保障消费者的身体健康和生命安全。本案原告以营利为目的的经营性质的购买行为，不应受到《食品安全法》的保护。

原告作为资深淘宝"买家"，对我国禁止进口日本婴幼儿奶粉应当是明知的。根据《中华人民共和国商品检验法》（下称《商品检验法》）的规定，"供婴幼儿食用的零售包装配方奶粉，由商检机构实施检验，未经检验的，不准销售、使用"。原告明知我国目前禁止进口日本婴幼儿配方乳品，且案涉产品未经检验，依然大肆购买案涉产品，其行为本身已经触犯法律规定。"任何人不得从违法行为中获利"是一项基本的法律原则，因案涉产品系禁止销售、使用的产品，原告购买案涉产品的行为已为法律所禁止，那么其要求从该违法行为中退货及赔偿以获取利益的诉讼请求，也当然不应受到法律的保护。综上，法院驳回原告的诉讼请求，仅支持退还商品价款，不支持十倍赔偿。

本案涉及"职业索赔人"（又称"职业打假人"）的处理问题。随着我国跨境电商市场的迅猛发展，针对各类跨境产品的职业打假热潮也逐渐兴起，且集中体现在标签标注问题上。职业索赔行为客观上在净化市场、促进依法生产经营方面发挥了一定的积极作用，但是该行为主要集中在标签标识领域，且具有明显的牟利特征，占用了大量的执法、司法资源，对市场行政监管部门和人民法院都造成了较大负担。本案为职业索赔行为判断制定了三个参照标准[①]：一是短时间内多次购买案涉产品或类似产品后提起数件类似主张惩罚性赔偿的诉讼；二是一次性购买大量明显不符合正常消费所需的情形；三是其他明显不符合普通消费行为的情形。法院一旦审查出案涉行为具有上述三种情形之一的，可认定为职业索赔行为，人民法院对其提出的惩罚性赔偿不予支持。

需要注意的是，本案发生的时间较早，而对于职业索赔行为及职业打假人的态度近年来有一定的转变，但总体思想仍然是基于保障消费者权益以及消费者人身健康安全的原则进行强化。《最高人民法院关于审理食品药品纠纷案件适用法律若干问题的规定（2021修正）》第三条规定："因食品、药品质量问题发生纠纷，购买者向生产者、销售者主张权利，生产者、销售者以购买者明知食品、药品存在质量问题而仍然购买为由进行抗辩的，人民法院不予支持。"由此可见，在食品、药品等密切影响消费者人身健康安全的商品品类上，行政、司法机关仍然对经营者持更加严格的监管态度，即便存在职业打假现象，食品、药品经营者也不能以此为理由进行抗辩。因此，跨境电商企业在从事食品、药品的经营时，应首先把控商品本身的风险，同时积极从职业索赔案例中吸取教训，尽快完善内部合规，从源头上避免被职业打假，做到"身正不怕影子斜"。

四、跨境电商消费者权益保护合规指引

消费者权益保护是跨境电商合规运营的重中之重，除上述法律法规规定的责任外，跨境电商企业及其境内代理人、跨境电商平台还应当关注以下合规要点：

（一）加强内部合规自查

自查范围包括但不限于对商品本身的质量标准、售前风险提示、物流通关、售后服务、纠纷解决等各环节是否有完备的检验修正制度，定期自查自纠，做好充分的合规准备，有条件的企业也可以聘请有相关合规经验的专业人员协助设计企业内审制度，建立健全合规体系。

[①] 杭州互联网法院跨境贸易法庭 | 典型案例裁判规则指引（第一辑）[EB/OL].（2021-03-15）[2021-08-21]. https://mp.weixin.qq.com/s/G8L0nCu7A6-brsGkpoHaYg?

（二）时刻关注最新的法律法规动态

鉴于跨境电商立法层级较低，许多法律法规的适用仍然缺乏系统有效的依据，而跨境电商的立法热度一直持续，不断有新的法规进行规制完善，跨境电商经营主体更应当时刻关注新法新规适用，对于存在模糊或矛盾的地方应及时与有关部门沟通，明确监管要求，以避免未来面临不必要的执法、司法风险。

（三）首要保护消费者合法权益

在实际经营中，尤其是开展新业态、经营新产品时，应始终把消费者权益摆在第一位，任何可能影响到消费者权益保护的行为，企业内部须经过审慎评估、确认风险可控后方能实施，切忌盲目跟风"野蛮生长"，合规经营、赢得消费者信任与认可，才是跨境电商长久健康发展的不竭源泉。

第十一章
跨境电商与数据合规问题

2021年7月2日，国家互联网信息办公室下属网络安全审查办公室发布公告，对"滴滴出行"启动网络安全审查，审查期间该平台停止新用户注册。[①] 在网络安全审查办公室启动网络安全审查的一周后，国家互联网信息办公室随即于7月10日发布《网络安全审查办法（修订草案征求意见稿）》[②]，规定"掌握超过100万用户个人信息的运营者赴国外上市，必须向网络安全审查办公室申报网络安全审查"。

2021年8月20日，经第十三届全国人大常委会第三十次会议审议后，《个人信息保护法》获得通过并公布。2021年11月1日起生效实施后，《个人信息保护法》将与《网络安全法》《数据安全法》一起构建我国网络空间治理和数据保护的法律体系。不同于《网络安全法》侧重于网络空间综合治理，《数据安全法》作为数据领域的基础性法律主要围绕数据处理活动展开，《个人信息保护法》从自然人个人信息的角度出发，给个人信息上了一把"法律安全锁"。

随着大数据时代的到来，数据审查与个人信息合规愈发成为监管重点。数据收集、使用、管理和流转过程中涉及的国家安全和个人隐私问题触碰着监管者和企业的敏感神经。事实上，数据的监管，特别是数据跨境流动的监管已经成为国际上的立法难题，欧美国家及中国都希望在这一领域中发出自己的声音。近年来我国也是愈加重视对此领域的国内立法，这一方面是我国

---

① 中国网信网. 网络安全审查办公室关于对"滴滴出行"启动网络安全审查的公告[EB/OL]. （2021-07-02）[2021-07-20]. http://www.cac.gov.cn/2021-07/02/c_1626811521011934.htm.
② 《网络安全审查办法（2021）》已经于2021年11月16日由国家互联网信息办公室审议通过，并经国家发展和改革委员会、工业和信息化部、公安部等部门同意，自2022年2月15日起施行。

完善监管的迫切需求，另一方面也是我国在国际上对数据监管规则制定作出贡献的前提条件。本章拟从跨境电商日常数据运营环节出发，结合《网络安全法》《个人信息保护法》《网络安全审查办法》以及个人信息出境有关规范性文件的梳理，分析跨境电商生态主体在数据审查和个人信息保护合规中常见的监管要求。

一、跨境电商业务涉及数据环节简析

在跨境电商活动全生命周期流程中，海关等部门、境内外消费者、跨境电商企业、平台企业、境内服务商等主体在线上及线下场景深度交织，形成诸多主体之间的数据交互关系。消费者每一笔交易衍生的交易电子数据、支付、物流信息等个人信息，是跨境电商交易闭环的重要组成部分。

以出口跨境电商巨头SHEIN为例，独立站沉淀的数据成为企业的"护城河"。该企业把握住自己的私域流量池，Similar Web数据显示，该平台独立站的直接流量占了37.12%，目前拿下了全球快时尚品牌移动端一半的日用户活跃数。一件基于其自身和第三方数据设计的新产品，在网站上架后，即刻开始获取用户行为数据（如多少人浏览了产品细节，多少人将产品加入了购物车）。基于浏览、点击和销售，数据经过算法处理后立即更新到工厂车间，如需更多面料则会自动下单订购。算法还会更新权重，将产品推荐给更多画像相似的用户。该出口跨境电商企业凭借数据分析演化成了一个很懂消费者的智能大脑。[①]

表11.1简要分析了跨境电商经营过程中经历的数据收集、数据使用、数据管理和数据流转环节。

表11.1　跨境电商经营涉及的数据监管环节及其内容

环节	内容
数据收集	利用内部调研（用户问卷、粉丝社媒账号分析等）及外部平台反馈/分析工具（Google/Looker等）收集用户画像相关数据（年龄、地区、族裔等），根据核心目标人群画像的各维度特点针对性指导产品研发及市场营销

---

① 极客公园.隐秘电商巨头SHEIN，可以被复制吗？[EB/OL].（2021-06-24）[2021-07-20]. https://mp.weixin.qq.com/s/WNBhMMsZKtbNIgCywEON9A.

表11.1续

环节	内容
数据使用	DTC 品牌（direct to consumer，直接面向消费者的品牌）会在收集用户画像及行为数据后，搭建从用户视角出发的数据体系，日常跟踪分析购物过程各环节用户行为数据、利用 A/B 测试[①]等工具快速迭代，并定期深度挖掘用户画像数据，针对性指导产品开发及市场营销，也通过数据分析开展用户分层管理、差异化精细运营
数据管理	保障数据主体享有法律法规约定的权利（查看、更正、删除个人信息权利，注销账户等），采取相应技术措施防止个人信息被非法拷贝、丢失或者盗窃
数据流转	跨境电商企业在业务过程中，将其在境内经营过程中收集的个人信息存放在境外的服务器，或者将个人信息处理业务外包给境外公司

跨境电商活动全生命周期流程与数据紧密相关，对用户信息的分析利用和掌握成为跨境电商企业的重要竞争内核，数据信息成为企业的重要估值标准。不少跨境电商出口企业因受制于原有第三方平台对核心数据的掌控，纷纷在境外设立独立站，以便获悉准确的数据用户画像，做到用户沉淀。

跨境电商企业如何在合法合规的前提下，最大化利用信息和数据，便成为备受瞩目的法律议题。

二、《网络安全审查办法》对跨境电商企业的监管

如上文所述，跨境电商业务中涉及大量包括个人信息在内的重要数据，跨境电商企业在日常业务或上市过程中是否同样会受到网络安全审查，是当下跨境电商从业者关注的话题。以下将重点分析《网络安全审查办法》对跨境电商企业的监管。

（一）《网络安全审查办法》2020 年版与 2021 年版对比

《网络安全审查办法（2020）》与《网络安全审查办法（2021）》重要条款对比见表 11.2，删除线为对比删除部分，下划线为对比新增部分。

[①] A/B 测试是为 Web 或 App 界面或流程制作两个（A/B）或多个（A/B/n）版本，在同一时间维度，分别让组成成分相同（相似）的访客群组（目标人群）随机的访问这些版本，收集各群组的用户体验数据和业务数据，最后分析、评估出最好版本，正式采用。

表11.2 《网络安全审查办法》2020年版与2021年版对比表

《网络安全审查办法（2020）》	《网络安全审查办法（2021）》
第一条 为了确保关键信息基础设施供应链安全，维护国家安全，依据《中华人民共和国国家安全法》《中华人民共和国网络安全法》，制定本办法。	第一条 为了确保关键信息基础设施供应链安全，<u>保障网络安全和数据安全</u>，维护国家安全，根据《中华人民共和国国家安全法》、《中华人民共和国网络安全法》、<u>《中华人民共和国数据安全法》</u>、<u>《关键信息基础设施安全保护条例》</u>，制定本办法。
第二条 关键信息基础设施运营者（以下简称运营者）采购网络产品和服务，影响或可能影响国家安全的，应当按照本办法进行网络安全审查。	第二条 关键信息基础设施运营者采购网络产品和服务，<u>网络平台运营者开展数据处理活动</u>，影响或者可能影响国家安全的，应当按照本办法进行网络安全审查。 <u>前款规定的关键信息基础设施运营者、网络平台运营者统称为当事人。</u>
第三条 网络安全审查坚持防范网络安全风险与促进先进技术应用相结合、过程公正透明与知识产权保护相结合、事前审查与持续监管相结合、企业承诺与社会监督相结合，从产品和服务安全性、可能带来的国家安全风险等方面进行审查。	第三条 网络安全审查坚持防范网络安全风险与促进先进技术应用相结合、过程公正透明与知识产权保护相结合、事前审查与持续监管相结合、企业承诺与社会监督相结合，从产品和服务<u>以及数据处理活动</u>安全性、可能带来的国家安全风险等方面进行审查。
第四条 在中央网络安全和信息化委员会领导下，国家互联网信息办公室会同中华人民共和国国家发展和改革委员会、中华人民共和国工业和信息化部、中华人民共和国公安部、中华人民共和国国家安全部、中华人民共和国财政部、中华人民共和国商务部、中国人民银行、国家市场监督管理总局、国家广播电视总局、国家保密局、国家密码管理局建立国家网络安全审查工作机制。 网络安全审查办公室设在国家互联网信息办公室，负责制定网络安全审查相关制度规范，组织网络安全审查。	第四条 在中央网络安全和信息化委员会领导下，国家互联网信息办公室会同中华人民共和国国家发展和改革委员会、中华人民共和国工业和信息化部、中华人民共和国公安部、中华人民共和国国家安全部、中华人民共和国财政部、中华人民共和国商务部、中国人民银行、国家市场监督管理总局、国家广播电视总局、<u>中国证券监督管理委员会</u>、国家保密局、国家密码管理局建立国家网络安全审查工作机制。 网络安全审查办公室设在国家互联网信息办公室，负责制定网络安全审查相关制度规范，组织网络安全审查。

表11.2续1

《网络安全审查办法（2020）》	《网络安全审查办法（2021）》
第五条 运营者采购网络产品和服务的，应当预判该产品和服务投入使用后可能带来的国家安全风险。影响或者可能影响国家安全的，应当向网络安全审查办公室申报网络安全审查。 关键信息基础设施保护工作部门可以制定本行业、本领域预判指南。	第五条 关键信息基础设施运营者采购网络产品和服务的，应当预判该产品和服务投入使用后可能带来的国家安全风险。影响或者可能影响国家安全的，应当向网络安全审查办公室申报网络安全审查。 关键信息基础设施安全保护工作部门可以制定本行业、本领域预判指南。
第六条 对于申报网络安全审查的采购活动，运营者应通过采购文件、协议等要求产品和服务提供者配合网络安全审查，包括承诺不利用提供产品和服务的便利条件非法获取用户数据、非法控制和操纵用户设备，无正当理由不中断产品供应或必要的技术支持服务等。	第六条 对于申报网络安全审查的采购活动，关键信息基础设施运营者应当通过采购文件、协议等要求产品和服务提供者配合网络安全审查，包括承诺不利用提供产品和服务的便利条件非法获取用户数据、非法控制和操纵用户设备，无正当理由不中断产品供应或者必要的技术支持服务等。
	<u>第七条 掌握超过100万用户个人信息的网络平台运营者赴国外上市，必须向网络安全审查办公室申报网络安全审查。</u>
第七条 运营者申报网络安全审查，应当提交以下材料： （一）申报书； （二）关于影响或可能影响国家安全的分析报告； （三）采购文件、协议、拟签订的合同等； （四）网络安全审查工作需要的其他材料。	第八条 当事人申报网络安全审查，应当提交以下材料： （一）申报书； （二）关于影响或者可能影响国家安全的分析报告； （三）采购文件、协议、拟签订的合同<u>或者拟提交的首次公开募股（IPO）等上市申请文件</u>； （四）网络安全审查工作需要的其他材料。
第八条 网络安全审查办公室应当自收到审查申报材料起，10个工作日内确定是否需要审查并书面通知运营者。	第九条 网络安全审查办公室应当自收到符合本办法第八条规定的审查申报材料起10个工作日内，确定是否需要审查并书面通知当事人。

表11.2续2

《网络安全审查办法（2020）》	《网络安全审查办法（2021）》
第九条 网络安全审查重点评估采购网络产品和服务可能带来的国家安全风险，主要考虑以下因素： （一）产品和服务使用后带来的关键信息基础设施被非法控制、遭受干扰或破坏，以及重要数据被窃取、泄露、毁损的风险； （二）产品和服务供应中断对关键信息基础设施业务连续性的危害； （三）产品和服务的安全性、开放性、透明性、来源的多样性，供应渠道的可靠性以及因为政治、外交、贸易等因素导致供应中断的风险； （四）产品和服务提供者遵守中国法律、行政法规、部门规章情况； （五）其他可能危害关键信息基础设施安全和国家安全的因素。	第十条 网络安全审查重点评估相关对象或者情形的以下国家安全风险因素： （一）产品和服务使用后带来的关键信息基础设施被非法控制、遭受干扰或者破坏的风险； （二）产品和服务供应中断对关键信息基础设施业务连续性的危害； （三）产品和服务的安全性、开放性、透明性、来源的多样性，供应渠道的可靠性以及因为政治、外交、贸易等因素导致供应中断的风险； （四）产品和服务提供者遵守中国法律、行政法规、部门规章情况； （五）核心数据、重要数据或者大量个人信息被窃取、泄露、毁损以及非法利用、非法出境的风险； （六）上市存在关键信息基础设施、核心数据、重要数据或者大量个人信息被外国政府影响、控制、恶意利用的风险，以及网络信息安全风险； （七）其他可能危害关键信息基础设施安全、网络安全和数据安全的因素。
第十条 网络安全审查办公室认为需要开展网络安全审查的，应当自向运营者发出书面通知之日起30个工作日内完成初步审查，包括形成审查结论建议和将审查结论建议发送网络安全审查工作机制成员单位、相关关键信息基础设施保护工作部门征求意见；情况复杂的，可以延长15个工作日。	第十一条 网络安全审查办公室认为需要开展网络安全审查的，应当自向当事人发出书面通知之日起30个工作日内完成初步审查，包括形成审查结论建议和将审查结论建议发送网络安全审查工作机制成员单位、相关部门征求意见；情况复杂的，可以延长15个工作日。

表11.2续3

《网络安全审查办法（2020）》	《网络安全审查办法（2021）》
第十一条 网络安全审查工作机制成员单位和相关关键信息基础设施保护工作部门应当自收到审查结论建议之日起15个工作日内书面回复意见。 网络安全审查工作机制成员单位、相关关键信息基础设施保护工作部门意见一致的，网络安全审查办公室以书面形式将审查结论通知运营者；意见不一致的，按照特别审查程序处理，并通知运营者。	第十二条 网络安全审查工作机制成员单位和相关部门应当自收到审查结论建议之日起15个工作日内书面回复意见。 网络安全审查工作机制成员单位、相关部门意见一致的，网络安全审查办公室以书面形式将审查结论通知当事人；意见不一致的，按照特别审查程序处理，并通知当事人。
第十二条 按照特别审查程序处理的，网络安全审查办公室应当听取相关部门和单位意见，进行深入分析评估，再次形成审查结论建议，并征求网络安全审查工作机制成员单位和相关关键信息基础设施保护工作部门意见，按程序报中央网络安全和信息化委员会批准后，形成审查结论并书面通知运营者。	第十三条 按照特别审查程序处理的，网络安全审查办公室应当听取相关单位和部门意见，进行深入分析评估，再次形成审查结论建议，并征求网络安全审查工作机制成员单位和相关部门意见，按程序报中央网络安全和信息化委员会批准后，形成审查结论并书面通知当事人。
第十三条 特别审查程序一般应当在45个工作日内完成，情况复杂的可以适当延长。	第十四条 特别审查程序一般应当在90个工作日内完成，情况复杂的可以延长。
第十四条 网络安全审查办公室要求提供补充材料的，运营者、产品和服务提供者应当予以配合。提交补充材料的时间不计入审查时间。	第十五条 网络安全审查办公室要求提供补充材料的，当事人、产品和服务提供者应当予以配合。提交补充材料的时间不计入审查时间。
第十五条 网络安全审查工作机制成员单位认为影响或可能影响国家安全的网络产品和服务，由网络安全审查办公室按程序报中央网络安全和信息化委员会批准后，依照本办法的规定进行审查。	第十六条 网络安全审查工作机制成员单位认为影响或者可能影响国家安全的网络产品和服务以及数据处理活动，由网络安全审查办公室按程序报中央网络安全和信息化委员会批准后，依照本办法的规定进行审查。 为了防范风险，当事人应当在审查期间按照网络安全审查要求采取预防和消减风险的措施。

表11.2续4

《网络安全审查办法（2020）》	《网络安全审查办法（2021）》
第十六条 参与网络安全审查的相关机构和人员应严格保护企业商业秘密和知识产权，对运营者、产品和服务提供者提交的未公开材料，以及审查工作中获悉的其他未公开信息承担保密义务；未经信息提供方同意，不得向无关方披露或用于审查以外的目的。	第十七条 参与网络安全审查的相关机构和人员应当严格保护知识产权，对在审查工作中知悉的商业秘密、个人信息，当事人、产品和服务提供者提交的未公开材料，以及其他未公开信息承担保密义务；未经信息提供方同意，不得向无关方披露或者用于审查以外的目的。
第十七条 运营者或网络产品和服务提供者认为审查人员有失客观公正，或未能对审查工作中获悉的信息承担保密义务的，可以向网络安全审查办公室或者有关部门举报。	第十八条 当事人或者网络产品和服务提供者认为审查人员有失客观公正，或者未能对审查工作中知悉的信息承担保密义务的，可以向网络安全审查办公室或者有关部门举报。
第十八条 运营者应当督促产品和服务提供者履行网络安全审查中作出的承诺。 网络安全审查办公室通过接受举报等形式加强事前事中事后监督。	第十九条 当事人应当督促产品和服务提供者履行网络安全审查中作出的承诺。 网络安全审查办公室通过接受举报等形式加强事前事中事后监督。
第十九条 运营者违反本办法规定的，依照《中华人民共和国网络安全法》第六十五条的规定处理。	第二十条 当事人违反本办法规定的，依照《中华人民共和国网络安全法》、《中华人民共和国数据安全法》的规定处理。
第二十条 本办法中关键信息基础设施运营者是指经关键信息基础设施保护工作部门认定的运营者。 本办法所称网络产品和服务主要指核心网络设备、高性能计算机和服务器、大容量存储设备、大型数据库和应用软件、网络安全设备、云计算服务，以及其他对关键信息基础设施安全有重要影响的网络产品和服务。	第二十一条 本办法所称网络产品和服务主要指核心网络设备、重要通信产品、高性能计算机和服务器、大容量存储设备、大型数据库和应用软件、网络安全设备、云计算服务，以及其他对关键信息基础设施安全、网络安全和数据安全有重要影响的网络产品和服务。
第二十一条 涉及国家秘密信息的，依照国家有关保密规定执行。	第二十二条 涉及国家秘密信息的，依照国家有关保密规定执行。 国家对数据安全审查、外商投资安全审查另有规定的，应当同时符合其规定。

表 11.2 续 5

《网络安全审查办法（2020）》	《网络安全审查办法（2021）》
第二十二条 本办法自 2020 年 6 月 1 日起实施，《网络产品和服务安全审查办法（试行）》同时废止。	第二十三条 本办法自 2022 年 2 月 15 日起施行。2020 年 4 月 13 日公布的《网络安全审查办法》（国家互联网信息办公室、国家发展和改革委员会、工业和信息化部、公安部、国家安全部、财政部、商务部、中国人民银行、国家市场监督管理总局、国家广播电视总局、国家保密局、国家密码管理局令第 6 号）同时废止。

（二）《网络安全审查办法（2021）》监管范围

1. 关键信息基础设施运营者采购网络产品和服务

按照《网络安全法》以及《关键信息基础设施安全保护条例》，"关键信息基础设施"是指一旦遭到破坏、丧失功能或数据泄露，可能严重危害国家安全、国计民生、公共利益的网络设施和信息系统。《网络安全法》第三十一条和《关键信息基础设施安全保护条例》第十八条均列举了可能被识别为关键信息基础设施的行业和领域，包括政府机关和能源、金融、交通、水利、卫生医疗、教育、社保、环境保护、公用事业等行业领域的单位；电信网、广播电视网、互联网等信息网络，以及提供云计算、大数据和其他大型公共信息网络服务的单位；国防科工、大型装备、化工、食品药品等行业领域科研生产单位；广播电台、电视台、通讯社等新闻单位和其他重点单位。行业和领域内部的细分可参考《关键信息基础设施业务判定表》[①]。

总体而言，若企业运营的网络设备遭到破坏、丧失功能或者数据泄露后，可能严重危害到国家安全、国计民生、公共利益的，则这些企业很有可能会被认定为关键信息基础设施运营者。那么，其在采购网络产品和服务时需要注意，如果所采购的产品或服务有可能影响到国家安全的，就可能会受《网络安全审查办法（2021）》的规制。

---

① 参见《国家网络安全检查操作指南》（2016 年 6 月）。

2. 网络平台运营者开展数据处理活动，影响或可能影响国家安全的

《网络安全审查办法（2021）》第二条明确要求："关键信息基础设施运营者采购网络产品和服务，网络平台运营者开展数据处理活动，影响或者可能影响国家安全的，应当按照本办法进行网络安全审查。"该制度是《数据安全法》第二十四条"数据安全审查制度"的具体监管体现。

3. 掌握超过100万用户个人信息的网络平台运营者赴国外上市

根据《国家网络安全检查操作指南》在认定关键信息基础设施时的考量因素分析得知，在认定个人信息数量时，以个人信息主体数量为参考维度，包括"注册用户数超过1000万""活跃用户（每日至少登录一次）数超过100万""造成超过100万人个人信息泄露"等。鉴于《国家网络安全检查操作指南》与《网络安全审查办法（2021）》具有类似的立法目的，即对可能影响个人数量较多的实体或者活动（包括但不限于赴国外上市）进行严格监管，以保障经济和民生利益。笔者认为，《网络安全审查办法（2021）》中的"100万用户个人信息"指100万个自然人的个人信息。

综上，考虑到跨境电商企业在日常业务中涉及体量较大的个人（敏感）信息，如用户在注册时需提供姓名、电话、地址等，该企业有可能被认定为关键信息基础设施运营者。鉴于《网络安全审查办法（2021）》新增网络平台运营者为监管对象主体，因此笔者理解，即使跨境电商平台企业不列入或者不确定是否列入关键信息基础设施运营者范围，若开展数据处理行为且达到影响或可能影响国家安全的标准，也有较高概率被列入《网络安全审查办法（2021）》的监管范围。

（三）监管的审查时间与审查因素

根据《网络安全审查办法（2021）》的规定，网络安全审查办公室应当自收到审查申报材料起10个工作日内确定是否需要审查并书面通知运营者。

《网络安全审查办法（2021）》新增国家安全风险的考量因素，主要是核心数据、重要数据或者大量个人信息被窃取、泄露、损毁、非法利用或出境的风险，以及国外上市后关键信息基础设施、核心数据、重要数据或大量个人信息被国外政府影响、控制、恶意利用的风险。

如果认为需要开展网络安全审查的，网络安全审查办公室自向运营者发出书面通知之日起30个工作日内完成初步审查，情况复杂的可以延长15个工作日。网络安全审查工作机制成员单位和相关关键信息基础设施保护工作部门自收到审查结论建议之日起15个工作日内向运营者书面回复意见。网络安全审查工作机制成员单位意见不一致的，按照特别审查程序处理，特别审查程序一般应当在90个工作日内完成，情况复杂的可以延长。

三、个人信息出境规范性文件对跨境电商的监管

除了上述采购活动、数据处理以及赴国外上市事项，跨境电商数据出境也是监管重点问题之一。跨境电商平台数据是否存在跨境传输情况？所涉的个人信息是否为不可跨境传输的信息类型？对于数据接收方是否做到审慎评估对方数据保护能力？（例如，跨境电商平台的服务器布署，以及主播在境外"扫货"时开启直播是否涉及数据的跨境传输问题等）这些合规问题都需要跨境电商企业关注。

以下将分析跨境电商"本地信息布署＋跨境运输评估"的监管模式。

（一）个人信息的境内存储原则

《网络安全法》第三十七条规定，关键信息基础设施的运营者在中国境内运营中收集和产生的个人信息和重要数据应当在境内存储。虽然目前跨境电商行业中关键信息基础设施运营者的范围仍未落定，考虑到跨境电商企业在日常业务中涉及体量较大的个人（敏感）信息，仍然有可能被认定为关键信息基础设施运营者，相应地则可能需要履行个人数据本地化的义务。《个人信息和重要数据出境安全评估办法（征求意见稿）》第二条规定，网络运营者在中华人民共和国境内运营中收集和产生的个人信息，应当在境内存储。

同时，海关总署《关于实时获取跨境电子商务平台企业支付相关原始数据有关事宜的公告》，要求自2019年1月1日起，参与跨境电子商务零售进口业务的跨境电商平台企业应当向海关开放包括订单号、商品名称、交易金额、币制、收款人相关信息、商品展示链接地址、支付交易流水号、验核机

构、交易成功时间等支付相关原始数据，供海关验核。与公告配套出台的还有《跨境电子商务零售进口统一版信息化系统原始数据实时获取方案》，对网络通道、开放数据接口、原始数据的安全要求、接口内容等具体内容，做了详细的规定。上述文件在一定程度上强化了跨境电商企业数据本地化的动机。

（二）个人信息出境主要规制框架

根据《网络安全法》及2017年、2019年先后公布的关于数据出境安全评估办法的征求意见稿的规定，经营者在将个人信息出境之前，应当依法办理安全评估手续。具体而言，《网络安全法》对个人信息出境的安全评估作出原则性规定，"因业务需要，确需向境外提供的，应当按照国家网信部门会同国务院有关部门制定的办法进行安全评估；法律、行政法规另有规定的，依照其规定"。而2019年公布的《个人信息出境安全评估办法（征求意见稿）》系专门针对个人信息出境，且相比2017年公布的《个人信息和重要数据出境安全评估办法（征求意见稿）》而言，2019年的征求意见稿对安全评估框架、评估流程、评估材料申报要求等做了较大调整。因此，以下主要以2019年公布的《个人信息出境安全评估办法（征求意见稿）》为基础，梳理个人信息出境前的安全评估手续及注意点。

根据2019年《个人信息出境安全评估办法（征求意见稿）》第三条规定，个人信息出境前，网络运营者应当向所在地省级网信部门申报个人信息出境安全评估。根据《网络安全法》第七十六条的规定，"网络运营者"是指网络的所有者、管理者和网络服务提供者。

根据2019年《个人信息出境安全评估办法（征求意见稿）》第六条规定，在个人信息出境安全评估过程中，网信部门重点评估以下内容：

1. 是否符合国家有关法律法规和政策规定；
2. 信息出境合同条款能否充分保障个人信息主体合法权益；
3. 合同能否得到有效执行；
4. 网络运营者或接收者是否有损害个人信息主体合法权益的历史、是否发生过重大网络安全事件；
5. 网络运营者获得个人信息是否合法、正当；

6.其他应当评估的内容。

从内容上来看,网信部门重点评估点在于网络运营者获取个人信息的合法正当性、网络运营者与境外接收者对个人信息主体合法权益的保护能力以及个人信息出境合同的可执行性。反之,如果网络运营者或接收者无力保障个人信息安全,或者网络运营者或接收者发生较大数据泄露、数据滥用等事件时,网信部门可以要求网络运营者暂停或终止向境外提供个人信息。[①]

值得注意的是,2019年《个人信息出境安全评估办法(征求意见稿)》第二十条规定,境外机构经营活动中,通过互联网等收集境内用户个人信息,应当在境内通过法定代表人或者机构履行本办法中网络运营者的责任和义务。以跨境电商为例,若某境外服装品牌开通面向中国消费者的电商平台,用户注册时需提供姓名、电话、地址,即可享受全球购服务。服务器布署在境外,收集的信息由总部统一处理,该电商平台构成向我国用户提供商品或服务的情形,很有可能需要按照2019年《个人信息出境安全评估办法(征求意见稿)》第二十条的规定,在中国境内通过法定代表人或者机构来履行网络运营者的责任。

(三)个人信息违法出境的法律责任

《网络安全法》第六十六条对于关键信息基础设施的运营者违反法律规定、在境外存储网络数据或者向境外提供网络数据的情形,规定了除由有关主管部门责令改正、警告、没收违法所得、罚款之外,还可以责令暂停相关业务、停业整顿、关闭网站、吊销相关业务许可证或者吊销营业执照。2019年《个人信息出境安全评估办法(征求意见稿)》第十八条规定,网络运营者违反本办法规定向境外提供个人信息的,依照有关法律法规进行处理。

---

① 杨锦文,高健. 跨境数据传输系列——个人信息如何出境[EB/OL]. (2020-07-30)[2021-07-20]. https://mp.weixin.qq.com/s/gAosnbX9L4zJJBycfRJggw.

四、《个人信息保护法》视角下的跨境电商生态数据合规问题

（一）适用范围与重要定义

《个人信息保护法》开篇明义，规定"在中华人民共和国境内处理自然人个人信息的活动，适用本法"，也同时规定了一定的域外适用效力。该法第三条第二款规定，"以向境内自然人提供产品或者服务为目的"的在中华人民共和国境外处理中华人民共和国境内自然人个人信息的活动，或者属于"分析、评估境内自然人的行为"，也适用该法。对于该等境外的个人信息处理者，《个人信息保护法》第五十三条进一步要求应当在中国境内设立专门机构或者指定代表，负责处理个人信息保护相关事务，并将有关机构或者代表的信息报送履行个人信息保护职责的部门。

《个人信息保护法》提出，个人信息的处理包括个人信息的收集、存储、使用、加工、传输、提供、公开、删除等。个人信息处理者是指在个人信息处理活动中自主决定处理目的、处理方式的组织、个人。

另外，《个人信息保护法》对个人信息进行了分类，并针对不同类型规定了不同的处理规则，见表11.3。

表11.3　个人信息分类及处理规则

分类	处理规则
普通个人信息 ● 以电子或者其他方式记录 ● 与已识别或可识别的自然人有关 ● 不包括匿名化处理后的信息	● 合法、正当、必要、诚信、公开、透明 ● 明确告知、明示同意 ● 最小范围收集 ● 最短保存期限
敏感个人信息 ● 包括生物识别、宗教信仰、特定身份、医疗健康、金融账户、行踪轨迹等信息	上述处理规则以及 ● 特定目的、充分必要、严格保护措施 ● 取得个人的单独同意 ● 明确告知必要性及对个人权益的影响
特殊敏感信息 ● 不满十四周岁未成年人的个人信息	上述处理规则以及 ● 取得未成年人监护人的同意 ● 制定专门的个人信息处理规则

（二）海关等政府主管部门处理个人信息

海关总署《关于实时获取跨境电子商务平台企业支付相关原始数据有关事宜的公告》要求自2019年1月1日起，参与跨境电子商务零售进口业务的跨境电商平台企业应当向海关开放包括订单号、商品名称、交易金额、币制、收款人相关信息、商品展示链接地址、支付交易流水号、验核机构、交易成功时间等支付相关原始数据，供海关验核。与公告配套出台的《跨境电子商务零售进口统一版信息化系统原始数据实时获取方案》对网络通道、开放数据接口、原始数据的安全要求、接口内容等具体内容，做了详细的规定。

海关验核"三单"数据的过程，涉及大量消费者个人用户的原始数据和交易生产数据（ERP数据），海关作为国家机关处理个人信息时，受到《个人信息保护法》的监管。

根据《个人信息保护法》，处理个人信息应当遵循合法、正当、必要、诚信等原则，不得通过误导、欺诈、胁迫等方式处理个人信息。这意味着，海关在收集、使用行政相对人个人信息时，应符合我国有关收集、使用个人信息的法律法规，不得以非法目的收集个人信息。这既包括"目的合法"，也包括"程序合法"，且还延伸到主体合法、依据合法、内容合法、形式合法、使用合法等从信息收集到信息利用的各个环节。

值得注意的是，根据《中华人民共和国民法典》（下称《民法典》）第一千零三十五条第四款规定[①]，海关在收集个人信息时不违反法律、行政法规的规定和双方的约定。海关收集的行政相对人个人信息，如果是通过双方约定而获得的，信息主体在知情的情况下作出"同意"意思表示，就成为海关收集和使用其个人信息的正当性基础，海关的行为也应遵循双方的约定。另外，如果在收集和处理个人信息时存在不需要用户授权同意的情形时，个人"让渡"部分个人信息给政府，使得个人信息具备了公共管理价值，海关应当

---

① 《民法典》第一千零三十五条 处理个人信息的，应当遵循合法、正当、必要原则，不得过度处理，并符合下列条件：（一）征得该自然人或者监护人同意，但是法律、行政法规另有规定的除外；（二）公开处理信息的规则；（三）明示处理信息的目的、方式和范围；（四）不违反法律、行政法规的规定和双方的约定。个人信息的处理包括个人信息的收集、存储、使用、加工、传输、提供、公开等。

依据法律法规，获得合法性基础。

除此以外，海关收集、使用的个人信息，应当是海关开展行政执法所需要的，不应超过业务范围开展信息收集活动，不应超过海关工作的实际需求。在处理信息时，如数据处理量、存储时限、加工程度、使用范围等，不得过度处理，必须与海关执法工作的基本目的相适应。在达到执法目的之后，应尽快停止信息搜集工作和信息传输工作。

同时，海关处理个人信息时应当遵循公开、透明原则，公开个人信息处理规则，明示处理的目的、方式和范围。作为国家机关，海关为履行法定职责处理个人信息时，应当依照《个人信息保护法》规定履行告知义务，告知将妨碍国家机关履行法定职责的除外；处理个人信息有法律、行政法规规定应当保密或者不需要告知的情形的，可以不向个人告知《个人信息保护法》第十七条规定的事项[①]。告知包括海关作为个人信息处理者的联系方式、对个人信息加工处理的方式，信息使用范围、使用方式和使用期限，信息查询方式，信息知情范围和信息安全管理措施，个人信息转移和处置以及个人信息泄露的责任等规则。海关必须对个人信息的收集、保存和使用方式以明确、易懂、合理的方式公开，以"明示"的形式作出，而意思表示的口头形式、书面形式和特别形式等均可视为明示。

《个人信息保护法》规定个人信息处理者应当对其个人信息处理活动负责，并采取必要措施保障所处理的个人信息的安全。海关作为所采集个人信息的控制者，应采取充分且必要的技术措施和内部管理措施，确保个人信息收集、处理、流转、使用的质量及安全。海关应结合"金关"工程建设，根据"科技兴关"与"依法把关"的部署，建设更好更安全的信息储存系统，建立稳健、安全的个人信息存储系统，使其具有云服务器加密储存、信息匿名处理等技术；结合"从严治关"的理念，健全海关个人信息管理制度，需要明确具体的负责人和权限、调取使用数据的流程及范围等，并建立完备覆盖个人信息收集、储存、使用、泄露后救济的规章制度以应对个人信息事务

[①] 《个人信息保护法》第十七条　个人信息处理者在处理个人信息前，应当以显著方式、清晰易懂的语言真实、准确、完整地向个人告知下列事项：（一）个人信息处理者的名称或者姓名和联系方式；（二）个人信息的处理目的、处理方式，处理的个人信息种类、保存期限；（三）个人行使本法规定权利的方式和程序；（四）法律、行政法规规定应当告知的其他事项。

的各项细节。①

此外，如发生个人信息泄露、被窃取、滥用、篡改等事件，海关需要对信息主体承担相应的赔偿并作出补救措施，涉及工作人员也应当承担法律责任。

（三）跨境电商平台企业保护个人信息

根据《关于完善跨境电子商务零售进口监管有关工作的通知》，跨境电商平台为交易双方（消费者和跨境电商企业）提供网页空间、虚拟经营场所、交易规则、交易撮合、信息发布等服务，设立供交易双方独立开展交易活动的信息网络系统。

《个人信息保护法》第五十八条增设了平台企业保护个人信息的"守门人义务"，要求提供重要互联网平台服务、用户数量巨大、业务类型复杂的个人信息处理者，应当履行下列义务：

1.按照国家规定建立健全个人信息保护合规制度体系，成立主要由外部成员组成的独立机构对个人信息保护情况进行监督；

2.遵循公开、公平、公正的原则，制定平台规则，明确平台内产品或者服务提供者处理个人信息的规范和保护个人信息的义务；

3.对严重违反法律、行政法规处理个人信息的平台内的产品或者服务提供者，停止提供服务；

4.定期发布个人信息保护社会责任报告，接受社会监督。

笔者建议，跨境电商平台在提供系统服务时，应建立健全个人信息保护合规制度体系，将个人信息保护合规要求嵌入产品全生命周期管理，按《个人信息保护法》要求更新合规义务清单，排查合规风险盲点。同时，平台内部应任命专门人员负责个人信息保护合规事宜，并下设数据合规部门，完善配套合规指引，依法守护企业数据合规红线。对严重违反法律、行政法规处理个人信息的平台内的产品或者服务提供者，停止提供服务。

---

① 郭嵘.民法典视野下海关处理行政相对人个人信息的基本规则[EB/OL].（2020-10-16）[2021-07-20]. https://mp.weixin.qq.com/s/WK1rh02e7Y2GoYfMPCEJKQ.

（四）跨境电商企业传输个人信息出境

1. 个人信息的境内存储原则

《个人信息保护法》明确了个人信息跨境提供的基本规则。在此之前，《网络安全法》[①]和《个人信息和重要数据出境安全评估办法（征求意见稿）》[②]等均规定了个人信息的境内存储原则。

《个人信息保护法》第四十条规定，关键信息基础设施运营者和处理个人信息达到国家网信部门规定数量的个人信息处理者，应当将在中华人民共和国境内收集和产生的个人信息存储在境内。确需向境外提供的，应当通过国家网信部门组织的安全评估；法律、行政法规和国家网信部门规定可以不进行安全评估的，从其规定。

《关键信息基础设施安全保护条例》规定，重要行业、领域的主管部门和监督管理部门负责认定该行业、领域的关键信息基础设施。目前跨境电商行业中关键信息基础设施运营者的范围仍未落定，考虑到跨境电商企业在日常业务中涉及体量较大的个人（敏感）信息，仍然有可能被认定为关键信息基础设施运营者，相应地则可能需要履行个人数据本地化的义务。

《个人信息保护法》在《网络安全法》第三十七条规定的基础上，增加了"处理个人信息达到国家网信部门规定数量的个人信息处理者"这一主体，使得个人信息境内存储原则承担的主体范围扩大。即使不构成关键信息基础设施运营者，跨境电商企业若所处理的个人信息达到了国家网信部门所规定的数量，仍然需要履行个人数据本地化的义务。对于数量标准，可参考《个人信息和重要数据出境安全评估办法（征求意见稿）》第九条的相关规定，其要求出境信息中含有或累计含有50万人以上的个人信息应报请行业主管或监管部门组织安全评估。但就《个人信息保护法》下的数量标准，尚有待网信部门后续出台进一步的细化规定。

[①] 《网络安全法》第三十七条　关键信息基础设施的运营者在中华人民共和国境内运营中收集和产生的个人信息和重要数据应当在境内存储。因业务需要，确需向境外提供的，应当按照国家网信部门会同国务院有关部门制定的办法进行安全评估；法律、行政法规另有规定的，依照其规定。

[②] 《个人信息和重要数据出境安全评估办法（征求意见稿）》第二条　网络运营者在中华人民共和国境内运营中收集和产生的个人信息和重要数据，应当在境内存储。因业务需要，确需向境外提供的，应当按照本办法进行安全评估。

因此，对于涉及密集个人数据的跨境电商企业而言，无论是否会被归类为关键信息基础设施运营者，都有可能需要履行个人信息跨境传输要求的义务。

2. 个人信息出境主要规制框架

《网络安全法》对个人信息出境的安全评估作出原则性规定："因业务需要，确需向境外提供的，应当按照国家网信部门会同国务院有关部门制定的办法进行安全评估；法律、行政法规另有规定的，依照其规定。"而2019年公布的《个人信息出境安全评估办法（征求意见稿）》对安全评估框架、评估流程、评估材料申报要求等做了较明确的规定①。

《个人信息保护法》第三十八条规定，个人信息处理者因业务等需要，确需向中华人民共和国境外提供个人信息的，应当具备下列条件之一：

（1）依照本法第四十条的规定通过国家网信部门组织的安全评估；

（2）按照国家网信部门的规定经专业机构进行个人信息保护认证；

（3）按照国家网信部门制定的标准合同与境外接收方订立合同，约定双方的权利和义务；

（4）法律、行政法规或者国家网信部门规定的其他条件。

个人信息处理者应当采取必要措施，保障境外接收方处理个人信息的活动达到本法规定的个人信息保护标准。

同时，个人信息处理者向中华人民共和国境外提供个人信息的，应当向个人告知境外接收方的名称或者姓名、联系方式、处理目的、处理方式、个人信息的种类以及个人向境外接收方行使本法规定权利的方式和程序等事项，并取得个人的单独同意。

个人信息处理者应当事前进行个人信息保护影响评估，并对处理情况进行记录。

3. 个人信息违法出境的法律责任

《个人信息保护法》对违法行为加大惩处力度，设置了严格的法律责任。例如，第六十六条规定违反本法规定处理个人信息，或者处理个人信息未履

---

① 《个人信息出境安全评估办法（征求意见稿）》第六条 个人信息出境安全评估重点评估以下内容：（1）是否符合国家有关法律法规和政策规定；（2）信息出境合同条款能否充分保障个人信息主体合法权益；（3）合同能否得到有效执行；（4）网络运营者或接收者是否有损害个人信息主体合法权益的历史、是否发生过重大网络安全事件；（5）网络运营者获得个人信息是否合法、正当；（6）其他应当评估的内容。

行本法规定的个人信息保护义务的，情节严重的，由省级以上履行个人信息保护职责的部门责令改正，没收违法所得，并处五千万元以下或者上一年度营业额百分之五以下罚款，并可以责令暂停相关业务或者停业整顿、吊销相关业务许可或者营业执照。《个人信息保护法》第六十七条还增加了"记入信用档案"的处罚机制，相比于《网络安全法》等相关规定，《个人信息保护法》对个人信息相关的违法行为处罚力度更大，见表11.4。

表11.4 个人信息违法出境的法律责任

法律法规	个人信息违法出境的法律责任
《个人信息保护法》	第六十六条 违反本法规定处理个人信息，或者处理个人信息未履行本法规定的个人信息保护义务的，由履行个人信息保护职责的部门责令改正，给予警告，没收违法所得，对违法处理个人信息的应用程序，责令暂停或者终止提供服务；拒不改正的，并处一百万元以下罚款；对直接负责的主管人员和其他直接责任人员处一万元以上十万元以下罚款。 有前款规定的违法行为，情节严重的，由省级以上履行个人信息保护职责的部门责令改正，没收违法所得，并处五千万元以下或者上一年度营业额百分之五以下罚款，并可以责令暂停相关业务或者停业整顿、通报有关主管部门吊销相关业务许可或者吊销营业执照；对直接负责的主管人员和其他直接责任人员处十万元以上一百万元以下罚款，并可以决定禁止其在一定期限内担任相关企业的董事、监事、高级管理人员和个人信息保护负责人。 第六十七条 有本法规定的违法行为的，依照有关法律、行政法规的规定记入信用档案，并予以公示。
《网络安全法》	第六十六条 关键信息基础设施的运营者违反本法第三十七条规定，在境外存储网络数据，或者向境外提供网络数据的，由有关主管部门责令改正，给予警告，没收违法所得，处五万元以上五十万元以下罚款，并可以责令暂停相关业务、停业整顿、关闭网站、吊销相关业务许可证或者吊销营业执照；对直接负责的主管人员和其他直接责任人员处一万元以上十万元以下罚款。

为了降低个人信息出境风险，笔者建议跨境电商企业参照《信息安全技术 数据出境安全评估指南（征求意见稿）》的相关规定框架进行内部自查，并建立完善的用户信息保护制度。

（五）境内服务商处理敏感个人信息

以支付企业为例，跨境电商的第三方支付业务开展流程中往往会涉及敏感个人信息的处理，如用户的金融产品使用习惯和消费习惯数据，并结合既有的平台数据对用户进行分析并形成用户画像，基于用户画像针对用户开展金融营销活动，为用户提供、推荐其可能感兴趣的商品或者金融服务。对于该等金融数据的处理，可能对用户的个人信息权益产生一定的影响。

根据《个人信息保护法》，支付企业在处理敏感个人信息时需要遵守的规则主要包括：

1.需具有特定的目的和充分的必要性，并采取严格保护措施。

2.需要取得个人的单独同意；法律、行政法规另有规定需取得书面同意的，或者规定处理敏感个人信息应取得相关行政许可或者作出其他限制的，从其规定。

3.在告知内容方面，需特别向个人告知处理敏感个人信息的必要性以及对个人权益的影响。

在《个人信息保护法》颁布出台之前，《数据安全法》《非银行支付机构条例（征求意见稿）》《信息安全技术 个人信息安全规范》等法律法规也对支付企业的用户个人隐私数据保护提出要求，相关规定梳理见表11.5。

表11.5 用户个人隐私数据保护相关规定

法律法规	相关规定
《数据安全法》	《数据安全法》明确了支付机构应当遵守数据安全法在数据分级分类保护、数据安全保护制度、数据交易、数据安全审查制度、数据跨境流动安全等方面的规定和要求。以个人用户密切关联的数据安全保护为例，《数据安全法》明确了企业开展数据处理活动的安全保护义务，具体包括建立健全全流程数据安全管理制度；采取保障数据安全的必要技术措施；进行数据安全风险监测及处置措施；定期开展风险评估；采取合法、正当方式收集数据，并在法律、行政法规规定的目的和范围内收集、使用数据，不得超过必要限度等。

表11.5续

法律法规	相关规定
《非银行支付机构条例（征求意见稿）》	《非银行支付机构条例（征求意见稿）》在支付交易处理业务、资料保存、信息收集、使用与处理、信息本地化方面，强化个人信息保护。第三十一条规定，在访问账户上，从事支付交易处理业务的非银行支付机构应以有关认可的安全认证方式访问，且不得留存账户敏感信息。第三十四条沿袭了《网络安全法》和《金融消费者权益保护实施办法》的框架，对支付机构收集、使用与处理用户信息的要求进行了规定。第三十四条第一款明确支付机构在收集、使用用户信息时，应当遵循合法、正当、必要的原则，并经用户明示同意。同时，第三十四条第三款充分保障和尊重了用户的自主决定权，明确要求支付机构不得将用户同意将其个人信息用于营销作为支付机构提供支付服务的前提。此外，第三十四条第四款也强调了支付机构与关联公司共享用户信息的合规要求，要求共享应当经用户明示同意。
《信息安全技术 个人信息安全规范》	新版标准GB/T 35273—2020《信息安全技术 个人信息安全规范》就明确提出了对基于不同业务目的所收集的个人信息的汇聚融合和合规监管要求。具体而言，企业在汇聚融合个人信息时，需要遵守个人信息使用目的的限制的相关要求，不能超范围使用个人信息；同时还需要根据汇聚融合后所用的目的，开展个人信息安全影响评估，采取有效的个人信息保护措施。

对于跨境电商零售进口而言，目前"以境内跨境电商平台为核心、以支付机构为辅助服务"的模式已将大量"金额小、频率高、反应快"的跨境电商支付更多依托于第三方支付机构的"快捷通道方式"。支付企业在处理用户敏感信息时要具有特定的目的和充分的必要性，并采取严格保护措施，并通过签订个人信息及用户隐私协议等方式符合"取得个人单独同意""向个人告知处理敏感个人信息的必要性及影响"等的合规要求。

可以期待，后续随着监管执法举措的不懈推进，个人信息合法权益受保护、个人信息处理活动受规范、个人信息合理利用受促进的数字治理新生态将愈发成熟。与此同时，《个人信息保护法》对海关等部门、跨境电商企业、平台企业、境内服务商等主体都提出了新的合规要求。对《个人信息保护法》及配套规范体系的深入认识和一套成熟的个人信息保护合规制度体系，对跨境电商全生态链的主体来说，将是重中之重。

五、案例评析

案例一 某电商App因若干数据违规行为登上工业和信息化部黑名单[1]

根据工业和信息化部发布的电信服务质量的通告显示，2019年第二季度检测发现问题的应用软件中，杭州某网络科技有限公司的某电商App存在以下问题需要整改：未经用户同意收集个人信息；未明确告知用户收集、使用信息的目的、方式和范围；误导用户同意收集使用个人信息。

案例二 公安机关对某海淘App处以行政警告并责令限期整改[2]

2019年11月以来，公安部加大打击整治侵犯公民个人信息违法犯罪力度，组织开展App违法违规采集个人信息集中整治，推进由国家互联网信息办公室、工业和信息化部、公安部、市场监管总局联合开展的App违法违规采集使用个人信息专项整治行动。

某海淘App未明示数据项采集用途，涉嫌违规收集用户信息，经杭州市公安局西湖分局受案调查，依据《网络安全法》第六十四条第一款[3]，对该App运营单位处以行政警告并责令限期整改。

---

[1] 工业和信息化部. 工业和信息化部关于电信服务质量的通告（2019年第2号）.（2019-07-01）[2021-08-16]. https://www.miit.gov.cn/zwgk/zcwj/wjfb/tg/art/2020/art_bfca0a2fc5f249f0a953d417caf30317.html.

[2] 人民网. 公安机关开展App违法采集个人信息集中整治[EB/OL].（2019-12-04）[2021-08-16]. http://capital.people.com.cn/n1/2019/1204/c405954-31490173.html.

[3]《网络安全法》第六十四条第一款 网络运营者、网络产品或者服务的提供者违反本法第二十二条第三款、第四十一条至第四十三条规定，侵害个人信息依法得到保护的权利的，由有关主管部门责令改正，可以根据情节单处或者并处警告、没收违法所得、处违法所得一倍以上十倍以下罚款，没有违法所得的，处一百万元以下罚款，对直接负责的主管人员和其他直接责任人员处一万元以上十万元以下罚款；情节严重的，并可以责令暂停相关业务、停业整顿、关闭网站、吊销相关业务许可证或者吊销营业执照。

从 2019 年起，工业和信息化部、公安部等执法机构密集开展针对电商平台数据合规的相关执法行动，其关注重点更多在于外部易感知的、易引发用户关注及投诉的个人信息收集问题。而 2021 年网络安全审查办公室的一系列网络安全审查行动，把数据审查的范围扩大至更为抽象意义的数据安全层面，有效地激活了网络安全审查制度。个人信息出境规范性文件也使得网络运营者在数据跨境转移时将面临"安全评估义务"。2021 年 9 月 1 日，《数据安全法》正式生效，这标志着数据安全审查会越来越频繁，对于防范新型国家安全风险具有重要意义。跨境电商企业也应当加强合规风险意识，采取合规措施。

六、跨境电商数据合规建议

对于跨境电商企业而言，数据合规势在必行。面对严格的监管趋势，企业应当完善用户信息的个人信息保护制度及数据安全制度，根据法律要求和行业良好实践及时审视自身的合规状况。对此，笔者提出以下建议。

（一）了解数据资产

结合上述提及的四大数据环节业务进行数据识别、梳理和盘点工作，对数据资产的情况进行充分了解，对于可能涉及重要数据、国家核心数据、处理用户数量到达百万级别以上的产品和业务线进行重点关注，及时开展合规自查和整改工作。

（二）关注关键信息基础设施运营者的认定标准

目前暂未出台跨境电商领域的关键信息基础设施运营者认定标准。建议跨境电商企业持续关注该标准，评估自身适用的义务项。

（三）数据分类分级与保护

建立内部数据分类分级制度并实行对应的保护措施，密切关注核心数据和重要数据的认定标准和指南。

《数据安全法》明确了数据分级分类保护、数据安全保护制度、数据交易、数据安全审查制度、数据跨境流动安全等方面的规定和要求。以个人用户密切关联的数据安全保护为例，《数据安全法》明确了企业开展数据处理活动的安全保护义务，具体包括建立健全全流程数据安全管理制度；采取保障数据安全的必要技术措施；进行数据安全风险监测及处置措施；定期开展风险评估；采取合法、正当方式收集数据，并在法律、行政法规规定的目的和范围内收集、使用数据，不得超过必要限度等。

（四）审慎选择上市地点

对于有上市融资需求的跨境电商企业，需要审慎选择上市地点，全面评估数据风险和监管风险。值得注意的是，《网络安全审查办法（2021）》中提及的监管对象是掌握超过100万用户个人信息的网络平台运营者赴国外上市。在香港上市是否应当被纳入网络安全审查，还需主管部门进一步明确。

（五）内部自查并建立完善的用户信息保护制度

结合《信息安全技术　数据出境安全评估指南（征求意见稿）》的相关规定，自查报告实施流程及主要内容见表11.6。

表11.6　企业自查报告流程及主要内容

主要流程	相应工作内容
自评估启动	网络运营者应在如下情况启动自评估： 1.产品或服务涉及向境外机构、组织或个人提供数据的； 2.已完成数据出境安全评估的产品或业务所涉及的数据出境，在目的、范围、类型、数量等方面发生较大变化、数据接收方变更或发生重大安全事件的。
制订数据出境计划	计划的内容包括但不限于： 1.数据出境目的、范围、类型、规模； 2.涉及的信息系统情况； 3.中转国家和地区（如存在）； 4.数据接收方及其所在国家或地区的基本情况； 5.安全控制措施等。

表11.6续

主要流程	相应工作内容
安全自评估要点及方法	数据出境安全评估首先评估数据出境计划的合法性和正当性；若数据出境活动不具有合法性和正当性，不得出境。在此基础上再评估数据出境计划是否风险可控，有效避免数据出境及再转移后被泄露、损毁、篡改、滥用等风险。 评估要点：包括获得个人信息是否合法、正当；出境计划的安全风险；个人信息发送方的安全保护能力；个人信息接收者的安全保护能力；个人信息接收者所在国家或区域的法律环境等。 评估方法：首先，评估个人信息出境对个人权益的影响等级，并根据信息发送方和境外接收者安全保证能力以及接收者所在地法律，判定安全事件可能性等级；其次，从个人权益受影响程度及安全事件可能性两个层面开展安全风险综合评估，按照"极高""高""中""低"四个等级对整体安全风险进行评估。出境安全风险为极高或高的，个人信息和重要数据不得出境。
形成安全自评估报告	网络运营者在完成数据出境安全自评估后，应形成安全自评估报告。安全自评估报告内容应包括但不限于：安全自评估对象基本情况、安全自评估组织实施情况、安全自评估结果、数据出境安全风险点、检查修正建议。

第十二章
跨境电商与走私问题

为了促进跨境电商零售产业的发展，2016年，财政部、海关总署、国家税务总局联合颁布了《关于跨境电子商务零售进口税收政策的通知》，确立了跨境电子商务零售进口商品在限值内的税收优惠政策——关税税率为0%，增值税、消费税按法定应纳税额的70%征收。2018年年底，商务部、财政部、海关总署等十余个部门连续发布了多份促进和规范跨境电商零售行业发展的政策文件，在之前的税收优惠政策的基础上，提升了单次交易和年度交易的限值，扩大了跨境电商零售进口的商品范围，明确了化妆品等特殊商品不执行首次进口许可批件、注册或备案要求，为跨境电商零售行业长期稳定的发展注入了新活力。跨境电商税收政策如图12.1所示。

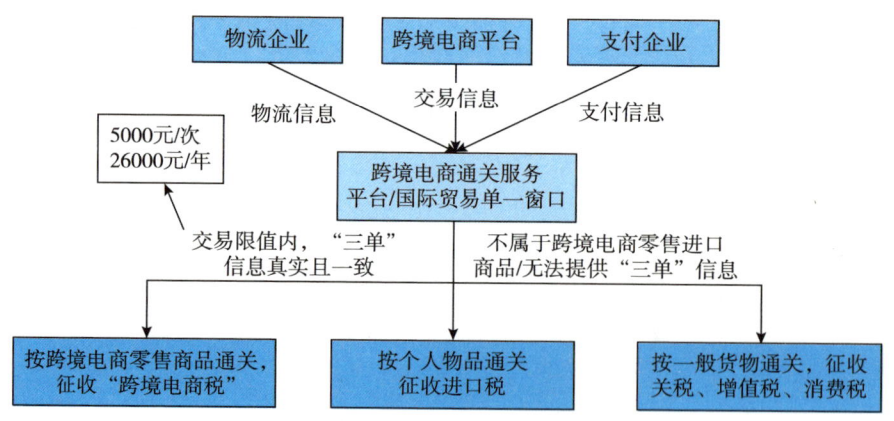

图12.1 跨境电商税收政策

正当跨境电商企业和消费者充分享受着新政策带来的政策红利时，"郑州'刷单'走私大案""知名奢侈品平台走私案""'代购'被判10年案"等案例引发了社会对于跨境电商走私问题的高度关注，市场监管总局等八个部门于2019年6月联合发布了《2019网络市场监管专项行动（网剑行动）方案》，明确指出要"严格海外代购行为监管，加大对跨境电商进出口环节整治力度"。可见，在相关法律法规体系尚不完善的情况下，跨境电商的优惠政策存在被非法利用甚至滋生犯罪的可能性。

行政法或者刑法上的"走私"是指违反法律、行政法规，逃避海关监管，偷逃应纳税款、逃避国家有关进出境的禁止性或者限制性管理的行为。此外，以下两种行为也按走私行为论处：一是明知是走私进口的货物、物品，直接向走私人非法收购的；二是在内海、领海、界河、界湖，船舶及所载人员运输、收购、贩卖国家禁止或者限制进出境的货物、物品，或者运输、收购、贩卖依法应当缴纳税款的货物，没有合法证明的。与传统的走私行为相比，跨境电商走私往往具有不同的特点和表现形式。

一、跨境电商走私的特征

在首届世界海关跨境电商大会的研讨中，参会各方一致认为跨境电商具有电子化、个性化、碎片化、高频次、低货值等不同于传统贸易的特点。与此等商业模式相对应，跨境电商走私的主要方式为利用国家税收优惠政策，采取伪报贸易方式、瞒报数量、低报价格或雇用"水客"闯关的涉税走私、通关走私。其特征可以概括为以下几方面。

（一）科技化

跨境电商走私因通过互联网进行整套交易环节，所以具备更高的科学技术应用能力。许多不法分子采取线上交易、包税进口、流动分销、遥控指挥等手段作案，以逃避海关追缉。跨境电商将智能化、集成化、协调化、网络化的商业特征融入走私方式中，以降低被查获的概率。[①]

（二）碎片化

跨境电商走私手段虽然多样，但核心要义即在于"化整为零""蚂蚁搬家"，将本应以货物方式进口的商品通过拆分数量，或调低价格，或以

---

① 黄姗.电商走私监管的博弈分析[D].杭州：浙江大学，2018.

多人、多批次的方式违法携带入境。与碎片化走私特征相对应的是跨境电商海关法律风险的累积性。实践中，如跨境电商企业或代购者的违法行为起初未被海关发现，等到海关查获时，漏缴的税款额可能已然累积到巨大数目。

（三）主体多元化

参与跨境电商的主体本身就具有多元性，相对于传统外贸，可能构成电商走私的主体不仅包括供货商、电商企业，还可能包括跨境电商平台、物流和仓储企业、采购者、支付平台甚至还有"水客"，这些主体都存在因明知走私行为而继续参与交易进而被认定为共犯的可能性。

（四）走私方式多样化

随着跨境电商的不断发展，商业模式的不断创新，也出现了许多新的走私方式，常见的有"刷单"走私、低报价格、伪报品名、退货漏税等。

（五）以通关走私、走私普通货物为主

跨境电商走私主要是利用税收优惠政策，采取伪报、低报的方式偷逃应纳税款，后续走私、间接走私和水上走私较为罕见。大多数跨境电商走私的对象是普通货物，常见的有奶粉、药品等，走私违禁品的情况较少。

二、跨境电商走私的客观行为归类

跨境电商业态中的走私问题并未超出刑法有关走私犯罪的基本构成要件，其本质仍为"逃避海关监管、偷逃应纳税款、逃避国家有关进出境的禁止性或限制性管理"，但因为在走私方式上融入了电子商务的元素，故产生了诸多新的走私手段和走私类型。

（一）伪造单证＋伪报贸易方式——"刷单"走私

在跨境电商走私中，伪报贸易性质是指将一般贸易商品伪报为跨境电商零售商品，其最典型的方式就是"刷单"走私。比如郑州海关2019年3月侦破的一起"刷单"走私大案，嫌疑人利用跨境电商零售行业的税收优惠政策，

将本应以"一般贸易"方式批量报关的奶粉、红酒等商品"化整为零",再以跨境电商的名义虚构"三单"信息匹配交易,最后将运至保税区的商品以伪报或夹带的形式私自运出区进行二级分销,累计销售商品22万多票,案值1.2亿元。①

所谓"刷单"走私,即以伪造单证等方式,将应当以一般贸易进口的货物拆分、伪报成跨境电商零售进口商品走私入境,见图12.2。具体走私方式为:

1. 物流:商品以一般货物形式进入保税区,走私个人或单位利用快递行业监管漏洞,购买空白快递单号,制作虚假快递单,将货物以零售商品形式批量运出保税区。

2. 信息流:走私的个人、单位搭建虚假跨境电商平台,雇用社会人员或利用互联网技术购买或获取网络用户的身份信息,以此为基础制作虚假订单,集中"刷单",瞒骗海关审核。

3. 资金流:选用支付机构,利用支付机构监管漏洞,使用自有资金支付虚假订单,伪造支付单。此时,伪造的信息在电子商务通关服务平台上构成了所谓的"三单"数据一致,走私者非法享受了税收优惠和便利化通关。

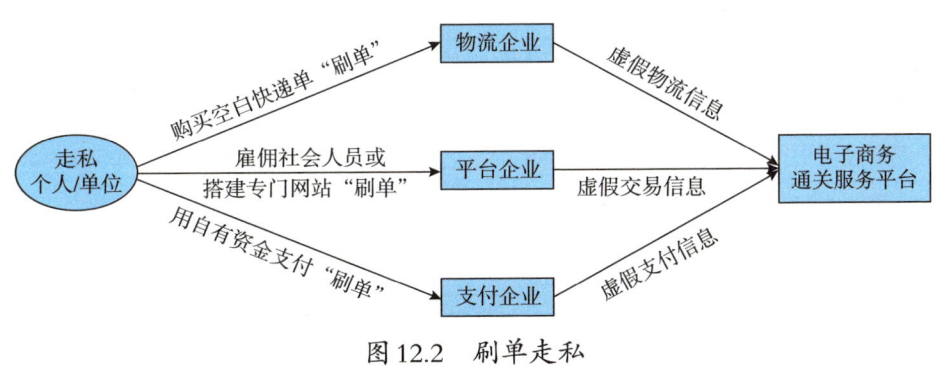

图12.2 刷单走私

为了打击"刷单"行为,《关于完善跨境电子商务零售进口监管有关工作的通知》作出专门规定,要求电商平台"建立防止跨境电商零售进口商品虚假交易及二次销售的风险控制体系,加强对短时间内同一购买人、同一支付

---

① 鲍一凡. 郑州海关侦破跨境电商走私案 涉案金额达4亿多人民币[EB/OL].(2019-04-17)[2020-12-17]. http://finance.sina.com.cn/china/gncj/2019-04-17/doc-ihvhiqax3504508.shtml.

账户、同一收货地址、同一收件电话反复大量订购,以及盗用他人身份进行订购等非正常交易行为的监控,采取相应措施予以控制"。

(二) 不同类型的低报价格

成交价格是海关计核税款的主要依据之一,因此低报价格也是常见的走私方式之一,但跨境电商零售中的低报价格可能有不同于一般低报的目的和手段。

在低报目的上,笔者常见到的跨境电商低报是因为跨境电商零售进口有单次交易5000元、年度交易26000元的限值要求,因此低报价格可能并非单纯为了偷逃低报部分的税款,而是将超过交易限值,本不应当以跨境电商零售方式进口的商品低报至交易限值内,从而不正当地享受了跨境电商零售的税收优惠政策,这种类型的低报实际上同样也伪报了贸易方式。在低报手段上,常见做法不局限于传统的伪造合同、发票等交易单证,贴着限值价格申报,还包括利用技术手段,打着"秒杀"或巨大折扣的旗号,自销自买,自己买入后再二次加价卖出,见图12.3。

比较典型的跨境电商低报走私方式有:

1. 信息流:根据其他电商平台的真实订单中的个人买家身份信息、收件地址、货品名称、数量,在平台上生成价格虚假"订单",其价格为自行制定的低报价格。

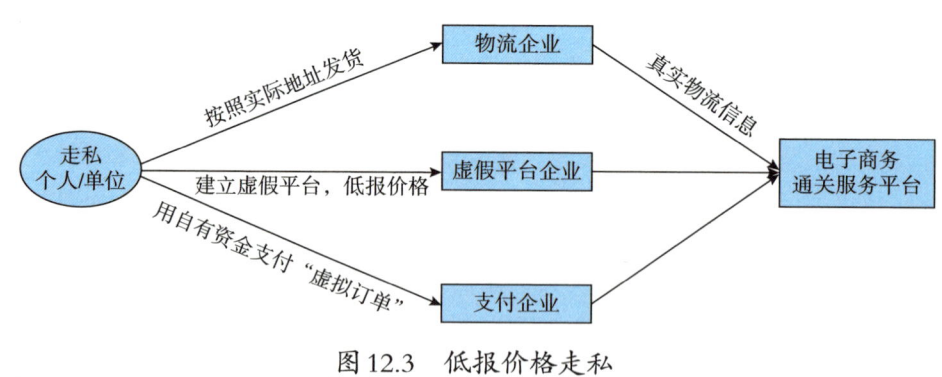

图12.3 低报价格走私

2. 物流:物流企业依照真实的订单进行商品派送,物流信息真实。

3. 资金流:支付企业依照低报价格的假订单进行收付款,由此形成了虚假支付信息。

(三)"推单"走私

如前所述,"推单"也有可能会构成走私。如果"推单"模式中向海关推送"三单"上收件人确为实际消费者,且不存在低报价格的情况,其本质依然是跨境电商零售进口。同时,根据理论和司法实践中的共识,走私犯罪的成立须以存在税款损失为前提。在"推单"中,如申报者没有伪报任何重要信息,就不会造成税款的流失。因此,对于"推单",不应简单地被认定为走私犯罪,而应根据案件具体情况具体判断。

(四)伪报品名

跨境电商伪报品名走私的方式和低报价格有相似之处,截至2022年2月,只有《跨境电子商务零售进口商品清单》上的商品能享受跨境电商零售进口的新税收政策,如果商家将清单外商品伪报为清单内商品,则不仅是利用不同商品间税率的差异偷逃税款,更是在冒用跨境电商零售进口的税收优惠政策,将本应以一般贸易方式报关的货物伪报成了跨境电商零售商品。例如,2017年某企业就以直邮跨境电商模式进口创口喷雾、脚气喷雾、静脉曲张片等药品,但该批药品并不属于《跨境电子商务零售进口商品清单》的范畴,而是属于国家限制进出口的物品,且当事人未能提供进口药品和销售药品的许可。

(五)低于市场正常价格的"包税进口"

不少跨境电商企业或提供物流运输的电商平台会与物流公司签订类似的"包通关"或"一条龙"协议,即向物流公司支付一笔"通关+运输"总费用,要求货物运输到目的地,不论物流公司采取何种报关、运输手段。此种合作模式下,如果跨境电商企业(货主)足额支付了税款加通关代理费,则基本可以排除走私故意,但如果"包税"的费用明显低于物流公司正常报关、运输的成本,则意味着物流通关公司如想营利,大概率会采取违法手段清关。甚至在有些不合规的协议中,双方会有关于海关发现违法清关、查扣商品的对赌约定。在这种情况下,跨境电商平台或企业很可能被推断为对物流公司采取的走私行为具有放任心态,甚至存在共谋。

（六）"蚂蚁搬家"——委托"水客"闯关走私

跨境电商中的闯关走私指跨境电商企业利用"水客"集团，将本应报关的商品伪装成为个人"自用"物品，直接通过海关携带入境而不申报，从而偷逃税款。所谓"水客"是指以赚取"代运费"为目的，频繁活动于口岸之间，通过旅检通道将涉税货物或者禁止、限制出入境货物拆分携带进出境的群体。比如一些跨境电商企业先将从欧美、日韩等购买的高价商品运至中国香港，再雇用"水客"从罗湖口岸携带入境，从而逃避关税，获取非法利润。总体而言，闯关走私的商品集中于化妆品、电子产品和一些违禁品。

随着近年来跨境电商"水客"带货和"代购"的兴起，小额、多次走私行为在各口岸频发。为了解决行政处罚力度欠缺，"走了罚，罚了再走"的问题，2011年出台的《中华人民共和国刑法修正案（八）》将"一年内曾因走私被给予二次行政处罚后又走私"的行为规定为犯罪。"'一年内曾因走私被给予二次行政处罚后又走私'中的'一年内'，以因走私第一次受到行政处罚的生效之日与'又走私'行为实施之日的时间间隔计算确定；'被给予二次行政处罚'的走私行为，包括走私普通货物、物品以及其他货物、物品；'又走私'行为仅指走私普通货物、物品。但是，因走私小额自用商品二次受行政处罚后，又走私小额自用商品的，不宜认定为走私普通货物、物品罪。"①

（七）其他走私方式

跨境电商还可能被认定构成走私的情形包括以下几方面：（1）夹藏违禁品。比如某男子在某电商自营网站上选购了24支"仿真枪"，卖家将其藏匿于饮水机箱体内部报关进口，经鉴定，其中20支具有致伤力，被认定为刑法规制的"枪支"。（2）故意退货漏税。根据海关总署《关于跨境电子商务零售进出口商品有关监管事宜的公告》，如发生退货，相应税款不予征收，并调整个人年度交易累计金额，但"退回的商品应当符合二次销售要求并在海关放行之日起30日内以原状运抵原监管作业场所"。实践中，有些消费者因为其他原因超出30天才退货，或者电商企业选择将消费者退货的商品存储在国内仓库而非退回原保税区仓库，这种情况下跨境电商企业仍须按时向海关办理纳税

---

① 张明楷.刑法学[M].5版.北京：法律出版社，2016：753.

手续，否则也可能被认定为故意偷逃税款。（3）法律拟制类走私。《海关法》第八十三条规定，直接向走私人非法收购走私进口的货物、物品的，按走私行为论处。根据这一规定，虽然向走私人非法收购的行为并不符合走私犯罪的构成要件，但因其与走私行为的密切联系性和内在一致性，从而侵害了关税制度和海关监管秩序，所以法律将其拟制为走私行为。如果一些跨境电商企业为节省商业成本，通过电商平台上的海外代购商店从职业买手或水客手中购买走私商品，在电商平台上进行销售，也将被认定为走私。

三、跨境电商走私的法律责任

实施走私行为可能会面临行政处罚或刑事处罚。在跨境电商走私案件中，相关行为人和单位的走私故意将对行政处罚结果产生影响。如果海关认定不具有走私故意，可能会按照"申报不实影响国家税款征收的"情况进行行政处罚，处以漏缴税款30%以上2倍以下罚款，也可能按照"影响海关监管秩序"等规定作出行政处罚。[①]如果海关认定存在走私故意，但未触及刑事犯罪起刑点，可能按照走私行为进行行政处罚。根据《海关法》第八十二条的规定，实施走私行为尚不构成犯罪的，由海关没收走私货物、物品及违法所得，可以并处罚款；专门或者多次用于掩护走私的货物、物品，专门或者多次用于走私的运输工具，予以没收，藏匿走私货物、物品的特制设备，责令拆毁或者没收。《海关行政处罚实施条例》对走私行为的行政处罚作出了详细的规定。其实，涉税走私行政责任与刑事责任的构成要件基本相同，主要区分标准在于偷逃税款金额是否达到起刑点。在实践中经常会出现这样的情况：如海关仅对现场查验的单次通关货物、物品稽核逃税金额，则当事人可能尚未达到起刑点，仅须承担上述行政法律责任，但如果海关对当事人启动专项稽查、缉私程序，详查当事人此前的全部交易，则很可能认定其已经构成刑事犯罪。涉嫌跨境电商走私的法律责任如图12.4所示。

[①] 《海关行政处罚实施条例》第十五条。

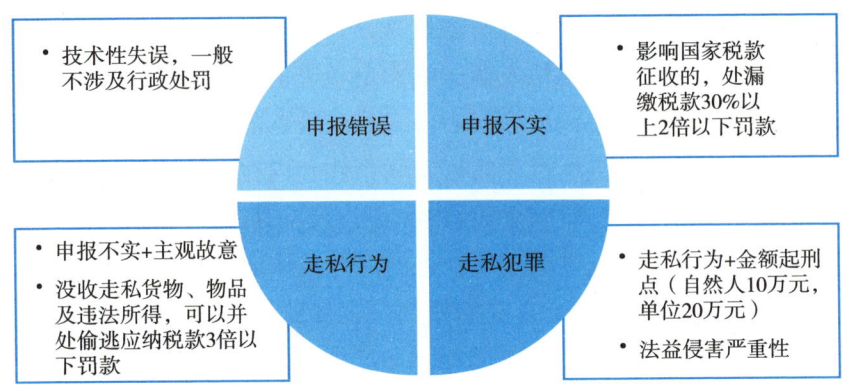

图12.4　涉嫌跨境电商走私的法律责任

在刑事处罚方面,我国《刑法》规定了若干与走私相关的具体罪名,在跨境电商走私中涉及最多的是走私货物、物品罪。本罪是单位犯罪,如果偷逃税款达到了刑事犯罪起刑点,个人犯罪和单位犯罪中的单位负责人将负有法律责任,如表12.1所示。

表12.1　走私犯罪的法律责任

犯罪主体	偷逃税额/万元	自由刑	财产刑
个人犯罪	10~50	3年以下有期徒刑或拘役	并处偷逃应缴税额一倍以上五倍以下罚金
	50~250	3~10年有期徒刑	
	大于250	10年以上有期徒刑或无期徒刑	并处偷逃应缴税额一倍以上五倍以下罚金或者没收财产
单位犯罪中的单位负责人	20~100	3年以下有期徒刑或拘役	只对单位并处罚金,即并处偷逃应缴税额一倍以上五倍以下罚金
	100~500	3~10年有期徒刑	
	大于500	10年以上有期徒刑	

四、跨境电商走私犯罪的认定问题

无论是我国传统的"四要件"理论还是德日刑法的"三阶层"理论,均要求认定犯罪应当遵循主客观相统一的原则。如果走私故意阙如,则上述客观行为可能仅是一般地违反了海关监管规定,并不构成走私犯罪。比如行为人非故意地错误填写了价格，可能只是申报不实甚至是无过错的申报错误，只有行为人具有了逃避海关监管、偷逃应缴税款的故意，才可以将其认定为走私犯罪。

（一）不同参与者走私动机的剖析

走私动机并非走私犯罪的构成要件，但充分研究不同主体的走私动机有助于从犯罪学视角分析犯罪动因，进而预防犯罪，也有助于厘清不同主体的主次责任。

1. 仓储、支付企业和消费者的走私动机分析

一般而言，仓储企业和支付企业基本独立于走私犯罪中最核心的商品报关、通关流程，也难以从跨境电商商品走私中获得额外利润，因此以直接故意参与走私的可能性很小。消费者虽然可能具有走私动机，但最多只会有对走私额外利润"搭便车"的心态。消费者毕竟只是少量零售商品的终端，其不太可能具有操控跨境电商企业或物流、报关企业的能力，一般也不关心、不了解商品进口的方式，零售限值也决定了消费者不可能因为购买跨境电商走私商品而达到起刑点。

2. 跨境电商平台走私动机分析

作为第三方交易平台的跨境电商作用在于为企业和消费者提供中介服务。在此经营模式下，网站上显示的销售商品信息由其他商家提供，商品也是由商家销售，故跨境电商平台与销售商家实质上形成的是居间法律关系。在居间活动中，居间人不介入委托人与第三人所签订的合同关系，只是按照居间合同的内容提供中介服务，既不为委托人或第三人任何一方的代理人或者当事人，也不参与委托人与第三人之间具体的订约活动。

因为商品清关时产生的税费从理论上讲应当由实际收货人（消费者）承担，商品进境时的税费并非跨境电商平台的运营成本，即使其偷逃关税也无法增加盈利。因此，从动机上看，跨境电商平台积极追求走私效果的动机远不如跨境电商企业强烈。但是跨境电商平台往往会比其他主体更了解交易主体和交易内容，不排除平台在察觉到跨境电商企业存在走私的情况下放任交易继续进行，由此成为走私共犯。

3. 跨境电商企业走私动机分析

跨境电商企业作为零售进口商品的货主，是偷逃税款最直接的获益人（获益不仅包括税收上的直接获益，还包括因逃税而使得进口商品更具市场竞

争力），因此也是各类主体中，走私动机较强烈的一方。近年来，跨境电商虽然发展迅猛，但也面临着诸多发展难题。比如物流费用高昂，货源难敌进口企业直接扫货，再加上淘宝、京东等大型电商"双十一""6·18"等活动的冲击，很多跨境电商企业利润微薄。2018年以来，伴随着《电子商务法》的颁布和一系列跨境电商监管政策的趋严以及中美贸易摩擦的影响，少数跨境电商企业通过走私（尤其是奢侈品行业）压缩成本支出，提升利润空间和竞争力已成为不争的事实。

4. 物流、报关企业走私动机分析

物流、报关企业走私动机的强弱取决于和跨境电商企业是否有共谋及利润分配情况，如果能够因协助走私而获取超额的"代理费""报关费""运输费"等中介费用，那么其走私动机就较强；如果无法获得额外利益，那么其将不存在积极追求的直接故意。但是，即使仅有正常的中介费用，其也可能将走私业务视为自己的业务来源之一，仍有正常利润可图，因此可能和跨境电商平台一样存在放任的故意。

（二）跨境电商走私故意的推定要点

所谓犯罪故意，是指行为人明知自己的行为会发生危害社会的结果，并且希望或者放任这种危害结果发生的一种主观心理态度。故意由两个因素构成：一是认识因素，即"明知（已经知道或应当知道）自己的行为会发生危害社会的结果"；二是意志因素，即"希望或者放任这种危害结果发生"，根据意志因素的不同又可以将犯罪故意分为直接故意（希望危害结果发生）和间接故意（放任危害结果的发生）。①

走私犯罪的主观心态必须是故意，跨境电商走私也不例外。因此，实践中行为人常以"错报漏写""发错货物"等理由逃避有责性。鉴于此，最高人民法院和最高人民检察院专门出台了走私犯罪主观故意认定的司法解释条文，通过下列客观行为即可推断出主观故意：

1. 逃避海关监管，运输、携带、邮寄国家禁止进出境的货物、物品的；
2. 用特制的设备或者运输工具走私货物、物品的；

---

① 刘艺涵. 唐律"六杀"的启示：主观责任配置的另一种进路[J]. 厦门大学法律评论，2019（1）：35-51.

3. 未经海关同意，在非设关的码头、海（河）岸、陆路边境等地点，运输（驳载）、收购或者贩卖非法进出境货物、物品的；

4. 提供虚假的合同、发票、证明等商业单证委托他人办理通关手续的；

5. 以明显低于货物正常进（出）口的应缴税额委托他人代理进（出）口业务的；

6. 曾因同一种走私行为受过刑事处罚或者行政处罚的；

7. 其他有证据证明的情形。

笔者认为，鉴于跨境电商走私特征和手段的特殊性，应当在传统走私故意推定的基础上总结更有针对性的跨境电商走私故意推定类型，比如：

一是与传统走私提供虚假的合同、发票、证明等商业单证相对应，制作、利用虚假"三单"信息或明知虚假"三单"信息仍向海关传输的，可以直接推定行为人具有逃避海关监管的故意。

二是有些跨境电商企业在申报时会把货值5050元的商品以莫须有的"打折"或"批发"等名义申报为4950元，看似低报数额不多，在传统贸易中可能仅被认定为申报错误或申报不实。但在跨境电商零售进口中，因为单笔货值超出5000元即无法享受零售进口的优惠税收政策，所以这种"贴着限值低报"的行为应当总结为一种可以直接推出跨境电商企业具有走私故意的违法类型。

三是将HS编码"03061100"的"岩礁虾和其他龙虾"报成HS编码"03061200"的"鳌龙虾"，看似HS编码只有一位之差，可能是无心误报，但考虑到只有HS编码"03061200"才属于《跨境电子商务零售进口商品清单》中所列商品，因此将不属于清单所列商品伪报为清单内商品的行为，也应当推定为跨境电商具有主观故意的类型化行为。

四是无法正常对外付汇，或物流线路选择异常，且行为人无法给予合理解释的，也可以推定对行为违法性的明知。

需要注意的是，无论是法律推定还是事实推定，均应当允许反证。如果能有证据证明行为人确属被蒙骗的，则可以反证主观故意的阙如。比如货主一般并不关心货物进境流程，如果报关行借政策优惠的幌子向货主虚假陈述跨境电商监管政策，即使谈定的包税价格低于正常报关所需费用或将不属于《跨境电子商务零售进口商品清单》中的商品以跨境电商零售方式申报也不能认定货主必然具有走私故意。又如，如果报关价格并非一直低报，而是有高有低且税收总额相差不大的，在认定主观故意时也应慎重。同时，如果跨境电商企业就商品归类、备案价格等事宜在申报前就与海关进行沟通，基于一定的行政信赖关系进行申报，即使后来发现申报有误，也应当排除走私故意，除非企业在与海关沟通时已经采取了欺瞒行为。

（三）跨境电商走私主体认定的若干问题

整个跨境电商贸易链条涉及多个主体，包括消费者、跨境电商企业、境外跨境电商企业的境内代理人[①]、跨境电商平台、仓储企业、物流企业、支付企业、报关企业，等等。因此，准确认定应当对走私行为负责的主体非常重要。结合前文对跨境电商走私动机的分析可知，不同主体的走私动机的强弱并不相同，但具体到个案中，必须针对每个主体的参与程度和知情程度进行实质判断。

1. 跨境电商不同走私主体的认定

一般而言，跨境电商走私犯罪需要几方主体"里应外合"地完成，但也不排除有些主体在整个交易中处于相对超脱的地位，因此认定跨境电商走私犯罪的主体需要注意以下问题。第一，在存在共谋的情况下，具有共同走私故意的各方应当被认定为走私共犯。第二，不存在共谋的情况下，坚持责任自负原则，各主体之间不宜认定相互负有监督义务，比如不应当认定跨境电商企业在正常交付货物和报关资料给物流公司后，仍需要对物流、报关行为负责。第三，不存在共谋的情况下也可能存在片面共犯，比如跨境电商企业实施走私行为后，故意向报关公司提供伪造的单据，报关公司识破后仍然按照伪造的单据为跨境电商企业进行报关，跨境电商企业属于走私正犯，报关公司属于片面共犯。第四，应注意区分第三方中介机构的间接故意与疏忽大意的过失，比如跨境电商平台、物流企业、报关企业可能因各自的审核失误而被走私分子利用，这种情况不宜与在明知走私行为发生时仍为其提供服务的间接故意心态相混同，前者不具有走私共犯的故意。当然，主观心态的需要由客观证据进行推定。第五，境外跨境电

---

① 根据海关总署《关于跨境电子商务零售进出口商品有关监管事宜的公告》企业管理的规定，"境外跨境电子商务企业应委托境内代理人（以下称跨境电子商务企业境内代理人）向该代理人所在地海关办理注册登记"。

商企业的境内代理人的刑事责任必须进行独立、实质的判断。要求境外注册的跨境电商零售进口经营者委托一家在境内办理工商登记的企业，由其在海关办理注册登记，无外乎两点立法目的：一是要求境内代理人承担如实申报责任，便于相关部门监管；二是便于解决消费者与境外跨境电商企业的消费争议。值得注意的是，这两点责任要求属于行政责任和民事责任的范畴。因此，虽然境外跨境电商的境内代理人需要"向海关传输交易、支付、物流等电子信息，并对数据真实性承担责任"，但当传递的数据真实性有误或商品质量存在问题时，笔者认为其可以承担无过错的行政责任，可以承担连带的民事责任，而是否构成刑事追责，仍须对其主客观行为，尤其是主观知情情况进行独立判断。不排除境内代理人只是作为"二传手"或间接正犯的"工具"角色，也不排除其因为未尽到合理审查义务（过失）而导致申报不实的情况。

2.外国公司在我国领域内犯罪的认定

跨境电商走私犯罪"里应外合"地完成还会涉及外国公司在我国领域内犯罪的主体认定问题。《最高人民法院研究室关于外国公司、企业、事业单位在我国领域内犯罪如何适用法律问题的答复》中予以明确："符合我国法人资格条件的外国公司、企业、事业单位，在我国领域内实施危害社会的行为，依照我国《刑法》构成犯罪的，应当依照我国《刑法》关于单位犯罪的规定追究刑事责任。"由此可见，在法律层面认定外国公司的犯罪主体地位是没有障碍的，但具体到个案，如果想要认定外国公司构成单位犯罪，还须有公司营业执照、注册信息、交易合同、银行流水等证据与口供情况对应。同时，外国的电商企业通常通过境内代理商从事跨境电商业务，在外国公司通过电商平台向境内进行走私活动时，若其境内代理商对此明知而予以帮助或共同参与的，则与外国公司构成走私犯罪的共犯。

3.单位主要负责人的认定

根据《刑法》规定，单位犯罪中单位直接负责的主管人员或其他直接责任人员均须承担刑事责任，但值得注意的是，跨境电商企业的董事、监事和高级管理人员并不当然是直接负责的主管人员。单位主要负责人的认定仍须以犯罪故意和行为为依据，刑法强调"直接负责"的用意也在于此。在笔者承办的一些案件中出现过公司挂名高管并不经手实际经营的情况，也出现过下属经办人员擅自超越公司意志，以走私方式进口货物的情况。对此，笔者认为，可以认定单位负责人存在监督过失，但不应认定其具有走私故意。同时，鉴于职权分工关系，司法实践中并不要求单位主要负责人对单位事务的管理面面俱到，因此如果其明知单位存在走私情况，但默认或纵容该行为，则可认定其负有责任。①

4. 跨境电商不同主体的走私责任认定与主从关系

如前所述，整个跨境电商贸易链条涵盖多个主体，包括消费者、跨境电商企业、境外跨境电商企业的境内代理人、跨境电商平台、仓储企业、物流企业、支付企业、报关企业，等等。因此，不仅要依据前述走私犯罪构成要件厘清罪与非罪的界限，还须在共犯视域中探讨不同主体的主从关系，以清晰界定各主体的刑事责任。此外，鉴于跨境电商的特点，走私中往往涉及单位犯罪，因此也需要在单位犯罪中确定同一主体内部人员的责任与主从关系。

在共犯关系中各方身份的认定和各方的主从关系需要根据具体案情判断在构成要件的实现中各方发挥的作用。正犯是犯罪主体中的核心角色，是对犯罪构成要件的实现处于支配地位的一方。主犯是对犯罪结果起到主要作用的人，可以从"犯罪结果的获益程度""参与犯罪的范围""对犯罪事实的行为支配、意欲支配、功能性支配"等角度评价哪一个或哪些主体发挥了主要作用。

具体而言，跨境电商走私犯罪往往需要几方主体"里应外合"地完成，认定跨境电商走私犯罪的主从关系需要注意以下几点：

（1）在存在共谋的情况下，一般情况下货主作为直接受益方，报关公司（或货代企业）作为直接向海关的申报方，处于整个走私的支配环节，是共同正犯。

（2）在存在共谋的情况下，物流公司、跨境电商平台企业、支付公司如果为跨境电商走私提供了帮助，宜认定是帮助犯、从犯（如果提供了特殊帮助，也可能构成正犯，需要根据个案具体判断）。

（3）在不存在共谋的情况下，坚持责任自负原则，各主体之间不宜认定相互负有监督义务。

（4）在不存在共谋的情况下，也可能存在片面共犯，比如跨境电商企业

---

① 最高人民法院刑事审判第二庭.《最高人民法院、最高人民检察院关于办理走私刑事案件适用法律若干问题的解释》理解与适用[M]. 北京：中国法制出版社，2014：403.

实施走私行为后，故意向报关公司提供伪造的单据，报关公司识破后仍然按照伪造的单据为跨境电商企业进行报关，跨境电商企业属于走私正犯，报关公司属于片面共犯。

（5）应注意区分第三方中介机构的间接故意与疏忽大意的过失，比如跨境电商平台、物流企业、报关企业可能因各自的审核失误而被走私分子利用，这种情况不宜与在明知走私行为发生时仍为其提供服务的间接故意心态相混同。

（6）境外跨境电商企业的境内代理人的刑事责任应当进行独立、实质的判断。不排除境内代理人只是作为"二传手"或间接正犯的"工具"角色，也不排除其因为未尽到合理审查义务（过失）而导致申报不实的情况。

除了上述的几种情形，在实践中，"包税走私"中的主从犯认定通常是较为复杂且存在颇大争议的，也是相关案件中重要的争议点。一般来讲，货主往往是犯意的发起者，其获利也相对较多，对货主一般应认定为主犯，但是不能一概而论。特别是随着走私形式的不断发展，出现一些个人或组织专门从事相关的走私活动，他们积极联系货主、组织走私，在走私犯罪活动中发挥着主要的作用，对社会主义经济秩序的破坏也更为严重。因此，在分析此类问题的时候，也应该区分不同的情形来对待。在"广州顺某汽车配件贸易有限公司等走私普通货物案"中[①]，法院对此问题做了较为详细的分析，也产生了较大的影响。该案法官指出，对于被告单位之间主、从犯，可以根据各个环节被告单位对走私犯罪所起的作用大小，结合各单位的分工特点进行认定：第一，对主动四处揽货、组织包税进口货物并压缩拼柜、藏匿货物、制作虚假报关单据、联系报关行采用伪报低报的手段走私货物的，一律认定为主犯；第二，对那些为贪便宜、节省生意成本，在支付包税费后就放任其他单位采取任何形式通过、只关心本单位货物的参与走私的货主单位，按照其在共同犯罪中所起的作用和所处的地位，可以认定为从犯，结合认罪态度和退赃情节，依法可以减轻处罚——这种情况下双方往往是没有共谋的，货主虽然有走私的放任心态且可能是获益更大的一方，但报关公司直接向海关提

[①] 刑事审判参考第873号指导案例：广州顺某汽车配件贸易有限公司等走私普通货物案[EB/OL]. [2021-07-05]. https://www.faxin.cn/lib/cpal/AlyzContent.aspx?isAlyz=1&gid=C1290912&userinput=.

交了虚假单证，实施了虚假申报行为，是走私客观行为的直接支配者；第三，对单纯揽货者，或者既是揽货者又是部分货主的，只要没有参与制作虚假报关单据、拆柜拼柜藏匿、伪报低报通关的，按照其在共同犯罪中的作用和地位，也可以认定为从犯。

此外，案件还涉及单位主要负责人、单位内部一般员工主、从犯的认定。第一，单位主要负责人主、从犯的认定。对于此类人员，原则上比照所在单位在共同犯罪中的地位和作用追究相关责任。同时，虽然所在单位被认定为从犯，但个人在共同犯罪中地位较高或者所起实际作用较大的，也可以按照主犯追究刑事责任；同理，虽然所在单位被认定为主犯，但个人在共同犯罪中地位较低或者所起作用确实较小的，也可以按照从犯追究刑事责任。第二，单位内部一般员工主、从犯的认定。对协助犯罪单位进行走私犯罪活动的单位普通员工，对走私普通货物没有决策权，只领取固定工资，不参与非法利益分配的，按照宽严相济的刑事政策，均可以认定为从犯，且从宽量刑的幅度一般大于单位负责人被认定为从犯的情形。此类行为人作为单位员工虽然客观上参与了单位犯罪，但其只是按照在单位中的身份履行职责，对单位犯罪的决策、实施没有明显推动、促进作用，与单位犯罪的决策者、实施者的责任悬殊，应当加以区别对待。

五、跨境电商走私溯及力及与其他犯罪竞合的法律适用

跨境电商作为一个新生事物，近年来监管制度也在不断变化和完善，这意味着同一涉嫌走私的行为在不同的时期可能会有不同的认定结果，应该如何适用法律是一个非常重要的问题。此外，走私犯罪经常与非法经营罪、侵犯公民个人信息罪等有密切的联系，这在实践中如何适用法律也是应该讨论的。

（一）跨境电商监管政策变动后"从旧兼从轻"的适用问题

我国刑法溯及力适用"从旧兼从轻"原则，理论界关于"法不溯及既往"的通说认为，新旧法之变动标准应当定位为法律（不限于刑法典，亦包括前置法、援引法）之变动所导致刑法评价范围改变。对于跨境电商，这就意味着跨境电商税收政策、"跨境电商综合税"税率、《跨境电子商务零售进口商

品清单》适用范围的变更均属于法律变更，同样应适用从旧兼从轻原则。因此，从理论上讲，如果走私行为时的税种、税率与侦查/移送起诉/审判时的税种、税率不同，应当以较少税种、较低税率计算偷逃应缴税款；如果进口时尚未在《跨境电子商务零售进口商品清单》中的商品在侦查/移送起诉/审判时被纳入了清单，也不应再追究其刑事责任。

但目前最高人民法院和最高人民检察院的司法解释规定，认定走私偷逃税款的应缴税额"以走私行为实施时的税则、税率、汇率和完税价格计算；多次走私的，以每次走私行为实施时的税则、税率、汇率和完税价格逐票计算；走私行为实施时间不能确定的，以案发时的税则、税率、汇率和完税价格计算"。

上述司法解释的特殊规定与"从旧兼从轻"的一般原则存在一定的矛盾，对于这一争议问题，笔者认为，最高人民法院和最高人民检察院的司法解释更符合跨境电商零售商品监管与征税的实际需求，理由如下。第一，跨境电商监管政策变动频繁、尚未定型，且海关税则每年都会调整，关税及海关代征税税率变动频繁，如果在此领域适用"从旧兼从轻"原则，一方面会变相激励走私的侥幸心理，另一方面会导致法律适用缺乏稳定性。第二，从刑事侦查到法院审判周期较长，如果在此期间税率多次变化，会导致侦查机关、检察机关和法院的工作缺乏稳定性和联系性，造成司法资源浪费。第三，税率的变化虽然最终会影响刑法对涉税走私的认定，但终归只是行政管理事务的细微变化，并未改变走私犯罪的构成要件，国家将此类法律要素拟制为事实要素未尝不可。第四，《跨境电子商务零售进口商品清单》范围变动往往包含国家基于特定产业状态及国内消费需求的考量，将尚未纳入清单中的商品以跨境电商零售渠道进口不仅不当使用了税收优惠政策，偷逃了税款，而且可能对特定产业、行业造成冲击，进口时造成的这种实质危害性并不会因为事后清单范围的变动而消除。

（二）跨境电商走私涉及不同罪名的处理方案

为生产虚假的"三单"信息，跨境电商"刷单"走私需要盗用或冒用消费者个人信息，进而窃取个人免税额度。这种窃取个人信息的行为不仅涉嫌对消费者跨境电商零售额度的侵占、对个人隐私权的侵犯，甚至可能构成侵犯公民个人信息罪。根据《刑法》第二百五十三条之一的相关规定，"窃取或者以其他方法非法获取公民个人信息""违反国家有关规定，向他人出售或者提供公民个人信息",情节严重的,均构成犯罪。笔者认为,如果是走私行为人自行非法获取公民信息,且将所获取的公民信息均用于制作虚假单证,则该行为应当视为走私行为的牵连行为,按照牵连犯的竞合处理方案从一重罪处罚。如果走私行为人不仅将非法获取的公民信息用于走私行为,还存在贩卖出售或非法提供给他人使用的行为,如果符合《关于办理侵犯公民个人信息刑事案件适用法律若干问题的解释》第五条中"情节严重"的情况,则应当数罪并罚。如果窃取、出售公民信息的行为人与走私行为人不是同一主体,则分别按照两罪处罚,窃取、出售公民信息的行为人不再按照走私犯罪的共犯论处。

我国对于某些商品的经营实施许可制度,走私、销售相关产品可能同时触犯走私罪与非法经营罪,或者两者之间形成牵连关系。这种情况在走私烟草产品领域较为常见,将在第二十四章中详细论述。

如果通过跨境电商走私的商品是假药或者伪劣产品,也有可能触犯销售假药罪、销售伪劣产品罪等罪名。这种情况,如果在走私过程中案发,还没有进行销售,可能只按照走私罪处理;如果在之后的销售过程中案发,也可认为两行为之间存在牵连关系,按照牵连犯的处理非法定罪处罚。如果两者之间缺乏足够的关联性,也有可能数罪并罚。

六、跨境电商走私犯罪的刑事政策及合规不起诉问题

跨境电商是近年新兴的商业模式,在新时代国家经济转型中扮演着重要的作用。跨境电商市场发展快速,在实践中难免出现许多灵活的、新型的商业运作行为,与之相关的监管制度仍在完善,因此对于危害较轻的犯罪需要更加宽容的刑事政策,避免给这一行业的发展带来过多的束缚。事实上,我国目前针对跨境电商涉及走私的行为持一种宽严相济的态度,并且在尝试推进合规不起诉的制度,这对于跨境电商而言非常重要。

(一)对跨境电商走私应"严管"

2018年以来,伴随着《电子商务法》的颁布和一系列跨境电商监管政策的趋严以及中美贸易摩擦的影响,部分跨境电商企业和平台为了压缩成本支出,利用跨境电商监管政策漏洞进行非法走私。这不仅造成了国家税收的损失,扰乱了海关监管秩序,也不利于跨境电商行业的健康可持续发展。因此,对于跨

境电商走私犯罪应进行严厉打击，通过对走私企业的严惩形成有力震慑。

对于走私违禁品案件应严厉打击。根据走私是否涉税，可以把走私分为涉税走私和违禁品走私。走私违禁品犯罪的社会危害性不仅在于逃避海关监管和偷逃税款，更在于违禁品会对国家经济、社会、国防、环境等方面造成巨大危害。因此，对于违禁品走私，应予以严厉打击，以维护国家政治经济文化安全和社会稳定，保护生态环境和人民群众身心健康。

对于定性无争议的走私方式应严肃处理。随着跨境电商的不断发展和探索，跨境电商走私方式也呈现多样化的特点。有些走私方式理论界和实务界已达成共识的，定性问题无可争议，例如"刷单"走私、低报价格走私、利用线上"水客"走私等。通过此类方式走私的涉案企业往往通过制造虚假信息、盗取他人信息等非法手段逃避海关监管，主观恶性深，危害程度大，因此也应予以严肃处理。

（二）对跨境电商不合规行为需落实宽严相济的刑事政策

1. 对跨境电商不合规行为的情节认定和量刑幅度应遵循宽严相济的刑事政策

2021年生效的最高人民法院、最高人民检察院《关于常见犯罪的量刑指导意见（试行）》规定，量刑应当贯彻宽严相济的刑事政策，做到该宽则宽，当严则严，宽严相济，罚当其罪，确保裁判政治效果、法律效果和社会效果的统一。惩罚并非处理跨境电商走私案件的根本目的，其根本目的在于威慑潜在的犯罪者，完善跨境电商的监管，促使经营者合规经营，维护我国的海关监管秩序和正常的市场秩序。

《刑法》第一百五十三条为走私普通货物、物品罪设立了三个量刑档次，分别为三年以下有期徒刑，三年至十年有期徒刑和十年以上有期徒刑至无期徒刑。相对应的量刑数量分别是"偷逃应缴税额较大或者一年内曾因走私被给予二次行政处罚后又走私的""偷逃应缴税额巨大或者有其他严重情节的""偷逃应缴税额特别巨大或者有其他特别严重情节的"。如此大幅度、有梯度的刑罚设置能有效地与宽严相济刑事政策相结合，根据不同的犯罪情节予以区别对待，做到该宽则宽、当严则严。

具体来说，一是要因案而异，对于情节严重的走私犯罪，如专业性的走私团伙、有预谋有组织的走私犯罪集团，以及其他偷逃税额巨大、犯罪情节恶劣的走私案件，应当适用从严的刑事政策，依法严厉打击；对于一些情节轻微偷逃税额不大，且积极退赃或者愿意补缴税款、接受处罚的，依法适用从宽的刑事政策。二是因人而异，对于主观恶性较深的犯罪分子，如惯犯、累犯等，应依法从重处罚；对主观恶性不大，人身危害性小，在事发后认罪悔罪的，依法予以从宽处理。

在具体的量刑方面，根据《关于常见犯罪的量刑指导意见（试行）》，检察院在审查起诉确定量刑意见，以及法院在最终确定量刑的时候，应先分析是否具有未成年人犯罪、老年人犯罪、限制行为能力的精神病人犯罪、又聋又哑的人或者盲人犯罪，防卫过当、避险过当、犯罪预备、犯罪未遂、犯罪中止，从犯、胁从犯和教唆犯等量刑情节。如果有，先适用该量刑情节对基准刑进行调节；在此基础上，再适用自首、坦白、羁押期间表现、退赃退赔、赔偿谅解、刑事和解、认罪认罚等情节进行调节。具有多个量刑情节的，一般根据各个量刑情节的调节比例，采用同向相加、逆向相减的方法调节基准刑。

2. 对跨境电商不合规行为从宽处置具有合理性

从监管层面看，目前对跨境电商零售行业的主要监管依据多数为商务部、海关总署等部门发布的规范性文件，政策导向性强、立法层级低，显然是希望在从业者探索创新的基础上逐步总结经验教训和监管要点，再以完善的高位阶立法进行调控。从实践中看，有部分商业模式是否构成走私还存在争议。因此，对于跨境电商企业在先试先行、尝试创新中的"无心之过"，不应一律施以刑事处罚，而应区分情形，宽严相济，提供改过自新机会。

根据传统刑法理论对自然犯和法定犯的划分，走私犯罪属于典型的法定犯，法定犯并非当然具有反社会性与反道义性，其是由于违反了行政法规或特定政策的规定才构成的犯罪，因此又被称为"行政犯"。走私犯罪是以违反相关行政法规为前置条件，情节严重到应当受到刑法处罚的行为。既然走私犯罪是以行政法上的评价为前提，如涉罪企业能及时纠正其违法违规行为，修补法益，并承诺合规经营，便不应将行政违法行为上升到刑事犯罪层面追究其刑事责任。

正如前文所述，跨境电商进口方式多样，在对其进行罪与罚的判断时，不能简单地以"三单"是否匹配作为依据。根据理论界和实务界的共识，走私犯罪的成立须以存在税款损失为前提，而判断税款损失的依据是通关环节直接纳税义务人是否享有税收优惠资格。笔者认为，对于主观上要合规经营，且符合消费者个人交易限额，没有出现偷逃税后果的企业，即使在报关中使用了虚假的身份、支付或物流信息，也只应认定为违规。例如，对于"推单"模式，尽管在形式上违反了海关的监管规定，但如果收件人确为实际消费者，且形式支付不存在低报价格的情况，一般不会造成税款流失，不应上升至刑事处罚层面。另外，对于确属走私犯罪的案件，如果涉案企业符合合规不起诉条件且愿意进行合规整改，可适用合规不起诉制度予以从宽处理。

（三）跨境电商走私犯罪合规不起诉制度的探索与经验

针对跨境电商走私犯罪的特点和罪与罚不平衡的问题，笔者认为，对于一种尚未定型的新兴业态，行政监管政策、立法尚且在完善之中，不宜轻易对企业动用刑事手段，尤其要注意避免出现对新兴行业"秋后算账""一刀切"等激进做法。但谦抑不等于无原则的退让，对于确已符合犯罪构成要件的行为，办案机关也不能置之不理。最高人民检察院目前试行的合规不起诉制度，恰恰能够弥合鼓励创新与打击违法之间的缝隙，在敦促企业合规整改、回到正轨的同时，对新兴行业、创新做法保有容错空间、提供改错机会。检察机关对此作出积极探索并积累了相关经验。

1.最高人民检察院关于合规不起诉制度的试点和探索

2020年3月，最高人民检察院在上海浦东、深圳南山、深圳宝安等6家基层检察院启动第一批合规不起诉改革试点工作，标志着"合规不起诉"正式迈入实践层面。2021年4月，最高人民检察院出台《关于开展企业合规改革试点工作方案》，同时启动第二期企业合规改革试点工作，将试点范围扩大至北京、广东、上海等10个省市。之后，最高人民检察院又发布了《关于建立涉案企业合规第三方监督评估机制的指导意见（试行）》和企业合规改革试点典型案例。

最高人民检察院强调，在依法作出不批准逮捕、不起诉决定或者根据认罪认罚从宽制度提出轻缓量刑建议等的同时，针对企业涉嫌具体犯罪，结合办案实际，督促涉案企业作出合规承诺并积极整改落实，促进企业合规守法经营，减少和预防企业犯罪，实现司法办案政治效果、法律效果、社会效果的有机统一。

"合规不起诉"制度的建立是"少诉慎捕"司法理念的体现，是"刑事打击"与"合规营救"并重的有效平衡，既能够敦促企业通过建立合规制度达到良好的特殊预防效果，又能够保留企业的经营基础、解决就业和促进社会稳定。

2. 目前实践中各试点检察机关采取的措施

最高人民检察院开展合规不起诉改革试点工作前后，各地方检察机关开展了一系列的理论研究，也发布了许多试行方案，具体实施内容如下。

（1）上海市

上海市浦东新区人民检察院于2018年出台了《服务保障浦东新区营商环境建设12条意见》，试点单位犯罪认罪认罚从宽工作。在实践中通过检察建议的方式限定企业在一定时间内整改，同时聘请专家团队对企业进行指导监督和审核。

上海市长宁区人民检察院在实践中坚持"刑事打击"与"合规营救"并重理念，通过检察建议模式，对涉罪企业进行综合评估，作出不起诉决定[①]。

上海市普陀区人民检察院在实践中也主要采取检察建议模式，向涉案企业制发了刑事合规检察建议书，责成企业落实整改。对犯罪情节较轻，认罪态度较好，修复被侵害法益的涉案企业，以公开宣告的方式对该企业依法作出不起诉的决定。[②]

（2）江苏省

2020年10月，江苏省人民检察院出台了《关于服务保障民营企业健康发展的若干意见》，其中第九条以合规考察模式规定，对符合条件的企业涉轻刑案件，可合规考察，督促企业建立健全合规体系。经过一定的期限后，经评估达到刑事合规标准的，可依法对其作出不起诉决定或者提出从宽处罚的量刑建议，并撤回检察机关已公开的案件信息。[③]

江苏省张家港市人民检察院作为最高人民检察院第一批试点单位，联合相关职能部门，落实"检企益加"项目。该项目主要机制包括：①签订协作

---

① QIAO P, VIKI K. 刑事合规不起诉制度的试点与实操情况概览[EB/OL]. (2021-01-27) [2021-05-07]. https://www.rplawyers.com/%E5%88%91%E4%BA%8B%E5%90%88%E8%A7%84%E4%B8%8D%E8%B5%B7%E8%AF%89%E5%88%B6%E5%BA%A6%E7%9A%84%E8%AF%95%E7%82%B9%E4%B8%8E%E5%AE%9E%E6%93%8D%E6%83%85%E5%86%B5%E6%A6%82%E8%A7%88/.

② 姚志刚, 张熠. 打造乘风破浪的网络净土基层院品牌建设·普陀[EB/OL]. (2020-11-21) [2021-05-07]. http://k.sina.com.cn/article_7420733505_1ba4f684101900qy0m.html.

③ 江苏省人民检察院.关于服务保障民营企业健康发展的若干意见[EB/OL]. (2020-11-19) [2021-05-07]. http://www.drxsfd.com/xf/xx2.asp? bh=9345.

意见书，与市工商联合力推动企业刑事合规体系建设；②出台《关于充分发挥检察职能服务保障民营经济高质量发展的意见》，提出10条具体措施；③制定《企业犯罪相对不起诉适用办法》，积极探索企业犯罪相对不起诉工作；④编纂《企业刑事犯罪风险防控手册》，汇编六类涉企典型案例。①

苏州市检察院也制定了《关于涉案企业限期刑事合规从宽处罚制度实施细则》，要求企业出具《企业刑事合规承诺书》，限期完成企业合规制度建设，对于达到刑事合规标准的企业，可依法作出不起诉决定或提出从宽处罚的量刑建议。②

无锡市新吴区人民检察院采取检察建议模式，并且联合了其他行政机关对涉罪企业进行行政处罚。江阴市人民检察院则通过由企业签订合规考察协议，考察涉案企业的合规计划和整改成果的方式作出不起诉决定。

（3）广东省

深圳市宝安区人民检察院与司法局共同会签了《企业刑事合规协作暂行办法》和《关于企业刑事合规独立监控人选任及管理规定》，以合规考察加独立监控人的模式进行改革。该方案设定了1个月至6个月的考验期，独立监控人协助合规计划的指定与执行，并出具书面监控报告。在考验期内，检察机关在独立监控人协助下，对企业执行合规计划的情况进行监督考察，同时，检察机关也可以指派检察官进驻企业进行监督考察工作。③

深圳市龙华区人民检察院印发了《关于对涉民营经济刑事案件实行法益修复考察期的意见（试行）》。该意见以合规考察的模式规定，涉案企业有修复受损法益意愿的，由涉案企业提出合规整改方案，以修复被侵害法益，并由检察机关设置法益修复考察期，在期满之后根据整改情况作出相对不起诉或者从轻处罚的决定。

（4）浙江省

温州市检察机关出台了《涉企刑事案件社会评价考核办法》，引入社会评价考核方式，从保护必要性、挽救可能性、社会关系修复、社会责任履行四

---

① 张家港市人民检察."检企益加"聚合力 党建引领促发展[EB/OL].（2020-11-17）[2021-05-07]. http://szzjg.jsjc.gov.cn/lianluo/202011/t20201117_1128972.shtml.
② 苏州市人民检察院.苏州市检察机关法治营商新闻发布会[EB/OL].（2020-08-26）[2021-05-07]. http://sz.jsjc.gov.cn/xwfbsz/202008/t20200826_1082179.shtml.
③ 陈瑞华.刑事诉讼的合规激励模式[J].中国法学，2020（6）：225-244.

个方面对涉案企业、企业家或员工开展社会评价考核,落实少捕慎诉政策。①

宁波市人民检察院出台《关于建立涉罪企业合规考察制度的意见(试行)》,采取合规考察模式,对涉案企业设定6个月到12个月的考察期,根据考察期的合规情况决定是否起诉②。

永康市人民检察院与永康市工商联、市委统战部联合召开交流座谈会,采取合规考察的模式,考虑对部分涉企案件考虑试行合规考察,要求企业在一定期限内履行特定义务,并全面接受检察机关的监督和考察,同时引进专业的独立监控人协助企业进行合规体系建设。

(5)辽宁省

辽宁省人民检察院联合其他部门印发了《关于建立涉罪企业合规考察制度的意见》。该意见明确了涉罪企业可以适用考察制度的主体条件、适用条件、考察机关、合规计划及合规考察后的处理(合规考察模式)的相关规定。该意见也明确了在检察机关对涉罪企业作出不起诉决定后,认为需要给予行政处罚的,应将不起诉决定书一并移送行政监管机关,由行政监管机关依法依规处理。③

各地方检察院采取的合规不起诉制度模式如表12.2所示。

表12.2 各地方检察院采取的合规不起诉制度模式

检察建议模式	合规考察模式	独立监控人制度
上海市浦东新区人民检察院 上海市长宁区人民检察院 上海市普陀区人民检察院 张家港市人民检察院 临沂市郯城县人民检察院 无锡市高新区(新吴区) 人民检察院	深圳市宝安区人民检察院 宁波市人民检察院 永康市人民检察院 深圳市龙华区人民检察院 舟山市岱山县人民检察院 辽宁省人民检察院	张家港市人民检察院 深圳市南山区人民检察院 深圳市宝安区人民检察院 临沂市郯城县人民检察院 舟山市岱山县人民检察院 永康市人民检察院

---

① 最高人民检察院. 让企业家轻装上阵的"温州样本"[EB/OL].(2020-12-20)[2021-05-07]. https://www.thepaper.cn/newsDetail_forward_10467342.

② QIAO P, VIKI K.刑事合规不起诉制度的试点与实操情况概览[EB/OL].(2021-01-27)[2021-05-07]. https://www.rplawyers.com/%E5%88%91%E4%BA%8B%E5%90%88%E8%A7%84%E4%B8%8D%E8%B5%B7%E8%AF%89%E5%88%B6%E5%BA%A6%E7%9A%84%E8%AF%95%E7%82%B9%E4%B8%8E%E5%AE%9E%E6%93%8D%E6%83%85%E5%86%B5%E6%A6%82%E8%A7%88/.

③ 辽宁省人民检察院等十机关关于建立涉罪企业合规考察制度的意见[EB/OL].(2021-01-07)[2021-05-07]. http://www.148hb.com/newsview/8572.html.

(四）跨境电商走私合规不起诉的实现进路

1. 合理适用合规不起诉制度

一是要积极转变思维。检察机关应积极响应最高人民检察院保护民营企业、少捕慎诉的精神，扭转"重打击轻保护"的办案思维模式，在打击与惩罚犯罪的同时注重预防企业违法犯罪，指引企业合规经营，服务保障经济社会高质量发展。对于符合合规不起诉条件的企业，应用尽用。二是合规不起诉不应与法定不起诉或存疑不起诉混淆。无论是检察建议模式还是合规考察模式，实际上都是在企业构成犯罪的条件下基于刑事政策和检察院的自由裁量空间给予的政策优惠。尽管企业暂未被提起公诉，也未接收实际刑罚，但刑事合规程序的启动仍会对企业的商誉产生影响。因此，如果企业本身并没有犯罪事实，或现有证据不足以证实企业构成犯罪，应当按照法定不起诉或存疑不起诉处理，不应适用合规不起诉。

2. 采用合规考察模式

目前，合规不起诉在各地的试点主要包括检察建议模式和合规考察模式。在检察建议模式下，检察机关在对涉案企业作出相对不起诉决定，同时依职权提出检察建议，通过检察建议要求涉案企业健全、完善或落实相应的合规管理。合规考察模式，本质上是附条件的不起诉，检察机关发现涉案企业有合规管理意愿后，责令涉案企业提交合规计划，作出合规考察期决定、决定合规考验期并指派或委托第三方合规监控人。检察机关根据合规考察情况，对符合条件的涉案企业不予起诉①。

笔者认为，检察建议模式相对缺乏约束力，而合规考察模式更能体现合规不起诉制度的精神和优势。从实践中看，检察建议模式一般是检察机关在作出不起诉决定后提出的检察建议书，无论企业是否以及如何进行合规整改，检察机关都不会对涉案企业采取奖励或惩罚措施，这样的制度设计难以约束涉案企业真正完成合规体系的建设，使合规不起诉制度一定程度上浮于表面，流于形式②。而在合规考察模式下，检察机关对于承诺采取合规整改的企业确定考察期，根据企业建立的合规体系和整改效果决定是否起诉，迫使涉案企

---

① 陈瑞华.刑事诉讼的合规激励模式[J].中国法学，2020（6）：225-244.
② 李勇.企业附条件不起诉的立法建议[J].中国刑事法杂志，2021（2）：127-143.

业主动积极地进行合规整改。其次，检察机关一般会选任专业的第三方监控人，由第三方监控人指导企业完成整改，并对合规体系建设情况进行专业性的评估，这有助于企业进行有效的实质性的整改。最后，适用合规考察的检察机关，一般会设置半年到两年的考察期，并责令企业在第三方监控人的指导下定期提交合规进展报告，这更有助于企业真正建立有效的专项合规计划，减少未来违法犯罪的隐患。因此，在跨境电商走私犯罪合规不起诉试点工作中，可采用合规考察模式，由检察机关根据跨境电商企业走私的具体情况确定考察期，并要求涉案企业定期提交整改报告，在考察期满后认为其合规整改有效的，不予逮捕或作出不起诉决定；对考察期内违反合规考察整改要求或有其他犯罪行为的，撤销合规考察决定，并提起公诉。

3. 完善合规不起诉监督制度

合规不起诉制度改革必然会使一部分本应受到刑法处罚的涉案企业免于被起诉，获得从宽处理，这会令社会公众对适用该制度的正当性和公平性产生怀疑。因此，为打消社会公众的疑虑，同时防止检察机关滥用自由裁量权，应加强合规不起诉的公开透明程度，完善合规不起诉监督制度。

一方面要加强内部监督。首先，要发挥检察委员会决策职能。在决定对涉案企业进行合规考察前，承办检察员除应召开听证会听取海关、第三方监控人、涉案企业及其律师的意见外，还应汇总各方意见，连同案件情况说明、企业整改及监督计划和第三方监控人情况等提交至检察委员会，报检察委员会讨论决定，根据检察委员会的意见对合规计划予以修改。其次，要建立上级检察机关审查监督机制。在合规考察期满，作出不起诉决定前，承办检察员应报送上级检察机关公诉部门审查，上级部门认为决定不当的，可以责令下级部门撤销合规协议，提起公诉。

另一方面要强化外部监督。首先，建立听证程序。检察机关应召开听证会听取各方意见，包括海关、第三方监控人、涉案企业及其律师的意见，在作出合规不起诉决定前应综合考虑各方意见。其次，设立公示制度。在作出合规不起诉决定前，检察机关应将案件情况说明、企业合规整改及考察计划和第三方监控人情况等向社会公开，设置异议期，接受社会的监督，并对提出的异议进行审查。同时，在作出合规不起诉决定后，检察机关应将对涉案企业作出合规考察的全部相关材料，根据办理案件的年份和编号予以公布，持续不断地接受社会各界的监督。

4.加强与海关有关部门的合作

跨境电商走私案件往往较为复杂，证据材料多工作量大，侦查过程往往长达数月。因此，在检察机关介入前，海关有关部门可能已对涉案企业及其负责人采取了冻结账户、扣留货物和拘留、逮捕等强制措施，企业因涉案已处于困顿状态。在此情况下，即使检察机关再对涉案企业采取合规不起诉措施，也难以达到预期目的。因此，检察机关应加强与海关缉私部门的沟通指导，海关缉私部门在对涉案企业作出立案决定后，发现案件符合适用合规不起诉制度条件的，可以将案件及时移交检察机关审查确认。

检察机关应与海关合作共同完成合规整改考察。跨境电商企业合规体系的建设往往包含了规范进出口业务流程、确保申报内容真实准确、妥善保管会计账簿和进出口单证等资料，专业性较强。检察机关应与涉案企业的主管海关共同对企业的合规整改结果进行考察，充分听取海关有关部门的意见，有效且科学地督促企业建立风险管控和合规体系，并对企业的合规整改结果出具专业意见。

七、案例评析

案例一　邓某、蔡某业、张某等走私普通货物、物品罪案[①]

深圳市某供应链管理有限公司（下称"某供应链公司"）成立于2017年3月7日，被告人邓某为公司实际负责人。深圳某跨境电子商务有限公司（下称"某跨境电商公司"）成立于2015年12月8日，被告人张某系公司法定代表人，被告人张某、蔡某业和廖某成（另案处理）系公司股东，被告人黄某朗系公司员工。

2017年6月，被告人蔡某业与被告人邓某商谈合作，委托被告单位某供应链公司为某跨境电商公司代理跨境电商货物报关进口业务。在实际业务开展过程中，被告人张某、蔡某业等股东合谋，以某跨境电商公司名义揽收一般贸易货物进口业务，实际通过伪报性质方式申报进境，

---
① （2020）粤04刑初35号。

并与被告人黄某朗商定由其负责招揽货主和具体执行。具体过程为：在货主有一般贸易货物需要进口时，黄某朗制作虚构的订单信息表格，安排某跨境电商公司的蔡某威（另案处理）发送给邓某指定的某供应链公司员工沈某（另案处理）。邓某在明知物流信息为虚假且不向收货人发生实际派送的情况下，仍安排沈某将虚假订单信息转发给该公司仓库部门的杨某和IT部门的贾某体，再由杨某将某供应链公司向快递公司购买的物流信息与订单相匹配，由贾某体将订单信息和物流信息直接推送给海关，并将订单信息中的支付信息经银行推送给海关。被告单位某供应链公司、被告人邓某通过以某供应链公司作为申报单位，向海关推送订单、物流、支付"三单"信息，将某跨境电商公司的一般贸易货物以跨境电商的方式向海关申报进口。同时，某供应链公司还负责在保税仓内理货，按照订单信息将整柜货物拆分打包、匹配并粘贴快递面单，清关完成后再将货物交由某跨境电商公司安排人员统一运走，交付至实际货主手中。2017年6月至2018年4月，某跨境电商公司委托某供应链公司通过上述方式，将一般贸易货物伪报成跨境电商货物在深圳前海申报进境，共计进口货物31149票，偷逃应缴税额共计人民币1157685.34元。

此外，2018年1月26日，被告人黄某朗经被告人张某、蔡某业等股东授意，通过制作虚假订单信息、向物流公司购买快递单号并维护虚假物流轨迹、联系第三方支付公司生成虚假支付信息，并将虚假"三单"信息向海关推送的方式，将一般贸易进口货物伪报成跨境电商进口货物委托珠海某跨境电子商务服务有限公司在珠海跨境工业区申报进境，共计进口货物224票，偷逃应缴税额共计人民币3183.56元。

法院认为，被告人张某、蔡某业、黄某朗、某供应链公司、邓某犯走私普通货物罪，其中被告人张某、蔡某业是主犯，对上述被告人分别处以相应的刑罚。

本案是典型的跨境电商领域的走私案件。在本案中，被告人为了逃避海关监管、偷逃税款，通过制作虚假订单信息、向物流公司购买快递单号、联系第三方支付公司生成虚假支付信息，并将虚假"三单"信息向海关推送的方式将一般贸易货物伪报为跨境电商货物进口，因而被法院认定为构成走私普通货物、物品罪。

由于相对于一般货物的进口方式，跨境电商零售进口有税率上的优势，而目前在这一领域又存在一些监管的漏洞，所以部分电商企业或个人企图通过"伪造单证+伪报贸易方式"的方式来偷逃税款，从而获取利益。而执法机关对于这种行为的监管也是日益严密。在本案中，被告人通过制作虚假订单信息、向物流公司购买快递单号、联系第三方支付公司生成虚假支付信息的方式伪造"三单"信息，但是具体的做法（比如如何制作虚假订单信息）在判决书中则没有体现。

本案涉及两个单位，一个是报关单位某供应链公司，另一个是"电商企业"某跨境电商公司。两个公司都参与到走私活动中，但后者并没有被认定为单位犯罪。这是因为，公诉机关发现，某跨境电商公司自成立后，以上述走私违法犯罪为主要活动，基本未开展其他正常经营活动。而根据《最高人民法院关于审理单位犯罪案件具体应用法律有关问题的解释》第二条的规定，个人为进行违法犯罪活动而设立的公司、企业、事业单位实施犯罪的，或者公司、企业、事业单位设立后，以实施犯罪为主要活动的，不以单位犯罪论处。这种情况下，直接处罚个人，从而起到惩罚与威慑的作用。根据《刑法》第一百五十三条第二款，犯走私普通货物、物品罪的，如果构成单位犯罪，则其直接负责的主管人员和其他直接责任人员所受的刑罚是比非单位犯罪的自然人较轻的。①

在本案中，被告人张某、蔡某业等还提出一个辩护理由，即某跨境电商公司处于亏损状态，他们并没有从中获利。但是法院认为，被告人在走私进口的过程中，是有通过收取代理费获利的，而某跨境电商公司的亏损状态则与本案无关。事实上，走私犯罪所要侵害的法益主要是国家的税收利益，以及社会经济秩序。认定为走私犯罪，主要取决于所偷逃的税款，而行为人的获利情况并非决定性的。在本案中，鉴于某跨境电商公司本就是作为被告人的犯罪工具，其是否营利就更与本案无关了。

本案属于共同犯罪，法院认为被告人张某、蔡某业均起主要作用，是主犯，应按照其所参与的或者组织、指挥的全部犯罪处罚；被告单位深圳市某

---

① 比如前者不需要直接负担罚金而后者需要；前者的最高刑罚为有期徒刑，而后者为无期徒刑。

供应链公司，被告人邓某、黄某朗均起次要作用，是从犯，可以从轻或减轻处罚。但是法院并没有详细分析"主要作用"与"次要作用"之间具体的辨别标准。其实上述被告人在走私犯罪中都发挥了重要的作用，笔者认为，之所以将被告人张某、蔡某业认定为主犯，是因为一方面实施走私普通货物犯罪最初便是由他们进行合谋，另一方面，他们在整个犯罪过程中处于组织和主导的作用，而其他被告人只是直接负责其中的某一个环节。在跨境电商走私案件中，往往需要多人分工配合，因此对于主犯和从犯的认定也是至关重要的。

案例二 广州志某供应链管理有限公司、冯某某等走私普通货物、物品案①

2015年6月，被告人冯某某、江某某、梁某某商议，由被告人梁某某负责揽货，广州志某供应链管理有限公司（以下简称"志某公司"）负责将货物以跨境电商贸易形式伪报进口。商定后，梁某某安排李某1负责与客户、志某公司之间的联络及具体事务操作。2015年8月，王某委托梁某某以跨境电商个人物品的方式报关进口货物，梁某某遂将相关业务交由志某公司办理。具体操作是：李某1将王某提供的装箱单、发票等资料转至志某公司给江某某，由江某某利用正路货网形成虚假个人订单，并将通过冯某某联系购买的快递单绑定入个人订单。再由刘某某利用易某科技（北京）有限公司（下称"易某公司"）制作虚假支付信息后，将三种虚假信息合并推送给海关，伪报贸易性质进口货物。为方便批量导入购买信息、简化犯罪程序，程某某应同案人李某（另案处理）要求设计程序可以批量导入购买人信息，并在海关对志某公司展开核查时通过技术手段隐瞒虚假订单。从2015年9月至11月，志某公司利用上述方式为被告人王某走私进口货物共19085票，偷逃税款共计人民币2070384.36元。

---

① （2016）粤01刑初452号。

> 经过法庭审理，2018年4月广州市中级人民法院依法公开判决：本案中各被告的行为均已构成走私普通货物罪。志某公司在共同犯罪中处重要地位，是主犯，依法应承担全部罪责。冯某某、江某某、王某、梁某某、刘某某、李某1、程某某在共同犯罪中起次要或辅助作用，是从犯，应当从轻或减轻处罚。最终，涉案人员均被判处有期徒刑以上刑罚和数额不等的罚金，涉案志某公司没收违法所得及判处罚金157万元。

本案被称为"跨境电商保税仓刷单第一案"，是单位犯罪案件，公司老板、经理、主管及兼职财务人员涉案，同时还有揽货人参与其中。本案中的犯罪嫌疑人利用跨境电商网购保税进口渠道，冒用他人身份信息"化整为零"进行走私，属于逃避海关监管、伪报贸易方式报关进口货物、偷逃应缴税额的行为，触犯了走私普通货物罪。

在税收新政推行的背景下，部分跨境电商经营者虚构"三单"信息，"化整为零"进行非以个人自用为目的的网购保税进口的方式也随之而生。对于个人自用物品清关时仅需缴纳税率较低的综合税，跨境电商经营者企图以此方式进口商品从而达到逃避缴纳高额关税与增值税的目的。志某公司的行为实质上是通过刷单的形式改变货物的法律属性，从而谋取不正当利益。志某公司与本案其他被告将本应以一般贸易方式进口的货物伪报成跨境电商商品，不仅利用了跨境电商相对宽松的监管条件，还利用了税收政策的便利。

跨境电商企业应当引以为戒。企业有避税的动机属于商业活动中的正常心态，合理的避税方式也为法律所允许，但通过伪造单证欺骗海关等国家监管机构来逃税应受到法律制裁。对于虚构"三单"信息逃避海关监管的行为，单位只要偷逃应缴纳关税税额20万元以上就可能构成走私普通货物罪。本案并非跨境电商主体在经营跨境电商业务过程中发生的案件，而是其他主体利用跨境电商渠道从事进口所发生的走私犯罪案件，因此本案中志某公司作为跨境电商企业被海关稽查，能够对企业合法运用跨境电商渠道从事进口业务、避免虚构信息涉嫌走私起到警示作用。

跨境电商从业者还应当认识到海关加大监管与稽查力度、打击通过"刷单"等方式逃税的趋势。《关于跨境电子商务零售进口税收政策的通知》第一条中规定，跨境电子商务零售进口商品按照货物征收关税和进口环节增值税、消费税，购买跨境电子商务零售进口商品的个人作为纳税义务人，实际交易价格（包括货物零售价格、运费和保险费）作为完税价格，上述通知明确将之前归入"物品"监管的跨境电商进口商品划归为"货物"类别。归类的变化，使得海关对跨境电商稽查有了合法正当的依据，从制度上保障了国家对跨境电商，特别是网购保税进口模式下的跨境电商商品进境实施监管。跨境电商企业应当正视监管趋势，做好法律风险防控，做到通关合规。

案例三 淘某淘公司走私案[①]

2019年12月24日、2020年3月3日，当事人杭州淘某淘信息技术有限公司旗下淘宝店铺某海外旗舰店，委托义乌由某电子商务有限公司（报关行是义乌市某国际货运代理有限公司），向义乌海关申报跨境电商零售进口两票报关单一线入区进入义乌保税物流中心（B型），货物为儿童保温杯0.35L等14款商品，合计1579个。因某海外旗舰店面临关闭，当事人需将以上1579个水杯先行处理，才能从保税仓库退仓。为了偷逃税款，当事人公司于2020年3月15日故意将某海外旗舰店销售的水杯价格全部修改成1元人民币，并于2020年3月15日至3月16日，由公司员工吴某柳作为同一个购买人通过淘宝平台下单，借此通过79票报关单将这些货物二线转出，申报单价0.91~0.92元不等，并将全部收到的1579个杯子存放于当事人的仓库。执法机关认为当事人以伪报价格的方式逃避海关监管，偷逃应纳税款的行为违反了《海关法》第八十二条第一款第（一）项之规定，构成了《海关行政处罚实施条例》第七条第（二）项所述之走私行为，偷逃税款共计16764.17元人民币。因此，执法机关作出没收相关水杯并罚款的处罚。

[①] 杭义关缉查字〔2020〕0007号。

本案与第四章分析的"重庆某电子商务公司行政处罚案"有类似之处，即都是商家利用员工的信息虚构订单将货物从保税区套购出区。本案当事人的行为之所以被认为构成走私，关键的原因是其伪报价格以逃避海关的监管，一方面这种行为对海关监管和税收的妨碍更加严重，另一方面也显示出了当事人的主观恶意，因此执法机关将其认定为"偷逃税款"。在前述第四章案例中，当事人利用员工信息进行"刷单"以获取税收优惠，还可以被认为只是报关申报违法、妨碍税收，主观上只是希望钻空子而没有达到"偷逃税款"的程度，而在本案中，当事人伪报价格的行为，已经达到"偷逃税款"的程度了。

本案执法机关在认定当事人行为构成走私时，主要以"伪报价格"的行为为依据，而没有讨论由员工作为购买人通过淘宝平台下单，以此报关并将货物转出的环节。本案中当事人以员工一人下了数十单，将货物转出，这种异常的交易很容易引起海关的注意。笔者认为，虽然与一般的刷单行为涉及众多虚假的买家不同，本案中买家只是一个人，但是在本质上其行为的目的、后果、危害性并无不同。即便当事人没有伪报价格，单凭这一行为也很可能要受到海关的处罚。

根据《刑法》第一百五十三条的规定，走私普通货物、物品罪的入罪标准是"走私货物、物品偷逃应缴税额较大或者一年内曾因走私被给予二次行政处罚后又走私的"。而根据《最高人民法院、最高人民检察院关于办理走私刑事案件适用法律若干问题的解释》第十六条的规定，此处所谓的"偷逃应缴税额较大"是指偷逃应缴税额在10万元以上不满50万元。因此，本案中当事人的行为尚未达到入刑的起点。

八、跨境电商企业及平台走私风险防范措施

在货物进口报关时如有低报价格、化整为零、伪报品名等情况已经构成行政违法，一旦触碰到起刑点就将构成刑法规制的走私犯罪；如果进口的货物属于国家禁止进口的物品，毫无疑问走私成立。申报不实、走私行为和走私犯罪都可能涉及进出口货物通关时对应当申报的项目如数量、规格、价格、税则号列、商品性质等未进行申报或者申报不准确，但走私行为与申报不实的实质区别在于当事人有逃避海关监管的主观故意，根据最高人民法院的解释，即行为人知道或者应当知道所从事的行为是走私行为。例如，跨境电商企业向海关提

供错误的清关材料，有计划地由"水客"夹带奢侈品入境等涉嫌走私行为，可能面临海关的行政处罚；如果偷逃应缴税额在20万元以上，或者一年内曾因走私被给予二次行政处罚后又走私的，则涉嫌构成走私犯罪。

一旦被认定构成走私犯罪，不仅企业将面临高额罚金，单位负责人也很可能身陷囹圄。根据于2021年11月1日生效的《中华人民共和国海关注册登记和备案企业信用管理办法》（下称《海关注册登记和备案企业信用管理办法》）的相关规定，有走私犯罪或者走私行为的企业将被海关认定为失信企业，适用最严厉的监管措施，同时还将受到法院、税务、证监、安监等多部门的"联合惩戒"[①]，企业的日常经营很难再正常开展。因此，有效防范走私风险是跨境电商企业和跨境电商平台的"必修课"。

（一）跨境电商企业的走私风险防范措施

实际上，大多数涉嫌走私的电商企业并非不知法者，而是基于缩减成本、扩大利润、提高竞争力等动机，在监管尚处于"摸着石头过河"，违法成本较低的情况下，主动选择了铤而走险。但执法实践显示，海关对于跨境电商零售进出口的监管正日趋严格和规范，运用大数据、云计算等先进技术手段排查风险、关联风险、连续追索违法行为已成为监管常态。因此，跨境电商经营者切不可再"以身试法"，而应摆正心态，多在商品经营上做文章，包括：

1. 充分市场调研，发掘消费热点，差异化经营，满足消费者特色需求；
2. 严把品质关，保障真品、正品；
3. 把控跨境供应链，合理选择海外仓、保税区、线下体验中心等商业模式，增强消费体验；
4. 做好售后服务，保障消费者合法权益。

对于多数违法行为，只要跨境电商企业摆正心态均可自觉避免，但也有一些问题需要特别提示。根据《关于跨境电子商务零售进出口商品有关监管事宜的公告》，在海关注册登记的电子商务企业、电子商务交易平台企业或物流企业是进口环节税的代收代缴义务人，承担着如实、准确向海关申报跨境电子商务零售进口商品的商品名称、规格型号、税则号列、实

---

① 2017年3月，《关于对海关失信企业实施联合惩戒的合作备忘录》由国家发展改革委、人民银行、海关总署等三十余部门共同签署。

际交易价格及相关费用等税收征管要素并按照海关要求补充申报的义务，以及依法向海关提交足额有效的税款担保、在海关放行后 30 日内未发生退货或修撤单情形的在法定期限内向海关办理纳税手续等方面的义务。这意味着，跨境电商企业承担了独立于消费者的纳税代缴义务。换言之，即便实际纳税义务人并未向代收代缴义务人支付有关商品的进口税款，依据该条规定，代收代缴义务人同样具有向海关代为履行纳税的法律义务。

（二）跨境电商平台的走私风险防范措施

跨境电商平台虽非交易当事人，但平台作为各方信息的汇集中心已渗入双方的交易中，成为海关的监管重点与直接对接方。平台企业虽然自身走私动机较弱，但要警惕沦为走私共犯的风险。一方面按要求加强对平台入驻企业的管理，另一方面也要加强物流合规管理，建立与物流公司的风险防火墙，避免出现为不法分子提供平台、保管、运输等共犯行为。

根据《电子商务法》和《关于完善跨境电子商务零售进口监管有关工作的通知》的相关规定，跨境电商平台要严格防范走私风险，必须充分履行如下义务：

1. 审核入驻电商身份、地址、联系方式、行政许可等信息的义务。

2. 保存平台上发布的商品和服务信息、交易信息，并确保信息的完整性、保密性、可用性。

3. 建立防止跨境电商零售进口商品虚假交易及二次销售的风险控制体系。

4. 加强自营物流合规管理，如委托第三方物流公司，需建立与物流公司的风险防火墙。

5. 采取有效手段监控异常信息（短时间内同一购买人、同一支付账户、同一收货地址等）及非正常交易行为，及时向监管部门反映风险情报，配合执法。

因此，跨境电商经营者应严格防范构成走私行为或者走私犯罪的法律风险，包括在自营模式下控制好供应链的管理，同时应保证所控制的物流企业的关务合规；在第三方商家入驻的模式下对入驻商家的资质进行合理审查、保证交易信息的真实性和可追溯性，必要时推出对失信商家的惩戒措施，发现入驻商家的走私行为及时向海关有关部门披露并配合调查等，避免被认定为走私共犯。

第十三章
跨境电商与知识产权保护问题

知识产权（intellectual property）也称为"智慧成果权"或"智力成果权"，是人们依法对其创造性智力活动成果和经营管理活动中的标记、信誉享有的专有权利。[①]知识产权制度既鼓励了创新的积极性，又让创新成果得以传播和使用，是当代社会持续发展的重要助推制度。正因如此，各国都先后建立知识产权保护制度，平衡权利人与社会公众利益的法律秩序，其中就包括在商品进出口/进出境领域的知识产权海关保护制度。

具体到跨境电商的知识产权问题而言，为了克服电商领域假冒、侵权的顽疾，《电子商务法》已经明确规定了电商经营者，尤其是平台经营者的义务与责任。中国海关近年来也连续开展了"清风""龙腾"等知识产权专项执法活动。此外，知识产权问题也是西方国家政府和企业"拿捏"中国外贸企业的手段之一。如何避免侵犯他人的知识产权，同时避免被他人侵犯知识产权，成为跨境电商理论界与实务界共同关注的问题。

一、跨境电商知识产权保护概况

（一）政策背景与当前形势

加强知识产权保护是新时代国家经济发展的必然选择。2020年11月30日，习近平总书记在主持中共中央政治局就加强我国知识产权保护工作第二十五次集体学习时强调，知识产权保护工作关系国家治理体系和治理能力现代化，关系高质量发展，关系人民生活幸福，关系国家对外开放大局，关

---

① 冯心明.论知识产权保护的价值取向[J].华南师范大学学报（社会科学版），2004（4）：20.

系国家安全。[①]国家想要打造对外开放新高地，就必须营造国际一流的营商环境，而知识产权保护制度正是营商环境的重要组成部分。2021年3月发布的《中华人民共和国国民经济和社会发展第十四个五年规划和2035年远景目标纲要》也明确强调，实施知识产权强国战略，实行严格的知识产权保护制度，完善知识产权相关法律法规，加快新领域新业态知识产权立法。

在具体政策的层面，国家也出台了许多有关知识产权保护的法律法规、政策文件。比如在2019年11月，中共中央办公厅、国务院办公厅颁布了《关于强化知识产权保护的意见》，对知识产权保护工作的推进进行了指导，对于跨境电商，其要求："研究建立跨境电商知识产权保护规则，制定电商平台保护管理标准"；"针对电商平台、展会、专业市场、进出口等关键领域和环节构建行政执法、仲裁、调解等快速处理渠道。推动电商平台建立有效运用专利权评价报告快速处置实用新型和外观设计专利侵权投诉制度"。

在立法的层面，修订后的《中华人民共和国商标法》（下称《商标法》）已于2019年11月1日起施行；《中华人民共和国专利法》于2020年10月17日通过第四次修订，自2021年6月1日起施行；《中华人民共和国著作权法》（下称《著作权法》）于2020年11月11日通过第三次修订，自2021年6月1日起施行。此外，《民法典》中也有关于网络侵权的一般规定，这些法律与《电子商务法》一道，共同完善跨境电商知识产权保护。

在司法层面，2020年4月，最高人民法院印发《关于全面加强知识产权司法保护的意见》，其中明确规定了要完善电商平台侵权认定规则，加强打击和整治网络侵犯知识产权行为，有效回应权利人在电子商务平台上的维权诉求。完善"通知－删除"等在内的电商平台治理规则，畅通权利人网络维权渠道。2020年9月，最高人民法院就《关于涉网络知识产权侵权纠纷有关法律适用问题的批复》与《关于审理涉电子商务平台知识产权纠纷案件的指导意见》生效，对涉网络、电商知识产权侵权问题进行了详细的规定。

由此可见，跨境电子商务具有网络虚拟化、交易远程化等特点，部分商

[①] 习近平在中央政治局第二十五次集体学习时强调 全面加强知识产权保护工作 激发创新活力推动构建新发展格局[EB/OL].（2020-12-01）[2021-08-09]. http://www.xinhuanet.com/politics/2020-12/01/c_1126808128.htm.

家因此产生了在知识产权（尤其是商标权）上"搭便车"的侥幸心理。但跨境电子商务不是法外之地，跨境电商企业建构知识产权战略是实施国家知识产权战略的必然要求，是实施创新驱动发展战略的必然要求，也是实施"一带一路"倡议的必然要求。①

根据海关总署的统计②，2020年中国海关共采取知识产权保护措施6.53万余次，查扣进出口侵权嫌疑货物6.19万批，涉及货物5618.19万件。在具体的执法方面，海关有关部门先后部署开展了全国海关知识产权保护"龙腾行动2020"、寄递渠道知识产权保护"蓝网行动"、出口转运货物知识产权保护"净网行动"等专项执法行动；会同市场监管总局等部门联合开展2020网络市场监管专项行动（网剑行动），打击跨境电子商务领域侵权违法活动。并且，结合新冠肺炎疫情防控形势，海关进一步加强对进出口防疫物资的知识产权保护。此外，2020年，海关总署共审核通过知识产权海关保护备案申请15163件，新增知识产权海关保护备案企业4263家，其中国内企业2710家。

从国际环境来看，以美国为首的西方国家历来对于我国的知识产权保护采取批评态度，2017年8月14日，特朗普签署行政令，指示莱特希泽按照美国《1974年贸易法案》第301条对中国发起调查，"特别301条款"专门针对那些美国认为对知识产权没有提供充分有效保护的国家和地区。在《2018年特别301报告》中，美国贸易代表办公室把中国、印度尼西亚等12个国家列入"优先观察国名单"并且把中国放在了最前面。中美贸易摩擦表面上是贸易顺差之争，实质是以知识产权为核心的科技实力之争。拜登上台之后，美国的这种态度并没有本质变化。从企业层面看，"美国企业利用中国电商知识产权保护意识薄弱、对美国知识产权保护制度不熟悉以及不愿意投入法律成本等特点，频繁对中国企业提起知识产权诉讼"。③可以说，知识产权已经成为西方国家政府及企业制约中国企业的重要手段之一。

---

① 韩旭. 跨境电商企业知识产权战略的建构与实施[J]. 长春师范大学学报，2019（1）：68.
② 中国海关知识产权保护状况发布（海关发布）[EB/OL].（2021-04-27）[2021-08-09]. https://www.cnipa.gov.cn/art/2021/4/27/art_55_159199.html.
③ 孙康. 跨境电商的知识产权风险研究[J]. 经贸管理，2016（10）：126.

（二）跨境电商商品的侵权特点

根据海关总署的总结，当前我国进出口货物侵权呈现出如下特点[①]：

一是出口环节执法成效明显，进口环节扣留侵权货物持续增长。2020年，全国海关共在出口环节扣留侵权货物6.13万批，扣留侵权货物数量5497.62万件；在进口环节扣留侵权货物614批，扣留侵权货物120.57万件。

二是扣留侵权货物仍以侵犯商标权为主。全国海关扣留的侵权货物涉及商标权、专利权、著作权、奥林匹克标志等多种类型的知识产权，其中扣留侵犯商标权的货物6.16万批，数量5582.85万件。

三是货运渠道以海关主动依职权查扣为主。全国海关在货运渠道扣留侵权货物1271批，涉及侵权货物4033.62万件。其中，海关采取依职权保护措施1232批，涉及侵权货物3983.74万件；采取依申请保护措施39批，涉及侵权货物49.88万件。

四是非货运渠道扣留侵权货物批次持续增加。全国海关在非货运渠道扣留侵权货物6.07万批，扣留侵权货物数量1584.57万件；非货运渠道执法仍以邮递渠道为主，2020年全年共在邮递渠道扣留侵权货物4.96万批，涉及侵权货物16.52万件。随着互联网新业态的发展，全国海关在快件和跨境电商渠道执法成效显著，快件渠道扣留侵权货物数量首次突破千万件。跨境电商渠道扣留侵权货物7097批，涉及侵权货物157.38万件。

五是查获侵权货物数量排名靠前的海关主要分布在东南沿海地区。从扣留侵权货物数量看，排名前十的海关依次是深圳、宁波、广州、厦门、上海、杭州、黄埔、天津、北京和青岛海关，主要位于东南沿海地区。

六是扣留侵权货物主要涉及服装鞋帽、电子电器等类别。以扣留批次统计，服装鞋帽、皮具箱包、电子电器等货物占据批次前三，分别为3.2万批、1.6万批和0.7万批；以扣留数量统计，电子电器、洗护用品、手工用具等货物的数量分别为2203.24万件、498.39万件和308.35万件。

[①] 中国海关知识产权保护状况发布（海关发布）[EB/OL]．（2021-04-27）[2021-08-09]．https://www.cnipa.gov.cn/art/2021/4/27/art_55_159199.html．

二、我国跨境电商知识产权监管制度

如前所述，随着我国的法治不断完善，跨境电商知识产权保护涉及一系列的法律法规，包括《民法典》《著作权法》《专利法》《商标法》等都适用于此。笔者在本章中仅围绕跨境电商中专门的知识产权保护制度进行论述。

（一）电商平台知识产权保护的相关规定

相关的规定主要体现在《电子商务法》以及配套法律法规上。

1.《电子商务法》的相关规定

《电子商务法》第五条首先从原则上规定了电子商务经营者从事经营活动应遵循知识产权保护；第四十一条规定电子商务平台经营者应当建立知识产权保护规则，与知识产权权利人加强合作，依法保护知识产权。同时，该法还参照"避风港原则"和"红旗原则"规定了电商平台对于知识产权保护的具体义务。

《电子商务法》第四十二条至第四十四条规定，知识产权权利人认为其知识产权受到侵害的，有权通知电子商务平台经营者采取删除、屏蔽、断开链接、终止交易和服务等必要措施。通知应当包括构成侵权的初步证据。电子商务平台经营者接到通知后，应当及时采取必要措施，并将该通知转送平台内经营者；未及时采取必要措施的，对损害的扩大部分与平台内经营者承担连带责任。因通知错误造成平台内经营者损害的，依法承担民事责任。恶意发出错误通知，造成平台内经营者损失的，加倍承担赔偿责任。平台内经营者接到转送的通知后，可以向电子商务平台经营者提交不存在侵权行为的声明。声明应当包括不存在侵权行为的初步证据。电子商务平台经营者接到声明后，应当将该声明转送发出通知的知识产权权利人，并告知其可以向有关主管部门投诉或者向人民法院起诉。电子商务平台经营者在转送声明到达知识产权权利人后十五日内，未收到权利人已经投诉或者起诉通知的，应当及时终止所采取的措施。电子商务平台经营者应当及时公示收到的上述通知、声明及处理结果。

上述制度借鉴了美国的"避风港原则"，美国设立该规则的目的在于，一方面建立一种激励机制，促进网络服务商与权利人的合作，以有效地制止网络侵权行为的蔓延，另一方面也是为了明确网络服务商可能的侵权责任，使得网络服务商可以在准确预测法律风险的情况下，正常经营和发展网络信息产业。[①]显然，本法采用该原则也是为了平衡平台、知识产权人、侵权人之间的利益。

此外，《电子商务法》第四十五条规定，电子商务平台经营者知道或者应当知道平台内经营者侵犯知识产权的，应当采取删除、屏蔽、断开链接、终止交易和服务等必要措施；未采取必要措施的，与侵权人承担连带责任。这一规定也参照了"红旗原则"，即如果侵权行为已经如此明显，则平台需要采取相应的措施，否则需要承担相关的责任。当然，侵权行为的严重和紧迫程度有所不同，电商平台所采取的措施不能一概而论。《关于审理涉电子商务平台知识产权纠纷案件的指导意见》《关于审理涉电子商务平台知识产权纠纷案件的指导意见》规定，电子商务平台经营者应当根据权利的性质、侵权的具体情形和技术条件，以及构成侵权的初步证据、服务类型，及时采取必要措施。采取的必要措施应当遵循合理审慎的原则，包括但不限于删除、屏蔽、断开链接等下架措施。平台内经营者多次、故意侵害知识产权的，电子商务平台经营者有权采取终止交易和服务的措施。换言之，"终止交易和服务"的条件更加严格。

电子商务平台经营者违反第四十二条、第四十五条规定，对平台内经营者实施侵犯知识产权行为未依法采取必要措施的，由有关知识产权行政部门责令限期改正；逾期不改正的，处五万元以上五十万元以下的罚款；情节严重的，处五十万元以上二百万元以下的罚款。

笔者认为，《电子商务法》树立电商领域的知识产权规则是无可非议的，但其立法同样应当以知识产权法权价值的平衡理论为指导。知识产权法的价值包括正义、效率和创新，也包括自由、公平、秩序。具体到公平正义价值而言，应当是知识产权各主体间的分配正义，故美国学者将知识产权制度设计概括为"协调创造者、传播者、使用者权利的平衡法"。以此为理论前提检视立法，会发现《电子商务法》对知识产权权利人权益的保护有矫枉过正之嫌。《电子商务法》第四十二条规定的内容是"知识产权权利人认为其知识产权受到侵害的，有权通知电子商务平台经营者采取删除、屏蔽、断开链接、终止交易和服务等必要措施"。根据平义解释，电商平台"转送通知"义务的履行并不能作为电商平台迟延采取删除、屏蔽、断开链接、终止交易和服务

[①] 史学清，汪涌. 避风港还是风暴角——解读《信息网络传播权保护条例》第23条[J]. 知识产权，2009, 19(02): 23-24.

等必要措施的抗辩。电商平台在接到通知之后，必须采取必要措施。

上述规定将为知识产权权利人的维权提供极大的便利，但也存在知识产权权利人滥用其权利的可能性。一旦因为错误的通知导致相关链接被删除，可能使商家在平台审核、15天等待期内产生巨大经营损失，尤其是在"双十一"等促销活动期间。为此，法律同时规定了恶意通知加倍承担赔偿责任，学者也强调，如果有证据证明是恶意投诉而非正当维权，平台则完全有权予以拒绝。① 但是在实践中，实施效果是取决于多种因素的，包括相关维权成本、损失的认定以及法律是否足够完善等。实践中电商平台也在加大投入建设辨别恶意通知以及相关纠纷的系统及机制，但是平台的能力毕竟有限，对恶意通知行为的抑制，还需要更加体系化的制度设计，从权属确定环节开始完善，通过平台治理和司法、执法实践的配合，加大对恶意通知行为的惩戒力度，从事前、事中、事后各个环节进行利益权衡和规则调整，建构并完善配套制度。从更广泛的角度看，解决电商知识产权保护问题也需要政府部门和电商平台的合作。②

2. 司法配套规定

鉴于上述规定在实践中仍然存在模糊的地方，最高人民法院2020年9月颁布生效的《关于涉网络知识产权侵权纠纷有关法律适用问题的批复》与《关于审理涉电子商务平台知识产权纠纷案件的指导意见》对此进行了一定的补充和完善。

《关于涉网络知识产权侵权纠纷有关法律适用问题的批复》主要体现了司法机关在实践中对上述规则的支持和落实，比如《电子商务法》只规定了知识产权权利人对平台的"通知－删除"权利，而此批复则进一步规定知识产权权利人可以向法院提起此类申请③；《电子商务法》只规定了恶意通知者的"加倍赔偿责任"，而此批复则明确了法院对惩罚性赔偿的支持，并且明确了与"恶意"认定相关的证明规则——即只要权利人发出的通知与客观事实不

---

① 电商知识产权保护新难题待解[FR/OL].（2019-11-05）[2021-08-09]. http://www.npc.gov.cn/npc/c30834/201911/6c0098bd280f44189fa97674a351baef.shtml.
② 国家知识产权局知识产权发展研究中心. 中国电子商务知识产权发展研究报告[R/OL].（2021-01-18）[2021-08-10]. http://cnipa-ipdrc.org.cn/article.aspx? id=625.
③ 《关于涉网络知识产权侵权纠纷有关法律适用问题的批复》第一条：知识产权权利人主张其权利受到侵害并提出保全申请，要求网络服务提供者、电子商务平台经营者迅速采取删除、屏蔽、断开链接等下架措施的，人民法院应当依法审查并作出裁定。

符,即可推定其具有"恶意",但是通知人可以主张并证明自身的善意。① 这些规则无疑使得相关规定在司法实践中更具有可操作性。

此外,在实践中,《电子商务法》相关规定的"应当知道""恶意"等的认定并不明确。因此,《关于审理涉电子商务平台知识产权纠纷案件的指导意见》对此作出了一些详细的规定,见表13.1。

表13.1 《关于审理涉电子商务平台知识产权纠纷案件的指导意见》的部分规定

"通知"的内容	知识产权权利证明及权利人的真实身份信息;能够实现准确定位的被诉侵权商品或者服务信息;构成侵权的初步证据;通知真实性的书面保证等。通知应当采取书面形式。 通知涉及专利权的,电子商务平台经营者可以要求知识产权权利人提交技术特征或者设计特征对比的说明、实用新型或者外观设计专利权评价报告等材料。
"不存在侵权行为的声明"的内容	平台内经营者的真实身份信息;能够实现准确定位、要求终止必要措施的商品或者服务信息;权属证明、授权证明等不存在侵权行为的初步证据;声明真实性的书面保证等。声明应当采取书面形式。 声明涉及专利权的,电子商务平台经营者可以要求平台内经营者提交技术特征或者设计特征对比的说明等材料。
发出错误通知是否"恶意"	可以考量下列因素:提交伪造、变造的权利证明;提交虚假侵权对比的鉴定意见、专家意见;明知权利状态不稳定仍发出通知;明知通知错误仍不及时撤回或者更正;反复提交错误通知等。②
平台内经营者发出声明是否具有"恶意"	可以考量下列因素:提供伪造或者无效的权利证明、授权证明;声明包含虚假信息或者具有明显误导性;通知已经附有认定侵权的生效裁判或者行政处理决定,仍发出声明;明知声明内容错误,仍不及时撤回或者更正等。
平台经营者"应当知道"侵权行为的存在	未履行制定知识产权保护规则、审核平台内经营者经营资质等法定义务;未审核平台内店铺类型标注为"旗舰店""品牌店"等字样的经营者的权利证明;未采取有效技术手段,过滤和拦截包含"高仿""假货"等字样的侵权商品链接、被投诉成立后再次上架的侵权商品链接;其他未履行合理审查和注意义务的情形。

---

① 《关于涉网络知识产权侵权纠纷有关法律适用问题的批复》第四条:因恶意提交声明导致电子商务平台经营者终止必要措施并造成知识产权权利人损害,权利人依照有关法律规定请求相应惩罚性赔偿的,人民法院可以依法予以支持。
第五条:知识产权权利人发出的通知内容与客观事实不符,但其在诉讼中主张该通知系善意提交并请求免责,且能够举证证明的,人民法院依法审查属实后应当予以支持。
② 如果没有直接认定恶意的因素,可以参考上文所述的《关于涉网络知识产权侵权纠纷有关法律适用问题的批复》第五条的证明规则来进行判断。

（二）海关知识产权监管规定

1.海关监管知识产权的范围

（1）"进出口的货物"

《海关法》第四十四条规定，海关依照法律、行政法规的规定，对与进出境货物有关的知识产权实施保护；《中华人民共和国知识产权海关保护条例》（下称《知识产权海关保护条例》）第三条规定，国家禁止侵犯知识产权的货物进出口。根据上述规定，海关监管范围的核心在于"进出境"（进出口）和"货物"。

值得注意的是，对于"进出境"货物的监管并不意味着海关对于自贸区、保税区等海关特殊监管区内的侵权商品没有监管权力。"关境"与"国境"并不一样，根据《海关法》第二十三条的规定，进口货物自进境起到办结海关手续止，出口货物自向海关申报起到出境止，过境、转运和通运货物自进境起到出境止，应当接受海关监管。"自贸区""保税区"等特殊监管区域只是在税收、监管要求上有优惠，但并不意味着可以脱离海关的监管。

此外，强调海关对"货物"进出口有关的"知识产权"进行保护，这意味着脱离货物的包装、装潢，运输货物的包装盒、纸箱无论印有何种商标，只要不构成误导消费者判断货物来源，均不构成侵权。比如拿"农夫山泉"的纸箱运输了一箱YSL口红，并不属于侵犯"农夫山泉"商标权的行为。实践中常见的反查处手段是货物与侵权商标分离运输，或只运输侵权商标，但无对应货物。对于第一种情况，要综合考虑货物与商标的对应情况，包括数量对应和样式对应，比如一批货物中有2000只未贴标口红和1000个假冒YSL商标，经核实，该假冒商标贴附在口红时与正品YSL口红高度相似，据此，海关扣留1000只口红与对应的1000个假冒商标是理所应当的，但对于剩余的1000只该如何处理呢？笔者认为，在未发现对应数量的假冒商标时，将其认定为中性商品而非侵权商品是更妥当的处理方式。对于第二种情况，实践中存在争议。从法理上讲，《商标法》中侵犯商标权与伪造、擅自制造他人注册商标标识分属不同条款，也即该两条规定所保护的权利客体并不相同，故被侵犯商标权的货物与商标本身在立法目的上应当属于并列的权利保护客体，而非包含关系。同时，将"货物"扩大解释为包含"商标"存在超越国民预测可能性的嫌疑。

（2）行邮渠道

当然，上述的规定并不意味着海关对于行邮渠道进出口商品的知识产权问题完全不进行监管。行邮渠道是跨境电商零售进出口商品的重要渠道之一，目前对于跨境电商零售进口商品按照货物征税，按照物品监管，这意味着对于跨境电商行邮物品存在适用非商业性有限豁免的可能。根据《TRIPS协议》第六十条的规定，对于旅客个人行李中所携带或小型交运件中发送的少量非商业性的商品，可以不适用《TRIPS协议》。《知识产权海关保护条例》同样遵循了行邮物品有限豁免的原则，即对于自用且在合理数量范围内的侵权商品不启动知识产权海关保护执法措施。对于超出自用、合理数量的侵权物品，收、寄件人可以向海关声明放弃，进而免除行政处罚。

虽然单件物品存在非商业性有限豁免的可能性，但行邮渠道绝不是跨境电商侵权的"避风港"。跨境电商虽然单笔交易货值较低，但其作为一种商业模式的持续经营意味着高频次交易后的风险累积。以义乌海关查处假运动鞋案为例，据义乌海关公开的资料，市场上1000元人民币以上的"adidas"限量款"YEEZY"运动鞋，在几个特殊的电商包裹中，面单价格仅为10美元。海关关员检查后发现，"这批鞋子的做工也存在较多瑕疵，怀疑侵权假冒的可能性极大"。经过调查，义乌海关摸清了相关涉案人员在跨境电商平台销售侵权假冒产品的事实并将案件依法移送至义乌市公安局。最终，一个位于福建莆田的制造、销售假冒运动鞋窝点被捣毁，纵贯生产、批发、零售等各环节，横跨6个省市的跨境制假售假违法犯罪网络被摧毁。[①] 目前，海关已经能够运用大数据对邮件侵权商品重点布控，并与市场监管部门、公安部门密切配合，发挥公安部门技术侦查优势深挖扩线、追根溯源，最终形成全链条打击。

另外，由于邮寄物品寄/收件人信息缺失、虚假等原因，邮寄物品常常出现"见货不见人"的情况。在可以确定物品侵权但无法查清货主身份的情况下，海关自制发有关公告之日起3个月后可以对相关物品予以收缴。

2. 海关知识产权监管的具体方式

关于跨境电商的知识产权合规问题，商品进出口/进出境领域的《知识产权海关保护条例》占据重要地位。该条例主要规定了知识产权权利人备案及海关扣留侵权嫌疑货物两大制度，见表13.2。

---

① "云端"打假 捍卫知识产权[EB/OL]. (2018-04-27) [2021-08-09]. http://www.sohu.com/a/229628883_151247.

表13.2 《知识产权海关保护条例》内容梳理

事项		相关规定
知识产权的备案	提交申请书	申请书应当包括下列内容： ● 知识产权权利人的名称或者姓名、注册地或者国籍等； ● 知识产权的名称、内容及其相关信息； ● 知识产权许可行使状况； ● 知识产权权利人合法行使知识产权的货物的名称、产地、进出境地海关、进出口商、主要特征、价格等； ● 已知的侵犯知识产权货物的制造商、进出口商、进出境地海关、主要特征、价格等。
	有效期及续展备案	● 知识产权海关保护备案自海关总署准予备案之日起生效，有效期为10年。 ● 知识产权有效的，知识产权权利人可以在知识产权海关保护备案有效期届满前6个月内，向海关总署申请续展备案。每次续展备案的有效期为10年。 ● 知识产权海关保护备案有效期届满而不申请续展或者知识产权不再受法律、行政法规保护的，知识产权海关保护备案随即失效。
	变更或者注销手续	● 知识产权备案情况发生改变的，知识产权权利人应当自发生改变之日起30个工作日内，向海关总署办理备案变更或者注销手续。 ● 未办理变更或者注销手续，给他人合法进出口或海关依法履行监管职责造成严重影响的，海关总署可以根据有关利害关系人的申请或主动撤销有关备案。
扣留侵权嫌疑货物	依申请扣留（被动保护）	● 权利人提交申请书及相关证明文件申请扣留，申请书应当包括下列主要内容： 知识产权权利人的名称或者姓名、注册地或者国籍等； 知识产权的名称、内容及其相关信息； 侵权嫌疑货物收货人和发货人的名称； 侵权嫌疑货物名称、规格等； 侵权嫌疑货物可能进出境的口岸、时间、运输工具等。 ● 权利人提供相当于侵权嫌疑货物价值的担保金。 ● 权利人应向海关提供不超过货物等值的担保，用于赔偿可能因申请不当给收货人、发货人造成的损失及支付货物由海关扣留后的仓储、保管和处置等费用。

表13.2续1

事项		相关规定
扣留侵权嫌疑货物	依职权扣留（主动保护）	● 海关对侵犯备案知识产权的嫌疑货物中止放行。 ● 海关发现进出口货物有侵犯备案知识产权嫌疑的，应立即书面通知权利人。 ● 权利人自通知送达之日起3个工作日内提出申请，并提供担保的，海关应当扣留侵权嫌疑货物。 ● 海关扣留嫌疑货物后进行调查认定。 ● 海关应当自扣留之日起30个工作日内对被扣留的侵权嫌疑货物是否侵犯知识产权进行调查、认定；不能认定的，应当立即书面通知知识产权权利人。
	权利人支付仓储、保管和处置费用	● 权利人应当支付有关仓储、保管和处置等费用。 ● 权利人未支付有关费用的，海关可以从其向海关提供的担保金中予以扣除，或者要求担保人履行有关担保责任。 ● 侵权嫌疑货物被认定为侵犯知识产权的，知识产权权利人可以将其支付的有关仓储、保管和处置等费用计入其为制止侵权行为所支付的合理开支。
	权利人可以同时向法院申请责令停止侵权行为或者财产保全	● 知识产权权利人在向海关提出采取保护措施的申请后，可以依照有关法律的规定，向人民法院申请采取责令停止侵权行为或者财产保全的措施。 ● 海关收到人民法院有关责令停止侵权行为或者财产保全的协助执行通知的，应当予以协助。
	权利人的法律责任	● 海关接受申请后，因知识产权权利人未提供确切情况而未能发现侵权货物、未能及时采取保护措施或者采取保护措施不力的，由权利人自行承担责任。 ● 权利人请求扣留嫌疑货物后，海关不能认定嫌疑货物侵犯权利人的知识产权，或者法院判定不侵犯权利人的知识产权的，权利人应承担赔偿责任。
	涉嫌侵犯专利权货物的收货人或者发货人的救济	● 收货人或者发货人认为其货物未侵犯知识产权权利人的知识产权的，应当向海关提出书面说明并附送相关证据。 ● 收货人或者发货人认为其进出口货物未侵犯专利权的，可以在向海关提供货物等值的担保金后，请求海关放行其货物。
	海关应当放行被扣留侵权嫌疑货物的情形	● 海关依申请扣留侵权嫌疑货物，自扣留之日起20个工作日内未收到人民法院协助执行通知的。 ● 海关主动扣留侵权嫌疑货物，自扣留之日起50个工作日内未收到人民法院协助执行通知，并且经调查不能认定被扣留的侵权嫌疑货物侵犯知识产权的。

表13.2续2

事项	相关规定
扣留侵权嫌疑货物 — 海关应当放行被扣留侵权嫌疑货物的情形	● 海关依申请扣留侵权嫌疑货物，自扣留之日起20个工作日内未收到人民法院协助执行通知的。 ● 海关主动扣留侵权嫌疑货物，自扣留之日起50个工作日内未收到人民法院协助执行通知，并且经调查不能认定被扣留的侵权嫌疑货物侵犯知识产权的。 ● 涉嫌侵犯专利权货物的收货人或者发货人在向海关提供与货物等值的担保金后，请求海关放行其货物的。 ● 海关认为收货人或者发货人有充分的证据证明其货物未侵犯知识产权权利人的知识产权的。 ● 在海关认定被扣留的侵权嫌疑货物为侵权货物之前，知识产权权利人撤回扣留侵权嫌疑货物的申请的。
海关对于认定侵犯知识产权的货物处理	● 被扣留的侵权嫌疑货物，经海关调查后认定侵犯知识产权的，由海关予以没收。 ● 海关没收侵犯知识产权货物后，应当将侵犯知识产权货物的有关情况书面通知知识产权权利人。 ● 被没收的侵犯知识产权货物可以用于社会公益事业、有偿转让给权利人、在消除侵权特征后依法拍卖；侵权特征无法消除的，应予以销毁。

根据上述规定，海关知识产权主动保护和被动保护两种方式的流程可以总结如图13.1、图13.2所示。

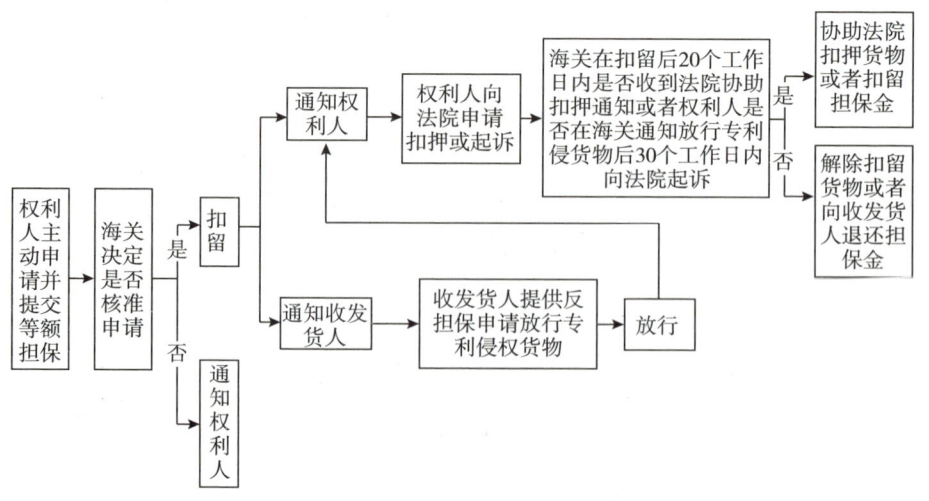

图13.1　依申请扣留模式（被动保护）流程

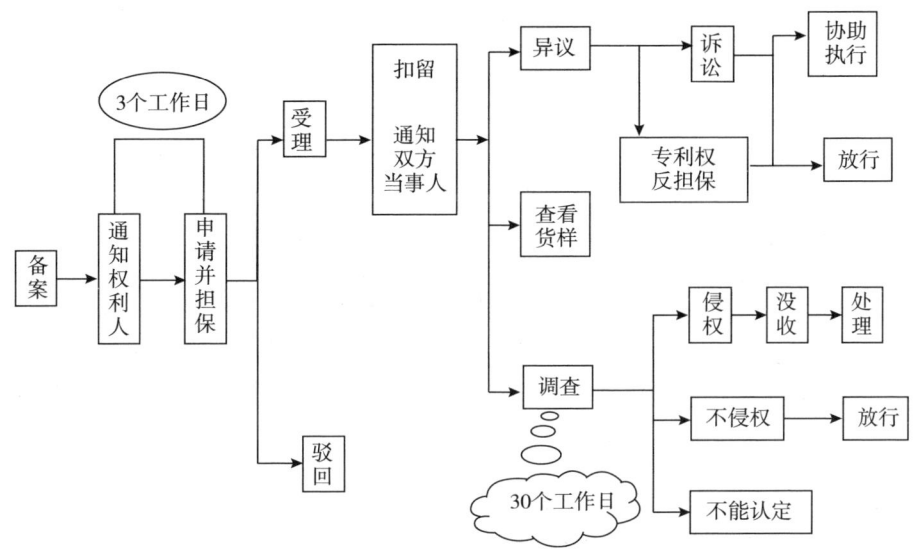

图 13.2　依职权保护模式（主动保护）流程

此外，海关总署还通过《〈知识产权海关保护条例〉的实施办法》对其中的一些规定进行了细化，使其更具有可操作性。

上述的规定给知识产权权利人提供了较为全面的保护，但是在实践中它也容易被权利人滥用，从而损害跨境电商经营者的利益。根据笔者在海关领域的实务工作经验，知识产权权利人借此规定滥用权利的方式可能是多种多样的，包括：（1）国内厂商抢注商标，申请海关备案，阻止同类产品的进出口；（2）以侵犯知识产权为由申请海关扣押竞争对手的商品，造成竞争对手商业违约；（3）国外竞争者向我国海关提供误导信息（如恶意举报），致使我国商品出口受阻；（4）权利人通过不准确的备案权利信息不当扩展海关保护的权利范围。权利人滥用权利，从而为自己获取不正当的竞争利益，这既违背了商业道德也违反了相关的法律。

3.法律责任

如上所述，对于依职权启动的知识产权保护程序，海关可能作出三种认定结论，即"认定侵权""不能认定侵权""认定不侵权"，被认定侵权的责任人除了民事赔偿风险外，还面临下列法律责任：

（1）行政责任

如果收发货人和进出境物品所有人违反了知识产权海关保护制度的规定，海关有权并处以下两种行政处罚：一是没收侵权货物；二是罚款。罚款幅度根据违法情况的不同分为两种：① 进出口侵犯我国法律、行政法规保护的知识产权的货物，没收侵权货物并处货物价值30%以下罚款；② 需要向海关申报知识产权状况，但进出口货物收发货人及其代理人未按照规定向海关如实申报有关知识产权状况，或者未提交合法使用有关知识产权的证明文件的，可以处五万元以下罚款。

（2）刑事责任

当进出口侵犯我国法律、行政法规保护的知识产权的货物，构成犯罪的，依法追究刑事责任。我国《刑法》分则第三章第七节规定了几种具体的知识产权犯罪行为及其量刑标准，这些行为在进出口环节一经发现，则海关在查扣后，由海关向公安部门通报案件线索。

三、跨境电商出口知识产权保护的问题

跨境电商作为新兴外贸业态，在疫情期间已成为稳外贸的重要力量。外界对跨境电商行业的报道，离不开让人眼前一亮的增长数字和可期的前景。但近期，对于跨境电商从业者而言，摆在面前的却是在亚马逊平台被封号的"翻车惨案"。2021年4月底，帕拓逊账号被封，亚马逊"封号潮"由此开始，并持续三个月，从头部大卖到腰部卖家尽数中招，跨境电商上市公司及融资级别的公司均被波及。和此前单纯地下架一些产品相比，这次亚马逊不仅直接封号，还将店铺的资金也冻结了。某卖家因涉嫌违反亚马逊平台规则，公司资金被冻结1.3亿元。公布的公司12种违规行为中，除了放置小卡片向客户索取好评、刷单、刷屏的典型问题外，仿造或假冒商品也赫然在列。

除了平台与中国卖家的"七年之痒"，卖家也遭受到知识产权的"围猎"。针对中国卖家知识产权侵权的美国律所 Greer, Burns & Crain，在2020年总共发起了243件诉讼，关闭了2.2万个卖家账户和5900个网站。

（一）跨境电商零售出口的知识产权侵权风险

跨境电商的典型特点是"什么流行、什么热销，就卖什么"，即所谓"网络爆款"，这其中往往蕴藏着极大的知识产权侵权风险。事实上，这些"流行款"或者"热销产品"等，都是受知识产权保护的，包括商标权、包装装潢、

著作权、外观设计、发明专利等。以下，笔者将着重分析美国专利、版权与商标侵权三种知识产权侵权类型。

1. 专利侵权

美国的专利分为发明专利（utility patent）与外观设计专利（design patent），前者用于保护产品的结构、组分和制造方法及其改进技术，后者用于保护产品的独特外观。在跨境电商活动中，专利侵权行为主要表现为未经授权假冒、销售专利权人的产品；未经权利人许可，许诺销售、进口、制造他人享有专利权的产品；未经权利人许可，利用专利方案制造、销售、许诺销售专利产品等。

2. 版权侵权

美国的版权法保护的对象为具有创意性的作品及表达，如书籍、电影、图案、音乐、绘画作品及计算机软件等。版权侵权通常表现为以下几种方式。

（1）未经版权人许可擅自使用权利人的图片、宣传语、音乐等进行宣传，较为典型的行为就是"盗图"。

比如"小猪佩奇"国内著作权纠纷首案中，侵权人某公司非法使用著作权人娱乐壹英国有限公司与艾斯利贝克戴维斯有限公司的卡通形象，在淘宝网展示侵权商标，并销售印有"小猪佩奇"形象的玩具，被杭州互联网法院认定为侵犯了作品的发行权、信息网络传播权与复制权，最终判赔15万元。

（2）未经权利人同意擅自出售、传播作品的行为。例如盗版书籍、盗版影片等。

（3）未经权利人同意，擅自修改他人作品。

比如侵权人故意修改权利人享有著作权的美术作品、卡通形象等进行小幅度修改，形成与原作品有区别却神似的新"作品"，以期鱼目混珠、搭上原作品的"便车"来扩展销售市场。

3. 商标权侵权

美国的商标法保护用来区分产品和服务来源的标记，商标可以由文字、名称、符号、图案或上述元素的任何组合构成，以避免消费者对产品和服务的来源产生混淆。商标侵权一直以来都是跨境电商中知识产权侵权频发的"高风险区"。中国海关总署的统计数据显示，在跨境贸易中，侵犯商标权的产品已占据了所有侵权产品总量的95%以上。

实践中，企业侵害商标权行为多种多样，主要包括将店铺名称或网站域名注册成与商标权人的商标一致或近似、在产品介绍时使用与商标权人相同或近似的商标、售卖标有他人注册商标的产品、销售仿冒产品等行为。由于跨境电商交易活动是通过线上平台完成的，除了卖家在平台披露、介绍的信息外，境外买家在收到货物之前，均无法判断所购商品的真伪、质量优劣，而只能通过对品牌信任与依赖来实现对商品的判断所造成的。不少跨境电商企业往往会利用他人知名商标或品牌已有的影响力，来混淆视听。

（二）跨境电商知识产权侵权处理流程

1. 电商平台层面

以亚马逊为例，若权利人遭遇侵权，亚马逊有一张关键"防御牌"——举报违规行为（report a violation）工具，覆盖商标侵权、版权侵权和专利侵权三层类型，被侵权卖家可以通过以下简单的步骤将涉嫌侵犯知识产权的行为通知亚马逊，强力维权。亚马逊处理知识产权侵权流程如图13.3所示。

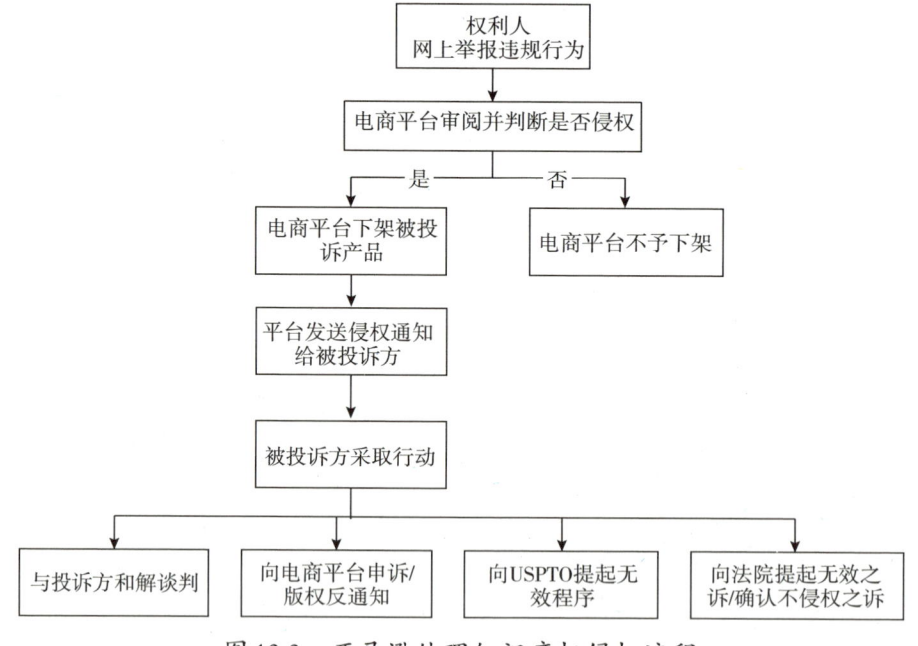

图 13.3 亚马逊处理知识产权侵权流程

2. 诉讼层面

大体而言，这些针对跨境电子商户的侵权诉讼包括连环相扣的"三部曲"。如果被告不积极应诉，则这"三部曲"进展很快，如图13.4所示。

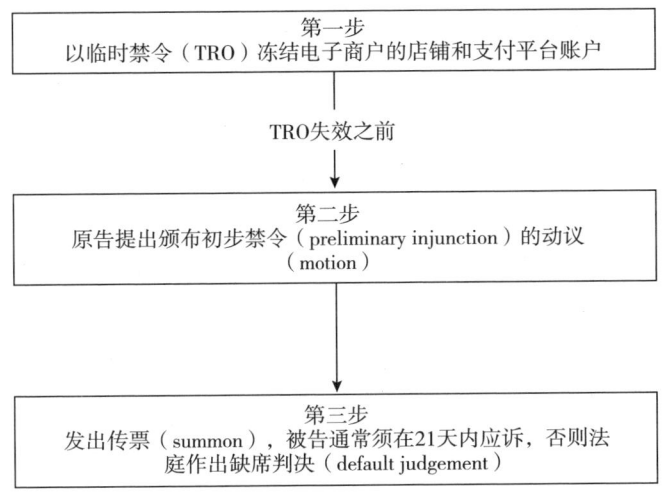

图 13.4　对跨境电商商户侵权提起诉讼的流程

第一步，以临时禁令（TRO）冻结电子商户的店铺和支付平台账户。TRO 的有效期限很短，一般不超过 14 天，但其无须经过听证程序，甚至无须通知被申请人，目的是有效防止被申请人在得知消息后转移财产或者毁灭证据等。

第二步，在 TRO 失效之前（通常一周之内），原告提出颁布初步禁令（preliminary injunction）的动议（motion），以确保听证后颁布的初步禁令能够与 TRO 无缝对接。

第三步，在颁布初步禁令后，很快就发出了传票（summon），被告通常须在 21 日内应诉（出庭，或递交答辩状），否则法庭作出缺席判决（default judgement）。

通常，判决会在法院收到诉状之后的一个半月左右作出，赔偿金为 10 万美元到 200 万美元不等。对于不积极应诉的被告，程序就此完结，其被冻结的支付平台账户中的资金即被划走作为赔偿金。而如果被冻账户的资金不足以支付赔偿金，被冻账户一般会被永久限制。而且，原告会持续监控被告的网上行为，一旦发现涉诉店铺的其他收款账号（甚至包括国内银行账户），原告会继续申请法院强制执行。

在上述过程中，美国法院并不会执着于找到电子商户或者支付平台账户背后的实际控制企业或者个人，而是径直以电子商户或者支付账户所能联系的电子邮件账户为对象。

(三）跨境电商知识产权风险原因解析

由于跨境电商知识产权从内容上涉猎广泛，包括专利、地理标志、商标和版权等，既包含进口导致的知识产权的域内冲突，也包含出口导致的知识产权域外冲突。

首先，知识产权本身就有明显的地域性，相同的商品基于不同国家对本国知识产权的立法、保护内容、保护力度等方面存在的诸多差异，因此其商品上附着的知识产权的权利保护范围也存在诸多不同，随着贸易全球化的进程，不可避免地会与知识产权的地域性发生冲突，平行进口的产生演化以及存在的争议即是先例。在跨境电商发展的过程中，交易涉及的跨境往往不受地域、国界限制，交易对象也不仅限于境外的单一的国家或地区，因此商品的流转可能会经过两个甚至多个国家。即便跨境电商经营者在其本国就所销售的产品享有合法的知识产权，也无法确保其在产品所销售到的国家拥有合法的知识产权。这种跨境电商的无界性和知识产权保护的地域性特征之间的矛盾，是很多跨境电商领域知识产权纠纷产生的根本原因。

其次，各国除了实体规则方面存在差异外，在程序法、法律文化等方面也存在巨大的差异。比如对于一个中国卖家来说，如果在美国被诉，美国独特的司法制度及司法程序（包括管辖权、诉讼程序、执行机制等）、复杂的判例法、法律适用问题，乃至语言的不通、距离的遥远都会使其望而却步。聘请当地律师当然是较好的做法，但是对于中小卖家而言，可能又难以负担相关的费用。因此发生纠纷、面对对方"主场作战"的时候，中国的中小卖家很可能难以招架。事实上，国际民事诉讼向来是颇为复杂和困难的，这在跨境电商的中小卖家身上体现得更为淋漓尽致。

再次，一些国家为了支持自己国内电商发展，对于跨境电商交易活动监管愈加严格，有的甚至设置了一些贸易壁垒措施。出于地域保护的目的，国外部分平台没有给予中国出口商品有效的抗辩渠道和知识产权保护措施，使得知识产权变成了其恶性竞争的手段，严重阻碍了中国跨境电商出口的发展。例如，此前，亚马逊网站强制下架可能侵犯知识产权的中国产品，由于所涉及的出口企业缺乏有效渠道处理境外知识产权纠纷，导致大量货品积压在境外无法得到妥善处置。

最后，因为存在法律差异、被告应诉困难、原告胜诉率高且获得的损害赔偿多等因素，有一些海外权利人或者律所愈加乐于对中国卖家提起诉讼，以便从中获益。比如Greer, Burns & Crain 就是一家被戏称为最爱起诉中国卖家的美国律所。据这家律所的官网介绍，在2020年共提起243个商标诉讼，涉及22000多个市场目标和5900个网站，其中97%的注册资料为中国大陆地区资料。① 甚至在实践中存在对卖家进行"钓鱼购买"或"钓鱼取证"的情况。②

跨境电商知识产权风险见图13.5。

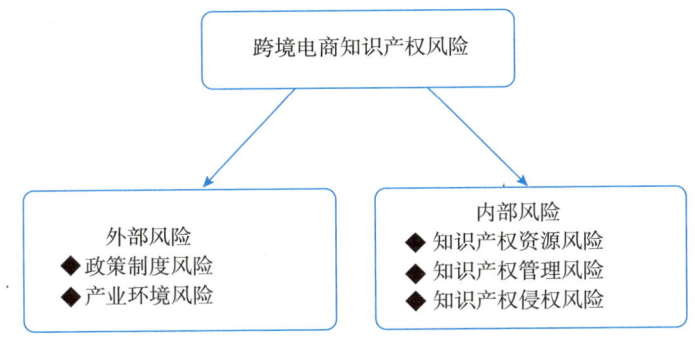

图13.5 跨境电商知识产权风险

（四）中国跨境电商出口商存在的问题

当然，除了上述客观的困境之外，我国跨境电商卖家自身也存在一些主观上的问题。

首先，商家本身确实存在不重视知识产权保护的情况，特别是由于目前我国大多数跨境电商中小型企业主要出口产品为日用品、纺织品和玩具等产品，而这些产品因较低的产品附加值，使其在竞争力上并不具有优势，这也导致一些中小型企业为了提高销量，往往会以国外知名产品为样本来进行模仿和设计，从而频繁出现侵犯知识产权事件，随之而来的是大量的诉讼以及高额的司法赔偿。

其次，不熟悉域外法律和司法实践，或者对于败诉的风险认识不足，甚至是出于畏难情绪从而在被境外起诉的时候采取置之不理的态度。比如中国

---

① 黄婉仪，郭美婷，郑植文. 出海侵权纠纷频发，一场针对中国卖家的"围猎"如何应对？[EB/OL]. (2021-07-30) [2021-08-09]. https://m.21jingji.com/article/20210730/herald/7611ec8421d44584a2200e16100381f1.html.

② 易继明. 跨境电商知识产权风险的应对：以中国电商在美被诉为例[J]. 知识产权，2021（1）：38.

商家常以"不知道侵权",或者被冻结的支付平台账户以"网店不是我经营"来抗辩,以图免责,但这并不被美国法院采纳。[1] 可能有的商家以为自己销售侵权产品数额不大,或者海外账户余额有限,即便败诉损失也有限。但是却不知道可能会面临美国高额的惩罚性赔偿,并且败诉之后,如果现有账户中的余额不足以支付,涉诉店铺的其他账户同样有可能会被强制执行。

最后,有些商家即便不构成侵权,或者权利存在争议,也可能为了息事宁人或者避免应诉的麻烦,而没有选择坚持进行诉讼程序来维护自身利益。这在一定程度上也使得原告的"维权"更加得心应手,这并不利于商家长远的经营和发展。

因此,对于跨境电商出口商家而言,一方面应该提高合规经营的意识,尽可能保证所销售的商品不违反所出口地的法律法规规定,而不可抱有侥幸的心理;另一方面应提高维权意识,在纠纷发生之后积极应对,选择最合适的维权措施,必要时聘请当地律师以争取有利结果。当然,从更广泛的角度看,我国政府相关部门及行业组织也应提供必要帮助,诸如外国法律的培训、协助应诉等。

四、案例评析

案例一 杨某辉、刘某芬等销售假冒注册商标的商品罪案[2]

2017年3月至2018年12月,被告人杨某辉、刘某芬在明知是假冒注册商标的商品的情况下,仍购进假冒多个品牌注册商标的服装,在其经营的网店"中山某贸易公司"对外销售。被告人苏某宾、徐某红在购物网站(出口电商平台)以每件18~19美元的价格将上述服装销售给国外客户,销售金额共计人民币191621.65元。2018年12月6日,侦查人员从被告人杨某辉、刘某芬处查扣假冒注册商标的服装货值金额共计人民币241692元。经过审理,法院认为上述被告人的行为都构成了销售假冒注册商标的商品罪。

---

[1] 易继明. 跨境电商知识产权风险的应对:以中国电商在美被诉为例[J]. 知识产权,2021(1):39.

[2] (2020)苏08刑初15号。

本案共有四个被告，分别构成两个共同犯罪。被告人杨某辉、刘某芬明知是假冒注册商标的商品而进货并在电商平台上销售，查明的已销售共计人民币47975元，尚未达到《刑法》第二百一十四条"违法所得数额较大"的50000元的量刑起点。①但公安机关从被告人杨某辉、刘某芬处查扣假冒注册商标的服装货值金额共计人民币241692元，根据《最高人民法院、最高人民检察院、公安部关于办理侵犯知识产权刑事案件适用法律若干问题的意见》第八条的规定，假冒注册商标的商品尚未销售，货值金额在十五万元以上不满二十五万元的，按照相应"数额较大"的量刑幅度，以犯罪未遂进行定罪量刑，本案法院即以此为依据作出了裁判。被告人苏某宾、徐某红销售金额超过19万元，按照数额较大量刑。

在本案中，杨某辉、刘某芬是通过其自身经营的网店进行销售，销售范围是国内；而被告人苏某宾、徐某红则在跨境电商平台上进行出口销售，但这并不影响其行为受到我国法律的规制。相反，因为被告人苏某宾、徐某红将案涉产品销往境外时的价格更高，从而使得销售额更大，导致其最终的量刑更重。在本案中，被告人杨某辉、刘某芬将部分商品销售给苏某宾、徐某红，而苏某宾、徐某红再将商品通过跨境电商方式销售出口，虽然双方涉及的是同一批货物，但因为两次销售的价格不同而导致销售额不同，进而导致杨某辉、刘某芬和苏某宾、徐某红最后被认定的涉案数额不同，涉及量刑标准也不一样。因此，对于跨境零售出口的经营者而言，不能因为自己的产品是出口国外，且数量不大，就认为国内监管机构不会严格监管，而国外的监管机构也会鞭长莫及。事实上，在这一出口过程中，不但进口国会对产品进行监管，我国国内相关机构也会进行监管。此外，多数电商平台会有相关的规则，对不符合相关要求的产品进行处理，对相关的经营者进行处罚。

本案作为一个例子，旨在说明，在跨境直邮出口的过程中，所受到的监管并不会比纯国内的电商业务少，这些监管当然也不会仅限于知识产权方面。经营者在出口的时候，还需要选择有质量保证的商品，电商平台也要做好相关的监管工作。

---

① 《最高人民法院、最高人民检察院、公安部关于办理侵犯知识产权刑事案件具体应用法律若干问题的解释》第二条。

案例二 指尖猴子卖家用户账户遭Wish平台冻结[①]

指尖猴子（Fingerling）是2017年9月美国销售速度很快的玩具之一，该款玩具在2017年4月12日提出外观设计专利申请，8月22日获准授权，其商标及专利皆属于WowWee公司。2017年9月下旬，没有得到官方授权的平台卖家陆续收到侵权通知。Wish公司收到了美国法院的临时限制令（Temporary Restraining Order）后，依据司法要求对平台相关商户进行账户冻结等操作，并要求涉事卖家需把全部货款转移给WowWee。Wish平台曾强调，任何商户账号侵犯了他人知识产权都会有风险被暂停或者永久关闭。为了避免账号被暂停的风险，卖家应避免上传侵犯知识产权的商品，并移除所有商品上侵权的内容，以及严肃对待违规行为并且绝不反复侵犯知识产权。

权利人相关知识产权见图13.6～图13.7。[②]

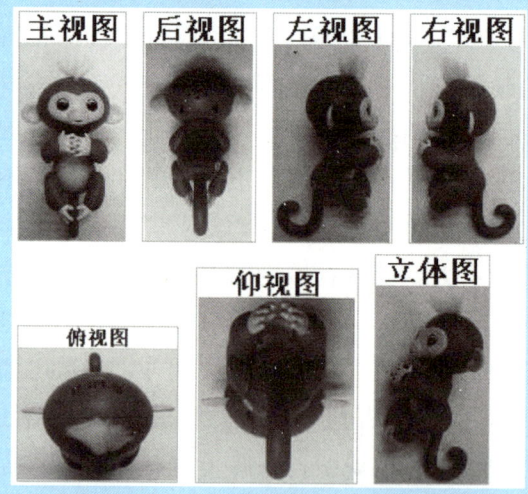

图13.6 外观设计专利

[①] 指尖猴子卖家账号冻结追踪①：139家企业名单疑似流出，最高冻结金额超千万[EB/OL].（2018-01-23）[2021-08-11]. https://www.cifnews.com/article/32459.

[②] 【知识产权规则解读—品牌案例】指尖猴专题介绍[EB/OL]. [2021-08-11]. https://rule.alibaba.com/rule/detail/6500.htm.

图 13.7　商标

侵权产品案例见图 13.8～图 13.9。

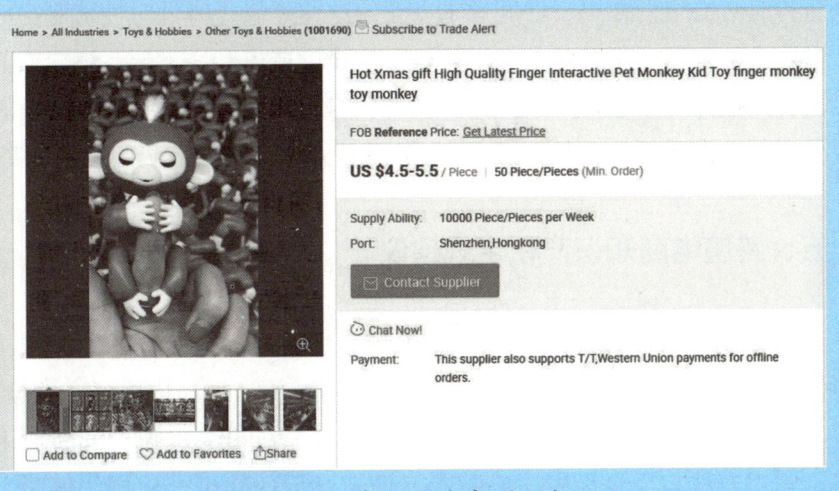

图 13.8　外观设计专利侵权

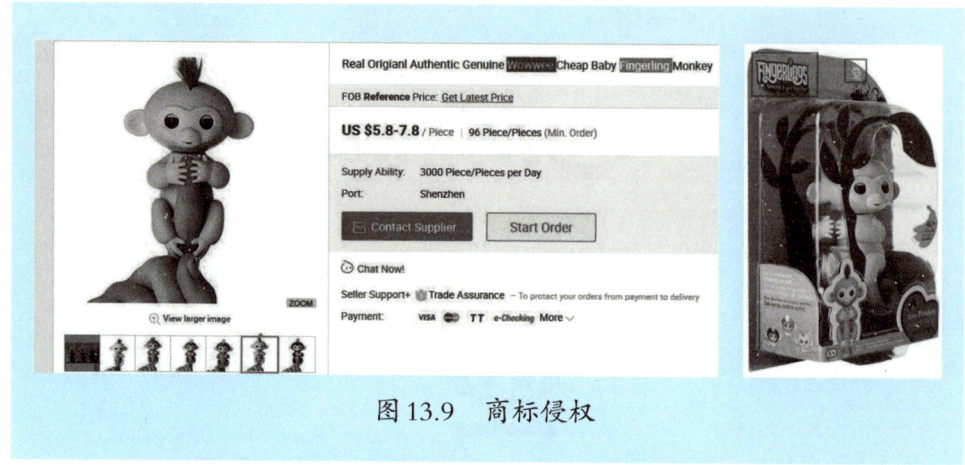

图 13.9　商标侵权

知识产权已经成为境外企业制约我国跨境电商从业者的重要竞争手段之一。在美国电商平台上涉及的知识产权侵权主要有专利、版权与商标侵权三种类型。本案中涉及的侵权范围就包括外观设计专利和商标。

在国内外日渐加强知识产权保护的背景下，笔者建议中国企业采取积极的预防和应对措施，在第一时间寻求专业的法律建议，有针对性地制定应对策略，以防止不合理、不必要的知识产权侵权投诉造成产品下架、诉讼或其他制裁措施，给企业带来重大的经济损失，同时避免后续诉讼带来的高昂的诉讼费、律师费或许可费，为企业自身乃至相关行业的健康发展奠定有利的基础。

五、跨境电商知识产权合规建议

总而言之，在企业开展进出口业务前，应当对目标市场的知识产权保护环境做充分的调查，制定知识产权风险防范的相关计划与措施。在选品方面，企业在选择高科技知识产权密集型产品进出口时应更为谨慎，同时要求供应商提供知识产权权属证明并进行留存，防范日后的知识产权纠纷风险。对于自主研发设计的跨境电商企业，应事先对商品所涉的商标、专利技术与外观设计进行详细的调查检索，了解同类竞争者的知识产权情况；如检索发现商品有侵权可能，应对专利技术与商标设计做规避处理。为保护自身合法的知识产权，企业可以在目标市场当地申请知识产权，并向中国海关备案实现知识产权的边境保护。跨境电子商务经营者进入目标市场前，可聘请当地律师等专业人员对出口商品在当地出售是否侵犯知识产权出具意见书，为日后的知识产权纠纷作风险防范。

在企业开展进出口业务后，应注重合规经营并对于知识产权相关的数据进行固定和保存，做好留存与管理证据的工作，时刻关注政策动态，加强交流培训。

具体可以从避免侵权和避免被侵权两个角度来展开讨论。

（一）跨境电商避免侵权的合规措施

1. 电子商务经营者及开展自营业务的电商企业

首先，海关总署已经开通了"知识产权海关保护备案系统"。企业可以通过该系统查询在海关总署备案的知识产权情况，初步判断自己的商品是否侵权。

其次，如果企业对利用系统查询的结果仍然判断不准，还可以利用海关预确认制度进行咨询。这种做法虽暂无明确的法律依据，但有良好的实践效果，因为良好的关企互动也便于海关开展工作，提高工作效率，同时树立中国海关有担当、有作为的形象。

对于企业而言，预确认属于法律咨询，产品尚未进出口，因此即使涉嫌侵权也不会受到任何处罚。一般而言，企业办理知识产权预确认需要提交以下材料：注册市场监管登记资料、海关备案信息；商标、专利证书；授权委托书，即他人委托申请人生产/出口相关货物的授权文件；拟出口的货样；预确认申请书。为了让海关能有充分的审查时间，企业应于不晚于货物进出口的1个月前向海关申请。

最后，出口企业应当积极了解产品销售地的知识产权保护政策和同行业商品的知识产权注册情况。企业切不可心存侥幸，若有必要应及时进行市场调查，对产品所使用的商标、装潢、宣传语、外观设计等进行检索、分析，以判断是否侵权。此外，企业也应该对所出口国家的知识产权制度、司法制度等有相应的了解，以便在发生纠纷之后可以采取合适的措施以最大限度地维护自身的合法权益。

2. 跨境电商出口企业

对于跨境电商出口企业来说，若已收到知识产权侵权投诉，应当予以高度重视，切不可置之不理。

在与权利人沟通协商之前，被投诉商家应在专业中资律师的帮助下对投诉方的知识产权有效性进行全面检索、分析，并与自己售卖的产品进行侵权对比分析，确定是否落入对方知识产权的保护范围，根据分析结果来确定后续与对方沟通的策略。

如果跨境电商出口企业依然不应诉或者消极应诉，不向专业人士寻求帮助，在美国法院缺席判决的情况下，中国跨境电商的败诉率极高。其不利后果往往是面临美国法院的巨额赔偿判决，跨境电商账户被冻结，款项被法院划拨，合法权利难以得到保障。

因此，面对侵权诉讼，跨境电商不应采取逃避的态度，而应当积极应诉，维护自身的合法权益，将损失降至最低。

为防止投诉方在投诉后进一步采取诉讼行动，也为了争取商家在和解谈判中更为有利的谈判地位，笔者建议被投诉商家可依据专业中资律师的建议进行知识产权有效性和产品侵权的分析，向有管辖权的美国法院提起知识产权无效之诉和/或确认不侵权之诉，给对方施加压力，从而迫使对方尽早撤回起诉或者进行和解谈判。在法院作出最终判决之前，被投诉商家甚至可以申请法院令要求产品上架。

3. 电子商务平台经营者的电商企业

目前主要的电商平台都规定了自身的知识产权保护规则，并且对知识产权的保护采取积极主动的态度，这既是遵循相关法律、降低自身经营风险的要求，也是维护商誉、获取消费者信任的必由之路。2017年8月亚马逊平台出台"史上最严侵权处理政策"，通过邮件通知侵权卖家："卖家账户中的限制资金已转给权利所有人……任何侵犯其他人版权、专利、商标、设计权、数据权或其他知识产权或其他所有权的行为都是被禁止的。"① 亚马逊冻结了

---

① 亚马逊出史上最严侵权处理政策，最后账户余额到底归谁？[EB/OL].（2017-08-08）[2019-01-27]. https://www.cifnews.com/article/27963.
2019年1月27日亚马逊通知原文为：Hello from Amazon, We are writing to inform you that the restrained funds from your seller account have been transferred to the rights owner account. We took this action in accordance with a Permanent Injunction issued by a federal court. Items that infringe another party's copyright, patent, trademark, design right, database right, or other intellectual property or other proprietary right are prohibited. For more information on this policy, search on "Prohibited Content" in seller Help. To resolve this dispute, we suggest that you contact the rights owner directly.

部分被起诉侵权的卖家的账户资金，并把侵权卖家的账户余额直接转给品牌或专利持有者的亚马逊账户上。虽然此政策只针对了少数被起诉侵权的卖家，但还是给知识产权意识普遍薄弱的中国商家敲响了警钟，同时反映出部分电商平台已经开始有意识地规避连带侵权责任。

除了严格遵守《电子商务法》关于知识产权"避风港原则"和"红旗原则"的要求，笔者在实务工作中总结出的电商平台合规措施还包括以下几方面：（1）电商平台企业应该要求入驻商户提供有效的证明文件，对商品内容合法性至少进行形式审查，同时保留必要的商品来源证明材料，实现源头可溯；（2）电商平台也可以推出惩戒措施，比如建立企业失信黑名单，在一定时间内禁止侵权商家入驻平台；（3）新兴电商平台可以借鉴成熟平台的制度经验，搭建知识产权保护平台，通过平台及时发布相关资讯、解答常见权属争议问题；建立权利人身份信息、权属信息认证机制；提供投诉渠道；颁布知识产权侵权处理规则等，为权利人与经营者提供明确的指引；（4）电商平台应当与海关实现平台对接并实时分享数据信息，为海关提供违法犯罪线索，联手打击知识产权侵权行为。

（二）跨境电商避免被侵权的保护措施

1. 主动备案

如前所述，海关保护知识产权的执法模式分为依职权保护和依申请保护两种，鉴于通常知识产权权利人难以及时了解其他企业的进出口商品信息，海关依职权查处侵权是当前知识产权海关保护的主要途径。如2020年全国海关在货运渠道扣留侵权货物1271批，涉及侵权货物4033.62万件。其中，海关采取依职权保护措施1232批，占总数的96.9%；涉及侵权货物3983.74万件，占总数的98.8%。[①] 由此可见，依职权保护是海关知识产权执法的主流模式。

根据《知识产权海关保护条例》的规定，企业进行知识产权备案是海关采取主动保护措施的前提条件。因此，要想依靠海关的力量为企业把好知识产权这道关，企业应当尽早对自己享有的知识产权进行海关备案。同

---

① 中国海关知识产权保护状况发布（海关发布）[EB/OL]．（2021-04-27）[2021-08-09]．https://www.cnipa.gov.cn/art/2021/4/27/art_55_159199.html．

时，备案可以对企图进行侵权的其他企业产生震慑作用，可以迫使已经在生产、销售侵权货物的企业停止侵权，还可以使非恶意侵权的企业避免"误打误撞"的侵权。

《知识产权海关保护条例》第七条规定，知识产权权利人向海关总署申请备案，应当提交申请书。申请书应当包括下列内容：（1）知识产权权利人的名称或者姓名、注册地或者国籍等；（2）知识产权的名称、内容及其相关信息；（3）知识产权许可行使状况；（4）知识产权权利人合法行使知识产权的货物的名称、产地、进出境海关、进出口商、主要特征、价格等；（5）已知的侵犯知识产权货物的制造商、进出口商、进出境地海关、主要特征、价格等。申请书内容有证明文件的，知识产权权利人应当附送证明文件。

知识产权海关保护备案自海关总署核准备案之日起生效，有效期为10年。在知识产权海关保护备案有效期届满前6个月内，知识产权权利人可以向海关总署提出续展备案的书面申请并随附有关文件。海关总署应当在10个工作日内作出是否准予续展的决定，并书面通知知识产权权利人；不予续展的，应当说明理由。

知识产权海关保护备案经海关总署核准后，申请时向海关提交的申请书内容发生改变的，应当自发生改变之日起30个工作日内向海关总署提出变更备案的申请并随附有关文件。如果权利人未按规定向海关总署申请变更或者注销备案，给他人合法进出口造成严重影响的，海关总署可以主动或者根据有关利害关系人的申请注销有关知识产权的备案。

2.一商标一申请

从跨境电商商品的侵权特点来看，商标侵权占跨境电商知识产权侵权总量的98%以上。《商标法》是海关进行知识产权海关保护的重要依据，但海关对商标权的保护与《商标法》的规定并不能直接画等号，其中差异根源来自知识产权的私权属性与海关知识产权保护的公权力属性的区别。

根据商标法第五十七条的规定，以下三种行为均属于侵犯商标专用权的行为：（1）未经商标注册人的许可，在同一种商品上使用与其注册商标相同的商标；（2）未经商标注册人的许可，在同一种商品上使用与其注册商标近似的商标；（3）在类似商品上使用与其注册商标相同或者近似的商标，容易导致混淆的。但并不是所有的商标侵权行为都属于海关实施知识产权保护的范围。因为知识产权属于私权，私权可以放弃，在当事人向海关进行备案时,海关可以将当事人未进行备案的近似商标理解为放弃寻求海关保护。

  基于"不告不理"原则和海关行政执法的特点,海关可以对企业申请备案的商标进行保护,而不必然会对《商标法》所称的"近似商标"进行查处,实践中各地海关的做法也不完全一致。①所以进出口企业如果想要充分保护自己商品的知识产权,可以考虑将商品的主打商标、二级商标、防御商标都向海关申请备案,一商标一申请是最稳妥的商标保护措施。

---

① 徐枫,俞则刚,朱秋沅. 知识产权海关保护法律解读与实践精要[M]. 北京:法律出版社,2017:72-75.

第十四章
跨境电商与传销问题

传销活动对于正常的经济秩序、社会稳定都有很大的危害性，我国多年来对其采取严厉打击的态度。随着移动互联网、网络购物、跨境电商等网络概念和营销方式的兴起和发展，一些传销组织开始利用"跨境电商""多层分销"等名义，以高额回报为诱饵，发展人员形成上下线关系进行传销活动。甚至还有一些境外传销组织假借跨境电商名义向境内消费者推销境外产品，以逃避境内法律法规和监管部门的约束和管理。同时，部分跨境电商为了争夺流量、吸引更多的消费者，采取类似于"拉人头"的方式来增加自身的消费者或者会员，这经常也会涉嫌传销。目前实践中跨境电商因为涉嫌传销而被处罚的案件并不少见。因此，在跨境电商营销环节，需要明确跨境电商与传销的边界，这不仅是对经营者的要求，也是对消费者的保护。

一、传销的概念及发展

我国立法对于"传销"的规制存在一个发展的过程。20世纪80年代末，直销模式进入我国，当时又被称为传销。鉴于当时我国关于传销经营方式的法律、法规尚未建立健全，对传销活动很难规范和管理，许多人借助传销进行欺诈活动，1994年国家工商行政管理总局（现国家市场监督管理总局）发布的《关于制止多层次传销活动中违法行为的通告》[①]明确规定停止发展多层次传销企业。基于大量传销转化为金字塔骗局，1998年4月21日，国务院颁布《关于禁止传销经营活动的通知》，禁止一切传销活动。基于我国在正式成为WTO成员时承诺三年内解除包含直销在内的"无固定地点销售"

[①] 该通告已废止。

的市场准入限制，2005年几乎同期实施的《禁止传销条例》和《直销管理条例》将传销与直销在行政立法上做了切割，将单层次计酬直销合法化，而明确"拉人头""收取入门费""团队计酬"三类传销行为为非法行为。[1]

根据《禁止传销条例（2017年修订）》第二条，目前我国所指的"传销"，是指组织者或者经营者发展人员，通过对被发展人员以其直接或者间接发展的人员数量或者销售业绩为依据计算和给付报酬，或者要求被发展人员以交纳一定费用为条件取得加入资格等方式牟取非法利益，扰乱经济秩序，影响社会稳定的行为。一般来说，传销活动可以分为两大类，一是原始型传销，即传销商品，以销售业绩为依据（如"团队计酬"式传销），二是诈骗型传销，即本质上只是以发展人员数量作为计酬和返利的依据，通常采用"拉人头"或"收入门费"的形式。但是两者并非泾渭分明，许多传销虽然以传销商品为形式，但相关商品物非所值或根本是虚拟的商品，这同样是可归类为诈骗式传销。

多年来传销的形式不断"推陈出新"。特别是随着互联网经济尤其是电商经济的出现和发展，也出现了很多新型的传销模式——或者说很多经营模式涉嫌传销，这在近年来也引起了广泛的关注。互联网传销往往具有违法或犯罪场所虚拟化、地域分散化、手段多样化、行为高智商化的特征。[2]这些传销活动的各个环节通常在线上进行，成员通过网络进行联系和拓展，所涉及的范围非常广泛。而且这些行为往往包装在"新型商业模式"之下，并搭建诸如跨境电商平台之类的网络平台进行活动，流程复杂、分工多样，很难直接判断是属于正常的创新型经营模式，还是属于传销行为。

二、传销的表现形式

根据《禁止传销条例》，传销大体上有交纳入门费用、发展人员加入和层级团队计酬三个种类。

---

[1] 印波. 传销犯罪的司法限缩与立法完善[J]. 中国法学，2020（5）：249.
[2] 谢全发，许博，张海波. 网络传销犯罪的取证困境与对策[J]. 江苏警官学院学报，2021（2）：54.

（一）交纳入门费用

《禁止传销条例》第七条规定："下列行为，属于传销行为：……组织者或者经营者通过发展人员，要求被发展人员交纳费用或者以认购商品等方式变相交纳费用，取得加入或者发展其他人员加入的资格，牟取非法利益的……"

入门费，即要求被发展人员以交纳费用或者以认购商品等方式变相交纳费用，取得加入或者发展其他人员加入的资格。实践中，直接要求交入门费的情形较少，更多地体现为要求被发展人员购买特定的商品（例如大礼包、精选商品等）从而成为会员。虽然法律对大多数商品售价并没有限制，买卖出于自愿，但是如果购买特定商品是为了取得会员的资格，进而拥有进一步发展下线会员的权利（这时与发展下线会员的权利相比，购买的特定商品往往相当于一种额外的附赠品），而且购买特定商品的价格中会有很大一部分会作为对邀请者（邀请会员入会的老会员）及其上线的奖励，那么这种福利很有可能就是"入门费"。

（二）发展人员加入

《禁止传销条例》第七条规定："下列行为，属于传销行为：……组织者或者经营者通过发展人员，要求被发展人员发展其他人员加入，对发展的人员以其直接或者间接滚动发展的人员数量为依据计算和给付报酬（包括物质奖励和其他经济利益，下同），牟取非法利益的……"

如上所述，在传销模式下，每一个新会员加入都会通过直接交纳或认购特定商品的方式交一笔入门费，该入门费可以让其直接或间接的上线以及经营者都能分享到利益。新会员加入后也将积极发展新会员，并从直接或间接发展的下线新会员那里获得入门费的分成利益。当一个商业模式以这样的激励方式建立起来的时候，其本质更多的就是"拉人头"，经营者和各级会员会受到激励发展新的会员加入，并从中获利。

（三）层级团队计酬

《禁止传销条例》第七条规定："下列行为，属于传销行为：……组织者或者经营者通过发展人员，要求被发展人员发展其他人员加入，形成上下线关系，并以下线的销售业绩为依据计算和给付上线报酬，牟取非法利益的……"

层级团队计酬，即会员与被其发展的会员组成上下线关系，并且以其下线会员的业绩（如发展新会员和销售商品）计算上线会员的报酬。形成上线和下线关系是传销模式的一个重要特征，形成上下线关系的目的就是上线（包括直接和间接上线）可以从下线的业绩（包括发展新会员和销售商品的业绩）中获得分成。

事实上，上述三个特征互相依托。实践中构成传销的活动往往都具备这三个特征。入门费用为整个传销模式带来收益的基础，使得该模式的存在和发展成为可能。层级团队计酬使得每一级的会员都有充分的激励去发展新会员，因为会员层级越高，下线会员越多、业绩越好，其分享的收益也越多。最终在这样的激励导向下，传销模式就显示出拉人头的特征，会员数量不断膨胀，而且只有不断膨胀整个传销体系才能运转，一旦停止膨胀，整个传销体系收益减少，模式就很难再维系下去。

以下对判断跨境电商是否构成传销所应考虑的几个方面进行总结。

三、跨境电商零售构成传销的具体认定[①]

随着电商行业的发展，目前有些跨境电商致力于以"人"为纽带拓宽销售渠道，因此面临被认定为传销的风险，这种情况以社交电商最为明显。目前中国法律法规项下，判断传销行为的主要依据为2005年《禁止传销条例》，其发布生效距今已超16年，其中的很多内容已经难以适应如今电商行业的发展了。2016年3月23日，国家工商行政管理总局发布《关于新型传销活动风险预警提示》，指出只要"微商""电商""多层分销"等行为同时具备"入门费""拉人头"和"层级团队计酬"三要素，就可认定为涉嫌传销。但是，《关于新型传销活动风险预警提示》对三要素的解读基本完全延续了《禁止传销条例》的规定，并未在中国互联网行业的迅猛发展，深入人们的社交、生活、购物等方方面面的场景下进一步阐述。为此，笔者将从三要素入手，分析如何认定跨境电商零售构成传销，划清两者的边界。

---

① 张逸瑞，周文杰. 社交电商 V.S. 互联网传销[EB/OL]. （2020-07-31）[2021-06-10]. https://mp.weixin.qq.com/s/ESRb5hherK-uKsEtcOxcWA.

（一）从"入门费"角度出发认定

"入门费"是互联网传销的典型特征。除了直接要求缴纳现金之外，《禁止传销条例》确定"以认购商品等方式变相交纳费用"亦属于"入门费"。实践中，以"平台服务费""累计消费金额"等名义收取的费用均被认定为"入门费"。

跨境电商零售中，在用户支付相应的对价购买特定的商品或服务的同时被吸收为体系会员是常见现象，当然不能在不探究实质的情况下就统一纳入"变相缴纳费用"的范畴，否则有失偏颇。因此，需要考虑如下要素。

1.是否取得加入或发展其他人员加入的资格

传销活动中，"入门费"的对价为"取得加入或发展其他人员加入的资格"，实践中主要体现为缴纳入门费后即获得了发展下线从而牟利的资格，包括直接获得奖励或从下线的消费中获取提成等。

在正常的跨境电商零售中，"入门费"所对应的并不是或并不完全是发展新会员的资格，注册为会员后可能对应获得商品特殊折扣等权益。

2.是否"物有所值"

关于该点，尽管并无直接规定明确商品和/或服务的价值为认定传销的考量因素之一，但是实践中，笔者注意到部分案例中，主管部门或司法机关亦有可能会考虑到商品或服务的真实价值。传销活动中，用户为了成为体系中的会员，所支付的商品或服务费用与其所获得的商品或服务的公允价值相比，该笔费用的金额若不合理，则可能被认定为"以认购商品等方式变相交纳费用"。

跨境电商零售中，与其所获得的商品或服务的公允价值相比，用户所支付的金额合理甚至偏低。

3.是否构成平台的主要利润来源

传销活动中，平台主要的利润来源是人员滚动发展带来的初始"入门费"收益，而不是加入平台后形成的正常的商品或服务的推广或销售收益。

在正常的跨境电商零售中，如果不收取该种费用，对平台的利润并无重大影响，即平台主要的利润来源依然是真实商品的服务营销，"人"仅是其拓宽销售渠道的方式。

4.是否符合用户的真实需求

传销活动中，用户支付入门费的真实需求并非购买相关的产品或服务，而更多在于获得加入体系的资格。同样，参加者需要发展下线获取利益，而不是通过销售商品等方式获得利益。如果用户"购买"的商品并无转移占有（只是名义上认购），或者只在参与传销的人员之间转移，通常即可认定这属于以获得参加资格为目的，而非为了消费。如果有部分真正的消费者，则需要进一步结合前面提到的因素，以及判断行为人是主要通过销售商品获利还是收取"入门费"获利。

正常的跨境电商零售中，用户缴纳费用的主要目的之一就在于购买该对应的商品或服务，同时获取的其他权益并非决定其支付行为的关键要素。

（二）从"拉人头"角度出发认定

虽然电商经营中经常也有鼓励发展更多人员的做法，但是"拉人头"一般不单独用以作为认定传销的标准，而是要看是否通过入门费或销售收入反哺拉人头的行为。换言之，传销的主要目的在于以获得不合理的高额回报诱导上线用户发展更多可以缴纳"入门费"的下线，未创造真实的价值，而正常的跨境电商零售模式下，通过适当的激励鼓励老用户发展新用户，其主要目的是为了扩大参与商品或服务推广的人数以创造真实的价值。本质差异带来的外在区别主要表现如下。

1. 是否通过"入门费"反哺上线

传销活动中，平台主要通过新加入的人员所缴纳的入门费来反哺上线的人头奖励费，从而激励上线不断吸引人员；跨境电商零售中，平台主要通过平台内所发生的正常的商品或服务的营销活动支付发展新会员的费用。

2. 是否构成业务体系得以持续运营的基础

传销活动中，不断有新用户加入体系并缴纳入门费，可能构成整个业务体系得以持续运营的基础；跨境电商零售中，不断拉人头和缴纳入门费并非整个业务体系得以持续运营的基础，平台内所发生的正常的商品或服务的营销活动是其主要的收益来源。

（三）从"层级团队计酬"角度出发认定

跨境电商基于社交属性可能存在一些会员共享的收益，但这并不必然构成传销中的层级团队计酬，还须结合多方面因素进行考量。

1. 是否构成上下线团队

传销活动中，通常嫁接着极为紧密的上下线团队关系，且往往可以找到线下传销模式中所采用的太阳线、双轨制的踪影,层级分明且稳定。

跨境电商零售中,团队的稳固性相对较低,而且即使有权推荐新会员,现有会员的运营重心始终围绕满足真实的消费需求而非提升自己在组织中的等级地位。

2.是否涉及囤货

传销活动中,下线一般都承担着较重的"拿货"义务,即先拿货再销售,该等先期的资金归集也往往引发典型的群体性事件。而且,传销活动中往往缺乏退换货的机制,从某种意义上看,商品仍然是虚置的。

跨境电商零售中,往往并不需要下一级会员提前交纳高额的资金"囤货",即在各主体之间分享的利润的来源,并非下一级会员事先囤货时的资金,而来源于真实的产品销售发生时所获得的正常的佣金,引发资金链断裂导致的群体性事件的概率较低。

3.是否"躺赚"

传销活动中,加入体系后,就可以获取发展下线的资格。高级别的上线无须针对商品展开进一步的营销活动即可"躺赚"。从宣传的角度看,这种传销往往侧重于兜售其盈利模式,而非强调对商品的销售。

跨境电商零售中,尽管也可能存在一定分润的情况,但层级本身可控很少出现无限制蔓延的情况,而且依靠分润所形成的收益在"正当激励"的范围内,用户通过平台针对商品进行的营销活动依然是其收入的主要来源。

四、实施传销行为的法律责任

传销行为不但可能扰乱正常的市场经济秩序,而且可能破坏社会的稳定,因此国家对此向来采取严厉打击的态度。根据《禁止传销条例》第五条的规定,原工商行政管理部门(现市场监督管理部门)、公安机关为依法查处传销行为的主要机关,其他部门和单位有配合的义务。实施传销行为主要涉及行政责任与刑事责任。

(一)行政责任

如前所述,行政法意义上的传销包括三种形式:一是拉人头,二是收取入门费,三是团队计酬。这三种行为都可能遭到行政处罚。实践中跨境电商平台，尤其是社交电商平台因传销被处罚的案例屡见不鲜。

在传销违法活动中，组织策划传销的，由相关执法部门没收非法财物，没收违法所得，处50万元以上200万元以下的罚款；构成犯罪的，依法追究刑事责任。介绍、诱骗、胁迫他人参加传销的，由相关执法部门责令停止违法行为，没收非法财物，没收违法所得，处10万元以上50万元以下的罚款；构成犯罪的，依法追究刑事责任。参加传销的，由相关执法部门责令停止违法行为，可以处2000元以下的罚款。在进行上述处罚时，相关执法部门还可以依照有关法律、行政法规的规定，责令停业整顿或者吊销营业执照。

此外，为传销行为提供经营场所、培训场所、货源、保管、仓储等条件的，由相关执法部门责令停止违法行为，没收违法所得，处5万元以上50万元以下的罚款。为传销行为提供互联网信息服务的，由相关执法部门责令停止违法行为，并通知有关部门依照《互联网信息服务管理办法》予以处罚。换言之，即便跨境电商平台本身没有实行传销行为，但是平台内经营者利用平台实行传销行为，平台也有可能需要承担责任。

（二）刑事责任

1.所涉罪名

如前文所述，我国立法对于传销的规制经过了不断的发展。在最初一段时间里，传销行为事实上并不受刑法规制。2001年，《最高人民法院关于情节严重的传销或者变相传销行为如何定性问题的批复》明确了从事传销或者变相传销活动，扰乱市场秩序，情节严重的，可以非法经营罪定罪处罚。[1] 此外，在实践中也存在一些按照诈骗罪、集资诈骗罪定罪处罚的案件。

2009年《刑法修正案（七）》增加了《刑法》第二百二十四条之一，规定了组织、领导传销活动罪。即组织、领导以推销商品、提供服务等经营活动为名，要求参加者以缴纳费用或者购买商品、服务等方式获得加入资格，并按照一定顺序组成层级，直接或者间接以发展人员的数量作为计酬或者返利依据，引诱、胁迫参加者继续发展他人参加，骗取财物，扰乱经济社会秩序的传销活动的，处五年以下有期徒刑或者拘役，并处罚金；情节严重的，处五年以上有期徒刑，并处罚金。

---

[1] 本批复已于2013年废止。

新设组织、领导传销活动罪并不意味着参与传销活动只可能触犯本罪。如果组织、领导传销活动罪同时触犯集资诈骗等罪的，应属于想象竞合；如果在传销活动中同时存在敲诈勒索、非法拘禁、聚众扰乱社会秩序等行为且构成犯罪的，依照数罪并罚进行处罚；一般参与传销活动不构成本罪的，也有可能构成集资诈骗等犯罪。[1] 此外，对于不构成组织、领导传销活动罪的传销行为，是否可以非法经营罪等罪名进行定罪处罚，也是存在争议的。

2. 传销犯罪的认定

为了明确组织、领导传销活动罪的法律适用问题，最高人民法院、最高人民检察院、公安部在2013年还专门出台了司法解释《关于办理组织领导传销活动刑事案件适用法律若干问题的意见》，对传销组织层级及人数的认定、关于传销活动有关人员的认定和处理、对"骗取财物""情节严重"的认定等问题作出了规定。

根据上述法律条文的规定，组织、领导传销活动罪的构成要件是有严格的限制的。首先，本罪的实行行为是组织、领导诈骗型传销活动的行为，所以一般参与传销的行为不成立本罪。所谓传销活动的组织者、领导者，包括在传销活动中起发起、策划、操纵作用的人员；承担管理、协调宣传、培训等职责的人员；曾因组织、领导传销活动受过刑事处罚，或者一年以内因组织、领导传销活动受过行政处罚，又直接或者间接发展参与传销活动人员在十五人以上且层级在三级以上的人员；其他对传销活动的实施、传销组织的建立、扩大等起关键作用的人员。[2] 事实上，在一些大型的传销案件中，许多中上层的负责人员都会被认定为组织和领导者，比如后文案例提到的"云某品"特大网络传销。由此可见，特别是在跨境电商领域，传销活动利用网络得以广泛地渗透，涉及的人员数量可能是非常巨大的。

---

[1] 张明楷. 刑法学[M]. 5版. 北京：法律出版社，2016：838.
[2] 《关于办理组织领导传销活动刑事案件适用法律若干问题的意见》第二条 关于传销活动有关人员的认定和处理问题。下列人员可以认定为传销活动的组织者、领导者：（一）在传销活动中起发起、策划、操纵作用的人员；（二）在传销活动中承担管理、协调等职责的人员；（三）在传销活动中承担宣传、培训等职责的人员；（四）曾因组织、领导传销活动受过刑事处罚，或者一年以内因组织、领导传销活动受过行政处罚，又直接或者间接发展参与传销活动人员在十五人以上且层级在三级以上的人员；（五）其他对传销活动的实施、传销组织的建立、扩大等起关键作用的人员。以单位名义实施组织、领导传销活动犯罪的，对于受单位指派，仅从事劳务性工作的人员，一般不予追究刑事责任。

此外，对于本罪中的"骗取财物"，存在不同的理解。有观点认为"骗取财物"不是本罪成立的必备要件；有观点则认为"骗取财物"不是传销活动的唯一目的；还有观点认为，"骗取财物"是传销活动罪本质的特征。① 笔者认为，从文义解释的角度来看，本罪确实将"骗取财物"作为一个构成要件，但是应不限于客观上骗取了财物。因为在法条中，"骗取财物"是对"传销活动"的描述和限定（作为后者的定语），即将其作为刑法规制的传销活动的特征，只要传销活动有此性质即可。《传销案件意见》第三条规定，"传销活动的组织者、领导者采取编造、歪曲国家政策，虚构、夸大经营、投资、服务项目及盈利前景，掩饰计酬、返利真实来源或者其他欺诈手段，实施刑法第二百二十四条之一规定的行为，从参与传销活动人员缴纳的费用或者购买商品、服务的费用中非法获利的，应当认定为骗取财物。参与传销活动人员是否认为被骗，不影响骗取财物的认定"。根据上述表述，可以认为认定"骗取财物"的关键在于"从参与传销活动人员缴纳的费用或者购买商品、服务的费用中非法获利"。换言之，刑法所规制的传销活动，是指那些主要以参加者的"入门费"来维持传销组织的资金链运转，以及供给参加者返利的活动。为了保证传销组织的生存，就必须不断地发展"下线"，一旦资金链断裂，这些下线必然会成为直接的受害者。相反，如果组织的生存或者参与者的营利主要来源于商品的销售，即便不增加下线人员组织也能运转下去，则不构成传销犯罪。

如前所述，基于对"骗取财物"的理解，组织、领导传销活动罪规制诈骗式传销当无疑问，但争议颇大的是，团队计酬模式的传销是否也会构成该罪？如果不构成本罪，是否有可能构成其他犯罪？对此，我国学术界也有不同的观点。第一种观点认为"团队计酬"式传销构成犯罪，但构成何罪又存在争议——比如张明楷认为可能构成非法经营罪，而赵秉志则认为，组织、领导传销活动罪同时包括"团队计酬"的情况；第二种观点则认为，"团队计酬"式传销只是行政违法，不构成犯罪。② 根据《传销案件意见》第五条的规定，"以销售商品为目的、以销售业绩为计酬依据的单纯的'团队计酬'式传销活动，不作为犯罪处理。形式上采取'团队计酬'方式，但实质上属于

---

① 张明楷. 刑法学[M]. 5版. 北京：法律出版社，2016：836-837.
② 郑伊可. 趣步APP是否构成非法传销：新型网络商业模式与传销犯罪的界限[N]. 人民法院报，2020-09-24（5）.

'以发展人员的数量作为计酬或者返利依据'的传销活动，应当依照刑法第二百二十四条之一的规定，以组织、领导传销活动罪定罪处罚。"根据本条文，对于存在真实销售行为的团队计酬传销，既不构成组织、领导传销活动罪，也不构成其他犯罪。但是据学者研究，本司法解释公布之后，仍然有不少团队计酬型传销活动以组织、领导传销活动罪被立案追究。[①]可见，在实践中对于此类传销活动是否构成犯罪的认定仍然存在分歧。其中很重要的原因，可能是很难对"单纯的"团队计酬传销活动作出判断。因为采用团队计酬方式的传销活动，在存在商品销售行为的同时，往往也会存在拉人头、收取会员费的行为，成员的收入可能同时来自多个方面。如果只要存在这些因素即属于非单纯的团队计酬传销，可以构成犯罪，则明显与立法原意不符。笔者认为，从刑法的谦抑性出发，只要在团队计酬型传销中如果确实存在被真实消费的商品销售，且销售价格不过于偏离市场价格，而基于销售的收入在盈利中占有主要的地位，即不应认为构成犯罪。

上述的构成要件对于判断跨境电商是否构成传销犯罪非常重要。因为在跨境电商的商业模式中（尤其是社交电商），通常都同时存在着吸引会员、销售商品的形式。比如消费若干价值的商品、推荐若干会员可成为会员或更高等级的头衔，从而获得相应购物的优惠、返利、奖励或提成等。这种商业模式通常来说与传销有相似之处，判断其是否构成传销犯罪，很重要的判断因素就是考虑是否属于"骗取财物"。当然，即便多数这种行为不构成犯罪，但也不排除可能会违反相关的行政法规。

五、跨境电商传销牵连走私的具体认定

在上述"三、跨境电商零售构成传销的具体认定"中，笔者讨论了认定跨境电商零售构成传销的三大角度。在实务中，笔者发现，有不少具有传销"外壳"的跨境电商零售行为，在裁判过程中并未被公检法机关认定为"传销"，而是以违反了跨境电商监管要求而被认定为走私犯罪。

以某在办案件为例，涉案企业以跨境电商零售进口商品方式申报进境，并以多层次会员模式销售商品。在起诉意见书中，检察院并未把注意力放在该多

[①] 印波. 传销犯罪的司法限缩与立法完善[J]. 中国法学，2020（5）：249.

层次会员模式销售的行为本身是否构成"传销"上，而是认为该销售模式涉嫌"二次销售"，违反了《关于跨境电子商务零售进出口商品有关监管事宜的公告》和《关于完善跨境电子商务零售进口监管有关工作的通知》（商财发〔2018〕486号）。

《关于完善跨境电子商务零售进口监管有关工作的通知》规定，"海关对违反本通知规定参与制造或传输虚假'三单'信息、为二次销售提供便利、未尽责审核订购人身份信息真实性等，导致出现个人身份信息或年度购买额度被盗用、进行二次销售及其他违反海关监管规定情况的企业依法进行处罚。对涉嫌走私或违规的，由海关依法处理；构成犯罪的，依法追究刑事责任"。《关于跨境电子商务零售进出口商品有关监管事宜的公告》规定，"海关对参与制造或传输虚假交易、支付、物流'三单'信息、为二次销售提供便利、未尽责审核消费者（订购人）身份信息真实性等，导致出现个人身份信息或年度购买额度被盗用、进行二次销售及其他违反海关监管规定情况的企业依法进行处罚。对涉嫌走私或违规的，由海关依法处理；构成犯罪的，依法追究刑事责任"。

"二次销售"是指商品从境外卖方到境内销售者之间，发生了两个或两个以上商品买卖关系。这意味着和消费者签订买卖合同的，并不是境外卖方，而是境内的经销商，由境内经销商承担卖方的权利义务。涉案企业多层次会员模式销售是否属于"二次销售"，该问题仍存在争议。

笔者想提醒采取"多层次会员模式"的跨境电商企业，该模式虽不一定被认定为"传销"，但仍有可能因涉嫌二次销售而被认定为"走私"，要高度重视刑事合规风险。

六、案例评析

许多电商平台在竞争中都采取吸引用户注册，并且激励其拉拢新用户的营销策略。近年来，也有越来越多的电商平台企业因涉嫌传销而受到关注或遭到处罚，其中尤以社交电商为甚。[①] 在2017年，南京警方也曾发文，质疑某些拼团购物平台存在类似传销形式的问题——这些平台大多会使用这样的营

---

① 社交电商"涉传"标准认定不一 "以案说法"警惕法律红线[EB/OL].（2020-10-19）[2021-06-03]. https://www.100ec.cn/detail--6573701.html.

销手段：已经注册成功的会员通过发动新会员并成功参与拼团购物，以减免购物金。①这样一来，许多注册会员为了以更加低廉的价格或者免费获取某种商品，就会不断拉拢身边亲友一同参与拼团购物。这种形式其实就是一种类似传销形式的促销手段。因为跨境电商属于较为新型的商业模式，并且常有创新，所以在此之下的传销具有很大的隐蔽性，且与正常的商业活动之间常常很难找到明确的界限。此外，一般的传销违法行为与传销犯罪之间的界限，也存在需要明晰的地方。

> **案例一**
>
> **"某某试衣间"App传销处罚案②**
>
> 某某试衣间App的开发主体为浙江朵某网络科技有限公司（下称"朵某公司"），为一个先试后买的购物平台，主要经营服饰类商品。某某试衣间App的实际经营主体为杭州弘某科技有限公司（下称"弘某公司"）。弘某公司于2018年11月12日与朵某公司签订业务外包合同，从2019年1月7日开始，经营某某试衣间App推广业务，当事人经营过程中采用会员制模式推广应用程序和销售服饰类商品，规定了四个会员级别，分别为普通用户、VIP会员、店长、超级店长。客户下载某某试衣间App应用程序后必须先输入已注册人员邀请码才能完成会员注册，系统后台根据邀请码确定推荐关系。成为VIP会员必须通过某某试衣间消费399元，而成为店长的途径是或者选择预存5000元货款加500元保证金，或者通过直推10个VIP会员，交500元保证金；在成为店长后，直推10个店长并预存100000元货款加10000元保证金，可成为超级店长。成为VIP会员、店长、超级店长均可根据推荐下线人员获得推荐奖励，均可根据推荐下线人员的销售、消费金额获得一定比例的消费奖励、级差奖励及享受购物折扣。

---

① 姜洪．评论：拼团购物平台涉嫌传销 监管须盯紧[EB/OL]．（2017-09-28）[2021-06-03]．https://www.sohu.com/a/195100831_123753．
② http://finance.ce.cn/stock/gsgdbd/202101/06/t20210106_36192511.shtml．

当事人自2019年4月15日至2019年10月8日，以上述方式发展VIP会员、店长会员、超级店长会员20余万人，会员之间形成36个层级；2020年11月26日，经会计师事务所审计，审计结果表明：2019年4月15日至2019年10月8日当事人利用浙江朵某网络科技有限公司和当事人账户收取会员款117564042.35元、支出采购款货款69846184.60元、支出税费1711507.24元，结余46006350.51元。

执法机关认为当事人的行为构成了传销，决定没收违法所得4600余万元，罚款200万元。

在跨境电商中，传销行为的认定标准并不十分明确。在本案中，在当事人的经营模式中，要求进行一定的消费或者缴纳一定数额的款项才能成为VIP会员、店长、超级店长等，并激励他们持续推荐会员或店长，以发展下线，推荐者能从中获得奖励。此外，还以下线人员的销售、消费业绩为依据计算和给付上线报酬。执法机关认为当事人的经营模式构成了传销行为。

《禁止传销条例》第七条第（二）、（三）项规定，"下列行为，属于传销行为：（二）组织者或者经营者通过发展人员，要求被发展人员交纳费用或者以认购商品等方式变相交纳费用，取得加入或者发展其他人员加入的资格，牟取非法利益的；（三）组织者或者经营者通过发展人员，要求被发展人员发展其他人员加入，形成上下线关系，并以下线的销售业绩为依据计算和给付上线报酬，牟取非法利益的"。在本案中，执法机关认为，当事人在运营某某试衣间手机App销售服饰类商品的过程中，采取的经营模式和计酬方式是必须通过某某试衣间消费399元、预存5000元货款加500元保证金（或直推VIP会员）、100000元货款加10000元保证金，分别成为VIP会员、店长、超级店长，获得推荐他人加入的资格，让推荐人和被推荐人之间形成上下线关系；通过设置推荐奖、消费奖、团队奖等制度，以下线人员的销售、消费业绩为依据计算和给付上线报酬，牟取非法利益的行为违反了上述规定，构成传销。

其实在目前电商的经营模式中，介绍会员、邀请奖励等方式并非少见，这与传销之间的界限往往存在一定模糊之处。在本案中，当事人被认定为传销的两个重要方面，分别是其"入门费"与计酬方式。电商平台吸引商家入驻，收取一定的保证金之类的费用无可厚非，但如果这笔钱过高，并成为公司利润来源的话，就很有可能被认为是属于"入门费"。在本案中，当事人设计了四种收入方式。其中推荐奖，是指店长或超级店长直接或间接推荐一个VIP会员或店长，即可获得相应的奖励，奖励金额从50元到800元不等，这被认为是一种拉人头的方式，即通过发展下线而直接获益。消费奖是指依据所发展会员的消费额拿到相应的返点，并且比例不低；业绩级差奖即店长从团队业绩中获取一定的比例；培养奖即培养一个超级店长可获得的奖励。从中可以看到，在这一模式中形成了联系密切的上下级关系，上级获取的报酬很大程度上取决于所发展的下级，并且可以从下级的消费额中抽取较多的利益。但是执法机关并没有在决定书中分析相关商品的市场价值与其向会员销售的价格之间的区别。而在通常情况下，这都被认为是较为重要的考虑因素之一。

在本案中，执法机关认为当事人的行为没有达到刑事立案的标准（事实上，本案正是由公安机关移交的）。根据《刑法》第二百二十四条之一的规定，组织、领导以推销商品、提供服务等经营活动为名，要求参加者以缴纳费用或者购买商品、服务等方式获得加入资格，并按照一定顺序组成层级，直接或间接以发展人员的数量作为计酬或者返利依据，引诱、胁迫参加者继续发展他人参加，骗取财物，扰乱经济社会秩序的传销活动的，处五年以下有期徒刑或者拘役，并处罚金；情节严重的，处五年以上有期徒刑，并处罚金。另外，根据《最高人民检察院、公安部关于公安机关管辖的刑事案件立案追诉标准的规定（二）》第七十八条的规定，组织、领导以推销商品、提供服务等经营活动为名，要求参加者以缴纳费用或者购买商品、服务等方式获得加入资格，并按照一定顺序组成层级，直接或者间接以发展人员的数量作为计酬或者返利依据，引诱、胁迫参加者继续发展他人参加，骗取财物，扰乱经济社会秩序的传销活动，涉嫌组织、领导的传销活动人员在三十人以上且层级在三级以上的，对组织者、领导者，应予立案追诉。

再看本案，没有被作为刑事案件处理，或许就是其并不完全符合"引诱、胁迫参加者继续发展他人参加，骗取财物"的规定，对于经济社会秩序的影响还算不上十分恶劣（事实上，有很多电商也采取类似的经营模式），因此其严重程度没有上升到刑事的程度。但是，以此立案标准来看，其并非十分明晰，可能很多时候取决于传销手段的恶劣程度，以及其所造成的社会影响，这在下文再进行具体分析。

案例二　初某滨、张某组织、领导传销活动案[①]

2014年7月10日，深圳前海云某品电子商务有限公司在深圳市前海深港合作区注册成立后，通过运营云某品平台，以"共享经济"为名，设立奖励制度掩饰返利真实来源，引诱参加者继续发展他人参加，利用复杂的奖励机制在全球范围内构建金字塔型会员体系。云某品公司运作的云某品平台，表面上看是一个普通的跨境电商平台，但普通会员进入平台后，必须购买以250美元为整数倍的产品套装成为铜级或以上会员，才能正式进入整个会员层级享受奖励。具体言之，银牌会员500美元，钻石会员1500美元，然后每月需消费50~100美元用于在云某品商城购买产品，每三个月最少要介绍一个会员入会。如果无法达到这两个条件，就将无法获得返利。

该套餐实际价值明显低于市场价，该费用符合"入门费"特征。云某品公司设置多种奖励制度，对会员作出规则引诱，要求会员不断通过发展下级会员来晋升职务，不断提升自身等级，不断提高销售额和消费额，不断累积更多分红点，同步提升四项指标方可获得最大化利益。云某品公司按照推荐关系将会员形成一定的层级架构，并以职务等级、会员等级的高低作为计酬返利依据，具有明显的"拉人头""层级"和"团队计酬"等特征。云某品平台订单商品总额3847336934.74美元，第三方支付1575859913.72美元，通过平台返利等方式支付2271477021.02美元，提现总额480064402.83美元。

被告人初某滨在整体会员层级关系中处于第11层，下线层数有41层。截至2018年1月15日，铜级会员级别以上的下线会员账户有247078个，直推会员账户有5个，订单商品金额总计11425.17美元，第三方支付2138.64美元，通过平台返利方式等支付9286.53美元，提现73500美元。被告人张某在整体会员层级关系中处于第12层，下线层数

[①] （2020）黑06刑终230号。

> 有40层。截至2018年4月29日，铜级会员级别以上的下线会员账户有205617个，直推会员账户有6个，订单商品金额总计7680.38美元，第三方支付1185.4美元，通过平台返利等方式支付6494.98美元，提现66758.76美元。
>
> 　　一审法院认为被告人初某滨、张某犯组织、领导传销活动罪，分别判处有期徒刑三年和两年六个月，并处以罚金。

　　"云某品"特大传销犯罪案牵涉广泛、影响重大。"云某品"平台虽形式上属于跨境电商平台，也有商家且出售商品。但是其营利的本质是吸引会员提供购买商品的形式缴纳入门费，并且设计机制激励他们不断发展下线，所出售的商品价格也远高于其市场价值，因此可认定为属于传销。被告人初某滨、张某组织、领导以加入购物网站会员为名，要求参加者缴纳费用获得加入资格，并按照一定顺序组成层级、直接或间接以发展人员的数量作为计酬或者返利依据，引诱参加者继续发展他人参加，骗取财物，情节严重，其行为均已构成组织、领导传销活动罪。

　　本案只是"云某品"特大网络传销犯罪案所涉及的众多案件中的一个，2019年3月，深圳警方对"云某品"特大网络传销犯罪团伙开展收网行动，抓获多名主要嫌疑人。深圳前海云某品电子商务有限公司于2014年成立，在对外的宣传资料中，云某品自称是一家定位全球的多语种进出口双向大型综合性跨境电商平台，打造的是"消费者+综合型电商平台+供货商"的C2B2B全新商业模型，旨在实现互联网+跨境电商+分享经济三位一体的全球新零售。[①] 在其模式中，消费者购买一定的商品后，可以在官网上拥有自己的虚拟店铺。店主有四个身份，分别是"消费商""分享者""供应商""推荐商"。其中"消费商"指自己在平台消费，同时通过自己的虚拟店铺销售产品；"分享者"即推荐别人加入，发展自己的团队；"供应商"和"推荐商"即指自己的企业成为供应商或推荐别的企业成为供应商。该平台还设计了严密的"晋升体系"，以激励会员购买商品及发展下线会员，其收入或"分红"与自身

---

① http://www.fjtd-logistics.com/show.asp?id=5130.

的等级以及下线会员的消费有关。而对于平台销售的商品,其价格远高于商品自身的市场公允价值,因此这可被认定为以销售为名的会费交纳。"云某品""虚构"了一个电商平台,因为它虽然具有电商平台的形式,但是其目的并不是销售商品或为平台内经营者销售商品提供服务,而是依靠拉人头、变相缴纳入会费的方式获利。再加之其导致许多会员或消费者、商品供应商都受到了很大的损害,社会影响广泛且恶劣,这也是它被认定为犯罪行为的重要原因。

由此观之,对于消费者或者想要在电商平台上进行经营活动的人来说,要谨慎地判断平台的模式是否涉嫌传销。比如要辨别,经营的本质是销售商品还是拉人头收取"入门费";销售的商品是否物有所值等,这在下文详述。在本案中,很多供货商误以为"云某品"是一个大型电商平台,进而提供了商品,但最终却收不回货款。因此,对于供货商而言,要了解对方的交易模式,做好风险管控,不要轻易被对方的宣传或者形式给迷惑了。

事实上,"云某品"能够存在多年且快速扩张,监管上的漏洞也不可忽视。特别是"云某品"在看似高大上的包装之下,也曾在各地各平台大肆进行宣传,但当时监管机关没有及时作出应对。从中也可见,或许是出于对"新型经济模式"的谨慎态度,监管机关对于跨境电商平台传销的认定在当时也是不太清晰的,相信在本案之后关于这个问题的认识会更加明确。

案例三 浙江某某科技有限公司传销案[1]

当事人浙江某某科技有限公司开发了一款名为"章某哥"的App(在苹果系统上称"章某精选"),自2019年1月31日开始运行,消费者下载这款App,通过注册成为章某哥会员,并取得会员号后,可以通过登录这款App进行交易和接受服务,同时可以享受一定的优惠和获得佣金。当事人通过收取会员费和CPS分发(引流消费者到电子商务平台或

---

[1] (2020)浙0483行审88号。

商家进行购物或接受服务，平台或商家支付一定的佣金）以及销售商品来年取利益。当事人为了快速发展会员和吸收付费会员的加入，制定了奖励措施。具体方式是：（1）加入会员必须有推荐人，会员有普通会员和付费会员二种，付费会员为每人每年缴纳100元，也就是成为公司的VIP会员；（2）直接推荐他人加入成为付费会员（也就是VIP会员），推荐人可以获得2000海草积分（2000海草积分如果兑换，可兑换18元人民币，即兑现时公司会扣除10%）；（3）间接推荐他人加入，可以获得1000海草积分，但只能是第一个间接推荐层级才可以获得；（4）当会员直接推荐30人成为VIP会员，间接推荐60人成为VIP会员，该会员升级为SVIP会员，这时该SVIP会员会增加获得整个团队销售额的5%（每位会员500海草的提成）；（5）当SVIP会员直接推荐100人成为VIP会员，间接推荐200人成为VIP会员，整个团队达到4000人，该SVIP会员升级为代理商，这时该代理商又会增加获得整个团队销售额的10%（每位会员1000海草的提成）。会员通过"章某哥"App链接到阿里巴巴网站购物，阿里巴巴会给予返利，这部分返利阿里妈妈[①]会扣除10%技术服务费和3%到5%的税金，剩余的支付给当事人，当事人再将总佣金54%（按购物页面显示计）支付给作为普通会员的购买人，或者总佣金的60%（按购物页面显示计）支付给作为VIP会员、SVIP会员、代理商的购买人，购买人或分享人的收益（也就是总佣金的54%或60%）的20%支付给直接推荐人，同时SVIP可以获得购买人或分享人的收益（也就是总佣金的54%或60%）的10%，代理商可以获得购买人或分享人的收益（也就是总佣金的54%或60%）的5%，剩余部分归当事人所有。到2019年7月31日止，当事人共吸收会员753652名，其中付费会员有243975名，VIP会员243231名，SVIP会员699名，代理商45名。公司会员总收入24517600元（其中重复购买会员充值收入120100元），会员退费264700元，佣金支出8401013.15元，购买优惠券支出11389000元，话费充值补贴支出2551174.22元，员工工资支出554826元，

[①] 阿里妈妈是阿里巴巴旗下的数智经营平台。

> 营业费用支出205924.7元，管理费用支出547070.62元，财务费用支出40124.88元，平台交易手续费支出219525.36元，获利344241.07元。
>
> 执法机关认为，当事人在互联网经营活动中，利用导购平台"章某哥"这一App，通过吸收消费者成为付费会员、CPS分发和销售商品来牟取利益。设置普通消费者通过缴纳会员费成为公司VIP会员资格，直接或间接发展人员加入成为付费会员可以获得从"VIP会员－SVIP会员－代理商"的上下线晋升奖励制度，并且其在CPS分发中，将会员分为多个层级，将阿里妈妈给付的佣金，按一定比例和条件进行上下线层级之间的给付，以下级购买商品产生的佣金计算给付上线报酬。当事人上述行为违反了《禁止传销条例》第七条之规定，属于组织策划传销的违法行为。因此，决定对当事人作出没收违法所得344241元、罚款700000元的处罚。

导购平台"章某哥"通过吸收消费者成为付费会员、CPS分发和销售商品来牟取利益。普通消费者通过缴纳会员费、直接或间接发展会员得以进入"VIP会员－SVIP会员－代理商"的上下线晋升奖励制度。且在CPS分发中，将会员分为多个层级，上线可以从下线购买商品产生的佣金中抽取报酬。执法机关认为这属于组织策划传销的违法行为，对当事人进行处罚。

本案中当事人运营的"章某哥"平台并非传统的电商平台，更多是扮演着导购平台的角色。因为存在收取会员费、鼓励被发展人员发展其他人员加入、形成上下线关系，并以下线的销售业绩为依据计算和给付上线报酬等行为，而被执法机关认定为属于组织策划传销的违法行为。从形式上看，似乎确实是违反了《禁止传销条例》第七条所规定的三种传销情形。① 但是与传统意义上的违法传销行为不同，本案中的当事人是有实际的经营行为的，包括

---

① 《禁止传销条例》第七条 下列行为，属于传销行为:(一)组织者或者经营者通过发展人员，要求被发展人员发展其他人员加入，对发展的人员以其直接或者间接滚动发展的人员数量为依据计算和给付报酬（包括物质奖励和其他经济利益，下同），牟取非法利益的；(二)组织者或者经营者通过发展人员，要求被发展人员交纳费用或者以认购商品等方式变相交纳费用，取得加入或者发展其他人员加入的资格，牟取非法利益的；(三)组织者或者经营者通过发展人员，要求被发展人员发展其他人员加入，形成上下线关系，并以下线的销售业绩为依据计算和给付上线报酬，牟取非法利益的。

自身销售商品和通过导购从其他电商平台获取佣金。其基于会员消费而给付上线的报酬，也是从电商平台所给付的佣金中抽取的；并且会员通过该平台进行购物，除了获取相应的返利或其他优惠外，也是为了消费相关的商品或服务，而非单纯是为了获取某种资格。

事实上，鉴于电商经营模式（包括与电商有关的经营活动）的特殊性，它往往需要吸引更多的人加入其中，平台通过一定的方法吸引用户加入其体系是常用的经营方式，在这过程中往往涉及推荐他人进入、上下线关系、上线及推荐者获得一定的优惠或奖励等。但笔者认为，不能只要出现这种情况，就认定其构成传销。毕竟对于新生的商业模式，应该给予更多的宽容度。目前认定传销主要适用的法规《禁止传销条例》于2005年制定生效，其中的规定可能并非完全符合现有电商领域的事实。也正因如此，目前在实践中，对于电商平台相关行为是否构成传销的认定存在一定的模糊之处，可能不同地区的执法机关会有不同的做法。

具体到本案中，当事人的模式之所以被认定为构成传销，或许很重要的一个原因是它收取的会员费数额较大，在公司的收入中举足轻重，且推荐人可以从推荐他人成为付费会员的行为中直接获得利益。这使得会员收费成为平台得以正常运营的重要资金来源。如果公司的主要收入、会员所获得的主要利益都来自其他电商平台的佣金或者本平台销售商品的利润，则应该不会被认定为传销行为。因此，对于此类导购平台而言，最好的做法是不收取或者少收取"会员费"，或者只是将会员费作为会员本人获得购物优惠的对价。

七、跨境电商营销合规建议

（一）避免夸大宣传或虚假承诺

大多数从事传销活动的电商平台在"裂变"的过程中都进行了过分夸大的虚假宣传、承诺高利润回报等行为，因此跨境电商平台应当杜绝虚假宣传，不得采用美化经营现状、保证盈利回报，掩饰资金报酬真实来源等欺诈手段，更不得发展大规模的洗脑式诱导宣传，严格落实诚实信用原则和明晰法律底线。

（二）贯彻经营本质

跨境电商平台与传销在表象上有共同之处，但其实质在于销售而不是非法吸收资金，因此平台必须坚持以销售商品为目的。虽然跨境电商平台难以避免通过发展会员的方式来开辟客源渠道扩大经营范围和业绩，但经营重点应当放在商品销售上，而非"拉人头"吸引用户。

有些社交电商虚构、夸大经营、投资项目及盈利的前景，掩饰计酬、返利真实来源或者其他欺诈手段，在宣传平台和产品的过程中过分的夸张，用一夜暴富，财务自由等方式诱导用户盲目利用人脉变现，诱导消费者下单，更有甚者采用洗脑式营销，这样的宣传方式显然是一种欺诈性传销行为，经营者要以实际行动抵制这种行为。

（三）制定科学的运营管理模式

根据电子商务平台传销问题处理实践，市场监管机构认定平台是否构成传销通常会分析组织者或者经营者通过发展人员要求其从事的任务是否满足《禁止传销条例》第七条所列举的三种情形。涉及传销行为的电商在人员资金管理上都存在巨大问题，跨境电商经营者应当科学设计运营模式避免轻易触及法律红线。

跨境电商平台应关注内部人员架构问题，严格管理发展人员的层级，特别要审慎控制代理的行为，防止其越过公司制定超过两级的人员管理制度。其次，要规避任何不合理的入门费、人头费、会员费，同时避免强制认购，特别是价格严重超出实际价值的商品。另外，应当在平台规则中明确规定代理或销售人员所得薪酬的高低应主要根据销售业绩，而非依照其直接或间接发展的下线人员数量计算，争取做到拉人头不发奖励。

（四）增进与专家、执法部门的沟通

内部层级划分与分销方案是运营管理模式制作的难点，可以及时咨询法科及商科类专家避免从形式上被认定传销。

电商平台运营模式发展演变迅速，形式种类越发多样且不断有新型模式涌现。对于同种新型模式，不同地区、不同的监管部门都可能就会产生不同的看法。此外，当下我国对于跨境电商平台传销问题的法律法规规定还不够明确和系统，特别是部分具体事项的判定仍不明晰。因此，各跨境电商平台非常有必要及时了解监管重点、就平台运营模式问题加强与当地执法部门的沟通。

第十五章
跨境电商与广告宣传问题

在跨境电商领域，消费者可以选择的商品多种多样，商家想要赢得关注，一个非常重要的途径就是通过广告。我国法律法规对于广告监管有较为严格的规定，但是实践中跨境电商广告违法的情况也并不鲜见。比如近年来的消费热点海外保健品就屡屡出现违法广告宣传的问题。这些现象的发生，既有相关监管规定尚不完善，且法律法规和国家政策处于动态发展中的原因，也有跨境电商商业模式背景下广告活动复杂多变，监管难度大的原因。目前已有部分跨境电商企业、平台由于存在违规广告宣传行为而遭受行政处罚。相关跨境电商企业、平台在对跨境电商商品进行宣传和推销时，应该严格遵守我国的法律法规，遵守消费者的多样性选择以及消费市场的发展规律和变化。

一、跨境电商广告宣传活动的监管规定

在讨论对广告的监管之前，需要先明确何为法律上的"广告"。《广告法》（2021修正）第二条的规定"在中华人民共和国境内，商品经营者或者服务提供者通过一定媒介和形式直接或者间接地介绍自己所推销的商品或者服务的商业广告活动，适用本法"，此即可以视为法律上广告的定义。根据该定义，广告一般包括广告主、广告信息、广告媒介或形式、广告费用等构成要件。[1]此定义其实颇为宽泛，在实践中可能还是会存在模糊之处，特别是在互联网领域。因此，《互联网广告管理暂行办法》第三条进一步明确了"互联网广告"，即互联网广告是指"通过网站、网页、互联网应用程序等互联网媒介，

---

[1] 杨紫烜.经济法[M].北京：北京大学出版社，2014：221.

以文字、图片、音频、视频或者其他形式,直接或者间接地推销商品或者服务的商业广告",包括推销商品或者服务的含有链接的文字、图片或者视频,以及电子邮件、付费搜索、商业展示等形式的广告等。

此外,对于跨境电商不属于广告的宣传行为,也可能受到《中华人民共和国反不正当竞争法》(下称《反不正当竞争法》)的规制。《反不正当竞争法》第八条第一款规定,经营者不得对其商品的性能、功能、质量、销售状况、用户评价、曾获荣誉等作虚假或者引人误解的商业宣传,欺骗、误导消费者。[①]因此,对于经营者而言,想要通过采用非广告的宣传方式来逃避相关的监管,是不可行的。

(一)《广告法》相关的具体规定

如前所述,只要是在中华人民共和国境内发布的商业广告,都适用《广告法》的规定。因此,《广告法》也是跨境电商广告宣传活动所应遵循的最重要的法律之一。

1. 发布平台

《广告法》第五十条规定,国务院市场监督管理部门会同国务院有关部门,制定大众传播媒介广告发布行为规范。因此,作为跨境电商广告及宣传的主要发布平台,互联网也是市场监督管理机构进行规范所重点关注的大众传播媒介。

2. 发布内容

《广告法》对于广告内容的要求作出了全面的规定,其中,在总则中,第三条规定,广告应当真实、合法,以健康的表现形式表达广告内容,符合社会主义精神文明建设和弘扬中华民族优秀传统文化的要求。第四条规定,广告不得含有虚假或者引人误解的内容,不得欺骗、误导消费者;广告主应当对广告内容的真实性负责。笔者认为,这可以视为广告内容的原则性要求,其中最核心的一点即"真实性",广告应该与产品的实际情况相符。但是,必

---

① 《反不正当竞争法》第20条规定,经营者违反本法第八条规定,属于发布虚假广告的,依照《中华人民共和国广告法》的规定处罚。从而将《广告法》和《反不正当竞争法》的调整范围进行了较为明确的区分,这是立法的一大进步。而1993年的通过的《反不正当竞争法》其实规定了许多关于广告监管的内容,这导致了两法之间关系的相对混乱。这种情况在2017年修订《反不正当竞争法》之后得以改变,并在2019年《反不正当竞争法》的修正中得以保持。本书所援引的《反不正当竞争法》,如无特殊注明,是指2019年修正的版本。

须注意的是，有时候即便广告内容是真实的，也有可能会对消费者产生误解，比如广告只展现了部分有利的信息，而忽略了产品部分不利的信息等，这种广告内容同样有可能是违法的。

《广告法》第二章进一步规定了广告内容的各种要求。对于这部分规定，可以大致分为以下几类。第一类是广告中可能出现的内容，如果在广告中出现，则应符合相关要求的规定。比如《广告法》第八条规定，广告中对商品的性能、功能、产地、用途、质量、成分、价格、生产者、有效期限、允诺等或者对服务的内容、提供者、形式、质量、价格、允诺等有表示的，应当准确、清楚、明白。此外，第十一和十二条规定了广告中包含相关资料、专利的要求，即广告使用数据、统计资料、调查结果、文摘、引用语等引证内容的，应当真实、准确，并表明出处。引证内容有适用范围和有效期限的，应当明确表示。广告中涉及专利产品或者专利方法的，应当标明专利号和专利种类。这种违法情形在跨境电商中其实比较经常出现，或许是因为消费者对于外国产品并不熟悉，商家经常虚构或者片面地援引一些数据、文摘等材料来用作广告宣传，实践中因此被处罚的案例也是存在的。

第二类是禁止性规定。《广告法》第九条、第十条、第十三条都是广告内容的禁止性规定，其中第九条详细列举了广告中不得出现的具体内容，包括不得使用"国家级""最高级""最佳"等用语——其实这种违法行为在电商广告中也经常出现。值得注意的是，有一些禁止性规定都是比较宽泛和模糊的，比如不得"妨碍社会公共秩序或者违背社会良好风尚"等。并且这些列举也并非完全列举，而是留有兜底条款。此外，特别需要注意的是，广告不得贬低其他生产经营者的商品或者服务（第十三条）。在实践中，不少广告都直接或间接地包含着与其他商品或服务进行比较的内容，这其实是存在违法风险的，尤其是应该避免直接与某一具体的其他商品或服务进行比较。

此外还有一般性的正面性规定。比如第十四条规定，广告应当具有可识别性，能够使消费者辨明其为广告。《互联网广告管理暂行办法》第七条进一步指出，互联网广告应当具有可识别性，显著标明"广告"，使消费者能够辨明其为广告。付费搜索广告应当与自然搜索结果明显区分。这一规定在电商广告中尤其值得注意。

《广告法》第十五条到二十七条则分别介绍了一些特殊商品的广告的特定要求。包括医疗、药品、医疗器械广告，保健食品广告、婴儿乳制品广告、酒类广告、烟草广告、农药、兽药、饲料和饲料添加剂广告等，这些特殊广告也是实践中出现违法情形最多的，因此相关的电商经营者应该熟悉这些具体的规定。

第二十八条对"虚假广告"进行了定义和列举。事实上，在实践中因为广告违法被处罚的许多情况都涉及虚假广告，因此对于跨境电商经营者而言，避免自己的广告被认定为虚假广告是至关重要的。根据该条的规定，广告以虚假或者引人误解的内容欺骗、误导消费者的，构成虚假广告。具体包括这些情形：（一）商品或者服务不存在的；（二）商品的性能、功能、产地、用途、质量、规格、成分、价格、生产者、有效期限、销售状况、曾获荣誉等信息，或者服务的内容、提供者、形式、质量、价格、销售状况、曾获荣誉等信息，以及与商品或者服务有关的允诺等信息与实际情况不符，对购买行为有实质性影响的；（三）使用虚构、伪造或者无法验证的科研成果、统计资料、调查结果、文摘、引用语等信息作证明材料的；（四）虚构使用商品或者接受服务的效果的；（五）以虚假或者引人误解的内容欺骗、误导消费者的其他情形。一言以蔽之，广告还是要保证真实性。

3. 广告审查

根据《广告法》第四十六条的规定，发布医疗、药品、医疗器械、农药、兽药和保健食品广告，以及法律、行政法规规定应当进行审查的其他广告，应当在发布前由有关部门（以下称广告审查机关）对广告内容进行审查；未经审查，不得发布。第四十七条进一步规定了审查的程序，即广告主申请广告审查，应当依照法律、行政法规向广告审查机关提交有关证明文件；广告审查机关应当依照法律、行政法规规定作出审查决定，并应当将审查批准文件抄送同级市场监督管理部门。广告审查机关应当及时向社会公布批准的广告。违反法律法规规定未经审查而发布广告的，最高可处广告费用五倍以下的罚款，无法确定广告费用的，最高可处100万元罚款。① 此外，第六十四

---

① 《广告法》第五十八条规定，有下列行为之一的，由市场监督管理部门责令停止发布广告，责令广告主在相应范围内消除影响，处广告费用一倍以上三倍以下的罚款，广告费用无法计算或者明显偏低的，处十万元以上二十万元以下的罚款；情节严重的，处广告费用三倍以上五倍以下的罚款，广告费用无法计算或者明显偏低的，处二十万元以上一百万元以下的罚款，可以吊销营业执照，并由广告审查机关撤销广告审查批准文件、一年内不受理其广告审查申请：……（十四）违反本法第四十六条规定，未经审查发布广告的。

条、六十五条还规定，违反本法规定，隐瞒真实情况或者提供虚假材料申请广告审查的，广告审查机关不予受理或者不予批准，予以警告，一年内不受理该申请人的广告审查申请；以欺骗、贿赂等不正当手段取得广告审查批准的，广告审查机关予以撤销，处十万元以上二十万元以下的罚款，三年内不受理该申请人的广告审查申请。伪造、变造或者转让广告审查批准文件的，由市场监督管理部门没收违法所得，并处一万元以上十万元以下的罚款。因此，广告主发布广告应该遵守相关的规定。

跨境电商广告的宣传对象为全体社会公众，广告在审查机关代表公众进行审查后受到全体社会公众的监督。

因此，跨境零售的商品尽管来自境外，但通过中国境内设立的跨境电商平台发布网页介绍内容，无论从发布的地点、发布的内容还是宣传对象上看，均属于《广告法》所界定的"中华人民共和国境内、直接或者间接地介绍商品或者服务"的商业广告活动，因此应当受到《广告法》的监管。

（二）其他法律法规的有关规定

《关于完善跨境电子商务零售进口监管有关工作的通知》适用于境外销售者在中国境内跨境电商平台上零售特定商品的情形，只明确排除了中国质量、安全、卫生、环保、标识等标准或技术规范对跨境电商零售进口商品的适用，而并未明确排斥《广告法》等其他法律的适用。[①] 根据《广告法》第二条的规定，所有直接或间接介绍商品的媒介和形式都可能属于广告范围。因此，理论上，从严格规范的角度看，可以起到介绍商品的作用的网页介绍属于《广告法》调整的范围。

此外，《互联网广告管理暂行办法》是规制跨境电商广告经营活动的非常重要的法律文件。其针对互联网广告的特点，就其中的相关主体认定、各主体承担的义务、法律责任、监管措施等作了相对具体的规定。《网络直播

---

① 《关于完善跨境电子商务零售进口监管有关工作的通知》第四条第（一）款第3项规定："（一）跨境电商企业　3.履行对消费者的提醒告知义务，会同跨境电商平台在商品订购网页或其他醒目位置向消费者提供风险告知书，消费者确认同意后方可下单购买。告知书应至少包含以下内容：（1）相关商品符合原产地有关质量、安全、卫生、环保、标识等标准或技术规范要求，但可能与我国标准存在差异。消费者自行承担相关风险。"

营销管理办法（试行）》则对近年兴起的网络直播中涉及的广告行为进行了规定。对于一些具体的特殊产品，还有专门的涉及广告宣传监管的规章，比如《药品、医疗器械、保健食品、特殊医学用途配方食品广告审查管理暂行办法》（国家市场监督管理总局令第 21 号）等。这些法律法规在下文的论述相关具体问题的时候会有所涉及，在此不赘。

二、广告宣传违规的法律责任

广告宣传涉及多个主体，他们承担着不同的法律义务。如果发生广告违规行为，在特定情况下这些主体都可能需要为广告违法行为承担法律责任。涉及的法律责任包括民事责任、行政责任与刑事责任。

（一）责任主体的认定及其承担的义务

根据法律的相关规定，因为广告宣传违法而可能需要承担责任的主体，包括广告主、广告经营者、广告发布者、代言人等，此外即便不属于前述角色，公共场所的管理者和电信业务经营者、互联网信息服务提供者等也要承担一定的责任。问题的关键在于，在跨境电商广告活动中这些主体应该如何认定。

1. 相关主体认定

广告主和广告经营者其实并不难确定。为推销商品或者服务，自行或者委托他人设计、制作、发布广告的电商经营者即为广告主；接受委托提供广告设计、制作、代理服务者为广告经营者。跨境电商中的广告发布者则可能需要根据具体情况进行分析。根据《互联网广告管理暂行办法》第十一条的规定，为广告主或者广告经营者推送或者展示互联网广告，并能够核对广告内容、决定广告发布的自然人、法人或者其他组织，是互联网广告的发布者。在跨境电商领域，一般来说，如果是平台内经营者直接利用平台发布广告，则其为广告的发布者。如果是自营的电商平台发布广告，则平台属于广告发布者；如果是电商平台通过与平台内经营者签订推广协议，帮助他们发布推广性的广告，则双方可能都被视为广告发布者；若电商平台在广告发布过程中拥有控制权，则可能以平台为发布者，这主要根据双方的协议内容进行判断。当然，即便电商平台不参与广告的发布，只是为电商广告提供信息服务，也应作为互联网信息服务提供者承担相应的义务。①

值得讨论的是，近几年来直播带货兴起，主播们往往对商品进行广告宣传或向消费者作出推荐，能否根据广告法等相关规定追究其责任？2021年5月生效的《网络直播营销管理办法（试行）》第十九条规定，"直播间运营者、直播营销人员发布的直播内容构成商业广告的，应当履行广告发布者、广告经营者或者广告代言人的责任和义务"。换言之，直播间和主播是有可能需要承担经营广告责任的，但是在何种情况下承担何种责任，则可能需要根据具体的情况分析。一般来说，主播通过视频、音频、图文等直播的方式，运用语言、展示、试用等形式向消费者推荐商品或者服务，并提供购买链接，显然属于在网络直播平台进行的商业广告行为②，要受到相关法律法规的规制。根据具体的情况，主播在此过程中可能会扮演不同的角色。如果主播本身就是电商平台的店主或经营者，则可能承担广告主、广告发布者和经营者的法律义务。③此外，根据《广告法》的规定，"在广告中以自己的名义或者形象对商品、服务作推荐、证明的自然人、法人或者其他组织"为广告代言人。网络主播通常是通过接受不同商品的品牌方委托，抽取一定比例的佣金，对商品外观、性能、效用等直播介绍，并展示体验效果，或以自身强大的影响力、知名度进行推荐和证明。根据与商品品牌方合作模式的不同，带货主播可能成为广告经营者或者代言人。④如其被认定为广告经营者或代言人，自然要承担相关的法律责任。

此外，根据《网络直播营销管理办法（试行）》第十一条的规定，直播营销平台提供付费导流等服务，对网络直播营销进行宣传、推广，构成商业广

---

① 《互联网广告管理暂行办法》第十七条规定，"未参与互联网广告经营活动，仅为互联网广告提供信息服务的互联网信息服务提供者，对其明知或者应知利用其信息服务发布违法广告的，应当予以制止"。这从另一个角度看，如果电商平台同时被认定为广告主或广告发布者，是否意味着只承担广告主或发布者的义务而不需要再承担作为互联网信息服务提供者的义务？从某种意义上说，前者可以很大程度地包含后者，但是鉴于这两种角色并非冲突，因此笔者认为从理论上看电商平台是可能同时承担这两种角色的义务的。

② 张乃伦."直播带货"要担哪些责任[EB/OL].（2020-02-05）[2021-06-09]. https：//m.gmw.cn/sogou/202002/05/33526123.html.

③ 郭晟,刘承祖.直播带货销售仿冒手机 法院判决主播承担赔偿责任[N].人民法院报，2020-12-19（3）.

④ 张乃伦."直播带货"要担哪些责任[EB/OL].（2020-02-05）[2021-06-09]. https：//m.gmw.cn/sogou/202002/05/33526123.html.

告的，应当履行广告发布者或者广告经营者的责任和义务。即直播平台也可能被认定为广告发布者或广告经营者，但在广告活动中扮演的具体角色需要根据具体的情况进行分析。

2. 相关法定义务

不同的跨境电商广告主体承担不同的法定义务和法律责任，综合多部法律法规和文件后梳理的不同广告主体合规义务，如表 15.1 所示。

表 15.1 不同广告主体的合规义务

主体身份	合规义务
广告主	● 对广告内容的真实性负责，虚假广告的第一责任人。 ● 有真实、合法、有效的行政许可等证明文件。 ● 广告主自行或者委托他人进行设计、制作、代理，应当具有相应资格或者提供相应证明文件。 ● 通过有资质的广告经营者、发布者开展广告活动。 ● 承担民事责任的情形包括：在广告中损害未成年人或者残疾人的身心健康的；假冒他人专利的；贬低其他生产经营者商品、服务的；在广告中未经同意使用他人名义、形象的；其他侵犯他人合法民事权益的。 ● 应当以书面等可被确认的方式通知受委托的互联网广告经营者、发布者。 ● 不得发布某些禁止的广告，或在某些类型的广告中添加法律禁止的内容。
广告发布者、广告经营者	● 建立、健全互联网广告业务的承接登记、审核和档案管理制度。 ● 审核查验并登记广告主的名称、地址、有效联系方式等主体身份信息，建立登记档案并定期核实更新。 ● 当查验有关证明文件，核对广告内容，不得设计、制作、代理、发布内容不符或者证明文件不全的广告。 ● 当配备熟悉广告法规的广告审查人员，有条件的应当设立专门机构，负责互联网广告的审查。
信息服务提供者	对其明知或者应知利用其信息服务发布违法广告的，应当予以制止。
广告代言人	● 不应在医疗、药品、医疗器械、保健食品广告中作推荐、证明。 ● 在广告中对商品、服务作推荐、证明，应当依据事实，符合法律法规的规定，不得为其未使用过的商品或者未接受过的服务作推荐、证明。 ● 明知或者应知广告虚假的，不应在广告中对商品、服务作推荐、证明。

（二）法律责任

在跨境电商广告经营活动中，如出现违规行为，相关主体可能承担的法律责任包括民事责任、行政责任和刑事责任。

1. 民事责任

国家对广告活动进行规范，很重要的一个目的是保护消费者的权益。在一些消费者因为违法广告而受损害的情况下，仅仅通过行政处罚或刑事处罚并不能够弥补消费者的损失，因此法律也规定了相关主体对于消费者的民事责任，这主要体现在《消费者权益保护法》中。

（1）赔偿责任

根据《消费者权益保护法》第二十三条的规定，经营者以广告、产品说明、实物样品或者其他方式表明商品或者服务的质量状况的，应当保证其提供的商品或者服务的实际质量与表明的质量状况相符。这其实即是要求广告必须真实。根据第四十五条的规定①，如果经营者利用虚假广告或者其他虚假宣传方式提供商品或者服务，导致消费者合法权益受到损害的，消费者可以向经营者要求赔偿。广告经营者、发布者发布虚假广告的，消费者可以请求行政主管部门予以惩处。广告经营者、发布者不能提供经营者的真实名称、地址和有效联系方式的，应当承担赔偿责任。因此，对于广告经营者和发布者来说，在进行相关营业活动的时候必须严格依法经营，做好相关的风险管控工作，了解经营者的真实情况并且最好确认广告内容符合法律的规定，否则可能自身要承担相应的风险。特别是电商经济中，广告的发布数量大、方便，很容易就疏于管理，这是存在一定的潜在风险的。

（2）连带责任

《消费者权益保护法》第四十五条第二款进一步规定，广告经营者、发布者设计、制作、发布关系消费者生命健康商品或者服务的虚假广告，造成消费者损害的，应当与提供该商品或者服务的经营者承担连带责任。因为这类商品的特殊性，自当采取更加严格的要求，比如药品、保健食品、母婴产品等。第三款则是针对代言人责任的规定，即社会团体或者其他组织、个人在关系消费者生命健康商品或者服务的虚假广告或者其他虚假宣传中向消费者

---

① 《广告法》第56条也规定了广告经营者、发布者、代言人等对消费者的民事责任。

推荐商品或者服务，造成消费者损害的，应当与提供该商品或者服务的经营者承担连带责任。根据《广告法》第五十六条的规定，对于其他商品，或者服务的虚假广告，造成消费者损害的，其广告经营者、广告发布者、广告代言人，明知或者应知广告虚假仍设计、制作、代理、发布或者作推荐、证明的，应当与广告主承担连带责任。

2. 行政责任

违反广告监管规定的，相关主体可能会被行政机关处以没收费用、罚款、撤销审批文件、暂停业务、吊销营业执照等行政处罚。下面仅举常见的数例。

（1）关于禁止类用语和表达

如前所述，《广告法》第九条列举11项禁止性规定，在电商广告领域集中体现为：侵犯国家及公共利益；使用"国家级""最高级""最佳"等评价用语；以及包含淫秽、色情等违背社会良好风尚的内容。违反相关规定的，由市场监督管理部门责令停止发布广告，对广告主处二十万元以上一百万元以下的罚款，情节严重的，并可以吊销营业执照，由广告审查机关撤销广告审查批准文件、一年内不受理其广告审查申请；对广告经营者、广告发布者，由市场监督管理部门没收广告费用，处二十万元以上一百万元以下的罚款，情节严重的，并可以吊销营业执照。

（2）违反特殊商品广告特别规定

违反《广告法》第十六条发布医疗、药品、医疗器械广告的；违反第十七条规定，在广告中涉及疾病治疗功能，以及使用医疗用语或者易使推销的商品与药品、医疗器械相混淆的用语的；违反第十八条规定发布保健食品广告的等，由市场监督管理部门责令停止发布广告，责令广告主在相应范围内消除影响，处广告费用一倍以上三倍以下的罚款，广告费用无法计算或者明显偏低的，处十万元以上二十万元以下的罚款；情节严重的，处广告费用三倍以上五倍以下的罚款，广告费用无法计算或者明显偏低的，处二十万元以上一百万元以下的罚款，可以吊销营业执照，并由广告审查机关撤销广告审查批准文件、一年内不受理其广告审查申请。广告经营者、广告发布者明知或者应知有相关违法行为仍设计、制作、代理、发布的，由市场监督管理部门没收广告费用，并处广告费用一倍以上三倍以下的罚款，广告费用无法计算或者明显偏低的，处十万元以上二十万元以下的罚款；情节严重的，处广告费用三倍以上五倍以下的罚款，广告费用无法计算或者明显偏低的，处二十万元以上一百万元以下的罚款,并可以由有关部门暂停广告发布业务、吊销营业执照。

(3)关于虚假宣传、误导消费者

跨境电商领域中的虚假广告多集中于《广告法》第二十八条第二款第(二)项,即广告中商品的性能、功能、产地、用途、质量、规格、成分、价格、生产者、有效期限、销售状况、曾获荣誉、有关允诺等信息与实际情况不符,对消费者购买行为有实质性影响。违法者可能被处广告费用三倍以上五倍以下的罚款,广告费用无法计算或者明显偏低的,处二十万元以上一百万元以下的罚款;两年内有三次以上违法行为或者有其他严重情节的,处广告费用五倍以上十倍以下的罚款,广告费用无法计算或者明显偏低的,处一百万元以上二百万元以下的罚款,可以吊销营业执照,并由广告审查机关撤销广告审查批准文件、一年内不受理其广告审查申请。同样,广告经营者、广告发布者明知或者应知广告虚假仍设计、制作、代理、发布的,也应承担相关责任。

(4)关于特殊商品广告事前批准

《广告法》第四十六条规定,涉及药品、医疗器械、保健食品、特殊医学用途配方食品等特殊商品的广告,未经广告审查机关(市场监督管理部门、药品监督管理部门)审查,电商经营者不得自行或委托发布。依据《药品、医疗器械、保健食品、特殊医学用途配方食品广告审查管理暂行办法》,直播广告内容仅限于广告审查机关批准确认的范围。

根据《互联网广告管理暂行办法》第五条、《广告法》第五十七条规定,禁止利用互联网发布处方药和烟草的广告,违反规定的广告主最低将可能被处二十万元以上一百万元以下的罚款。电商直播内容应避免宣传处方药等现行法规禁止通过互联网广告宣传的商品。

(5)关于电商平台制止违法广告

对于平台内经营者制作发布的广告,电商平台也应建立广告审核制度并对违法广告及时采取制止措施。

根据《广告法》第四十五条、第六十四条、《互联网广告管理暂行办法》第十七条规定,未参与互联网广告经营活动、仅提供信息服务的电商平台对其明知或者应知的利用平台直播违法广告的,应当予以制止,不予制止的,由市场监督管理部门没收违法所得,违法所得五万元以上的,并处违法所得一倍以上三倍以下的罚款,违法所得不足五万元的,并处一万元以上五万元以下的罚款;情节严重的,由有关部门依法停止相关业务。

总而言之，相关法律法规对广告违法行为的行政责任有相当详细的规定，涉及不同的主体以及不同的违法行为，上述仅总结部分重要的内容，从中可窥一斑。

3. 刑事责任

《刑法》第二百二十二条规定了虚假广告罪，即广告主、广告经营者、广告发布者违反国家规定，利用广告对商品或者服务作虚假宣传，情节严重的，处二年以下有期徒刑或者拘役，并处或者单处罚金。《最高人民法院、最高人民检察院关于办理危害食品安全刑事案件适用法律若干问题的解释》第十五条和《最高人民法院、最高人民检察院关于办理危害药品安全刑事案件适用法律若干问题的解释》还专门对保健食品和药品的虚假广告罪作出规定，可见这两种虚假广告罪是相对常见的。

此外，《最高人民检察院、公安部关于公安机关管辖的刑事案件立案追诉标准的规定（二）》第七十五条对虚假广告罪的入罪标准作出了规定。即广告主、广告经营者、广告发布者违反国家规定，利用广告对商品或者服务作虚假宣传，涉嫌下列情形之一的，应予立案追诉：（一）违法所得数额在十万元以上的；（二）给单个消费者造成直接经济损失数额在五万元以上的，或者给多个消费者造成直接经济损失数额累计在二十万元以上的；（三）假借预防、控制突发事件的名义，利用广告作虚假宣传，致使多人上当受骗，违法所得数额在三万元以上的；（四）虽未达到上述数额标准，但两年内因利用广告作虚假宣传，受过行政处罚二次以上，又利用广告作虚假宣传的；（五）造成人身伤残的；（六）其他情节严重的情形。

当然，广告行为还有可能构成其他犯罪。比如电商经营者非法经营，而广告经营者或发布者明知而为其进行制作或发布广告，即有可能成为非法经营罪的共犯。

（三）程序化购买广告相关问题

程序化购买是指通过数字平台，代表广告主自动地执行广告媒体购买的流程，其在跨境电商广告领域有着重要的地位。这是因为随着互联网平台、信息数据的增多，广告主一方面难以与众多的广告经营者进行对接，另一方面也需要在广告投放中作出更好的资源分配，因此，整合资源、精准投放广告就成了这一行业的发展趋势。美国亚马逊公司在20世纪即已开展相关经营活动,我国则肇始于2012年[①],目前我国许多电商平台都涉足这一领域,如淘宝TANX就是一个广告交易平台。传统的广告定价是以广告位位置、广告持续时间为维度进行确定,依靠协商谈判予以确认;"程序化购买"则引入了先进的实时竞价系统(Real Time Bidding,RTB),该系统能够很好地呈现整个互联网广告交易市场的行情,像证券交易市场一样向广告主反馈各个目标受众群体的广告位价格。[②]

《互联网广告管理暂行办法》首次明确了"互联网广告可以以程序化购买广告的方式,通过广告需求方平台、媒介方平台以及广告信息交换平台等所提供的信息整合、数据分析等服务有针对性地进行发布"。根据这一规定,在程序化购买广告的经营活动中,往往包括广告主、广告需求方平台经营者、媒介方平台经营者、广告信息交流平台经营者等主体。该办法的第十四条进一步明确了这几个主体的概念。在这一模式中,广告需求方平台经营者、媒介方平台经营者、广告信息交流平台经营者等都是传统广告经营活动中所没有的主体,如表15.2所示。

表 15.2 程序化购买广告的相关主体

程序化购买广告相关主体	相关主体的具体含义
广告需求方平台	整合广告主需求,为广告主提供发布服务的广告主服务平台,广告需求方平台的经营者是互联网广告发布者、广告经营者
媒介方平台	整合媒介方资源,为媒介所有者或者管理者提供程序化的广告分配和筛选的媒介服务平台,即其作为广告发布者的平台,充分利用媒介资源,为广告发布者争取最佳利益
广告信息交换平台	提供数据交换、分析匹配、交易结算等服务的数据处理平台,它可以帮助涉及广告产品库存购入及出售的需求方平台、媒介方平台进行数据管理和数据调用

---

① 孔焕志,张嵩松.互联网广告合规风险评析[EB/OL].(2018-03-12)[2021-07-06]. https://law.wkinfo.com.cn/professional-articles/detail/NjAwMDAwMzEwOTM%3D?searchId=8d973affb0c242408bf0f3075115d69a&index=2&q=&module=.
② 陈震川.浅谈"程序化购买"[EB/OL].(2016-08-02)[2021-07-06]. https://law.wkinfo.com.cn/professional-articles/detail/NjAwMDAwMjI5NDU%3D?searchId=4cd4c0e0688f48efb74754c0b137a4ef&index=3&q=&module=.

鉴于上述广告经营活动新型主体在广告经营活动中的重要作用,《互联网广告管理暂行办法》对其提出了相应的监管要求。具体来说,首先,通过程序化购买广告方式发布的互联网广告,广告需求方平台经营者应当清晰标明广告来源;其次,广告需求方平台经营者、媒介方平台经营者、广告信息交换平台经营者以及媒介方平台的成员,在订立互联网广告合同时,应当查验合同相对方的主体身份证明文件、真实名称、地址和有效联系方式等信息,建立登记档案并定期核实更新;再次,媒介方平台经营者、广告信息交换平台经营者以及媒介方平台成员,对其明知或者应知的违法广告,应当采取删除、屏蔽、断开链接等技术措施和管理措施,予以制止;最后,因为广告需求方平台的经营者是互联网广告发布者、广告经营者,因此《广告法》中对于广告发布者、广告经营者的监管要求同样对其适用。

《互联网广告管理暂行办法》第二十六条对于上述主体违反相关规定的行政处罚决定作了相关的规定。上海某电子商务有限公司违法发布广告案[①]即是此领域的一个典型例子。在该案中,当事人上海某电子商务有限公司从事某 App 的运营维护工作,而该 App 中存在含"凭 QQ 微信借款""信用贷款无抵押利息低至 3 厘 5"等内容的九条违法广告。该 App 内的广告业务均由某科技(上海)有限公司(下称某科技公司)对外统一商务接洽,广告及广告内容均来源于合作方,由合作方制作、发布和上传。当事人仅负责该 App 的运营维护工作,故认定上海某某电子商务有限公司为媒介方平台成员。涉案广告分别由某网络技术(北京)有限公司(下称某网络公司)、湖北某科技有限公司(下称湖北某科技公司)等合作方设计并自行发布于该 App。某科技公司于 2019 年 2 月 1 日,与某网络公司签订网络公司推广合同,其中约定广告费用根据当事人用户展示或者点击合作内容所推广的内容而产生的实际收入,按照分成政策结算。某科技公司于 2019 年 12 月 11 日与湖北某科技公司签订《湖北某科技有限公司推广合作协议》,其中约定广告费根据当事人广告展现量、点击量、点击率、CPM、预估收入等结算。执法机关认为,当事人在明知或者应知"凭 QQ 微信借款""信用贷款无抵押利息低至 3 厘 5"等内容为违法广告,但未采取删除等措施的行为,违反了《互联网

---

① 沪市监青处〔2020〕292019004861 号。

广告管理暂行办法》第十五条第二款的规定，构成了媒介方平台成员对其明知或者应知的违法广告，未采取删除、屏蔽、断开链接等技术措施和管理措施，予以制止的行为，因而作出责令当事人立即停止发布广告、罚款三万元的决定。

三、案例评析

实践中，监管部门也依据《广告法》将跨境电商平台广告作为监管的内容。

（一）婴儿奶粉违规宣传

《广告法》第二十条规定："禁止在大众传播媒介或者公共场所发布声称全部或者部分替代母乳的婴儿乳制品、饮料和其他食品广告。"

近些年来，随着奶粉市场竞争的不断加大，一些奶粉企业无视国际标准和我国相关法律法规，大肆进行母乳代用品促销活动，例如在产品包装或广告宣传中暗示或明示产品类似或者接近母乳，或者通过医院等卫生保荐机构向孕妇群体推荐产品，甚至在商场对母乳代用品进行促销活动。

这些违规宣传严重干扰了支持、促进和保护母乳喂养的环境建设，是造成母乳喂养率持续下降的重要原因。根据调查显示，从目前奶粉广告市场情况来看，奶粉广告中使用哺乳妇女和婴儿的形象、明示或者暗示可替代母乳等形式的违规宣传为数不少，且已有跨境电商平台以及跨境电商经营者因此受到了行政处罚。

例如，此前，在对跨境进口电商 App 商品广告的检查中，监管机构发现某电商 App 上某婴儿奶粉涉嫌违规宣传。其商品详情页中描述的"它可以和母乳结合，也可以作为缺乏母乳宝宝的单独喂养"一句，违反了《广告法》中的相关规定。部分宣传语还违反了《广告法》中关于禁止发布涉及疾病治疗功效的食品广告的规定。该监管机构立即对开设网店的海外商家开展调查。同时，他们针对该电商 App 作为互联网信息服务提供者，对海外商家利用其信息服务平台发布违法广告未予以制作的行为，约谈该电商 App 平台方，给予行政指导，要求其建立健全海淘商品宣传审查机制，给国内消费者提供安全可靠的海淘消费环境。[1]

因为每个国家对于广告宣传的规定并不一致，因此对于电商进口商品而言，如果其一开始并不是专门为了向中国出口的，其包装上的宣传语很可能就会与我国的规定不符。因此商家在进口这些商品的时候，应该对此有所辨别。而电商平台及平台内经营者在平台或者其他途径进行广告宣传的时候，更加应该注意我国相关法律法规的规定。在广告宣传的监管方面，对于奶粉等母婴产品、保健品等商品的限制相对来说是更多的，也是更需要商家注意的。

（二）保健品违法广告案

保健品的违法广告向来是我国市场中普遍存在的情况，也是执法机关重点监管的领域。在电商贸易的背景下，保健品的线上虚假广告宣传可能更加严重，而且影响也更为广泛。2019年，市场监管总局就曾公布了一批2019年虚假违法食品、保健食品广告典型案件，其中即包括涉及电商的虚假广告，以下仅举两例。[2]

> **案例一　国某在线电子商务有限公司未依法制止违法广告活动案**
>
> 国某在线网站上的第三方商家在网店中发布"纽持健护肝片""绿之华关节修复骨磷虾胶囊"等普通商品广告，宣传"对脂肪肝、肝炎、肝纤维化、肝硬化等问题具有辅助改善作用""抗肝纤维化、抗肝中毒，促进肝细胞修复和再生""修复受损软骨、刺激新软骨的生成，改善发炎"等内容，并使用不规范地图。当事人作为互联网信息服务提供者明知或应知以上情形，未依法履行制止义务，行为违反了《广告法》第四十五条的规定。依据《广告法》第六十四条的规定，2019年6月，上海市虹口区市场监督管理局作出行政处罚，对其处罚款66万元。

---

[1] 市工商行政管理局机场分局查处跨境电商平台违法广告案件[EB/OL].（2016-07-20）[2021-06-03]. https://www.shanghai.gov.cn/nw18454/20200820/0001-18454_1147680.html.
[2] 市场监管总局公布2019年虚假违法食品、保健食品广告典型案件[EB/OL].（2019-12-13）[2021-06-09]. http：//www.gov.cn/xinwen/2019-12/13/content_5460824.htm.

案例二 上海禾某某电子商务股份有限公司发布违法广告案

当事人通过网站和微信商城等媒介发布保健食品"葡萄籽芦荟软胶囊"具有"淡斑"功能、"天然维生素E软胶囊"具有"祛斑美白、抗衰老"功能的广告，宣传多款保健食品具有疾病预防、治疗功能，广告宣传的功能与取得行政许可的内容不符。同时，当事人"氨糖软骨素加钙片"广告中出现的标志性成分的含量未能准确、清楚表明。当事人行为违反了《广告法》第八条第一款、第十八条第一款第（二）项、第十一条第一款等规定。依据《广告法》第五十八条第一款第（三）项、第五十九条第一款第（一）项、第（二）项等规定，2019年4月，上海市徐汇区市场监督管理局对其作出行政处罚，责令停止发布违法广告，并处罚款19.5万元。

随着跨境电商的发展，近年来越来越多的境外保健品也通过这一途径进入内地市场，其中广告是保健品获得市场知名度的重要方式，但是我国对于保健品广告有严格的规定。《广告法》第十八条对保健品广告不得包含的内容进行了列举：（一）表示功效、安全性的断言或者保证；（二）涉及疾病预防、治疗功能；（三）声称或者暗示广告商品为保障健康所必需；（四）与药品、其他保健食品进行比较；（五）利用广告代言人作推荐、证明；（六）法律、行政法规规定禁止的其他内容。同时，本条还规定保健食品广告应当显著标明"本品不能代替药物"。这其实是非常严格的规定，但是实践中所看到的保健品广告，很多都不满足这一要求。上述两个案例所涉的广告其实都违反了第二项，即在广告中宣传保健品涉及某疾病的预防、治疗功能。

《广告法》第四十六条还明确规定，发布医疗、药品、医疗器械、农药、兽药和保健食品广告，以及法律、行政法规规定应当进行审查的其他广告，应当在发布前由有关部门（以下称广告审查机关）对广告内容进行审查；未经审查，不得发布。此外，国家市场监督管理总局为整治国内保健食品市场秩序先后发布了《药品、医疗器械、保健食品、特殊医学用途配方食品广告审查管理暂行办法》《保健食品标注警示用语指南》《保健食品备案产品可用辅料及其使用规定（2019年版）》《保健食品命名规定》等文件，以明确对于保健品等特殊商品的广告审查以及其他监管要求。在电商平台上发布此类广告同样需要遵守相关的规定。

在电子商务领域，电商平台对于平台内经营者在平台发布的保健品广告也负有审查的义务。《广告法》第四十五条规定，公共场所的管理者或者电信业务经营者、互联网信息服务提供者对其明知或者应知的利用其场所或者信息传输、发布平台发送、发布违法广告的，应当予以制止。上述的第一个案例，当事人即因为没有对其平台内的商家所发布的违法保健品广告进行审查并制止，而遭到了处罚。事实上，对于这种平台内商家直接发布广告的情况，并不具有隐蔽性，电商平台经营者自当属于"明知或者应知"的范畴。所以对于电商平台而言，应当加强对平台内经营者所发布的保健品广告的审查，在发现相关广告有违法嫌疑的时候及时予以制止或要求整改，否则自身难免面临行政处罚的风险。

以上的这些规定不仅适用于纯国内的电商，也适用于跨境电商领域。

案例三　上海某进出口贸易有限公司虚假广告案[①]

2020年12月起，当事人上海某进出口贸易有限公司在天猫开设了一家店铺，对外销售商品。为宣传其销售的全脂纯牛奶，其在该牛奶的销售页面发布"新西兰原装进口乐诗路全脂牛奶高钙高蛋白学生早餐奶250mL×3瓶"等广告宣传用语，对外宣传该牛奶为"高蛋白"。该全脂纯牛奶为净含量250mL的预包装食品，根据《预包装食品营养标签通则》（GB 28050—2011）附录C表C.1"能量和营养成分含量声称的要求和条件"之规定，预包装食品每100mL的蛋白质含量≥10%NRV，即每100mL的蛋白质含量≥6g才可声称高或富含蛋白质（蛋白质的NRV为60g）。而上述全脂纯牛奶的蛋白质含量为每100mL含3.4g，并未达到声称高蛋白的要求。

同时，当事人在其上述网店首页发布"新西兰全接触荣获品质旅游

---

① 沪市监普处〔2021〕072021000104号。

服务协会（QTSA）颁发认证商号资格"等广告宣传用语。但是实际并无上述品质旅游服务协会。

上述广告宣传内容均由当事人自行制作并委托他人发布，广告费用为人民币1000元。最终，市场监督管理局对当事人处以罚款3000元。

与一般的虚假宣传案件一样，本案的案件事实也比较清楚明了，当事人作为跨境电商的经营者，对商品的质量和获得的荣誉进行虚假宣传，而这种虚假宣传明显会对消费者造成误解，从而影响其购买的意愿。根据《广告法》第二十八条第二款第（二）项"广告有下列情形之一的，为虚假广告：……（二）商品的性能、功能、产地、用途、质量、规格、成分、价格、生产者、有效期限、销售状况、曾获荣誉等信息，或者服务的内容、提供者、形式、质量、价格、销售状况、曾获荣誉等信息，以及与商品或者服务有关的允诺等信息与实际情况不符，对购买行为有实质性影响的"之规定，当事人发布的广告无疑属于虚假广告。根据《广告法》第五十五条的规定，可以处以广告费用三倍以上五倍以下的罚款，广告费用无法计算或者明显偏低的，处二十万元以上一百万元以下的罚款，情节严重或者两年内有三次以上违法行为的，还会加重处罚。因此对于商家而言，切莫抱有侥幸心理，发布虚假广告。

案例四　某电商App广告违法案[1]

当事人分别于2020年8月24日和2020年10月27日在某电商App上海各门店、江苏部分地区（苏州、昆山和南通）各门店和某外卖平台App上海各门店、江苏部分地区（苏州、昆山和南通）各门店上架销售"卢卡氏番木瓜膏25g澳大利亚"（下称"番木瓜膏"）和"丝珂亚脚跟修护霜80mL"（下称"脚跟修护霜"），"番木瓜膏"商品详情页面写有"消肿止痛，止痒杀菌"的字样。"脚跟修护霜"商品详情页面上写有"修护干裂，缓解干痒，抑菌舒缓""植物抑菌安全，舒缓刺痛"

---

[1] 沪市监黄处〔2021〕012020001837号。

的字样。当事人提供了"番木瓜膏"进口非特殊用途化妆品备案电子信息凭证复印件和"脚跟修护霜"进口非特殊用途化妆品备案电子信息凭证复印件。上述两件涉案产品网页宣传页面由当事人线上运营部门自行设计、制作并审核发布至以上两个平台，无广告制作费。

执法机关认为当事人销售化妆品发布使用医疗用语的广告的行为，违反了《广告法》第十七条"除医疗、药品、医疗器械广告外，禁止其他任何广告涉及疾病治疗功能，并不得使用医疗用语或者易使推销的商品与药品、医疗器械相混淆的用语"的规定，构成了发布使用医疗用语的广告的行为，因而作出停止发布违法广告、罚款的处罚决定。

我国对于在广告中包含疾病治疗功能的宣传有严格的规定，即除了药品或医疗产品外的其他产品都不得使用相关的用语，以免误导消费者。本案所涉及的产品，是以"非特殊用途化妆品"的商品类别进口的，并不属于药品或医疗产品，而电商平台诸如"消肿止痛，止痒杀菌"的广告语明显并不适用于化妆品，属于医疗用语。事实上，对于"医疗用语"的界定有时候或许不是那么模糊，在实践中也经常有非药品或医疗产品在广告中使用了这类广告语，特别是在保健品的广告中。因此跨境电商经营者在制作、发布非医药、医疗产品的广告语时，要特别注意不要包含带有"医疗功效"含义的词语。

因此，从上述四个案例中可以总结发现，广告违法行为一般同时具备四个条件，才能依法追究法律责任，如表15.3所示。

表15.3　广告违法的要件

条件	具体要求
主体	广告违法行为的主体是从事广告活动的法人、其他经济组织和个人，包括广告主、广告经营者、广告发布者、代言人等，在跨境电商中常见的还有信息服务提供者以及程序化购买广告中的广告需求方平台经营者、媒介方平台经营者、广告信息交流平台经营者等

表 15.3 续

条件	具体要求
主观	在许多广告违法案件中，只要具有违反法律的客观行为即需承担责任，而当事人的主观状态并不是必须考虑的因素，比如使用了禁止使用的广告语；在有些情况下，相关主体的主观的状态是必要的考虑因素，比如信息服务提供者对违法广告的制止义务
客体	广告违法行为在客体上必须侵害了我国法律所保护的社会关系。我国广告管理法规规范三方面秩序：广告管理秩序、广告宣传秩序、广告经营秩序，广告经营主体如侵害了上述客体，应当承担法律责任
客观	广告违法行为必须有违反广告法律、行为法规的行为

四、跨境电商广告宣传合规建议

（一）熟悉法律法规对广告内容的规定

如前所述，相关法律法规对广告的内容作了许多规定，实践中违反其中禁止性规定的情况颇为常见。比如跨境电商广告宣传领域存在夸大和虚假宣传的现象，经营者在宣传广告中对其所销售的商品作出超出实际程度或完全违背客观真相的陈述，造成误导消费者甚至扰乱市场的后果，《广告法》在跨境电商广告的内容上作出了一系列限定以规制该问题。因此，对于跨境电商企业来说，其通过跨境电商平台对相关商品进行广告宣传时，应注意《广告法》中对于禁止性广告内容的规定，例如，不得使用"国家级""最高级""最佳"等用语；除医疗、药品、医疗器械广告外，不得涉及疾病治疗功能，并不得使用医疗用语或者易使推销的商品与药品、医疗器械相混淆的用语等。同时，应注意避免构成虚假广告的情形，例如不得使用虚构、伪造或者无法验证的科研成果、统计资料、调查结果、文摘、引用语等信息作证明材料；不得虚构使用商品或者接受服务的效果等。对于跨境电商平台来说，对其明知或者应知的平台内跨境电商企业利用其场所或者信息传输、发布平台发送、发布违法广告的，应予以制止。

（二）谨慎翻译包装和标签内容

境外商品的原包装、标签、中文标签、中文电子标签上的文字、图形等在提供了产品基本信息之外的"额外信息"而发挥广告宣传作用时，则具备了广告的属性①，构成广告。

鉴于《关于完善跨境电子商务零售进口监管有关工作的通知》允许跨境电商零售进口商品保留原标签和包装，如果同时构成广告的商品原包装或标签内容符合进口国法律但与我国《广告法》要求不符，例如使用了原产地所允许的"Supreme（最高级）""Best（最佳）""Best Quality（最优质）""Perfect（完美）"等绝对化用语，则该类宣传可能被视为违法的风险较低。②但是，对跨境电商企业而言，其在制作中文标签、中文电子标签时应当避免直接翻译原包装、标签中违反《广告法》规定的内容，采取合规的宣传用语。另外，仍应注意避免在跨境电商平台等境内的网站宣传中使用这类违反我国《广告法》的宣传内容，尽量避免广告中出现"最××""国家级""第一""首个"等常见虚假宣传用词。

（三）阐明原包装上可能的误导性信息

虽然《关于完善跨境电子商务零售进口监管有关工作的通知》允许跨境零售商品的质量与中国标准存在差异，但是，如果商品本身尚未达到中国相关标准或者取得相关认证，而商品原包装上的外文用语可能含有误导类信息的，建议跨境电商企业在交易界面中向消费者阐明国别标准差异等情况，以避免误导消费者。

（四）做好内部审核管理

跨境电商企业作为发布者应对广告内容进行分类审核管理：对须经广告审查机关进行审查的特殊商品的直播广告，进行行政许可审核；对保健食品和生鲜产品等直播广告，加强实时监管，禁止医疗用语或同类混淆用语的使用；对于机械、电子、电器等涉及专利权的商品广告，注意审核专利号和专利种类。专设管理人员，加强经营执照、行政许可的事前核验

---

① 跨境电商零售进口（三）——如何进行广告宣传合规[EB/OL].（2020-11-18）[2020-12-24]. https://www.sohu.com/a/432733923_681869.

② 严格地说，该商品是否存在违反我国《广告法》的风险，对此问题目前法律法规尚没有明确规定，在实践中存在争议。

制度。

同时，跨境电商企业应及时公示商品对应的经营资质并定期更新，为广告宣传做好内部真实性、合法性审核，并对监管敏感的特殊商品广告用语做必要的解释和提醒。

（五）维护国家和社会利益

如果包装和标签内容损害了我国的国家利益、公共利益和社会公序良俗，例如包装或标签上的中国地图违反了"一个中国"的原则、日用品上标"Made in Taiwan"、品牌文化衫上将香港特别行政区与主权国家并列印制等，或者具有损害我国国家、民族形象的内容，无论是原包装、标签还是中文标签、中文电子标签，该类宣传内容都会被视为违反我国《广告法》。因此，跨境电商企业应加强审核敏感度，避免商品的包装和标签存在损害我国的国家利益、公共利益和社会公序良俗等违规宣传内容，拒绝直播此类商品并举报至广告行政监管部门。同时，也不能在网站宣传中使用这些违规内容。①

（六）加强与执法部门的沟通

鉴于当前我国尚未明确跨境电商商品广告宣传具体的法律法规适用情况，为确保合规宣传，有关跨境电商企业、平台应关注行政执法的灵活性和地域性差别，对于法规规制界限模糊的商品及宣传用语，与当地执法部门事先进行适当沟通具体适用情况，确认合规方式后再决定是否发布。

---

① 潘志成. 跨境电商零售进口商品营销合规十问[EB/OL].（2019-01-31）[2020-12-24]. https：//www.sohu.com/a/292592187_100138309.

第十六章
跨境电商与反不正当竞争问题

随着新一轮科技革命和产业变革的发展，电子商务深刻地改变了人们的生产方式和生活方式。过去的几年更是电商高速发展的时期。面对这样一个具有广阔前景的市场，大量的经营者投身其中，参与竞争。而对于新事物来说，初期监管措施不完善易导致无序竞争的情况。比如，当前跨境电商平台要求平台内企业"二选一"的情况时有发生，这不仅是对公平竞争秩序的一种破坏，也是对体量庞大的中小微跨境电商企业发展的一种人为限制，更有可能触犯我国《反不正当竞争法》及相关规定。跨境电商作为一种新兴贸易形态，其健康发展离不开公平有序的竞争环境。因此，跨境电商平台企业应当重视建立与维护与平台经营者的公平交易关系，打造均衡发展、竞争有序的跨境电商营商环境。

一、《反不正当竞争法》在跨境电商领域的适用

《反不正当竞争法》是规制跨境电商不正当竞争行为的主要法律，明确其适用中的基本问题十分重要。《电子商务法》中关于"二选一"问题的规定（如第三十五条）事实上也属于规制不正当竞争行为的规则。此外，《网络交易监督管理办法》中也有部分内容涉及不正当竞争问题——后两者主要发挥着补充的作用，在跨境电商不正当竞争行为规制中主要适用的还是《反不正当竞争法》。

（一）《反不正当竞争法》调整的行为

根据我国《反不正当竞争法》的相关规定，认定不正当竞争行为应该考虑以下四个因素。其一，行为主体为经营者。在本法中，消费者是保护的对

象之一，但并非规制的对象。实践中非经营者也有可能通过虚假宣传、商业诋毁等方式损害经营者或者其他消费者的利益，但这无法适用《反不正当竞争法》。在电商领域，"经营者"的认定也趋于宽泛和模糊，因为借助电商平台，很多个人实际上也能从事营利的活动，这在下文的案例中也有体现。其二，对象为经营者或消费者，如果行为造成除此以外的主体利益受损害，则不能依本法救济。其三，行为具有违法性。本法列举了诸多不正当竞争行为的表现形式，并且也规定了一般原则，即"经营者在生产经营活动中，应当遵循自愿、平等、公平、诚信的原则，遵守法律和商业道德"。即便经营者的行为不违反具体的规则，也有可能因为违反诚信原则、商业道德等而需要承担责任。这一点在跨境电商中尤其重要，因为电商模式方兴未艾，有些竞争行为可能不符合法律中列举的不正当竞争行为，但是造成相应的损害，便有可能依照原则进行法律评价。其四，结果造成对象合法利益的损害。对于电商经营行为来说，其本身即多有创新之处，如果没有对合法利益造成损害，便不应介入规制。

（二）"竞争关系"

值得一提的是"竞争关系"在反不正当竞争案件中的作用。在以往，竞争关系往往被视为构成不正当竞争的前提和基础，而且经常将竞争关系限于狭义的同业竞争当中。如果两个经营者被认定为并非存在竞争关系，则便不存在不正当竞争。但是，随着社会的发展，尤其是电商模式的兴起，这种狭义的理解越来越不能适应实践的需要。在电商领域，只要经营主体之间在市场竞争中存在一定的交叉或关联关系，甚至经营主体存在利用或争夺他人在市场中形成的竞争优势的行为，都可能被认定为经营者之间存在竞争关系。[①]最新的司法政策指出，"正确认识竞争关系的法律定位，竞争关系并非认定不正当竞争或者提起不正当竞争之诉的条件"。[②]

但这并不意味着在实践中竞争关系已经毫无意义。纵观相关案例[③]，原

[①] 王艳芳. 反不正当竞争法中竞争关系的解构与重塑 [J]. 政法论丛，2021（2）：20.
[②] 见陶凯元（最高人民法院副院长）于 2018 年 7 月 9 日发表的《以习近平新时代中国特色社会主义思想为指引全面开启新时代知识产权司法保护新征程——在第四次全国法院知识产权审判工作会议暨知识产权审判工作先进集体和先进个人表彰大会上的讲话》。
[③] 主要指基于《反不正当竞争法》提起的民事诉讼。在行政处罚案件中，对于竞争关系的认定相对并没有那么常见。

被告所经营领域的相关性仍然是原告拥有起诉资格的重要考虑因素，当然如上所述，这与传统上的"竞争关系"有很大的差别。有学者指出，应该从被告的竞争行为是否不正当损害了原告的竞争利益的角度来判断原告的起诉资格。[①] 换言之，即便原被告并非严格意义上的同一行业的竞争者，但是被告的竞争行为损害了原告的竞争利益[②]，原告即有依照《反不正当竞争法》起诉的资格。这种重结果轻静态的关系分析做法，相对而言更适合电商模式下的市场竞争，因为在电商领域中不同行业之间的界限逐渐模糊。这在下文的案例中也有体现。

（三）不正当竞争行为

根据 2019 年《反不正当竞争法》第二章，经营者的不正当竞争行为包括如下几类：混淆行为，商业贿赂，虚假宣传等欺骗、误导消费者的行为，侵犯商业秘密，不正当有奖销售，诋毁商誉，利用网络妨碍、破坏其他经营者合法提供的网络产品或者服务正常运行的行为。该章按照类别对不正当竞争行为进行了列举，包括跨境电商商家在内的经营者应当履行反不正当竞争义务，不得实施上述各类行为。

跨境电商商家的不正当竞争行为体现在店铺与产品页面、价格制定、订单和客户评价等方面，主要包括山寨仿冒、刷好评刷订单、打折促销前价格欺诈定价虚高等行为。相比于传统实体店经营者，其不正当竞争行为技术含量更高，形式更为丰富和多变。笔者将在下文就跨境电商经营活动中常见的不正当竞争行为进行论述。为促使跨境电商商家履行《反不正当竞争法》第二章项下的义务，第四章"法律责任"中明确了各类行为所对应的监管措施和罚款金额范围以惩戒不正当竞争行为。

（四）法律责任

经营者实施不正当竞争行为的，可能需要承担民事、行政甚至刑事法律责任，如表 16.1 所示。

---

① 王艳芳.反不正当竞争法中竞争关系的解构与重塑[J].政法论丛，2021（2）：22.
② 竞争行为是针对行为本身而言，一般来说市场中的行为都可视为竞争行为；而竞争关系则是从双方之间的社会关系的角度来进行分析。

表 16.1　经营者实施不正当竞争行为的法律责任

民事责任	• 经营者的合法权益受到不正当竞争行为损害的，可以向人民法院提起诉讼。 • 受损害者可以向不正当竞争者请求赔偿，因不正当竞争行为受到损害的经营者的赔偿数额，按照其因被侵权所受到的实际损失确定；实际损失难以计算的，按照侵权人因侵权所获得的利益确定。 • 经营者恶意实施侵犯商业秘密行为，情节严重的，可以在按照上述方法确定数额的一倍以上五倍以下确定赔偿数额。赔偿数额还应当包括经营者为制止侵权行为所支付的合理开支。 • 《反不正当竞争法》第十七条还规定，经营者违反本法第六条、第九条关于混淆行为、侵犯商业秘密的规定，权利人因被侵权所受到的实际损失、侵权人因侵权所获得的利益难以确定的，由人民法院根据侵权行为的情节判决给予权利人五百万元以下的赔偿。 • 此外，在此类民事诉讼中，还会适用侵权法等一般民事法律的规定。	当事人可能需要同时承担民事责任、行政责任和刑事责任。根据《反不正当竞争法》第二十七条的规定，经营者违反本法规定，应当承担民事责任、行政责任和刑事责任，其财产不足以支付的，优先用于承担民事责任。
行政责任	• 《反不正当竞争法》第十八至二十四条，对各种主体的各种不正当竞争行为所对应的行政责任进行了规定。 • 所涉及的处罚包括罚款、吊销营业执照等。 • 根据违法行为的不同，罚款的额度也有所不同，最高可处以 500 万元的罚款。 • 经营者违反本法规定从事不正当竞争，有主动消除或者减轻违法行为危害后果等法定情形的，依法从轻或者减轻行政处罚；违法行为轻微并及时纠正，没有造成危害后果的，不予行政处罚。	
刑事责任	如果相关行为构成犯罪，依法追究刑事责任。	

此外，鉴于经济活动的复杂性，尤其是电子商务经营模式的复杂性，使得《反不正当竞争法》与其他法律之间可能存在交织，比如《广告法》《商标法》《著作权法》《产品质量法》等。在实践中，有时同一案件事实会同时涉及多个法律，部分情况下法院会支持当事人同时寻求不同法律规定的保护，有些情况之下则可能只支持一种规范的保护。

二、跨境电商常见的不正当竞争行为

跨境电商近年来快速发展，一方面涌现出许多电商平台；另一方面，由于门槛相对较低，也有越来越多的商家进驻加入这一领域，成为平台内经营者。在这种经济模式之下，掌握流量、数据和用户是制胜的关键，因此无论是电商平台，还是平台内经营者，无不希望在竞争中能获得更多的流量关注，能收获更多的用户。在激烈的市场竞争中，很多商家的行为都超出了正常竞争的范畴，涉嫌违反《反不正当竞争法》。

如前所述，《反不正当竞争法》中共规定了7种不正当竞争行为，但这并不能囊括跨境电商出现的不正当竞争现象。鉴于跨境电商的特点，与传统的竞争行为相比，这种竞争往往与一些技术紧密结合，因此也使得适用《反不正当竞争法》有很多的困难。对于电商竞争中的一些新型的竞争行为，是属于正常的市场行为，还是应该认定为不正当竞争，往往在法律上难以找到明确的规定，实践中也难免存在争论，这都是目前实践中面临的重要问题。在实践中，电子商务领域中的不正当竞争行为主要有以下几种表现。

（一）市场混淆行为

《反不正当竞争法》第六条规定，经营者不得实施混淆行为，以引人误认为是他人商品或者与他人存在特定联系。电子商务领域常见的涉及市场混淆的行为可以分为以下三类：域名抢注和混淆并高价出售牟利、严重抄袭的网页混淆行为以及通过人工方式借助他人商业标志的搜索关键词混淆等。

（二）虚假宣传行为

虚假宣传是电商领域常见的行为。《反不正当竞争法》第八条规定，经营者不得对其商品的性能、功能、质量、销售状况、用户评价、曾获荣誉等作虚假或者引人误解的商业宣传，欺骗、误导消费者。每年电商促销期间，"秒杀价、一元购、最低折扣、好评率99%、无差评、全网销量第一……"等用语对成交量、成交额等内容进行了虚假宣传。互联网虚假宣传行为种类多样，具有强迫性、可识别性差、受众范围广等特点，通过贬低别人、抬高自己来引诱消费者购买其产品或服务,损害了其他经营者的合法权益。

像上述这种关于价格的虚假宣传,还有可能涉及价格欺诈的问题。在实践中,为了彰显拼团、秒杀等活动的优惠力度,相关商品的划线价往往会被标高,以形成强烈的价格对比,刺激用户下单。如果利用"划线价"和"原价"两个容易故意混淆的概念误导消费者,虚标划线价的行为可能违反《价格法》第十四条第(四)项、《禁止价格欺诈行为的规定》第七条第(一)项之规定[1],构成价格欺诈,进而遭受行政处罚并承担《消费者权益保护法》第五十五条所要求的惩罚性赔偿。[2]

此外,《网络交易监督管理办法》(国家市场监督管理总局令第37号)第十四条还具体列举了若干在网络交易中常见的进行"虚假或者引人误解的商业宣传"的方式,包括:虚构交易、编造用户评价;采用误导性展示等方式,将好评前置、差评后置,或者不显著区分不同商品或者服务的评价等;采用谎称现货、虚构预订、虚假抢购等方式进行虚假营销;虚构点击量、关注度等流量数据,以及虚构点赞、打赏等交易互动数据。这些行为在跨境电商经营活动中同样常见,因为消费者对于商品的认知很大程度上来自销售量、其他消费者的评价等,而这些也比较容易造假,并且监管起来也更为困难。

(三)商业诋毁行为

商业诋毁行为也称为商业诽谤或诋毁商誉的行为,指为达到排挤竞争对手的目的,捏造事实,以误导方式损害或可能损害竞争对手商业信誉、商品声誉的行为。《反不正当竞争法》第十一条规定,经营者不得编造、传播虚假信息或者误导性信息,损害竞争对手的商业信誉、商品声誉。在电商领域,编造、传播虚假、误导信息相对更为容易。

---

[1] 《中华人民共和国价格法》第十四条 经营者不得有下列不正当价格行为:(四)利用虚假的或者使人误解的价格手段,诱骗消费者或者其他经营者与其进行交易;《禁止价格欺诈行为的规定》第七条 经营者收购、销售商品和提供有偿服务,采取下列价格手段之一的,属于价格欺诈行为:(一)虚构原价,虚构降价原因,虚假优惠折价,谎称降价或者将要提价,诱骗他人购买的。

[2] 《中华人民共和国消费者权益保护法》第五十五条 经营者提供商品或者服务有欺诈行为的,应当按照消费者的要求增加赔偿其受到的损失,增加赔偿的金额为消费者购买商品的价款或者接受服务的费用的三倍;增加赔偿的金额不足五百元的,为五百元。法律另有规定的,依照其规定。

（四）恶意投诉行为

恶意投诉是电商领域相对特殊的问题，且在跨境电商经营中，恶意投诉的情形也是比较常见的。恶意投诉的主体，可能包括消费者、竞争者、知识产权代理公司等。恶意投诉不仅使得商家的声誉受损，损失客户的信任，并且还有可能使得商家面临的电商平台的下架等处罚。对于知识产权方面的恶意投诉，《电子商务法》第四十二条规定了知识产权权利人通知错误的，应该承担民事责任。[①] 对于竞争者恶意投诉的行为，《反不正当竞争法》有关的条文是第十一条，该条规定"经营者不得编造、传播虚假信息或者误导性信息，损害竞争对手的商业信誉、商品声誉"。但是，因为恶意投诉通常表现为通过向电商平台提交虚假材料并最终导致商家的店铺评分降低，收益锐减，投诉人并没有直接编造和传播相关信息，而是经由电商平台传播，笔者认为，这种行为无疑损害了其他经营者的合法利益，扰乱了正常的经济秩序，有违公平竞争的市场经济伦理，应该纳入法律的规制范畴。

但是，鉴于《反不正当竞争法》第十一条只适用于经营者，对于消费者恶意投诉的情况，无法适用。电商经营者可以通过侵权法的相关规定来获得保护；情节严重的，还可以通过《刑法》第二百二十一条的损害商业信誉罪、商品声誉罪来获得保护。[②] 该条并没有将行为主体限定于经营者。

（五）虚假网络流量问题

在网络经济的背景下，数据蕴含着巨大的经济价值，而数据的流动产生流量。对于跨境电商平台来说，如果平台有巨大的点击量，有大量的订单和评论，这一方面可以吸引更多的消费者，使消费者对此平台产生信任，另一方面也会误导其他的供应商或者经营者，使其对电商平台的经营情况产生错误的认识。在跨境电商领域，最普遍的虚假网络流量形式是"刷单炒信"。其

---

① 第四十二条规定了"通知－删除"模式，因通知错误造成平台内经营者损害的，依法承担民事责任。恶意发出错误通知，造成平台内经营者损失的，加倍承担赔偿责任。
② 《刑法》第二百二十一条　捏造并散布虚伪事实，损害他人的商业信誉、商品声誉，给他人造成重大损失或者有其他严重情节的，处二年以下有期徒刑或者拘役，并处或者单处罚金。

中包括商家自身或组织他人为自己的店铺故意给予好评和故意给予竞争对手差评的情况。① 此外还包括移动短视频、直播推广及搜索竞价排名中的"欺诈性点击",因为推广主要是根据访问量进行收费,所以商家可能通过恶意点击竞争者的推广广告,导致其进行无效的宣传。

根据我国《反不正当竞争法》第八条的规定,经营者不得对其商品的性能、功能、质量、销售状况、用户评价、曾获荣誉等作虚假或者引人误解的商业宣传,欺骗、误导消费者。经营者不得通过组织虚假交易等方式,帮助其他经营者进行虚假或者引人误解的商业宣传。上述"刷单炒信"的行为是否属于对"销售状况、用户评价"的虚假宣传?关键在于判断这种行为是否属于"宣传"。笔者认为,这些行为的目的正是在于向消费者传达一种信息,使消费者对自身的产品产生错误的判断,应该符合上述规定。事实上,这在实践中也获得了执法机关的认可。

2021年7月,国家市场监督管理总局陆续发布了多个与刷单有关的网络虚假宣传不正当竞争典型案例,其涉及的"刷单炒信"方式可以总结为以下几种②③。其一,利用"网红效应"虚构评价等方式"刷单炒信"。比如组织"大V"到店免费体验后发布指定好评、"刷手"在不实际体验或者使用商品的情况下发布虚假好评、使用虚假注册的会员账户发布好评等多种手段等。其二,通过雇用专业团队、"刷手",利用专业技术软件等手段帮助"刷单炒信"。其三,组织员工、亲友等熟人"刷单炒信"。其四,"直播带货"中虚构关注度、流量,即通过营造直播间的"虚假繁荣",诱导消费者冲动消费、非理性消费。其五,通过虚假交易"拍A发B",即以寄送小额赠品、礼品代替下单商品,形成"拍A发B"交易模式。其六,通过雇用专业团队、"刷手"帮助"刷单炒信"。其七,通过"寄空包"刷单,即通过物流造假完成交易过

---

① 蔡慧永.虚假网络流量法律问题刍议——兼论不正当竞争行为的评判标准[J].法学杂志,2019(10):103.
在实践中经常存在商家本人或委托相关机构和平台进行刷单的情况,即以招网络兼职等名义大量集中刷手,发放任务,再联系物流公司发空包裹,最后刷手确认收货并进行评价,完成之后刷手可通过红包或支付宝等方式获得佣金。但在跨境电商中因为涉及报关的问题,或许有所不同。
② 2021年度重点领域反不正当竞争执法典型案例:网络虚假宣传篇(第一批)[EB/OL].(2021-07-22)[2021-07-29]. http://www.samr.gov.cn/xw/zj/202107/t20210722_332973.html.
③ 2021年度重点领域反不正当竞争执法典型案例:网络虚假宣传篇(第二批)[EB/OL].(2021-07-28)[2021-07-29]. http://www.samr.gov.cn/xw/zj/202107/t20210728_333120.html.

程。在相关的案例中，上述各类型的行为都被认为违反了《反不正当竞争法》第八条第一款或第二款的规定。

但是上述第八条的规定只能适用于销售评价及用户评价等比较狭窄的范围，而对于"欺诈性点击"等情况，则可能难以适用本条的规定。可以考虑适用《反不正当竞争法》第十二条第二款第（四）项"其他妨碍、破坏其他经营者合法提供的网络产品或者服务正常运行的行为"的兜底性条款，或者适用诚实信用等原则。

此外，值得思考的是，商家通过给予优惠或返还部分价款的方式鼓励正常的消费者给予好评，是否属于用户评价宣传的情形？笔者认为这种情况很难一概而论。因为在有些情形中，商家的返利或者优惠只是给消费者评价增加了动力；而在有些情况下，商家的这种做法可能为自己获得了言过其实的评价。但无论如何，如果这些评价都是由正常的消费者作出，且商家的返利或优惠政策是适当的，便应认为这是正常的经营活动，不应施加过多的限制。

（六）"二选一"行为

在某电商巨头的垄断案中，该电商平台因为实施"二选一"被国家市场监督管理总局处以巨额罚款（本案将在下一章进行详细的分析）。"二选一"是否构成垄断行为的认定要结合市场支配地位等因素，因此比较严格，而且《中华人民共和国反垄断法》（下称《反垄断法》）惩罚性较强，适用的范围有限，不可能完全规制实践中广泛出现的"二选一"行为。但是，即便不构成垄断行为，"二选一"行为仍有可能因为构成不正当竞争而受到《反不正当竞争法》的规制。其实早在 2015 年的《网络商品和服务集中促销活动管理暂行规定》[①] 中，其第十一条即规定，网络集中促销组织者不得违反《反垄断法》《反不正当竞争法》等法律、法规、规章的规定，限制、排斥平台内的网络集中促销经营者参加其他第三方交易平台组织的促销活动。《反不正当竞争法》第十二条的也针对互联网经济作出规定，即"经营者不得利用技术手段，通过影响用户选择或者其他方式，实施下列妨碍、破坏其他经营者合法提供的网络产品或者服务正常运行的行为：……（二）误导、欺骗、强迫用户修改、关闭、卸载其他经营者合法提供的网络产品或者服务；（三）恶意对其他经

---

① 本规定已于 2020 年 7 月 13 日被废止。

者合法提供的网络产品或者服务实施不兼容；（四）其他妨碍、破坏其他经营者合法提供的网络产品或者服务正常运行的行为"。上述规定经过解释，似乎都有可能适用于"二选一"的情况中，特别是某电商巨头垄断案过后。这也意味着类似的"二选一"行为已经被法律认定为非法，对于尚未构成垄断的，应当适用《反不正当竞争法》进行规制。

此外，《电子商务法》第三十五条也规定，电子商务平台经营者不得利用服务协议、交易规则以及技术等手段，对平台内经营者在平台内的交易、交易价格以及与其他经营者的交易等进行不合理限制或者附加不合理条件，或者向平台内经营者收取不合理费用。这意味着，即便经营者类似"二选一"的行为被认为尚不属于《反垄断法》和《反不正当竞争法》的规制范围，也仍然有可能因为违反《电子商务法》而承担相应的法律责任。

（七）比价软件的不正当竞争

比价软件是一种网络购物常用的工具，其通过抓取电商平台上的商品信息并整理归类，设置价格对比、价格变动走势、用户评价等功能，为消费者在网购中作出最佳选择提供便利。这些软件有时候表现为一种插件。一方面，比价软件无疑可以降低消费者的搜寻成本，有利于消费者选择物美价廉的商品，给消费者带来一定的福利，同时还可以促进电商经营者的商品和服务质量；但是另一方面，比价软件也有可能被认定为使消费者对服务主体产生混淆、干扰电商平台的正常经营，被认定为不正当竞争。

上海某网络科技有限公司、某软件（上海）有限公司与浙江某网络有限公司不正当竞争纠纷案[1]是该领域的第一案，对比价软件的竞争行为性质认定有重要的影响。在该案中，上海某网络科技有限公司是某购物助手的域名注册人及经营者，其委托某软件（上海）有限公司开发软件并提供技术支持，为用户提供网购方面的全网搜索、比价、包邮、价格优惠等功能。一审法院根据《反不正当竞争法》第二条认为被告的行为构成了不正当竞争，二审法院也维持了该判决。

简而言之，二审法院认为比价软件导致了电商平台的损失。虽然消费者使用涉案软件享受比价和帮购服务时，仍然需要跳转至"淘宝网"，但这导致

---

[1] （2017）沪73民终197号。

了消费者的流量起始入口产生一定的变化。就电子商务网站而言，流量入口具有很高经济价值，网站流量中用户直接登录网站平台所产生的流量与从其他渠道所导入的流量各自所占的比例，可以在一定程度上说明其网站的经济价值。除此之外，上诉人帮购软件的运行，最终与淘宝网商户直接进行交易的是载和公司而非消费者，这意味着淘宝公司将无法掌握有关消费者的消费过程中所产生的数据信息，而这些数据信息对于电子商务类网站无疑具有巨大的商业价值。

同时，涉案软件在具体的商品信息页面中插入图标和按钮，点击这些按钮则跳转至某购物网站的宝贝详情页，这种行为已经违反了商业道德。第一，就在具体商品详情页面插入相应标识和按钮而言，这些标识和按钮系直接嵌入被上诉人网站页面的显著位置，与被上诉人网站内容形成一体，且通过插入的按钮引导消费者至其网站进行交易，用户对此无法选择关闭，该行为已严重破坏上诉人网站页面的完整性，使得被上诉人无法按照自己的意愿在自己网站上正常展示信息，已属于过度妨碍被上诉人正常经营的行为。第二，涉案软件运行后在被上诉人网站中心位置页面中插入图标和按钮，并引导消费者至其网站交易的行为，足以使相关消费者对提供服务的主体产生混淆，或认为两者网站具有特定的关联关系，在客观上存在误导消费者的情形。总而言之，虽然两比价软件的行为会给消费者带来一定的福利，但其过度妨碍电子商务网站正常经营不仅有损电商平台的利益，长此以往也会给电子商务网站的商业投入和创新带来负面影响，进而破坏电子商务和比价、帮购等服务共存的生态，消费者也难以获得长期持续的利益，有损公平竞争的市场秩序。

其实对照《反不正当竞争法》所列举的七种不正当竞争行为，比价软件的经营模式很难被认定为符合其中的任何一种。上述案例中法院认为比价软件可能会让消费者对提供服务的主体产生混淆，但是《反不正当竞争法》第六条混淆行为是指基于擅自使用他人的商业标识、名称、域名等而产生的混淆[1]，而在本案的比价软件中，并不存在这种擅自使用的情况。法院之所以认为消费者会混淆，是因为比价软件与电商平台的结合，会让消费者认为两者之间存在某种合作关系。事实上，从常识的角度来看，这并不会导致消费者

---

[1] 虽然有兜底条款，但按照法律解释的方法，也应该解释为类似的行为。

对购买商品的平台产生误会，也不会导致消费者的损失。也正因如此，法院最终还是以《反不正当竞争法》第二条的原则性规定进行裁判，认为被告的行为违背诚实信用原则和公认的商业道德，因而属于不正当竞争。

事实上法院也表示，市场竞争在所难免，特别是在网络这个竞争充分、充满创新，且各种产品往往具有一定互相依附、关联的市场领域，要求经营者之间固守自己的领域提升业绩而不进行干扰是不切实际的。因此，经营者对于其他竞争者的干扰也要有一定的容忍义务。但是，这种干扰不应该是过分的。本案中，案涉比价软件的部分行为已严重破坏上诉人网站页面的完整性，使得被上诉人无法按照自己的意愿在自己网站上正常展示信息，因此被认定为过分妨碍，有违诚实信用和商业道德。比价软件的经营模式并非一定会构成不正当竞争，但是在经营过程中应注意尽量减少对电商平台正常运营的妨碍。

此外，现在有不少的电商平台自身也会加入比价软件的行业中，这种情况下更应该注意避免利用自家软件不正当地推广自家的商品和排斥竞争对手的商品——比如使自家商品有更高的可见度或评价，而竞争对手的商品则相反。这种做法很容易被认定为不正当竞争或者垄断。

三、案例评析

近年来跨境电商领域不正当竞争的现象屡有出现，而且形式多样，既有电商平台之间的不正当竞争，也有平台内经营者之间的不正当竞争，因而也出现了不少诉讼案件。

> **案例一　X公司与Y公司不正当竞争纠纷案**
>
> 2018年，惠惠网站及惠惠购物助手软件的运营主体X公司起诉Y公司。因为X公司发现，在使用搜索引擎输入"惠惠""惠惠助手""惠惠购物助手"等关键词进行搜索时，搜索结果中显示的优先结果并不是惠惠网或者惠惠购物助手相关链接，而是Y公司网站的相关链接，

点击上述链接后直接跳转至 Y 公司相关页面，而不是惠惠网站或惠惠购物助手相关网页。X 公司认为，Y 公司此举混淆了惠惠商标、网站、惠惠助手软件与 Y 公司网站的关系，利用惠惠品牌的知名度与美誉度以及庞大的用户基础提升自己曝光度，达到为自己网站进行导流的目的，谋取不正当利益，并滋扰了 X 公司的正当经营活动，构成了不正当竞争。① 本案在 2019 年由 X 公司主动撤回起诉而告终。②

在本案中，双方都是跨境电商领域的巨头，存在竞争关系。可惜本案并没有由法院作出最终的判决，因而也无法得知其中的细节及法院的态度。如果 X 公司所诉属实，Y 公司故意通过与搜索引擎合作，将搜索惠惠网及惠惠购物助手的结果引导至 Y 的页面，对该行为的定性我国《反不正当竞争法》目前并没有明确的规定。但是在类似的"'劫持'竞争对手搜索关键词"的案件中，有法院认为这实质是劫持竞争对手的网络流量，进而抢夺其交易机会，违反了《反不正当竞争法》第二条规定的诚信原则，因而构成了不正当竞争。③

案例二　中免集团诉跨境电商不正当竞争案④

中国免税集团成立于 1984 年，是唯一经国务院授权，在全国范围内开展免税业务的国有专营公司。中国免税品的英文缩写是 CDF，中国免税品集团的英文缩写是 CDFG，该集团已将英文缩写注册成商标，

---

① https : //www.thepaper.cn/newsDetail_forward_2045160.
② （2018）京 0108 民初 11309 号。
③ "劫持"竞争对手搜索关键词　构成不正当竞争[EB/OL].（2021-04-25）[2021-06-02］. http : //cq.people.com.cn/n2/2021/0425/c365405-34694197.html.
④ 截至 2022 年 2 月，本案仍未有公开生效判决。CDF 和 GDFS 之争！中免集团诉跨境电商不正当竞争案开庭[EB/OL].（2021-05-28）[2021-07-29］. https : //mp.weixin.qq.com/s/aRZTeBnGMX-Lro POs_OkFg.

平时与中文名称一同使用并对外宣传。对"CDFG""CDF"商标采取了大量法律保护措施，也进行了大量宣传。北京某网络科技有限公司等三名被告注册了网上购物商城网址，向商标局提出商标申请，并均通过微信公众号进行运营，包括GDFS免税店、GDFS维多利亚体验店等，三被告运营的微信公众号指向的购物网上商城网址相同，该购物网上商城处于运营中，可以购物，三被告均可以从中获利。中免集团认为，三被告在线下店铺、微信公众号、网上商城等使用"GDFS"商标，极易使相关公众误认为是原告直接经营或授权店铺，构成了不正当竞争行为。但是被告认为他们从事的是面向社会开放的跨境电商业务，而中免集团从事的是免税品经营的公司，两者并不是同一行业竞争对手。另外，虽然双方在销售的产品上有相同的地方，但销售模式完全不一样，属于互补的关系。被告还认为，中免的汉字简称、CDF缩写并不具有达到一定影响力的程度，"cdfg"的域名也没被社会公众普遍知晓。

本案的争议焦点有很多，比如CDF/CDFG是否构成有一定影响的企业名称等，但最值得关注的应该是原告属于免税行业主体，而被告属于跨境电商主体，被告的行为是否构成"搭便车"，足以引人误认为其与原告存在某种特定联系。这或许需要综合双方商标、域名的相似性，被告宣传的方式，消费者的认知等方面进行考虑。本案给予跨境电商企业的启示在于，电商企业与非电商企业之间并非有着泾渭分明的界限，如果存在故意与非电商企业混淆、搭便车等行为，同样有被认为构成不正当竞争关系的风险。因此，对于跨境电商企业而言，应该专注于自身的品牌建设，尤其不应试图通过攀附知名企业"搭便车"。

案例三　X网络技术公司与Y软件公司不正当竞争纠纷案[①]

原告X公司是购物党网站的经营者，该网站为消费者提供电子商务相关的价格参考，可以比较一款商品在不同网站上的价格和消费者评

---

① （2017）京0108民初3848号。

分等。原告发现Y公司经营的"Y全球购"购物平台新浪微博中存在"最极致的全球买""24小时全世界失眠、24小时颠覆世界观""全球购买手满足你所有的幻想！"等宣传标语。原告认为被告对其经营的商品和服务进行了夸大的不符合实际的宣传。这种与科学定律相悖的宣传用语对相当一部分消费者的购买决策极具影响，必然会严重扰乱正常的市场竞争秩序。消费者在看到上述宣传后，会被介绍内容吸引，进而点击浏览该网站。被告的上述行为会误导消费者认为其提供的商品和购物服务第一，进而优先选择，从而减少对其他商家的关注。其最高级别用语属于引人误解的虚假宣传，构成不正当竞争行为。Y公司认为双方不具有竞争关系，相关宣传语虽存在明显夸张表达，但不足以造成公众误解等。法院最终认定双方存在竞争关系，但被告的行为不构成虚假宣传。

原告虽非跨境电商平台，但双方的经营范围在电子商务与购物领域存在交叉，因此构成竞争关系。被告的宣传语虽然有一定的夸张成分，但是不会造成相关公众误解，故不构成虚假宣传。

X公司系购物党网站的运营者，Y公司系"Y全球购"微博的经营者，"Y全球购"是Y公司的海淘购物平台。双方的经营范围虽然不完全一致——事实上前者提供针对各大购物网站的垂直搜索、比价等服务，而后者直接提供购买商品的平台。但是法院认为双方在电子商务与购物领域存在交叉，以此认为二者具有竞争关系。换言之，笔者认为，对于竞争关系的理解不能过于狭窄，特别是在互联网环境下，行业的边界更加模糊。在互联网的环境下，吸引网络用户到自家的网站是开展业务的重要基础，因此只要具有相同的用户群体，在经营中争夺与相同用户的交易机会，就有理由被认为存在竞争关系。在本案中原被告双方的用户群体自然是有很大的重合的。

本案中，原告主张被告进行了虚假宣传，采用了"满足所有幻想""24小时全世界失眠""24小时颠覆世界观""最极致的全球买""十大之最"等"最高级"宣传用语，从而误导消费者决策，而优先选择"Y全球购"提供的服务，减少了对其他网站的关注。对此，法院认为，《最高人民法院关于审理不正当竞争民事案件应用法律若干问题的解释》第八条规定，以明显夸张方式宣传商品，不足以造成相关公众误解的，不属于引人误解的虚假宣传行为。① 人民法院根据日常生活经验、相关公众一般注意力、发生误解的事实和被宣传对象的实际情况等因素，对引人误解的虚假宣传行为进行认定。被告所使用的"满足所有幻想""24小时全世界失眠""24小时颠覆世界观""最极致的全球买"等宣传用语，系主观感受型声称用语，系对"Y全球购"的直播活动和服务的一种夸张式情感倾向表达，故虽冠之以最高级修饰用语，但所传递的主观感受型信息无法用客观数据予以量化，并且分布于不同微博中，在不同语境中所传递的信息不足以造成相关公众误解，故不构成虚假宣传。同时，"十大之最"在涉案语境下，有描述"Y全球购"24小时全球现场直播活动的十大看点之意，难以得出其活动已列全球十大现场活动之最的结论，故该用语亦不会造成相关公众的误解，不构成虚假宣传。

其实本案原告败诉并不让人感到意外。本案被告在微博上的宣传语虽然有夸张成分，但对于公众而言不足以构成误解，因此不属于虚假宣传。但电商企业也要因此注意，在宣传的时候把握好一定的度，所有的宣传应该建立在实际情况之上。特别对于商品的效果、品质等的宣传要实事求是，否则很容易被认定为虚假宣传。并且无论在哪个平台上的宣传，都应该符合相关的要求。

勃贝雷有限公司与北京某电子商务有限公司等侵害商标权及不正当竞争纠纷案②

原告勃贝雷公司系英国著名的服装、箱包、皮具、珠宝等高档时尚商品和奢侈品的生产者，其生产的"BURBERRY"品牌商品在全球范围内享有极高的知名度和美誉度，其在中国商标局取得了"BURBERRY"

---

① 本司法解释在 2020 年已经修订，但是本案所援引的规定仍然保留。
② （2015）朝民（知）初字第 65652 号。

英文字母与图形组合商标等若干商标的注册。被告公司的经营范围包括：网上销售箱包、眼镜、钟表、服装、鞋帽、化妆品等。某某网、某某奥莱网均系被告公司经营的B2C电子商务网站。另外，被告公司于2012年12月6日至2015年1月4日期间在天猫商城网站中开设有"某某奥莱官方旗舰店"，亦进行网上销售。

某某网中设置有"BURBERRY"专栏。2011年12月、2012年3月、2012年10月，某某网分别进行过多次关于"BURBERRY"品牌的主题促销宣传活动，且在网站首页、主题活动页、专栏等处多次使用勃贝雷公司的"BURBERRY"、骑士图形、格子图形等商标，包括：将"BURBERRY"英文字母作为活动主题突出使用，在网站首页、主题活动页展示勃贝雷公司的相关宣传海报，并在部分海报中添加"BURBERRY"英文字母作为标题，将骑士图形、格子图形作为海报背景等。与此同时，某某网一直在展示、销售带有上述商标标志的服装、鞋帽、箱包、配饰等商品，并在全部产品的名称、介绍中均使用"BURBERRY"英文字母。但事实上，被告并没有获得原告的相关授权，也没有从原告授权的供应商或销售商处进口商品，所销售的带有原告商标的商品为假冒注册商标商品。

另外，自2011年起，被告公司一直宣称某某网是"国内领先的高端时尚和奢侈品购物网站，也是中国首家获得品牌授权、正价销售欧美高端时尚和奢侈品牌应季新品的购物网站"；"某某网是经各品牌授权售卖的电子商务网站，网站上列出的所有商品均是真品，由供货商直接向某某网供货"。2015年12月，被告公司将某某网在某搜索引擎中的搜索结果词条标注为"【某某网官网】轻奢时尚秋冬上新，官方授权100%正品"；点击进入该网站后，全部页面左上部均标注"100%正品保证"等字样；在网站"正品保证"说明中宣称"能为某某网提供商品和服务的海外供应商，均经过多层严格筛选并通过了某某网海外认证供应商体系……均是所在国家和地区的时尚行业优先供应商，均是品牌公司原厂商、品牌公司海外指定分销商和品牌公司海外代理商，确保某某网全球购的每件单品均是原厂正品……"。与此同时，某某网的"BURBERRY"专栏中

> 介绍了"BURBERRY"品牌故事和正品辨识要点等内容,展示并销售带有"BURBERRY"等相关商标标志的商品。
>
> 法院认为,被告侵犯了原告的商标专用权、构成虚假宣传的不正当竞争行为,判决被告就此两个行为分别赔偿原告的经济损失及合理损失若干。

本案被告同时涉及侵犯原告的商标权和涉及不正当竞争行为。侵害商标权是因为被告在旗下网站中销售假冒涉案商标的产品,该产品未经许可使用了勃贝雷公司的涉案注册商标,属于侵犯注册商标专用权的商品,被告公司销售侵犯注册商标专用权的商品,构成了侵犯勃贝雷公司涉案注册商标专用权的行为。同时,被告公司在网站中展示、使用"BURBERRY"英文字母、骑士图形、格子图形等商标的行为,构成商标性使用。被告公司未经许可,在其网站中使用与勃贝雷公司涉案注册商标相同的标志,亦构成了侵犯勃贝雷公司涉案商标专用权的行为。被告被认定实施不正当竞争行为,是因为其宣传"官方授权100%正品",且在网站中展示"BURBERRY"产品的照片等行为。事实上两个行为有着非常紧密的联系——被告销售侵犯商标权的商品并宣称所出售的是正品,但这一联系紧密的行为可以分别从《商标法》和《反不正当竞争法》进行评价。法院最终也依据这两个侵权行为对被告分别进行了处罚。

本案涉及商标侵权及不正当竞争。鉴于本章的主题,对商标侵权问题不作详细分析,主要讨论其不正当竞争问题。法院认为,勃贝雷公司系世界著名的奢侈品生产者,其"BURBERRY"英文字母、骑士图形、格子图形等商标在我国均曾被相关部门认定为驰名商标,享有极高的知名度。被告公司是经营奢侈品电子商务平台的公司,其与勃贝雷公司均属于相关市场的经营者,二者之间存在竞争关系。被告公司在其网站及百度搜索词条中宣传"官方授权100%正品",且在网站中展示"BURBERRY"产品的照片,宣传"BURBERRY"品牌故事及正品辨识方法等。但经法院查明,首先,被告公司的网站销售的产品中含有侵犯勃贝雷公司注册商标专用权的产品;其次,勃贝雷公司明确表示从未授权被告使用涉案商标及销售"BURBERRY"品牌商品，被告本案中所称的海外供应商不是勃贝雷公司的授权供应商或者销售商；再次，某某网中所宣传的"BURBERRY"品牌故事及正品辨识方法亦与勃贝雷公司的实际不符；最后，被告还曾因宣称"官方授权"、销售产品质量不合格等，多次受到相关部门的查处。综上，法院认为，被告的前述行为，容易使消费者误认为被告系经过勃贝雷公司或其他品牌方的授权，其销售的产品与勃贝雷公司有关，违反了诚实信用的商业道德，构成虚假宣传的不正当竞争行为，应当承担相应的法律责任。

在本案中，被告所销售商品确实是从国外通过正常海关程序进口的，但却是侵犯商标权的产品，而且法院经过分析，发现被告对此是明知的。由此可见，跨境电商在选择商品的时候自当从正规的供应商处采购商品，不应心存侥幸而选择假冒商品。同时，被告在没有获得原告授权、所销售的产品并非完全正品的情况下，在宣传中声称获得被告的授权等事项，该行为独立地也构成了虚假宣传，虽然已经对侵害商标权的行为作出赔偿，但仍然需要就不正当竞争行为作出赔偿。这无疑是对受害人更为全面的保护。对于电商经营者而言，保证产品的质量，实事求是才是最好的经营之策。特别是对于跨境进口电商而言，对于从国外进口的产品的质量更加难以掌握，在这种情况下，更应尽到严格的注意义务。比如谨慎地选择供应商（比如要求对方提供授权文件）、直接与品牌方接触、保留相关的文件、入境后及时检验货物等。在本案中，正因为被告在这些环节上都没有做好[①]，被法院认为存在明显过错，在进口涉案产品的过程中应当知道属于侵权产品。同样，在进行广告宣传的时候，也应该更加谨慎，避免虚假宣传，从而触犯《反不正当竞争法》。

---

① 比如被告明知品牌商品的生产者勃贝雷公司系英国公司，但却与法国公司联络采购；进口之前从未向供货方索要相关授权文件，也未与供货方签署购货合同；以明显不合理的低价进口涉案侵权产品；收到货物之后没有及时验货，等等。此外，根据《商标法》第六十条的规定，销售不知道是侵犯注册商标专用权的商品，能证明该商品是自己合法取得并说明提供者的，由工商行政管理部门责令停止销售。换言之，不需要承担赔偿责任，因此对于跨境电商企业而言，这是至关重要的。

四、跨境电商不正当竞争风险防范与合规建议

电商作为新兴行业,难免会出现无序竞争的情况。随着我国相关法律法规的日渐完善以及消费者消费理念的日趋成熟,接下来将是更加完善和严格的监管。事实上,商务部也明确表示将加强对电商不正当竞争的约束。[①] 对于跨境电商从业者而言,无序竞争很可能要承担相应的法律责任。跨境电商在进行宣传和推销时,需要更加遵守中国的法律法规,尊重中国消费者的多样性选择以及遵循本地市场的发展规律和变化,才能走得更长远。特别是经营特殊商品的,要符合相关的特殊规定,比如保健品在我国是归类到食品的,它不以治疗疾病为目的,没有任何治愈的疗效,而且它的效果都是长期且缓慢的。不管是国产保健品,还是进口保健品,都不能代替药物,因此商家在宣传时要注意这一问题。

不正当竞争行为,在《反不正当竞争法》中虽然只列举了7种,但是在实践中,不在此7种之列的行为也可能通过适用原则而进行处罚。因此,究其根本,还是要求竞争行为要符合诚实信用和商业道德。比如尽量不要故意将自身与其他知名标识混淆,从而有"搭便车"之嫌。在宣传时实事求是,宣传的内容要符合商品或服务的真实情况——值得注意的是,并非宣传内容为客观的便一定合法;也不是说宣传的内容只要不是自己原创便没有责任。根据《最高人民法院关于审理不正当竞争民事案件应用法律若干问题的解释(2020修正)》第八条的规定,以下的情况也属于虚假宣传:对商品作片面的宣传或者对比的;将科学上未定论的观点、现象等当作定论的事实用于商品宣传的;以歧义性语言或者其他引人误解的方式进行商品宣传的。总而言之,商家要为自己宣传的内容负责,不能以此造成相关公众的误解。

此外,关于商业贿赂、侵犯商业秘密、违法有奖销售、商业诋毁等都是典型的不正当竞争行为,电商经营者在经营过程中要符合相关法律的要求。对于电商平台而言,还应该符合《反不正当竞争法》第十二条关于网络生产

[①] 商务部:电商不正当竞争、涉嫌垄断等问题引起关注 将加强约束[EB/OL].(2021-02-24)[2021-06-14]. https://finance.sina.com.cn/tech/2021-02-24/doc-ikftssap8496080.shtml.

经营者的规定。而关于电商经营过程中涉及的虚假流量、"二选一"、比价软件等此领域中的新型竞争行为是否构成不正当竞争，笔者在前文已作分析，因此不再赘言。

除了《反不正当竞争法》，电商经营者在竞争过程中还要符合其他法律的要求，比如《商标法》《著作权法》《广告法》《价格法》等。这些法律在实践中都有紧密的联系，构成严密的监管体系。比如对于电商领域较为严重的价格欺诈问题，或许不属于《反不正当竞争法》的适用范畴，但是如出现价格欺诈的情况，无论是自营商品还是他营商品，电商平台经营者均存在合规风险。如果是自营商品，则平台经营者可能面临前述行政处罚和惩罚性赔偿。如果是他营商品，尽管划线价是第三方商家标注，但如果社交电商平台经营者知道该情况，而未及时采取必要措施的，应与商家承担连带责任。因此，电商平台经营者应当加强对价格标注的监管：事前建立预防措施；事后如收到消费者对价格的投诉信息，及时采取修正价格、处理退货等必要措施。

作为新兴商业模式，跨境电商发展势头迅猛，运营效率提升的同时不断压低交易成本。但业务模式和运营中的合规问题关系着企业的长远发展，切不可盲目逐利而触碰法律红线，否则除了出现民事诉讼纠纷、行政处罚、刑事风险等不利后果外，还可能面临品牌和商誉的毁灭性打击，危害自身业务的可持续发展。在风云变幻的激烈竞争中，跨境电商企业只有熟悉行业规则、注重合规价值，才能在合规的框架内走得更远。

第十七章
跨境电商与反垄断问题

垄断是自由竞争中生产高度集中的必然结果，垄断有合法与非法之分，对于非法的垄断各国都制定了相关的法律进行规制。一般来说，"垄断"包括行为与状态两种含义，前者主要指滥用支配地位、组织联合等形式，后者主要指经济力的集中。在跨境电商中，《反垄断法》规制的主要是垄断行为。反垄断对于维护市场竞争秩序而言非常重要，在各国都得到相当的重视。特别是随着互联网行业近十多年的飞速发展，各国都出现了许多巨头企业，由于它们的垄断行为所带来的负面影响也愈加明显。因此，近几年各国对于互联网企业的反垄断执法也愈加频繁。作为互联网行业的一员，跨境电商也不例外。

一、我国跨境电商平台反垄断基本情况

近年来，在良好的政策背景与发展环境下，我国的跨境电商业务得到快速发展。统计显示，近三年来中国跨境电商零售规模年均增速高达56%。2020年，面对新冠肺炎疫情，中国跨境电商逆势增长。我国跨境电商行业已经进入了稳健增长期。借助双线融合发展、直播带货、传播社交化的行业新趋势，我国各跨境电商平台的规模和影响力也随之扩大，竞争力日益增强。

各大超级电商平台迅速崛起使得平台间的市场竞争日益激烈，强迫交易的绑架式营销模式和低价补贴的利诱式营销都可能最终形成超级电商平台的垄断局面。近年来一系列案件让互联网企业的垄断问题受到了广泛的关注和讨论，比如某企业与某电商巨头合营的电商平台涉嫌经营者集中被立案调查、某电商巨头因"二选一"行为被处以巨额罚款等。

其中，电子商务平台的"二选一"行为是对电子商务平台在经营中排除及限制竞争、实施独家交易行为的直观描述，即某些超级电商平台为抢占市场资源、扩大市场控制力，要求平台内经营者签署"独家合作协议"，强迫商家"平台二选一"，要求品牌商选择站队，非此即彼，不得同时在两个或以上的平台销售商品。电子商务平台的"二选一"行为形式隐蔽且手段不断升级。其本质是为《电子商务法》所禁止的电商平台滥用市场支配地位优势，将其转化为欺诈平台内经营者正当权益的垄断行为。

电商平台本身就具有网络效应、资源聚合效应等特点，往往是强者恒强，随着发展，平台可以吸引更多的客户资源、不同的利益相关者向强大的平台聚集，容易造成垄断。一旦电商平台获得垄断地位，其所掌握的大量的客户数据信息，又进一步使其得以巩固这种垄断地位，并容易滥用这些资源，阻碍竞争、损害消费者的权益。从另一方面来看，入驻平台的大量中小微型企业根本无法与实力强大的平台企业抗衡，因此这些平台企业获得垄断地位之后，也很容易侵害这些平台内经营者的利益。随着我国电商经济的高速发展，一些超级平台已经获得了重要的市场地位。这些平台的一些行为往往会有垄断之嫌。在电商发展的早期阶段，国家采取了相对包容的态度，这有利于新事物的成长，但也可能产生无序生长的风险。近年来国家已经开始加快了对电商平台领域反垄断的步伐。2020年12月召开的中共中央政治局会议明确提到了"要求强化反垄断和防止资本无序扩张"，这也被认为是《反垄断法》生效以来，中共中央政治局首次明确表示强化反垄断。2020年公布的《〈反垄断法〉修订草案（公开征求意见稿）》中新增互联网经营者市场支配地位认定标准，并加大了对违法行为的处罚力度。2021年2月《国务院反垄断委员会关于平台经济领域的反垄断指南》出台，对于平台经济的垄断问题作了较为详细的规定。2021年4月，执法机关对某电商巨头开出了我国反垄断执法历史上的最大罚单。

二、跨境电商平台反垄断监管重点

《反垄断法》及其配套法律法规规定的予以防止和制止的垄断行为包括经营者达成、实施垄断协议；经营者滥用市场支配地位；经营者实施具有或者可能具有排除、限制竞争效果的集中这三种行为。同时，其还规定了禁止行政机关和法律、法规授权的具有管理公共事务职能的组织滥用行政权力排除、限制竞争的行为。

（一）垄断协议

根据《国务院反垄断委员会关于平台经济领域的反垄断指南》第五条的规定，平台经济领域垄断协议是指经营者排除、限制竞争的协议、决定或者其他协同行为。协议、决定可以是书面、口头等形式。其他协同行为是指经营者虽未明确订立协议或者决定，但通过数据、算法、平台规则或者其他方式实质上存在协调一致的行为，有关经营者基于独立意思表示所作出的价格跟随等平行行为除外。具体而言，垄断协议又包括横向的垄断协议与纵向的垄断协议。在电商平台领域，前者是指平台经营者之间达成的固定价格、分割市场、限制产（销）量、限制新技术（产品）、联合抵制交易等协议；后者是指平台经营者与交易相对人达成固定转售价格、限定最低转售价格等垄断协议。根据《反垄断法》第四十六条的规定，经营者违法达成并实施垄断协议的，由反垄断执法机构责令停止违法行为，没收违法所得，并处上一年度销售额百分之一以上百分之十以下的罚款；尚未实施所达成的垄断协议的，可以处五十万元以下的罚款。但是经营者主动向反垄断执法机构报告达成垄断协议的有关情况并提供重要证据的，反垄断执法机构可以酌情减轻或者免除对该经营者的处罚。

2019年市场监管总局发布的《禁止垄断协议暂行规定》对垄断协议反垄断执法的机构、内容、程序，垄断协议相关问题的认定等问题作了较为详细的规定。2019年出台的《国务院反垄断委员会横向垄断协议案件宽大制度适用指南》则对横向垄断协议宽大处理问题的内容、条件、程序等作出了具体规定。该指南明确，横向垄断协议通常具有严重排除、限制竞争的效果，同时具有高度隐秘性，且经营者之间相对稳定，如果相关经营者能够主动配合，将极大降低执法机构发现横向垄断协议并展开调查的难度。因此，执法机构认为，对于愿意主动报告横向垄断协议并提供重要证据，同时停止涉嫌违法行为并配合执法机构调查的经营者，执法机构可以相应地对其减轻或者免除处罚。① 上述法律文件虽非针对互联网企业或者跨境电商，但自然也是适用于该领域的。

事实上，虽然实践中电商平台之间直接达成固定价格或分割市场之类的垄断协议的可能性不大，但是在电商经济中类似"协同行为"的情况比较普遍。在网络条件下，消费者可以非常快速地对不同电商经营者的商品、服务的销售价格和销售方式进行比较，因此相对竞争对手处于劣势的电商经营者往往会调整自身的价格或销售方式（比如通过发放优惠券、满减等活动以实际上降低价格），以使得与竞争对手的做法趋向一致，从而在事实上产生协同的效果。根据《禁止垄断协议暂行规定》第六条的规定，认定其他协同行为，应当考虑下列因素：经营者的市场行为是否具有一致性；经营者之间是否进行过意思联络或者信息交流；经营者能否对行为的一致性作出合理解释；相关市场的市场结构、竞争状况、市场变化等情况。因此，这类定价行为及效果是否构成价格协议或是协同行为，与是否存在意思联络或信息交流密切相关。即便是没有直接的意思联络，但如果存在默契的配合，也有可能涉嫌协同行为；但如果仅仅是基于算法协同而出现的客观上价格趋同，则不应该认为是协同行为。当然，在"协同"的结果是降低了价格的情况下，一般不会给予负面的法律评价；但如果是通过这个方式实施共同涨价，则可能会被认定为"协同行为"。

此外，电商平台如果包括自营和平台内经营者，若两者之间达成上述协议，也有可能涉嫌垄断。同样，若自营电商平台与其供应商达成相关协议，也可能构成垄断协议。

（二）滥用市场支配地位

滥用市场支配地位所包含的情形非常广泛，也是跨境电商平台最可能涉

---

① 《国务院反垄断委员会横向垄断协议案件宽大制度适用指南》第二条 宽大制度的意义。横向垄断协议通常具有严重排除、限制竞争的效果，同时具有高度隐秘性，且经营者之间相对稳定，如果相关经营者能够主动配合，将极大降低执法机构发现横向垄断协议并展开调查的难度。因此，执法机构认为，对于愿意主动报告横向垄断协议并提供重要证据，同时停止涉嫌违法行为并配合执法机构调查的经营者，执法机构相应地对其减轻或者免除处罚，有助于提高执法机构发现并查处垄断协议行为的效率，节约行政执法成本，维护消费者的利益。同时，执法机构也认为，给予经营者宽大的额度应当与经营者协助执法机构查处横向垄断协议案件的贡献程度相匹配。

及的垄断行为。在这一垄断行为中，认定当事人是否具有"市场支配地位"是非常重要的一环，但在电商领域中面对的困难也更多。这是因为，一方面互联网市场竞争中普遍存在着动态性和创新性，支配地位的形成和丧失可能只是短暂的过程；另一方面在于这些电商巨头特殊存在的多边性和整体性现象，使得传统的认定方法难以适用。[①] 这其实又涉及对相关市场的认定，因为电商行业往往与其他市场存在交叉的情况，且电商巨头往往也涉足多个领域并形成一个整体。比如在电商领域，可细分为跨境电商和非跨境电商；跨境电商也可以分为跨境出口与跨境进口；此外根据交易的模式还可以分为B2C、B2B等模式，当判断一个电商平台是否具有支配地位时，对于相关市场不同的认定可能会有不同的结果。此外，以淘宝为例，其市场影响力或者支配力不仅限于自身，还包括与之联系密切的其他电商平台（天猫）、物流平台（菜鸟）、生活平台（饿了么、哈罗单车）、支付平台（支付宝）等，多个平台的数据在经由共享和复次利用实现对数据的深度挖掘后，会产生巨大的数据价值，这些数据对于占领市场、评估竞争力有着重要的作用。关于支配地位的具体认定在下文的分析中也有体现。

滥用市场支配地位的具体行为包括不公平价格行为、低于成本销售、拒绝交易、限定交易、搭售或者附加不合理交易条件、差别待遇等——此非完全列举。《国务院反垄断委员会关于平台经济领域的反垄断指南》中对上述行为在平台经济中的认定问题作出了规定。根据《反垄断法》第四十七条的规定，滥用市场支配地位的，由反垄断执法机构责令停止违法行为，没收违法所得，并处上一年度销售额百分之一以上百分之十以下的罚款。此外，2019年市场监督管理总局发布的《禁止滥用市场支配地位行为暂行规定》也对滥用市场支配地位的反垄断执法机关、相关法律问题的具体认定、执法程序等作了详细的规定。

下面讨论几种跨境电商领域常见的可能涉及滥用市场支配地位的行为。

1."二选一"行为

《电子商务法》和《网络交易监督管理办法》（国家市场监督管理总局令第37号）都禁止电子商务平台干涉平台内经营者自主经营的行为，严禁平台利用服务协议、交易规则以及技术等手段，对平台内经营者在平台内的交易、

---

① 陈兵.因应超级平台对反垄断法规制的挑战[J].法学，2020（2）：121.

交易价格以及与其他经营者的交易等进行不合理限制或者附加不合理条件，或者向平台内经营者收取不合理费用。①

平台"二选一"行为作为跨境电商反垄断领域较为突出、饱受关注的问题受到了我国相关法律法规的规制。跨境电商平台作为在我国境内办理工商登记的经营者，也应遵守我国法律法规关于禁止排斥竞争的相关义务。考察我国当前可适用于跨境电商领域的法律法规，"二选一"行为存在以下合规风险。

（1）"限定交易"行为

"二选一"实质上是一种独家交易行为，从其行为表现来看，可能构成《反垄断法》第十七条第一款第（四）项所规制的限定交易，即"没有正当理由，限定交易相对人只能与其进行交易或者只能与其指定的经营者进行交易"。同时，由于"二选一"行为可能以电商平台企业与交易相对人达成协议的形式存在，符合纵向垄断协议的形式要求，因此当产生排除、限制竞争的效果时，理论上该行为亦可依据《反垄断法》第十四条第（三）项"国务院执法机构认定的其他垄断协议"予以规制。②

《国务院反垄断委员会关于平台经济领域的反垄断指南》第十五条明确，具有市场支配地位的平台经济领域经营者，滥用市场支配地位，无正当理由要求交易相对人在竞争性平台间进行"二选一"或者其他具有相同效果的行为，构成"限定交易"。

如前所述，"市场支配地位"与"限定交易"关系紧密，电商平台拥有市场支配地位是构成限定交易的前提条件。《反垄断法》第十七条对"市场支配地位"所作出的定义为：经营者在相关市场内具有能够控制商品价格、数量或者其他交易条件，或者能够阻碍、影响其他经营者进入相关市场能力的市场地位。其中，作为经营者展开竞争的商品范围和地域范围的"相关市场"是认定市场支配地位的前置步骤。同时，《国务院反垄断委员会关于平台经济领域的反垄断指南》也在第十一条中提出了结合平台经济特点认定滥用市场支配地位时可以考虑的因素，具体包括：经营者的市场份额以及相关市场竞争状况、经营者控制市场的能力、财力和技术条件、其他经营者进入相关市

---

① 参见《电子商务法》第三十五条与《网络交易监督管理办法》第三十二条。
② 杨晨.关于电商平台企业"二选一"行为的合规建议[EB/OL].（2018-11-12）[2020-12-24]. https：//www.jtnfa.com/CN/booksdetail.aspx?type=06001&keyid=00000000000000003781&PageUrl=majorbook&Lan=CN.

场的难易程度和对该经营者在交易上的依赖程度。此外,《电子商务法》第二十二条也对市场支配地位有所规定,即规定"电子商务经营者因其技术优势、用户数量、对相关行业的控制能力以及其他经营者对该电子商务经营者在交易上的依赖程度等因素而具有市场支配地位的,不得滥用市场支配地位,排除、限制竞争"。总而言之,市场支配地位的认定,需要在个案中具体分析。

(2)"不合理限制"行为

"市场支配地位"与"限定交易"的范围比较狭窄,不能完全覆盖实践中的"二选一"情况。①《电子商务法》也就禁止电商平台企业实施不合理的"二选一"行为作出了相应规定。该法第三十五条规定,电子商务平台经营者不得利用服务协议、交易规则以及技术等手段,对平台内经营者在平台内的交易、交易价格以及与其他经营者的交易等进行不合理限制或者附加不合理条件,或者向平台内经营者收取不合理费用。同时,第八十二条规定,电子商务平台经营者违反该法第三十五条规定,对平台内经营者在平台内的交易、交易价格或者与其他经营者的交易等进行不合理限制或者附加不合理条件,或者向平台内经营者收取不合理费用的,由市场监督管理部门责令限期改正,可以处五万元以上五十万元以下的罚款;情节严重的,处五十万元以上二百万元以下的罚款。但是对于何谓"不合理"是较为模糊的,该法规定的罚款对于电商平台而言也并没有多大的威慑效果。②

另外,针对部分网络交易平台要求经营者"二选一"的问题,《网络交易监督管理办法》第三十二条也明确规定,网络交易平台经营者不得违法对平台内经营者在平台内的交易、交易价格以及与其他经营者的交易等进行不合理限制或者附加不合理条件,干涉平台内经营者的自主经营。比如通过搜索降权、下架商品、限制经营、屏蔽店铺、提高服务收费等方式,禁止或者限制平台内经营者自主选择在多个平台开展经营活动,或者利用不正当手段限制其仅在特定平台开展经营活动;禁止或者限制平台内经营者自主选择快递物流等交易辅助服务提供者等。

电商平台相比于以中小微企业为主体的平台入驻商家,其优势地位的体现是全方位的,贯穿市场知名度、资金实力、人才储备、信息渠道、科技水平等各个维度,这种市场支配地位的优势很容易被阿里等超级电商平台所利

---

① 关于通过《反不正当竞争法》规制"二选一"行为的问题,见上一章的相关内容。
② 2019年海东市市场监督管理局即依据上述两个条文的规定,对某外卖运营公司利用网络技术手段对平台内经营者的交易进行不合理限制的违法行为进行了处罚。

用并转化为欺诈平台内经营者的行为，使其产品曝光度走低、交易额和经营业绩跳水，同时也限缩了消费者了解、接触并选择商家和商品的空间，最终导致平台与入驻商家的关系及市场地位进一步失衡。

2. "价格战"

实践中，电商平台为了抢占市场份额、排挤竞争对手，经常会通过低价以吸引消费者。如具有市场支配的电商平台无正当理由，以低于成本的价格销售商品，则有可能会被认为构成滥用市场支配地位。事实上，电商平台在"6·18""双十一"等购物节上通过满减、发放优惠券等方式进行低价促销，已是司空见惯了。这种做法很可能使得商品的最终定价低于成本，而对于这种行为的认定也并不清晰。电商平台在进行这种低价竞争之后，第一种情形是可能自行承担相应的成本；第二种情形是将成本转嫁给平台内经营者或者供货商（平台自营的情况），强行要求其承担优惠券的费用或降低供货成本。2017年的时候，乐视就曾"炮轰"电商平台的这种做法，称"（平台）强行通过优惠券、满额返现等方式进行价格补贴，并且这些补贴多数成本仍强迫我们买单，远远超出了我们的承受能力"，并表示当下的价格远远击穿了商品的成本。① 无论如何，这种做法都有可能涉嫌滥用市场支配地位。

3. 滥用卖家数据

在电商领域，数据有着重要的经济价值，而电商平台掌握着大量的数据，如果没有法律规制，将可以利用这些数据来获得相对于竞争者的优势。比如，根据欧盟委员会调查，亚马逊曾通过数据处理系统集纳汇总了大量卖家数据，如订单数量、卖家收入、卖家报价的点击量等，通过分析这些数据，亚马逊自营业务可以"跟卖"平台最畅销的商品，或者比照卖家数据优化商品定价。欧盟委员会认为：亚马逊利用卖家数据规避了正常的市场竞争风险，巩固了在法德等国"最大网络销售平台"的地位。其与这些第三方卖家在零售业务上是竞争关系，亚马逊非法滥用在德国和法国的市场主导地位，为自己的零售业务获利——此举违反欧盟反垄断法，扭曲了欧盟网络零售市场的竞争。② 我国虽然暂时还没有相关案例，但是电商平台应该有所注意。

---

① 乐视对怼"两大电商平台"第二篇声明撇清京东[EB/OL].（2017-06-19）[2021-06-15]. http：//company.cnstock.com/company/scp_gsxw/201706/4091482.htm.

② 欧盟认定亚马逊违反反垄断法利用卖家数据牟利[EB/OL].（2020-11-11）[2021-06-15]. https：//www.chinanews.com/gj/2020/11-11/9335454.shtml.

（三）经营者集中

根据《反垄断法》，经营者集中是指下列情形：经营者合并；经营者通过取得股权或者资产的方式取得对其他经营者的控制权；经营者通过合同等方式取得对其他经营者的控制权或者能够对其他经营者施加决定性影响。

法律并不完全禁止经营者集中，而是禁止具有或者可能具有排除、限制竞争效果的集中。根据法律的规定，符合一定标准的经营者集中需要主动事先向国务院反垄断执法机构申报，未申报的不得实施集中（当然不符合申报标准，但可能会排除、限制竞争的经营者集中，执法机关也应该进行调查）。《国务院关于经营者集中申报标准的规定》明确了需要经营者主动申报的标准。此外，市场监督管理总局 2020 年发布的《经营者集中审查暂行规定》对经营者集中的申报具体标准、程序，审查的内容、程序以及限制性条件的监督、实施，执法的措施、程序等进行了详细的规定。

经营者集中具有或者可能具有排除、限制竞争效果的，国务院反垄断执法机构应当作出禁止经营者集中的决定。但是，经营者能够证明该集中对竞争产生的有利影响明显大于不利影响，或者符合社会公共利益的，国务院反垄断执法机构可以作出对经营者集中不予禁止的决定，但可以同时作出附加限制性条件。此外，根据《反垄断法》第三十一条的规定，对外资并购境内企业或者以其他方式参与经营者集中，涉及国家安全的，除需要进行经营者集中审查外，还应当按照国家有关规定进行国家安全审查。对于违法实施集中者，可以责令其采取必要措施恢复到集中前的状态、处以罚款等。随着国内电商巨头的发展壮大，这些巨头的投资触角也在不断延伸，这很可能会违反经营者集中的管理规定。

目前在实践中也已经出现相关的案例。比如五矿发展公司与阿里巴巴集团控股有限公司设立合营企业龙腾数科技术有限公司（曾用名"五矿电子商务有限公司"）的交易涉嫌构成违法实施经营者集中，国家市场监管总局于 2021 年 4 月决定予以立案调查。[①] 在该案中，五矿发展公司主要从事资源贸易、金属贸易、供应链服务三大类业务。2012 年 5 月，五矿发展公司成立全资子公司龙腾数科技术有限公司，旗下有钢铁商品现货交易电商平台"鑫

---

① 涉嫌构成违法实施经营者集中 五矿发展被市场监管总局立案调查[EB/OL]. (2021-04-19) [2022-02-23]. https://baijiahao.baidu.com/s?id=1697467602223130616&wfr=spider&for=pc.

益联"等。2015 年 11 月，杭州阿里创业投资有限公司 5.9 亿元人民币 A 轮投资，增资入股龙腾数科技术有限公司。增资后龙腾数科技术有限公司系五矿发展公司与杭州阿里创业投资有限公司、北京海立云垂投资管理中心（有限合伙）共同出资设立的合营企业，各方持股比例分别为 46%、44%、10%。2019 年 12 月，阿里创业投资有限公司将其持有的龙腾数科技术有限公司 44% 股权转让给易大宗（北京）供应链管理有限公司，而易大宗公司是大宗商品供应链的龙头企业。2021 年 5 月，五矿发展公司发布公告称，公司收到国家市场监督管理总局出具的《涉嫌违法实施经营者集中不实施进一步调查决定书》，国家市场监督管理总局对五矿发展公司不实施进一步调查。2021 年 7 月，国家市场监督管理总局对阿里创业投资有限公司收购五矿电子商务有限公司股权违法实施经营者集中案作出行政处罚决定，经查，该案构成违法实施经营者集中，但不具有排除、限制竞争的效果，最后对阿里创业投资有限公司作出罚款 50 万元的行政处罚。[①]

特别是如前所述，这些电商平台往往涉及多个行业，且电商市场也与其他许多市场都存在交叉，因此不仅是电商平台之间的集中可能涉及垄断问题，与相关的企业进行集中也要接受监管。此外，我国的许多电商企业都采取 VIE 架构，境外注册的公司进行合并也需要接受我国的监管，详细案件见后文。

三、案例评析

（一）收购商业股权

案例一

X 投资公司收购 Y 商业股权案[②]

本案中，X 投资有限公司（下称"X 投资"）在英属维尔京群岛注册成立，其母公司 X 集团控股有限公司主要从事由若干电商平台构成

---

① 市场监管总局发布阿里创投收购五矿电商股权违法实施经营者集中案行政处罚决定书 [EB/OL]. (2021-07-07) [2022-02-23]. https://www.samr.gov.cn/fldj/tzgg/xzcf/202107/t20210706_332350.html.
② 国市监处〔2020〕26 号。

的中国网络销售平台业务、全球和中国批发贸易平台业务以及全球零售市场业务等。Y商业（集团）有限公司（下称"Y商业"）在开曼群岛注册，主要在中国从事百货店及购物中心的经营和管理业务等。2014年3月，X投资通过认购新股和可转换债券的方式，认购了Y商业9.9%的新股股权（约2.2亿元股）和可转换债券（对应可转为上市公司约4.6亿元新股）。2016年6月，X投资将可转换债券转成股份，转股后X投资持有Y商业约27.83%的股份。2017年3月，Y商业进行私有化并于2017年6月完成股权交割，X投资持股比例增加至73.79%，成为Y商业控股股东。2018年2月，X投资持股比例进一步提高。

执法机关认为，当事人的行为属于《反垄断法》第二十条规定的经营者集中。参与集中的经营者营业额明显达到了《国务院关于经营者集中申报标准的规定》第三条规定的申报标准。在集中实施前，均未依法进行经营者集中申报。在案件调查中，执法机关全面评估了集中对市场竞争状况的影响，既考察了目标公司所在相关市场的竞争状况和发展趋势，也考察了收购方与目标公司的业务关联以及平台特征可能带来的影响，认为上述集中均不具有排除、限制竞争效果。但由于没有按要求进行申报，应处以50元万人民币的罚款。

我国对于经营者集中采取的是事先申报的控制制度，申报不以涉嫌垄断为前提条件。《国务院关于经营者集中申报标准的规定》第三条规定了需要申报的标准：参与集中的所有经营者上一会计年度在全球范围内的营业额合计超过100亿元人民币，并且其中至少两个经营者上一会计年度在中国境内的营业额均超过4亿元人民币；参与集中的所有经营者上一会计年度在中国境内的营业额合计超过20亿元人民币，并且其中至少两个经营者上一会计年度在中国境内的营业额均超过4亿元人民币。由此可见，申报的标准主要为双方的营业额，而不考虑注册地、所属行业等相关情况。此外，即便未达到上述申报的标准，但按照规定程序收集的事实和证据表明该经营者集中具有或者可能具有排除、限制竞争效果的，国务院反垄断执法机构应当依法进行调查。

本案还涉及 VIE 架构企业的经营者集中监管问题。所谓的 VIE 架构，即"可变利益实体"（variable interest entities），也称"协议控制"，是指不通过股权控制实际运营公司而通过签订各种协议的方式实现对实际运营公司的控制及财务的合并。这种架构在跨境电商企业中并不鲜见，特别是赴海外上市的电商企业主要都是采取这种架构。虽然 VIE 企业的收入主要来自中国，但是在之前对于其经营者集中是否需要主动申报是不太明确的，因为它毕竟是境外实体。在本案中，X 投资在英属维尔京群岛注册成立，Y 商业在开曼群岛注册，两者之间的合并其实就是 VIE 公司之间的经营者集中。本案（以及同时通报的其他两个案例）也是市场监管总局首次对涉及协议控制结构企业违法实施集中作出行政处罚，对规范涉及协议控制架构企业的经营者集中行为具有重要意义。执法机关在通报相关案件的时候，也多次强调了"无论是被调查的经营者、目标公司还是有关企业的实际控制人存在协议控制架构，都应当依法进行经营者集中申报，违法实施集中都会受到相应的行政处罚"。[1] 此外，2021 年生效的《国务院反垄断委员会关于平台经济领域的反垄断指南》第十八条也明确指出："涉及协议控制架构的经营者集中，属于经营者集中反垄断审查范围。"笔者认为，明确将协议控制架构纳入反垄断监管的范畴之内是合法、合理的。《反垄断法》第二条明确规定了"中华人民共和国境外的垄断行为，对境内市场竞争产生排除、限制影响的，适用本法"，换言之，《反垄断法》具有域外效力；同时，此类协议控制架构企业的主要业务或者收入往往都是在国内，接受我国的反垄断监管是很有必要的。事实上，按照上述法律的规定，即便是一般外国企业，只要其在国外策划或者实施的限制竞争行为对我国市场竞争有限制性影响，我国即可对其进行监管。因此，对于相关的企业来说，想通过协议控制架构逃避相关监管是不可行的，如果有此类经营者集中的行为，符合相关标准的，都应当主动进行申报。

此外，本案的 50 万元罚款已是《反垄断法》第四十八条所规定的最高罚款金额了。根据该条的规定，反垄断执法机构还可以责令停止实施集中、限期处分股份或者资产、限期转让营业以及采取其他必要措施恢复到集中前的状态。但本案中执法机关认为经营者集中不具有排除、限制竞争效果，因此没有采取这种严厉的措施。

（二）电商平台"二选一"

近年来，关于跨境电商平台涉嫌垄断的讨论，更多地集中在跨境电商

---

[1] http://www.samr.gov.cn/xw/zj/202012/t20201214_324336.html.

"二选一"的做法上。针对此问题,也曾出现过很多相关的纠纷。除了电商平台之间的争端,平台内经营者也曾就"二选一"对平台提起过诉讼。

案例二　京东与某电商平台企业的"二选一"

早在 2017 年,京东曾就因为某电商平台企业的"二选一"行为在北京市高级人民法院起诉其滥用市场支配地位。该案随后进入了漫长的管辖权之争,直到 2019 年 7 月最高人民法院驳回被告就管辖权问题的上诉,确认北京市高级人民法院有管辖权。①

案例三　格兰仕起诉某电商平台涉嫌滥用市场支配地位

格兰仕曾在 2019 年 10 月 28 日向广州知识产权法院起诉某电商平台涉嫌滥用市场支配地位,该案于 2019 年 11 月 4 日得到受理。据格兰仕方面称,格兰仕与拼多多达成长期全面战略合作关系,而某电商平台则要求格兰仕"二选一",进行站队,格兰仕未予同意。而后,格兰仕在该平台上的旗舰店出现跳转链接异常,页面无法正常显示长达半个多月,造成其在该平台的 20 万台备货积压。格兰仕与平台沟通无果便采取法律诉讼进行维权。②

具体而言,早在 2019 年初,格兰仕就接到该平台"二选一"的指令,要求作为供应商的格兰仕中断与竞争平台的合作,格兰仕经过慎重的考虑婉拒了它的要求。因此,4 月 3 日,该平台屏蔽格兰仕在平台上的资源,要求其下架拼多多平台旗舰店。5 月 20 日,该平台要求格兰仕出具"退出拼多多公函",被拒绝后,直接不让格兰仕参加"5·20 大促"。此后,格兰仕营销团队与之多次商谈无果。该平台公开要求格

---

① (2019)最高民辖终 130 号。
② 广东省知识产权法院于 2019 年 11 月 4 日受理此案,但随后格兰仕方面撤诉。

兰仕"6·18"下架所有在拼多多平台上开的店铺。就此，双方未能达成共识。该平台开始以技术手段，如搜索被降权、展示被屏蔽，流量被减少，限制格兰仕在关联所有平台的正常业务。

案例三由当事人协商解决了，案例二则举步维艰，这很大程度上是因为当时对于"二选一"行为是否违反《反垄断法》存在很大的争议，且这一问题对于国内电商行业的影响深远。但随着《国务院反垄断委员会关于平台经济领域的反垄断指南》的出台，及其在实际垄断案中的适用，这一问题应该是趋于明朗了。

（三）电商巨头垄断

案例四

某电商巨头垄断案[①]

根据举报，2020年12月起，国家市场监督管理总局依据《反垄断法》对当事人某集团控股有限公司涉嫌实施滥用市场支配地位行为开展了调查。经查，当事人在中国境内网络零售平台服务市场具有支配地位。自2015年以来，当事人滥用该市场支配地位，对平台内商家提出"二选一"要求，禁止平台内商家在其他竞争性平台开店或参加促销活动，并借助市场力量、平台规则和数据、算法等技术手段，采取多种奖惩措施保障"二选一"要求执行，维持、增强自身市场力量，获取不正当竞争优势。

调查表明，当事人实施"二选一"行为排除、限制了中国境内网络零售平台服务市场的竞争，妨碍了商品服务和资源要素自由流通，影响了平台经济创新发展，侵害了平台内商家的合法权益，损害了消费者利益，阻碍了平台经济创新发展，且不具有正当理由，构成《反垄断法》

[①] 国市监处〔2021〕28号。

> 第十七条第一款第（四）项禁止"没有正当理由，限定交易相对人只能与其进行交易"的滥用市场支配地位行为。
>
> 根据《反垄断法》第四十七条、第四十九条规定，综合考虑当事人违法行为的性质、程度和持续时间等因素，2021年4月10日，市场监管总局依法作出行政处罚决定，责令当事人停止违法行为，并处以其2019年中国境内销售额4557.12亿元4%的罚款，计182.28亿元。同时，按照《中华人民共和国行政处罚法》坚持处罚与教育相结合的原则，向当事人发出《行政指导书》，要求其围绕严格落实平台企业主体责任、加强内控合规管理、维护公平竞争、保护平台内商家和消费者合法权益等方面进行全面整改，并连续三年向市场监管总局提交自查合规报告。随后当事人作出回应，表示诚恳接受、坚决服从处罚。并且将强化依法经营，进一步加强合规体系建设，立足创新发展，更好履行社会责任。

本案是我国平台经济领域第一起重大的、典型的反垄断案件[①]；同时，对某电商集团的罚款也是我国在反垄断执法历史上开出的最大的罚单。本案使此前释放的种种规范平台经济发展的政策信号得以进入执行的新阶段，具有里程碑式的意义。随着近几年来我国电商经济的蓬勃发展，出现了许多限制竞争、恶性竞争的扰乱正常经济秩序的行为，平台实施"二选一"就是其中的典型。本案的有力论证以及处罚结果，有助于明晰"相关市场""支配地位"在平台经济中的判断标准，有助于明确"二选一"的认定依据及对此的法律定性。从另一个角度来看，也是给了所有电商平台企业一个警醒的作用，电商平台企业应该以此为镜，避免触犯《反垄断法》。本次反垄断执法并非对平台经济的打压，相反，是对企业发展的规范扶正、对行业环境的清理净化、对公平竞争的市场秩序的有力维护。[②] 对于电商平台企业来说，只有合规经营，才能行稳致远。

---

① 加强反垄断监管 促进平台经济在规范中发展[EB/OL].（2021-04-10)[2022-01-21]. http://www.xinhuanet.com/fortune/2021-04/10/c_1127314279.htm.
② 吴秋余，林丽鹂.推动平台经济规范健康持续发展[EB/OL].（2021-04-10）[2021-06-23]. http://opinion.people.com.cn/n1/2021/0410/c1003-32074529.html

在本案中，国家市场监督管理总局对反垄断所涉及的一些概念及一些问题作出了详尽的分析，颇有启发意义。

首先，对于相关市场的界定。经营者是否具有垄断地位，要在相关市场的范围之内考察。调查过程中，当事人提出，本案相关商品市场应界定为 B2C 网络零售平台服务市场，理由是 B2C 网络零售平台服务与 C2C 网络零售平台服务在商业定位和商业模式上存在较大差异，不具有合理的替代关系。但是总局不予认可，而将本案相关商品市场界定为网络零售平台服务市场。理由在于 B2C 和 C2C 两种网络零售模式下的平台服务并无本质区别，网络零售平台通过调整平台规则，即可以实现两种网络零售模式的转换。并且，为不同商品销售方式，如传统的展示货物与新型的通过直播、短视频带货，提供的网络零售平台服务也无本质区别，属于同一相关商品市场。为不同的商品种类提供服务者，更无须划分为不同的相关市场。

同时，本案相关地域市场为中国境内。这其实是容易理解的，虽然境外电商零售平台在国内营业未尝不可，但是有诸多的限制，且事实上国内市场与国外市场之间并不存在紧密的替代关系。一般来说，电商平台的特点决定了其相关地域市场一般是中国市场，因为通常来说某一电商平台不会只在某一地区运营。此外《国务院反垄断委员会关于平台经济领域的反垄断指南》第四条规定了"根据个案情况也可以界定为全球市场"，但这种可能性在电商领域应该不大。①

其次，对于在相关市场具有支配地位的标准。当事人在本案中辩称自身在相关市场中没有支配地位，但是执法机关列举了七个事实也证明当事人构成了支配地位。分别为：当事人的市场份额超过 50%；相关市场高度集中；当事人具有很强的市场控制能力；当事人具有雄厚的财力和先进的技术条件；其他经营者在交易上高度依赖当事人；相关市场进入难度大；当事人在关联市场具有显著优势。这些因素使得"相关市场中的支配地位"的判断标准明确了。但是这并非表明，直有完全符合这七个标准的才属于在相关市场上具有支配地位，笔者认为，这只是一些考虑的因素，而不都是必备的因素。是否在相关市场上具有支配地位，从根本上说还是取决于商家的市场控制能力，对于其他经营者是否有显著的优势。

---

① 在跨境电商出口领域或许有可能将地域市场界定为全球市场，但是就目前的市场情况来看，在这一领域暂时应该还没有反垄断的需求。

再次，也是非常重要的是当事人滥用市场支配地位。具有市场支配地位并不一定会遭到否定的评价，法律所反对的，是滥用这种地位，从而损害其他经营者、消费者的利益，破坏市场经济秩序。在本案中，当事人滥用市场支配地位的行为集中体现在其"二选一"的规则上。而其"二选一"的行为又具体地体现在这些方面：禁止平台内经营者在其他竞争性平台开店；禁止平台内经营者参加其他竞争性平台促销活动；当事人采取多种奖惩措施保障"二选一"要求实施，包括减少促销活动资源支持、取消促销活动参加资格以及实施搜索降权等[①]；取消平台内经营者在当事人平台上的其他重大权益。当事人曾辩称，签订合作协议为平台内经营者自愿的，但是执法机关经过调查认为，大部分含有"二选一"内容的合作协议并非平台内经营者自愿签订。调查显示，平台内经营者往往倾向于在多个平台同时开设店铺、销售商品，签订相关协议并非出于自愿。事实上，当事人只是利用其市场支配地位"威逼利诱"平台内经营者进行"二选一"。

最后，也是最重要的是当事人行为排除、限制了市场竞争。之所以反对当事人的垄断行为，就是因为其扭曲了市场竞争，破坏了正常的市场经济秩序。执法机关从四个方面论证了当事人此种行为所带来的后果，包括：排除、限制了中国境内网络零售平台服务市场竞争，不当提高了潜在竞争者的市场进入壁垒，破坏了公平、有序的市场竞争秩序；当事人有关行为直接限制了平台内经营者的经营自主权，削弱了商品的品牌内竞争，损害了平台内经营者利益；妨碍了网络零售平台服务市场的资源优化配置，抑制了市场主体活力，限制了平台经济创新发展；限制了消费者自由选择权和公平交易权，损害了消费者利益。如果电商平台的行为涉嫌垄断，但是对平台内经营者、市场经济秩序、消费者都有利而无害，那这种行为自然也不会在禁止之列，这是显而易见的。

事实上，在此之前，平台经济中存在"二选一"的所谓要求早已不是什么秘密，包括其他一些电商平台也存在这种做法。如果说在此之前对这种行为的合法性还存在疑问的话，本案的结果无疑宣告了这种行为的非法性。对

[①] 鉴于电商经济的特点，电商平台掌握了大量数据甚至流量的分配能力，而这对于平台内经营者是至关重要的，所以平台可以以此轻易地对平台内经营者施加巨大的压力。而本案则表明了平台不能随意地使用这种"权力"。

于那些头部电商平台企业来说，如果存在这种做法的自当整改，切莫利用自身的强大实力与支配地位而要求平台内经营者"选边站"，从而打压其他竞争者；对于那些实力相对处于弱势的电商平台来说，这无疑是获得了更好的发展空间。总而言之，对于电商平台企业来说，应该坚守法律的要求，公平、有序地竞争，不断创新、提高自身的产品质量以及服务水平，从而获得和巩固在市场上的优势，这才是最好的发展道路。

但是从另一个角度来看，也要意识到，本案只是平台经济反垄断的一个开始。本案也并非意味着在平台经济中只有"二选一"这种行为可能会成为《反垄断法》的规制对象。事实上，"滥用市场支配地位"所涉及的情形是十分广泛的，包括不公平价格行为、低于成本销售、拒绝交易、限定交易、搭售或者附加不合理交易条件、差别待遇等。[①] 电商平台应该避免触犯相关的条款。但是，也并不是说具有市场支配地位的电商平台只要有以上的行为便构成滥用市场支配地位，以本案所涉及的"限定交易"为例，如果具有正当理由，这类行为并不会遭到《反垄断法》的否定。根据《国务院反垄断委员会关于平台经济领域的反垄断指南》第十五条，这些正当理由包括为保护交易相对人和消费者利益所必须；为保护知识产权、商业机密或者数据安全所必须；为保护针对交易进行的特定资源投入所必须；为维护合理的经营模式所必须；能够证明行为具有正当性的其他理由。换言之，如果电商平台涉嫌滥用市场支配地位，则应该从这些方面中寻找对自己有利的抗辩理由。

除此之外，垄断的形式还包括垄断协议、经营者集中等，这都是跨境电商平台在经营中需要注意的问题。

四、跨境电商平台反垄断合规建议

跨境电商在经营中应该了解相关反垄断法律法规的规定，避免被认定为垄断行为。无论是国内还是国外，目前电商领域的反垄断执法都更加严格，唯有合规经营才能更好地在市场中生存。一旦被认定为构成垄断，相关的处罚措施是可以非常严厉的，比如某企业就被处以180亿元以上的罚款，事实

---

① 具体的认定标准参见《国务院反垄断委员会关于平台经济领域的反垄断指南》第十二到第十七条。

上,这还不属于顶格的罚款,对企业的影响可想而知。

(一)关于"二选一"

因为电商平台的"二选一"目前各电商涉及的较为普遍的问题,也是当前执法机关重点关注的问题,因此笔者对此进行单独的分析。"二选一"作为受到广泛关注的商业行为,其实自身也有一定的积极作用,比如可以稳定投资者预期,保障平台持续经营,维持平台经营的相对稳定性;避免被竞争平台搭便车等。[①]但是,毫无疑问这种行为也侵害了用户的自主经营权,损害了市场竞争,并且不利于消费者利益的保护。如前所述,"二选一"行为不仅受到《反垄断法》的规制,也受到《反不正当竞争法》《电子商务法》等法律的规制,因此跨境电商平台应当重视与平台内经营者的公平交易条款,避免通过平台"二选一"对交易进行不合理限制。具体而言,应注意避免出现以下两种"二选一"行为。

避免"明示二选一"。跨境电商平台应注意避免出现"明示二选一"行为,即以书面协议或通知的方式,直接要求平台上的其他经营者在自己或者自己的竞争对手之间进行"二选一"。此种行为方式,还可以进一步细分为只与自己交易、只允许与特定经营者交易(设置白名单)、不允许与特定经营者交易(设置黑名单)等形态。但无论哪种方式,平台企业针对平台上其他经营者所实施的"二选一"行为,所依仗的都是自己在市场上的优势地位,都有可能违反《电子商务法》以及《反垄断法》等相关规定。

避免"变相二选一"。需要注意的是,《国务院反垄断委员会关于平台经济领域的反垄断指南》提出,通过平台规则、数据、算法、技术等方面的实际设置限制或者障碍的方式实现相关限定也构成"限定交易"。因此,跨境电商平台除了不得强制商家签署"独家合作协议",还应避免出现"变相二选一"行为。

一方面,平台经营者不得采用惩罚性手段变相要求商家平台"二选一",即如果平台上的经营者拒绝退出竞争平台,则通过对其店铺采取搜索降权、流量限制、技术障碍、扣取保证金等惩罚性措施,来实现"二选一"的目的。

[①] 吴太轩,赵致远.电商平台"二选一"行为的反垄断法规制:兼论滥用相对优势地位理论的适用不足[J].重庆邮电大学学报(社会科学版),2020(6):60-61.

例如，平台不得通过修改后台参数、数据流量等屏蔽方式，让第三方商家迅速断流、"一键消失"；也不得通过技术手段，降低商铺的权重，使用户搜索不到商铺，从而大幅降低甚至断绝商家的搜索流量。

另一方面，平台经营者不得采用激励性手段变相要求商家平台"二选一"，即平台企业通过对平台上的经营者进行补贴、折扣、优惠、流量资源支持或者其他有助于其在相关市场中获取竞争优势的活动等激励性方式。此举虽然可能对平台内经营者具有一定积极效果，而电商平台也付出了某种对价，但如果对市场竞争产生明显的排除、限制影响，也可能被认定构成限定交易行为。

"变相二选一"行为往往会与"合同"或者通知等明示的"二选一"相区分。但在现实中，它仍然是对交易对象的变相限制或者锁定：通过相应的利诱安排使得交易相对人不大可能与平台经营者的竞争对手合作，最终达到封锁市场、限制竞争的目的。或者，在纵向的角度上，使平台上其他经营者基于交易习惯、转移成本或者合同约束，丧失合理的转向可能性，对平台企业产生交易上的依赖，使自己成为对方的"唯一选项"，继而排除其他竞争者，从而违反《电子商务法》以及《反垄断法》等相关规定。

（二）其他合规建议

企业具有市场支配地位本身并非构成垄断行为，关键是不要滥用此种地位。比如不能利用这种地位进行低买高卖的行为，或者通过低于成本价销售的方式，以阻碍竞争对手进入市场等。一言以蔽之，即遵循公平竞争的市场规制。

目前电商巨头都大量进行资本投资，在这过程中，也要注意合规经营。比如要了解所进行的投资行为是否符合申报的经营者集中标准，如果符合的应当及时申报。虽然这一过程可能需要花费数个月甚至更长的时间，但是如果不申报但最后被认定为实施集中有妨碍、排斥竞争的情况的话，其损失是更大的。

此外，平台之间、平台与平台内经营者之间、平台与供应商之间等，不应通过某种协议甚至默契以进行固定价格、分割市场的活动，各经营者应该独立地进行商业竞争。

总而言之，对于跨境电商企业来说，在我国的投资、经营过程中，应该了解我国的相关法律法规规定——不仅是《反垄断法》，还包括一系列行政机关发布的法律文件，比如上文涉及的《国务院反垄断委员会关于平台经济领域的反垄断指南》《国务院关于经营者集中申报标准的规定》；并且要了解相关的政策动向，比如在此之前，国家就曾在许多场合展示了要在互联网经济领域进行反垄断的决心，这都是应该引起重视的；最后，也应该了解反垄断执法的相关案件，比如某电商巨头的反垄断案等，这必然会对之后的相关执法有重要的影响。因此，电商平台企业在进行相关的投资、经营活动前，应该经过专业的评估或论证，避免触犯法律的规定。

第十八章
跨境电商与供应链金融问题

随着全球产业国际化大分工的进一步推进，我国企业参与全球供应链竞争的程度日益加深。传统的国际贸易已无法满足我国中小企业的发展需求。而跨境电商的出现，较大程度上弥补了我国中小型企业的发展需求缺口，并逐渐成为中小企业对外贸易的主导模式。在复杂多变的国际贸易环境下，为跨境电商提供供应链金融服务已成为大势所趋，以阿里金融为代表的跨境电商平台与供应链金融相结合的电商供应链金融融资模式应运而生。目前，针对这一新型的跨境电商融资模式，理论和案例研究较为缺乏，该模式的具体业务流程、融资流程、与传统银行融资模式相比的优劣势及如何缓解跨境电商中小微企业融资难的问题都是值得研究和关注的方向。

一、我国跨境电商企业融资现状

近年来，跨境电商交易中，中小微外贸企业的融资难问题仍比较突出。据亿邦智库 2020 年调研发现，27% 的跨境电商企业需要融资，6% 的跨境电商企业长期面临资金不足问题，16% 偶尔出现资金不足。这主要因为：一是中小微外贸企业普遍具有轻资产、风险控制能力低、资金周转慢的特点，其本身存在融资条件不足的短板；二是现有贸易融资方式与企业融资需求匹配度较差。从跨境电商企业的融资方式偏好来看，52% 的外贸企业倾向于信用贷款、28% 的企业倾向于仓单抵押、应收账款抵押贷款，仅 16% 的企业倾向于固定资产抵押贷款。①

---

① 中国银行宏观观察：我国跨境电商的发展特点、金融支持短板与应对策略 [R/OL]. 2021（25）. [2021-5-14]. https : //pic.bankofchina.com/bocappd/rareport/202105/P020210519631793713619.pdf.

但现阶段，金融机构放贷仍对抵押物有一定要求，难以充分满足外贸企业多样化的融资需求。同时，金融机构放贷额度难以达到企业融资规模需求。在跨境电商交易中，约有一半外贸企业获得的贷款额度占店铺每月收入的30%以下，贷款额度较低，企业融资缺口仍然较大。

二、供应链金融的概念

（一）供应链金融的概念

供应链金融是银行或供应链核心企业通过管理上下游中小企业的资金流和物流，把单个企业的不可控风险转变为供应链企业整体的可控风险，通过立体获取各类信息，将风险控制在最低点的金融服务。供应链金融商业基础的贸易自偿性，决定了应收账款和动产担保物权构成供应链金融的基础法律制度保障。为提高担保物流流动性和使用效率、保障债权人利益求偿的自力性，在传统担保物权基础上，供应链金融业务衍生出一系列非典型担保方式。

（二）供应链金融路径的基础图景[①]

供应链金融路径的基础图景见图18.1。

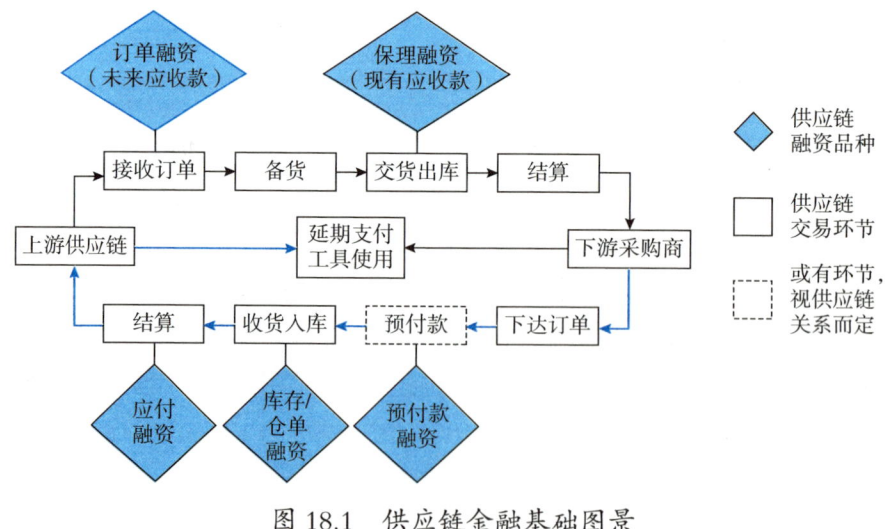

图 18.1　供应链金融基础图景

---

① 张乐，涂雪萍，黄绅. 供应链金融法律工具箱：不能不知道的担保机制（基础篇）[EB/OL].（2020-12-29）[2021-06-23]. https://mp.weixin.qq.com/s/okQPFo3TlCGGKuhpnub6_Q.

一般来说，一个特定商品的供应链从原材料采购，到制成中间及最终产品，最后由销售网络把产品送到消费者手中，将供应商、制造商、分销商、零售商、直到最终用户连成一个整体。在这个供应链中，竞争力较强、规模较大的核心企业因其强势地位，往往在交货、价格、账期等贸易条件方面对上下游配套企业要求苛刻，从而给这些企业造成了巨大的压力。而上下游配套企业恰恰大多是中小企业，难以从银行融资，结果最后造成资金链十分紧张，整个供应链出现失衡。"供应链金融"最大的特点就是在供应链中寻找出现一个大的核心企业，以核心企业为出发点，为供应链提供金融支持。一方面，将资金有效注入相对弱势的上下游配套中小企业，解决中小企业融资难和供应链失衡的问题；另一方面，将银行信用融于上下游企业的购销行为，增强其商业信用，促进中小企业与核心企业建立长期战略协同关系，提升供应链的竞争能力。在"供应链金融"的融资模式下，处在供应链上的企业一旦获得银行的支持，资金注入配套企业，激活整个链条运转。

（三）供应链金融的业务规律与实施路径[①]

1. 上游供应商的融资需求

如图 18.1 所示，订单融资、保理融资主要围绕现有应收款和未来应收款展开，服务于上游供应商在向下游采购商履约过程中产生的融资需求，见表 18.1。

表 18.1　上游供应商融资品种、业务规律及实施路径

融资品种	业务规律	实施路径
订单融资（未来应收款）	通过销售订单安排生产，上游供应商寻求排产、备货的资金支持，有利于进一步扩大再生产。在订单执行期间，企业融资可以现有订单为基础，实质系以未来应收账款作为融资担保。	● 基于未来应收款的质押贷款 企业将其接收订单可能产生的应收账款出质给资金提供方，担保资金提供方向企业提供的融资；当企业不履行到期债务或者发生当事人约定的实现质权的情形，资金提供方有权就该应收款优先受偿。但未来收入能否成为法律项下设定担保物权的标的是一个需要金融机构关注的问题。通常而言，该业务下仍需要有其他担保措施并行保障。

[①] 张乐，涂雪萍，黄绅. 供应链金融法律工具箱：不能不知道的担保机制（基础篇）[EB/OL]. (2020-12-29)[2021-06-23]. https://mp.weixin.qq.com/s/okQPFo3T1CGGKuhpnub6_Q.

表 18.1 续

融资品种	业务规律	实施路径
订单融资（未来应收款）	通过销售订单安排生产，上游供应商寻求排产、备货的资金支持，有利于进一步扩大再生产。在订单执行期间，企业融资可以现有订单为基础，实质系以未来应收账款作为融资担保。	● 商业保理有追索权业务 保理申请人将其订单项下未来应收账款债权转让给商业保理公司，由商业保理公司核定融资额度。鉴于订单项下卖方义务尚未履行完毕，不排除后续因卖方客观上未适当履约造成债务人拒绝付款，商业保理公司主要做有追索权保理业务，保留对保理申请人的追偿权，并叠加其他风控手段。
保理融资（现有应收款）	赊销模式下，供应商基于向采购方供货而形成对采购方的应收账款。尤其在下游采购方处于产业链强势地位的情况下，下游采购方通常为其应收账款安排较长的账期，从而使得供应商承担较大的负债端压力。为了加快销售回款，供应商可以应收账款进行融资。	● 商业保理/银行保理有追索权、无追索权业务 相较于上一阶段的订单融资，保理申请人已经向下游采购商履行了交货义务，且经由下游采购商确定对账，应收账款回收确定性更强。根据对保理申请人与特定下游采购商历史交易记录的分析，保理人可采取有追索权或无追索权保理服务。后者可实现保理申请人资产提前变现、风险转移并提高资产流动性。 因该阶段已产生现有应收账款，从金融监管角度，银行亦可作为保理人从事相应的保理业务。

2. 下游采购商的融资需求

预付款融资、库存融资和应付账款融资主要围绕着库存并服务于下游采购商的资金管理需求，如表 18.2 所示。

表 18.2　下游供应商融资品种、业务规律及实施路径

融资品种	业务规律	实施路径
预付款融资（未来存货）	个别行业的供应链关系下，下游采购商下达订单时需要支付预付款（甚至是全部货款，在紧俏型品种或强势上游的经销商体系	● 保兑仓 传统金融机构保兑仓模式下，以银行信用为载体、以银行承兑汇票为结算工具、由银行控制货权、卖方（或者仓储方）受托保管货物并以承兑汇票与保证金之间的差额作为担保。参与方通常包括买方、卖方、资金提供方（通常为商业银行）和仓储监管机构。

表 18.2 续 1

融资品种	业务规律	实施路径
预付款融资（未来存货）	更为明显），否则上游供应商不列入排产计划。为减少营运资金占用，采购商该阶段可采用多种融资方式，核心在于寻求预付款货币现金支出的外部替代方式，辅以即将形成的库存作为担保，通过未来库存销售回款偿还资方。	• 代理采购、供应链集中采购 在保兑仓基础上，供应链管理行业衍生出代理采购、供应链集中采购等业务模式，核心在于资金方对货权控制方式的不同。不同的监管担保方式、不同的法律关系影响担保效果。 • 国内信用证、商业汇票 国内信用证可结合提货权控制风险，商业汇票主要从延缓货币现金提前支出进行负债管理。
库存融资／仓单融资（现有存货）	库存成本在供应链运营成本中的占比不容小觑，加之生产周期缩短、市场行情的波动、供销关系不均衡，对企业形成资金占用压力。库存变形能力是企业盘活存量、进一步扩大再生产的关键。该方式适用于对库存有较高升值预期或流通性较好的特定行业（如白酒、大宗）	• 动产质押担保 动产质押融资可分为静态质押和动态质押，区别在于质押货品是否可以替换。动产质押融资业务中，出质人（融资企业或第三方）与质权人（资金提供方）之间成立质押担保法律关系。在委托第三方直接占有并监管质押物的情况下，质权人与监管方订立监管协议，监管协议一般兼具委托合同、保管合同、仓储合同的特征，实务中对监管协议构成何种法律关系存在争议。 • 仓单质押担保 仓单质押可分为标准仓单质押和普通仓单质押，区别在于质押物是否为期货交易所指定交割仓库签发的仓单。仓单质押融资业务中，仓储保管机构与出质人（融资企业或第三方）之间成立仓储保管法律关系；出质人（融资企业或第三方）与质权人（资金提供方）之间成立质押担保法律关系。 • 附带回购或远期收购的出售 该方式下，出售方通常承诺一项远期回购或指定第三方与受让方建立一项远期买卖的交易安排，各方之间既可能成立让与担保融资的法律关系，也可能形成相互关联的两笔买卖合同关系。法律关系的认定差异基于商业安排的不同，也可能基于交易标的是否特定、以及受让方可否处置等角度进行评判。

表 18.2 续 2

融资品种	业务规律	实施路径
应付融资（负债管理）	利用信用销售账期之余，占优势地位的核心企业可能进一步使用商业汇票、付款保函，或通过出具付款确认文件、运用电子科技手段采取电子凭证（如证信单类平台），从而延缓其货币现金的支出。	● 商业汇票（含供应链票据） 使用商业汇票结算，明确债权债务关系，受《票据法》保护。根据企业信用水平的差异以及上游供应商接受程度，可使用银行承兑汇票或商业承兑汇票。2020年4月份以来，供应链票据的面世，通过标准面值票据签发实现"拆分流转"，有望加速实现应收账款票据化。 ● 商业保理/银行保理无追索权业务 下游采购商可组织资金方向其上游供应商提供应收账款的无追索权保理融资，并向资金方确认其到期付款义务；必要时，下游采购商可引入集团母公司为其付款义务提供担保或债务加入承诺，降低供应商融资成本的同时，有利于其负债成本管控。 ● 搭建多级流转平台，开放金融资源 核心企业可携手金融科技企业搭建供应链应收应付管理平台，通过在线确认其对供应商的应付义务，并以企业ERP管理的经营数据为支持，引入开放金融资源为供应链上企业提供融资。便利供应商应收融资的同时，也实现其负债有序管理的目标。常见的以电子债权凭证为依托，实现线上应收账款债权确权、拆分、流转、融资的多元目标。但须谨防封闭循环压榨供应商。

三、跨境电商供应链金融的模式

（一）跨境电商供应链金融模式

跨境电商平台供应链金融是指以电商平台为核心，通过一个平台集中多个投资者去投资多个需要融资的对象，让供应链上下游企业集中于同一平台进行商务活动，让供应链的企业和客户更加快捷地对接和沟通，从而实现商流、资金流、物流和信息流的四流合一：依托网络平台，提供一站式服务，将企业和客户作为核心，并且主要为中小企业跨境电商买卖双方企业融资模式服务。传统商业银行供应链模式以融资为核心，跨境电商金融模式以企业的交易过程为核心。作为借款企业的通常为从事对外贸易的中小型企业，这些企业规模比较小、资金短缺，面对的是复杂多变的国际市场，需要灵活快速应对国际市场。

在资金的需求上，需求资金数额较小，但要求放款速度快，在签订借款合同后，需要资金能够快速到位，因此烦琐的商业银行融资模式很难适应这类中小外贸企业的需求。

（二）海外仓条件下跨境电商供应链金融模式

近年来，我国跨境电商企业海外仓业务发展迅速，然而，由于海外仓模式下采取备货方式运行，对采购资金的要求较高，不少供应商要求跨境电商企业提前付款，给跨境电商企业带来巨大的资金压力。调研数据显示：有资金压力的跨境电商企业占比约 23.5%。[①]

由于海外仓模式的特殊性和复杂性，传统商业银行主导的融资模式存在较大困难和风险，导致面向跨境电商企业的融资服务产品较为缺乏。随着跨境物流服务市场的竞争以及海外物流客户需求的发展，促使跨境电商供应链企业不断发展壮大，资金实力不断增强，跨境电商平台主导的融资服务正逐渐成为中小外贸企业融资的新途径。

四、跨境电商供应链金融的特点与优势

（一）准入门槛较低

跨境电商供应链金融是基于跨境电商平台掌握的真实交易数据，经过量化处理，为其进行贷款，通过此种方式可以掌握中小外贸企业的真正财务信息，进行违约率判断，并不需要资产的抵押和担保，降低了中小外贸企业进行融资的门槛。相对于传统的融资方式而言，中小外贸企业无力负担高昂的抵押物和担保物，跨境电商供应链金融更加灵活和便利，满足其"频、急、少"的资金需求。

[①] 易仓科技公司.海外仓调研报告[EB/OL].[2021-05-20]. https://www.eccang.com/geeks-detail/7.

（二）效率较高

跨境电商供应链金融依托强大的互联网和电子商务以及信息技术，将订单的达成作为一个交易的起点，只有达成订单，一个完整的跨境贸易流程才会启动。中小外贸企业的报关、商检、收结汇、信用保险、保理、物流、退税、融资等都通过跨境电商平台的指定服务商处完成，保证了交易的真实性。跨境电商平台掌握中小外贸企业电子信用和交易数据，在进行融资申请时，电商信用和金融信用的结合给予平台上的电商小微企业更多的资金支持，小贷公司的审核速度较快，使其能够快速获得融资，提高了整个操作流程的效率。

五、案例评析

案例一：深圳富某商业保理有限公司与西安某商贸有限公司、郑某锋合同纠纷案[1]

2016年9月13日，第三人鑫某保理公司与被告西某某公司签订一份战略合作协议，合同有效期至2019年9月30日。

合同第三条约定，西某某公司作为"供应链金融服务管理平台"，为鑫某保理公司推荐电商企业网站中合适的授信主体，对电商企业网站推荐的电商企业用户提供信用评价、贷款额度测算、贷后跟踪、产品设计、流程规则标准化设定、数据传输接口标准设定、供应链平台系统正常运转等服务。第六条约定，已完成授信的授信主体在交易过程中，西某某公司会对每一笔交易再次进行信用评级和交易预警，电商企业用户使用鑫某保理公司的保理款时，须向西某某公司支付相应的审核费。此外，西某某公司还收取服务费等费用，并且承诺向鑫某保理公司提供担保的额度为鑫某保理公司向西某某公司客户发放的保理款总额的10%。

---

[1] （2020）粤0391民初8544号。

2017年6月1日，西安某商贸公司在木联公司运营的电商平台采购价值74993.5元的防腐木（景观木），并通过西某某公司运营的平台向鑫某保理公司申请保理融资；西安某商贸公司（债务人）、木联公司（转让人）、郑某锋（保证人）、西某某公司、鑫某保理公司（受让人）签订了保理合同。木联公司在2017年6月2日收到鑫某保理公司支付的货款74993.5元，并向保理公司转让了其对西安某商贸的债权。木联公司也向西安某商贸公司通过物流方式交付了货物。

但保理业务到期后，西安某商贸公司没有按约定向鑫某保理公司支付应收账款本金及利息，2018年9月21日，鑫某保理公司与原告富某保理公司签订了再保理合同，鑫某保理公司将上述债权转让给原告，由原告向鑫某保理公司提供应收账款管理、催收等再保理服务。富某保理公司于是对西安某商贸公司、郑某锋（西安某商贸公司法定代表人、保证人）、西某某公司等提起诉讼。

法院判决西安某商贸公司还款付息，西某某公司在10%的债务范围内承担连带清偿责任。至于被告郑某锋的担保责任问题，双方在保理合同中没有明确约定保证期间，而债权人没有在六个月内要求其承担担保责任，因而责任得以免除。

本案中，电商交易的买卖双方通过"供应链金融服务管理平台"与保理公司签订合同，进行融资。"供应链金融服务管理平台"对此提供一定的服务并为保理公司提供部分担保。本案所涉及的交易环节虽然较多，但是在买方没能按时付款时，各方的法律权利义务还是相对清晰的——主要就是根据合同的相关规定来承担责任。

本案涉及多个法律关系。首先西安某商贸公司与木联公司通过电商平台进行交易，两者之间构成基础合同关系；鑫某保理公司、木联公司、西安某商贸公司等构成保理关系，而在保理关系中各方也承担着不同的权利义务；鑫某保理公司与西某某公司之间、西安某商贸公司与西某某公司之间也存在合同关系；此外，鑫某保理公司与富某保理公司之间还存在再保理的关系。其中，西安某商贸公司与木联公司之间的买卖合同关系处于基础性的地位，因为后续一切的债权债务关系都以此为基础。而西某某公司则更多地扮演一个居间的作用,其通过"供应链金融服务管理平台"为寻求融资的电商经营者以及保理公司提供平台。

通过这种交易,卖方木联公司得以提前收回货款(且避免了货款无法收到的风险),从而有利于生产的运转;而采购者西安某商贸公司则在采购相关商品时减少资金的投入,可以在收到货物后约定的一段时间之后再清偿货款,达到了融资的目的,也有利于生产经营活动的进行。保理公司从中可以收取相应的利息收入,而供应链金融服务管理平台也能从中获得服务费、审核费等收入。对于规模较小、融资困难的电商经营者而言,这种融资模式确实是比较好的选择。一方面,相对于传统的融资模式而言,它的要求比较低,不需要很高的担保要求;另一方面也免去了寻找交易对象的搜寻成本。当然,对于各方而言,也并非没有风险。比如在本案的模式中,买卖关系中的买方承担了融资的成本,特别是无法及时还款的情况下,所应负担的利息、违约金等数额较大;且保理公司会要求法定代表人个人承担担保责任。而对于保理公司来说,最大的风险则是无法收到款项;对于金融服务平台而言,在买方没能按时付款时,其可能也要承担一定的担保的责任。因此,在此交易当中,风险管控就是非常重要的一环。

在上述的法律关系中,"供应链金融服务管理平台"的经营者西某某公司一方面与电商企业网站合作,接受合适的电商企业用户的请求为其寻找相应的保理公司;另一方面也与保理公司合作,为其推荐电商企业网站中合适的授信主体,在此过程中收取服务费、审核费等。但是金融服务管理平台并非一个纯粹提供交易信息的平台,在电商企业网站向其推荐电商企业用户时,需要提供信用评价、贷款额度测算、贷后跟踪、产品设计、流程规则标准化设定、数据传输接口标准设定、供应链平台系统正常运转等服务。同时,在每一笔交易中进行信用评级和交易预警。并且,为了获得保理公司的信任,在达成战略合作协议时还承诺就鑫某保理公司向西某某公司客户发放的保理款总额的 10% 提供担保。因此在本案中,虽然在保理合同中西某某公司没有作为担保人,但是鉴于其与保理公司总的战略合作协议中约定了担保事项,因此仍然是需要承担相应的担保责任。此外,如果供应链金融服务管理平台在审核申请保理的电商用户或者推荐相关电商用户时有过错,有可能还要承担相应的责任。因此,对于该类平台的经营者而言,严格履行相关的审核义务、评级义务、交易预警义务等不但是建立自身信用的重要考虑因素,也是避免自身承担过重的法律责任的需要。

案例二：某商业保理有限公司与许某松等合同纠纷案[1]

某保理公司作为甲方（保理商）与乙方郑州昊某公司（购货方或还款方）、丙方某科技公司（居间服务方）、丁方某销售公司（销售方，经营有电商平台）签订《融资服务协议》，约定甲方、乙方、丁方均认可丙方提供的供应链金融平台模式，自愿申请注册成为其网站会员。乙方从丁方或其关联公司平台下单采购，乙方使用丁方提供的供应链金融产品进行货款支付，支付完成后按照金融平台规则按时还款，并承担金融产品服务费。之后郑州昊某公司在电商平台下单形成订单金额53040元的应收账款。丁方将该笔应收账款转让给某保理公司后，某保理公司将等同于该笔应收账款同等价款的融资金额发放给丁方。丁方收到发放的融资金额后，郑州昊某公司与丁方在电商平台上的该笔订单视为结算完毕。郑州昊某公司没能按时还款，于是保理商提起诉讼，法院判决郑州昊某公司还本付息，其唯一股东承担连带责任。

本案与上一案例类似，也是电商交易的当事人通过居间的服务商与保理公司签订合同进行融资。在本案中，供应链金融服务平台的居间角色更为纯粹，没有提供担保服务。

本案的法律问题较为简单。根据案情，可以发现在这一交易中，卖方或电商经营者属于较为优势的一方，因为其在交易的时候即可顺利收到了保理商代付的货款，且融资的成本由买方承担了。对于处于卖方市场的时候，或者卖方实力相对买方较为强大的情况下，卖方电商经营者可以要求买方采取这种融资模式进行交易，这可以在很大程度上降低自身风险。

同样，保理商在本案中也处于较为主动的地位，一个明显的体现是，根据名称，可以推测保理商"某保理公司"与居间服务商"某科技公司"属于关联公司。这种模式，一方面有利于其开拓业务，并且能更主动地审核融资

---

[1] （2019）京0108民初54723号。

者的信用情况、还款能力等；但是从另一个方面看，自身也要承担更高的风险。比如，在上一个案例中，保理商在与金融服务平台达成合作协议的时候，要求其对保理款额承担一定的担保责任。而在本案的这种模式下，鉴于两者是关联公司，要求服务商提供担保无疑是没有意义的。

本案被告郑州昊某公司属于一人有限责任公司，许某松作为唯一股东虽然在协议中为债务提供了担保，但是法院最终判决他承担连带责任的原因并不是因为担保，而是因为他未到庭证明公司财产独立于自己的财产。对于小微电商企业而言，可能其中有很大一部分都属于一人有限公司，在这种情况下应该更加注重公司治理，以便可以在产生债务的时候依据有限责任来避免股东的过多损失。

六、跨境电商供应链金融存在的风险

跨境电商作为一个涉及多国贸易政策、交易、参与主体的新兴行业，中小微参与者居多，供应链复杂且模式多样。如何开展跨境电商供应链金融服务，有效管控跨境电商供应链金融风险，是推动跨境电商向更高水平发展迫切需要解决的问题。

（一）信用风险

参与实体的信用不确定性主要包括两个方面：一个是跨境电子支付中第三方电子支付平台资金转账安全信用风险；二是产品流通过程中跨境电子支付的信用风险，指融资人或其交易对手由于各种原因的影响无力或不愿贷款从而导致银行收到损失的可能性。线上供应链金融的设计具有自偿性的结构，且不少参与者是信用状况较差的中小企业，因此银行对融资企业提供的贷款是以融资企业所在供应链为背景进行的。在线上供应链金融中不仅要考虑融资企业的信用水平和偿债能力，还应考虑核心企业的信用水平和履约情况，并将整条供应链的风险作为评估对象。

（二）供应链关系风险

供应链关系风险是指供应链金融中核心企业与融资企业间由于合作关系不密切造成供应链破裂产生的融资贷款无法偿还的风险。作为供应链金融的

基础，供应链参与企业间合作关系的密切程度一直影响着供应链金融的风险，而线上供应链金融仍然直接受供应链关系的影响。线上供应链金融的主要发起者和风险承担者为融资企业，故融资企业对于核心企业的影响能力直接作用于交易顺利完成的可能性上。对于供应链关系风险的评估可以从融资企业和核心企业的合作密切程度，历史交易履约情况和融资企业地位等方面进行。

（三）质押物风险

线上供应链金融的融资模式较多。其中预付账款融资模式和商品质押融资模式都涉及商品的质押，因此质押物的风险也会直接对线上供应链金融造成影响。质押物风险指由于质押商品在质押期间由于价格变化、变现能力、物流仓储监管等方面引起的线上供应链金融参与各方造成损失的风险。银行对于融资企业放款的数额是根据质押的价值和商品属性确定的，因此商品的市场价格、商品的标准化程度和易变质程度都直接影响融资金额。一旦质押物风险发生，融资企业将无法偿还贷款，而银行将遭受损失，线上供应链金融的风险随之发生。所以，质押物风险应从销售风险和物流仓储风险等方面进行评估。

（四）政治风险

跨境电商供应链的政治风险主要是由于政府监管、管理体制、规划等变动而引起的一系列风险。跨境电子商务海关通关中的不确定因素也会产生一定的风险，进而影响供应链的快速运作。一般商品是通过快件渠道和邮递渠道进境，但有些国家为了保证自己占有的市场份额或者行业优势地位，采取地方贸易保护主义，极力维护自身利益，使得跨境电子商务发展信息风险受阻，跨境贸易摩擦和贸易争端也愈演愈烈，严重影响跨境电商供应链的运作效率，甚至中断供应链。

（五）跨境支付风险

跨境电商支付关系到个人和企业交易的资金安全和信息安全，涉及金融稳定。相对于目前较为成熟的银行监管系统，通过支付机构进行支付的交易更难保证真实性。因此，需要特别关注交易的真实性。当前，国家外汇管理局在贸易背景真实性审核方面有具体的要求，但跨境交易的内容真实性审核同样也存在一定困难。第三方支付平台由于获取境外客户的实际控制人、股权结构等信息存在困难，难以判断客户财务状况、经营范围与资金交易情况是否相符，所以无法核实跨境交易金额和交易商品是否匹配。加之对境外客户进行尽职调查的成本相对较高，造成审核工作流于形式。与此同时，网上交易的部分商品或服务是虚拟产品，虚拟产品如何定价缺乏衡量标准，有可能相互此案以跨境支付为幌子向境外非法转移资金，为境内账款转移到境外提供便利管道，还有可能出现网络诈骗和欺诈交易。

七、跨境电商供应链金融合规发展建议

（一）优化跨境电商供应链金融服务体系

为使跨境电商长期不被时代淘汰，必须保证其能够长期满足国际供应链金融体系发展的需求，长期获得消费者的推崇。因此，跨境电商下的企业必须充分了解供应链金融知识，不断调整自身的经营模式、管理制度、综合使用各项金融资源，如注重重组供应链金融、搜集优质资源、建设边境仓储、海外仓储、保税区等或与专业的全球物流进行协作，不断促进电商与全球供应链金融的交流、融合。

（二）强化风险管理能力

风险管理能力可以大致分为化解风险的能力与转移风险的能力。其中，强化风险管理是跨境电商供应链金融得以长期平稳运行的重要基础。企业强化风险管理可以从以下多方面进行考虑。第一，应注重掌握平台客户企业的信息，并将其作为信用评定的依据，防止因信息问题而导致的资金断裂。第二，物流活动是电子商务的重要环节。因此，电商供应链金融应将物流中的不可控因素作为风险管理的一部分，减少产品或服务在物流环节带来的失控。第三，借助互联网的统筹作用，做好产品价格的汇总与风险评估工作，减少因价格波动带来的市场失调。第四，电商企业，抑或是平台企业、物流企业，均应加强自律与他律，减少任一环节的不诚信现象，共享进展信息，以实现交易全过程的监控。第五，电商企业与金融企业的合作应注重法律的保障，以签署条约为依据，明确双方的权利与义务，并以此为基本行动准则，协同交易、物流、售后等多面的电商活动，使得电商供应链金融在良好的环境中健康平稳运行。

下篇 跨境电商重点商品类别相关案例分析

跨境电商进出口涉及的产品多种多样，其中医药产品、保健品、化妆品、宠物食品、母婴产品、烟草产品和艺术品等，无论是在产品的性质还是监管方面都有一定的特殊性，在实践中也会出现一些特殊问题。本篇重点探讨上述产品的跨境电商发展现状与趋势，梳理该领域内现有法规政策、法律责任及监管要求。立足我国现实需要，上述研究主要以跨境电商进口为主。

本篇同样结合典型案例对热点问题进行剖析，便于全面认识、理解法规政策的适用、裁判的要旨等重点问题，最后提出应对相关问题的对策，从实务角度出发为跨境电商企业提供合规建议，躲避监管"雷区"并规范自身经营。

第十九章
跨境电商之医药产品销售

医药电商行业是政策导向型行业,从 2017 年国务院宣布取消互联网药品交易 A、B、C 证的审批开始,近几年的国家政策对跨境医药可谓利好不断,从互联网处方信息联通、配送物流到定点互联网医疗服务纳入医保,再到《"健康中国 2030"规划纲要》《关于促进"互联网+医疗健康"发展的意见》,多个文件出台力求解决医药电商面临的传统障碍。此外,2019 年 12 月北京"跨境医药电商试点"政策正式获得国家药监局批复,部分境内注册的境外药品有望通过跨境电商模式销售。2019 年修订的《中华人民共和国药品管理法》(下称《药品管理法》)明确了网络销售药品的各方主要权责。上述举措均释放出国家对医药电商鼓励并逐步有序、规范开放的信号,但跨境电商销售医药产品仍然受到错综复杂的合规约束。如何合规地紧抓机遇发掘市场,是当前亟须重视和解决的难题。

一、跨境电商医药产品销售现状与发展趋势

(一)销售现状

当下,随着"互联网+药品流通"深入推进,医药电商的概念也在逐步扩大化。国内多种医药销售模式并起,医药电商主要有 B2C、O2O 以及跨境医药电商三种模式。

相比于借助高流量超级电商平台的 B2C 模式(如阿里健康、京东医药商城)和衔接实体药店与配送平台的 O2O 模式(如美团、叮当快药),跨境医药电商是一种仍处于试点起步探索阶段的新模式。此前消费者主要通过个人海淘、代购等线上或线下的跨境医药模式购买境外药品,因面临运输通关时间较长、较难判定药品质量和功效等挑战而受到各种政策与法规的严格监管,需履行的审批手续烦琐。

有专家认为，高价药品和国内未上市但国外已上市的 OTC 产品是比较适合跨境医药电商领域的两类产品，前者能够支撑跨境物流与仓储的高昂成本，后者可以为跨国药企在中国市场进行试水、获得真实市场反馈提供机遇，以便其对后期是否在中国市场正式申报上市进行决策。[①]

受经济全球化、市场需求扩张、政策鼓励和配套技术支持等因素影响，跨境进口医药产品正日渐受到国内各大电子商务平台的关注。近来，阿里和京东均有所作为：阿里健康 App 更名为"医鹿"以强化医生质量和运营能力；为打造线上＋线下慢病管理新模式并赴港上市，京东健康上线首个互联网医疗呼吸中心。此外，两家跨境电商平台企业率先成为北京跨境医药试点并已经开始布局和医药相关 OTC 跨境保健品。

而已经拥有美团医美、美团买药、美团医疗和百寿健康等主要子品牌的美团公司也有意愿迎头赶上入驻北京跨境医药试点。目前美团正在招商跨境进口商家，补足跨境进口医药产品种类。同样表达入驻北京跨境医药试点意愿的还有叮当快药，各大电商平台正开始在跨境医药电商领域展开角逐并将有可能使其成为新的贸易潮流。

（二）发展趋势

"互联网＋医疗健康"与跨境医药电商受到政策的鼓励与规范，发展势头日趋向好。优惠政策首先体现在了进口医药产品的税收上。关税方面，《国务院关税税则委员会关于降低药品进口关税的公告》（税委会公告〔2018〕2号）规定：自 2018 年 5 月 1 日起，以暂定税率方式将包括抗癌药在内的所有普通药品、具有抗癌作用的生物碱类药品及有实际进口的中成药共计 28 项药品的进口关税降为零。调整后大多数进口药品实行零关税。而在增值税方面，包括抗癌药和罕见病药在内的特殊药品增值税低至 3%，一般进口药品的增值税也在逐年下降，2017 年税率为 17%，2018 年 5 月 1 日调整为 16%，2019 年 4 月 1 日调整为 13%，未来还有继续下调的可能。

针对境外上市新药的审批程序也大幅简化，医药电商备案审核等制度和规范愈加清晰。2018 年 5 月，国家药监局会同国家卫生健康委发布《关于优

---

① 睿安管理咨询.医药电商（下）：跨境医药电商成为 2020 新热点？[EB/OL].（2020-06-10）[2021-07-09]. https://mp.weixin.qq.com/s/3B5b_yYoDP6MeYH3pOHEMw.

化药品注册审评审批有关事宜的公告》，对于境外已上市的防治严重危及生命且尚无有效治疗手段疾病以及罕见病药品，进口药品注册申请人经研究认为不存在人种差异的，可以提交境外取得的临床试验数据直接申报药品上市注册申请；对于该公告发布前已受理并提出减免临床试验的上述进口药品临床试验申请，符合《药品注册管理办法》及相关文件要求的，可以直接批准进口。

2019年修订实施的《药品管理法》在明确了跨境医药电商各主体主要责任的同时进行了适度松绑，具体表现在假药的范围被重新划定，未经批准进口的药品不再按"假药"论处。对未经批准进口少量境外已合法上市的药品，情节较轻的，可以减轻处罚。

值得一提的是，北京"跨境医药电商试点"政策也释放出国家对医药电商鼓励并逐步有序、规范开放的信号。北京市药监局联合北京市商务局、北京海关、北京天竺综合保税区管理委员会制定《北京市跨境电商销售医药产品试点工作实施方案》，北京"跨境医药电商试点"政策对跨境医药电商试点企业的申请条件、运营监督等事项作出细化规定，并于2019年12月30日正式获得国家药监局批复，部分境内注册的境外药品有望通过跨境电商模式销售。这项政策尽管是仅限于在北京地区实施的小范围"探路"，但却是我国跨境电商政策在涉及医药产品方面的首次破冰，跨境电商与互联网医药开始深度结合，值得重视和期待。

除了国家政策支持，消费习惯和新冠肺炎疫情等因素也客观促使美团、京东到家等医药电商平台在流量、物流、技术等各方面迎来高速发展。患者通过互联网平台购买药品以避免外出就诊或购药引发交叉感染，也对新的消费习惯、客户黏性的形成和巩固起到重要作用。从技术上看，物流供应链、区块链、大数据和云平台等技术的发展优化了跨境医药电商的各个环节，使跨境电商销售医药产品更加高效和安全。

二、跨境电商进出口医药产品的监管要求

（一）一般监管要求

跨境电商进口医药产品兼具医药电商和跨境电商两方面，因此在监管层面，不仅要符合医药电商相关法律法规，也要符合国家有关跨境电子商务零售进出口相关政策规定。在我国现行的医药产品进口管理制度框架中，相

关的医药产品需要按照《药品管理法》《药品注册管理办法》《医疗器械监督管理条例》等规定，履行进口药品和医疗器械注册或备案的申请手续并取得《进口药品注册证》《医药产品注册证》，或者医疗器械产品备案与注册证明。考虑到上述注册和备案均具有时效性，因此销售的医药产品的注册和备案证明还应该在有效期内。《药品管理法》规定，在中国境内上市的药品应当经国务院药品监督管理部门批准，取得药品注册证书；《药品注册管理办法》进一步确定境外生产的药品在中国境内上市销售需要进行进口药品申请；《医疗器械监督管理条例》规定，进口的医疗器械应当按照该条例进行注册或备案。近年来有关医药电商的法律、政策主要内容梳理如表 19.1 所示。

表 19.1 有关医药电商的法律法规

时间	监管政策
2017 年 9 月	国务院公布取消互联网药品交易服务企业（第三方）医药电商 A 证、互联网药品交易资格审批 B 证、C 证的审批。
2018 年 4 月	国务院办公厅正式发布《关于促进"互联网＋医疗健康"发展意见》，指出要"促进药品网络销售和医疗物流配送等规范发展"。
2018 年 9 月	卫健委印发《互联网诊疗管理办法（试行）》《互联网医院管理办法（试行）》《远程医疗服务管理规范（试行）》，其中落实了以实体医院为主体开展线上部分常见病、慢性病患者的复诊，并进一步说明了处方后"医疗机构、药品经营企业可委托符合条件的第三方机构配送"。
2019 年 9 月	国家发改委、国家卫生健康委、药品监管局、医疗保障局等 21 部门联合印发《促进健康产业高质量发展行动纲要（2019—2022 年）》，其中指出要积极发展"互联网＋药品流通"，建立药品流通企业、医疗机构、电子商务企业合作平台，建立互联网诊疗处方信息与药品零售消费信息互联互通、实时共享的渠道，支持在线开具处方药品的第三方配送。加快医药电商发展，向患者提供"网订（药）店取""网订（药）店送"等服务。
2019 年 9 月	国家医保局印发的《关于完善"互联网＋"医疗服务价格和医保支付政策的指导意见》定点医疗机构提供的"互联网＋"医疗服务，与医保支付范围内的线下医疗服务内容相同，且执行相应公立医疗机构收费价格的，经相应备案程序后纳入医保支付范围并按规定支付。
2019 年 12 月	新修订的《药品管理法》实施。线上线下药品销售相同标准，药品经营企业需遵循药品经营的有关规定，疫苗等特殊药品不得在网上销售，实施药品追溯制度等。

表 19.1 续

时间	监管政策
2019年12月	北京"跨境医药电商试点"政策正式获得国家药监局批复，同意在京开展试点工作。
2021年5月	国务院同意在河南省开展跨境电子商务零售进口药品试点。

同时，目前我国跨境电商可以销售的商品必须在财政部等八部门联合发布的2019年版《跨境电子商务零售进口商品清单》内（自2022年3月1日起，2019年版《跨境电子商务零售进口商品清单》进行优化调整）。其中，能采用跨境电商方式进入中国市场的医药产品主要包括：主要用作药料的鲜或干的植物，仅限网购保税商品，罂粟、罂粟壳、大麻、古柯、恰特草除外；橡皮膏（经药物浸涂或制定零售包装供医疗、外科、牙科或兽医用）；药棉、纱布、绷带；专用于人类或作兽药用的凝胶制品，作为外科手术或体检时躯体部位的润滑剂，或者作为躯体和医疗器械之间的耦合剂；维生素；隐形眼镜片；血压测量仪器及器具；按摩器具；可直接读数的液体温度计等。

（二）北京跨境医药电商试点相关规定

北京跨境医药电商试点政策的指导文件是北京市药监局会同北京市商务局、北京海关、北京天竺综合保税区管理委员会制定的《北京市跨境电商销售医药产品试点工作实施方案》（下称《方案》）。2019年北京跨境电商销售医药产品试点政策正式落地，在整个试点政策中，平台企业是落实政策的"综合统筹管理机构"，同时注重对药品追溯、储运和销售的管理。试点政策包括以下几个重点。

1. 平台企业的准入条件及主要职责

符合以下条件的平台企业，可以申请参与试点：

（1）注册在北京市行政区域内；

（2）具备企业法人和医疗器械网络交易服务第三方平台资格；

（3）在天竺综保区内具有符合跨境医药产品存储要求的仓储能力；

（4）具备符合开展试点要求的电子商务平台交易服务系统；

（5）可以实现对跨境医药产品的质量管控、追溯管理，并建立完善的跨境医药产品风险防控体系、售前售中售后服务体系和质量保障体系。

经过批准参加试点的平台企业，应当履行以下主要职责：

（1）加强跨境医药产品的质量管理，对发布跨境医药产品信息的安全性和真实性负责，保证跨境医药产品的境外合法性和境内可追溯性；

（2）组织制定质量管理制度，指导、监督制度的执行，并对质量管理制度的执行情况进行检查、纠正和持续改进；

（3）负责对入驻企业和跨境医药产品进行审查；

（4）负责对跨境医药产品购销过程和追溯进行管理；

（5）负责跨境医药产品质量投诉和质量事故的调查、处理及报告；

（6）负责实施跨境医药产品召回的管理及其他职责。

2. 入驻企业申请条件及主要义务

境外医药产品经营企业可以通过与平台企业签订协议，入驻平台向境内销售跨境医药产品。入驻企业应当保证向境内销售的跨境医药产品符合境外法律法规要求，并向平台逐一提供跨境医药产品中文产品介绍和质量管控要求，同时应当遵守境内关于跨境电子商务的其他相关要求。

3. 药品追溯、储运和销售管理

根据《方案》规定，平台企业负有对跨境医药产品的追溯义务，要实现"一物一码、物码同追"的基本原则，实现跨境医药产品境内最小包装单元可追溯、可核查，形成跨境医药产品追溯数据链，实现跨境医药产品境内流通全过程来源可查、去向可追；并鼓励将跨境医药产品境外生产流通环节纳入追溯体系。

平台企业对发布的跨境医药产品信息负有审核并定期核验的义务。产品信息和交易信息保存期限不得少于3年，交易记录应当保存至跨境医药产品有效期后2年，但不得少于5年，相关记录应当真实、完整、可追溯。

平台企业可以自行或者由其关联企业提供相关的跨境医药产品网络交易、通关、仓储、配送等服务。对于提供电商服务的企业，其准入有明确要求，例如仓储企业应当在天竺综保区内具备符合跨境医药产品存储条件仓库；建立的跨境医药产品仓储管理系统应当具备近效期预警、超过有效期自动锁定等仓储管控功能。

4. 法律责任

《方案》对电商平台、入驻企业及所售卖的医药产品也进行了严格的规范与监管，以最大限度地保证跨境医药产品的安全性。其中值得注意的是与其他产品跨境电商相比，医药跨境电商平台的责任更加广泛，从原先的入驻企业审核、保存交易记录、海关办理注册登记等，到产品信息核验与更新、产品质量监管、产品在国内的存储与物流等方面都由平台来承担。

发现有下列情形之一的，试点领导小组责令试点企业立即停止提供试点服务，并依法追究相应责任；在限定期限内拒不改正或情节严重的，取消试点资格。

（1）为不符合入驻条件的企业提供服务的；

（2）发布境内法律法规管制的麻醉药品、精神药品、医疗用毒性药品、放射性药品、戒毒药品及易制毒化学品信息的；

（3）入驻企业超出指定跨境医药产品范围销售跨境医药产品的；

（4）违反跨境医药产品信息发布要求，发布不真实医药产品信息的；

（5）试点企业擅自扩大试点范围和内容的；

（6）对试点领导小组组织的监督检查不予配合的；

（7）对入驻企业管理不到位或不符合本方案要求的其他情形。

5. 试点政策的特点和亮点：有限突破但并未全面放开

北京"跨境医药电商试点"政策虽然是在跨境电商监管业务的大框架内，但是如果结合《电子商务法》《关于完善跨境电子商务零售进口监管有关工作的通知》，试点工作有不少明显的特点甚至突破。

（1）平台责任明显加重

《电子商务法》规定，平台为交易双方提供建设网页空间和虚拟经营场所、交易撮合、信息发布等服务，设立平台内交易规则、审核入驻企业的身份信息并向监管部门报备、记录并保存交易记录、承担相应的消费者保护责任等。《关于完善跨境电子商务零售进口监管有关工作的通知》中关于平台的定位和职责规定基本和《电子商务法》一致，仅结合跨境通关的实际，增加了平台向海关办理注册登记、实时传输施加电子签名的跨境电商零售进口交易电子数据、对交易真实性和消费者身份真实性进行审核防止二次销售的义务。

北京跨境医药电商试点政策对平台企业的定位更加核心。平台企业是跨境医药电商的综合统筹管理机构，平台责任除了涵盖《关于完善跨境电子商务零售进口监管有关工作的通知》的内容之外，还需要对医药产品的审查和安全保证、产品的追溯、储存、配送以及销售承担相应责任。北京试点监管要求比较如表19.2所示。

表 19.2　北京试点监管要求比较表

责任内容	《关于完善跨境电子商务零售进口监管有关工作的通知》	北京试点政策《方案》
商品信息核验与更新	入驻企业承担商品信息披露义务以及消费者告知义务	平台企业应当对跨境医药产品名称、型号、规格、适应症或适用范围、境外注册资质编号、生产企业、禁忌症等信息进行审核、登记并定期核验更新
购销过程和追溯	入驻企业应建立健全网购保税进口商品质量追溯体系	平台企业负有追溯义务，应当建立跨境医药产品追溯体系，实现跨境医药产品境内最小包装单元可追溯、可核查
质量安全监管	入驻企业承担商品质量安全的主体责任，并按规定履行相关义务；平台企业督促入驻企业加强质量安全风险防控	平台企业应当加强跨境医药产品的质量管理；入驻企业应当保证跨境医药产品符合境外法律法规要求，并向平台企业逐一提供跨境医药产品中文产品介绍和质量管控要求
物流和仓储条件	入驻企业可以委托境内具有相应运营资质的物流、仓储服务商为其提供服务，并直接向海关提供有关信息	平台企业应当在天竺综保区内具备符合跨境医药产品存储条件仓库（可以委托）；委托其他配送企业提供配送服务的，应当对其质量保障能力进行考核评估，明确质量责任
商品存在质量安全风险或发生质量安全问题时召回	入驻企业应召回已销售商品并妥善处理并及时报告；平台企业承担督促和报告的责任	平台企业应负责实施跨境医药产品召回的管理

（2）对参与主体的监管思路有新变化

《关于完善跨境电子商务零售进口监管有关工作的通知》在长达两年的试点基础上第一次系统地对平台企业、入驻企业、服务企业的权利义务进行了界定，更多地体现了各个参与主体各司其职、对其分别监管的思路。但对比之下，《方案》非常明确平台企业是跨境医药零售的综合统筹管理机构，负责入驻企业及网络交易、通关、仓储、配送等服务企业的监督和管理工作，并且如前文所述对平台企业增加了许多原本由入驻企业承担的相关责任。

笔者理解，《方案》更多体现了监管部门单线对口平台企业、平台企业牵头管理其他参与主体的思路。这样有利于明确和强化平台企业对医药产品跨境进口零售全流程的负责并掌控的主体责任，避免了多个参与主体在相互衔接过程中出现责任分配和承担的疏漏，以实现跨境医药零售的安全保障。

（3）并未超出原有的医药进口监管基本框架

北京跨境医药电商试点的《方案》出台之后，有个别观点认为"药神"的困境已经解决了，但实际上并没有。根据北京市药监局官网上引用的对《方案》的报道[①]以及笔者对北京市药监局的咨询，所有可以通过跨境医药零售试点进口的医药产品应当具备满足已完成进口注册（及备案）的条件。这意味着相关的医药产品仍然需要按照《药品管理法》和《药品注册管理办法》《医疗器械监督管理条例》等规定，履行进口药品和医疗器械注册或备案的申请手续并取得《进口药品注册证》《医药产品注册证》，或者医疗器械产品备案与注册证明。考虑到上述注册和备案均具有时效性，因此销售的医药产品的注册和备案证明还应该在有效期内。

这个要求跟我国现行的药品和医疗器械进口管理制度是一致的。《药品管理法》规定，在中国境内上市的药品应当经国务院药品监督管理部门批准，取得药品注册证书；《药品注册管理办法》进一步确定境外生产的药品在中国境内上市销售需要进行进口药品申请；《医疗器械监督管理条例》规定，进口的医疗器械应当按照该条例进行注册或备案。对于在国内设立的跨境电商平台上面向国内消费者销售医药产品的行为，可以理解属于医药产品在中国境内上市销售的情形，因此要求通过跨境电商的方式进入中国市场的药品和医疗器械均需取得注册及备案资格，并未超出我国现行的医药产品进口管理制度框架。

（三）对进口非处方药的相关规定

目前，除了《跨境电子商务零售进口商品清单》规定的、能采用跨境电商方式进入中国市场的医药产品外，现阶段海外非处方药还可以通过河南跨境电商进口药品试点和"C2C 模式"实现进口。

1. 河南省跨境电子商务零售进口药品试点

2021 年 5 月 12 日，国务院发布了《关于同意在河南省开展跨境电子商务

[①] 北京独秀获全国唯一跨境医药电商试点资质[EB/OL].（2019-12-31）[2020-03-26]. http://yjj.beijing.gov.cn/yjj/zwgk20/mtjj16/666335/index.html.

零售进口药品试点的批复》，同意在河南省开展跨境电子商务零售进口药品试点，试点期为3年。试点品种为已取得我国境内上市许可的13个非处方药，试点目录将由财政部、商务部、海关总署、税务总局、市场监管总局、国家药监局等部门联合印发。在税收监管方面，参照执行跨境电商零售进口相关税收政策，相关交易纳入个人年度交易总额管理，适用跨境电商零售进口商品单次、年度交易限值相关规定，在交易限值内，关税税率暂设为0，进口环节增值税、消费税暂按法定应纳税额的70%征收。①

（1）"三平台一中心"模式

河南跨境电子商务零售进口药品试点整体将按照"三平台一中心"的模式开展运营，三平台是指药品交易网、特殊监管区域平台、地方药品试点外综合服务平台，一中心指处方审核和流转中心。

（2）"四个准入"监管方式

在监管方式上，河南跨境电子商务零售进口药品试点将按照平台准入、企业准入、产品准入和全流程追溯。平台准入是指进入河南跨境电子商务监管临售进口试点的平台需持有《药品经营许可证》和《互联网药品交易服务资格证书》。企业准入是指企业须拥有《金融许可证》《支付业务许可证》《药品经营质量管理规范》。产品准入即只有跨境电商进口药品和医疗器械试点清单目录中规定的13个非处方药。平台全流程追溯，保证药品使用过程的安全性、有效性，最关键的点落到全流程追溯。按照监管部门要求，境外进口产品一批一码，一物一码。②

（3）"四个阶段"分步进行

河南跨境电子商务零售进口药品试点的进行将遵循"先易后难"的原则，分阶段进行：首先是《跨境电子商务零售进口商品清单》外、国内已上市的非处方药的试点阶段；第二是境外已上市、国内未上市的非处方药试点阶段；第三是国内已上市的处方药试点阶段；第四是国内未注册、医疗机构临床急需的处方药试点阶段。③

---

① 参见《国务院关于同意在河南省开展跨境电子商务零售进口药品试点的批复》〔国函（2021）51号〕。
② 河南跨境医药试点平台上线[N]. 东方今报，2021-05-10（A02）.
③ 河南获批开展跨境电商零售进口药品试点[EB/OL].（2021-05-18）[2021-07-27]. http：//www.gov.cn/xinwen/2021-05-18/content_5607928.htm.

2. "C2C 模式"

"C2C 模式"即电商平台上的卖家从境外通过邮件或快递方式向境内消费者寄送非处方药,未作为跨境零售进口商品向海关实时传输"三单"信息进行申报。"C2C 模式"的监管要求等相关问题已在本书第九章予以介绍,此处不再赘述,仅对以"C2C 模式"进口非处方药予以分析。

对于消费者而言,根据《海关法》第四十六条的规定,个人邮寄进出境的物品,应当以自用、合理数量为限,并接受海关监管。根据海关总署《关于启用进出境邮递物品信息化管理系统有关事宜的公告》的规定,进出境邮递物品所有人应当承担邮寄进出境物品的申报责任。经咨询 12360 海关服务热线及研究整理,目前,海关对于作为个人邮快件进境的药品目前没有明确的药品监管清单范围,但被海关认定属于国家《禁止进出境物品表》和《限制进出境物品表》范围内的药品不得入境,由海关扣留;其他药品按照金额数量判断是否为合理自用,遇新型药品时交由海关个案判断分析。因此,消费者个人购买药品邮递进境,应符合"自用、合理数量"的原则并如实向海关申报,海关将按个人物品进行监管,消费者暂时不存在违反海关监管的风险。但如果药品以个人物品方式入境之后存在二次销售行为,将可能被海关有关部门认定违反了"自用、合理数量"的监管原则以及如实申报的要求,进而涉及申报不实甚至走私的行政责任和刑事责任风险。

对于允许境外商家入驻并销售海外 OTC 药品的跨境电商平台而言,依据《电子商务法》规定,其应当承担相应的平台监管责任以及消费者权益保护责任。平台有权要求境外商家提供其获得国家药品监管部门批准注册进口的证明文件;发现境外商家在平台上销售未经批准或注册许可的药品时,应当采取必要措施予以控制,并报告市场监管部门。若平台未承担上述监管义务,则将与平台内入驻的境外商家对消费者权益承担民事连带责任。同时,依据《电子商务法》第八十三条规定,未尽义务的平台还可能承担最高 200 万元的行政处罚。

(四)出口防疫医疗物资的相关规定

2020 年新冠肺炎疫情以来,全国政府机构、企业、民众团结一致,尽各方最大的能力抗击疫情。在新冠肺炎疫情初期,国内医疗物资生产企业尚未完全复工、产量相对有限的情况下,跨境电商在采购、供应境外防疫物资方面做出了不可磨灭的贡献。如今，新冠肺炎疫情在我国已经得到有效控制，但在海外却依然在扩散，对口罩等防疫物资的需求大增。据统计，2020年3月至2020年年底，全国海关共验放出口主要疫情防控物资价值4385亿元，为全球抗疫斗争作出了重要贡献。

1. 防疫物资出口相关监管要求

（1）商务部、海关总署和国家药品监督管理局《关于有序开展医疗物资出口的公告》（商务部、海关总署、国家药品监督管理局公告2020年第5号）

公告规定，自2020年4月1日起，出口新型冠状病毒检测试剂、医用口罩、医用防护服、呼吸机、红外测温仪这五项防疫医疗物资的企业，向海关报关时，须提供书面或电子声明，承诺出口产品已取得我国医疗器械产品注册证书，符合进口国（地区）的质量标准要求。海关凭药品监督管理部门批准的医疗器械产品注册证书验放。

（2）商务部、海关总署和国家市场监督管理总局《关于进一步加强防疫物资出口质量监管的公告》（商务部、海关总署、国家市场监督管理总局公告2020年第12号）

该公告是对《关于有序开展医疗物资出口的公告》的进一步完善和优化，两个公告同步执行。该公告主要包含两方面内容：一是非医用口罩的出口监管方式的改变，二是进一步规范上述第5号公告涉及的五类医疗物资的监管方式。

第一，公告强调要加强对非医用口罩出口质量的监管，出口的非医用口罩应当符合中国质量标准或国外质量标准。对于非医用口罩出口，执法部门将采取"白名单+黑名单"的管理方式，白名单是商务部确认的取得国外标准认证或注册的企业清单，黑名单是市场监管总局提供国内查处的非医用口罩不合格产品和企业清单。企业出口报关时须提交电子或书面的出口方和进口方共同声明，以确认产品符合中国质量标准或国外质量标准，以及进口方接受所购产品质量标准且不用于医用用途。根据该公告，不在市场监管总局"黑名单"里的企业，海关接受申报，并凭借商务部"白名单"验放。

第二，该公告进一步规范了新型冠状病毒检测试剂、医用口罩、医用防护服、呼吸机、红外测温仪这五类医疗物资的出口秩序。自2020年4月26日起，产品取得国外标准认证或注册的五类医疗物资在报关时须提交书面声明，承诺产品符合进口国（地区）质量标准和安全要求，海关将根据商务部的"白名单"验放。目前"白名单"主要包括取得 CE 认证、FDA 注册、美国 EUA 紧急授权的企业,"白名单"还在不断更新中。

（3）海关总署《对医疗物资实施出口商品检验的公告》（海关总署公告 2020 年第 53 号）

海关总署为加强医疗物资出口质量监管，按照《进出口商品检验法》及其实施条例，决定自 2020 年 4 月 10 日起对 11 个类别、共计 19 个 HS 编码项下医疗物资实施出口商品检验。这意味着从事出口此类物资的企业还应当申报检验检疫，经海关检验后方能出口。需要注意的是，该公告中涉及的 19 个 HS 编码商品中，只有属于医用的才需要实施出口商品检验。对于是否属于医用物资，海关监管时根据商品本身特征而非申报用途进行判定。同时，海关对于该公告规定的出口检验检疫医疗物资，采取验证管理方式，不实施产地检验，无须电子底账，不走 e-CIQ 系统，企业可正常申报报关单。2020 年 12 月 3 日，海关总署《关于部分医疗物资不再实施出口商品检验的公告》（海关总署公告 2020 年第 124 号），对"9025199010"等 14 个 10 位 HS 编码项下的医疗物资不再实施出口商品检验。

实施出口商品检验的医疗物资清单如表 19.3 所示。[①]

表 19.3　实施出口商品检验的医疗物资清单

序号	类别	商品编号	实施出口商品检验
1	医用口罩	6307900010	√
2	医用防护服	6210103010	√
		3926209000	√
3	红外测温仪	9025199010	根据海关总署公告 2020 年第 124 号，不再实施商品检验
4	呼吸机	9019200010	√
		9019200090	

---

① 参见海关总署《对医疗物资实施出口商品检验的公告》（海关总署公告 2020 年第 53 号）及海关总署《关于部分医疗物资不再实施出口商品检验的公告》（海关总署公告 2020 年第 124 号）。

表 19.3 续

序号	类别	商品编号	实施出口商品检验
5	医用手术帽	6505009900	根据海关总署公告 2020 年第 124 号，不再实施商品检验
6	医用护目镜	9004909000	根据海关总署公告 2020 年第 124 号，不再实施商品检验
7	医用手套	3926201100 3926201900 4015110000 4015190000	根据海关总署公告 2020 年第 124 号，不再实施商品检验
8	医用鞋套	6307900090 3926909090 4016999090	根据海关总署公告 2020 年第 124 号，不再实施商品检验
9	病员监护仪	9018193010	根据海关总署公告 2020 年第 124 号，不再实施商品检验
10	医用消毒巾	3005901000 3005909000	根据海关总署公告 2020 年第 124 号，不再实施商品检验。HS 编码 3005901000 和 3005909000 项下属于危险货物的、HS 编码 3808940010 项下属于危险化学品的，仍按出口危险货物或出口危险化学品检验监管要求执行
11	医用消毒剂	3808940010	

（4）海关总署关于公布《特殊物品海关检验检疫名称和商品编号对应名录》的公告（海关总署公告 2022 年第 26 号）

根据 2022 年 3 月 15 日起实施的海关总署《关于发布〈特殊物品海关检验检疫名称和商品编号对应名录〉的公告》，常见的出口医疗物资中，属于表 19.4 所列并符合具体规定的物资，须履行特殊物品出口审批手续。

须履行出口审批手续的特殊物品清单如表 19.4 所示。

表 19.4　须履行出口审批手续的特殊物品清单

序号	检验检疫名称	检验检疫编码	HS 商品名称	HS 商品编号
1	其他免疫制品，已配定剂量或制成零售包装（治疗人类疾病用新型冠状病毒（COVID-19）抗体药）	3002150090401	其他免疫制品，已配定剂量或制成零售包装	3002150090
2	其他免疫制品，已配定剂量或制成零售包装（医学科研用新型冠状病毒（COVID-19）抗体药）	3002150090402	其他免疫制品，已配定剂量或制成零售包装	3002150090
3	新型冠状病毒（COVID-19）疫苗，已配定剂量或制成零售包装（预防疾病用）	3002410011401	新型冠状病毒（COVID-19）疫苗，已配定剂量或制成零售包装	3002410011
4	新型冠状病毒（COVID-19）疫苗，已配定剂量或制成零售包装（医学科研用）	3002410011402	新型冠状病毒（COVID-19）疫苗，已配定剂量或制成零售包装	3002410011
5	新型冠状病毒（COVID-19）疫苗，未配定剂量或制成零售包装（预防疾病用）	3002410019401	新型冠状病毒（COVID-19）疫苗，未配定剂量或制成零售包装	3002410019
6	新型冠状病毒（COVID-19）疫苗，未配定剂量或制零售包装（医学科研用）	3002410019402	新型冠状病毒（COVID-19）疫苗，未配定剂量或制成零售包装	3002410019
7	新型冠状病毒检测试剂盒（诊断人类疾病用）	3822190020401	新型冠状病毒检测试剂盒	3822190020
8	新型冠状病毒检测试剂盒（人类医学、生命科学研究用）	3822190020402	新型冠状病毒检测试剂盒	3822190020

2. 防疫医疗物资的跨境电商出口路径

对于已经入驻跨境电子商务交易平台的国内生产商和销售商，可以通过平台在线向境外消费者销售防疫医疗物资。所有参与跨境电商零售出口的商家、平台及物流等企业均应当向所在地海关办理登记，物流企业同时还应获得国家邮政管理部门颁发的《快递业务经营许可证》，支付企业同时应具备《金融许可证》或《支付业务许可证》，支付业务范围应当包括"互联网支付"。

国内销售商及物流企业在跨境电商零售物资出口申报前，应当分别通过国际贸易"单一窗口"或跨境电子商务通关服务平台向海关传输交易、收款、物流等电子信息，并对数据真实性承担相应法律责任。物资出口之后，可以采用"清单核放、汇总申报"或"清单核放、汇总统计"的方式办理报关手续。海关对跨境电子商务零售出口的医疗物资按照相关法律法规实施检疫，并根据相关规定实施必要的监管措施。

三、跨境电商平台医药产品销售存在的问题

尽管近几年跨境电商平台如雨后春笋般涌现，医药产品的销售受到了政策的鼓励和消费者市场的驱动，但其业绩与发展势头相比于其他跨境电商品类（如食品、服饰等）仍显逊色，"跨境医药电商试点"数量寥寥。究其原因，跨境电商平台销售医药产品依然受到了部分因素的制约。

（一）行业限制多

1. 对经营企业的准入门槛高

第一，现有的北京和河南试点都对跨境电商销售医疗产品的开展设立了门槛。《北京市跨境电商销售医药产品试点工作实施方案》对于企业的注册、资质和仓储物流等综合条件提出了要求。河南跨境电子商务零售进口药品试点也对平台、企业提出了准入要求。

第二，2019年《药品管理法》第五十一条规定，从事药品批发活动，应当

---

① 税管局（京津、广州）. 疫情防控物资归类指南：检测试剂盒篇 [EB/OL]. (2020-03-27) [2020-04-02]. https://mp.weixin.qq.com/s/L-Ih3kDYwVi5KpH3MOo_dg.

经所在地省、自治区、直辖市人民政府药品监督管理部门批准，取得《药品经营许可证》。从事药品零售活动，应当经所在地县级以上地方人民政府药品监督管理部门批准，取得《药品经营许可证》。无《药品经营许可证》的，不得经营药品。

2. 对经营的药品种类有限制

尽管2015年《药品管理法》第四十八条"依照本法必须批准而未经批准生产、进口，或者依照本法必须检验而未经检验即销售的按假药论处"的内容未出现在2019年新修订的《药品管理法》中，但未经药监局批准注册的境外药品不得允许擅自向境内销售。

无论是2019年版的《跨境电子商务零售进口商品清单》，还是河南跨境电子商务零售进口药品试点的相关规定，都对跨境医药电商可销售的商品品种进行了限制。如《跨境电子商务零售进口商品清单》即明确种类主要为家用日常药品和器材器械品种。可见相比于其他商品的出售，医药产品面临更严格的审核，有更明晰的监管红线。

（二）处方药网售政策有待细化

目前处方药占整个医药市场规模的85%左右且大多数由医院销售，这在很大程度上制约了医药电商的销售规模。

根据国家卫健委2018年7月发布的《互联网诊疗管理办法（试行）》，在互联网诊疗活动中对于部分常见病和慢性病的复诊可以开具线上处方。2019年12月实施的新修订《药品管理法》删除了草案中"药品上市许可持有人、药品经营企业不得通过药品网络销售第三方平台直接销售处方药"的规定，同时第六十一条规定"疫苗、血液制品、麻醉药品、精神药品、医疗用毒性药品、放射性药品、药品类易制毒化学品等国家实行特殊管理的药品不得在网络上销售"，通过负面清单的方式规定了部分禁止网络销售的药品，但并未直接禁止网售处方药。在2020年疫情期间，第三版《网络药品经营监督管理办法（征求意见稿）》中指出，允许有条件放开网络销售处方药和通过网络发布处方药信息。同时，政府鼓励患者到互联网医院进行问诊，给医药电商带来不少流量，可能将为处方药网售政策的有序放开带来重要契机。国务院办公厅于2021年4月15日发布的《关于服务"六稳""六保"进一步做好"放管服"改革有关工作的意见》中提出"在确保电子处方来源真实可靠的前提下,允许网络销售除国家实行特殊管理的药品以外的处方药"。可以看到,互联网销售处方药逐渐在政策层面有了较为明确的支持,但同时针对网售处方药的范围、方式、各方权责义务等方面仍有待相关部门尽快进行厘清,出台实施细则。

(三)药品供应链及物流配送体系待完善

医药产品物流对技术的要求较为严格,但目前我国医药冷链物流行业呈现规模小且分布杂乱的现象,大多数企业仍然是人工记录温控数据,使得配送过程及储存过程无法准确维持标准温度。[①] 当下我国流通环节的信息化程度也较低。冷链物流等节点仍未实现完全联网,不同的物流环节具有各自独立的管理方式,使用不同的运输资源和信息系统,难以实现信息共享。

同时,药品供应速度同样是影响跨境电商医药销售的关键因素,配送的时间缓慢或延迟将影响末端用户消费体验,致使消费者对网购渠道心存疑虑转而回到传统方式,更加倾向于到实体药店购买医药产品。

除了速度和技术方面的要求,成本和收益也在很大程度上制约了医药物流的发展,医药产品运输派送全流程开销不菲且呈上升趋势。以医药冷链为例,设立一个冷链仓库需要投入上百万资金,同时必须配套地支付检测费用、冷藏箱验证费、电费等多方面费用,成本极高;此外,医药冷链配送需要经历多个物流环节,导致物流利润率被拉低。

(四)医保支付范围尚未完全涵盖医药电商

医保尚未对接医药电商是目前医药电商发展的最大阻碍。虽然医保结算的作为社保的一项内容群众覆盖面极广,但目前我国的医保政策仍实行地区统筹管理,医保支付结算仅限于线下实体药店和医院,医药电商消费者尚无法实现利用医保直接支付。同时,我国商业医疗保险的覆盖程度低,让多数消费者是自费在电商平台购药,这对医药电商消费能力的限制

[①] 医药冷链物流发挥现状与趋势分析[EB/OL].(2019-09-13)[2020-02-24]. https://www.iyiou.com/p/112365.html.

也十分明显。

（五）用药安全在多层面上缺乏保障

出于品种、功效等多个因素的考量，越来越多的消费者开始尝试购买跨境医药产品以期将其作为对境内医药市场的补充。但是药品本就属于特殊商品，普通消费者的医药专业知识有限，可能存在消费信息不对称的天然壁垒，电商配送也客观上增加了药品质量的不确定性。

消费者通过海淘、代购等非正规途径购买跨境药品难以甄别产品真伪和品质，也时常不能做到及时跟进货品处理进度，追溯可行性低且成本高，售后服务耗时长难以到位。此外，关于网购渠道所购药品的质量如何监督、消费者在遇到假药劣药时如何维权、生产商经销商物流公司等各方主体责任认定和具体追责方法等问题都还需要更细化的规则完善，因此患者的用药安全在多个层面上都缺乏保障。

四、案例评析

（一）进口未经批准药品的风险

在现有进口未经批准药品最终被认定为"销售假药罪"的案例中，除了电影《我不是药神》中的男主角"程勇"被判走私和销售假药数罪并罚外，现实版的"药神案"几乎都只被判处"销售假药罪"一罪。从理论上讲，这类案件可能属于刑法中的牵连犯，即犯罪的目的行为与原因行为分别触犯不同的罪名，且目的行为和原因行为存在牵连关系，比如走私这些药品就是为了在境内销售，因此属于科刑的一罪。从实践角度出发，如果"未经批准进口的药品"在报关环节被查处，则不可能发生后续的销售行为；同样，如果药品已经流入境内，则药监部门和公安部门会依照职权直接处理，也不会再将案件移送到海关缉私部门。因此，目前呈现在公众面前的销售假药判例基本都"淡化"了走私的身影。当牵连犯中的目的行为因《药品管理法》的修改不再构成犯罪时，进口行为就可能涉嫌走私的风险，尤其是当进口的药品本身属于禁止或限制进口类商品时。

案例一 携带"止咳水"未申报,被判走私毒品案①

2019年5月29日,吴某昌携带瓶装止咳水3瓶(120mL/瓶,共计360mL)经罗湖口岸入境,未向海关申报,被现场查获。广东省深圳市中级人民法院认为,被告人违反海关法规,逃避海关监管,私自携带含有毒品成分的违禁药品入境,其行为已构成走私毒品罪。最终,吴某昌被判处拘役3个月,并处罚金人民币1000元。

案例二 贩卖未经批准进口的"止咳水",被判销售假药案②

2018年11月,被告人吕某在未取得《药品经营许可证》及相关进口批准文件的情况下,通过深圳市罗湖口岸一男子从香港购买一批含可待因成分的境外品牌"止咳水",运回广东省海丰县向吸毒人员进行贩卖。经汕尾市食品药品监督管理局认定,上述缴获的含可待因成分的"止咳水"未经国务院药品监督管理部门批准,系非法渠道进口的第二类精神药品,按假药论处。吕某最终被判犯销售假药罪,判处有期徒刑十年六个月,并处罚金人民币50000元。

案例三 微信代购"聪明药",新法下如何定罪?③

赵某自2019年7月底以来,从印度走私"聪明药"莫达非尼(一种中枢神经兴奋剂,是国家管制的第一类精神药品),并利用微信兜售,共销售莫达非尼100粒。上海警方经上网追逃,于8月18日将其抓捕归案。

---

① (2019)粤03刑初499号。
② (2019)粤1521刑初189号。
③ http://sd.sina.com.cn/news/2019-08-21/detail-ihytcern2407620.shtml。

> 《药品管理法》修订实施后，未经批准进口的药品，包括受管制的精神药品，均不再按假药论处，那么赵某是否还涉嫌犯罪？

在案例一中，因为当事人是在进口环节即被查获携带违禁药品，且含有可待因成分的"止咳水"已被列入《禁止进出境物品表》，属于"鸦片、吗啡、海洛因、大麻以及其他能使人成瘾的麻醉品、精神药物"，系《刑法》第三百五十七条认定的毒品，故被认定为走私毒品罪基本没有争议。

案例二实际是前文提及的走私罪与销售假药罪的牵连犯，如前所述，进口含有可待因成分的"止咳水"已经涉嫌构成《刑法》第三百四十七条"走私毒品罪"，只不过本案是在境内流通环节被食药监局查处，故按照牵连犯的处理原则仅被认定"销售假药罪"一罪。

同时值得注意的是，在有明确的司法解释界定之前，笔者初步认为即使"未经批准进口的药品"不再被视为假药，且进口的境外上市药品不属于我国认定的成瘾麻醉品、精神药物，但"未经批准进口"这个行为本身就涉嫌走私。根据《海关法》第八十二条的规定，逃避海关监管，偷逃应纳税款、逃避国家有关进出境的禁止性或者限制性管理，有下列情形之一的，是走私行为：运输、携带、邮寄国家禁止或者限制进出境货物、物品或者依法应当缴纳税款的货物、物品进出境的。我国刑法条文中没有走私限制进出口货物、物品罪，但《关于办理走私刑事案件适用法律若干问题的解释》第二十一条规定："未经许可进出口国家限制进出口的货物、物品，构成犯罪的，应当依照刑法第一百五十一条、第一百五十二条的规定，以走私国家禁止进出口的货物、物品罪等罪名定罪处罚。"

案例三中，因为"聪明药"莫达非尼属于列入《精神药品品种目录（2013年版）》国家管制的第一类精神药品，但其所含主要成分"哌醋甲酯"并未被纳入《关于规范毒品名称表述若干问题的意见》和《关于审理毒品犯罪案件适用法律若干问题的解释》所列举的毒品名称中，故赵某将其用于医疗用途时，在新修订的《药品管理法》实施前被审判，仍可能按照"销售假药罪"被处罚；即使新修订的《药品管理法》正式实施后，赵某也可能因逃避海关监管进口限制进口的药品而被判"走私禁止进口的货物、物品罪"。如果赵某将其用于毒品目的，从现有判例来看，多以走私、贩卖毒品罪定罪处罚。

综上，新修订的《药品管理法》未经批准进口药品不再按假药论处后，药品在进口、销售环节可能会产生涉嫌走私的法律责任，同时延展出部分所谓的"药品"被认定为毒品后的刑事责任。

（二）违规出口防疫医疗物资

在疫情期间，防疫物资质量直接关乎世界各国人民的生命健康，关乎中国的国家声誉和全球的防疫能力。随着全球疫情持续蔓延，相关国家对防疫物资的需求快速扩大，我国政府在扩大防疫物资出口供给的同时，严把质量关，力争把好事办好，更加有效地支持全球抗疫。为此，海关总署、商务部、国家药监局等部门连续出台数则公告加强对防疫医疗物资的出口监管，并发布了数批典型案例，以下选取其中三起案例予以分析。①

案例四　广州某企业违规出口伪劣医疗物资案

2020年4月8日，黄埔海关查获广州某企业申报出口一次性防护口罩（非医用）70.6万个、一次性医用口罩83.8万个。经查验，实际货物为多种品牌、多个厂家生产的防护口罩（非医用），其中有10万个口罩无生产标识，部分口罩包装袋与外包装盒印制的生产标识、质量标准、生产厂家等均不相符，另夹藏有无生产标识的额温枪和体温计共975支。同时，该企业还存在冒用其他公司医疗器械产品注册证书申报的情形。当事人涉嫌生产销售伪劣产品罪。4月17日，黄埔海关缉私局将此案移交地方公安机关立案侦办。

---

① 海关总署再次通报违法违规出口医疗物资案例[EB/OL].（2020-04-20）[2022-03-23]. http://www.gov.cn/xinwen/2020-04/20/content_5504234.htm.

案例五 青岛某企业夹藏不合规医疗物资未申报案

2020年4月7日，天津海关查验发现青岛某商贸公司申报出口的27吨黑铁丝中夹藏有未申报的3M牌N95口罩2.16万个。经专业机构鉴定，上述口罩为不合格产品，当事人涉嫌生产销售伪劣产品罪。4月16日，天津海关缉私局将此案移交口罩购买地公安机关立案侦办。

案例六 北京某企业出口医疗物资逃避商检案

2020年4月16日，北京某公司向广州海关申报出口非医用口罩64.9万个。经查验，该批口罩实际为医用口罩，报关时未提交医疗器械产品注册证书和出口医疗物资声明，当事人涉嫌逃避商品检验。4月18日，广州海关缉私局对此立案调查。

在对外出口防疫医疗物资时，企业出现的违规行为主要有以下三种类型。

1. 未向海关如实申报，具体行为包括：

（1）申报不实：品牌、数量、规格申报与实际不符；

（2）伪报瞒报：以非医用物资名义出口医用物资；以医用物资名义出口非医用物资；以非防疫物资名义出口防疫物资；

（3）夹藏夹带：在非防疫物资中夹藏防疫物资，在非医用口罩中夹藏医用口罩。

2. 产品质量不合格：缺少质量合格证、生产日期、生产厂商、保质期、成分材质等必要信息；产品包装袋与外包装盒印制的生产标识、质量标准、生产厂家、保质期等不相符；产品有明显发黑发黄等不合格外观等。

3. 冒充资质：医疗物资自身没有注册证而冒用其他厂家资质；不在白名

单却声称符合国外标准。

在防疫医疗物资出口政策高压背景下，企业出口防疫物资应杜绝通过将医用物资伪报为非医用物资，或者通过夹藏、伪报、瞒报等方式逃避法定检验、提交医疗器械注册证等防疫物资出口监管要求。同时，企业要加强对相关资质证书的审查，加强出口防疫物资的质量管控，避免以假充真、以次充好，切实做到合规经营。

（三）走私、贩卖、运输、制造毒品

案例七　黄某辉、陈某城等走私、贩卖、运输、制造毒品罪案[①]

2019年4月至5月，被告人黄某辉通过网络结识了境外自称"Sandy"的印度人，在明知莫达非尼系国家管制精神药品的情况下，出于贩卖目的，同年5月6日与"Sandy"商定以2480元的价格购买阿莫达非尼（主要成分为莫达非尼，英文名称Modafinil）及其他药品货源，并通过支付宝扫描收款二维码向对方支付2480元货款，对方将上述药品从印度邮寄入境。同月23日16时许，公安人员将收取入境包裹的被告人黄某辉抓获，并从包裹内查获阿莫达非尼片剂500粒，后在被告人黄某辉的宿舍内又查获阿莫达非尼片剂55粒。经公安部禁毒局情报技术中心毒品实验室鉴定，送检的阿莫达非尼片剂每粒的平均质量为270mg，莫达非尼成分平均含量为55.6%。

2019年2月至6月，被告人黄某辉、陈某城、谢某辉、陈某昌、万某明知莫达非尼系国家管制的精神药品，以牟利为目的，通过网络路径发布出售阿莫达非尼、莫达非尼信息，利用微信、支付宝、淘宝网与购毒人员联系，约定交易数量和价格，收取货款，并通过快递将药物发送至购毒人员指定的地址，或之后联系上家购买货源，再由上家直接发货至购毒人员指定的地址。通过上述方式，上述被告人各自贩卖阿莫达非尼900余粒至3000余粒不等，获利不等。经公安部禁毒情报技术中

[①] （2020）苏10刑初1号。

> 心毒品实验室鉴定，送检的莫达非尼每片的平均质量为640mg，莫达非尼成分平均含量为62.23%。
>
> 法院认定被告人黄某辉犯走私、贩卖毒品罪，其余被告人犯贩卖毒品罪，分别被判处有期徒刑三年到三年九个月不等，同时判处罚金。

莫达非尼系国家管制精神药品，被告人出于贩卖的目的联系境外卖家购入以莫达非尼为主要成分的阿莫达非尼及其他药品货源，并通过微信、支付宝、淘宝等联系国内买家网络路径发布出售阿莫达非尼、莫达非尼信息，利用微信、支付宝、淘宝网与购毒人员联系进行出售。法院认定被告构成了走私、贩卖毒品罪，处以相应刑罚。在本案中，虽然被告没有按照销售假药被追究责任，但是因为涉案药品属于国家管制精神药品，被认定为毒品，所以被告的行为构成了贩毒。同时，被告虽然只是在微信上联系境外卖家并购买药物，但也构成了走私罪。

根据法院的分析，本案中贩卖的阿莫达非尼、莫达非尼药品的主要药物成分是莫达非尼（Modafinil），依据我国《精神药品品种目录》和《非法药物折算表》规定，系国家管制的第一类精神药品，药物依赖性相对较强，具有成瘾性，由此应当界定为我国刑法所规定的毒品范畴。本案涉及的阿莫达非尼、莫达非尼片剂直接或者间接来源于境外，该药物是一种觉醒促进剂，是只供精神病医生使用的处方药。5名被告人贩卖的莫达非尼，基本都是购毒人员自己服用或者转交他人服用，并非出于医疗目的，根据该药物的属性，长期服用或者滥用必然形成瘾癖，并可能引发其他的严重后果，5名被告人大量贩卖的行为具有严重的社会危害性。5名被告人均明知莫达非尼是国家管制的精神药品，但为了牟取非法利益，无视国家对于毒品管理的法律法规规定，通过网络营销手段向不特定对象贩卖，主观上并非出于医疗目的，具有放任危害结果发生的间接故意，客观上贩卖的莫达非尼亦被购毒人员服食滥用，对公民身体健康造成的潜在危害巨大，5名被告人的贩卖行为严重破坏了社会管理秩序以及国家对于毒品管理的法律制度，其行为符合贩卖毒品罪的构成要件，应当以贩卖毒品罪追究刑事责任。被告人黄某辉出于贩卖目的,向境外人员直接购买莫达非尼,并以走私方式收取从境外邮寄入境的莫达非尼包裹,其行为又构成走私毒品罪,应依法予以惩处。

对于走私、贩卖毒品案件中涉及国家管制能够使人形成瘾癖精神药品的定罪量刑,我国刑法规定了其他毒品数量大、数量较大、少量毒品三个量刑幅度,相对于刑法中对于鸦片、海洛因、甲基苯丙胺等三种毒品直接作出数量标准规定的情况,对于涉及精神药品的毒品数量认定时,可以适当考虑含量因素,以确定不同的量刑幅度。根据《非法药物折算表》的规定,1g莫达非尼相当于0.01g海洛因,根据五名被告人走私、贩卖的具体数量,分别折算成海洛因后的数量均不满10g。据此,本案属于走私、贩卖其他少量毒品的范畴。但是,5名被告人通过网络直接贩卖或者转手贩卖莫达非尼药物,作案次数相对较多,认定的毒品数量经过折算成海洛因后虽然相对较少,但属于多次贩卖、向多人贩卖情形,且莫达非尼药物依赖性相对较强,贩卖的区域和范围也较广,也有证据证明向在校学生贩卖滥用,结合相关司法解释规定,综合贩卖次数、数量以及药物滥用情况、犯罪形势等因素,可以认定本案属于"情节严重"情形。

其实在本案中,各被告除了从印度购买并销售阿莫达非尼外,同时还购买和销售了其他药品,但是没有被追究刑事责任。如果在《药品管理法》生效之前,可能还会触犯销售假药罪。

本案中黄某辉通过网络向印度卖家购买阿莫达非尼,由卖家将药品从印度邮寄入境,被海关发现并移交公安局侦查,最终认定构成走私、贩卖毒品罪。在该过程中,被告人并没有参与药品运送过境或者过关的过程(事实上,是卖家通过快递寄送的),但这并不影响走私行为的认定。值得注意的是,本案中的其他被告也存在从印度或境外其他地方购买药品然后邮寄到国内,或通过代购或清关公司从境外获取案涉药品并带到国内的行为,但是并没有被作为走私罪起诉,判决书中也没有清晰地体现两者在通关模式上的具体区别。

阿莫达非尼既有毒品的属性,也有药品的属性,与一般的毒品对比,其危害程度相对较低。因此在将各被告销售的药品折算成海洛因时数量仍属少量。但是因为被告通过电商、社交平台等方式进行销售,进行交易的次数多,且销售的范围广泛,从而被认定为"情节严重"。从某种意义上说,网络平台使得销售这些药品更加方便、影响方位更广泛，被告人需要承担的责任也更加重。因此，经营者不要因为自己通过电商平台销售违禁药品的数量有限，就认为后果不严重。

此外，从电商平台的角度看，虽然被告并非在电商平台上进行跨境违禁药品的销售，而只是在上面发布信息、私下联系买家进行交易，电商平台也不能对此视而不见。根据《电子商务法》第十三条和第二十九条的规定，电子商务平台经营者发现平台内的经营者销售或者提供法律、行政法规禁止交易的商品或者服务的，应当依法采取必要的处置措施，并向有关主管部门报告。

（四）无证经营药品

> **案例八　上海某网络科技有限公司无证经营药品案[①]**
>
> 当事人从供应商香港某集货有限公司购进药品，药品从香港直接寄进。消费者在当事人网站下单后，通过支付宝或微信将费用支付给当事人。当事人从2019年4月26日至2019年6月21日，在其网站共销售了5瓶"参天FXVPlus"，6瓶"参天FXNeo眼药水"，4支"喉痛露喷剂"，15瓶"特效消炎镇痛药液"，合计24个交易订单，上述商品被认定为属于药品。最终，执法机构依法没收其违法所得，并处以货值金额三倍罚款。

该案是市场监督管理局的行政处罚案件。当事人为跨境电商企业，在未取得《药品经营许可证》和《互联网药品信息服务资格证书》的情况下展示、销售药品，被处以罚款若干。

本案中当事人事先从香港购进相关药品，然后在电商平台上进行销售，虽然所出售的数量有限，但无疑仍然构成了经营行为，属于无证经营药品的

[①] 沪市监普处〔2019〕072019000911号。

行为。该行为违反了 2019 年修订前《药品管理法》第十四条第一款的规定，即开办药品批发企业，须经企业所在地省、自治区、直辖市人民政府药品监督管理部门批准并发给《药品经营许可证》；开办药品零售企业，须经企业所在地县级以上地方药品监督管理部门批准并发给《药品经营许可证》。无《药品经营许可证》的，不得经营药品。在 2019 年修订的《药品管理法》中，该条的内容被移到第五十一条，表述虽稍有改变，但未改变本质。[①] 换言之，虽然目前政策的大方向是鼓励和推进药品线上销售和跨境医药电商，但是进行相关经营活动的，仍然需要满足许可条件，获得经营许可证，否则会被认定为无证经营。特别在电商平台上进行零售的，即便交易量不大，也足以构成经营活动。

五、跨境电商医药产品进出口展望

（一）扩大试点城市范围

从 2019 年 2 月 22 日开始，国务院及相关部门陆续发布《国务院关于全面推进北京市服务扩大开放综合试点工作方案的批复》《北京市跨境电商销售医药产品试点工作实施方案》等文件，北京成为首个跨境医药电商试点。自此，北京不断加快协调开展跨境电商进口医药产品试点，培育商业新模式新业态，深入推进"互联网＋流通"行动计划，持续推进跨境电商创新发展。[②] 2021 年 5 月 12 日，国务院发布了《关于同意在河南省开展跨境电子商

[①] 2019 年修订的《药品管理法》第五十一条第一款规定，从事药品批发活动，应当经所在地省、自治区、直辖市人民政府药品监督管理部门批准，取得《药品经营许可证》。从事药品零售活动，应当经所在地县级以上地方人民政府药品监督管理部门批准，取得《药品经营许可证》。无《药品经营许可证》的，不得经营药品。

[②] 盘点 | 医药类跨境电商发展历程[EB/OL].（2021-03-12）[2021-05-04]. https：//mp.weixin.qq.com/s?__biz=MzIyMjc1NDk0OA==&mid=2247488842&idx=1&sn=5e4cb084f55f7c29f844696cbf89fad4&chksm=e829f4a1df5e7db75a0306259b4633bea22075922bc33e8f57bdd9a9279fb160d7436f89ff27&mpshare=1&scene=1&srcid=0502uItG3npC9tfIHnRDbSAx&sharer_sharetime=1619916760544&sharer_shareid=dc1e74e7cb3e946bfca8e059447cd7a3&exportkey=AfcKve38g6D5zmf%2FHMW%2BYcM%3D&pass_ticket=S40cE9bII57ohGPRuEHXfiA5YGStrmv%2FrxfvYVB67aBgQo6Vz3MBXYbCqXibi3XJ&wx_header=0#rd.

务零售进口药品试点的批复》，同意在河南省开展跨境电子商务零售进口药品试点，试点期为自批复之日起3年。

北京和河南跨境医药电商试点的先试先行为扩大试点城市范围提供了实践经验，同时，市场的广泛需求也证明了扩大试点城市范围的必要性。当下，粤港澳大湾区健康产业发展迅猛，国务院和省科技厅相继印发鼓励政策文件。[1] 根据全国人大代表、广州市第八人民医院感染病中心主任医师蔡卫平介绍，近年来群众对港澳地区、亚太地区市场出售的OTC类家庭常备用药需求量较大。为此，他建议国家药品监督管理局、海关总署支持广州开展港澳OTC药品跨境电商进口试点，依托广州白云机场综合保税区和正在建设中的华南保税医药分拨中心，发挥广州跨境电商行业的优势。[2] 全国人大代表、天津滨海新区区长杨茂荣也在两会期间提出"支持天津自贸试验区作为跨境电商进口药品和医疗器械试点地区"的建议，希望国家相关部门批准部分创新药品及医疗器械在天津自贸试验区通过跨境电商方式进口。作为全国北方首个自贸试验区，天津自贸区在跨境电商、进口药械、细胞治疗等领域形成了成熟的改革经验，开展跨境电商进口药品和医疗器械业务条件成熟、优势明显，试点地区获批后将为促进健康医疗产业发展发挥重要的示范引领作用。[3]

---

[1] 2019年2月18日，中共中央、国务院印发了《粤港澳大湾区发展规划纲要》，提出打造"健康湾区"，大健康成为重点之一。其中第八章"建设宜居宜业宜游的优质生活圈"第五节"塑造健康湾区"部分对医疗健康产业在粤港澳大湾区发展作出规划；2020年4月8日，广东省科技厅正式印发《关于促进生物医药创新发展的若干政策措施的通知》，共10条措施，从生物制品材料通关、药品医疗器械流动等方面打通粤港澳创新要素跨境流动路径，为医药进出口企业带来重大机遇。

[2] 全国两会｜代表建议：开展跨境电商试点，让市民家门口买到港澳常备药[EB/OL].（2021-03-15）[2021-07-27]. http：//www.gzns.gov.cn/tzns/zmq/zmdt/content/post_7125302.html.

[3] 两会代表提的最多的跨境电商建议[EB/OL].（2021-03-12）[2021-05-04]. https：//mp.weixin.qq.com/s?__biz=MjM5ODc0ODgyNg==&mid=2653743357&idx=1&sn=543a268657b357e4e74d0000da12f24d&chksm=bd1dbf088a6a361e9420051e965748eb1b99c84e25518ce34fe7453bd361f5131f75db29809a&mpshare=1&scene=1&srcid=0504uXhax7EBXFiiRV55o5jT&sharer_sharetime=1620109572501&sharer_shareid=dc1e74e7cb3e946bfca8e059447cd7a3&exportkey=ARw9rxVqiw92KLaV%2FyVVczo%3D&pass_ticket=4taUbSXX6VHonwnb6nHO4pxEwv1Tb8GZ%2B7fXp5gYwf1eYlsA2VhgV6KmOeLJMnBA&wx_header=0#rd.

为了响应近年来跨境电商贸易渠道不断落实全面开放的背景并进一步深化医药监管改革积累经验，应当继续在供给侧回应市场需求，借鉴北京和河南试点已有经验，继续扩大试点城市范围，缩短药品报关、备案、抽检检验的进口流程，使消费者能够在实体店以外的其他渠道以更便捷的方式购买境外医药产品。利用各地资源禀赋和制度特色所带来的优势，在更多的内地城市设立更多的跨境电商进口医药产品试点，将北京和河南的经验推广开来才能弥补传统医药电商模式的不足，更大程度地将我国的跨境电商模式与全球医药产业相融合。

（二）扩充正面清单医药产品

根据《跨境电子商务零售进口商品清单》，跨境医药电商可销售的商品品种受到很大的局限，商品品种种类少，主要为家用日常药品和器材器械品种，清单中的药品更是只有中药酒、清凉油、橡皮膏。

根据专家介绍，民众到港澳地区旅游通关经常购买携带医疗产品，包括解热镇痛类西药（内服）、消食导滞类中药（内服）、化痰止咳类中药（内服）、活络止痛类中药、五官科皮肤科类用药（外用）、退热贴、鼻腔冲洗液等OTC类家庭常备用药以及理疗仪等外用器械。[①] 然而，民众部分出境常购中西医药品不在《跨境电子商务零售进口商品清单》内，境外优质常备药需求量较大但其无法通过跨境电商方式进入内地市场。因此，扩充跨境电子商务零售进口的医药产品正面清单势在必行。

（三）落实减免税政策优惠

主管机关将税收优惠落到实处的关键在于扩大减免税药品清单。目前的

---

① 开展OTC药品跨境电商试点　全国两会｜代表建议[EB/OL].（2021-03-04）[2021-05-05]. https：//mp.weixin.qq.com/s?__biz=MjM5ODc0ODgyNg==&mid=2653743314&idx=1&sn=e6af4eb796c1bbf75ca7a4dc4ff5c7b0&chksm=bd1dbf278a6a3631dd45ac2af35a5acd3f06b26c4508440d6744436a47439c46ca37590e38a5&mpshare=1&scene=1&srcid=0504zIMqtaCHZodJ5xeJZeyR&sharer_sharetime=1620141633183&sharer_shareid=dc1e74e7cb3e946bfca8e059447cd7a3&exportkey=ASat%2FPyO7u2LYVhNaLZ3F5Q%3D&pass_ticket=4taUbSXX6VHonwnb6nHO4pxEwv1Tb8GZ%2B7fXp5gYwf1eYlsA2VhgV6KmOeLJMnBA&wx_header=0#rd.

抗癌药、罕见病药分别公布了第一批降税清单，未来随着特殊药品的创新发展，清单也将随之不断更新完善，这就需要对药品税则号重新调整归类。国务院关税税则委员会每年会对《中华人民共和国进出口税则》（下称《进出口税则》）进行调整，医药企业对药品税则调整有合理诉求的，可以在税政调研开放阶段向国务院关税税则委员会及其成员单位包括财政部、海关、税务总局等部门或医药行业协会进行反映。医药企业和医疗机构也应当主动与海关有关部门积极沟通，分析政策方向，明确企业需求，研究法律适用，协助实地调研，就重点新药的税率调整向税则委员会进行建议反馈，进一步扩大减免税清单范围。

扩充减免税药品清单后需要明确完税价格，积极应对特许权使用费争议。完税价格的认定是征税的基础，而成交价格是完税价格审价的关键。成交价格可能受到其他因素影响，比如特许权使用费。特许权使用费是指进口货物的买方为取得知识产权权利人及权利人有效授权人关于专利权、商标权、专有技术、著作权、分销权或者销售权的许可或者转让而支付的费用。进口药品和医疗器械将涉及大量的知识产权，通常定价较为复杂，增加了判定特许权使用费是否应计入完税价格的难度。医药企业和医疗机构应当及时与海关有关部门保持沟通，了解海关对特许权使用费应税的监管态度，主动解决特许权使用费应税的相关争议。

落实税收优惠同样离不开统一原产地、细化精确商品归类的措施。《药品进口管理办法》要求原产地证明所标示的实际生产地与进口药品注册审批的产地须相符，否则将无法获得进口备案，原产地认定规则分为非优惠原产地规则和优惠原产地规则。在进口医药方面，国家应进一步寻求与药品优势原产地签订双边协定，适用优惠政策，加强新药议价能力。医药企业和医疗机构可根据进口药物和医疗器械的性质、用途、构造和功能等因素，通过向海关提出书面咨询的方式了解和建议进口药品和医疗器械的商品归类，商品 HS 编码申报需谨慎，必要时可以提出归类预裁定申请。

六、跨境电商医药产品销售合规建议

（一）主体资质需合规

根据 2019 年新修订的《药品管理法》，第三方平台应当按照国务院药品

监督管理部门的规定，向所在地省、自治区、直辖市人民政府药品监督管理部门备案。同时根据《互联网药品信息服务管理办法》第五条至第八条，通过互联网提供药品信息的服务活动的第三方医药电商平台应当在省级药品监督管理部门取得"互联网药品信息服务资格证书"，并在其网站主页显著位置标注证书编号。

对于平台上向消费者网售药品的药品上市许可持有人和药品经营企业应和线下药店同一标准，应当根据新修订《药品管理法》第五十一条规定依法取得允许零售的《药品经营许可证》方可零售。

同时，北京和河南的跨境电商医药试点都对入驻企业和平台设立了准入条件，因此，除了满足《药品管理法》的相关规定外，从事跨境电商医药的企业还需满足各试点的具体要求。例如，北京跨境电商医药试点则要求入驻平台注册在北京市行政区域内，且可以实现对跨境医药产品的质量管控、追溯管理。河南跨境电商医药试点要求进入河南跨境电子商务监管临售进口试点的平台需持有《药品经营许可证》和《互联网药品交易服务资格证书》，进入河南跨境电子商务监管临售进口试点的企业需拥有《金融许可证》《支付业务许可证》和《药品经营质量管理规范》。

（二）平台管理需合规

第三方平台不直接从事药品销售，但负有监督平台上药品上市许可持有人、药品经营企业经营行为，保障消费者知情权、选择权，维护交易信息真实完整的义务。如果平台在实际运营过程中突破了"信息服务提供者"的角色定位，或者未尽相关的监管和注意义务，可能会面临相关行政责任或者消费者侵权民事责任。

1. 第三方平台提供者应当按照新修订《药品管理法》的规定，依法对申请进入平台经营的药品上市许可持有人、药品经营企业的资质等进行审核，审核范围包括企业经营执照、药品销售行政许可、执业药师及负责人身份信息等，发现平台上相关主体的资质已经过期或被吊销的，应当及时进行更新处理。

2. 第三方平台提供者有义务对发生在平台的药品经营行为进行管理，对于平台上相关主体的违规行为应当及时制止并立即报告所在地县级人民政府药品监督管理部门；发现严重违法行为的，应当立即停止提供网络交易平台服务。

3.对于参与自营的第三方平台，其销售药品的实际经营主体应当比照实体零售药店取得《药品经营许可证》，并严格按照《药品经营质量管理规范》《药品管理法》及有关文件要求，在经营范围内从事互联网药品交易服务。

（三）避免因药物质量缺陷引发纠纷

《药品管理法》明确规定，药品上市许可持有人和药品经营企业应当建立并实施药品追溯制度，按照规定提供追溯信息，保证药品可追溯，对于销售假药、劣药的，承担相关行政责任和刑事责任。

北京跨境电商试点方案规定，平台企业负有对跨境医药产品的追溯义务，要实现"一物一码、物码同追"的基本原则，实现跨境医药产品境内最小包装单元可追溯、可核查，形成跨境医药产品追溯数据链，实现跨境医药产品境内流通全过程来源可查、去向可追。河南跨境电商试点则规定，入驻平台全流程追溯，保证药品使用过程的安全性、有效性，最关键的点落到全流程追溯。按照监管部门要求，境外进口产品一批一码，一物一码。

《中华人民共和国侵权责任法》第五十九条、新修订的《药品管理法》及《消费者权益保护法》等法律均规定了因医药产品缺陷导致损害的消费者求偿权。对于药品质量产生的民事损害，药品上市许可人和经营企业都将可能承担民事赔偿责任，并且实行民事赔偿首负责任制。根据《电子商务法》，对于关系消费者人身安全的产品和服务，第三方电商平台知道或者应当其存在质量问题而未采取必要措施的，依法与该平台内经营者承担连带责任；如对平台内经营者的资质资格未尽到审核义务，或者对消费者未尽到安全保障义务，造成消费者损害的，依法承担相应的责任。

因此，为避免因药品的运输、储存等环节出现问题而导致药品质量纠纷，跨境医药电商企业应当严格制定合法合规的药品管理仓储和配送制度，若是进行委托其他企业仓储和配送的，应评估其服务质量及能力，签订协议进行监督，明确法律责任，确保仓储及配送环节不出现质量问题。

（四）保护患者个人健康信息

患者在互联网上购买药品和医疗服务过程中的相关公民个人身份相关信

息和医疗活动中产生的健康信息，属于个人健康数据。跨境医药电商企业在经营过程中，不可避免会对患者个人健康数据进行采集、存储、使用和处理，上述行为遵守对应的信息保护规定，慎重地评估相关法律风险。

因此，第三方平台和在平台内经营的跨境医药电商企业在处理个人信息时应当遵循《电子商务法》《网络安全法》《互联网诊疗管理办法（试行）》等规定，遵循合法、正当、必要的原则，公开收集、使用规则，明示收集、实用信息的目的、方式和范围，并经被收集者明示同意。跨境医药电商企业不得设置不合理条件、窃取或以其他非法方式获取个人信息、非法出售或者非法向他人提供个人信息。在向有关部门依法提供数据信息时，同时要注意保护个人隐私以及商业秘密。同时跨境医药电商企业在医疗活动中对病历的建立、使用、保管和管理需要遵守《医疗机构病历管理规定（2013年版）》《电子病历应用管理规范（试行）》等的相关规定。

第二十章
跨境电商之保健食品销售

随着经济发展与消费水平的提高，人们对身体健康日趋重视，具有改善身体状况、调节人体机能、增强机体抵抗力、补充营养等作用的保健品越发成为消费热门，来自海外的"洋保健品"更是以抗氧化、降血压、提高免疫力等"功效"吸引大量消费者踊跃购买。然而，各国对保健品的界定与监管不同，且其介于普通食品与药品之间，有些可归入药品或食品补充剂等，较难明确划分，我国将"保健品"明确为"保健食品"。在实际跨境销售中，保健食品因为具有特殊属性且监管要求较为复杂，在进口申报、广告宣传以及成分标签等方面依然存在问题。在跨境电商优惠政策的影响与推动下，保健食品的跨境销售扩大化、简单化将反映出更多的合规风险，值得进一步关注与探讨。

一、保健食品市场准入要求与跨境电商保健食品销售现状

（一）保健食品的界定与市场准入要求

在我国，"保健品"是指《食品安全法》《保健食品管理办法》中所称的"保健食品"，即声称并具有特定保健功能或者以补充维生素、矿物质为目的的食品，适用于特定人群食用，具有调节机体功能，不以治疗疾病为目的，并且对人体不产生任何急性、亚急性或慢性危害的食品[1]。

《食品安全法》第七十六条规定，首次进口的保健食品应当经国务院食品安全监督管理部门注册。首次进口的保健食品中属于补充维生素、矿物质

---

[1] 国家卫生和计划生育委员会.食品安全国家标准保健食品：GB 16740—2014[S].北京：中国标准出版社．

等营养物质的,应当报国务院食品安全监督管理部门备案。进口的保健食品应当是出口国(地区)主管部门准许上市销售的产品。首次进口的保健食品,是指非同一国家、同一企业、同一配方申请中国境内上市销售的保健食品。

根据《保健食品注册与备案管理办法》,保健食品的市场准入要求见表 20.1。

表 20.1 保健食品的市场准入要求

项目	进口保健食品注册	进口保健食品备案
适用对象	首次进口的保健食品(属于补充维生素、矿物质等营养物质的保健食品除外)	首次进口的属于补充维生素、矿物质等营养物质的保健食品,其营养物质应当是列入保健食品原料目录的物质
定义	市场监督管理部门根据注册申请人申请,依照法定程序、条件和要求,对申请注册的保健食品的安全性、保健功能和质量可控性等相关申请材料进行系统评价和审评,并决定是否准予其注册的审批过程	保健食品生产企业依照法定程序、条件和要求,将表明产品安全性、保健功能和质量可控性的材料提交市场监督管理部门进行存档、公开、备查的过程
注册申请人/备案人	上市保健食品的境外生产厂商	
办理机构	应当由其常驻中国代表机构或者由其委托中国境内的代理机构办理。由境外注册申请人常驻中国代表机构办理注册事务的,应当提交《外国企业常驻中国代表机构登记证》及其复印件;境外注册申请人委托境内的代理机构办理注册事项的,应当提交经过公证的委托书原件以及受委托的代理机构营业执照复印件	
提交材料	1. 保健食品注册申请表,以及申请人对申请材料真实性负责的法律责任承诺书; 2. 注册申请人主体登记证明文件复印件; 3. 产品研发报告,包括研发人、研发时间、研制过程、中试规模以上的验证数据,目录外原料及产品安全性、保健功能、质量可控性的论证报告和相关科学依据,以及根据研发结果综合确定的产品技术要求等;	1. 产品配方材料,包括原料和辅料的名称及用量、生产工艺、质量标准,必要时还应当按照规定提供原料使用依据、使用部位的说明、检验合格证明、品种鉴定报告等; 2. 产品生产工艺材料,包括生产工艺流程简图及说明,关键工艺控制点及说明;

表 20.1 续 1

项目	进口保健食品注册	进口保健食品备案
提交材料	4. 产品配方材料，包括原料和辅料的名称及用量、生产工艺、质量标准，必要时还应当按照规定提供原料使用依据、使用部位的说明、检验合格证明、品种鉴定报告等； 5. 产品生产工艺材料，包括生产工艺流程简图及说明，关键工艺控制点及说明； 6. 安全性和保健功能评价材料，包括目录外原料及产品的安全性、保健功能试验评价材料，人群食用评价材料；功效成分或者标志性成分、卫生学、稳定性、菌种鉴定、菌种毒力等试验报告，以及涉及兴奋剂、违禁药物成分等检测报告； 7. 直接接触保健食品的包装材料种类、名称、相关标准等； 8. 产品标签、说明书样稿；产品名称中的通用名与注册的药品名称不重名的检索材料； 9. 三个最小销售包装样品； 10. 其他与产品注册审评相关的材料。 申请首次进口保健食品注册，除提交上述材料外，还应当提交下列材料： 1. 产品生产国（地区）政府主管部门或者法律服务机构出具的注册申请人为上市保健食品境外生产厂商的资质证明文件； 2. 产品生产国（地区）政府主管部门或者法律服务机构出具的保健食品上市销售一年以上的证明文件，或者产品境外销售以及人群食用情况的安全性报告； 3. 产品生产国（地区）或者国际组织与保健食品相关的技术法规或者标准； 4. 产品在生产国（地区）上市的包装、标签、说明书实样	3. 安全性和保健功能评价材料，包括目录外原料及产品的安全性、保健功能试验评价材料，人群食用评价材料；功效成分或者标志性成分、卫生学、稳定性、菌种鉴定、菌种毒力等试验报告，以及涉及兴奋剂、违禁药物成分等检测报告； 4. 直接接触保健食品的包装材料种类、名称、相关标准等； 5. 产品标签、说明书样稿；产品名称中的通用名与注册的药品名称不重名的检索材料； 6. 保健食品备案登记表，以及备案人对提交材料真实性负责的法律责任承诺书； 7. 备案人主体登记证明文件复印件； 8. 产品技术要求材料； 9. 具有合法资质的检验机构出具的符合产品技术要求全项目检验报告； 10. 其他表明产品安全性和保健功能的材料。 申请进口保健食品备案的，除提交上述材料外，还应当提交下列材料： 1. 产品生产国（地区）政府主管部门或者法律服务机构出具的注册申请人为上市保健食品境外生产厂商的资质证明文件； 2. 产品生产国（地区）政府主管部门或者法律服务机构出具的保健食品上市销售一年以上的证明文件，或者产品境外销售以及人群食用情况的安全性报告； 3. 产品生产国（地区）或者国际组织与保健食品相关的技术法规或者标准； 4. 产品在生产国（地区）上市的包装、标签、说明书实样

表 20.1 续 2

项目	进口保健食品注册	进口保健食品备案
有效期	保健食品注册证书有效期为 5 年	未限定
注册号/备案号格式	国食健注 J+4 位年代号 +4 位顺序号	食健备 J+4 位年代号 +00+6 位顺序编号

（二）跨境电商保健食品销售现状

根据中国医药保健品进出口商会统计，2020 年，中国进口营养保健食品 48.1 亿美元，同比增长 23.9%，出口达到 21.8 亿美元，同比增长 11%。与此同时，"跨境电商"已成为我国进口营养膳食及保健品的首选方式。[①]

海外保健食品品牌、种类、功效繁多，而拥有保健食品专用标志即"蓝帽子"并非易事。其主要困难包括但不限于：

1. 产品原料有较强的地域性，可能不在我国保健食品原料名单中或不符合我国标准；

2. 产品在海外销售宣称的功能可能不在我国允许的功能宣传名单中；

3. 海外工厂生产管理规范、技术要求可能与我国的规定不符。[②]

这在很大程度上阻碍了海外保健食品在我国的市场拓展与销售。新型保健食品多通过海淘、代购等非正规贸易途径进入国内，由此也引发了一些产品质量风险、价格混乱等问题。

《关于完善跨境电子商务零售进口监管有关工作的通知》第三条规定："对跨境电商零售进口商品按个人自用进境物品监管，不执行有关商品首次进口许可批件、注册或备案要求。但对相关部门命令暂停进口的疫区商品，和对出现重大质量安全风险的商品启动风险应急处置时除外。"这一较为宽松的进口政策促使大量未拿到"蓝帽子"的海外保健品生产商转战跨境电商赛道，通过直购进口及网购保税进口的方式进入中国销售，并且迎来爆发式增长。

[①] 邹臻杰. 营养保健食品进口达 48 亿美元，跨境电商成首选路径 [EB/OL]. (2021-06-23) [2021-08-11]. https://www.yicai.com/news/101090794.html.

[②] 崔立明. 探路海南，国际保健品牌寻机中国 [EB/OL]. (2021-05-21) [2021-08-11]. https://www.cqn.com.cn/zhixiao/content/2021-05/21/content_8694540.htm.

跨境电商销售保健食品，一方面助力品牌方有效挤压了非正规海淘、代购的市场，另一方面层出不穷的新产品也给海关及市场监管带来新的挑战。

二、保健食品的进口监管要求

保健食品在我国属于特殊食品中的一类，海关并未就保健食品进口进行特殊规定，因此仍然执行一般进口食品海关监管要求。

（一）一般贸易项下海关进口食品合格评定

根据《中华人民共和国进出口食品安全管理办法》（2022年1月施行）相关规定：海关依据进出口商品检验相关法律、行政法规的规定对进口食品实施合格评定。进口食品合格评定活动包括：向中国境内出口食品的境外国家（地区）食品安全管理体系评估和审查、境外生产企业注册、进出口商备案和合格保证、进境动植物检疫审批、随附合格证明检查、单证审核、现场查验、监督抽检、进口和销售记录检查以及各项的组合。

1. 向中国境内出口食品的境外国家（地区）食品安全管理体系评估和审查。

有下列情形之一的，海关总署可以对境外国家（地区）启动评估和审查：

（1）境外国家（地区）申请向中国首次输出某类（种）食品的；

（2）境外国家（地区）食品安全、动植物检疫法律法规、组织机构等发生重大调整的；

（3）境外国家（地区）主管部门申请对其输往中国某类（种）食品的检验检疫要求发生重大调整的；

（4）境外国家（地区）发生重大动植物疫情或者食品安全事件的；

（5）海关在输华食品中发现严重问题，认为存在动植物疫情或者食品安全隐患的；

（6）其他需要开展评估和审查的情形。

此外，部分产品需在《符合评估审查要求及有传统贸易的国家或地区输华食品目录》[1]内，如肉类、水产品、乳制品、中药材、燕窝、肠衣、植物源性食品、蜂产品。

---

[1] 目录可在海关总署网站（http：//43.248.49.223/index.aspx）查询。

2.境外生产企业注册及境外出口商或代理商、食品进口商备案。

海关总署对向中国境内出口食品的境外生产企业实施注册管理，并公布获得注册的企业名单。向中国境内出口食品的境外出口商或者代理商应当向海关总署备案。食品进口商应当向其住所地海关备案。境外出口商或者代理商、食品进口商办理备案时，应当对其提供资料的真实性、有效性负责。

境外出口商或者代理商、食品进口商备案名单由海关总署公布①。境外生产企业注册信息可在海关总署网站查询。境外出口商或者代理商、食品进口商办理备案时，应当对其提供资料的真实性、有效性负责。

3.进口食品符合中国食品安全国家标准和相关检验检疫要求。

食品进口商应当建立境外出口商、境外生产企业审核制度，重点审核以下内容：

（1）制定和执行食品安全风险控制措施的情况；

（2）保证食品符合中国法律法规和食品安全国家标准的情况。

海关依法对食品进口商实施审核活动的情况进行监督检查。食品进口商应当积极配合，如实提供相关情况和材料。

此外，海关依法对应当实施入境检疫的进口食品实施检疫。海关依法对需要进境动植物检疫审批的进口食品实施检疫审批管理。食品进口商应当在签订贸易合同或者协议前取得进境动植物检疫许可。

4.包装及标签要求。

进口食品的包装和标签、标识应当符合中国法律法规和食品安全国家标准；依法应当有说明书的，还应当有中文说明书。进口保健食品、特殊膳食用食品的中文标签必须印制在最小销售包装上，不得加贴。

5.申报前根据相关规定办理进口所需的监管证件：保健食品注册证书或保健食品备案凭证。

（二）一般贸易项下进口保健食品海关申报流程

1.申报企业向海关提出报关申请并提交有关材料，包括但不限于：

（1）进口有监管证件要求的食品申报时需提供：农业转基因生物安全证

---

① 境外生产企业注册信息可在海关总署网站（http：//www.customs.gov.cn/customs/jyjy/jckspaq/xxfw63/jkspjwscqyzcxx/index.html）查询。

书、进境动植物检疫许可证；

（2）法律法规、双边协定、议定书和海关总署公告要求需提交的输出国家（地区）官方检疫（卫生）证书、原产地证书（证明）；

（3）进口食品货物清单；

（4）进口食品企业应提供的证明/声明材料：合格保证、标签翻译件和标签及证明材料等。

企业申报时应将所进口的食品按照品名、品牌、原产国（地区）、规格、数/重量、总值、生产日期（批号）、进口商、境外生产企业、境外出口商、商业单证（如合同、发票、装箱单、提单等）的编号及海关总署规定的其他内容逐一申报，并承诺取得上述批准、许可文件。

2. 进口食品由海关依照进出口食品安全相关法律法规的规定实施合格评定，经合格评定符合要求的，海关出具入境货物检验检疫证明，准予进口。

（三）跨境电商进口保健食品

相比于一般贸易项下复杂的通关要求，跨境电商通过零售渠道进口保健食品"不执行有关商品首次进口许可批件、注册或备案要求"，为保健品企业推广销售保健食品带来了动力。但与此同时，保健品企业需关注跨境电商监管规定的清单范围及备注限制，并非所有的保健食品均能通过跨境电商渠道进口。

1. 须符合《跨境电子商务零售进口商品清单》要求

《关于完善跨境电子商务零售进口监管有关工作的通知》规定，保健食品要通过跨境电商渠道进口，需符合以下条件：属于《跨境电子商务零售进口商品清单》内、限于个人自用并满足跨境电商零售进口税收政策规定。目前可以通过跨境电商进口的保健食品见表20.2。

表20.2 目前可以通过跨境电商进口的保健食品

HS 编码	品名	备注
04100010	燕窝	
04100041	鲜蜂王浆	

表 20.2 续

HS 编码	品名	备注
04100042	鲜蜂王浆粉	
12112010	鲜或干的西洋参	仅限网购保税商品
12112091	其他鲜人参	仅限网购保税商品
12112099	其他干人参	仅限网购保税商品
15041000	鱼肝油及其分离品	列入《进出口野生动植物种商品目录》的商品除外；仅限网购保税商品
15042000	其他鱼油、脂及其分离品	列入《进出口野生动植物种商品目录》的商品除外；仅限网购保税商品
15043000	海生哺乳动物的油、脂及其分离品	列入《进出口野生动植物种商品目录》的商品除外；仅限网购保税商品
21069030	蜂王浆制剂	列入《进出口野生动植物种商品目录》的商品除外
21069050	海豹油胶囊	
21069090	其他税号未列明的食品	列入《进出口野生动植物种商品目录》的商品除外

2. 须关注质量安全

《关于完善跨境电子商务零售进口监管有关工作的通知》强调："海关对跨境电商零售进口商品实施质量安全风险监测，在商品销售前按照法律法规实施必要的检疫，并视情发布风险警示……海关责令相关企业对不合格或存在质量安全问题的商品采取风险消减措施，对尚未销售的按货物实施监管，并依法追究相关经营主体责任。对食品类跨境电商零售进口商品优化完善监管措施，做好质量安全风险防控。"由此可见，通过跨境电商渠道进口的保健食品并非毫无约束，基本的检验检疫要求仍然是准入的必经之路，此外，对于保健食品等高风险商品的跨境电商路径，监管机关也对跨境电商企业及境内代理人提出了更高要求。

3. 须明确风险告知

保健食品在我国有明确的标签、说明书及广告宣传要求，例如保健食品的标签、说明书主要内容不得涉及疾病预防、治疗功能,并声明"本品不能代替药物"。《广告法》第十八条规定,保健食品广告不得含有下列内容:(一)表示功效、安全性的断言或者保证;(二)涉及疾病预防、治疗功能;(三)声称或者暗示广告商品为保障健康所必需;(四)与药品、其他保健食品进行比较;(五)利用广告代言人作推荐、证明;(六)法律、行政法规规定禁止的其他内容。保健食品广告应当显著标明"本品不能代替药物"。[①]

实际上,由于各国对于保健品的界定、生产标准以及监管方式各有不同,在通过跨境电商渠道进口时,此类保健食品由于海外直邮或保税仓储,没有取得境内进口保健食品标志,也没有中文标签,不具备一般贸易进口项下的严格市场准入,存在一定的产品质量风险。

基于上述差异,《关于完善跨境电子商务零售进口监管有关工作的通知》强调,跨境电商企业应履行对消费者的提醒告知义务,会同跨境电商平台在商品订购网页或其他醒目位置向消费者提供风险告知书,消费者确认同意后方可下单购买。告知书应至少包含以下内容:

(1)相关商品符合原产地有关质量、安全、卫生、环保、标识等标准或技术规范要求,但可能与我国标准存在差异。消费者自行承担相关风险。

(2)相关商品直接购自境外,可能无中文标签,消费者可通过网站查看商品中文电子标签。

(3)消费者购买的商品仅限个人自用,不得再次销售。

三、案例评析

(一)保健品"二次销售"案件

案例一

尹某某、董某某走私普通货物、物品[②]

被告人尹某某、董某某系夫妻关系。2017年11月,尹某某经人介绍在浙江某品牌管理有限公司的跨境电商平台注册会员并用于购买进

---

① 关于保健品广告宣传的相关规定,还可以参考本书第十五章的有关内容。
② (2021)辽01刑初17号。

> 口保健品自用，后尹某某产生通过自己经营的网店销售进口商品牟利的想法，遂在明知国家规定个人通过跨境电子商务平台购买进口商品存在年度交易限额且不得在境内销售的情形下，仍伙同被告人董某某使用本人或他人的身份信息利用被告人注册的账户，大量购买进口保健品并在二人经营的淘宝网店向国内客户销售。经计核，2018年3月至2020年10月，被告人尹某某、董某某通过上述方法偷逃税款共计人民币242859.09元。

本案中，尹某某、董某某通过跨境电商平台大量购买保健品并在个人淘宝店铺进行销售，属于违反海关法规，擅自将使用本人或冒用他人身份购买的进口货物在境内销售牟利，构成走私普通货物罪。

《关于完善跨境电子商务零售进口监管有关工作的通知》在消费者主体责任中明确规定，"对于已购买的跨境电商零售进口商品，不得再次销售"。本案中，消费者尹某某、董某某在明知消费者跨境电商交易限额及禁止二次销售的监管规定下，为牟利仍然使用他人身份信息，在跨境电商平台购买超出个人自用合理数量的保健品，违反海关监管规定。此外，对企业和个体工商户在国内市场销售的《跨境电子商务零售进口商品清单》范围内的、无合法进口证明或相关证明显示采购自跨境电商零售进口渠道的商品，市场监管部门依职责实施查处。本案中，涉案企业的性质是个体工商户，经营者系被告人董某某，除走私行为外，被告人经营的个体工商户还可能受到市场监管部门的行政处罚。

（二）保健品涉"有毒有害食品"案件

代某海与李某等信息网络买卖合同纠纷[①]

原告代某海于2019年4月11日通过被告某袋公司的平台在被告

[①] （2020）京0491民初20114号。

李某的店铺购买商品"泰国 susuya 甩油利器"12 盒，单价为 198 元，商品总金额 2376 元，原告在线支付。李某分两个包裹通过快递发货。原告于 2019 年 4 月 16 日收到涉案商品，到货食用后出现口干舌燥、失眠、不想吃东西的症状。通过查询得知，网上有大量关于涉案食品非法添加"西布曲明"的新闻报道。香港特别行政区政府网已经发布公告，此产品添加的"西布曲明和比沙可啶"为有毒有害产品。2018 年 12 月 27 日，深圳市南山区人民法院公布唐某生产、销售有毒、有害食品一审刑事判决书[1]，此刑事判决正是某卖家销售该款减肥产品而被判处有期徒刑的案例。被告某袋公司作为平台经营者，对被告李某的经营资质未尽到审核义务，纵容被告李某在其平台违法销售有毒有害的涉案食品，应承担连带责任。原告通过翻译得知此款产品为膳食补充剂，原告购买到有毒有害减肥产品并食用后，身心受到严重伤害，于是提起诉讼。原告代某海向法院提出诉讼请求：（1）判令两被告退回货款 2376 元；（2）判令两被告十倍赔偿原告 23760 元；（3）判令两被告承担本案的全部诉讼费用。

经原告申请，法院对原告提交的涉案商品"泰国 susuya 甩油利器"委托第三方检验，检测结果显示：检出西药成分"西布曲明"。被告李某对检测结果无异议，但是认为送检的商品不一定是其销售的涉案商品。庭审中，被告李某不记得其销售的涉案商品批号，但认可原告提供的实物照片为其销售的商品。经比对，送检的商品批号与原告提供的实物照片显示的批号一致。

被告李某辩称：（1）代某海是职业打假人，搜索到的相关案件有 320 条，短期内多次向不同销售者购买相同商品，并提出十倍赔偿，是知假买假，以营利为目的。（2）某知名电商平台也在合理合法地销售 susuya 减肥产品。（3）2019 年 7 月 17 日代某海已经就相同纠纷在西安市长安区人民法院起诉，后撤诉。时隔多日，被告李某不认可再次提出检测产品为其本人出售。（4）涉案商品是被告李某从泰国代购回来的，并非知假卖假。被告李某本人所开网店 2019

---

[1] （2018）粤 0305 刑初 570 号。

年的销售额为 4569 元，代某海一个人的订单就占了 2376 元。职业打假人以索赔为目的的打假行为，扰乱了正常经营秩序。

被告某袋公司提交答辩状辩称：（1）本案为网络购物合同纠纷，涉案纠纷主体为代某海及被告李某，某袋公司作为网络交易平台提供者并非涉案网络购物合同相对方，不是本案适格被告；（2）某袋公司作为网络交易平台提供者，已根据法律规定充分履行了平台调解义务，积极协助原告维护自身合法权益，不存在过错，无须承担连带责任。接到第一次起诉书且经核实后采取了下架涉案商品、处罚涉案卖家经营店铺等相关措施。已依法向原告提供店铺真实、有效的注册信息，保障原告维权。主观上没有过错，无从知晓侵权行为的发生，客观上亦未实施涉案商品的发布、销售或许诺销售行为，并非涉案商品的销售方，并未做出更有利于消费者的承诺。

被告辩称原告多次购买商品并进行索赔，买假索赔，不应得到支持；辩称其销售涉案商品并非明知是不符合食品安全标准的食品而予以销售，但其未能提供证据证明其履行了检查供货者的许可证和食品出厂检验合格证或者其他证明的义务，亦未提交海关报关单及检验检疫相关证明材料。被告作为经营者，在销售过程中未履行应尽的注意义务，违反了我国《食品安全法》的有关规定。经已查明的事实显示，某袋公司为原告和被告李某之间的网络交易平台提供者，对涉案商品采取了下架措施，已将作为经营者的被告李某的真实注册信息包括姓名、地址、联系方式等告知原告，原告也依据上述信息提起本案诉讼。基于上述情况，可以认定某袋公司已尽到其作为网络交易平台提供者的义务。

1. 食品安全是第一要义

本案的涉案产品经检验确认含有西药西布曲明，2010 年 10 月 30 日国家食品药品监督管理总局发布的《关于停止生产销售使用西布曲明制剂及原料药的通知》明确规定，决定停止西布曲明在我国的生产、销售和使用。而且有生效刑事判决书认定含有西布曲明的 susuya 减肥药为有毒有害食品。西布曲明是一种中枢神经抑制剂，属于《禁止进出境物品表》中"其他能使人成瘾的麻醉品、精神药物"。列入《禁止进出境物品表》的商品，不能通过任何渠道进出口，自然也包括代购和跨境电商渠道。

《食品安全法》第五十三条第一款规定，"食品经营者采购食品，应当查验供货者的许可证和食品出厂检验合格证或者其他合格证明。"本案被告销售的商品系通过境外代购获得，并非一般贸易报关进口，其未能提供证据证明其检查了供货者的许可证和食品出厂检验合格证或者其他证明,亦未提交海关报关单及检验检疫相关证明材料,作为经营者,在销售过程中未履行应尽的注意义务,违反了我国食品安全法的有关规定,应当承担违约责任。

2. 职业打假在食品、药品领域仍然获得支持

本案涉及的另一个核心问题是职业打假人的牟利性打假问题。《最高人民法院办公厅对十二届全国人大五次会议第5990号建议的答复意见》(法办函〔2017〕181号)提出:"职业打假人自出现以来,对于增强消费者的权利意识,鼓励百姓运用惩罚性赔偿机制打假,打击经营者的违法侵权行为产生了一定积极作用。但就现阶段情况看,职业打假人群体及其引发的诉讼出现了许多新的发展和变化,其负面影响日益凸显……考虑食药安全问题的特殊性及现有司法解释和司法实践的具体情况……目前可以考虑在除购买食品、药品之外的情形,逐步限制职业打假人的牟利性打假行为。"由此可以看出,职业打假人的牟利性打假行为将逐步受到遏制,但是从保护人民群众生命健康权出发,在食品、药品领域,消费者明知商品为假冒伪劣仍然购买并以此诉讼索赔时,人民法院不能以其知假买假为由不予支持。《最高人民法院关于审理食品药品纠纷案件适用法律若干问题的规定(2020修正)》第三条规定:"因食品、药品质量问题发生纠纷,购买者向生产者、销售者主张权利,生产者、销售者以购买者明知食品、药品存在质量问题而仍然购买为由进行抗辩的,人民法院不予支持。"本案中,法院对"被告辩称原告多次购买商品并进行索赔,买假索赔,不应得到支持"的认定也符合上述规定。

3. 第三方电商平台责任

本案的第三个亮点体现在消费者纠纷中对第三方电商平台责任的要求。《消费者权益保护法》第四十四条规定:"消费者通过网络交易平台购买商品或者接受服务,其合法权益受到损害的,可以向销售者或者服务者要求赔偿。网络交易平台提供者不能提供销售者或者服务者的真实名称、地址和有效联系方式的,消费者也可以向网络交易平台提供者要求赔偿;网络交易平台提供者做出更有利于消费者的承诺的,应当履行承诺。网络交易平台提供者赔偿后,有权向销售者或者服务者追偿。"《电子商务法》第三十八条规定:"电子商务平台经营者知道或者应当知道平台内经营者销售的商品或者提供的服务不符合保障人身、财产安全的要求,或者有其他侵害消费者合法权益的行为,未采取必要措施的,依法与该平台内经营者承担连带责任。"本案中,某

袋公司为原告和被告之间的网络交易提供第三方平台，在收到起诉书并核实后及时对涉案商品采取了下架措施，已将作为经营者的被告李某的真实注册信息包括姓名、地址、联系方式等告知原告，原告也依据上述信息提起本案诉讼，法院认定某袋公司已经尽到其作为网络交易平台提供者的义务，故不与被告李某承担连带责任。

（三）保健品"跨境电商走私＋传销"案件

案例三　美国某斯跨境电商走私案[①]

广州海关破获的某斯特大跨境电商走私案件，涉案金额高达40多亿元。本案中，某斯公司以白藜芦醇为原料的系列保健品、化妆品，经检验并没有保健品的功效；某斯公司没有取得在中国销售的相关资质，跨境电商成为其产品走私境内的主要途径；该公司是"惯犯"，监管部门曾多次对其货物进行罚没；该公司的奖金模式、会员层级以及利润分成模式，涉嫌传销。[②]

在涉嫌虚假宣传方面，根据原国家食品药品监督管理总局《关于7家网站发布虚假信息的通告》，某斯公司运营的网站发布的"白藜芦醇"产品信息，宣称"调节血脂，清理血栓，调节血压，防动脉硬化，增强血管弹性，延缓动脉硬化，改善视力，活化脑细胞，一个周期之后，三高指数明显得到改善"，含有与药品等功效相混淆的用语、违法宣称功效或承诺治愈率等虚假内容。

在涉嫌走私方面，某斯公司以包税方式委托香港某物流公司，以保税电商的模式进口到广州南沙，再委托给广州某藏公司，通过跨境电商平台走私入境。而某藏公司则网购公民信息15万多条，冒用他人信息制作虚假订单，向海关申报，将某斯公司的产品进货到国内。香港某物流公司再以真实的内地客户信息覆盖向海关申报的假客户信息，将货物快递给某斯公司的

[①] 截至2022年2月，暂未在中国裁判文书网上检索到生效判决。相关信息来自央视新闻。
[②] https://www.sohu.com/a/367789235_329832.

境内客户。①

在涉嫌传销方面，某斯"交互式电子商务模式"具体为：(1)登录某斯的官网或者推荐人的独立网站，填写个人信息后，支付29.95美元的注册费用，注册完成后可选择要购买的产品套装，获得一个某斯公司赠送的二级域名网店，通过该网店，注册者可以自己用会员价订购某斯产品，也可以用零售价向别人销售某斯产品。(2)以零售价购买产品可获得35%的利润。如果推荐8人加入会员，即可从消费者变为经销商。如果想保住经销商权益，一年内需至少购买100积分（约合1800元）的产品，否则会自动除名。级别越高获得利润越多，但需要推荐的下线成员也更多。(3)奖金制度分为零售利润、推荐奖金、红利积分碰局奖金、领导奖金、额外领导奖金、全球分红奖金六项。根据奖金营销计划，会员分为15个等级，从第四等级开始参与领导奖励分配，高等级会员可从低等级会员的产品消费中分得利润，最高的钻石级会员据称可以拿到100万美元。②某斯公司以传销的手段进行销售，广东、上海、江苏等地的市场监管部门也多次进行严厉查处，对公司的货物进行了罚没，并作出罚款处理。③

保健食品因其区别于普通食品和药品的特殊性，容易被不法商家用来做非法经营行为的"幌子"，在跨境电商迅猛发展的今天，未获得注册备案的跨境保健食品也随之大量涌入国内，不仅利用夸大的功效宣传猛收"智商税"，更有甚者以此为挡箭牌实行非法传销行为，对人民生命健康和财产安全都造成极大隐患。海关通关监管应当与市场监管进行互通联动，对于此类通过跨境电商渠道进口保健食品用于非法经营的行为进行严厉打击，同时应当加强在跨境电商渠道对新型保健食品的归类认定，避免"21069090其他税号未列明的食品"成为保健食品的避风港。

四、跨境电商保健食品销售的合规建议

(一)跨境电商企业：明确归类，进行必要的事前检验

境外电商企业在决定通过跨境电商渠道进口新型保健食品时，除了要确

---

① https://www.sohu.com/a/438999310_100116800.
② https://finance.qq.com/a/20170103/002367.htm.
③ http://finance.ce.cn/stock/gsgdbd/202007/02/t20200702_35243639.shtml.

保符合原产地标准、规定外，还应当关注中国对于保健食品原料的要求以及对于违禁成分的禁止规定，以避免市场流通环节被食药监部门认定为销售有毒有害食品。

由于《进出口税则》并未针对保健食品进行专门列目，故不同属性的保健食品归类也各不相同，通过跨境电商渠道进入的保健食品更是要符合《跨境电子商务零售进口商品清单》中的海关归类编码。跨境电商企业在进口保健食品时，应明确商品归类并与海关进行必要的沟通，以防出现因归类问题导致申报不实等违反海关监管规定的行为。

此外，尽管跨境电商通关对于在《跨境电子商务零售进口商品清单》范围内、符合个人自用合理数量的保健食品不执行首次进口注册、备案，但为了有效避免进入国内市场后因产品成分差异从而涉及有毒有害食品等认定风险，建议相关跨境电商企业在引进新的跨境电商保健食品之前，进行必要的商品检验，如与国内标准或要求有较大差异，应事先向有关部门咨询市场流通合规性，以避免事后合规风险。

（二）跨境电商平台：加强商家资质及保健食品销售审核，保障消费者权益

跨境电商平台作为商家及商品审核管理主体，《关于完善跨境电子商务零售进口监管有关工作的通知》对其有较为详细的要求和指引，例如：

对申请入驻平台的跨境电商企业进行主体身份真实性审核，在网站公示主体身份信息和消费者评价、投诉信息，并向监管部门提供平台入驻商家等信息。

与申请入驻平台的跨境电商企业签署协议，就商品质量安全主体责任、消费者权益保障以及其他相关要求等方面明确双方责任、权利和义务。

建立商品质量安全风险防控机制，在网站醒目位置及时发布商品风险监测信息、监管部门发布的预警信息等。督促跨境电商企业加强质量安全风险防控，当商品发生质量安全问题时，敦促跨境电商企业做好商品召回、处理，并做好报告工作。对不采取主动召回处理措施的跨境电商企业，可采取暂停其跨境电商业务的处罚措施。

在此基础上，平台还应从平台入驻规则等方面对保健食品进一步细化要求，从平台准入环节进行严格管控。以天猫国际为例，其《天猫国际保健品发布规范》对保健食品提出了详细要求。

1. 产品质量规范：商品质量必须符合该商品原销售目的国（地区）的产品质量安全标准及天猫国际商品品质抽检质量要求。如法律法规有其他要求的，需遵守该等要求。

2. 产品功效宣传规范：产品功效宣传应建立在客观可查证的书面证据之上，包括但不限于产品标签、产品说明书、产品海外官网、科研论文等。产品功效书面证据应体现在主图或详情页面上。

3. 产品宣传规范：商家发布在商品标题、主图及详情页面的商品宣传内容，不得出现下列情形。

——含有表示产品功效的断言或者保证，含有使用该产品能获得健康的断言表述。

——夸大膳食营养补充食品功效或扩大适宜人群范围，明示或暗示适合所有症状及所有人群。

——含有与药品相混淆的用语，直接或间接地宣传治疗作用，或者借助宣传某些成分的作用明示或者暗示该膳食营养补充类食品具有疾病预防、治疗的作用。

——与其他膳食营养补充食品或药品、医疗器械等产品进行对比，贬低其他产品。

——含有"无效退款""××保险公司保险"等内容。

——含有"100%有效""零风险""安全""无毒副作用""无依赖"等承诺性表述。

——含有有效率、治愈率、评比、获奖等评价性内容。

——利用和展现国家机关及事业单位、医疗机构、学术机构、行业组织的名义和形象，或者利用和展现专家、医务人员和消费者的名义和形象为产品功效作证明。

——明示或暗示可以替代母乳，使用哺乳妇女和婴儿形象。

——渲染、夸大某种健康状况或者疾病，或者通过描述某种疾病容易导致的身体危害，使公众对自身健康产生担忧、恐惧，可能导致公众误解不使用该膳食营养补充类食品就会患某种疾病或者导致身体健康状况恶化。

——使用公众难以理解的专业化术语、神秘化语言、表示科技含量的语言等描述该产品的作用特征和机理。

——含有"最高技术""最科学""最先进""最佳"等绝对化或排他性的

用语和表述。

——贬低其他生产经营者的商品或者服务。

——声称或者暗示膳食营养补充类食品为正常生活或者治疗病症所必需。

——直接或者间接怂恿任意、过量使用膳食营养补充类食品。

——不得宣传该商品可以替代药物。①

（三）消费者：理性购买，谨防传销和二次销售

作为保健食品的使用者，消费者通过跨境电商购买保健食品时，应更加关注产品成分、消费评价，多渠道了解该产品的作用与实际效果，不应仅受销售界面宣传及功效吸引，要理性购买，如遇夸大宣传或非常规推广行为，应及时向平台及相关部门投诉举报。

此外，根据《关于完善跨境电子商务零售进口监管有关工作的通知》要求，消费者通过跨境电商购买保健食品的最终目的是个人自用，不得大量购买后再二次销售，以防走私风险。

---

① 天猫国际保健品发布规范[EB/OL].（2019-07-30）[2021-08-11]. https：//rule.tmall.hk/rule/rule_detail.htm?spm=0.0.0.0.RLQLiW&id=11000577&tag=self.

第二十一章
跨境电商之化妆品销售

随着改革开放和全球化的深入，社会风尚的变化体现在了大众对于外表美的追求上，消费者对化妆品的购买欲持续攀升。凭借品牌优势，进口化妆品在我国化妆品市场一直保持着相当强的竞争力，备受国内消费者的青睐。

由于化妆品以涂抹、喷洒或其他类似方法，直接作用于人体表面，国家主管部门为保证消费者的健康和安全，在法规中落实企业主体责任，在进口的化妆品上市前后实施严格的检验检疫及监督管理。跨境电商企业在从事化妆品进口活动时，需要了解现行行业政策法规与监管体系，明晰注册备案、报关、广告宣传、标签标识、质量安全等进口环节与产品细节中可能存在的法律风险，全方位履行合规义务。

一、跨境电商化妆品销售现状

化妆品是指以涂擦、喷洒或者其他类似方法，施用于皮肤、毛发、指甲、口唇等人体表面，以清洁、保护、美化、修饰为目的的日用化学工业产品。[1] 当下，我国跨境电商进口的化妆品按照功能分为清洁类化妆品、护理类化妆品和美容修饰类化妆品三类，分别起到清洁卫生作用、保养作用和增加人体魅力的作用。[2] 其中，洁面产品、浴剂、香波、香水、口红、指甲油等是最受国内消费者青睐的进口化妆品品种。

近年来，国内化妆品市场规模年均增长率达10%以上，体量持续扩张。

---

[1] 《化妆品监督管理条例》第三条　本条例所称化妆品，是指以涂擦、喷洒或者其他类似方法，施用于皮肤、毛发、指甲、口唇等人体表面，以清洁、保护、美化、修饰为目的的日用化学工业产品。
[2] 全国香料香精化妆品标准化技术委员会. 化妆品分类: GB/T 18670—2017[S/OL]. [2017-11-01]. http://www.gb688.cn/bzgk/gb/newGbInfo?hcno=A2581FA3B663E8DB3AB264CD12BC7544.

此外，中国已于 2013 年成为仅次于美国的全球第二大化妆品消费市场。① 截至 2021 年第二季度，我国化妆品生产企业共 5657 家。② 艾媒咨询报告显示，2021 年我国化妆品市场规模达 4781 亿元。③

随着我国化妆品行业电商的发展，越来越多的国际名牌化妆品通过跨境电商渠道进口到国内。以欧莱雅、雅诗兰黛等为代表的国际化妆品巨头历经百年发展，具有品牌集团化、品牌附加值高、研发投入强等优势，重点布局并牢牢占据各国中高端化妆品消费市场，并积极扩大在中国美妆市场的份额以驱动营销业绩，在国内化妆品消费者中形成了较强的品牌忠诚度。④

海关总署 2020 年发布的《关于调整部分进出境货物监管要求的公告》（海关总署公告 2020 年第 99 号），对进口化妆品的监管要求进行了调整：在办理报关手续时应声明取得国家相关主管部门批准的进口化妆品卫生许可批件，免于提交批件凭证。对于国家没有实施卫生许可或者备案的化妆品，取消提供具有相关资质的机构出具的可能存在安全性风险物质的有关安全性评估资料的监管要求，要求提供产品安全性承诺。这两项措施的实施大大缩短了化妆品进口时间，国际名牌化妆品进入境内市场和上市更新的速度都将提升。

此外，国务院自 2018 年 7 月 1 日起再次降低包括化妆品在内的 1449 项进口日用消费品的最惠国税率，护肤、美发等化妆品的进口关税平均税率由 8.4% 降至 2.9%。随着《区域全面经济伙伴关系协定》（RCEP）于 2022 年 1 月 1 日在我国正式生效，来自日本、韩国、澳大利亚、新西兰等国的化妆品进入中国市场将变得更加容易。

二、化妆品相关政策法规及监管体系

（一）化妆品相关政策法规

中国化妆品监督管理法规体系涉及的主要法律有《海关法》《电子商务法》

---

① 中国证券监督管理委员会.丽人丽妆首次公开发行股票招股说明书[EB/OL].（2019-05-10）[2021-07-30]. http：//www.csrc.gov.cn/pub/zjhpublic/G00306202/201905/t20190510_355538.htm.
② 药品监督管理统计报告（2021 年第二季度）[EB/OL].（2021-09-16）[2022-01-21]. https://www.nmpa.gov.cn/zwgk/tjxx/tjnb/20210916110230107.html.
③ 中国化妆品研究报告[EB/OL].（2021-06-22）[2022-01-21]. https://www.iimedia.cn/c460/79308.html.
④ 浙商证券.2020 年化妆品行业深度报告之全景图[EB/OL].（2020-06-04）[2021-07-30]. https：//www.shangyexinzhi.com/article/1944055.html.

《进出口商品检验法》《广告法》《产品质量法》《刑法》等；行政法规、部门规章及规范性文件主要包括《化妆品监督管理条例》《化妆品注册备案管理办法》《进出口化妆品检验检疫监督管理办法》等。

（二）化妆品相关监管机构体系

我国在化妆品安全监管制度方面主要实施了生产许可制度、产品许可（备案）制度和市场监督制度，建立了多部门共同监管的安全监管体系。其中，产品许可（备案）制度主要包括化妆品新原料使用、国产特殊用途化妆品、首次进口特殊用途化妆品的行政许可和首次进口非特殊用途化妆品、国产非特殊用途化妆品的备案管理。化妆品新原料、特殊用途化妆品实行上市前许可制度，国产非特殊用途化妆品实行上市后备案制度。

关于化妆品监管机构，中央机构编制委员会办公室于2018年9月发布了《国家药品监督管理局职能配置、内设机构和人员编制规定》，根据该方案，国家药品监督管理局下设9个业务司局，其中化妆品监督管理司为首次设立，负责组织实施化妆品注册备案工作；组织拟订并监督实施化妆品标准、分类规则、技术指导原则；承担拟订化妆品检查制度、检查研制现场、依职责组织指导生产现场检查、查处重大违纪行为工作；组织质量抽查检验，定期发布质量公告；组织开展不良反应监测并依法处置。

同时，自2018年4月20日起，原国家质量监督检验检疫总局出入境检验检疫管理职责和队伍划入海关总署，进口化妆品检验检疫的主管部门变为海关总署进出口食品安全局，由其统一负责进口食品、化妆品的检验检疫和监督管理工作。

（三）跨境电商零售进口化妆品特殊规定

属于2019年版《跨境电子商务零售进口商品清单》中的、适用《关于完善跨境电子商务零售进口监管有关工作的通知》的化妆品，按个人自用进境物品监管，不执行首次进口许可批件、注册或备案要求，但对相关部门明令暂停进口的疫区商品和对出现重大质量安全风险的商品启动风险应急处置时除外。清单中的商品包括唇用化妆品、眼用化妆品、其他美容品或化妆品、指（趾）甲化妆品等多种类型，且前三者都附加了"列入《进出口野生动植物种商品目录》的商品除外"的备注。

三、进口化妆品合规要求

（一）履行注册备案义务

1. 主动注册备案

对于进口化妆品的监管，药品监督主管部门依照新近出台实施的《化妆品注册备案管理办法》从商品风险程度出发采用注册制和备案制相结合的双轨制度。用于染发、烫发、祛斑、美白、防晒、防脱发的化妆品以及宣称新功效的化妆品是特殊化妆品，除此以外的化妆品全部为普通化妆品。具有防腐、防晒、着色、染发、祛斑、美白功能的化妆品新原料是风险程度较高的化妆品新原料。化妆品进口商需要首先从商品性质、功效着手判定本公司所进口的商品属于哪一种类。对于特殊化妆品和风险程度较高的化妆品新原料的进口，需要经国务院药品监督管理部门（国家药品监督管理局）注册后方可进行。而普通化妆品和其他化妆品新原料的进口则采用备案管理，进口商应当在进口前向国务院药品监督管理部门备案。化妆品进口商依照法定程序和要求提交证明商品安全性和质量可控性的材料，国务院药品监督管理部门在注册制中进行审查并决定是否同意申请，在备案制中对提交的资料存档备查。

化妆品、化妆品新原料注册人、备案人依法履行产品注册、备案义务，对化妆品、化妆品新原料的质量安全负责；如果注册人、备案人在境外，应当指定我国境内的企业法人作为境内责任人，境内责任人应当履行以注册人、备案人的名义，办理化妆品、化妆品新原料注册、备案的义务。在履行该义务的过程中，应当确保资料真实完整。备案资料不符合要求的，将被责令限期改正，其中，与化妆品、化妆品新原料安全性有关的备案资料不符合要求的，可能同时被责令暂停销售、使用。如果出现备案时提交虚假材料，材料未按期改正等违规备案行为，将被取消备案。

2. 配合后续监管

在商品进行注册或备案之后，主管部门会进行后续监督，以保证商品质量能够一直符合标准、不会对境内消费者健康造成损害。因此，化妆品进口商除了按要求进行初次注册或备案，还应当履行在主管部门后续监管过程中所产生的义务。

《化妆品注册备案管理办法》第四十一条对注册商品的后续监管作出了规定,已经注册的特殊化妆品的注册事项发生变化的,国家药品监督管理局根据变化事项对产品安全、功效的影响程度实施分类管理:(一)不涉及安全性、功效宣称的事项发生变化的,注册人应当及时向国家药品监督管理局备案;(二)涉及安全性的事项发生变化的,以及生产工艺、功效宣称等方面发生实质性变化的,注册人应当向国家药品监督管理局提出产品注册变更申请;(三)产品名称、配方等发生变化,实质上构成新的产品的,注册人应当重新申请注册。该条规定中的实质性内容变化要根据变化内容的实质情况来判断,跨境化妆品电商企业应严格避免多个产品共用一个注册证的做法,当产品名称、配方等发生变化,实质上构成新产品时,注册人应当重新申请注册。

对于已经备案的普通化妆品,《化妆品注册备案管理办法》第三十六条要求化妆品商家:无正当理由不得随意改变产品名称;没有充分的科学依据,不得随意改变功效宣称;不得随意改变产品配方,但因原料来源改变等原因导致产品配方发生微小变化的情况除外;备案人、境内责任人地址变化导致备案管理部门改变的,备案人应当重新进行备案。因此,化妆品一经备案,产品名称、功效宣称、产品配方等与化妆品信息直接相关的内容不得随意变更,一旦发生变化,就应该重新备案。

另外,从严格管理的角度出发,《化妆品注册备案管理办法》第四十九条规定,化妆品注册证不得转让。因企业合并、分立等法定事由导致原注册人主体资格注销,将注册人变更为新设立的企业或者其他组织的,应当按照本办法的规定申请变更注册。变更后的注册人应当符合本办法关于注册人的规定,并对已经上市的产品承担质量安全责任。

(二)履行检验检疫申报义务

化妆品是由不同化学物质配制而成的日用化学工业产品,在提升人们生活品质的同时,也可能影响人们的身体健康。化妆品行业准入门槛较低,容易造成化妆品行业良莠不齐、鱼龙混杂的局面。因此,海关按照严格的标准对进口化妆品进行检验检疫,以把控产品质量。

根据《进出口化妆品检验检疫监督管理办法》的规定,海关进行检验检疫的标准为我国国家技术规范的强制性要求以及我国与出口国家(地区)签订的协议、议定书规定的检验检疫要求。进行检验检疫的方式包括现场查验、抽样留样、实验室检验和出证等。未经检验的化妆品，不得进口，进口化妆品取得入境货物检验检疫证明后，方可销售、使用。

进口化妆品经检验检疫不合格，涉及安全、健康、环境保护项目的，由海关责令当事人销毁，或者出具退货处理通知单，由当事人办理退运手续；其他项目不合格的，可以在海关的监督下进行技术处理，经重新检验检疫合格后，方可销售、使用。除处理方式之外，海关对于未经检验的进口化妆品还可能采取没收产品及违法所得、开具违法所得 3~5 倍罚款的措施，情节严重时甚至可能追究化妆品进口商逃避商检罪的刑事责任。此外，由于进口商可能与境外生产商和下游经销商之间存在相关合同，进口商可能需要向境外生产商或下游经销商承担合同上的违约责任。

为避免上述一系列由于未进行检验检疫所导致的法律风险，化妆品境内进口商需要与境外生产商仔细研究和确认我国检验检疫技术规范和双边经贸协议中规定的检验检疫强制性要求，确保其生产的化妆品符合规定，并从以下几个方面履行好检验检疫申报义务。

1. 完成行政许可手续

在检验检疫申报时，对于首次进口的国家实施卫生许可或备案的化妆品，进口商应当提交国家相关主管部门批准的进口化妆品卫生许可批件或备案凭证，因此，跨境电商企业必须在进口化妆品之前首先完成相关法律法规要求的化妆品许可或备案手续，只有取得备案号，才能进口化妆品。

值得注意的是，对于首次进口非特殊用途化妆品，《关于在全国范围实施进口非特殊用途化妆品备案管理有关事宜的公告》（国家药品监督管理局 2018 年第 88 号）明确，自 2018 年 11 月 10 日起，首次进口非特殊用途化妆品由现行审批管理和自贸试验区试点实施备案管理制度，调整为全国统一备案管理。

此外，如果进口化妆品的成分中含有濒危野生动植物成分，则需要受到特殊的监管，因此经营者需要熟悉并严格遵守《濒危野生动植物种国际贸易公约》《中华人民共和国野生动物保护法》《中华人民共和国濒危野生动植物进出口管理条例》《野生动植物进出口证书管理办法》《启用新版野生动植物进出口证书公告》的相关规定。具体而言，进口这类化妆品需要取得相应的许可证件，否则情节严重的有可能被追究刑事责任。

2. 准备文件如实申报

海关对进口化妆品的收货人实施备案管理，进口化妆品的收货人或者其代理人在按照海关总署相关规定进行检验检疫申报时，需同时提供收货人备案号。不过，自2018年4月20日起，海关总署对企业原报关报检资质进行了优化整合，将原检验检疫自理报检企业备案与海关进出口货物收发货人备案，合并为海关进出口货物收发货人备案，企业备案后可同时取得报关和报检资质。

进口商准备相关文件，包括自2018年8月1日起报关单、报检单整合而成的报关单等。特别是对于首次进口的化妆品而言，进口商需与境外生产商沟通、协调要准备的相关文件。

3. 配合海关进行检验

化妆品进口商在取得检验检疫合格证明之前，应当将进口的商品存放在海关指定或者认可的场所，不擅自调离、销售、使用。随后，进口商应当配合海关进行现场查验，现场查验内容包括货证相符情况、产品包装、标签版面格式、产品感官性状、运输工具、集装箱或者存放场所的卫生状况。

查验过程中涉及抽检的，化妆品进口商配合对进口化妆品进行抽样，签署海关出具的印有序列号、加盖检验检疫业务印章的《抽/采样凭证》，按照国家相关规定管理样品，合格样品保存至抽样后4个月，特殊用途化妆品合格样品保存至证书签发后1年，不合格样品应当保存至保质期结束。

如需要进行实验室检验，化妆品进口商应在海关确定检验项目和检验要求后，配合海关将样品送往具有相关资质的检验机构。

四、案例评析

案例一 上海某进出口有限公司销售未经检验的进口化妆品案[①]

当事人自2017年7月13日至12月31日，在淘宝网某店铺上进行跨境电子商务零售进口商品销售。

当事人上述店铺于2017年11月27日销售的2瓶"日本Labo城野医生O2富氧多肌能草本保湿修复面霜啫喱80g"不属于网购保税商品，

---

① 沪监管长处字（2018）第052018000081号。

> 该产品产地为日本，未进行国家商检部门检验。上述 2 瓶产品销售金额为人民币 564.0 元，当事人接受消费者退货并进行了全额退款，没有获利。案发后，当事人于 2017 年 12 月 31 日将上述店铺关闭。最终，市场监督管理局作出没收该 2 瓶商品的处罚决定。

通过跨境电商进口销售的化妆品，应当经过国家商检部门的检验以及符合其他相关的监管要求。《化妆品卫生监督条例》第十六条规定，进口的化妆品，必须经国家商检部门检验；检验合格的，方准进口。违反检验规定的，没收产品及违法所得，并且可以处违法所得 3 到 5 倍的罚款。本案中因为当事人仅仅销售出 2 瓶，之后进行了退货退款并在案发后即对产品进行下架处理；另于 2017 年 12 月 31 日将上述店铺关闭，情节比较轻微，因此仅仅是没收案涉的 2 瓶化妆品，而没有作出进一步的处罚。对于跨境化妆品销售的经营者来说，应该明确该领域的相关监管要求。特别是需要区分哪些产品在《跨境电子商务零售进口商品清单》之内，哪些产品属于清单之外，因为清单之内的产品按照《关于完善跨境电子商务零售进口监管有关工作的通知》的规定进行监管，不执行有关商品首次进口许可批件、注册或备案要求。

同时，本案也体现出对化妆品产品监管的严格性，当事人只是销售了 2 瓶不符合要求的产品，并且之后也进行了退货退款并在案发后即对产品进行下架处理，但仍然受到了行政处罚。所以经营者应该严格遵守相关的监管要求。

案例二　珠海市某电子商务有限公司、王某甲走私普通货物、物品案[①]

> 被告单位某电子商务公司系被告人王某甲于 2013 年 6 月投资成立，主要业务为互联网上销售化妆品以及化妆品的批发、零售。2013 年上半年，被告人黄某甲与黄某乙、梅某（二人均另案处理）合谋，利用"水客"走私货物、物品入境以牟利。2013 年下半年，被告人王某甲与被告人黄某甲约定，由王某甲将其在澳门购买的化妆品通过船务公

---

① （2015）珠中法刑二初字第 46 号。

司发运至香港，由黄某甲负责在香港提货并将货物通关入境，由梅某负责在深圳收集化妆品并通过快递等方式发送给某电子商务有限公司或其指定的客户，确认收货后，王某甲按化妆品的数量，以约定的价格定期通过银行转账的方式统一向梅某的账户支付带工费用。2013年10月起，黄某甲在香港收到王某甲发来的化妆品后交给黄某乙，再由黄某乙派发给"水客"偷带入境至深圳交给梅某。2014年3月下旬，黄某甲到香港华某贸易有限公司工作，并以香港华某贸易有限公司名义从香港码头提货，由其与梅某继续为某电子商务有限公司走私化妆品入境直至案发。除上述方式外，王某甲还将部分在澳门购买的化妆品通过"水客"或自己偷带的方式从拱北口岸走私入境，在此过程中，少量化妆品被海关查获并征税，征税额共计51580元。走私入境的化妆品或者在电商平台上销售给消费者，或者销售给其他的商家。被告某电子商务有限公司走私这些货物所偷逃的税款合计超过200万元。此外，2014年6月，被告人黄某甲经王某甲介绍认识了上海那某贸易有限公司的郭某、杨某（二人均另案处理），双方约定由郭某从境外订购化妆品运至黄某甲在香港的指定仓库，黄某甲负责将货物派发给"水客"通关偷带至深圳，再由梅某将货物重新包装好并通过快递发送至郭某指定的国内客户，郭某按化妆品数量向黄某甲支付带工费用。被告人黄某甲为上海那某贸易有限公司走私化妆品入境共计25605件，经拱北海关关税部门计核，上述货物偷逃应缴税款共计122679.91元。

最后，法院认为被告某电子商务有限公司、王某甲、黄某甲都犯了走私普通货物罪，前者被判处罚金二百万元；中者被判处有期徒刑三年，缓刑四年；后者被判处有期徒刑三年，并处罚金人民币一百三十万元。

本案中被告人利用"水客"将化妆品携带入境，逃避了海关的监管和缴纳税款的义务，某电子商务公司负责在平台上销售相关商品，因而构成单位犯罪。王某甲作为某电子商务有限公司的实际负责人，是单位犯罪中直接负责的主管人员，依法也应承担刑事责任。

在本案中，被告人王某甲与黄某甲合谋走私化妆品，前者负责从澳门购入商品并发运到香港，后者从香港提货并与其他人将货物走私进入内地，由某电子商务公司进行销售,这属于典型的走私行为,构成走私普通犯罪当无疑问。对于某电子商务公司而言,一方面,王某甲是其实际负责人,其在走私过程中的活动被视为公司的行为;另一方面,该电子商务平台本身也在进行走私化妆品的销售,因此构成了单位犯罪。虽然在本案中公司构成犯罪的重要原因是其参与走私的链条之中,但是根据《刑法》第一百五十五条,直接向走私人非法收购国家禁止进口物品的,或者直接向走私人非法收购走私进口的其他货物、物品,数额较大的,以走私罪论处。换言之,对于电商企业来说,即便其没有直接参与走私行为,但是直接向走私人收购走私物品或货物的间接走私行为也有可能构成犯罪。

就王某甲而言,因为他是单位犯罪中单位的实际负责人,因而也要承担刑事责任,但相对而言,其所承担的责任比非单位犯罪的黄某甲要轻。另外值得注意的是,在本案中,如果法院认定被告某电子商务公司是王某甲为了走私犯罪而专门设立且只是为此服务的,在定性上很可能会直接认定为王某甲个人犯罪而不是单位犯罪。如此一来,王某甲本人要承担的刑事责任会更加重。

本案中的走私行为由多个主体共同完成,无疑属于共同犯罪,黄某甲的辩护人也提出黄某甲在走私犯罪过程中只是处于次要或辅助作用,应该属于从犯。但是法院认为,被告人黄某甲负责在香港提取被告人王某甲及郭某、杨某发来的货物并负责将货物通关走私进境,而且本案查获的微信聊天记录包含被告人黄某甲同王某甲商定具体价格、安排发货并对数、核算带工费、要求被告人王某甲将带工费转账给梅某等内容,充分证实被告人黄某甲在走私犯罪活动中直接积极地实施走私犯罪的核心环节,在共同犯罪中并无主从之分。

本案中的走私行为属于较为传统的通过"水客"完成的走私,只是借助电商平台进行销售。但是,无论是传统的走私行为,还是刷单、低报价格等跨境电商中较有特色的走私行为,都受到严格的监管。特别是在化妆品领域,一则走私往往有巨大的利润空间,二则代购等行为也比较普遍,因此走私往往颇有吸引力。跨境化妆品电商应当按照化妆品进口要求完成注册登记,在海关系统完成对接和"三单"比对,通过海关查验使商品合规通关。

五、跨境电商化妆品销售的合规建议

在"互联网+"高速发展的今天,化妆品跨境电商企业应始终坚持合法合规经营，将产品质量放在首位，打造良好的品牌形象，维护稳定的商誉，方能获得长久的发展。化妆品跨境电商企业的合规经营主要表现在以下几个方面。

（一）关注跨境电商零售进口化妆品清单要求

跨境电商零售进口模式下的化妆品虽然按照个人自用进境物品监管，不执行首次进口许可批件、注册或备案要求，但也要受到濒危野生动植物保护相关法规的约束。根据2019年版《跨境电子商务零售进口商品清单》的规定，唇用化妆品、眼用化妆品、其他美容品或化妆品及护肤品等多数化妆品的备注中都有"列入《进出口野生动植物种商品目录》的商品除外"的规定。因此，经营者在进口某类化妆品的时候，应先了解其源于动植物的成分，并查询确定其是否属于受管制的濒危野生动植物。例如，某企业通过跨境电商保税模式进口一批原产国为澳大利亚的素颜霜，海关在查验时发现其中含有鲟鱼子酱成分，而鲟鱼已被列入《濒危野生动植物种国际贸易公约》，根据《中华人民共和国濒危野生动植物进出口管理条例》规定，该企业应当提交濒危物种允许进出口证明材料。若企业不能提供该证明材料，则海关不予办理通关手续。[①]

（二）广告宣传合规

化妆品行业是一个比较依赖营销的行业，不少知名品牌都是通过巨额的广告投入"杀出一条血路"，对于品牌塑造而言，营销推广是维持或打破竞争格局的关键。然而，现今化妆品广告问题丛生，针对性的监管问题主要集中于以下几个方面。

1. 虚构或夸大功效

相当一部分跨境电商企业在投放化妆品广告时，为了引诱消费者关注购买，对产品的生产者、成分、性能功效或销售情况进行夸大宣传甚至无中生有，往往让消费者如雾里看花难辨真假。很多消费者被广告中宣传的某种特殊的功效吸引，或者相信权威、抱有盲目从众的心理等，最终却发现被虚构的特效欺骗了。

"虚假宣传"和"虚假广告"会误导消费者做出错误的消费决策，损害诚实经营者的利益，甚至破坏良好的市场竞争秩序，已日益引起市场监管部

---

① 郑州海关.通关监管：跨境网购的禁区——濒危野生动植物通关规定[EB/OL].（2021-06-30）[2021-07-01]. https://mp.weixin.qq.com/s/3EW9sUYwhMrLvz-2KWfrrg.

门的关注。虽然《化妆品广告管理办法》于2017年被废止，但化妆品广告内容并非不再受到限制。化妆品广告这种夸大宣传功效的做法为《广告法》《反不正当竞争法》等所禁止，《化妆品监督管理条例》更是结合上述法规的相关理念，在第四十三条中进一步明确了化妆品广告的合规要求，即"化妆品广告的内容应当真实、合法；化妆品广告不得明示或者暗示产品具有医疗作用；不得含有虚假或者引人误解的内容，不得欺骗、误导消费者"。因此，跨境电商进行化妆品广告宣传必须恪守实事求是原则，不能一味地追求夺人眼球的效果，以免引起消费者投诉、行政处罚案件乃至司法案件。

2. 使用医疗术语[①]

《广告法》第十七条规定，"除医疗、药品、医疗器械广告外，禁止其他任何广告涉及疾病治疗功能，并不得使用医疗用语或者易使推销的商品与药品、医疗器械相混淆的用语"。《化妆品监督管理条例》第四十三条明确规定，化妆品广告不得明示或者暗示产品具有医疗作用。此外，国家药品监督管理局发布《关于开展违法宣称的非特殊用途化妆品清查工作的通知》（药监综妆〔2019〕7号），要求各省（区、市）市场监管局（食品药品监督管理局）展开违法宣称的非特殊用途化妆品清查工作，特别是清查违法宣称"药妆""EGF"、干细胞的产品。暂停销售并召回所有违法宣称的化妆品，对已备案的上述产品及时清理注销有关备案信息。因此，跨境化妆品电商企业应当引起重视，不在广告中宣传医疗作用，亦不使用包括消炎、抗炎、活血、解毒、抗敏、祛瘀等在内的医疗术语或用语。

3. 使用绝对化用语

《广告法》第九条第（三）项规定"国家级""最高级""最佳"等绝对化用语属于禁止使用的广告用语。而化妆品广告中经常可见的"顶级""最新技术""无副作用"等均属于绝对化用语。目前在我国化妆品市场上，很多产品都对功效有一定的宣传，但是其中部分宣传并没有充分依据，很可能使消费者产生误解，还可能引起不正当竞争。

值得注意的是，企业在表述主观愿望、行业公认标准、时空顺序等绝对化用语时不构成违法，但该用语宣传内容应当与事实相符。企业在广告推广中可以参考两条标准，判断广告是否构成绝对化用语广告：一是看是否对所推销产品或者服

[①] 可参考本书第十五章的"某电商App广告违法案"。

务进行语义上的绝对化宣传；二是看宣传用语是否对竞争者产生贬低、排挤效果。

（三）标签标识合规

进口化妆品成品的标签标注应当符合我国相关的法律、行政法规及国家技术规范的强制性要求。海关对化妆品标签内容是否符合法律、行政法规规定要求进行审核，对与质量有关的内容的真实性和准确性进行检验。因此，境外生产商也需注意标签标注的形式和内容。

化妆品的标签标识不规范常常会引发包装返工、产品下架、职业打假人索赔等问题，让企业深陷被动状态，蒙受资金和信誉的双重损失。但实际上，标签标识涉及的大部分问题，企业可以采取各种预防措施来避免。

规范化妆品标签标识的主要法律法规及强制性国家标准包括：《产品质量法》《化妆品标识管理规定》《化妆品命名规定》《化妆品命名指南》等。根据该等法律法规的规定，化妆品企业在标签标注的形式和内容上应注意以下几点。

1. 标识注明内容

根据《化妆品标识管理规定》，化妆品标识上应当标注化妆品名称、实际生产加工地、生产日期和保质期或者生产批号和限期使用日期、生产者的名称和地址、成分表、企业所执行的国家标准、行业标准号或经备案的企业标准号，并且必须含有产品质量检验合格证明。另外，国家质量监督检验检疫总局和国家标准化管理委员会发布的 GB 5296.3—2008《消费品使用说明化妆品通用标签》要求所有生产和进口的并在中国境内销售的化妆品都需要在产品包装的可视面上真实地标注化妆品全部成分的名称。

2. 使用说明与警示说明

《化妆品标识管理规定》第十五条规定，化妆品根据产品使用需要或者在标识中难以反映产品全部信息时，应当增加使用说明。使用说明应通俗易懂，需要附图时须有图例示。凡使用或保存不当容易造成化妆品本身损坏或者可能危及人体健康和人身安全的化妆品、适用于儿童等特殊人群的化妆品，都必须标注注意事项、中文警示说明，以及满足保质期和安全性要求的储存条件等。

3. 进口化妆品中文标签

《化妆品监督管理条例》第三十五条规定，化妆品的最小销售单元应当有标签。进口化妆品可以直接使用中文标签，也可以加贴中文标签；加贴中文标签的，中文标签内容应当与原标签内容一致。即将于2022年5月1日生效的《化妆品标签管理办法》第六条规定，化妆品应当有中文标签。但是，《关于完善跨境电子商务零售进口监管有关工作的通知》第四条第（一）项第3点规定，跨境电商企业相关商品直接购自境外，可能无中文标签，消费者可通过网站查看商品中文电子标签。因此，对于跨境电商零售进口并通过"网购保税进口"（海关监管方式代码1210）或"直购进口"（海关监管方式代码9610）运递进境的商品可以保留和使用原标签标识，无须加贴中文标签标识。但跨境电商企业仍应履行提醒告知义务，为消费者提供商品的中文电子标签，让消费者可以通过网站查询。

（四）产品质量合规

《电子商务法》第三十八条规定："对关系消费者生命健康的商品或者服务，电子商务平台经营者对平台内经营者的资质资格未尽到审核义务，或者对消费者未尽到安全保障义务，造成消费者损害的，依法承担相应的责任"。因此，跨境电商销售的化妆品产品不得侵害消费者权益、危害消费者健康，相关经营者需要采取必要的措施对消费者尽到安全保障义务。

《化妆品注册备案管理办法》对跨境化妆品电商行业经营主体的产品质量合规义务作出了规定。化妆品、化妆品新原料注册人、备案人依法履行产品注册、备案义务，对化妆品、化妆品新原料的质量安全负责。注册人、备案人在境外的，应当指定我国境内的企业法人作为境内责任人，境内责任人应当履行以下义务：（一）以注册人、备案人的名义，办理化妆品、化妆品新原料注册、备案；（二）协助注册人、备案人开展化妆品不良反应监测、化妆品新原料安全监测与报告工作；（三）协助注册人、备案人实施化妆品、化妆品新原料召回工作；（四）按照与注册人、备案人的协议，对投放境内市场的化妆品、化妆品新原料承担相应的质量安全责任；（五）配合药品监督管理部门的监督检查工作。

化妆品企业进行产品监测和召回的义务是履行安全保障义务的重点要求。依据《化妆品监督管理条例》第四十四条和第五十二条的规定，跨境化妆品电商企业应当指定专门机构或人员对上市销售的化妆品进行安全和质量监督管理，按照规定向化妆品不良反应监测机构报告。受托生产企业、化妆品经营者和医疗机构发现可能与使用化妆品有关的不良反应的，也应当报告化妆品不良反应监测机构。化妆品注册人、备案人发现化妆品存在质量问题缺陷或其他问题，可能危害人体健康的，应当立即停止生产，召回已经上市销售的化妆品，通知相关化妆品经营者和消费者停止经营、使用，并记录召回和通知情况。化妆品注册人、备案人应当对召回的化妆品采取补救、无害化处理、销毁等措施，并将化妆品召回和处理情况向所在省、自治区、直辖市人民政府药品监督管理部门报告，避免受到《化妆品监督管理条例》第七十条所规定的责令改正、警告、罚款、禁止进口等惩戒措施。

为进一步确保化妆品质量安全，《化妆品监督管理条例》第五十五条规定，化妆品经营者有开展安全再评估的义务。对于已经通过评估后完成注册或备案的化妆品、化妆品原料，如果根据科学研究的发展，对其安全性有认识上的变化的，或者有证据表明其可能存在缺陷的，省级以上人民政府药品监督管理部门可以责令注册人、备案人开展安全再评估。再评估结果表明其不能保证安全的，原注册部门撤销注册、备案部门取消备案，由国务院药品监督管理部门将该化妆品原料纳入禁止用于化妆品生产的原料目录，并向社会公布。

市场监督管理机构对已经取得注册、完成备案的化妆品新原料实行安全监测制度。安全监测的期限为3年，自首次使用化妆品新原料的化妆品取得注册或者完成备案之日起算。化妆品新原料在安全监测期限内被用于生产化妆品，化妆品新原料注册人、备案人在就相关化妆品申请注册、办理备案时应当通过信息服务平台关联确认。另外，化妆品新原料注册人、备案人应当建立化妆品新原料上市后的安全风险监测和评价体系，对化妆品新原料的使用和安全情况进行持续监测和评价，发现与化妆品新原料安全有关情况的，应当立即开展研究，并向技术审评机构报告。有证据表明化妆品新原料存在安全问题的，化妆品新原料注册人、备案人应当立即采取措施控制风险，并向技术审评机构报告。

此外，还需要关注相关法律法规的发展动态，对于化妆品原料的使用可能会随之发展而有所调整。以大麻提取物为例，大麻提取物会被用于护肤品中，在《已使用化妆品原料名称目录（2015版）》中，大麻仁果、大麻籽油及大麻叶提取物可以用于化妆品中，但是在《已使用化妆品原料名称目录（2021版）》中，拟将上述三者调整为《化妆品安全技术规范》中的禁用成分[①]。2021年5月26日，《国家药监局关于更新化妆品禁用原料目录的公告》（2021年第74号）中，将大麻仁果、大麻籽油及大麻叶提取物列入《化妆品禁用植（动）物原料目录》。因此，在进口相关的化妆品时，跨境电商经营者应该注意化妆品的原料是否符合我国有关法律法规的要求，并应该持续关注法律法规的更新变化。

---

① 毛晨晨，袁剑辉.那些含有大麻提取物的化妆品[J].中国海关，2021（5）：35.

第二十二章
跨境电商之宠物食品销售

宠物食品主要分为三大类：宠物主粮、宠物保健品和宠物零食。其中，宠物主粮分为干粮和湿粮，用以维持体能；宠物保健品是促进健康生长和辅助治疗的营养调理品；宠物零食包括肉干肉条等，用以调节口味。

根据农业农村部 2018 年 6 月 1 日实施的《宠物饲料管理办法》第二条的规定，宠物饲料是指经工业化加工、制作的供宠物犬、猫直接食用的产品，也可称为宠物食品，包括宠物配合饲料、宠物添加剂预混合饲料和其他宠物饲料。根据该办法对宠物配合饲料、宠物添加剂预混合饲料和其他宠物饲料的定义，可以将宠物主粮归类为"宠物配合饲料"，宠物保健品归类为"宠

表 22.1 宠物食品类别

宠物食品类别	各个类别的定义	宠物食品通用名称示例
宠物配合饲料（通常指"宠物主粮"）	多种饲料原料和饲料添加剂按照一定比例配制的饲料；单独使用即可满足宠物全面营养需要	"宠物全价饲料犬粮""全价幼犬粮""全价宠物食品泰迪幼年期犬粮""宠物配合饲料犬处方粮"
宠物添加剂预混合饲料（通常指"宠物保健品"）	满足宠物对营养性饲料添加剂（如氨基酸、维生素、矿物质微量元素、酶制剂等）的需要；由营养性饲料添加剂与载体或者稀释剂按照一定比例配制的饲料	"宠物添加剂预混合饲料微量元素""宠物营养补充剂维生素B""补充性宠物食品大型犬幼年期微量元素"
其他宠物饲料（通常指"宠物零食"）	为实现奖励宠物、与宠物互动或者刺激宠物咀嚼、撕咬等目的；几种饲料原料和饲料添加剂按照一定比例配制的饲料	"宠物零食肉棒""宠物零食幼犬饮料""宠物零食幼犬牛肉粒""宠物零食幼犬洁齿磨牙棒""宠物零食泰迪犬咬胶"

添加剂预混合饲料",宠物零食归类为"其他宠物饲料",见表22.1。海关总署于2018年11月修订的《进出口饲料和饲料添加剂检验检疫监督管理办法》第六十八条亦规定,饲料是指经种植、养殖、加工、制作的供动物食用的产品及其原料。因此,宠物食品在商品归类上属于饲料中的一类,与人类食用的食品不同。

就目前来看,境外宠物食品只能以跨境电商网购保税方式(海关监管方式代码1210)零售进口,不得以直邮方式(海关监管方式代码9610)进口。根据业内统计,我国宠物食品的消费市场仍在持续扩大,但由于我国对于进口狗粮、猫粮等动物性饲料有着严格的监管程序,特别是在全球疫情的背景下,监管部门对进口食品检验检疫的把控力度有增无减,相关跨境电商主体需严格遵守宠物食品进口各个环节的监管规定,避免触犯监管红线。

一、宠物食品的市场分析及进口现状

（一）宠物食品的市场分析

虽然相比于欧美国家,我国宠物行业起步较晚,至今还不到30年,但近年来市场规模逐年提升且增长迅速,处于快速发展期。根据艾瑞咨询统计,2020年我国城镇宠物市场规模接近3000亿元,2015—2020年六年间复合增速达到32.8%。随着宠物家庭渗透率和行业成熟度的持续提升,宠物行业依然会保持稳步增长。根据艾瑞预测,未来三年我国宠物行业市场规模复合增速在14.2%,到2023年市场规模将达到4456亿元(见图22.1)。[1]

在宠物整体消费同比增长的情况下,宠物主粮消费占比稳定、增长稳健,而宠物零食消费占比增长最为显著,宠物零食市场迅速扩大。尽管宠物主粮消费仍占据宠物食品消费的主体地位,但近年来其占比在不断降低。宠物主为了使宠物获得更均衡的营养,开始关注并尝试宠物零食与宠物保健品,宠物食品开始走向精细化与细分化。[2]

---

[1] 2021年中国宠物消费趋势白皮书[EB/OL].（2021-05-21）[2022-01-21]. https://pdf.dfcfw.com/pdf/H3_AP202105211493022800_1.pdf?1621613968000.pdf.

[2] 未来智库.宠物食品行业深度报告：空间大、增速快,宠食市场大有可为[EB/OL].（2020-11-20）[2021-01-15]. https：//www.vzkoo.com/news/5282.html?pid.

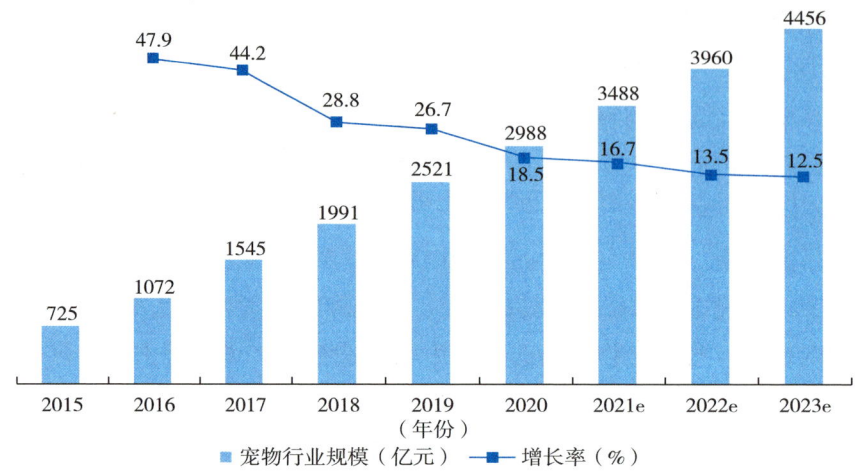

图 22.1　2015—2023 年我国宠物行业市场规模预测[①]

尽管近年来我国宠物行业市场规模已经快速扩张，且有政策加以扶持，但宠物食品行业还未饱和，仍有较大发展空间，宠物食品行业将享受宠物行业渗透率提升和宠物食品渗透率提升所带来的双重增长潜力。当前我国宠物食品渗透率较低，据统计，2018 年我国宠物食品渗透率仅为 22%。相比之下，该指标在泰国已达到 50%~60%，在英国达到 90%，在美国超过 95%。随着我国收入和消费水平的提高，以及宠物主科学养宠观念的提升，我国宠物饲养将逐渐从使用家中的剩菜剩饭进一步转向使用专业的宠物食品。随着宠物食品渗透率的提升，预计我国宠物食品行业的市场规模也会随之扩大。[②]

（二）宠物食品的进口现状

海关总署对允许向中国进口宠物食品的境外生产厂家实施准入登记制度。海关总署数据显示，截至 2022 年 1 月，共有 351 家宠物食品生产企业获批进入《境外宠物食品注册生产加工企业名单》，其中新西兰以 127 家生产工厂成为我国第一大宠物食品进口国，美国和泰国分别以 78 家、33 家位列第二、三位，此外，德

---

① 数据统计口径为城镇宠物行业规模，不含农村市场；行业规模的统计范围包括宠物交易、宠物食品、宠物用品、宠物医疗和宠物服务，宠物类型不仅包括犬猫，还包括水族、异宠。
② 未来智库.宠物食品行业深度报告：空间大、增速快，宠食市场大有可为[EB/OL].（2020-11-20）[2021-01-15]. https：//www.vzkoo.com/news/5282.html?pid.

国、西班牙、荷兰、加拿大、澳大利亚等国也是我国宠物食品的主要进口国。①

近年来，得益于双边经贸协议的签订，我国宠物食品进口规模急剧上升。以宠物食品中占主要份额的猫狗食品为例，根据相关数据统计，2009 年猫狗食品进口仅 0.05 亿美元，2019 年已达到 3.08 亿美元，年复合增长率达 52.19%。2020 年 1 月至 10 月，猫狗食品进口额更是远远超过 2019 年全年金额，达到 5.08 亿美元。从进口数量上看，2019 年，猫狗食品进口数量为 5.43 万吨，相比 2018 年增长 55.53%。2020 年 1 月至 10 月，猫狗食品进口数量为 8.74 万吨。同时，猫狗食品平均进口价格也不断升高，从 2019 年的 1.79 美元 / 千克上涨到 2019 年的 5.66 美元 / 千克。②

二、进口宠物食品的监管要求

（一）法律法规的一般监管规定

2018 年农业农村部在《关于公布〈宠物饲料管理办法〉等 6 个规范性文件的公告》（农业农村部公告第 20 号）中明确提出，"为进一步加强宠物饲料管理，规范宠物饲料市场，促进宠物饲料行业发展，我部在全面梳理《饲料和饲料添加剂管理条例》及其配套规章适用规定、充分考虑宠物饲料特殊性和管理需要的基础上，制定了《宠物饲料管理办法》《宠物饲料生产企业许可条件》《宠物饲料标签规定》《宠物饲料卫生规定》《宠物配合饲料生产许可申报材料要求》《宠物添加剂预混合饲料生产许可申报材料要求》等规范性文件"，这 6 大规范性文件为宠物饲料企业的监督管理提供了法律依据。

《宠物饲料管理办法》第十四条规定，境外宠物饲料生产企业向中国出口宠物配合饲料、宠物添加剂预混合饲料的，应当委托境外企业驻中国境内的办事机构或者中国境内代理机构向国务院农业行政主管部门申请登记，并依法取得进口登记证。《宠物饲料管理办法》第十五条规定，向中国境内出口的宠物饲料，应当包装并附具符合《宠物饲料标签规定》要求的中文标签；产品卫生指标应当符合《宠物饲料卫生规定》的要求；宠物配合饲料、宠物添加剂预混

---

① 境外宠物食品注册生产加工企业名单 [EB/OL]. （2018-12-26）[2022-01-21]. http://dzs.customs.gov.cn/dzs/2747042/3995816/dwyxsl/2754407/index.html.
② 京元瑞环技术咨询. 2020 年宠物食品进口爆发性增长 [EB/OL]. （2021-03-08）[2021-01-15]. https：//www.sohu.com/a/454665168_99970648.

合饲料还应当符合进口登记产品的备案标准要求。生产向中国境内出口的宠物饲料所使用的饲料原料和饲料添加剂应当符合《饲料原料目录》《饲料添加剂品种目录》的要求，并遵守《饲料添加剂品种目录》《饲料添加剂安全使用规范》的规定。但是根据《关于完善跨境电子商务零售进口监管有关工作的通知》的规定，跨境电商零售进口商品按个人自用进境物品监管，不执行有关商品首次进口许可批件、注册或备案要求。因此，对于 2019 年版《跨境电子商务零售进口商品清单》上的宠物食品，可以不执行首次进口许可批件、注册或备案要求。

《宠物饲料标签规定》对进口宠物食品的标签做了具体规定。《宠物饲料标签规定》第七条规定，进口宠物配合饲料、宠物添加剂预混合饲料应当标示进口产品复核检验报告的编号。第十三条和第十四条规定，进口产品中文标签标示的生产日期和保质期应当与原产地标签上标示的生产日期和保质期一致。第十五条规定，进口宠物饲料产品应当以中文标示原产国名或者地区名。进口宠物配合饲料和宠物添加剂预混合饲料产品，应当标示与进口登记证一致的登记证号、生产厂家名称、生产地址，以及该产品在中国境内依法登记注册的销售机构名称、地址和联系方式。其他进口宠物饲料产品，应当标示生产厂家名称、生产地址，以及该产品在中国境内依法登记注册的销售机构名称、地址和联系方式。联系方式应当标示以下至少一项内容：电话、传真、网络联系方式、通信地址等。值得注意的是，对于跨境电商途径进口的宠物食品，《关于完善跨境电子商务零售进口监管有关工作的通知》第四条第（一）项第 3 点规定，跨境电商企业相关商品直接购自境外，可能无中文标签，消费者可通过网站查看商品中文电子标签。因此，对于跨境电商零售进口的宠物食品可以保留和使用原标签标识，无须加贴中文标签标识，但跨境电商企业仍应履行提醒告知义务，为消费者提供商品的中文电子标签，让消费者可以通过网站查询。

《饲料和饲料添加剂管理条例》第二十四条规定，境外企业不得直接在中国销售饲料、饲料添加剂。境外企业在中国销售饲料、饲料添加剂的，应当依法在中国境内设立销售机构或者委托符合条件的中国境内代理机构销售。

同时，《进出口饲料和饲料添加剂检验检疫监督管理办法》第十条规定，"海关总署对允许进口饲料的国家或者地区的生产企业实施注册登记制度，进口饲料应当来自注册登记的境外生产企业"。换言之，宠物食品作为饲料的一种，境外宠物食品生产企业需取得注册登记资格后方可向中国输出宠物食品。该办法第十五条还规定，进口饲料需要办理进境动植物检疫许可的，应当按照相关规定办理《进境动植物检疫许可证》。

根据《禁止携带、邮寄动植物及其产品目录》禁止进境规定，我国对进口宠物饲料实行严格的检验检疫管理，进口宠物饲料应当来自经我国注册登记的境外生产企业，进口动植物源性饲料还须提供《进境动植物检疫许可证》、输出国官方检疫证书等，经实验室检测合格并加贴中文标签，出具入境货物检验检疫证明，才可以销售使用。根据《进出境动植物检疫法》及其实施条例和《禁止携带、邮寄进境的动植物及其产品名录》，禁止携带和邮寄动物源性饲料进境，任何个人和单位通过邮寄途径向国内寄递动物源性饲料均属于违法行为。因此，宠物食品不能通过跨境直邮的方式进口，只能通过跨境电商网购保税的方式进口。可通过跨境电商零售进口的宠物食品见表22.2。

表22.2 可通过跨境电商零售进口的宠物食品

HS 编码	品目	备注
23091010	零售包装的狗食或猫食罐头	仅限网购保税商品
23091090	零售包装的其他狗食或猫食	仅限网购保税商品

（二）法律责任

1. 行政责任

《中华人民共和国进出境动植物检疫法实施条例》第五十九条规定，"有下列违法行为之一的，由口岸动植物检疫机关处5000元以下的罚款：（一）未报检或者未依法办理检疫审批手续或者未按检疫审批的规定执行的；（二）报检的动植物、动植物产品和其他检疫物与实际不符的。有前款第（二）项所列行为，已取得检疫单证的，予以吊销"。

《中华人民共和国进出境动植物检疫法实施条例》第六十二条规定，"有下列违法行为之一的，依法追究刑事责任；尚不构成犯罪或者犯罪情节显著轻微依法不需要判处刑罚的，由口岸动植物检疫机关处2万元以上5万元以下的罚款：（一）引起重大动植物疫情的；（二）伪造、变造动植物检疫单证、印章、标志、封识的"。

《饲料和饲料添加剂管理条例》第四十三条规定，"饲料、饲料添加剂经营者有下列行为之一的，由县级人民政府饲料管理部门责令改正，没收违法所得和违法经营的产品，违法经营的产品货值金额不足1万元的，并处2000元以上2万元以下罚款,货值金额1万元以上的,并处货值金额2倍以上5倍以下罚款;情节严重的,责令停止经营,并通知工商行政管理部门,由工商行政管理部门吊销营业执照;构成犯罪的,依法追究刑事责任:……(五)经营未取得新饲料、新饲料添加剂证书的新饲料、新饲料添加剂或者未取得饲料、饲料添加剂进口登记证的进口饲料、进口饲料添加剂以及禁用的饲料、饲料添加剂的"。

2. 刑事责任

《刑法》第三百三十七条规定,违反有关动植物防疫、检疫的国家规定,引起重大动植物疫情的,或者有引起重大动植物疫情危险,情节严重的,处三年以下有期徒刑或者拘役,并处或者单处罚金。

《刑法》第二百三十条规定,违反进出口商品检验法的规定,逃避商品检验,将必须经商检机构检验的进口商品未报经检验而擅自销售、使用,或者将必须经商检机构检验的出口商品未报经检验合格而擅自出口,情节严重的,处三年以下有期徒刑或者拘役,并处或者单处罚金。对于本罪的立案标准,陕西省高级人民法院审判委员会在《关于适用刑法有关条款数额、情节标准的意见》中明确,达到以下标准的,构成刑法第二百三十条的逃避商检罪:(1)给国家、单位或者个人造成直接经济损失数额在五十万元以上的;(2)逃避商检的进出口货物货值金额在三百万元以上的;(3)导致病疫流行、灾害事故的;(4)多次逃避商检的;(5)引起国际经济贸易纠纷,严重影响国家对外贸易关系,或者严重损害国家声誉的;(6)其他情节严重的情形。

(三)进口流程梳理

我国对于进口狗粮、猫粮等动物性饲料有着严格的监管程序。根据《进口饲料和饲料添加剂登记管理办法》,境外企业不得直接在中国境内销售进口饲料、饲料添加剂。境外企业首次向中国出口饲料、饲料添加剂,需向农业农村部申请进口登记,经审查合格,方可取得饲料、饲料添加剂进口登记证。

1. 准入白名单

《进出口饲料和饲料添加剂检验检疫监督管理办法》第七条规定,海关总署按照饲料产品种类分别制定进口饲料的检验检疫要求。对首次向中国出口饲料的国家或者地区进行风险分析,对曾经或者正在向中国出口饲料的国家或者地区进行回顾性审查,重点审查其饲料安全监管体系。根据风险分析或者回顾性审查结果,制定调整并公布允许进口饲料的国家或者地区名单和饲料产品种类。

由于海关总署对允许输华的境外饲料生产厂家实施准入登记制度，进口饲料应当来自注册登记的境外生产企业。因此，在进口之前需要先了解所进口的产品是否被列入了《允许进口饲料国家（地区）及产品名单》，以及产品的生产加工企业是否被列入了《境外宠物食品注册生产加工企业名单》。上述名单都可以在海关总署的信息网站上查到。

另外，需要注意如下几点：（1）若进口产品或生产厂家为首次对华出口，即未在白名单内，则需要境外出口厂家先向当地农业部门提交对华出口申请，经中国海关检查合格后才可加入白名单；（2）只有经我国海关检验合格的工厂，才能说明其生产流程是合法合规的；（3）被列入中国《禁止从动物疫病流行国家/地区输入的动物及其产品一览表》中的产品无法出口到中国。

2. 检疫审批

《进出口饲料和饲料添加剂检验检疫监督管理办法》第十条规定："海关总署对允许进口饲料的国家或者地区的生产企业实施注册登记制度，进口饲料应当来自注册登记的境外生产企业"。根据上述规定，海关会对宠粮进行其他符合进口宠粮标准的检疫检查，并颁发《进境动植物检疫许可证》。进口商或其代理人需要办理行政审批，取得《进境动植物检疫许可证》。取得许可证后，方可与外方签订贸易合同。根据海关总署公告 2018 年第 51 号《关于取消部分产品进境动植物检疫审批的公告》，猫、狗罐头（HS 编码为 2309101000）和制成的饲料添加剂（HS 编码为 2309901000）不再要求办理《进境动植物检疫许可证》；其他零售包装的狗食或猫食需要办理《进境动植物检疫许可证》。其后，凭借《进境动植物检疫许可证》、国外官方出具的检疫证书、贸易合同、原产地证书等单证，向进境口岸检验检疫机构申请检验检疫。

3. 报关及进口检查

在货物开始运输前，商家需要提前向海关提供即将出入境的货物清单。货物到达中国境内关口后，中国海关会先对产品进行一系列复杂的检查。在进区时，检验检疫部门会根据中国法律法规、国家强制性标准和相关检验检疫要求、双边协定以及《进境动植物检疫许可证》列明的要求，对进口饲料进行检验检疫和现场查验。查验的内容包括核对单证与货物的名称、数（重）量等信息是否相符；标签是否符合饲料标签国家标准；包装是否完好，是否超过保质期和携带有害生物，有无禁止进境物等，核对无误后才能正式进入专用的跨境电商进境宠物食品仓。

三、案例评析

> **案例一** 重庆某宠科技有限公司与黄某模不正当竞争纠纷案[①]
>
> 原告重庆某宠科技有限公司是国内领先专注宠物行业的互联网公司,旗下的某电子商务平台是备受青睐的宠物用品独立B2C平台。原告发现被告黄某模在明知原告平台的临期检测报告和正常检测报告数值相差不大且没有其他证据的情况下,为了达到吸引读者眼球、谋取不当得利的目的,仍然在其运营的微信公众号上发布的原创文章中进行误导性陈述,大量捏造、散布虚伪事实,对原告的商品进行恶意诋毁、贬低,包括称之为"疑似假货"、建议消费者不要在该平台购买猫粮等。由于被告的公众号在行业内具有一定的影响力,与原告主营范围具有紧密的联系,其误导性的报道很容易使消费者产生错误认识,对原告产生错误评价,在该行业内造成恶劣的市场影响,损害原告的商誉和市场竞争力。
>
> 原告举示了入境货物报检单、海关进口货物报关单、跨境电商进口贸易单订单详情系统截图、海关总署官网境外宠物食品注册生产加工企业名单截图及名单等,以证明涉案文章中提到的商品系正规合法渠道进口,质量不存在问题。重庆自由贸易试验区人民法院经审理最终认为被告属于经营者,与原告存在竞争关系,构成商业诋毁,违反了《中华人民共和国反不正当竞争法》。法院支持原告的下述诉讼请求:删除部分内容构成商业诋毁的文章;被告连续30天在其运营的微信公众号头条上就其商业诋毁行为发表致歉声明,以消除不良影响。

本案原告旗下的电子商务平台是国内知名的跨境宠物电商平台,而被告是运营一个微信公众号的自然人,没有直接从事商品生产、经营或提供服务。被告在其个人公众号上发表的部分文章对原告进行恶意评价和诋毁,最终法

[①] (2019) 渝0192民初243号。

院认定被告的行为构成商业诋毁。本案表明，在网络时代，公众号运营者也有可能属于《反不正当竞争法》的调整对象；个人的行为也有可能与电商平台构成不正当竞争。对于电商平台而言，利用《反不正当竞争法》有助于规制互联网电商新业态中的不正当竞争行为，保护经营跨境宠物食品销售业务的创新型民营经济主体的合法权益，构建公平竞争、诚信经营的网络市场竞争秩序。

本案有三个争议焦点。其一，被告是否为《反不正当竞争法》调整的经营者。法院认为，判断一个主体是否属于《反不正当竞争法》规定的经营者，关键在于是否作为法律上及经济上独立的行为主体参与市场活动，而不在于具体的组织形式。因此，应该从广义的角度去理解经营者的概念。《反不正当竞争法》的目的是维护公平竞争的市场经济秩序，因此不论行为人是否具有经营资格，只要在从事或者参与经济活动中损害了竞争秩序，其行为就要受到《反不正当竞争法》的规制。本案中，被告虽然是自然人，其自身并没有直接从事商品生产、经营或提供服务，但是基于以下事实：（1）被告作为公众号的运营者，在公众号上发布文章，曾通过开通打赏功能获利；（2）被告在公众号上为其他商家和团队做广告推广；（3）被告接受其他商家的赞助来开展活动，并对赞助商家做推广宣传，可以认定其在从事或参与经济活动，应当被认定为《反不正当竞争法》规定的经营者。

其二，被告与原告是否具有《反不正当竞争法》调整的竞争关系。两者之间具有《反不正当竞争法》上的竞争关系是原告诉求成立的前提。从形式上看，被告作为公众号的经营者，充其量只是通过发表文章来帮助商家推广、接受打赏等，而原告属于电商平台，涉及宠物产品的销售，两者之间并不构成竞争关系。但是法院认为，《反不正当竞争法》并未限制经营者之间必须具有直接或具体的竞争关系，也没有要求经营者必须从事相同行业。这是因为随着社会分工逐渐精细化，由商品服务的社会流通所形成的行业及相关行业竞争关系外延不断扩大，只要是参与该类行业商业行为分工协作的经营者，不论其是否直接从事抑或间接从事该相关行业，其经营者之间均因其同行业分工协作而产生相应的竞争关系。本案中，原告开办的某宠商城主要销售宠物用品。虽然原告与被告并不存在直接的同业竞争关系，但被告经营的公众号发布的文章主要涉及养猫知识、猫粮黑幕曝光，也开展公益活动，帮医疗团队或者其他商家做广告推广，其发布的文章都有很多相关的评论。对于原告和被告而言，均直接或间接从事涉及猫粮产业的经济活动，而无论被告是为其他商家做广告推广，抑或曝光其他商家猫粮，其结果必然导致其他商家获得竞争优势或者破坏其他商家竞争优势，对猫粮市场造成影响。因此，原告与被告在上述领域存在相应的竞争关系。

其三，被告是否实施了原告诉称的商业诋毁行为。法院认为，经营者在经营过程中，对于他人的产品、服务或者其他经营活动固然可以评论或者批评，但必须客观、真实、公允和中立，且应尽审慎注意义务，不能误导公众和损人商誉，这既是诚实信用原则的内在要求，也是公认之市场道德的应有之义。判断被告的行为是否构成商业诋毁，主要从两个方面来认定：一是被告在微信公众号上发布的文章所涉内容是否为虚假信息或误导性信息；二是该行为对原告的商誉是否造成影响。综合分析，法院认为被告的部分文章确实构成了对原告的商业诋毁。

本案对于电商经营者与一般自然人都具有很大的启发意义，对于宠物电商经营者更是如此。这是因为，在网络时代，几乎每个人都可以利用网络平台来发表自己对于商品的意见，甚至通过网络平台（比如社交平台）来进行带有盈利色彩的行为，特别是对于那些拥有众多粉丝的用户而言。换言之，随着社会的发展，"经营者"与"非经营者"之间的界限已经日渐模糊。对于电商平台或平台内经营者而言，对其经营活动影响最大的或许并不是传统意义上的竞争对手——比如其他电商平台或同类商品的经营者等，而是有影响力的个人。电商的产品通过网络平台进行销售，同时也在网络平台上被评价。如果在网络上对相关商品作出不客观的评价，这些评价可能会对电商平台或平台内经营者造成很大的影响。对于这种个人的言论或者行为，如果没有合适的法律规制的话，电商经营者的利益很容易受到侵害。

在本案中，法院的观点无疑使得"经营者"和"竞争"的概念具有了更加广泛的含义。这其实是现实的需要，鉴于个人可以从经营账号中获益，其行为也会对市场秩序产生重要的影响，应该将其纳入市场秩序中来。这种做法，从电商经营者的角度看，无疑是有利于获得更加全面的保护的——在面对一些个人进行恶意抹黑、商业诋毁行为的时候，有机会利用《反不正当竞争法》来获得保护。因此，电商经营者应该善于利用《反不正当竞争法》来维护自身的权益。对于自然人来说，也应该为自己的言论负责，特别是在通过运营公众号或者其他平台账号而获取了利益的情况下，要尽到更高的注意义务。如果还通过个人的社交平台进行经济活动,那这种"经营者"的角色可能就更加确定了,因此个人也一定要注意自身角色的转变。

当然,本案对于宠物食品跨境电商的另一个重要启发在于,应该从正规渠道进口相关的商品,并且保留产品的相关单证及进口过程中的相关单据。本案中原告能够胜诉,很重要的一个原因就在于原告举示了入境货物报检单、海关进口货物报关单、跨境电商进口贸易单订单详情系统截图、海关总署官网境外宠物食品注册生产加工企业名单截图及名单等,以证明涉案文章中提到的商品系正规合法渠道进口的。

案例二 宠物食品出口未申报检疫被处罚案

2020年8月20日,当事人广州某某供应链管理有限公司委托司机古某华驾驶粤港货车,持载货清单及报关单,以跨境电商方式向海关申报出口货物一批,从深圳湾海关出境时被海关查验。经查验发现,有调味品1280千克、狗粮1500千克未向海关申报出口商品检验检疫,被查获。

2021年1月14日,当事人东莞某某电子商务有限公司委托司机陈某厚驾驶粤港货车,持载货清单,以跨境电商的方式出口货物一批。经海关查验,发现实际出口货物与申报不符,其中,未申报货物:干辣椒10千克、花生油20千克、人人会川菜麻辣作料16千克、鲜鸡蛋30千克、幼猫全价猫粮30千克、冻排骨50千克、冻鸭50千克、鱼干100千克、蛋花菜脯30千克。以上未申报货物属于法检商品,企业未申报检疫。①

以上案件的基本事实类似,都是在以跨境电商的方式出口的时候没有对宠物食品等商品申报出口商品检验检疫。《进出口商品检验法》第三十三条规定:"违反本法规定,将必须经商检机构检验的进口商品未报经检验而擅自销售或者使用的,或者将必须经商检机构检验的出口商品未报经检验合格

---

① 圳关检罚字〔2021〕0010号。

而擅自出口的,由商检机构没收违法所得,并处货值金额百分之五以上百分之二十以下的罚款;构成犯罪的,依法追究刑事责任。"[1]《进出口商品检验法实施条例》第四十六条规定,进出口商品的收货人、发货人、代理报检企业或者出入境快件运营企业、报检人员不如实提供进出口商品的真实情况,取得出入境检验检疫机构的有关证单,或者对法定检验的进出口商品不予报检,逃避进出口商品检验的,由出入境检验检疫机构没收违法所得,并处商品货值金额5%以上20%以下罚款。执法机关亦根据以上规定对当事人进行了处罚。

对于经营跨境电商宠物食品的监管而言,其中很重要的环节就是进行检验检疫。这不仅限于宠物食品的出口,在进口领域同样重要。例如,早在2018年,邕州海关驻邮局办事处便连续从进境跨境电商包裹中截获宠物膳食营养补充剂、宠物零食和狗咬胶等动物源性饲料17批次139件41千克。由于收件人不能提供相关审批文件和检疫证书,海关均依法对商品进行截留并作销毁或退回处理。[2] 我国《跨境电子商务经营主体和商品备案管理工作规范》第九条规定,未获得检验检疫准入的动植物产品及动植物源性食品禁止以跨境电子商务形式进境。而根据相关规定,宠物食品和咬胶属于Ⅱ级风险产品,其以国际快递或邮寄方式进境的跨境电商产品,还应符合《禁止携带、邮寄进境的动植物及其产品名录》的要求,未经检疫的动物(生或熟)肉类(含脏器类)及其制品、动物源性饲料(含肉粉、骨粉、鱼粉、乳清粉、血粉等单一饲料),存在传播疫病疫情风险,属于禁止携带、邮寄入境物品。进境前应获得动植物检疫许可并核实货证是否相符,如不能提供相关审批文件和检疫证书,均属未获得检验检疫准入的动植物产品,应依法对商品进行截留并作销毁或退回处理。[3]

随着宠物食品跨境电商市场的蓬勃发展,国内越来越多的消费者都偏向于购买境外的宠物食品,许多跨境电商经营者也开始进入这一领域。但是或者是因为不了解相关的检疫要求,或者是为了节省通关成本,还是有一些跨境电商

---

[1] 最新修正后的《中华人民共和国进出口商品检验法》已于2021年4月29日生效,在新法中相关内容调整为第三十二条。
[2] 海关总署.南宁海关:近日多次截获未经检疫宠物食品[EB/OL].(2018-10-22)[2021-06-07]. http://www.customs.gov.cn/customs/xwfb34/mtjj35/2048189/index.html.
[3] 同[2]。

经营者在进出口宠物食品时没有主动申报检疫、获取相关的审批文件和检疫证书。甚至在申报时有些宠物食品冠以"饼干""零食""蛋白粉""营养片""能量棒"等名称。更有甚者将宠物膳食营养补充剂伪报成"羊奶粉",这无论是从 CT 机审图环节看,还是在开箱查验时判定,都具有相当的迷惑性。海关也在不断地加强这方面的监管,一旦发现不符合相关的检疫要求,就不允许通关。因此,对于经营宠物食品的企业而言,应该了解相关的检疫要求,并积极主动申报检疫。这不但有利于顺利通关、避免违法,也有利于保证相关商品的质量。

四、跨境电商零售进口宠物食品的展望

(一)简化进口申报流程

跨境电商保税宠物食品的成功进口,不仅扩充了各地跨境电商商品的品类,也提升了跨境电商企业的竞争力。但同时,目前也存在着保税进口备案难的问题。

针对这一问题,笔者认为,海关可以将跨境电商零售进口的宠物食品通关"零延时"作为支持促进外贸稳增长的重要工作,在第一时间帮助和解答企业关心的问题,坚定企业发展跨境电商宠物食品进口业务的信心。对此,可实行"一企一策"模式,针对企业实际进口情况,从政策信息、通关流程、检验检疫要求等方面为企业量身定制监管服务方案。具体来说,由海关提前介入,跟进解决企业申报难题,专人专岗审核企业核注清单,并进一步简化手续,提供线上线下全天候通关服务措施,做到第一时间验放。组成检验检疫专家小组研究讨论和制定细化帮扶方案,积极与海关职能处室沟通,指导企业查询海关总署公布的进口饲料准入名单,办理《进境动植物检疫许可证》,帮助企业合法合规地完成宠物食品的进境备案工作。[①]

(二)完善进口检验检疫

海关总署 2018 年发布的《关于跨境电子商务零售进出口商品有关监管事宜的公告》规定,海关对跨境电子商务零售进出口商品及其装载容器、包装

---

① 宠物食品:新形势下跨境电商保增长[EB/OL]. (2020-04-27)[2021-01-15]. https://www.sohu.com/a/391541816_120579804.

物按照相关法律法规实施检疫,并根据相关规定实施必要的监管措施。具体而言,海关按照相关规定对进口食品进行检验,经检验检疫合格的发放检验检疫证明,进口商在拿到该证明后才能进行销售。然而检验检疫证明的发放流程较慢,从货物到港、查验放行到最终拿到证明,需要一个月甚至更长时间。① 这些流转速度问题造成了时间拖延,一定程度上影响了食品的质量和销售,尤其是对保质期短的食品影响极大。因此,笔者建议,海关在检验合格后,应尽快将检验检疫证明发放给进口商,使进口食品更快地在市场上流转,在一定程度上也能加快经济运行的效率。

(三)引入跨国认证机构

推进跨境电商认证机制,通过跨国认证机构开展针对企业与个人的跨境电商从业资格认定,确保所有跨境电商经营者能在法律的监管下开展商业活动,从而有利于全面规范跨境电商产业运营环境,维护市场秩序,使跨境电商健康可持续发展。

由于境外购物网站国家法规体系的限制,我国监管部门无法对其进行有效的监测。第三方跨国认证机构,如瑞士通用鉴证行,往往具有客观、独立、公平及权威等特性,为此,我国跨境电商监管部门可将其引入我国跨境电商平台的诚信认证体系中,进而为开展跨境电商活动提供有效监管。国外认证机构的嵌入,可为跨境电商产品的质量、产地、支付情况及物流信息等提供多维度的认证,进而为产品提供足够的信誉度保障。现阶段,我国尚未引入第三方跨国认证机构信誉认证标准体系,因此,笔者建议,在后续跨境电商监管实践中,可逐步引入认证机构跨境交易,通过国家标准化管理委员会建立规范的跨境电商质量监管体系,再由监测机构严格按照该体系逐渐实现跨境电商平台的规范化。②

(四)全面完善产品监管溯源体系

对于消费者来讲,全球质量溯源体系是一种更优质的公共服务。消费者

---

① 上海政协.关于优化进口食品检验检疫流程的建议[EB/OL].(2017-04-27)[2021-01-15]. http://www.shszx.gov.cn/node2/node5368/node5376/node5389/u1ai99126.html.
② 杨春梅,胡丽明.我国跨境电商监管制度存在的问题及完善路径[EB/OL].(2017-06-29)[2021-01-15]. http://www.100ec.cn/detail--6403158.html.

在购买商品后，通过全球质量溯源体系就能够厘清商品的"前生今世"，了解商品的进口口岸、进口时间等详细信息。如果发现质量问题，消费者也能根据该体系找到进口商，进行线上投诉或举报，实现真正放心的海淘，切实保障消费者权益，避免信息不对称造成消费者权益受损。①

早在2015年，国务院就正式印发了《关于加快推进重要产品追溯体系建设的意见》，明确要求加快运用现代科学信息技术建设追溯体系，对包括食品、农产品在内的六大类商品实施追溯管理。近年来，包括福州海关、深圳海关、南昌海关在内的多家海关建立了全球质量溯源体系，都取得了良好的效果。青岛海关更是借助区块链技术，实现了溯源体系的去中心化和高安全性。海关总署可借鉴欧美发达国家的跨境电商产品质量追溯技术，推广国内试点海关的实践经验，并结合我国跨境电商产品质检实际需求，全面建立并完善统一的、国家层面的跨境电商产品监管溯源体系，做到"连点成面"，打造国际领先的溯源体系，形成事前"源头可溯、风险可控"、事中"守信便利、失信惩戒"、事后"去向可查、责任可究"的全链条闭环监管。②

具体而言，监管部门可引进EAN/UCC产品编码、电子码与RFID等技术，通过跨境电商平台收集信息，采集跨境电商产品溯源数据。同时，监管部门可建立健全追溯技术监管方案与惩处措施，加快推进进出口商品质量安全溯源监管技术建设，进一步设置追溯问题处置机制，依据消费者对跨境电商产品质量的投诉，采取产品追溯、强制召回、失信惩戒等措施，并及时向社会发布相应的警示通报和处罚结果。③

五、跨境电商宠物食品销售的合规建议

海关总署按照饲料产品种类制定具体的检验检疫要求，海关会对进口

---

① 海关总署.全球质量溯源体系打造"看得见的信任"[EB/OL].（2019-10-11）[2021-01-15]. http：//fangtannew.customs.gov.cn/tabid/437/InterviewID/115/Default.aspx.
② 刘家君.以全球质量溯源体系 创新跨境电商监管模式[EB/OL].（2017-09-02）[2021-07-27]. http：//www.xinhuanet.com/tech/2017-09/02/c_1121590055.htm.
③ 杨春梅，胡丽明.我国跨境电商监管制度存在的问题及完善路径[EB/OL].（2017-06-29）[2021-01-15]. http：//www.100ec.cn/detail--6403158.html.

宠物食品实施现场查验，对于以下不符合检验检疫要求的产品，海关会签发检验检疫处理通知单并作退回或销毁处理：（1）输出国家或者地区未被列入允许进口的国家或者地区名单；（2）来自非注册登记境外生产企业的产品；（3）来自注册登记境外生产企业的非注册登记产品；（4）货证不符；（5）标签不符合标准且无法更正；（6）超过保质期或者腐败变质；（7）发现土壤、动物尸体、动物排泄物、检疫性有害生物，无法进行有效的检疫处理。

为避免上述一系列由于不符合海关检验检疫要求所招致的法律风险，宠物食品跨境电商需要与境外生产商仔细研究和确认我国检验检疫技术规范和双边经贸协议中规定的检验检疫强制性要求，确保进口的宠物食品符合规定，并从以下几点出发执行海关检验检疫要求。

（一）查询产品准入资格，获得准入许可

跨境电商企业首先应当查询原产地及宠物食品是否已列入"允许进口饲料国家（地区）及产品名单"中。在确认国家准入后，跨境电商企业还需要确认宠物食品的生产企业是否在此国家"境外宠物食品注册登记生产加工企业名单"中。同时，对于《禁止从动物疫病流行国家/地区输入的动物及其产品一览表》中的产品则不能进口。对于需要办理《进境动植物检疫许可证》的进口宠物食品，跨境电商企业应当按照相关规定办理。

（二）妥善保管文件，如实申报

海关对宠物食品进口企业实施备案管理，进口企业应当在首次申报检疫前或者申报检疫时向所在地海关备案。同时，进口企业应当建立经营档案，记录进口饲料的申报号、品名、数/重量、包装、输出国家或者地区、国外出口商、境外生产企业名称及其注册登记号、入境货物检验检疫证明、进口饲料流向等信息，记录保存期限不得少于2年。在申报检疫时应当提供原产地证书、贸易合同、提单、发票等，并根据对产品的不同要求提供输出国家或者地区的检验检疫证书。

（三）配合海关进行产品检验检疫

宠物食品进口商在取得入境货物检验检疫证明之前，应当将进口的商品

存放在海关指定或者认可的场所，不擅自转移、销售、使用。在海关对产品按照相应的检验检疫监管模式抽取样品并送实验室进行安全卫生项目的检测时，宠物食品进口商应予以充分配合。对于检验检疫不合格的，进口商应在海关的监督下，作除害、退回或者销毁处理。

第二十三章
跨境电商之母婴产品销售

母婴产品是指为孕产期女性与 0~3 岁的婴幼儿这两类特殊相关联群体提供的专业健康产品。一般来讲，狭义母婴产品对应 0~3 岁的婴幼儿及孕妇产品，以奶粉、辅食、用品等产品为主，涵盖了孕产妇以及婴童在衣、食、住、行、教、娱等各方面的需求。

母婴产品主要划分为婴童和孕妇两大板块。其中，婴童类产品主要包括食品（如奶粉）、衣物、耐用品（如玩具）及易耗品（如纸尿布）、洗护用品、童车童床、安全座椅、玩具书籍、童装童鞋和服饰寝具；孕妇类产品则主要包括食品（如孕期奶粉及营养品）、喂养用品、衣物及易耗品（如孕期护理用品等）。[①]

一、跨境电商母婴产品销售现状

近年来，多重利好因素刺激国内用户消费需求，推动中国跨境母婴电商发展：（1）国民收入持续提升，大量中产阶级家庭崛起；（2）用户消费升级，倾向于购买品牌产品，追求产品的高品质；（3）国内母婴产品安全问题频发，国外优质产品更受用户青睐；（4）互联网的便利性大大降低了用户跨境消费门槛，节省了用户消费成本。2020 年，我国母婴电商行业交易规模突破 1 万亿元，同时，母婴电商的渗透率也不断提升，从 2011 年的 3.4% 上升至 25.2%。[②]

[①] 我国母婴产品概述 [EB/OL].（2020-07-10）[2021-05-14]. http：//www.360doc.com/content/20/0710/08/34265476_923306151.shtml.

[②] 前瞻经济学人. 预见 2021：《2021 年中国母婴电商行业全景图谱》[EB/OL].（2021-03-09）[2021-09-29]. https：//www.qianzhan.com/analyst/detail/220/210309-c1bde88f.html.

随着中国女性的社会地位、经济地位不断提高，女性在家庭决策中拥有更大的话语权，也成为中国家庭消费的核心。移动电商母婴用户中，女性用户占比超过85%。母婴电商聚集了大量的妈妈客户，为切入家庭消费市场奠定了良好的用户基础。另外，近年来人口出生虽然渐趋缓慢，但一则我国已实施三孩生育政策，并且将出台一系列配套措施，之后的人口出生率预计会有所改善，二则我国人口基数大，因此在未来的几年中国新生儿数量仍将保持在高位。消费用户基数增加将给母婴行业带来巨大的动力。

但是，跨境母婴电商的长远发展也面临着挑战：（1）品牌信任度：用户对母婴产品的安全性要求极高，跨境母婴电商平台的品牌信任度在一定程度上能够对出售的商品做安全背书。（2）跨境物流：跨境物流路径长，环节繁杂，导致配送时间长、成本高、包裹无法全程追踪等问题，目前不论是保税模式还是直邮模式都未能全面解决这些问题。（3）供应链整合：海外产品供应链整合难度大，奶粉、尿裤等标准品类的品牌方强势。采购环节能否去中间化，实现品牌直供，获得品牌授权，不仅影响供应成本，更关系到用户信任度。（4）用户运营：母婴电商行业竞争加剧，流量成本增高，同时需要提高用户留存和重复购买率并尽可能延长用户使用周期。

从消费者的角度看，母婴电商目前所存在的问题主要集中在商品质量、物流问题、虚假促销、退款问题、冻结商家资金、发货问题、售后服务、货不对板等十个方面。[①] 换言之，如果母婴电商平台能够比较好地解决这些问题，其对于消费者的吸引力将会大大增强，有利于在激烈的竞争中取得优势。

二、跨境电商母婴产品政策法规及监管体系

如上所述，母婴产品包括多种不同的类型，不同产品所要符合的要求不同，所受到的监管也不一样。其次，就某一具体的母婴产品而言，一方

---

① 网经社.《2020年度中国母婴电商市场数据报告》[EB/OL].（2021-05-20）[2021-06-23]. http://www.citnews.com.cn/news/202105/128224.html.

面它要符合专门的针对这类母婴产品的法律法规，并接受相关的监管；另一方面也要符合其所属的某类商品的一般性的要求和监管。例如，婴幼儿食品，除了要符合特殊的规定，还要符合关于食品的一般要求。同样，通过跨境电商销售的母婴产品，除了要符合相关的专门规定，还要符合关于销售母婴产品的一般规定。以下就涉及母婴产品的主要法律法规和监管体系做简要的介绍。

（一）政策法规

近年来我国政府针对母婴产品的进口颁布了一系列积极政策，彰显出国家对这方面的重视。2017年《国务院关税税则委员会关于调整部分消费品进口关税的通知》降低了多种母婴产品的税率，包括奶粉、婴儿车、尿布、尿裤等，部分产品甚至已经降为零税率。特别是新冠肺炎疫情发生以后，为了促进经济恢复，提振消费，许多地方都在大力扶持跨境电商的发展；同时为了满足群众的消费需求，对于母婴产品的进口也都持支持的态度。例如，山东省政府2021年3月印发了《落实"六稳""六保"促进高质量发展政策清单（第二批）》，其中一方面强调开展省级跨境电商主体培育工程，并提供财政支持；另一方面强调要扩大母婴用品、食品、农产品等民生用品进口。其他的许多地方政府也都在利用各种契机，希望通过电商平台扩大母婴用品的进口消费。再如，北京市商务局在2020年"五一"之前，专门发布了《关于"五一"假期疫情防控及促进消费工作若干措施》，要求"指导跨境电商体验店与直播平台合作，开展直播促销活动，将跨境商品更加直观地呈现给消费者，进一步加大优惠力度。指导跨境电商平台开展五一劳动节、母亲节等主题促销活动，加大食品、美妆、家居、服饰、保健品、母婴用品、运动休闲用品等优惠促销力度，持续营造跨境消费新热点"。可见，目前通过跨境电商进行母婴产品的销售是一个蓬勃发展的热点，受到各级政府的重视，并且出台了一些优惠的政策，这对于平台经营者或者平台内经营者来说都是一个商业良机，要充分利用好市场和政策提供的机会、红利。

对于母婴产品进口的鼓励，并不意味着对其监管的放松。恰恰相反，鉴于母婴产品的重要性，目前我国有相当多的法律法规规定了对这些产品的监管规则。截至2022年1月，我国关于这方面的法律法规可以分为三类。第一类是一般性的法律法规，即其中虽然没有专门提及或涉及母婴产品，但是属于其范围之内的母婴产品也需要符合相关的要求；第二类是一般性的法律法规，其中有某些内容就母婴产品作出了特别的规定；第三类是专门针对母婴产品或者某一类母婴产品的法律法规，这尤以部门规章或者规范性文件为多，在经营某类具体母婴产品的时候尤其需要了解和注意。

首先，进口的母婴产品需要符合一般性法律法规，例如母婴食品应符合《食品安全法》，该法对进口食品的检验、包装、标识等都有明确的要求。对于通过跨境电商进口的母婴产品而言，还需符合《进出口食品安全管理办法》的相关规定。又如，所有相关产品都需要符合《产品质量法》等的规定，无须赘述。

其次，进口的母婴产品还需要符合一般性法律法规中关于母婴产品的特别规定。例如，《母婴保健法实施办法》中也有少量关于母婴产品的规定。以《广告法》为例，《广告法》第二十条规定，禁止在大众传播媒介或者公共场所发布声称全部或者部分替代母乳的婴儿乳制品、饮料和其他食品广告。该法第五十七条规定，有下列行为之一的，由市场监督管理部门责令停止发布广告，对广告主处二十万元以上一百万元以下的罚款，情节严重的，并可以吊销营业执照，由广告审查机关撤销广告审查批准文件、一年内不受理其广告审查申请；对广告经营者、广告发布者，由市场监督管理部门没收广告费用，处二十万元以上一百万元以下的罚款，情节严重的，并可以吊销营业执照、吊销广告发布登记证件。

此外，进口的母婴产品还需要符合专门针对母婴产品的法律法规和专门的规范性文件的要求。以婴幼儿配方奶粉为例，其中重要的规范性文件包括2013年国务院办公厅转发的由原食品药品监督管理总局、工业和信息化部、公安部等制定的《关于进一步加强婴幼儿配方乳粉质量安全工作的意见》，其中包括了进口婴幼儿配方奶粉的监管内容；国家发展和改革委员会、工业和信息化部、农业农村部、国家卫生健康委员会、国家市场监督管理总局、商务部、海关总署于2019年制定并颁布的《国产婴幼儿配方乳粉提升行动方案》，其中包括了"加强进口乳粉及跨境电商管理"的相关内容。除此之外，还有《关于加强进口婴幼儿配方乳粉管理的公告》等一系列的规定。当然，针对不同的母婴产品，我国相关部门多数都制定了相关的质量标准，这也是商家在进口相关产品时所需要注意的。

对于跨境母婴电商而言,还应该适用关于跨境电商的一般规定,例如列入 2019 年版《跨境电子商务零售进口商品清单》的母婴产品,可以通过跨境电商零售的方式进口,其监管方式与一般的进口有所不同。具体规定在前面章节中有分析,不再赘述。

(二)监管机关

通过跨境电商销售的母婴产品种类繁多,涉及的程序复杂,要面临多方的监管。以进口婴幼儿配方乳粉为例,市场监督管理部门、工业和信息化部门、商务部门、海关等对正规途径进口的婴幼儿配方乳粉实施监管。

海关作为监管的第一道防线,对正规途径进口的婴幼儿配方乳粉实行七步监管。①

第一步是市场准入,海关总署对首次申请进口的国家及其产品进行风险评估,只有风险在可接受范围内的国家的产品方准进口。

第二步是企业注册,境外生产企业应当经出口国家或者地区政府主管部门批准设立,符合出口国家或者地区法律法规相关要求,并保证其向中国出口的乳制品符合中国食品安全国家标准和相关要求。

第三步是进出口商备案,国内进口商应当有食品安全专业技术人员、管理人员和确保食品安全的规章制度等。

第四步是必须附带国外官方卫生证书,证书上清楚列明乳制品原料来自健康动物、乳制品生产企业处于当地政府主管部门的监管之下、乳制品是安全的可供人类食用等内容。

第五步是必须附带产品的检测报告,证明产品符合中国的食品安全国家标准要求。

第六步是产品中文标签必须直接印制在最小销售包装上,标签上有产品名称、配料表、规格、原产国或地区、营养成分表,以及国内代理商、进口商或经销商的名称、地址和联系方式。

第七步是各地海关依据国家有关法规及标准要求,对进口乳制品进行

---

① 郑州海关关于进口婴幼儿配方乳粉安全的在线访谈 [EB/OL]. (2021-06-10) [2022-02-23]. http://zhengzhou.customs.gov.cn/zhengzhou_customs/501456/501457/3715882/index.html.

检验。

由此可见,通过跨境电商进口的婴幼儿乳粉虽然不是在中国境内进行生产,但是对相关主体的资质、产品质量、产品标签等各方面的监管仍然比较严格。

三、案例评析

案例一　毛某杰违反食品安全管理规定案[①]

2019年5月5日,舟山市市场监督管理局定海分局执法人员对当事人的营业场所进行检查,货柜上陈列着6罐无中文标识的婴幼儿奶粉,当事人涉嫌经营标签不合格的婴幼儿奶粉。

经查明,2018年6月6日,当事人核准领取了《食品经营许可证》。2017年至2018年,当事人陆续在其经营场所以员工现场收款的方式销售无中文标签的某品牌婴幼儿奶粉26罐,销售价格为210元/罐,这批婴幼儿奶粉的实际收款金额为5458元。检查当日,执法机关在当事人跨境区域查获的6罐无中文标签婴幼儿奶粉的货值金额为1354元。当事人未能说明陈列在跨境区域的6罐婴幼儿奶粉的来源,也未能说明已销售给顾客的无中文标签婴幼儿奶粉的来源,未能提供婴幼儿奶粉购买凭证,也未能提供相应的海关报关单及进出口货物检验检疫证明。综上,执法机关认定当事人经营无中文标签婴幼儿奶粉的货值金额为6812元。

当事人销售无中文标签的婴幼儿奶粉,不符合食品标签规定,已构成销售标签不合格食品的违法行为。当事人销售无中文标签婴幼儿奶粉,未能说明产品来源,未能提供购买凭证,未能提供合格证明文件,未尽食品标签一般查验义务,已构成未尽食品进货查验义务的违法行为。对当事人处罚如下:(1)没收执法机关现场扣押的6罐无中文标签婴幼儿奶粉;(2)罚款人民币15000元。

[①] 舟市监定处字〔2019〕241号。

本案当事人具有婴幼儿奶粉跨境经营资质，其于线下经营场所陈列了若干无中文标识的婴幼儿奶粉，且曾经在线下出售了 20 余罐此类奶粉。市场监督管理局认为当事人线下销售的婴幼儿奶粉不应再按照跨境商品管理，而是应当符合国内食品销售的法律法规要求，因此认定当事人销售相关奶粉违反法律法规规定，并作出处罚。

在实践中，经营跨境婴幼儿奶粉的电商为了使消费者放心，或者更好地宣传产品，往往在线下门店进行产品的展示，这本无可厚非。但是需要注意的是，因为跨境电商零售进口的奶粉按照目前立法规定是"按个人物品监管"的，对中文标签、质量标准与一般的进口货物有所不同，相对而言更加宽松一些。对于跨境零售直购进口的奶粉，电商企业履行对消费者的提醒告知义务，会同跨境电商平台在商品订购网页或其他醒目位置向消费者提供风险告知书即可，但是一般货物进口的奶粉则要严格符合我国的相关质量标准，履行相关进口程序，乳粉配方需要在我国注册，且需要具备中文标签、产品说明书等。在本案中，当事人如果只是在线下展示相关奶粉，而不在线上进行跨境零售进口，则不会因为缺失中文标签等原因而受到处罚。

本案的关键在于，当事人曾在线下直接销售相关奶粉，根据 2016 年 8 月 29 日国家食品药品监督管理总局办公厅发布的《关于食品跨境电子商务企业有关监管问题的复函》（食药监办食监二函〔2016〕630 号）第二条规定，"食品跨境电商企业在线下开设展示（体验）店，但实际有销售行为的，需要按照规定办理《食品经营许可证》，所销售的食品需符合食品安全法律法规、食品安全标准的规定"，跨境电商线下销售的婴幼儿奶粉应当符合食品安全法律法规的规定。故当事人线下销售的婴幼儿奶粉不应再按照跨境商品管理，而是应当符合国内食品销售的法律法规要求，符合国产或进口食品的资质、标签、销售等要求。本案中当事人不能证明其销售的婴幼儿奶粉是合法进口食品或国产食品，违反了食品标签安全要求，不能依据跨境电商对食品标签的要求免于处罚。因此，对于在线下开设门店展示跨境商品的电商来说，保证没有销售行为非常重要；如果同时准备在线下进行销售的，需要具备相关的资质，保证产品符合我国的相关监管要求，且要履行进口的相关程序。

案例二 杜某江与江津区 X 母婴用品经营店、重庆 Y 供应链管理有限公司产品责任纠纷[①]

重庆 Y 供应链管理有限公司（下称"Y 公司"）成立于 2017 年 6 月 27 日，经营范围包括供应链管理、利用互联网及实体店销售、货物进出口等。其中的供应链管理和互联网销售涉及跨境电商商品展示，主要向消费者展示海外保税商品。消费者了解体验后决定购买的，通过跨境电商平台网上下单购买保税商品，商品由公司从保税港直接向消费者发货，或邮寄至展示平台再由消费者取货。江津区 X 母婴用品经营店（下称"X 经营店"）于 2019 年 9 月 20 日注册设立，系个体工商户，实际受 Y 公司管理和控制，经营范围包括销售食品、婴幼儿用品等，其中包括接受 Y 公司的安排，展示跨境电商商品，向消费者提供跨境电商商品的样品和信息，以促成跨境电商商品线上交易。X 经营店在其醒目位置标示了"跨境商品展示区"，陈列了跨境商品样品，并公示了跨境商品购物流程为在电商平台下单购买。

杜某江自 2019 年 9 月 14 日至 10 月 18 日，分 7 次购买 57 罐奶粉，共计支付价款 16456 元。在此过程中，店主告知了杜某江店内奶粉仅作展示，应根据提示和说明在线上购买，但在杜某江的坚持下，最终未收集杜某江的身份信息进行线上购买，而是直接向杜某江出售展示商品。上述奶粉中，除一罐有中文标签外，其余均无中文标签。杜某江购买奶粉后并未食用，并以所购奶粉无中文标签不符合食品安全标准为由，向被告提出赔偿要求，经双方协商未果。2020 年 2 月 25 日，杜某江向法院提起包括本案在内的诉讼案件 7 件，均要求两被告退还购物款并给予十倍赔偿。

审理中，Y 公司举示了海关进境货物备案清单、海关进口货物报关单，证明案涉奶粉在海关进行了备案，系经合法渠道进入境内保税区和 X 经营店，为合格商品，不存在食品安全问题。并主张原告并非消费者，

[①] （2020）渝 0116 民初 1375 号。

> 而是职业打假人，不应支持其惩罚性赔偿的诉求。
>
> 　　最终经法院调解，杜某江与 Y 公司就解除买卖合同、返还货物与购物款达成了协议。此外，法院认为案涉奶粉无中文标签没有对杜某江形成误导、不能证明案涉奶粉存在食品安全问题、原告的索赔行为违反诚实信用，因此没有支持其十倍赔偿的请求。

　　被告经营跨境电商奶粉的销售，同时设立线下门店以展示跨境电商商品。原告在明知线下商品仅作展示之用、应该在电商平台上购买的情况下，仍坚持在线下直接购买大量奶粉，并以不符合我国食品安全标准为由请求十倍赔偿。本案中，法院认为该买卖合同不符合跨境电商进口商品销售的相关规定，当事人也达成了退货退款的协议；此外，鉴于原告作为职业打假人，法院没有支持其十倍赔偿的请求。通过与上一案例的对比，本案表明了，将线下展示的跨境电商进口奶粉直接进行销售，商家除了可能遭到行政处罚之外，还有可能要承担食品安全的民事责任。

　　在本案中，X 经营店是以 Y 公司的员工的名义设立的个体工商户，将本来用于线下展示的奶粉销售给原告的也是该员工，而事实上这一销售行为本已违反了公司的相关规定。但是，X 经营店或员工的经营行为，即便不符合公司的规定，也仍系代表 Y 公司履行职务的行为。因此，销售案涉奶粉导致的民事责任应由 Y 公司承担。由此可见，对于在线下开设店铺展示商品的跨境电商来说，做好内部的管理、监管工作，避免员工擅自进行销售是非常重要的。

　　本案中原告和被告就解除合同、退货返款达成了协议。但法院同时表示，因为本案中双方是买卖行为，不符合跨境电商进口商品销售的相关规定，故即使双方未达成退货退款的协议，根据本案实际情况，法院亦将支持杜某江退回购物款的诉讼请求。这也反映了法院对于这种销售行为效力的态度。换言之，如果跨境电商违反规定，通过线下交易将跨境电商零售进口的奶粉等商品出售给消费者，若消费者请求法院解除合同，法院很有可能也是会同意的。

　　本案的争议焦点是，是否支持原告十倍赔偿的请求。《食品安全法》（2021 年修正）第一百四十八条规定，生产不符合食品安全标准的食品或者经营明知是不符合食品安全标准的食品，消费者除要求赔偿损失外，还可以向生产者或者经营者要求支付价款十倍或者损失三倍的赔偿金；增加赔偿的金额不足一千元的，为一千元。但是，食品的标签、说明书存在不影响食品安全且不会对消费者造成误导的瑕疵的除外。法院之所以没有支持原告的诉请，是因为原告并非一般的善意消费者。具体而言，首先，案涉奶粉无中文标签并未对杜某江形成误导。法院认为，根据商务部、海关总署、市场监管总局等主管部门的规定，对跨境电商零售进口商品按个人自用进境物品监管，跨境电商零售进口商品符合原产地有关质量、安全、卫生、环保、标识等标准或技术规范要求，但可能与我国标准存在差异。相关商品直接购自境外，可能无中文标签，消费者可通过网站查看商品的中文电子标签。案涉奶粉是跨境电商零售进口商品，故无中文标签符合相关规定。本案中，不管是 X 经营店的醒目标识、店主的提示，还是原告通过进店观察和商品包装本身，再结合原告的购货及索赔经验等事实，均能证明原告在进入 X 经营店购买奶粉时，是知道或应当知道 X 经营店的经营模式属于跨境电商商务模式，其陈列或展示的商品属于跨境电商平台采购的国外商品，并无中文标签。杜某江是在充分了解案涉奶粉是跨境电商商品且无中文标签的情况下，不顾店主的提示而坚持购买。因此，案涉奶粉无中文标签，未对杜某江形成误导。

其次，法院认为原告不能证明案涉奶粉存在食品安全问题。被告已证明案涉奶粉系经海关监管进入境内保税区和 X 经营店展示的跨境电商零售进口商品。原告既未食用案涉奶粉，也未举证证明案涉奶粉存在食品安全问题，故应承担举证不能的后果。其实，根据上述法律的规定，不符合"食品安全标准"即可作为惩罚性赔偿的条件，而根据《食品安全法》的相关规定，与卫生、营养等食品安全要求有关的标签、标志属于食品安全标准的范围。此外，同样地根据《食品安全法》第一百四十八条，"食品的标签、说明书存在不影响食品安全且不会对消费者造成误导的瑕疵的除外"，法院似乎还可分析本案情形是否属于这种例外。笔者认为，结合本案的案情，本案中奶粉缺乏中文标签可认定为这种例外。

最后，法院认为被告不是诚实、善意的消费者，其行为违背了诚实守信的基本法律制度。杜某江以类似"钓鱼维权"或"买假索赔"的方式，通过诉讼谋取利益的行为与我国诚信的法律价值和立法精神不符，严重违背了诚信原则和社会主义核心价值观，不利于社会的良性治理和市场经济秩序的建立，法律不应支持这种索赔行为。笔者认为，在裁判中应该谨慎地适用诚信原则。本案的关键问题更是在于，原告是否属于法律所规定的"消费者"，换言之，即知假买假者是否可作为消费者获得保护。

事实上，目前各地法院对于这种知假买假行为的态度并不一致，特别是对于母婴产品、药品等重要的商品，可能法院会对商家采取更加严格的态度。本案中，法院虽然没有支持原告的索赔请求，但是并不意味着类似的案件在其他法院也一定会得到类似的判决。此外，本案中的被告虽然不用承担惩罚性赔偿责任，但是其将跨境电商零售的进口奶粉实际上用于线下销售，已经违反了相关的行政法规，可能仍然要如上一案例一样受到行政机关的处罚。因此，对于跨境电商奶粉或者母婴产品的经营者来说，如果要将跨境零售进口的奶粉用于线下销售，应履行相关的手续，使产品符合我国的质量标准、广告标准等，否则不但可能会被行政处罚，而且有可能需要承担民事责任。

案例三 丁某建与福建某食品有限公司产品销售者责任纠纷案[①]

2015年12月21日，被告以职工余某芳名义通过淘宝网以跨境电商方式从香港购买某品牌婴儿奶粉，被告将该奶粉销售给原告，该批奶粉无中文标签。2016年4月，原告到被告处购买了该品牌奶粉等商品。原告后来以被告所售商品属于不符合我国食品安全标准且未经进口检验的不合格、不安全食品为由，对被告依法提起诉讼。被告则主张所销售奶粉系配方奶粉，属于《跨境电子商务零售进口商品清单》中的商品，是通过淘宝网跨境电子商务方式从香港购得，来源合法，不存在质量问题。而且主张原告为职业打假人，其请求不应被支持。但最终法院还是认为被告所销售的商品不符合我国相关食品质量标准，判决被告退款并给予原告购物价款十倍的赔偿。

本案与上一案件有类似之处。原告自被告处购买了奶粉等商品，商品并无中文标签及中文说明书，原告认为被告所出售商品不符合我国的食品安全

[①]（2016）闽0105民初932号。

标准，因此要求被告退还购物款，并给予原告购物价款十倍的赔偿。但是，本案中，案涉产品是由被告的员工经由跨境电商方式从境外购进，再由被告进行销售，不应适用跨境电商的监管方式。所售奶粉违反了《食品安全法》的相关质量标准，因此被告需要给予原告购物价款十倍的赔偿金。

　　本案发生在跨境电商方兴未艾之际，按照被告的辩护，其似乎认为只要是通过跨境电商零售进口的商品，在内地的流通也适用跨境电商零售进口的监管模式，但这明显是错误的。法院认为，被告将以消费者名义购买的进口奶粉再行出售，本质上是以个人跨境电商消费之名行进口贸易之实。而我国对企业进口食品贸易有严格的报关和检验检疫制度，被告作为销售企业销售该奶粉既不能提供进口奶粉的卫生质量合法证明，亦无中文标签。《乳品质量安全监督管理条例》第四十条规定，禁止购进、销售无质量合格证明、无标签或者标签残缺不清的乳制品。第四十四条规定，进口的乳品应当按照乳品质量安全国家标准进行检验；尚未制定乳品质量安全国家标准的，可以参照国家有关部门指定的国外有关标准进行检验。国家食品药品监管总局办公厅2016年发布的《关于开展婴幼儿配方乳粉标签标识规范和监督检查工作的通知》（食药监办食监一〔2016〕168号）第三条规定，婴幼儿配方乳粉经营者要建立进货查验记录制度，查验婴幼儿配方乳粉的标签标识，保证包装完好，并按照保证食品安全的要求贮存。销售的进口婴幼儿配方乳粉，应当有中文标签和中文说明书，标签、说明书应当符合我国有关法律法规的规定和食品安全国家标准的要求，并载明食品的原产地以及境内代理商的名称、地址、联系方式。可见，被告公开利用自身销售进口产品平台对外销售以消费者名义通过跨境电商方式购进的产品，但又隐瞒该事实，显然是对消费者的误导，且所销售讼争进口奶粉不符合我国《食品安全法》相关规定，无质量合格证明，无中文标签，属于销售不合格、不安全产品。因此，法院支持原告退款和十倍赔偿的请求。

　　在实践中，有不少商家通过让个人将奶粉等产品带货进境或者先通过跨境电商购买境外母婴产品，再进行转售的情形。而事实上，无论是个人携带入境还是通过跨境电商零售进口的产品，都应该限于自用而不能再行销售。否则，便应该接受一般的进口商品的监管。本案中，涉案的奶粉虽然是通过跨境零售方式进口的，但如果在内地再行销售，便不能只按照跨境零售进口的方式进行监管，而应该符合一般的进口商品的质量标准。因此，被告需要为销售不符合我国质量标准的奶粉而承担十倍的赔偿责任。除此之外，被告还涉嫌违反行政法的相关规定。对于这种行为，如果构成"刷单"及伪报贸易方式进口，还有可能涉嫌走私问题。这种情况在跨境电商刚刚兴起的时候可能更为普遍，但是现在仍然要注意。对于消费者来说，也应该从正规的电商平台购买境外产品。

本案也印证了上一案例分析中的观点，即不同法院或不同时期，职业打假所得到的认同是不一样的。本案中，被告也主张原告是职业打假人，但是法院并没有考虑这一点。当然，这或许也是考虑到被告本身行为的违法性问题。

四、跨境电商母婴产品销售的合规建议

（一）相关市场主体应严格履行注册或登记备案制度

《食品安全法》第九十六条规定，"向我国境内出口食品的境外出口商或者代理商、进口食品的进口商应当向国家出入境检验检疫部门备案。向我国境内出口食品的境外食品生产企业应当经国家出入境检验检疫部门注册"。《关于进一步加强婴幼儿配方乳粉质量安全工作的意见》进一步明确规定，"向中国出口婴幼儿配方乳粉的出口商或其代理商和进口商应当严格按照规定备案""严格实行境外婴幼儿配方乳粉生产企业注册管理，严禁未注册企业向境内出口婴幼儿配方乳粉"等。当然，根据《电子商务法》第十条和第二十八条的规定，电子商务经营者应当依法办理市场主体登记；电子商务平台经营者有义务向市场监督管理部门和税务部门报送平台内经营者的信息，提示未办理市场主体登记的经营者依法办理登记。关于母婴产品经营者的特殊规定是对其进一步的要求。

（二）严格符合我国的相关质量标准

相对于一般的产品，母婴产品鉴于本身的性质以及其适用对象的特殊性，其产品质量问题更为重要。国家对于母婴产品也制定了严格的、适合本国实际的标准，通过跨境电商进入我国的相关产品同样要符合相关的标准，而非仅仅符合生产国的标准即可。仍以进口乳粉为例，《关于进一步加强婴幼儿配方乳粉质量安全工作的意见》规定，"进口商必须保证其进口的婴幼儿配方乳粉符合我国食品安全国家标准，进口报检时必须提供对应生产日期或生产批

次的婴幼儿配方乳粉检测报告，严格执行进口和销售记录制度。婴幼儿配方乳粉生产经营单位和进口商必须落实质量安全责任追究制度，建立先行赔偿和追偿制度，按照'谁生产谁负责、谁销售谁负责'的原则进行赔偿。探索建立食品安全责任保险制度，保护消费者合法权益。"

此外，《国产婴幼儿配方乳粉提升行动方案》第十四条更是针对跨境电商进口奶粉明确规定，"对跨境电子商务零售进口的婴幼儿配方乳粉，落实跨境电商企业对产品质量安全的主体责任，跨境电商企业要建立商品质量安全风险防控机制，建立健全涵盖完整物流轨迹的产品质量追溯体系。"因此，通过跨境电商进口婴幼儿配方乳粉的时候，相关商家应该审慎地确保进口奶粉的质量安全，尤其需要注意的是，产品必须符合我国的相关质量标准。商家在选择进口乳粉的时候，建议先了解该产品在我国是否已经获得注册，是否符合我国的各项要求。

2016年国家食品药品监督管理总局颁布的《婴幼儿配方乳粉产品配方注册管理办法》规定，境内生产销售和进口的婴幼儿配方乳粉都应该在我国进行配方注册，其中更是规定了严格的注册条件。但是根据《关于完善跨境电子商务零售进口监管有关工作的通知》的规定，对跨境电商零售进口商品按个人自用进境物品监管，不执行有关商品首次进口许可批件、注册或备案要求。而根据2019年版《跨境电子商务零售进口商品清单》，配方奶粉、其他供婴幼儿食用的零售包装食品等产品位列其中，且没有例外的备注加以排除。换言之，如果进口上述产品的方式符合"跨境电子商务零售进口"的话，是可以不对乳粉配方进行注册的，这无疑使其相对于国内产品及以其他途径进口的产品而言具有更大的优势。

虽然此类奶粉不需要严格符合我国的相关监管要求，但是电商企业应履行对消费者的提醒告知义务，会同跨境电商平台在商品订购网页或其他醒目位置向消费者提供风险告知书，包括相关商品符合原产地有关质量、安全、卫生、环保、标识等标准或技术规范要求，但可能与我国标准存在差异；如果相关商品直接购自境外，可能无中文标签，消费者可通过网站查看商品的中文电子标签等内容。消费者购买的商品仅限个人自用，不得再次销售。

因此，对于经营者而言，首先要明确所经营的配方奶粉销售行为是否属于跨境电商零售进口，进而确定所进口的产品是否需要配方注册；其次，无论如何，都应该建立产品质量安全的防控机制，避免出现因产品质量问题所带来的风险。

(三)符合标签标识的相关要求

《关于完善跨境电子商务零售进口监管有关工作的通知》第四条第(一)项第 3 点规定,跨境电商企业相关商品直接购自境外,可能无中文标签,消费者可通过网站查看商品中文电子标签。因此,对于跨境电商零售进口并通过"网购保税进口"(海关监管方式代码 1210)或"直购进口"(海关监管方式代码 9610)运递进境的奶粉,可以保留和使用原标签标识,无须加贴中文标签标识。但跨境电商企业仍应履行提醒告知义务,为消费者提供商品的中文电子标签,让消费者可以通过网站查询相关信息。

(四)符合其他的监管要求

如上所述,我国对于母婴产品的监管是全方位的,通过跨境电商进行销售的也不例外。例如,根据《广告法》的规定,从事跨境母婴产品生产、销售的商家,以及电子商务平台本身,都不能发布声称全部或者部分替代母乳的婴儿乳制品、饮料和其他食品广告,否则作为广告主的商品经营者将会面临被罚款甚至吊销营业执照的风险;即便平台本身没有进行相关商品的经营活动(非自营),如果在平台上帮忙发布、推送相关的广告,也有可能会面临没收广告费用、罚款甚至吊销相关营业执照的风险。

此外,根据《母婴保健实施办法》第二十九条的规定,母乳代用品生产者、销售者不得向医疗、保健机构赠送产品样品或者以推销为目的有条件地提供设备、资金和资料。在电商平台上经营相关产品的经营者同样要遵守相关的规则。

第二十四章
跨境电商之烟草产品销售

随着我国经济社会的发展以及国民生活水平的提高，高端奢侈消费趋势逐步扩大，"品洋酒""抽雪茄"等逐渐成为新风尚。然而，出于税收、产业和国民健康等因素的考量，烟草产品一直面临着强监管，通过跨境电商渠道进口雪茄等烟草产品被禁止，经营者需要厘清一般贸易进口和行邮物品进境两种方式的监管规则。强监管还体现在烟草走私领域，经营者应当注重合法合规，明晰执法机构对雪茄等烟草产品进口/进境的正面监管规定和实务操作中的定性定量审判要点，避免受到行政与刑事处罚。

一、烟草产品的专卖制度与进口现状

"烟草产品"包括烟草专卖品和烟草制品。烟草专卖品是指卷烟、雪茄烟、烟丝、复烤烟叶、烟叶、卷烟纸、滤嘴棒、烟用丝束、烟草专用机械。而卷烟、雪茄烟、烟丝、复烤烟叶统称烟草制品。[①] 国家对烟草专卖品的生产、销售、进出口业务实行垄断经营、统一管理的专卖制度。经营烟草制品批发业务的企业、经营烟草制品零售业务的企业或者个人都需要向有关部门申请许可证。《中华人民共和国烟草专卖法实施条例》（下称《烟草专卖法实施条例》）第二十三条规定，取得烟草专卖批发企业许可证的企业，应当在许可证规定的经营范围和地域范围内，从事烟草制品的批发业务。取得烟草专卖零售许可证的企业或者个人，应当在当地的烟草专卖批发企业进货，并接受烟草专卖许可证发证机关的监督管理。此外，对于烟草专卖品的运输也有严格的规定，托运或者自运烟草专卖品必须持有烟草专卖行政主管部门或者

---

① 参见《中华人民共和国烟草专卖法》（下称《烟草专卖法》）第二条。

烟草专卖行政主管部门授权的机构签发的准运证；无准运证的，承运人不得承运。① 邮寄、异地携带烟叶、烟草制品的，不得超过国务院有关主管部门规定的限量。② 这种严格的专卖管理制度与电商经营是存在一定的矛盾的，因为电商的一个重要特征便是在很大程度上打破了地域之间的限制，并且通过快递物流进行交易。

或许也正因如此，目前还不能通过跨境电商零售进口的方式销售烟草产品（当然，在国内也不能通过电商平台销售烟草产品）。《烟草专卖许可证管理办法》第四十条规定，除了取得烟草专卖生产企业许可证或者烟草专卖批发企业许可证的企业依法销售烟草专卖品外，任何公民、法人或者其他组织不得通过信息网络销售烟草专卖品。换言之，即便经营者持有烟草专卖零售许可证，也不能在电商平台上销售烟草专卖品。③

我国是高端雪茄等烟草产品的消费大国，主要的进口/进境国包括古巴、巴西、瑞士、德国、丹麦、多米尼加、尼加拉瓜、洪都拉斯等，相关顶级雪茄品牌主要有来自古巴的高希霸、乌波曼、罗密欧与茱莉叶，以及来自多米尼加的大卫杜夫和来自巴西的丹纳曼等。目前，在烟草专卖制度之下，我国烟草产品的一般进口由专门的公司进行组织。而我国国民从国外购买雪茄等烟草产品的主要方式包括海淘、免税店选购、境外购买个人携带进境等。需要注意的是，尽管烟草产品并不在《跨境电子商务零售进口商品清单》中，消费者不能通过跨境电商渠道购买，但有相关进口资格的企业仍有可能通过广义的跨境电商进行进口。

根据中国海关数据统计，2020 年中国烟草制的卷烟（HS 编码为 24022000）进口量为 14290361 千支，比 2019 年下降 25.4%，进口金额为 3.31 亿美元，同比下降 48%。进口量下降幅度低于进口金额下降幅度，主要是受 2020 年新冠肺炎疫情影响，全球经济下挫，为了刺激经济发展，各国都降低了进出口关税。中国进口卷烟的产地较为分散，来自全球六个大洲数十个国家，但是总体来看，亚洲地区进口量最高，达到 14025726 千支，占据绝对主导地位。

---

① 参见《烟草专卖法》第二十一条。
② 参见《烟草专卖法》第二十二条。
③ 曹盛. 中国烟草专卖法律制度改革研究 [M]. 北京：法律出版社，2014：136。

而卷烟进口量最高的国家则为新加坡，进口量达到 1886632 千支。[①]

二、烟草产品的进口监管要求

作为一个特殊行业，烟草业产生以来一直受到世界各国政府的严格规制。专卖管理和垄断经营是国家实施规制的特殊的重要形式，多年来国家烟草专卖局一直坚持依法行政、依法经营、依法管理的监管原则。烟草制品属于限制进境物品，根据我国有关规定，往返港澳地区的旅客可免税携带香烟 200 支或雪茄 50 支；其他旅客可免税携带香烟 400 支或雪茄 100 支。而通过海淘等方式以个人行邮物品渠道购进，在海关监管上又与个人携带进境方式存在差异。而且在海关法中，对于用于商业目的的批量进口货物和个人自用（包括馈赠亲友）的行邮进境物品有着完全不同的监管规则，而雪茄等烟草制品还涉及专卖限制等问题，其主要监管差别见表 24.1。

表 24.1　烟草产品进口监管

监管规则	一般贸易进口	行邮物品进境
专卖限制	烟草行业企业只能购进由中国烟草进出口（集团）公司组织进口的烟草类货物，需要自动进口许可证；只能通过中国烟草进出口（集团）公司出口烟草类货物[②]	不受我国烟草专卖原则的限制
税率	进口雪茄适用最惠国税率（25%）时，其适用的综合税率为 120.7%。目前，我国雪茄的主要进口/进境国均适用最惠国税率	个人邮寄烟的进口税税率为 50%；应征进口税额人民币 50 元以下的予以免征
	进口雪茄适用普通税率（180%）时，其适用的综合税率为 362.9%	

---

① 张寒.2020 年卷烟行业产销量、进出口及改革措施分析，打造智能化终端[EB/OL].（2021-02-23）[2021-05-10]. https：//www.huaon.com/channel/trend/689776.html.
② 参见《国营贸易烟草类货物进出口内部管理办法》第三条。但是经国家烟草专卖局、中国烟草总公司批准，中国烟草进出口（集团）公司改制成了中国烟草国际有限公司。

表 24.1 续

监管规则	一般贸易进口	行邮物品进境
限值	进口货物不适用限值规定	个人寄自或寄往港、澳、台地区的物品，每次限值为 800 元人民币；寄自或寄往其他国家和地区的物品，每次限值为 1000 元人民币；包裹内仅有一件物品且不可分割的，虽超出规定限值，经海关审核确属个人自用的，可以按照个人物品规定办理通关手续
计税价格	根据《中华人民共和国进出口关税条例》（下称《进出口关税条例》）的规定，进口货物的完税价格由海关以成交价格以及该货物运抵中华人民共和国境内输入地点起卸前的运输及其相关费用、保险费为基础审查确定。成交价格不能确定的，海关经了解有关情况，并与纳税义务人进行价格磋商后，依次以下列价格估定该货物的完税价格： （一）与该货物同时或者大约同时向中华人民共和国境内销售的相同货物的成交价格。 （二）与该货物同时或者大约同时向中华人民共和国境内销售的类似货物的成交价格。 （三）与该货物进口的同时或者大约同时，将该进口货物相同或者类似进口货物在第一级销售环节销售给无特殊关系买方最大销售总量的单位价格，但应当扣除本条例第二十二条规定的项目。 （四）按照下列各项总和计算的价格：生产该货物所使用的料件成本和加工费用，向中华人民共和国境内销售同等级或者同种类货物通常的利润和一般费用，该货物运抵境内输入地点起卸前的运输及其相关费用、保险费。 （五）以合理方法估定的价格	进境物品的完税价格由海关依法遵循以下原则确定： （一）《完税价格表》已列明完税价格的物品，按照《完税价格表》确定。目前适用的《完税价格表》中，雪茄烟完税价格为 10 元／支。 （二）《完税价格表》未列明完税价格的物品，按照相同物品相同来源地最近时间的主要市场零售价格确定其完税价格。 （三）实际购买价格是《完税价格表》列明完税价格的 2 倍及以上，或是《完税价格表》列明完税价格的 1/2 及以下的物品，进境物品所有人应向海关提供销售方依法开具的真实交易的购物发票或收据，并承担相关责任。海关可以根据物品所有人提供的上述相关凭证，依法确定应税物品完税价格

三、电子烟相关问题

2021年12月17日,第五届国际电子烟产业高峰论坛在深圳举办。论坛发布的《2021电子烟产业蓝皮书》显示,2021年电子烟国内市场零售规模达197亿元,同比增长36%。目前,市面上的电子烟产品,按照出烟原理主要分为两类:一种是加热不燃烧电子烟,主要原理为低温加热,通过加热新型烟草释放烟雾,主要特点是烟杆中需要插放一支类似卷烟的新型烟草,代表产品有IQOS;另一种是烟油雾化型电子烟,通过电加热使烟油雾化,以生成烟雾,例如悦刻等。虽然产品成分和主要原理有别于雪茄等传统烟草制品,但电子烟同样会释放有害物质,损害吸烟者和被动吸烟人群的身体健康。如今部分电子烟产品的烟液尼古丁含量存在标识不规范、含量超标等问题。[①]

考虑到电子烟与传统卷烟等烟草制品在成分、功能、消费方式等方面具有一致性,为加强电子烟等新型烟草制品监管,国务院对《烟草专卖法实施条例》修改时增加一条,作为第六十五条:"电子烟等新型烟草制品参照本条例卷烟的有关规定执行。"

长期以来,作为一种新型烟草制品,电子烟引发了业内人士关于其究竟是烟还是电子产品的争议,《烟草专卖法实施条例》的这一修改为电子烟的监管提供了明晰的规范指引和法律依据,可以有效地应对电子烟市场出现的新情况以及产品质量安全风险、虚假广告等问题,保障消费者的合法权益。主管部门至今尚未针对电子烟出台国标,种类繁多的电子烟如何界定细分品种、是否会走向专卖、具体的监管机关以及条例修改后的监管重点等都因缺乏细则悬而未决,未来电子烟行业还需要进一步规范化、标准化。

2020年7月,国家烟草专卖局再次开展为期两个月的电子烟专项整顿,不断加强行业规范,主管部门强化监管是大势所趋。而保护未成年人不受电子烟侵害是监管中的重点要求。中国疾控中心统计数据显示,2019年中国高中生电子烟使用率为3%,初中生电子烟使用率为2.7%,青少年吸食电子烟的比例日益增高。近年来,多份主要电子烟监管文件均围绕该问题作出规定并禁止通过线

---

① 中国烟草入场,电子烟重整归来[EB/OL]. [2021-02-01]. http://www.100ec.cn/detail--6584538.html.

上渠道销售电子烟，如2018年发布的《关于禁止向未成年人出售电子烟的通告》及2019年发布的《关于进一步保护未成年人免受电子烟侵害的通告》。前者规定"建议电商平台对含有'学生''未成年人'等字样的电子烟产品下架，对相关店铺（销售者）进行扣分或关店处理；加强对上架电子烟产品名称的审核把关，采取有效措施屏蔽关联关键词，不向未成年人展示电子烟产品"；后者更是直接规定"自本通告印发之日起，敦促电子烟生产、销售企业或个人及时关闭电子烟互联网销售网站或客户端；敦促电商平台及时关闭电子烟店铺，并将电子烟产品及时下架；敦促电子烟生产、销售企业或个人撤回通过互联网发布的电子烟广告"。

新修订的《中华人民共和国未成年人保护法》第五十九条明确规定向未成年人销售电子烟是违法的：学校、幼儿园周边不得设置烟、酒、彩票销售网点。禁止向未成年人销售烟、酒、彩票或者兑付彩票奖金。烟、酒和彩票经营者应当在显著位置设置不向未成年人销售烟、酒或者彩票的标志；对难以判明是否是未成年人的，应当要求其出示身份证件。该法第一百二十三条规定，相关经营者违反规定的，由文化和旅游、市场监督管理、烟草专卖、公安等部门按照职责分工责令限期改正，给予警告，没收违法所得，可以并处五万元以下罚款；拒不改正或者情节严重的，责令停业整顿或者吊销营业执照、吊销相关许可证，可以并处五万元以上五十万元以下罚款。

四、烟草走私及相关问题

通过行邮方式进行走私是烟草走私的常见类型。如前所述，通过行邮物品渠道进口烟草相较于一般贸易进口不仅税率较低，而且不受我国烟草专卖原则的限制，但行邮物品有"个人自用"和进境限值的限制。因此，如果存在虚构收件人信息或者收集多人身份证采购雪茄，邮寄进境后再集中销售的情况，则可能涉嫌"伪报贸易方式"走私。此外，从最近曝光的案件来看，不少行邮包裹还存在低报价格、伪报品名等问题。此外，鉴于电子烟具有一定的特殊性，容易伪装成其他产品，在实践中也经常存在通过伪报品名、跨境电商方式进行走私的情形。

（一）烟草产品常见走私方式

1. 伪报贸易方式

在烟草走私中，伪报贸易方式是指将本应通过一般贸易方式进口的烟草伪报为个人行邮物品进境，其最典型的手法就是"虚构收件人信息"走私，即雇用社会人员或者利用互联网技术购买或获取网络用户的身份信息，以此为基础制作虚假的国际邮单，将应当以一般贸易进口的货物拆分、伪报成个人行邮物品走私入境，入境后再将雪茄等烟草制品聚集囤积到仓库或雪茄房，在境内进行商业性销售牟利。

"虚构收件人信息"走私除了侵害海关监管秩序和国家税收法益外，同时也可能涉及盗用、冒用公民个人的身份信息类犯罪，但从手段与目的的牵连犯罪角度出发，一般不会再对手段行为单独定罪。

2. 低报价格

成交价格是海关征税的基础，因此低报价格对于关税和海关代征税的影响一目了然。据广州海关缉私局介绍，"8.06"走私雪茄案中查获的雪茄原本每支价格为二三十至一两百美元之间，甚至更高，但嫌疑人在个人包裹寄递申报的时候采取了模糊申报、低报价格等手段，每支雪茄的价格仅申报五至九美元，低报幅度达到30%~90%。[①] 需要注意的是，低报价格往往也会与伪报贸易方式相互关联。如前所述，个人行邮物品进境有限值要求，因此有些低报价格的行为并非单纯为了偷逃低报部分的税款，而是将超过交易限值、本不应当以行邮物品方式进境的商品低报至交易限值内，从而不正当地享受行邮物品在税率上的优势。

一般情况下，低报价格的逃税故意都是比较明显的，但如有合理理由能够证明申报时无主观故意，比如系更换系统时的原始参数设置错误或偶尔错报，则有可能只做申报不实的行政处罚，不认定为走私违法或犯罪。

3. 伪报品名

目前，进境物品行邮税率共有三档[②]，其中烟草税率为50%，系最高的一档。据笔者了解，有部分雪茄烟包裹在申报过程中将品名改为食品或雪茄周边（如烟灰缸）进行申报，因伪报后的商品进境税率低，所以同样存在偷逃税款的问题。

---

① 广州海关破获6300万元走私雪茄大案[EB/OL].（2021-01-24）[2021-02-01]. https：//bai jiahao.baidu.com/s?id=1689766880537124487&wfr=spider&for=pc.

② 详见2019年4月9日生效的《中华人民共和国进境物品归类表》。

（二）走私与非法经营

根据《海关法》第八十二条、八十三条关于走私行为认定的规定，虽然走私罪的犯罪构成并不包括销售或营利目的，但是从根本上来说，当事人走私香烟进境就是为了销售牟利，这也是走私罪被认为经济犯罪的原因。而如前所述，我国的烟草实行专卖制度，无许可而批发、零售烟草产品的行为涉嫌非法经营。在实践中，尤其是通过跨境电商方式走私烟草产品（实践中以电子烟为多），则基本上都会在走私之后涉及销售的行为，即这种情况下无疑面临着走私普通货物、物品罪与非法经营罪如何适用的问题。目前司法实践中并没有非常明确的做法，有的直接按照其中的一个罪名进行定罪量刑（可参见后文"非法经营"的案例），① 也有的按照数罪并罚进行处理，② 还有的案件按照牵连犯进行定罪量刑。③ 但是从理论上来看，跨境电商走私香烟的行为与这两个罪名都有密切的联系，如何准确地适用法律是值得探讨的。

有学者认为，可以对"先走私后销售"进行类型化的分析，然后确定法律的适用。④ 具体来说，如果在走私进境的时候相关烟草产品已经被购买了，非法经营的危险已经现实化，这种情况可以认为走私行为已经同时触犯了普通货物、物品罪与非法经营罪。因为法律并没有将非法经营行为限定于销售行为，按照一般的观念和司法实践，购买、储存、运输、销售等一系列行为也属于非法经营行为的一部分。⑤ 但是，这种情况如何适用法律是存在争议的，有观点认为，非法经营罪与走私罪之间存在交叠关系，应该属于法条竞

---

① 例如，在"俞某、孙某走私普通货物、物品罪，汪某、林某颖等非法经营罪案"[（2016）浙刑终313号]中，法院对于走私者出售走私烟草产品的行为不作考虑。
② 例如，在"李某花、隋某等犯走私普通货物、物品罪，李某善犯走私普通货物、物品罪、非法经营罪，郭某东犯非法经营罪案"[（2015）苏刑二终字第00010号]中，被告人李某善直接向走私人非法收购走私进口的货物，偷逃应缴税额较大，触犯走私罪；且其存在非法经营相关香烟的行为，构成非法经营罪，法院认定其一人犯数罪，依法予以数罪并罚。
③ 例如，在"付某智走私普通货物、非法经营罪案"[（2018）苏01刑初10号]中，法院认定被告人部分香烟是为贩卖而走私的，该部分香烟涉及的走私普通货物罪与非法经营罪系牵连关系。
④ 程衍.﹁先私后售﹂行为的实务处断与裁判规则[J].国家检察官学院学报，2020（5）：107-109.
⑤ 张建，俞小海.涉烟非法经营罪未遂之辨正[J].法学，2013（2）：150.

合中的交叉竞合关系。① 但笔者认为，认定为非法经营罪保护的法益是市场经营秩序以及国家对市场秩序的管理，而认定为走私罪保护的是国家对海关、税务等事项的管理秩序，两者在保护的法益上并没有重叠。虽然可能两者都涉及运输等行为，但这些行为的目的和性质是不一样的，如果认为在事实上有一定的重叠就构成法条竞合的话，那刑法中大量的法条都存在竞合的情况。鉴于这种情况是"实施一个行为，触犯两个罪名"，应当认定为想象竞合，按照一般的原则，从一重罪处罚。值得注意的是，非法经营的定罪量刑主要以非法经营数额为标准，而走私普通货物、物品罪主要以偷逃应缴税额来计算，依何者处罚更重需要根据具体案情具体分析。

如果走私烟草产品进境的时候尚无买受人，在进境之后再进行销售——例如利用伪报品名或伪报贸易方式进口，统一收揽后再寻求销售的行为——虽然走私的目的也是销售获利，但两者之间具有较大的独立性，走私进行或完成之时，非法经营的危险还没有现实化。如果是在海关稽查时，或者经营活动着手前被发现，自然可按照走私罪定罪处罚即可。但如果后续的非法销售行为已经着手，如何评价这两个相对独立的行为就值得讨论。笔者认为，这种情况下，无论是走私行为还是后续的非法出售行为，最终的目的都是牟利，且行为通常具有一定的连贯性；从某种意义上看，走私行为是为了后续的出售行为服务。因此，两个行为之间有特定的联系，可以认为属于牵连犯。② 但是关于牵连犯如何适用法律、定罪量刑的问题，无论是立法上还是理论上同样都没有统一的观点，目前存在包括从一重处罚、并罚说、双重处断原则说、从一重重处断说等。③

而在目前的司法实践中，对于在经营环节查获销售走私烟草产品的情况，

---

① 程衍."先私后售"行为的实务处断与裁判规则[J].国家检察官学院学报，2020（5）：108.

② 其实关于牵连犯的认定在理论上存在争议，但一般包括以下几个特征：一是犯罪行为的复数性；二是触犯罪名的异质性；三是数行为之间必须具有牵连关系；四是数行为目的的终极性，即所有行为都有一个终极的目的，在烟草产品走私中就体现为牟利。其中牵连关系的认定争议最大，通常可以从主客观两方面进行分析。即从客观上看，方法行为与目的行为或者目的行为与结果行为之间，具有事实上的密切联系（在这类案件中，经营是目的，走私是手段）；从主观上看，行为人对数行为有统一的犯意。参见高铭暄，叶良芳.再论牵连犯[J].现代法学，2005（2）：108.

③ 高铭暄，叶良芳.再论牵连犯[J].现代法学，2005（2）：111.

检察院往往只以单一的非法经营罪提起诉讼，这样在审理中自然也不会讨论牵连犯的问题。这不仅与法律适用有关，也与实践中的证据收集、侦查机关的分工等有关。而在涉及牵连犯问题的案例中，法院也有不同的做法。例如，在上文提到的"付某智走私普通货物、非法经营罪案"中，对于认定走私普通货物罪与非法经营罪系牵连关系的部分，法院按照从一重定罪量刑，认定为非法经营罪；而对于没有证据证明已用于出售的部分，不认为构成牵连犯，只按照走私罪定罪处罚。此外，在"李某某、唐某某、许某某非法经营案"[①]中，法院认为"以牟利为目的，实施了走私卷烟后又加以贩卖行为，前后行为之间存在密切联系，具有伴随性，后行为是前行为发生的自然结果，不构成数罪，应以走私普通货物罪追究责任"。似乎认为两者构成牵连犯，但是在最终适用法律、定罪量刑方面又避免了牵连犯所带来的争议。由此也可见，司法实践中对于牵连犯的评价及适用法律具有一定的模糊性。

五、案例评析

（一）烟草非法经营案件

经营烟弹等烟草产品需要获得烟草专卖行政主管部门的许可，实践中存在从境外邮寄烟草产品，或直接携带烟草产品进境，然后卖给他人或在微信平台、电商平台上销售这些烟草产品的行为，两者都可能构成非法经营罪。此外，这种携带和邮寄行为如果涉及偷逃税款，还有可能构成走私。

案例一

高某、李某桦等非法经营案[②]

2017年11月至2018年10月，被告人高某在未取得国家烟草专卖许可的情况下，以非法营利为目的，利用在日本留学打工的便利条件购得大量万宝路IQOS品牌加热不燃烧卷烟（俗称"烟弹"），通过微信平台及淘宝网店联系、物流快递邮寄回国内销售等方式向被告人李某桦、

---

① （2015）通中刑初字第32号。
② （2020）鲁06刑终198号。

> 朱某丛、徐某舟等人进行销售牟利，并通过开设的淘宝店铺设置商品"差价链接"、微信转账、银行卡转账等方式收取"烟弹"销售货款。被告人李某桦、朱某丛、徐某舟等人购得"烟弹"入境后，各自通过微信等平台对外销售。各被告对外销售案涉烟弹的金额从7万余元到13万余元不等，获利6000元到15000元不等。法院认为被告人高某违反国家规定，未经烟草专卖行政主管部门许可，非法经营烟草专卖品，扰乱市场秩序，情节特别严重；被告人李某桦、朱某丛、徐某舟违反国家规定，未经烟草专卖行政主管部门许可，非法经营烟草专卖品，扰乱市场秩序，情节严重，上述被告人的行为构成非法经营罪，分别判决有期徒刑七个月到三年零四个月不等，并处罚金。

烟草产品的经营受到国家的严格监管，需要以获得许可为条件，否则很容易触犯非法经营罪。在本案中，首先需要明确的是各被告人的行为是否属于"经营行为"。被告人高某通过微信平台与淘宝网店联系买方，通过淘宝店铺、微信转账、银行卡转账等方式收款，其行为以营利为目的且具有持续性，在实质上构成经营活动应无异议。其他被告人通过微信平台进行烟弹销售，虽然形式上不同于在电商平台开设网店进行销售，但并不影响其实质的认定。在我国这种烟草专卖的制度下，特别是不允许通过跨境电商零售进口的方式经营烟草产品进口，可能很多人会试图利用微信平台等方式在一定范围内销售进口的烟草制品，以为如此不会构成经营行为，但很明显这种做法是行不通的。

由于烟草行业企业只能购进由指定公司统一组织进口的烟草类货物，不能自行进口，而在个人自用（包括馈赠亲友）的行邮进境方式之下，每次有严格的限值，因此在烟草产品方面往往容易滋生走私案件。本案中，法院对于高某如何将日本购得的香烟邮寄回国并无详细的披露，鉴于裁判中没有涉及走私的问题，或许可以认为其属于以符合规定的方式行邮进境。但是需要注意的是，因为邮寄进口有"个人自用"的限制，如果存在虚构收件人信息或者收集多人身份证采购雪茄，邮寄进境后再集中销售的情况，则可能涉嫌"伪报贸易方式"走私。

案例二　郑某欣、陈某非法经营罪[①]

2019年7月至2019年12月,被告人郑某欣在未取得烟草专卖相关许可证的情况下,利用其在航空公司工作的便利,多次自境外非法携带加热不燃烧万宝路牌卷烟(下称"电子烟弹")入境,并通过微信联系,采用邮寄等方式在我国境内销售。经查,被告人郑某欣向被告人陈某等人销售万宝路牌电子烟弹累计金额人民币40万余元;在北京市某小区被告人郑某欣住处搜查到尚未出售的万宝路牌电子烟弹60条。

2019年9月至2019年12月初,被告人陈某在未取得烟草专卖相关许可证的情况下,自被告人郑某欣等处分别购进万宝路牌、heets牌、fiit牌电子烟弹后,通过某电商平台在我国境内销售。经查,被告人陈某自被告人郑某欣处购买万宝路牌电子烟弹742条,金额累计24万余元;其中,被告人陈某于2019年12月自被告人陈某处购买的92条万宝路牌电子烟弹,已收23条。另外,在广东省深圳市某小区被告人陈某租用的两处房屋中,侦查人员搜查到尚未销售的万宝路牌电子烟弹51条、heets牌电子烟弹739条、fiit牌电子烟弹25条;除万宝路牌电子烟弹以外,被查获的其他品牌电子烟弹价值共计人民币15万余元。

法院最终认为两位被告都构成非法经营罪,分别判处有期徒刑5年,并处罚金人民币5万元。

本案的案情同样比较清晰。被告人郑某欣利用职务之便携带境外烟草产品进境,超过本身自用范围,对外出售以营利,已经构成了非法经营行为。在本案中值得注意的问题是,其行为是否构成走私。事实上,其辩护律师在本案中主张其行为构成走私普通货物罪而不是非法经营罪。因为按照2014年发布的《关于办理走私刑事案件适用法律若干问题的解释》第十六条的规定,走私普通货物、物品,偷逃应缴税额在10万元以上不满50万元的,应当认

[①] (2020)苏0324刑初201号。

定为《刑法》第一百五十三条第一款规定的"偷逃应缴税额较大",即判处三年以下有期徒刑或者拘役。而根据 2010 年发布的《关于办理非法生产、销售烟草专卖品等刑事案件具体应用法律若干问题的解释》第三条的规定,非法经营数额在 25 万元以上的,属于《刑法》第二百二十五条规定的"情节特别严重",应处五年以上有期徒刑。在本案中,如果只是将被告认定为走私普通货物罪,自然是相对有利的。但是法院认为,本案中没有关于被告人郑某欣偷逃关税的相关证据,无法按照走私罪的相关法律规定定罪处罚。事实上,即便有证据证明其是走私行为,被告的行为也应被认定为构成牵连犯,应从一重处罚,即仍按照非法经营"情节特别严重"的情况进行量刑。当然,本案中考虑到被告人的犯罪情节、犯罪数额、退赃、认罚等情形,已经从轻处罚。

被告人陈某通过电商平台出售烟草产品的行为同样也构成了经营行为。虽然该平台作为一个 C2C 平台,许多卖家只是通过它出售自己不需要的二手商品,但被告的行为显然是以营利为目的的且是持续性的。事实上,认定是否属于经营行为的时候,平台的特征本身并不是决定性的。在所谓的"闲置群"或者闲置平台上出售烟草产品的行为同样有可能构成非法经营。

(二)烟草走私案件

烟草走私是监管部门重点查处的行为,鉴于目前我国并不允许通过电商跨境零售的方式进口烟草产品,因此在实践中烟草产品的走私与一般的跨境电商走私有所不同。除了利用行邮进境的方式走私,以瞒报或伪报品名方式的走私也是常见的。

> **案例三**
>
> **伪报品名走私行政处罚案件**
>
> 2018 年 7 月,大窑湾海关关员对一票大连某电子商务公司进口的保税跨境电商货物实施查验时发现,其申报的货物主要为日本产的化妆品、日用品,货物总数庞大、名目繁杂。海关执法人员对这票货物实施了针对性的人工开拆抽查,重点对货物的品名、规格、数量以及是否夹藏实施了核查。最后发现集装箱内有一个托盘的货物与其申报商品信息

不符,仅从外观精美包装盒标识看,该托盘上的10多个纸箱内装载的应该是卸妆水等化妆品,而经开折查看,纸箱内装的却全部是未向海关申报的电子烟类产品,其中枪体3箱共98盒,电子烟弹31箱共1000余条,据估计市场价格约合40万元人民币。①

2020年5月26日,广州白云机场海关的现场关员在对一票申报名为"蜡笔"的进境快件实施X光非侵入式查验时,发现图像异常,遂进行开箱查验,发现快件内实际装600支印有"IQOS"标识的电子烟弹,涉嫌逃避海关监管。随后两周内,该海关成功拦截了56票申报为"笔、笔记本"等文具类用品、收件地址涵盖广州、佛山等多地的进口快件,均涉嫌以伪报品名方式走私电子烟弹,累计查获走私电子烟弹3.92万支。②

上述两例案件间隔时间约两年,且由不同的海关发现,可见类似的走私行为是持续存在的。上述两例走私,都是通过伪报品名的方式进行,且藏匿的手法较隐蔽,伪报品名迷惑性强,有一定的相似性,所以在不开箱检查的情况下可能难以发现。虽然对于电子烟的性质之前还存在一些争议,但海关还是将其等同于烟草进行监管。随着电子烟及其制品走私的增多,各地海关也在不断加强监管。例如,广州海关即表明将进一步优化进出境快件监管方式,结合查获的情事数据,开展大数据和风险分析,强化对烟弹类物品的精准布控,对进境快件严格落实100%人工过机查验,利用AI技术对进境快件的3D图像进行品名、数量等信息的自动校验,对发现疑似烟弹类物品100%实施人工开箱查验,实现对违法违规快件实施准确拦截。③如发现走私电子烟产品,轻则面临行政处罚,严重的还会构成走私犯罪。

此外,根据《关于进一步保护未成年人免受电子烟侵害的通告》等文件的规定,电子烟产品不能通过网络平台或电商平台进行销售。但如上所述,

---

① 大连海关.大连海关查获涉嫌走私电子烟用具[EB/OL].(2018-07-28)[2021-06-8]. http://www.customs.gov.cn/dalian_customs/460673/460674/1950664/index.html.
② 海关总署.广州海关查获3.92万支涉嫌走私进境电子烟弹[EB/OL].(2020-06-12)[2021-06-08]. http://www.customs.gov.cn/customs/xwfb34/302425/3131855/index.html.
③ 同②。

经营者可能会利用跨境电商零售进口的方式将电子烟产品夹杂在一般商品之中,伪报进口。如果电商经营者利用电商平台隐蔽地进行烟草产品的销售(直接在平台上销售应该难以做到,但是利用隐蔽的方式进行销售的行为还是可能存在的),同样也会违反法律的规定。

案例四　徐某涛、梁某浩走私普通货物、物品罪案[①]

2018年2月初开始,被告人徐某涛与同案人郭某艳、熊某厚(均另案处理)商议从日本购进电子烟弹,并通过邮递渠道进口到国内销售牟利。徐某涛根据市场需求和理货库存情况,向郭某艳反馈所需万宝路牌IQOS电子烟弹的口味和数量。郭某艳先行付款向熊某厚下单购买电子烟弹,价格是每条282~285元(人民币,下同),包通关到广州。熊某厚收到订单及货款后,将电子烟弹发货给郑某(另案处理)。郑某团伙通过邮递渠道,以伪报品名、价格的手法,将本应以一般贸易申报的电子烟弹伪报为个人行邮物品,从日本走私进口到国内,再通过国内快递公司,寄到徐某涛、郭某艳指定的收货地址。收到货物后徐某涛、郭某艳通过微信、淘宝网等互联网销售平台在国内销售。此外,2018年3月至9月,被告人徐某涛通过被告人梁某浩收取并转寄通过邮递渠道从日本走私进口的电子烟弹,徐某涛支付梁某浩每箱电子烟弹80元的报酬。

法院最终认定徐某涛参与走私进口电子烟弹共计2850条,偷逃应缴税款合计1716090.33元。法院认为,被告人徐某涛违反海关法规,逃避海关监管,通过伪报方式走私进口货物,被告人梁某浩帮助徐某涛收取、转寄走私货物,偷逃应缴税额巨大,行为均已构成走私普通货物罪。被告人徐某涛在共同犯罪中起主要作用,是主犯,依法应当按照其所参与的全部犯罪处罚;被告人梁某浩在共同犯罪中起次要作用,是

[①] (2020)粤刑终553号。

> 从犯，依法应当从轻、减轻或者免除处罚。依法判决：（1）被告人徐某涛犯走私普通货物罪，判处有期徒刑六年，并处罚金人民币一百万元。（2）被告人梁某浩犯走私普通货物罪，判处有期徒刑三年，缓刑四年，并处罚金人民币十万元。

本案是典型的烟草产品走私案件。多人互相配合，实施共同犯罪，通过化整为零，将烟草产品通过个人行邮的方式邮寄入境，然后再进行销售。本案共同犯罪中甚至包括物流快递公司的工作人员。在这类案件中，有几个重要的问题，其一是如何确定主从犯。根据《刑法》的规定，对于从犯，应当从轻、减轻处罚或者免除处罚。《关于常见犯罪的量刑指导意见（试行）》则进一步指出，从犯可以减少基准刑的20%~50%，犯罪较轻的，减少基准刑的50%以上或者依法免除处罚。在徐某涛与梁某浩的共同犯罪中，徐某涛安排走私活动并出售走私烟草产品，而梁某浩仅在收取、转运环节提供帮助，因此将前者定为主犯是合理的。但是对于与郭某艳、熊某厚等人的共同犯罪，徐某涛上诉称自己属于从犯。上诉法院认为徐某涛与郭某艳合伙以邮寄渠道走私进口电子烟弹牟利，两人分工合作，相互配合，利润平分，在共同犯罪中均起重要作用，因而徐某涛不属于从犯。其二是偷逃税额的认定。本案中，被告徐某涛也认为一审法院认定的走私烟草数量和偷逃税额有误，二审法院综合各种证据，采取有利于被告的原则对一审法院认定的偷逃税额进行了一定调整。对于上述两个问题，在下文再进行详细的分析。值得一提的是，在本案中微信聊天记录、国际邮包发货单号、国内快递单号等证据发挥了重要的作用。

六、烟草走私案件的审判要点

结合过往众多烟草走私案例，笔者总结出如下三个裁判和归责焦点问题。

（一）境外供应商的刑事责任

走私犯罪一般犯罪链条较长、牵涉主体较多，对于每一环节、每一主体的角色和行为都要仔细甄别方能准确定性。在烟草行邮渠道的走私案件中，境外供应商是比较特殊的一个角色。

首先，从主体适格性来讲，追诉外国公司针对我国或我国公民的犯罪行为并没有法律障碍。但是，具体到相关案件中，至少有以下问题需要结合事实情况重点关注：

1. 进境关税的纳税义务人是收货方，境外供应商是否存在牟利动机？是否有必要配合或与国内货主共谋走私？

2. 如果境外供应商不存在与国内货主或报关行的共谋，如何证明他们明知不同身份证的"消费者"在网站下单后会再次集中雪茄到同一地址进行销售？卖方是否有义务核实物品进境后买方的行为？

3. 退一步讲，假设他们明知货主在进行拆单邮递，如果拆单行为在供应商所在地并不违法，即"按照犯罪地的法律不受处罚"时，我国刑法是否还应对其适用？

（二）不同主体的主从责任区分

除自首、立功等情节外，从犯是最为常见的减轻处罚情节。因此，主从犯的区分对于走私犯罪刑事责任的承担具有重要意义。《刑法》对主从犯的规定较为原则化，即在共同犯罪中起主要作用的，是主犯；起次要或者辅助作用的，是从犯。具体到走私案件中，主从犯的认定也是因案而异：

1. 如果各方存在共谋，现有判决一般倾向于不再区分主从犯，或认定均为主犯；

2. 如果不存在共谋，鉴于走私获益主要为货主所享有，因此在货主与其他角色发挥作用较为接近的情况下，货主被认定为主犯的可能性更大，但在个案中还是需要甄别货主与报关行各自所起的作用；

3. 对于货主主动联系或主动要求报关人员低报价格、伪报品名的情况，应认定货主为主犯、报关人员为从犯；但对于货主同意"包税进口"后确未参与报关活动，未提供或要求制作虚假单证申报的，货主也可能被认定为从犯。

此外，在单位或合伙人员内部的地位认定也需要注意，一般而言，单位高管、决策层会被认定为"直接负责的主管人员"，关务、财务等执行人员会被认定为"其他直接负责人员"，但是这种身份认定并非一成不变的。根据《全国法院审理金融犯罪案件工作座谈会纪要》，单位犯罪直接负责的主管人员是在单位实施的犯罪中起决定、批准、授意、纵容、指挥等作用的人员。因此，单位一把手或高管并不一定是直接负责的主管人员，如需追究刑事责任，仍应坚持主客观相统一的原则，一定要有证据证明其在客观上发挥了作用，在主观上具备直接故意或者间接故意。

（三）偷逃应缴税额的认定

在烟草类制品走私案件中，偷逃应缴税额的高低是衡量是否构成犯罪以及承担哪一档基准刑的决定性因素，而海关出具的《涉嫌走私的货物、物品偷逃税款海关核定证明书》（下称"《核定证明书》"）就是认定偷逃税款的直接依据。因此，对《核定证明书》及其支撑材料的有效质证尤为重要。

从形式审查的角度出发，根据《中华人民共和国海关计核涉嫌走私的货物、物品偷逃税款暂行办法》第十一条规定，《核定证明书》应当包括以下内容：（一）计核事项；（二）计核结论；（三）计该依据和计核方法要述；（四）计核人员签名。《计核资料清单》应当包括涉案货物、物品的品名、原产地、规格、数量、税则号列、计税价格、税率、汇率等内容。实践中出现过相关计核部门、计核人员不具备法定计核资质的情况，也遇到过《核定证明书》缺失计核人员签名的情况。

从实质审查的角度出发，除了计核材料重复计核（例如同一份发票重复打印了多次）等常见的事实性错误外，以下审查要点也应引起注意：

1.审查计核凭证是否为孤证或与其他证据存在矛盾。"孤证不立"是审查、运用刑事证据的基本原则之一，对于仅有发票而没有相应发货凭证、对账单、转账记录等其他书证相互印证的证据，无法排除该批商品并未实际发出或接收的可能性；反之，对于仅有记账记录而没有网站交易记录、发票、物流信息等其他证据的，也不能排除记录错误的可能性。

2.审查税率是否存在变动。进口/进境商品的税率调整较为频繁，调整前后的税率可能存在不同。而走私烟草类案件在时间线上可能跨度较大，因此计核偷逃税款的税率可能经历过多次调整。根据目前的司法解释，应缴税额以走私行为实施时的税则、税率、汇率和完税价格计算；多次走私的，以每次走私行为实施时的税则、税率、汇率和完税价格逐票计算；走私行为实施时间不能确定的，以案发时的税则、税率、汇率和完税价格计算。①

3. 审查计核价格适用方法是否正确。根据《中华人民共和国海关计核涉嫌走私的货物、物品偷逃税款暂行办法》第十六条、十七条的规定，涉嫌走私的货物能够确定成交价格的，其计税价格应当以该货物的成交价格为基础审核确定，成交价格经审核不能确定时，应当按照第十七条列明的6种计核方式依次适用确定计税价格。②

从事烟草进口/进境业务的经营者应当首先了解监管要求，认识到风险点之所在，从严格规范与供应商的交易行为、注意各方职责与分工合作、正确认定应缴税额等角度出发严控通关走私风险，防患于未然。一旦涉及行政、刑事调查也不必过于惊慌，"涉嫌"并不等于"犯罪"，及时自查、把握烟草走私案件审查裁判要点，找准症结说清问题，必要时寻求专业人士的帮助。

伴随着刑事诉讼制度的改革，有效辩护的策略将更加丰富，除了前述审判要点外，目前认罪认罚从宽制度和合规不起诉的推行也赋予了刑事诉讼新的内涵。烟草业务经营者应当制订有针对性的案件应对策略，依照审判要点和现行制度避免刑事责任，维护自身合法权益。

七、烟草产品进出口的合规建议

不要通过线上平台销售烟草制品（包括电子烟产品）。在电商平台上隐秘地销售烟草产品或者通过社交平台如微信等销售烟草产品，或者通过网上平

---

① 参见《最高人民法院、最高人民检察院关于办理走私刑事案件适用法律若干问题的解释》第十八条第一款。
② 《中华人民共和国海关计核涉嫌走私的货物、物品偷逃税款暂行办法》第十七条：涉嫌走私的货物成交价格经审核不能确定的，其计税价格应当依次以下列价格为基础确定：
（一）海关所掌握的相同进口货物的正常成交价格；
（二）海关所掌握的类似进口货物的正常成交价格；
（三）海关所掌握的相同或者类似进口货物在国际市场的正常成交价格；
（四）国内有资质的价格鉴证机构评估的涉嫌走私货物的国内市场批发价格减去进口关税和其他进口环节税以及进口后的利润和费用后的价格，其中进口后的各项费用和利润综合计算为计税价格的20%；
（五）涉嫌走私的货物或者相同、类似货物在国内依法拍卖的价格减去拍卖费用后的价格；
（六）按其他合理方法确定的价格。

台联系消费者然后线下进行交付的行为都可能会被认定为违法。此外，在线下经营烟草产品的个人或企业，也需要先获得相关的许可，并按照相关的要求进货和销售。总而言之，烟草产品经营者需要严格按照《烟草专卖法》及其配套法律法规的规定进行经营活动。

携带或者邮寄烟草产品进出口的，要符合相关的监管要求，尤其是需要了解相关的数量限制，不能超过限制的数量。同时，需要注意携带或者邮寄进境的烟草产品只能自用，而不能进行二次销售，否则可能涉嫌非法经营、走私。

在进出口烟草产品的时候应该如实申报，尤其是进出口电子烟产品时，需要按照法律法规规定的货物类型进行申报。我国实践中对于电子烟的性质认定已经比较明确，经营者不能存在侥幸的心理，通过伪报品名的方式获得进出口的非法利益。

此外，烟草商经营过程中还需要遵守《广告法》《消费者权益保护法》《反不正当竞争法》等法律法规：进行烟草产品广告宣传的方式、场所和对象不得违反禁止性规定；提供有关烟草产品的真实信息，保证烟草产品质量；不作引人误解的虚假宣传等。

当然，相比于经营过程中的法律义务，烟草产品进境环节的通关走私风险更加需要烟草产品进口商予以高度关注。出于保障国家财政收入、维护民族产业等多方面因素，烟草产品一直是走私领域的关注焦点。从事烟草进出口的各经营主体现今仍然面临重大决策缺乏合法合规性审查、法律审核不规范不严格等问题，使重大决策存在较大的行政刑事法律风险。相关的经营者应该提高经营过程中的合规意识，加强对相关法律法规的研究。

第二十五章
跨境电商之艺术品销售

　　根据 2016 年《艺术品经营管理办法》的规定，艺术品是指绘画作品、书法篆刻作品、雕塑雕刻作品、艺术摄影作品、装置艺术作品、工艺美术作品等及上述作品的有限复制品。① 现今我国跨境电商进口的艺术品商品种类主要包括西洋家具、雕塑、油画、珠宝、陶瓷、古扇及其他饰品、摆件、艺术品等。在艺术品进口量和交易额不断攀升的同时，跨境电商企业可能在前置行政许可、申报种类和价格等通关过程重点注意事项中面临法律风险。

一、跨境电商艺术品交易市场的现状

　　随着我国经济的发展和人民生活水平的提高，我国消费者对于艺术品的需求也在不断增长。统计数据显示，美国、英国、中国是世界艺术品交易市场中的前三强。根据《巴塞尔艺术市场报告》（2021），中国艺术品在 2020 年的市场销售规模为 100 亿美元，位列全球第二。② 随着互联网科技的普及和国内跨境电商行业的突飞猛进，中国艺术品市场正由线下转为线下线上融合发展，在线上完成的展示、交易和支付已经逐渐频繁和正常化。艺术品电商的发展大致可以分为三个典型的形态阶段，一是传统业态的互联网化阶段，表现为网上画廊的兴起与 90 年代中后期以嘉德在线为代表的艺术品在线交易平台的成立，以及以网上商城为代表的集合式交易的迅速发展；二是艺术品交

---

① 《艺术品经营管理办法》所称艺术品不包括文物，但本章论述的"艺术品"并不严格限于该办法规定的范围。
② 刘震凤. 解读 2021《巴塞尔艺术市场报告》七大要点 [EB/OL]. （2021-03-17）[2022-01-21]. https://news.artron.net/20210317/n1092811.html.

易平台电商化阶段，2011年淘宝网的介入正式拉开了综合类电商全面进军艺术品电商的序幕，而随着2012年"艺典中国"等新一批艺术品电商平台的兴起，艺术品交易平台电商化阶段呈现出了平台服务更为综合化、业务方向更为专业化、技术取向更为移动化的三大发展趋势；三是艺术品电商平台迅速崛起阶段，2013年以来，与艺术品市场的持续低迷形成鲜明对比的是艺术品电商市场的爆发式增长，有数据显示，仅2015年我国艺术品电商数量就超过了2000家。① 但是因为市场瞬息万变、竞争激烈，很多艺术品电商在短暂经营后就退出了市场。此外，因为缺乏完善有效的监管措施，电商艺术品经营中也存在制假售假、虚假鉴定、虚高评估、投机炒作等问题。

目前我国的艺术品交易市场仍有巨大的发展空间，而电商与艺术品交易的结合无疑是发展的趋势之一。事实上，跨境电商艺术品进口也得到了国家政策的鼓励。2018年11月，中国标准化研究院主持编制的《电子商务交易产品信息描述：艺术品》获得通过，为跨境电商艺术品进口销售提供了参照和遵循的国家标准。其中所涉及的"Ecode"物联网标识编码能够确保每件艺术品均具备独有且经过加密的编码，将借助大数据、网络安全等信息技术和消费者日益增长的个性化需求使跨境电商艺术品消费为大众所接受。

2019年发布的《海关总署、文化和旅游部关于简化综合保税区艺术品审批及监管手续的公告》(海关总署、文化和旅游部公告2019年第67号)规定，在保税区内外开展艺术品进出口等经营活动的，凭文化和旅游行政部门核发的批准文件办理海关监管手续。对同一批艺术品，文化和旅游行政部门核发的批准文件可以多次使用。该政策落实了国务院"放管服"的精神，大大简化了综合保税区艺术品进口审批及监管手续，在制度层面为艺术品跨境电商企业提供了福利，降低了其商品跨境流通和交易的时间成本。

此外，2016年杭州跨境电子商务综合试验区入驻了富艺仓文化中心，致力于打造一个具有国际专业水准的文化保税艺术交易平台。2019年，上海也正式提出全力打造比肩纽约、伦敦的国际艺术品交易中心，并为此推出了一揽子扶持政策，希望逐步形成艺术品交易活跃、艺术品交易产业链成熟的千亿级规模的艺术品交易市场。目前，国内多个综合保税区都开通了艺术品保

---

① 西沐. 艺术电商在发展中寻求突围[J]. 中国拍卖, 2021 (Z1): 93.

税仓储展示业务，如黄埔综合保税区①、沈阳综合保税区②等，进口的艺术品可在保税状态下存放于保税仓内，暂不缴纳进口关税和代征增值税、消费税，待产品进入国内市场再缴纳相应税款，这有利于进一步推动艺术品贸易的发展。这些措施对于跨境电商艺术品进出口而言，可谓带来了很好的发展机会。

二、跨境电商艺术品进口的监管要求和风险分析

对于2019年版《跨境电子商务零售进口商品清单》所列名的艺术品，如果通过跨境电商零售进口方式进口，则可以按个人自用进境物品监管，不执行有关商品首次进口许可批件、注册或备案要求。根据上述清单，部分雕塑品（包括塑料制小雕塑品及其他装饰品、镀贵金属的雕塑像、其他雕塑像及其他装饰品）、首饰（如金、银、铂制首饰及其零件）、陶瓷制品（如瓷塑像及其他装饰用瓷制品）等位列其中。但绘画作品、书法篆刻作品等大部分艺术品并不在其列，因此需要按照一般的方式进行出入境监管。

（一）未取得行政许可的法律风险

《艺术品经营管理办法》第十四条规定，从境外进口或向境外出口艺术品的，应当在艺术品进出口前，向艺术品进出口口岸所在地省、自治区、直辖市人民政府文化行政部门提出申请并报送材料③，获得行政许可后，申请单位持批准文件到海关办理手续方可合规进口。同时第十八条规定，任何单位或者个人不得销售或者利用其他商业形式传播未经文化行政部门批准进口的艺术品。个人携带、邮寄艺术品进出境，不适用本办法。个人携带、邮寄艺术品超过海关认定的自用、合理数量，海关要求办理进出口手续的，应当参照本办法第十四条办理。

---

① 广州黄埔综合保税区正式通过联合验收[EB/OL].（2021-02-08）[2021-07-19]. http：//www.gz.gov.cn/ysgz/jyzc/ysyyzc/content/post_7078436.html.
② 东北首家综保区开通艺术品保税仓储展示业务[EB/OL].（2021-05-26）[2021-07-19]. https：//www.163.com/dy/article/GAU97F8005527HB7.html.
③ 《艺术品经营管理办法》第十四条规定，从境外进口或向境外出口艺术品的，应当在艺术品进出口前，向艺术品进出口口岸所在地省、自治区、直辖市人民政府文化行政部门提出申请并报送以下材料：（1）营业执照、对外贸易经营者备案登记表；（2）进出口艺术品的来源、目的地；（3）艺术品图录；（4）审批部门要求的其他材料。

若未能依法获得行政许可即从事进口并销售艺术品的经营活动,根据《艺术品经营管理办法》第二十三条规定,将面临"由县级以上人民政府文化行政部门或者依法授权的文化市场综合执法机构责令改正,违法经营额不足10000元的,并处10000元以上20000元以下罚款;违法经营额10000元以上的,并处违法经营额2倍以上3倍以下罚款"的风险。

此外,根据我国的相关规定,有些艺术品是限制或禁止进出口的。例如,《美术品进出口管理暂行规定》第五条即列举了11种禁止进出境的美术品。该法规第十二条规定,进出口经营活动中含有国家禁止内容的美术品,或者擅自销售、展览、展示,以及利用其他商业形式传播未经文化行政部门批准进口的美术品的,由所在地县级以上文化行政部门责令改正,并视情节轻重予以警告,没收违法物品,或者并处5000元以上30000元以下罚款。如果进出口的艺术品属于文物的,还需要符合《文物进出境审核管理办法》[①]《文物出境审核标准》等规定的审核要求。根据《文物出境审核标准》的规定,凡在1949年以前(含1949年)生产、制作的具有一定历史、艺术、科学价值的文物,原则上禁止出境。其中,1911年以前(含1911年)生产、制作的文物一律禁止出境。少数民族文物以1966年为主要标准线。凡在1966年以前(含1966年)生产、制作的有代表性的少数民族文物禁止出境。凡有损国家、民族利益,或者有可能引起不良社会影响的文物,不论年限,一律禁止出境。国家文物局还发布并多次修订了《一九四九年后已故著名书画家作品限制出境的鉴定标准》,列举了作品限制出境的已故著名书画家名单,这些书画家可以分为作品一律不准出境者、作品原则上不准出境者和代表作不准出境者。电商经营者在经营时要注意所涉及的艺术品是否属于此类作品。

(二)未按货物贸易报关的法律风险

目前一部分跨境电商进口艺术品所采用的商业模式中有很多进口艺术品是先通过邮寄或由个人携带入境至目标公司,再由目标公司与境内客户达成交易,二次销售。《海关法》第四十六条规定,个人携带进出境的行李物品、邮寄进出境的物品,应当以自用、合理数量为限,并接受海关监管。而根据

[①] 该法第八条列举了出口时需要根据本法进行审核的文物范围,其中包括1949年(含)以前的各类艺术品、工艺美术品;国家文物局公布限制出境的已故现代著名书画家、工艺美术家作品等。

《中华人民共和国海关对进出境旅客行李物品监管办法》第六条、第十条及第十一条的规定，旅客行李物品，不属自用的超出合理数量范围的，海关不予放行，予以退运或由旅客存入海关指定的仓库。物品所有人应当在三个月内办理退运、结案手续，否则可能被依法变卖、上缴国库。

《关于调整进出境个人邮递物品管理措施有关事宜》第四条规定，邮运进出口的商业性邮件，应按照货物规定办理通关手续。《中华人民共和国海关对进出境快件监管办法》第三章将进出境快件分为文件类、个人物品类和货物类三类，货物类进出境快件报关过程中应当提交海关进出境快件 KJ3 报关单、分运单、发票和海关需要的其他单证。

因此，若跨境电商从境外采购艺术品是用于销售目的而非个人自用目的，则该商品不属于海关法中的"物品"，并不能作为个人物品申报或者携带入境，而应当按照《进出口关税条例》的规定按照进口货物依法办理通关手续。

如果海关认定错误申报贸易方式的行为并无主观故意，则可依据《海关行政处罚实施条例》第十五条第二款之规定，影响海关监管秩序的，予以警告或者处 1000 元以上 1 万元以下罚款；第三款之规定，影响国家许可证件管理的，处货物价值 5% 以上 30% 以下罚款；第四款之规定，影响国家税款征收的，处漏缴税款 30% 以上 2 倍以下的罚款。如果海关认定以此方式入境的行为具有逃避海关监管或者偷逃应缴税款的故意，则公司可能面临承担被认定为走私的法律风险。海关根据《海关行政处罚实施条例》第七条① 及第九

---

① 《海关行政处罚实施条例》第七条：违反海关法及其他有关法律、行政法规，逃避海关监管，偷逃应纳税款、逃避国家有关进出境的禁止性或者限制性管理，有下列情形之一的，是走私行为：
（一）未经国务院或者国务院授权的机关批准，从未设立海关的地点运输、携带国家禁止或者限制进出境的货物、物品或者依法应当缴纳税款的货物、物品进出境的；
（二）经过设立海关的地点，以藏匿、伪装、瞒报、伪报或者其他方式逃避海关监管，运输、携带、邮寄国家禁止或者限制进出境的货物、物品或者依法应当缴纳税款的货物、物品进出境的；
（三）使用伪造、变造的手册、单证、印章、账册、电子数据或者以其他方式逃避海关监管，擅自将海关监管货物、物品、进境的境外运输工具，在境内销售的；
（四）使用伪造、变造的手册、单证、印章、账册、电子数据或者伪报加工贸易制成品单位耗料量等方式，致使海关监管货物、物品脱离监管的；
（五）以藏匿、伪装、瞒报、伪报或者其他方式逃避海关监管，擅自将保税区、出口加工区等海关特殊监管区域内的海关监管货物、物品，运出区外的；
（六）有逃避海关监管，构成走私的其他行为的。

条[①]的规定，应当没收走私货物、物品及违法所得，可以并处偷逃应纳税款 3 倍以下罚款。如果走私行为构成犯罪的，还应该依《刑法》追究责任。具体规定在第十二章已有论述。

（三）低报价格的法律风险

根据《海关法》第三章（进出境货物）、《进出口关税条例》第三十条及《海关进出口货物报关单填制规范》等法律法规，以一般贸易方式进口的货物应当履行海关申报手续，向海关如实申报货物品名、税则号列、数量、规格、价格、贸易方式、知识产权情况、是否存在特许权使用费、是否存在特殊关系等信息，交验进口许可证件（如有）和有关单证。如实向海关申报成交价格，提供真实的合同、发票、装箱单等单证，是艺术品进境的基本申报要求。

报关时未申报或未如实申报（低报价格）属于客观行为，可能产生行政法律责任。同样，如果海关认定目标公司的未申报或低报价格具有主观故意，则可能认定目标公司及/或公司主要负责人构成走私，面临被没收走私货物、物品及违法所得，甚至并处偷逃应纳税款 3 倍以下罚款的风险。如果海关认定目标公司不存在主观故意，仅实施了错误申报价格的行为，则可能按照《海关行政处罚实施条例》有关申报不实的规定处理。低报价格还可能产生刑事法律责任，这在前文也有论及。

除了行政和刑事风险，低报价格还将面临海关信用等级降级的风险。2021 年 11 月 1 日生效的《中华人民共和国海关注册登记和备案企业信用管理办法》第四条的规定，海关根据企业信用状况将企业认定为高级认证企业、失信企业和其他企业。该管理办法第二十二条规定，企业有下列情形之一的，海关认定为失信企业：（一）被海关侦查走私犯罪公安机构立案侦查并由司法机关依法追究刑事责任的；（二）构成走私行为被海关行政处罚

[①] 《海关行政处罚实施条例》第九条：有本实施条例第七条、第八条所列行为之一的，依照下列规定处罚：
（一）走私国家禁止进出口的货物的，没收走私货物及违法所得，可以并处 100 万元以下罚款；走私国家禁止进出境的物品的，没收走私物品及违法所得，可以并处 10 万元以下罚款；
（二）应当提交许可证件而未提交但未偷逃税款，走私国家限制进出境的货物、物品的，没收走私货物、物品及违法所得，可以并处走私货物、物品等值以下罚款；
（三）偷逃应纳税款但未逃避许可证件管理，走私依法应当缴纳税款的货物、物品的，没收走私货物、物品及违法所得，可以并处偷逃应纳税款 3 倍以下罚款。

的；（三）非报关企业 1 年内违反海关的监管规定被海关行政处罚的次数超过上年度报关单、进出境备案清单、进出境运输工具舱单等单证（以称"相关单证"）总票数千分之一且被海关行政处罚金额累计超过 100 万元的；报关企业 1 年内违反海关的监管规定被海关行政处罚的次数超过上年度相关单证总票数万分之五且被海关行政处罚金额累计超过 30 万元的；上年度相关单证票数无法计算的，1 年内因违反海关的监管规定被海关行政处罚，非报关企业处罚金额累计超过 100 万元、报关企业处罚金额累计超过 30 万元的；（四）自缴纳期限届满之日起超过 3 个月仍未缴纳税款的；（五）自缴纳期限届满之日起超过 6 个月仍未缴纳罚款、没收的违法所得和追缴的走私货物、物品等值价款，并且超过 1 万元的；（六）抗拒、阻碍海关工作人员依法执行职务，被依法处罚的；（七）向海关工作人员行贿，被处以罚款或者被依法追究刑事责任的；（八）法律、行政法规、海关规章规定的其他情形。该法第三十一条还规定，失信企业适用下列管理措施：（一）进出口货物查验率 80% 以上；（二）经营加工贸易业务的，全额提供担保；（三）提高对企业稽查、核查频次；（四）海关总署规定的其他管理措施。此外，2017 年海关总署与国家发展改革委员会、人民银行等 33 个部门共同签署了《关于对海关失信企业实施联合惩戒的合作备忘录》，失信企业除了在海关进出口领域会受到严格监管以外，还会受到来自外汇部门、税务部门、商务部门、证监部门等其他业务领域主管部门的联合惩戒，企业的法定代表人及董事、监事、高级管理人员也将面临若干限制性措施，包括阻止出境、限制高消费、限制任职和限制授奖等。

值得注意的是，根据财政部、海关总署、税务总局联合发布的《关于完善跨境电子商务零售进口税收政策的通知》，跨境电子商务零售进口商品的单次交易限值为 5000 元，年度交易限值为 26000 元。完税价格超过 5000 元单次交易限值但低于 26000 元年度交易限值，且订单下仅一件商品时，可以自跨境电商零售渠道进口，按照货物税率全额征收关税和进口环节增值税、消费税，交易额计入年度交易总额，但年度交易总额超过年度交易限值的，应按一般贸易管理。

艺术品由于其特殊的审美属性和市场稀缺性，无法根据一般市场规律定价，价格往往较高，其中不乏单次交易金额超 5000 元，甚至远超 26000 元的高端消费艺术品。因此，对于此类高端消费艺术品，无法通过跨境电商零售进口、个人物品及快件等限额贸易方式进口，而要按一般贸易管理，按照货物税率全额征收关税和进口环节增值税、消费税。

三、案例评析

鲁某某、南通 X 工艺品有限公司、浙江 Y 网络有限公司等侵害作品复制权纠纷案[①]

原告鲁某某创作了美术作品造型的笔搁产品，并授权北京某某文化用品有限公司通过互联网店铺、线下批发、零售等渠道销售其上述美术作品造型的笔搁产品。原告认为 X 工艺品公司未经其许可而生产并在其于 Y 平台注册经营的店铺上销售上述笔搁产品，侵犯了原告的著作权，请求南通 X 工艺品有限公司、浙江 Y 网络有限公司等承担侵权责任。一审法院认为案涉作品的线条、色彩等表达尚不足以构成艺术上的独特表达，尚未达到美术作品的创作高度，不属于美术作品范畴中的实用艺术作品，不受我国著作权法保护，因此，驳回原告的请求。二审法院维持原判。

本案涉及电商销售艺术品的著作权保护问题，虽然案件事实发生在境内，但是对于跨境电商也有重要的启示作用。原告认为被告在 Y 注册的店铺中销售涉嫌侵犯著作权的艺术品，于是将店铺主体及 Y 平台一并起诉，要求追究侵权责任。此外，法院对美术作品范畴中的实用艺术品的认定作了较为详细的分析。

法院认为，本案中原告鲁某某主张权利的笔搁产品属于实用艺术作品范畴，实用艺术作品是指有实用功能的艺术品，兼具实用性和艺术性，其符合一定条件时，既可以申请外观设计专利保护，也可以作为美术作品受到保护，考虑到外观设计专利在权利取得、保护范围、有效期限等方面较美术作品存在更多限制，在将实用艺术品作为美术作品予以保护时，对其作品独创性要件

[①] （2020）浙 01 民终 10077 号。

的判断不宜过于宽松，应略高于著作权法对一般美术作品的要求。

一审法院在对原告主张的作品进行分析后认为，在笔搁上方设置凹槽是笔搁产品的惯常设计，其线条、色彩等表达尚不足以构成艺术上的独特表达，尚未达到美术作品的创作高度，不属于美术作品范畴中的实用艺术作品，不受我国著作权法保护，因而被告不构成侵权。二审法院也认同一审法院的观点。

本案体现出，在通过电商平台经营艺术品的时候，知识产权问题是需要重视的。不仅平台内商家需要对侵犯知识产权的行为承担责任，而且平台本身也负有一定的责任。《电子商务法》第四十二条规定："知识产权权利人认为其知识产权受到侵害的，有权通知电子商务平台经营者采取删除、屏蔽、断开链接、终止交易和服务等必要措施。通知应当包括构成侵权的初步证据。电子商务平台经营者接到通知后，应当及时采取必要措施，并将该通知转送平台内经营者；未及时采取必要措施的，对损害的扩大部分与平台内经营者承担连带责任。因通知错误造成平台内经营者损害的，依法承担民事责任。恶意发出错误通知，造成平台内经营者损失的，加倍承担赔偿责任。"此外，《电子商务法》第四十五条规定："电子商务平台经营者知道或者应当知道平台内经营者侵犯知识产权的，应当采取删除、屏蔽、断开链接、终止交易和服务等必要措施；未采取必要措施的，与侵权人承担连带责任。"违反相关规定的，电商平台经营者还会受到一定的行政处罚。因此，建立健全的知识产权监督和处理体系，对于电商平台而言至关重要。上述规定同样适用于跨境电商的情况。

按照《电子商务法》的规定，本案中原告完全可以先通知平台采取删除、屏蔽等措施；平台在采取措施后应该将该通知转送给相应的商家；商家可以提交不存在侵权的声明，此时声称的被侵权人可以向有关主管部门投诉或者向人民法院起诉，否则15日后平台终止相关措施。不过根据相关案情的描述，原告应该没有采取这些措施。

在本案中，法院对于实用艺术品能否受著作权保护提出了较高的要求，这是为了平衡著作权人和经营者的利益。实用艺术品可以通过外观设计专利进行保护，也可以通过著作权予以保护，但是后者的保护期限长得多。如果给予较为宽松的保护标准，那么社会经济活动将受到过多的限制，明显不利于社会的创新发展与经济的交流。因此，在本案中法院没有支持原告的权利请求，笔者认为这是合理的。如果本案原告取得了外观设计专利，即可据此获得 10 年的保护期。①

王某与扬州 X 网络科技有限公司、扬州 Y 信息网络科技有限公司网络购物合同纠纷案②

2020 年 5 月,原告经人介绍及被告 X 公司的网络宣传进入号称"能赚钱的艺术品交易平台"的电商平台。后查看被告 X 公司的官网宣传及其展示的经营资质,相信其为正规艺术品交易平台。基于这种认识和理解,并在平台能赚钱的利诱下,原告依据平台操作流程在平台购买平台定价的艺术品,转账给被告 X 公司的平台指定的收款账号,收款账号包含被告 Y 公司在内,并按照平台指定的价格及流程出卖艺术品,购买的多幅艺术品均未有实物交付。后原告发现被告平台上有多幅重复艺术品同时以不同价格出售,致使原告权益受损,后又发现被告 X 公司平台上出售的艺术品是 500 元批发而来的,与其宣传的名家作者签约不符,后联系被告 X 公司要求退货无果。原告诉请法院确认与被告 Y 公司间的网络艺术品交易合同无效、原告与案外人通过被告 X 平台发生的两笔交易合同无效,并要求被告赔偿相关损失。后法院认定被告的行为已涉嫌刑事犯罪,将材料移送公安机关或检察机关。

本案原告以买卖合同纠纷起诉,但是法院在审理过程中发现,该平台上众多投资者都遭遇了和原告类似的情况,即未能取得拍得的字画,且未能退回已支付款项,被告的行为已不限于民事领域,而是涉嫌经济犯罪。

本案中作为被告的艺术品交易电商平台,在某种意义上其实也是一个投资平台。其通过广告等手段吸引投资者先在平台上购买艺术品,然后购买者在平台上将艺术品进行出卖,从而赚取差价。但事实上,平台上所谓的艺术品可能都是赝品,且投资者的购买款转入了平台指定的账户,平台还通过在

---

① 根据 2021 年 6 月 1 日修订生效的《专利法》,外观设计专利的保护期限延长至 15 年。
② (2020)鲁 0282 民初 6626 号。

每一次交易中收取佣金、重复出售、不交付艺术品等方式获取利益。通过这些事实，可以判断该交易平台在一开始就没有进行真实的市场交易的意思，而是以此方式骗取钱财，已经触犯了刑法。在判断本案属于刑事范畴还是民事范畴的时候，最关键的因素就是看交易平台在一开始是否有进行经济交易的主观意思。如果平台一开始就没有交付相应艺术品的意思，则很大概率会被认为属于诈骗或合同诈骗行为。

近年来，越来越多的人通过跨境电商平台进行艺术品的交易，其中一个很重要的问题就是艺术品的真伪。鉴于艺术品的特殊性，非专业人士往往很难分辨其真伪及价值，但是艺术品往往又具有很高的价值。因此，对于电商平台而言，需要做好相关的监管工作，尽到合理的注意义务，无论是商品本身还是进出口程序都要符合相关的要求；对于消费者而言，要选择正规的、有相关资质的交易平台进行消费。

案例三

"爱某网"电商平台网络服务合同纠纷案[①]

"爱某网"系被告旗下的第三方电商平台，进行收藏艺术品的拍卖。原告在"爱某网"上实名注册店铺，并缴纳5000元消费保证金。2019年2月19日，原告店内两个古钱币被买家支付货款1730元购买，该买家旋即申请平台鉴定古钱币的真伪，鉴定结论为伪品。买家进而以原告售卖假货为由要求退货，并申请平台售后介入，平台以原告出售假货的规则对原告进行了处罚，要求原告15天内提供所出售的商品为真品的申诉材料，截至2019年3月9日，原告未在规定的15天内提交任何可以证明所出售的钱币为真品的申诉材料，平台按照《爱某网竞拍服务协议》中的《平台售后罚单规则》对原告进行处罚，罚款为订单金额的1倍，罚金全部归属买家。原告认为平台缺乏证据证明其售假，强行扣款"赔偿"，于法无据、于理不合，故请求法院判令平台偿还相关款项。法院认为被告

[①] （2019）粤0192民初2472号。

> 出于对"爱某网"平台内交易秩序的管理，在买家对商品真伪产生怀疑且已有初步证据的情况下，要求持有案涉商品的原告提供证明其出售的商品符合其商品描述的证据并无不当。"爱某网"平台的《平台售后罚单规则》属于争议在线解决机制，无违反法律规定的情形，可以作为确定平台各方权利义务的依据。

本案属于电商平台与平台内经营者之间的纠纷。原告商家因为涉嫌出售假货而被买家投诉，平台根据其规则（商家发布商品前需要阅读并同意）对原告进行了处罚。原告质疑平台进行处罚的合法性，但是法院对此给予了认可。

本案具有两个争议点。一是原告有无证明其所售商品为真货的义务。平台在收到买家的投诉之后，要求原告提供所出售商品为真品的证明材料。法院认为，被告根据平台的相关规则，出于对"爱某网"平台内交易秩序的管理，在买家对商品真伪产生怀疑且已有初步证据的情况下，要求持有案涉商品的原告提供证明其出售的商品符合其商品描述的证据并无不当。而且原告有15天提交材料的时间，足以维护其权利。

二是被告对原告予以处罚是否有充分依据。平台作出处罚的依据是平台制定且经过原告"阅读同意"的《平台售后罚单规则》，其效力认定对于本案而言至关重要。为此，法院援引了《电子商务法》第六十三条的规定，即"电子商务平台经营者可以建立争议在线解决机制，制定并公示争议解决规则，根据自愿原则，公平、公正地解决当事人的争议"。"爱某网"平台的《平台售后罚单规则》属于争议在线解决机制，无违反法律规定的情形，可以作为确定平台各方权利义务的依据。被告依据该规则对争议进行处理，并对原告进行罚款是适当的。此外，鉴于卖方在购买后几分钟之内就以案涉商品是赝品为由申请退款，认为买家存在恶意且与平台之间存在串通行为，但没能提供其他证据，因此没有被法院认可。

本案有许多值得注意的地方。首先，本案被告电商平台与一般的电商平台并不完全一样，它以社交平台为依托，是一个公众号。但是从其实质来看，它确实属于第三方交易平台，从事相关的经营活动，给交易者提供了交易的场所。因此，它自然也要接受与电商平台相关的监管，承担相关的权利义务。

其次，平台内部的管理规则、争端解决规则的效力，尤其是平台能否对平台内商家进行处罚？鉴于《电子商务法》规定了电子商务平台经营者可以建立争议在线解决机制，只要这一机制的设立及争议的解决符合自愿、公平、公正的原则，即可获得法律的认可。本案中，被告电商平台的做法之所以能够获得法院的认可，很重要的原因是在商家发布商品之前，平台要求其阅读并同意相关的规则，因此才得以符合"自愿"的要求。如果商家在之前没有同意相关的规则，平台自然不能如此介入争议的解决。此外，在程序的设计方面，本案中的被告电商平台处理得也较为合理，比如给予原告15天的申诉时间等，因此法院认为其符合公平、公正的原则。

但值得注意的是平台对于商家的"罚款"，通常而言，"处罚"属于行政权力，普通民事主体一般不具有这种权力。本案中法院认可电商平台的"罚款"行为，其明示的理由是该处罚符合《平台售后罚单规则》的规定。但是笔者认为，这或许只是其中一个理由，因为该规则只是一个双方的协议，而根据我国的法律，在合同违约的时候原则上不支持约定过高的违约金；在侵权领域原则上也是采取填补原则，受害者不应从中获利。但是在消费者保护领域和产品质量领域可例外地进行惩罚性赔偿。因此，笔者认为本案中平台对商家进行罚款之所以合法，很重要的原因是这些罚款是给消费者的，并且罚款的数额并没有超过《消费者权益保护法》中三倍赔偿的规定。换言之，这里的"罚款"应该是惩罚性赔偿。

进一步而言，平台能否在相关规则中约定对售假的商家的"罚金"归平台所有呢？笔者认为，并非不可以。但其依据不能是《产品质量法》中的"罚款"，因为其属于行政权力，其可以从商家售假违反与平台相关协议的角度，约定违约金。

在本案中还有一个值得注意的问题，即买家在购买古钱币之后，直接申请平台进行鉴定，并依据此鉴定结论认为商家售假。对于艺术品电商平台而言，其能否同时担任鉴定者和纠纷解决者的角色？笔者认为，这要取决于纠纷解决机制的具体设计。在本案中，平台的鉴定结果只是一个初步的证据，其给予商家机会提供材料以证明其商品为真品，这就使得平台的鉴定是可以被接受的。如果平台将其自身的鉴定作为终局性的，难免会因为违反一般的正当程序而不能得到认可。事实上，鉴于艺术品鉴别的专业性，电商平台为了吸引消费者而提供一定的鉴定服务也在情理之中，但是要注意这个问题,不能在争议处理中以自身的鉴定或自身选择的鉴定结论作为最终结论。

四、跨境电商艺术品销售的合规建议

(一)按照正确的贸易方式申报

跨境电商以个人物品名义邮递或经个人携带方式入境的商品具有商业属性,不属于个人物品类的商品应按照货物而非个人物品的方式申报入境。并且考虑到目标公司所进口的部分艺术品在境内销售时,应当具备合规的进口来源证明,包括但不限于由海关在一般贸易申报情形下出具的进口环节关税、增值税和消费税纳税凭证等,因此即使由个人携带入境,也应当按照货物的方式向海关申报进口。

对于个人携带的货物,应当以目标公司作为收发货人并出具一般贸易报关所需单证进行海关申报;对于不具有对外经营资质的企业,可以委托有资质的第三方报关企业进行申报。个人携带货物在报关时应根据《中华人民共和国海关关于进出境旅客通关的规定》第三条、第五条的规定,向海关递交《海关进出境旅客行李物品申报单》或海关规定的其他申报单证,如实申报其所携运进境的行李物品;申报时,应主动出示本人的有效进出境旅行证件和身份证件,并交验中华人民共和国有关主管部门签发的准许有关物品进出境的证明、商业单证及其他必备文件。

考虑到以一般贸易方式批量报关进口相对于逐件发货的邮件、快递物流运输成本明显较低,相关跨境电商企业可以考虑在主要货源地建立海外仓,用于仓储采购商品并集中运输报关。

另外,通过邮递方式寄送入境的商品属于商业性邮件,各跨境电商也应按照《海关对进出境快件监管办法》的规定如实向快递公司告知货物情况、向快递运营人提交相关贸易单证并要求快递公司以货物类快递的方式进行货物通关。

(二)如实申报进口信息

除了个人携带和以个人物品为名义邮寄外,委托货运公司代为报关也是艺术品入境的一大主要方式。然而,目前委托报关进口时可能存在低报价格

的行为，如果海关对目标公司启动专项稽查、缉私调查程序，则其很可能面临行政处罚甚至刑事处罚的风险。

为此，目标公司可以委托具有艺术品进口经验的货运代理公司办理艺术品运输及报关手续。在委托报关时，目标公司也应当向货运代理公司及报关行如实提供真实的合同、发票、装箱单等报关单证。同时，根据《海关进出口货物报关单填制规范》第十三条第一款的规定，报关单上"消费使用单位"应当填报已知的进口货物在境内的最终消费、使用单位的名称，包括：（1）自行进口货物的单位；（2）委托进出口企业进口货物的单位。即目标公司委托他人代理货物报关时，应当作为"委托进出口企业进口货物的单位"填写于报关单"消费使用单位"一栏。

（三）适时申请海关 AEO 认证

根据于 2021 年 11 月 1 日生效的《海关注册登记和备案企业信用管理办法》第四条的规定，海关根据企业信用状况将企业认定为高级认证企业、失信企业和其他企业。与失信企业相反，高级认证企业将充分享受通关便利，并根据《关于对海关高级认证企业实施联合激励的合作备忘录》享受各部门的联合激励。

根据《海关注册登记和备案企业信用管理办法》第十三条、第十四条的规定，高级认证企业的认证标准分为通用标准和单项标准。通用标准包括内部控制、财务状况、守法规范以及贸易安全等内容。单项标准是海关针对不同企业类型和经营范围制定的认证标准。高级认证企业应当同时符合通用标准和相应的单项标准。

依据旧法《海关企业信用管理办法》，AEO 认证标准体系庞大复杂，合规要求严格。根据《海关认证企业标准》的相关规定，申请成为海关认证企业应满足"内部控制、财务状况、守法规范、贸易安全和附加标准"共计 5 大类 18 项指标的要求，其中高级认证企业共 32 项细化指标。因此，各进口艺术品的跨境电商经营者应当详尽掌握认证体系要求并对业务合规作出整改，在达到要求且具备相当进出口贸易体量时可向海关申请 AEO 认证，以享受合规企业的政策红利，提升通关效率，降低关务成本。

(四）确定是否涉及特殊进口要求

跨境电商所进口的艺术品依其性质和材质可能涉及特殊的进口要求，目前海关对超过 100 年的古物、含有动植物或黄金材料的制品作出了特别的监管规定，各进口商需根据商品的具体情况，结合海关的归类进行判定并做到通关合规。若计划进口的艺术品包括植物或者黄金成分，则应当按照海关对进口植物制品的特殊监管要求，以及海关和中国人民银行对进口黄金制品的许可要求申领相关的许可证件并完成报关手续。

1. 关于进口超过 100 年古物的监管要求

根据 2022 年《进出口税则》第九十七章"艺术品、收藏品及古物"的相关注释，该章包括品目为 97.06 的超过 100 年的古物，包括：古家具、框架及镶板；花瓶及其他陶瓷产品；地毯、装饰毯、刺绣、花边及其他织物；珠宝首饰；金银器皿（水罐、杯子、烛台、盘子等）；小五金及锁头等物品。①

但应注意，如果进口的货物同时符合该章内的品目 97.01 至 97.05，则应该归入品目 97.01 至 97.05，包括某种艺术品：完全用手工绘制的油画、绘画及粉画；拼贴画及类似的装饰板；版画、印制画及石印画的原本；雕塑品的原件；使用过或未使用过的邮票、印花税票、邮戳印记、首日封、邮政信笺（印有邮票的纸品）及类似品，但品目 49.07 的货品除外；具有动物学、植物学、矿物学、解剖学、历史学、考古学、古生物学、人种学或钱币学意义的收集品及珍藏品。上述商品应当按照对应的品目进行监管。

根据 2022 年《进出口税则》中品目 97.06 的海关商品编码对应的监管要求，

---

① 具体参见海关总署网站"进出口税则商品及品目注释"，查询品目 97.06 "超过 100 年的古物"：本品目包括所有超过 100 年的古物，但品目 97.01 至 97.05 的物品除外。它们的价值在于本身的年代久远，因而十分珍稀。根据上述规定，本品目包括：一、古家具、框架及镶板。二、印刷业的产品：古版书（尤指十六世纪前的书）及其他书、乐谱、地图、版画（品目 97.02 的除外）。三、花瓶及其他陶瓷产品。四、纺织品：地毯、装饰毯、刺绣、花边及其他织物。五、珠宝首饰。六、金银器皿（水罐、杯子、烛台、盘子等）。七、铅条或染色玻璃窗。八、枝形吊灯及灯具。九、小五金及锁头等物品。十、玻璃柜内的小饰物（盒子、糖果盒、鼻烟盒、烟草磨、首饰盒、扇子等）。十一、乐器。十二、钟表。十三、宝石雕刻品（浮雕、石刻）及印鉴（印章等）。

本品目包括经过修理或修复但仍保持其原有特性的古物。例如，本品目包括：带有现代零件（例如，加固件及修补件）的古家具；装镶在现代木架上的古壁毯、皮革或织物。

本品目不包括品目 71.01 至 71.03 的天然或养殖珍珠、宝石或半宝石，不论其年代多么久远。

超过100年的古物如不涉及野生动植物因素，则在进口环节中并无特殊监管要求。对于涉及野生动植物因素的古物，同时应当符合下述关于动植物制品进口的监管要求。

2. 关于进口动植物制品或含有动植物材料制品的监管要求

根据2022年《进出口税则》所列监管要求，植物制品或含有植物材料的商品一般均要求办理进口商品检验检疫，如果涉及濒危物种，还应获得国家濒危物种进出口管理办公室或其办事机构签发的《濒危物种允许进口证明书》。以2022年《进出口税则》第九十七章"艺术品、收藏品及古物"中的货品为例（不是全部），根据《出入境检验检疫报检规定》第十条第八款以及《进出境动植物检疫法》第十二条的规定，入境报检时，货主或者其代理人除需提供贸易合同、发票、产地证书外，还必须提供输出国家或地区官方的检疫证书；需办理入境检疫审批手续的，还应当取得《进境动植物检疫许可证》。

根据2018年发布的《关于全面取消〈入／出境货物通关单〉有关事项的公告》（海关总署公告2018年第50号）第一条、第四条的规定，涉及法定检验检疫要求的进口商品申报时，企业可以通过"单一窗口"（包括通过"互联网＋海关"接入"单一窗口"）报关报检合一界面向海关一次申报。如需使用"单一窗口"单独报关、报检界面或者报关报检企业客户端申报的，企业应当在报关单随附单证栏中填写报检电子回执上的检验检疫编号，并填写代码"A"。海关统一发送一次放行指令，海关监管作业场所经营单位凭海关放行指令为企业办理货物提离手续。

3. 关于进口黄金制品的监管要求

《黄金及黄金制品进出口管理办法》第三条规定，中国人民银行是黄金及黄金制品进出口主管部门，对黄金及黄金制品进出口实行准许证制度。列入《黄金及黄金制品进出口管理目录》的黄金及黄金制品进口或出口通关时，应当向海关提交中国人民银行及其分支机构签发的《中国人民银行黄金及黄金制品进出口准许证》。该文件第四条规定，法人、其他组织以一般贸易方式进出口黄金及黄金制品的，应当按照本办法办理《中国人民银行黄金及黄金制品进出口准许证》。因此，如目标公司进口货物归入了相应海关商品编码，则应当在进口之前向中国人民银行申请并取得黄金及黄金制品进口许可。根据《黄金及黄金制品进出口管理办法》第十一条的规定，申请黄金制品进口的，应当向申请人住所地的中国人民银行地市级以上分支机构提交书面申请材料，包括企业法人营业执照复印件、黄金制品进出口合同复印件、《对外贸易经营者备案表》、申请人近 2 年有无违法行为的说明材料、适用海关认证企业管理的有关证明材料、近 3 年的企业纳税记录等。①

---

① 《黄金及黄金制品进出口管理办法》第十一条："申请黄金制品进口的，应当向申请人住所地的中国人民银行地市级以上分支机构提交下列材料：（一）书面申请，应当载明申请人的名称、住所（办公场所）、企业概况、进出口黄金制品的用途和计划数量等业务情况说明；（二）《黄金及黄金制品进出口申请表》；（三）加盖公章的企业法人营业执照、事业单位法人证书等法定登记证书复印件；（四）黄金制品进出口合同复印件；（五）加盖备案登记章的《对外贸易经营者备案表》或《外商投资企业批准证书》；（六）申请人近 2 年有无违法行为的说明材料；（七）生产、加工或者使用黄金制品的企业还应当提交近 3 年的企业纳税记录，地市级环保部门出具的污染物排放许可证件和年度达标检测报告及其复印件；（八）从事外贸经营的企业还应当提交适用海关认证企业管理的有关证明材料、近 3 年的企业纳税记录……前款其他材料未发生变更再次申请黄金制品进出口的，只需提交前款第二项和第四项材料……前款其他材料发生变更的，比照初次申请办理。"

附录一
跨境电商监管依据概览

法律文件类型	名称（简称）	制定机关	实施日期（含最新修订日期）
法律	《电子商务法》	全国人大常务委员会	2019年1月1日
	《海关法》		2021年4月29日
	《网络安全法》		2017年6月1日
	《广告法》		2021年4月29日
	《反不正当竞争法》		2019年4月23日
	《产品质量法》		2018年12月29日
	《食品安全法》		2021年4月29日
	《药品管理法》		2019年12月1日
行政法规	《外汇管理条例》	国务院	2008年8月5日
	《进出口关税条例》		2017年3月1日
	《知识产权海关保护条例》		2018年3月19日
	《海关行政处罚实施条例》		2004年11月1日
	《食品安全法实施条例》		2019年12月1日
部门规章	《网络食品安全违法行为查处办法》	国家市场监督管理总局	2021年06月01日
	《电信和互联网用户个人信息保护规定》	工业和信息化部	2013年9月1日
	《电信业务经营许可管理办法》		2017年9月1日

续表

法律文件类型	名称（简称）	制定机关	实施日期（含最新修订日期）
部门规章	《海关办理行政处罚案件程序规定》	海关总署	2021年7月15月
	《海关进出口货物征税管理办法》		2018年7月1日
	中华人民共和国海关关于《中华人民共和国知识产权海关保护条例》的实施办法		2018年7月1日
	《保税仓库及所存货物管理规定》		2018年7月1日
	《保税区海关监管办法》		2011年1月8日
其他规范性文件	《关于实施支持跨境电子商务零售出口有关政策意见的通知》（国办发〔2013〕89号）	国务院办公厅	2013年8月21日
	《关于促进跨境电子商务健康快速发展的指导意见》（国办发〔2015〕46号）		2015年6月16日
	《关于加快发展外贸新业态新模式的意见》（国办发〔2021〕24号）		2021年7月2日
	《关于同意在河南省开展跨境电子商务零售进口药品试点的批复》（国函〔2021〕51号）	国务院	2021年5月8日
	《关于同意在雄安新区等46个城市和地区设立跨境电子商务综合试验区的批复》（国函〔2020〕47号）		2020年4月27日
	《关于同意在石家庄等24个城市设立跨境电子商务综合试验区的批复》（国函〔2019〕137号）		2019年12月15日
	《关于同意在北京等22个城市设立跨境电子商务综合试验区的批复》（国函〔2018〕93号）		2018年7月24日
	《关于同意设立中国（杭州）跨境电子商务综合试验区的批复》（国函〔2015〕44号）		2015年3月17日
	《关于同意在天津等12个城市设立跨境电子商务综合试验区的批复》（国函〔2016〕17号）		2016年1月12日

续表

法律文件类型	名称（简称）	制定机关	实施日期（含最新修订日期）
其他规范性文件	《海关总署关于在全国海关复制推广跨境电子商务企业对企业出口监管试点的公告》（海关总署公告2021年第47号）	海关总署	2021年7月1日
	《关于跨境电子商务零售进出口商品有关监管事宜的公告》（海关总署公告2016年第26号）（已废止）		2016年4月8日
	《关于调整加工贸易内销申报纳税办理时限的公告》（海关总署公告2020年第78号）		2020年7月1日
	《关于开展跨境电子商务企业对企业出口监管试点的公告》（海关总署公告2020年第75号）		2020年7月1日
	《关于扩大跨境电子商务企业对企业出口监管试点范围的公告》（海关总署公告2020年第92号）		2020年9月1日
	《关于跨境电子商务零售进口商品退货有关监管事宜的公告》（海关总署公告2020年第45号）		2020年3月28日
	《关于全面推广跨境电子商务出口商品退货监管措施有关事宜的公告》（海关总署公告2020年第44号）		2020年3月27日
	《关于公布〈海关认证企业标准〉的公告》（海关总署公告2019年第229号）（已废止）		2020年3月1日
	《关于跨境电子商务零售进出口商品有关监管事宜的公告》（海关总署公告2018年第194号）		2019年1月1日

续表

法律文件类型	名称（简称）	制定机关	实施日期（含最新修订日期）
其他规范性文件	《关于增列海关监管方式代码的公告》（海关总署公告2014年第12号）	海关总署	2014年2月10日
	《关于增列海关监管方式代码的公告》（海关总署公告2014年第57号）		2014年8月1日
	《关于增列海关监管方式代码的公告》（海关总署公告2016年第75号）		2016年12月1日
	《关于执行跨境电子商务零售进口新的监管要求有关事宜的通知》（署办发〔2016〕29号）		2016年5月24日
	《关于跨境贸易电子商务进出境货物、物品有关监管事宜的公告》（海关总署公告2014年第56号）（已废止）		2014年8月1日
	《关于跨境电子商务企业海关注册登记管理有关事宜的公告》（海关总署公告2018年第219号）		2019年1月1日
	《关于实时获取跨境电子商务平台企业支付相关原始数据有关事宜的公告》（海关总署公告2018年第165号）		2019年1月1日
	《关于实时获取跨境电子商务平台企业支付相关原始数据接入有关事宜的公告》（海关总署公告2018年第179号）		2019年1月1日
	《关于修订跨境电子商务统一版信息化系统企业接入报文规范的公告》（海关总署公告2018年第113号）		2018年9月30日

续表

法律文件类型	名称（简称）	制定机关	实施日期（含最新修订日期）
其他规范性文件	《关于修订市场采购贸易监管办法及其监管方式有关事宜的公告》（海关总署公告2019年第221号）	海关总署	2019年12月27日
	《关于扩大市场采购贸易方式试点的公告》（海关总署公告2018年第167号）		2018年11月13日
	《关于完善跨境电子商务零售进口税收政策的通知》（财关税〔2018〕49号）	财政部、海关总署、国家税务总局	2019年1月1日
	《关于调整扩大跨境电子商务零售进口商品清单的公告》（财政部公告2019年第96号）	财政部、发展改革委、工业和信息化部、生态环境部、农业农村部、商务部、人民银行、海关总署、税务总局、市场监管总局、药监局、密码局、濒管办	2020年1月1日
	《关于调整跨境电子商务零售进口商品清单的公告》（2022年第7号）	财政部、发展改革委、工业和信息化部、生态环境部、农业农村部、商务部、海关总署、濒管办	2022年1月28日
	《关于完善跨境电子商务零售进口监管有关工作的通知》（商财发〔2018〕486号）	商务部、国家发展和改革委员会、财政部、海关总署、国家税务总局、国家市场监督管理总局	2019年1月1日
	《关于扩大跨境电商零售进口试点的通知》（商财发〔2020〕15号）		2020年1月17日

续表

法律文件类型	名称（简称）	制定机关	实施日期（含最新修订日期）
其他规范性文件	《关于扩大跨境电商零售进口试点、严格落实监管要求的通知》（商财发〔2021〕39号）	商务部、国家发展和改革委员会、财政部、海关总署、国家税务总局、国家市场监督管理总局	2021年3月18日
	《关于跨境电商零售进出口检验检疫信息化管理系统数据接入规范的公告》（国家质量监督检验检疫总局公告2017年第42号）	国家质量监督检验检疫总局	2017年6月6日
	《关于进一步发挥检验检疫职能作用促进跨境电子商务发展的意见》		2015年5月14日
	《关于加强跨境电子商务进出口消费品检验监管工作的指导意见》（国质检检〔2015〕250号）		2015年6月9日
	《跨境电子商务经营主体和商品备案管理工作规范》（国家质量监督检验检疫总局公告2015年第137号）		2016年1月1日
	《关于支持跨境电子商务零售出口的指导意见》		2013年11月08日
	《关于跨境电子商务综合试验区零售出口企业所得税核定征收有关问题的公告》（国家税务总局公告2019年第36号）	国家税务总局	2020年1月1日
	《关于做好电子商务经营者登记工作的意见》（国市监注〔2018〕236号）	国家市场监督管理总局	2018年12月3日
	《关于印发2018网络市场监管专项行动（网剑行动）方案的通知》（国市监市〔2018〕67号）		2018年6月4日

续表

法律文件类型	名称（简称）	制定机关	实施日期（含最新修订日期）
其他规范性文件	《关于中国（杭州）跨境电子商务综合试验区出口货物有关税收政策的通知》（财税〔2015〕143号）	财政部、国家税务总局	2015年12月18日
	《关于跨境电子商务零售进口税收政策的通知》（财关税〔2016〕18号）	财政部、海关总署、国家税务总局	2016年4月8日
	《关于复制推广跨境电子商务综合试验区探索形成的成熟经验做法的函》（商贸函〔2017〕840号）	商务部等14部门	2017年10月26日
	《关于促进外贸综合服务企业健康发展有关工作的通知》（商贸函〔2017〕759号）	商务部、海关总署、国家税务总局等5部门	2017年9月25日
	《关于调整跨境电商零售进口商品清单的公告》（财政部公告2018年第157号）	财政部等13部门	2019年1月1日
	《关于促进跨境电子商务寄递服务高质量发展的若干意见（暂行）》（国邮发〔2019〕17号）	国家邮政局、商务部、海关总署	2019年2月23日
	《外商投资准入特别管理措施（负面清单）》（2021年版）（国家发展和改革委员会 商务部令第47号）	国家发展和改革委员会、商务部	2022年1月1日
	《外经贸发展专项资金管理办法》（财企〔2014〕36号）	财政部、商务部	2014年4月9日
	《关于跨境电子商务综合试验区零售出口货物税收政策的通知》（财税〔2018〕103号）	财政部、国家税务总局	2018年10月1日
	《关于印发货物贸易外汇管理法规有关问题的通知》（汇发〔2012〕38号）（部分失效）	国家外汇管理局	2012年6月27日

续表

法律文件类型	名称（简称）	制定机关	实施日期（含最新修订日期）
其他规范性文件	《关于开展支付机构跨境外汇支付业务试点的通知》（汇发(2015)7号）（已废止）	国家外汇管理局	2015年1月20日
	《关于印发〈支付机构外汇业务管理办法〉的通知》（汇发〔2019〕13号）	国家外汇管理局	2019年4月29日
	《关于支持贸易新业态发展的通知》（汇发〔2020〕11号）	国家外汇管理局	2020年5月20日
	《关于调整进境物品进口税有关问题的通知》（税委会〔2019〕17号）	国务院关税税则委员会	2019年4月9日
	《关于货物贸易外汇管理制度改革的公告》（国家外汇管理局 海关总署 国家税务总局公告2012年第1号）	国家外汇管理局、海关总署、国家税务总局	2012年8月1日

附录二
跨境电商领域若干重要的法律法规

1. 中华人民共和国电子商务法

第一章 总 则

第一条 为了保障电子商务各方主体的合法权益,规范电子商务行为,维护市场秩序,促进电子商务持续健康发展,制定本法。

第二条 中华人民共和国境内的电子商务活动,适用本法。

本法所称电子商务,是指通过互联网等信息网络销售商品或者提供服务的经营活动。

法律、行政法规对销售商品或者提供服务有规定的,适用其规定。金融类产品和服务,利用信息网络提供新闻信息、音视频节目、出版以及文化产品等内容方面的服务,不适用本法。

第三条 国家鼓励发展电子商务新业态,创新商业模式,促进电子商务技术研发和推广应用,推进电子商务诚信体系建设,营造有利于电子商务创新发展的市场环境,充分发挥电子商务在推动高质量发展、满足人民日益增长的美好生活需要、构建开放型经济方面的重要作用。

第四条 国家平等对待线上线下商务活动,促进线上线下融合发展,各级人民政府和有关部门不得采取歧视性的政策措施,不得滥用行政权力排除、限制市场竞争。

第五条 电子商务经营者从事经营活动,应当遵循自愿、平等、公平、诚信的原则,遵守法律和商业道德,公平参与市场竞争,履行消费者权益保护、环境保护、知识产权保护、网络安全与个人信息保护等方面的义务,承担产品和服务质量责任，接受政府和社会的监督。

第六条 国务院有关部门按照职责分工负责电子商务发展促进、监督管理等工作。县级以上地方各级人民政府可以根据本行政区域的实际情况，确定本行政区域内电子商务的部门职责划分。

第七条 国家建立符合电子商务特点的协同管理体系，推动形成有关部门、电子商务行业组织、电子商务经营者、消费者等共同参与的电子商务市场治理体系。

第八条 电子商务行业组织按照本组织章程开展行业自律，建立健全行业规范，推动行业诚信建设，监督、引导本行业经营者公平参与市场竞争。

第二章 电子商务经营者

第一节 一般规定

第九条 本法所称电子商务经营者，是指通过互联网等信息网络从事销售商品或者提供服务的经营活动的自然人、法人和非法人组织，包括电子商务平台经营者、平台内经营者以及通过自建网站、其他网络服务销售商品或者提供服务的电子商务经营者。

本法所称电子商务平台经营者，是指在电子商务中为交易双方或者多方提供网络经营场所、交易撮合、信息发布等服务，供交易双方或者多方独立开展交易活动的法人或者非法人组织。

本法所称平台内经营者，是指通过电子商务平台销售商品或者提供服务的电子商务经营者。

第十条 电子商务经营者应当依法办理市场主体登记。但是，个人销售自产农副产品、家庭手工业产品，个人利用自己的技能从事依法无须取得许可的便民劳务活动和零星小额交易活动，以及依照法律、行政法规不需要进行登记的除外。

第十一条 电子商务经营者应当依法履行纳税义务，并依法享受税收优惠。

依照前条规定不需要办理市场主体登记的电子商务经营者在首次纳税义务发生后，应当依照税收征收管理法律、行政法规的规定申请办理税务登记，并如实申报纳税。

第十二条 电子商务经营者从事经营活动，依法需要取得相关行政许可的，应当依法取得行政许可。

第十三条 电子商务经营者销售的商品或者提供的服务应当符合保障人身、财产安全的要求和环境保护要求，不得销售或者提供法律、行政法规禁止交易的商品或者服务。

第十四条 电子商务经营者销售商品或者提供服务应当依法出具纸质发票或者电子发票等购货凭证或者服务单据。电子发票与纸质发票具有同等法律效力。

第十五条 电子商务经营者应当在其首页显著位置，持续公示营业执照信息、与其经营业务有关的行政许可信息、属于依照本法第十条规定的不需要办理市场主体登记情形等信息，或者上述信息的链接标识。

前款规定的信息发生变更的，电子商务经营者应当及时更新公示信息。

第十六条 电子商务经营者自行终止从事电子商务的，应当提前三十日在首页显著位置持续公示有关信息。

第十七条 电子商务经营者应当全面、真实、准确、及时地披露商品或者服务信息，保障消费者的知情权和选择权。电子商务经营者不得以虚构交易、编造用户评价等方式进行虚假或者引人误解的商业宣传，欺骗、误导消费者。

第十八条 电子商务经营者根据消费者的兴趣爱好、消费习惯等特征向其提供商品或者服务的搜索结果的，应当同时向该消费者提供不针对其个人特征的选项，尊重和平等保护消费者合法权益。

电子商务经营者向消费者发送广告的，应当遵守《中华人民共和国广告法》的有关规定。

第十九条 电子商务经营者搭售商品或者服务，应当以显著方式提请消费者注意，不得将搭售商品或者服务作为默认同意的选项。

第二十条 电子商务经营者应当按照承诺或者与消费者约定的方式、时限向消费者交付商品或者服务，并承担商品运输中的风险和责任。但是，消费者另行选择快递物流服务提供者的除外。

第二十一条 电子商务经营者按照约定向消费者收取押金的，应当明示押金退还的方式、程序，不得对押金退还设置不合理条件。消费者申请退还押金，符合押金退还条件的，电子商务经营者应当及时退还。

第二十二条 电子商务经营者因其技术优势、用户数量、对相关行业的控制能力以及其他经营者对该电子商务经营者在交易上的依赖程度等因素而具有市场支配地位的，不得滥用市场支配地位，排除、限制竞争。

第二十三条 电子商务经营者收集、使用其用户的个人信息，应当遵守法律、行政法规有关个人信息保护的规定。

第二十四条 电子商务经营者应当明示用户信息查询、更正、删除以及用户注销的方式、程序，不得对用户信息查询、更正、删除以及用户注销设置不合理条件。

电子商务经营者收到用户信息查询或者更正、删除的申请的，应当在核实身份后及时提供查询或者更正、删除用户信息。用户注销的，电子商务经营者应当立即删除该用户的信息；依照法律、行政法规的规定或者双方约定保存的，依照其规定。

第二十五条 有关主管部门依照法律、行政法规的规定要求电子商务经营者提供有关电子商务数据信息的，电子商务经营者应当提供。有关主管部门应当采取必要措施保护电子商务经营者提供的数据信息的安全，并对其中的个人信息、隐私和商业秘密严格保密，不得泄露、出售或者非法向他人提供。

第二十六条 电子商务经营者从事跨境电子商务，应当遵守进出口监督管理的法律、行政法规和国家有关规定。

第二节 电子商务平台经营者

第二十七条 电子商务平台经营者应当要求申请进入平台销售商品或者提供服务的经营者提交其身份、地址、联系方式、行政许可等真实信息，进行核验、登记，建立登记档案，并定期核验更新。

电子商务平台经营者为进入平台销售商品或者提供服务的非经营用户提供服务，应当遵守本节有关规定。

第二十八条 电子商务平台经营者应当按照规定向市场监督管理部门报送平台内经营者的身份信息，提示未办理市场主体登记的经营者依法办理登记，并配合市场监督管理部门，针对电子商务的特点，为应当办理市场主体登记的经营者办理登记提供便利。

电子商务平台经营者应当依照税收征收管理法律、行政法规的规定，向税务部门报送平台内经营者的身份信息和与纳税有关的信息，并应当提示依照本法第十条规定不需要办理市场主体登记的电子商务经营者依照本法第十一条第二款的规定办理税务登记。

第二十九条 电子商务平台经营者发现平台内的商品或者服务信息存在

违反本法第十二条、第十三条规定情形的，应当依法采取必要的处置措施，并向有关主管部门报告。

第三十条 电子商务平台经营者应当采取技术措施和其他必要措施保证其网络安全、稳定运行，防范网络违法犯罪活动，有效应对网络安全事件，保障电子商务交易安全。

电子商务平台经营者应当制定网络安全事件应急预案，发生网络安全事件时，应当立即启动应急预案，采取相应的补救措施，并向有关主管部门报告。

第三十一条 电子商务平台经营者应当记录、保存平台上发布的商品和服务信息、交易信息，并确保信息的完整性、保密性、可用性。商品和服务信息、交易信息保存时间自交易完成之日起不少于三年；法律、行政法规另有规定的，依照其规定。

第三十二条 电子商务平台经营者应当遵循公开、公平、公正的原则，制定平台服务协议和交易规则，明确进入和退出平台、商品和服务质量保障、消费者权益保护、个人信息保护等方面的权利和义务。

第三十三条 电子商务平台经营者应当在其首页显著位置持续公示平台服务协议和交易规则信息或者上述信息的链接标识，并保证经营者和消费者能够便利、完整地阅览和下载。

第三十四条 电子商务平台经营者修改平台服务协议和交易规则，应当在其首页显著位置公开征求意见，采取合理措施确保有关各方能够及时充分表达意见。修改内容应当至少在实施前七日予以公示。

平台内经营者不接受修改内容，要求退出平台的，电子商务平台经营者不得阻止，并按照修改前的服务协议和交易规则承担相关责任。

第三十五条 电子商务平台经营者不得利用服务协议、交易规则以及技术等手段，对平台内经营者在平台内的交易、交易价格以及与其他经营者的交易等进行不合理限制或者附加不合理条件，或者向平台内经营者收取不合理费用。

第三十六条 电子商务平台经营者依据平台服务协议和交易规则对平台内经营者违反法律、法规的行为实施警示、暂停或者终止服务等措施的，应当及时公示。

第三十七条 电子商务平台经营者在其平台上开展自营业务的，应当以显著方式区分标记自营业务和平台内经营者开展的业务，不得误导消费者。

电子商务平台经营者对其标记为自营的业务依法承担商品销售者或者服务提供者的民事责任。

第三十八条 电子商务平台经营者知道或者应当知道平台内经营者销售的商品或者提供的服务不符合保障人身、财产安全的要求，或者有其他侵害消费者合法权益行为，未采取必要措施的，依法与该平台内经营者承担连带责任。

对关系消费者生命健康的商品或者服务，电子商务平台经营者对平台内经营者的资质资格未尽到审核义务，或者对消费者未尽到安全保障义务，造成消费者损害的，依法承担相应的责任。

第三十九条 电子商务平台经营者应当建立健全信用评价制度，公示信用评价规则，为消费者提供对平台内销售的商品或者提供的服务进行评价的途径。

电子商务平台经营者不得删除消费者对其平台内销售的商品或者提供的服务的评价。

第四十条 电子商务平台经营者应当根据商品或者服务的价格、销量、信用等以多种方式向消费者显示商品或者服务的搜索结果；对于竞价排名的商品或者服务，应当显著标明"广告"。

第四十一条 电子商务平台经营者应当建立知识产权保护规则，与知识产权权利人加强合作，依法保护知识产权。

第四十二条 知识产权权利人认为其知识产权受到侵害的，有权通知电子商务平台经营者采取删除、屏蔽、断开链接、终止交易和服务等必要措施。通知应当包括构成侵权的初步证据。

电子商务平台经营者接到通知后，应当及时采取必要措施，并将该通知转送平台内经营者；未及时采取必要措施的，对损害的扩大部分与平台内经营者承担连带责任。

因通知错误造成平台内经营者损害的，依法承担民事责任。恶意发出错误通知，造成平台内经营者损失的，加倍承担赔偿责任。

第四十三条 平台内经营者接到转送的通知后，可以向电子商务平台经营者提交不存在侵权行为的声明。声明应当包括不存在侵权行为的初步证据。

电子商务平台经营者接到声明后，应当将该声明转送发出通知的知识产权权利人，并告知其可以向有关主管部门投诉或者向人民法院起诉。电子商务平台经营者在转送声明到达知识产权权利人后十五日内，未收到权利人已经投诉或者起诉通知的，应当及时终止所采取的措施。

第四十四条 电子商务平台经营者应当及时公示收到的本法第四十二条、第四十三条规定的通知、声明及处理结果。

第四十五条 电子商务平台经营者知道或者应当知道平台内经营者侵犯知识产权的，应当采取删除、屏蔽、断开链接、终止交易和服务等必要措施；未采取必要措施的，与侵权人承担连带责任。

第四十六条 除本法第九条第二款规定的服务外，电子商务平台经营者可以按照平台服务协议和交易规则，为经营者之间的电子商务提供仓储、物流、支付结算、交收等服务。电子商务平台经营者为经营者之间的电子商务提供服务，应当遵守法律、行政法规和国家有关规定，不得采取集中竞价、做市商等集中交易方式进行交易，不得进行标准化合约交易。

第三章　电子商务合同的订立与履行

第四十七条 电子商务当事人订立和履行合同，适用本章和《中华人民共和国民法总则》《中华人民共和国合同法》《中华人民共和国电子签名法》等法律的规定。

第四十八条 电子商务当事人使用自动信息系统订立或者履行合同的行为对使用该系统的当事人具有法律效力。

在电子商务中推定当事人具有相应的民事行为能力。但是，有相反证据足以推翻的除外。

第四十九条 电子商务经营者发布的商品或者服务信息符合要约条件的，用户选择该商品或者服务并提交订单成功，合同成立。当事人另有约定的，从其约定。

电子商务经营者不得以格式条款等方式约定消费者支付价款后合同不成立；格式条款等含有该内容的，其内容无效。

第五十条 电子商务经营者应当清晰、全面、明确地告知用户订立合同的步骤、注意事项、下载方法等事项，并保证用户能够便利、完整地阅览和下载。

电子商务经营者应当保证用户在提交订单前可以更正输入错误。

第五十一条 合同标的为交付商品并采用快递物流方式交付的，收货人签收时间为交付时间。合同标的为提供服务的，生成的电子凭证或者实物凭证中载明的时间为交付时间；前述凭证没有载明时间或者载明时间与实际提供服务时间不一致的，实际提供服务的时间为交付时间。

合同标的为采用在线传输方式交付的，合同标的进入对方当事人指定的特定系统并且能够检索识别的时间为交付时间。

合同当事人对交付方式、交付时间另有约定的，从其约定。

第五十二条　电子商务当事人可以约定采用快递物流方式交付商品。

快递物流服务提供者为电子商务提供快递物流服务，应当遵守法律、行政法规，并应当符合承诺的服务规范和时限。快递物流服务提供者在交付商品时，应当提示收货人当面查验；交由他人代收的，应当经收货人同意。

快递物流服务提供者应当按照规定使用环保包装材料，实现包装材料的减量化和再利用。

快递物流服务提供者在提供快递物流服务的同时，可以接受电子商务经营者的委托提供代收货款服务。

第五十三条　电子商务当事人可以约定采用电子支付方式支付价款。

电子支付服务提供者为电子商务提供电子支付服务，应当遵守国家规定，告知用户电子支付服务的功能、使用方法、注意事项、相关风险和收费标准等事项，不得附加不合理交易条件。电子支付服务提供者应当确保电子支付指令的完整性、一致性、可跟踪稽核和不可篡改。

电子支付服务提供者应当向用户免费提供对账服务以及最近三年的交易记录。

第五十四条　电子支付服务提供者提供电子支付服务不符合国家有关支付安全管理要求，造成用户损失的，应当承担赔偿责任。

第五十五条　用户在发出支付指令前，应当核对支付指令所包含的金额、收款人等完整信息。

支付指令发生错误的，电子支付服务提供者应当及时查找原因，并采取相关措施予以纠正。造成用户损失的，电子支付服务提供者应当承担赔偿责任，但能够证明支付错误非自身原因造成的除外。

第五十六条　电子支付服务提供者完成电子支付后，应当及时准确地向用户提供符合约定方式的确认支付的信息。

第五十七条　用户应当妥善保管交易密码、电子签名数据等安全工具。

用户发现安全工具遗失、被盗用或者未经授权的支付的，应当及时通知电子支付服务提供者。

未经授权的支付造成的损失，由电子支付服务提供者承担；电子支付服务提供者能够证明未经授权的支付是因用户的过错造成的，不承担责任。

电子支付服务提供者发现支付指令未经授权，或者收到用户支付指令未经授权的通知时，应当立即采取措施防止损失扩大。电子支付服务提供者未及时采取措施导致损失扩大的，对损失扩大部分承担责任。

第四章　电子商务争议解决

第五十八条　国家鼓励电子商务平台经营者建立有利于电子商务发展和消费者权益保护的商品、服务质量担保机制。

电子商务平台经营者与平台内经营者协议设立消费者权益保证金的，双方应当就消费者权益保证金的提取数额、管理、使用和退还办法等作出明确约定。

消费者要求电子商务平台经营者承担先行赔偿责任以及电子商务平台经营者赔偿后向平台内经营者的追偿，适用《中华人民共和国消费者权益保护法》的有关规定。

第五十九条　电子商务经营者应当建立便捷、有效的投诉、举报机制，公开投诉、举报方式等信息，及时受理并处理投诉、举报。

第六十条　电子商务争议可以通过协商和解，请求消费者组织、行业协会或者其他依法成立的调解组织调解，向有关部门投诉，提请仲裁，或者提起诉讼等方式解决。

第六十一条　消费者在电子商务平台购买商品或者接受服务，与平台内经营者发生争议时，电子商务平台经营者应当积极协助消费者维护合法权益。

第六十二条　在电子商务争议处理中，电子商务经营者应当提供原始合同和交易记录。因电子商务经营者丢失、伪造、篡改、销毁、隐匿或者拒绝提供前述资料，致使人民法院、仲裁机构或者有关机关无法查明事实的，电子商务经营者应当承担相应的法律责任。

第六十三条　电子商务平台经营者可以建立争议在线解决机制，制定并公示争议解决规则，根据自愿原则，公平、公正地解决当事人的争议。

第五章　电子商务促进

第六十四条　国务院和省、自治区、直辖市人民政府应当将电子商务发展纳入国民经济和社会发展规划，制定科学合理的产业政策，促进电子商务创新发展。

第六十五条　国务院和县级以上地方人民政府及其有关部门应当采取措施，支持、推动绿色包装、仓储、运输，促进电子商务绿色发展。

第六十六条　国家推动电子商务基础设施和物流网络建设，完善电子商务统计制度，加强电子商务标准体系建设。

第六十七条　国家推动电子商务在国民经济各个领域的应用，支持电子商务与各产业融合发展。

第六十八条　国家促进农业生产、加工、流通等环节的互联网技术应用，鼓励各类社会资源加强合作，促进农村电子商务发展，发挥电子商务在精准扶贫中的作用。

第六十九条　国家维护电子商务交易安全，保护电子商务用户信息，鼓励电子商务数据开发应用，保障电子商务数据依法有序自由流动。

国家采取措施推动建立公共数据共享机制，促进电子商务经营者依法利用公共数据。

第七十条　国家支持依法设立的信用评价机构开展电子商务信用评价，向社会提供电子商务信用评价服务。

第七十一条　国家促进跨境电子商务发展，建立健全适应跨境电子商务特点的海关、税收、进出境检验检疫、支付结算等管理制度，提高跨境电子商务各环节便利化水平，支持跨境电子商务平台经营者等为跨境电子商务提供仓储物流、报关、报检等服务。

国家支持小型微型企业从事跨境电子商务。

第七十二条　国家进出口管理部门应当推进跨境电子商务海关申报、纳税、检验检疫等环节的综合服务和监管体系建设，优化监管流程，推动实现信息共享、监管互认、执法互助，提高跨境电子商务服务和监管效率。跨境电子商务经营者可以凭电子单证向国家进出口管理部门办理有关手续。

第七十三条　国家推动建立与不同国家、地区之间跨境电子商务的交流合作，参与电子商务国际规则的制定，促进电子签名、电子身份等国际互认。

国家推动建立与不同国家、地区之间的跨境电子商务争议解决机制。

第六章 法律责任

第七十四条 电子商务经营者销售商品或者提供服务，不履行合同义务或者履行合同义务不符合约定，或者造成他人损害的，依法承担民事责任。

第七十五条 电子商务经营者违反本法第十二条、第十三条规定，未取得相关行政许可从事经营活动，或者销售、提供法律、行政法规禁止交易的商品、服务，或者不履行本法第二十五条规定的信息提供义务，电子商务平台经营者违反本法第四十六条规定，采取集中交易方式进行交易，或者进行标准化合约交易的，依照有关法律、行政法规的规定处罚。

第七十六条 电子商务经营者违反本法规定，有下列行为之一的，由市场监督管理部门责令限期改正，可以处一万元以下的罚款，对其中的电子商务平台经营者，依照本法第八十一条第一款的规定处罚：

（一）未在首页显著位置公示营业执照信息、行政许可信息、属于不需要办理市场主体登记情形等信息，或者上述信息的链接标识的；

（二）未在首页显著位置持续公示终止电子商务的有关信息的；

（三）未明示用户信息查询、更正、删除以及用户注销的方式、程序，或者对用户信息查询、更正、删除以及用户注销设置不合理条件的。

电子商务平台经营者对违反前款规定的平台内经营者未采取必要措施的，由市场监督管理部门责令限期改正，可以处二万元以上十万元以下的罚款。

第七十七条 电子商务经营者违反本法第十八条第一款规定提供搜索结果，或者违反本法第十九条规定搭售商品、服务的，由市场监督管理部门责令限期改正，没收违法所得，可以并处五万元以上二十万元以下的罚款；情节严重的，并处二十万元以上五十万元以下的罚款。

第七十八条 电子商务经营者违反本法第二十一条规定，未向消费者明示押金退还的方式、程序，对押金退还设置不合理条件，或者不及时退还押金的，由有关主管部门责令限期改正，可以处五万元以上二十万元以下的罚款；情节严重的，处二十万元以上五十万元以下的罚款。

第七十九条 电子商务经营者违反法律、行政法规有关个人信息保护的规定，或者不履行本法第三十条和有关法律、行政法规规定的网络安全保障义务的，依照《中华人民共和国网络安全法》等法律、行政法规的规定处罚。

第八十条　电子商务平台经营者有下列行为之一的，由有关主管部门责令限期改正；逾期不改正的，处二万元以上十万元以下的罚款；情节严重的，责令停业整顿，并处十万元以上五十万元以下的罚款：

（一）不履行本法第二十七条规定的核验、登记义务的；

（二）不按照本法第二十八条规定向市场监督管理部门、税务部门报送有关信息的；

（三）不按照本法第二十九条规定对违法情形采取必要的处置措施，或者未向有关主管部门报告的；

（四）不履行本法第三十一条规定的商品和服务信息、交易信息保存义务的。

法律、行政法规对前款规定的违法行为的处罚另有规定的，依照其规定。

第八十一条　电子商务平台经营者违反本法规定，有下列行为之一的，由市场监督管理部门责令限期改正，可以处二万元以上十万元以下的罚款；情节严重的，处十万元以上五十万元以下的罚款：

（一）未在首页显著位置持续公示平台服务协议、交易规则信息或者上述信息的链接标识的；

（二）修改交易规则未在首页显著位置公开征求意见，未按照规定的时间提前公示修改内容，或者阻止平台内经营者退出的；

（三）未以显著方式区分标记自营业务和平台内经营者开展的业务的；

（四）未为消费者提供对平台内销售的商品或者提供的服务进行评价的途径，或者擅自删除消费者的评价的。

电子商务平台经营者违反本法第四十条规定，对竞价排名的商品或者服务未显著标明"广告"的，依照《中华人民共和国广告法》的规定处罚。

第八十二条　电子商务平台经营者违反本法第三十五条规定，对平台内经营者在平台内的交易、交易价格或者与其他经营者的交易等进行不合理限制或者附加不合理条件，或者向平台内经营者收取不合理费用的，由市场监督管理部门责令限期改正，可以处五万元以上五十万元以下的罚款；情节严重的，处五十万元以上二百万元以下的罚款。

第八十三条　电子商务平台经营者违反本法第三十八条规定，对平台内经营者侵害消费者合法权益行为未采取必要措施，或者对平台内经营者未尽到资质资格审核义务，或者对消费者未尽到安全保障义务的，由市场监督管理部门责令限期改正，可以处五万元以上五十万元以下的罚款；情节严重的，责令停业整顿，并处五十万元以上二百万元以下的罚款。

第八十四条 电子商务平台经营者违反本法第四十二条、第四十五条规定，对平台内经营者实施侵犯知识产权行为未依法采取必要措施的，由有关知识产权行政部门责令限期改正；逾期不改正的，处五万元以上五十万元以下的罚款；情节严重的，处五十万元以上二百万元以下的罚款。

第八十五条 电子商务经营者违反本法规定，销售的商品或者提供的服务不符合保障人身、财产安全的要求，实施虚假或者引人误解的商业宣传等不正当竞争行为，滥用市场支配地位，或者实施侵犯知识产权、侵害消费者权益等行为的，依照有关法律的规定处罚。

第八十六条 电子商务经营者有本法规定的违法行为的，依照有关法律、行政法规的规定记入信用档案，并予以公示。

第八十七条 依法负有电子商务监督管理职责的部门的工作人员，玩忽职守、滥用职权、徇私舞弊，或者泄露、出售或者非法向他人提供在履行职责中所知悉的个人信息、隐私和商业秘密的，依法追究法律责任。

第八十八条 违反本法规定，构成违反治安管理行为的，依法给予治安管理处罚；构成犯罪的，依法追究刑事责任。

第七章 附 则

第八十九条 本法自 2019 年 1 月 1 日起施行。

2. 中华人民共和国海关法（2021 修正）

第一章 总 则

第一条 为了维护国家的主权和利益，加强海关监督管理，促进对外经济贸易和科技文化交往，保障社会主义现代化建设，特制定本法。

第二条 中华人民共和国海关是国家的进出关境（下称进出境）监督管理机关。海关依照本法和其他有关法律、行政法规，监管进出境的运输工具、货物、行李物品、邮递物品和其他物品（下称进出境运输工具、货物、物品），征收关税和其他税、费，查缉走私，并编制海关统计和办理其他海关业务。

第三条 国务院设立海关总署，统一管理全国海关。

国家在对外开放的口岸和海关监管业务集中的地点设立海关。海关的隶属关系，不受行政区划的限制。

海关依法独立行使职权，向海关总署负责。

第四条 国家在海关总署设立专门侦查走私犯罪的公安机构，配备专职缉私警察，负责对其管辖的走私犯罪案件的侦查、拘留、执行逮捕、预审。

海关侦查走私犯罪公安机构履行侦查、拘留、执行逮捕、预审职责，应当按照《中华人民共和国刑事诉讼法》的规定办理。

海关侦查走私犯罪公安机构根据国家有关规定，可以设立分支机构。各分支机构办理其管辖的走私犯罪案件，应当依法向有管辖权的人民检察院移送起诉。

地方各级公安机关应当配合海关侦查走私犯罪公安机构依法履行职责。

第五条 国家实行联合缉私、统一处理、综合治理的缉私体制。海关负责组织、协调、管理查缉走私工作。有关规定由国务院另行制定。

各有关行政执法部门查获的走私案件，应当给予行政处罚的，移送海关依法处理；涉嫌犯罪的，应当移送海关侦查走私犯罪公安机构、地方公安机关依据案件管辖分工和法定程序办理。

第六条 海关可以行使下列权力：

（一）检查进出境运输工具，查验进出境货物、物品；对违反本法或者其他有关法律、行政法规的，可以扣留。

（二）查阅进出境人员的证件；查问违反本法或者其他有关法律、行政法规的嫌疑人，调查其违法行为。

（三）查阅、复制与进出境运输工具、货物、物品有关的合同、发票、账册、单据、记录、文件、业务函电、录音录像制品和其他资料；对其中与违反本法或者其他有关法律、行政法规的进出境运输工具、货物、物品有牵连的，可以扣留。

（四）在海关监管区和海关附近沿海沿边规定地区，检查有走私嫌疑的运输工具和有藏匿走私货物、物品嫌疑的场所，检查走私嫌疑人的身体；对有走私嫌疑的运输工具、货物、物品和走私犯罪嫌疑人，经直属海关关长或者其授权的隶属海关关长批准，可以扣留；对走私犯罪嫌疑人，扣留时间不超过二十四小时，在特殊情况下可以延长至四十八小时。

在海关监管区和海关附近沿海沿边规定地区以外，海关在调查走私案件时，对有走私嫌疑的运输工具和除公民住处以外的有藏匿走私货物、物品嫌疑的场所，经直属海关关长或者其授权的隶属海关关长批准，可以进行检查，有关当事人应当到场；当事人未到场的，在有见证人在场的情况下，可以径行检查；对其中有证据证明有走私嫌疑的运输工具、货物、物品，可以扣留。

海关附近沿海沿边规定地区的范围，由海关总署和国务院公安部门会同有关省级人民政府确定。

（五）在调查走私案件时，经直属海关关长或者其授权的隶属海关关长批准，可以查询案件涉嫌单位和涉嫌人员在金融机构、邮政企业的存款、汇款。

（六）进出境运输工具或者个人违抗海关监管逃逸的，海关可以连续追至海关监管区和海关附近沿海沿边规定地区以外，将其带回处理。

（七）海关为履行职责，可以配备武器。海关工作人员佩带和使用武器的规则，由海关总署会同国务院公安部门制定，报国务院批准。

（八）法律、行政法规规定由海关行使的其他权力。

第七条 各地方、各部门应当支持海关依法行使职权，不得非法干预海关的执法活动。

第八条 进出境运输工具、货物、物品，必须通过设立海关的地点进境或者出境。在特殊情况下，需要经过未设立海关的地点临时进境或者出境的，必须经国务院或者国务院授权的机关批准，并依照本法规定办理海关手续。

第九条 进出口货物，除另有规定的外，可以由进出口货物收发货人自行办理报关纳税手续，也可以由进出口货物收发货人委托报关企业办理报关纳税手续。

进出境物品的所有人可以自行办理报关纳税手续，也可以委托他人办理报关纳税手续。

第十条 报关企业接受进出口货物收发货人的委托，以委托人的名义办理报关手续的，应当向海关提交由委托人签署的授权委托书，遵守本法对委托人的各项规定。

报关企业接受进出口货物收发货人的委托，以自己的名义办理报关手续的，应当承担与收发货人相同的法律责任。

委托人委托报关企业办理报关手续的，应当向报关企业提供所委托报关事项的真实情况；报关企业接受委托人的委托办理报关手续的，应当对委托人所提供情况的真实性进行合理审查。

第十一条　进出口货物收发货人、报关企业办理报关手续，应当依法经向海关备案。

报关企业和报关人员不得非法代理他人报关。

第十二条　海关依法执行职务，有关单位和个人应当如实回答询问，并予以配合，任何单位和个人不得阻挠。

海关执行职务受到暴力抗拒时，执行有关任务的公安机关和人民武装警察部队应当予以协助。

第十三条　海关建立对违反本法规定逃避海关监管行为的举报制度。

任何单位和个人均有权对违反本法规定逃避海关监管的行为进行举报。

海关对举报或者协助查获违反本法案件的有功单位和个人，应当给予精神的或者物质的奖励。

海关应当为举报人保密。

第二章　进出境运输工具

第十四条　进出境运输工具到达或者驶离设立海关的地点时，运输工具负责人应当向海关如实申报，交验单证，并接受海关监管和检查。

停留在设立海关的地点的进出境运输工具，未经海关同意，不得擅自驶离。

进出境运输工具从一个设立海关的地点驶往另一个设立海关的地点的，应当符合海关监管要求，办理海关手续，未办结海关手续的，不得改驶境外。

第十五条　进境运输工具在进境以后向海关申报以前，出境运输工具在办结海关手续以后出境以前，应当按照交通主管机关规定的路线行进；交通主管机关没有规定的，由海关指定。

第十六条　进出境船舶、火车、航空器到达和驶离时间、停留地点、停留期间更换地点以及装卸货物、物品时间，运输工具负责人或者有关交通运输部门应当事先通知海关。

第十七条　运输工具装卸进出境货物、物品或者上下进出境旅客，应当接受海关监管。

货物、物品装卸完毕，运输工具负责人应当向海关递交反映实际装卸情况的交接单据和记录。

上下进出境运输工具的人员携带物品的，应当向海关如实申报，并接受海关检查。

第十八条　海关检查进出境运输工具时，运输工具负责人应当到场，并根据海关的要求开启舱室、房间、车门；有走私嫌疑的，并应当开拆可能藏匿走私货物、物品的部位，搬移货物、物料。

海关根据工作需要，可以派员随运输工具执行职务，运输工具负责人应当提供方便。

第十九条　进境的境外运输工具和出境的境内运输工具，未向海关办理手续并缴纳关税，不得转让或者移作他用。

第二十条　进出境船舶和航空器兼营境内客、货运输，应当符合海关监管要求。

进出境运输工具改营境内运输，需向海关办理手续。

第二十一条　沿海运输船舶、渔船和从事海上作业的特种船舶，未经海关同意，不得载运或者换取、买卖、转让进出境货物、物品。

第二十二条　进出境船舶和航空器，由于不可抗力的原因，被迫在未设立海关的地点停泊、降落或者抛掷、起卸货物、物品，运输工具负责人应当立即报告附近海关。

第三章　进出境货物

第二十三条　进口货物自进境起到办结海关手续止，出口货物自向海关申报起到出境止，过境、转运和通运货物自进境起到出境止，应当接受海关监管。

第二十四条　进口货物的收货人、出口货物的发货人应当向海关如实申报，交验进出口许可证件和有关单证。国家限制进出口的货物，没有进出口许可证件的，不予放行，具体处理办法由国务院规定。

进口货物的收货人应当自运输工具申报进境之日起十四日内，出口货物的发货人除海关特准的外应当在货物运抵海关监管区后、装货的二十四小时以前，向海关申报。

进口货物的收货人超过前款规定期限向海关申报的，由海关征收滞报金。

第二十五条　办理进出口货物的海关申报手续，应当采用纸质报关单和电子数据报关单的形式。

第二十六条 海关接受申报后，报关单证及其内容不得修改或者撤销，但符合海关规定情形的除外。

第二十七条 进口货物的收货人经海关同意，可以在申报前查看货物或者提取货样。需要依法检疫的货物，应当在检疫合格后提取货样。

第二十八条 进出口货物应当接受海关查验。海关查验货物时，进口货物的收货人、出口货物的发货人应当到场，并负责搬移货物，开拆和重封货物的包装。海关认为必要时，可以径行开验、复验或者提取货样。

海关在特殊情况下对进出口货物予以免验，具体办法由海关总署制定。

第二十九条 除海关特准的外，进出口货物在收发货人缴清税款或者提供担保后，由海关签印放行。

第三十条 进口货物的收货人自运输工具申报进境之日起超过三个月未向海关申报的，其进口货物由海关提取依法变卖处理，所得价款在扣除运输、装卸、储存等费用和税款后，尚有余款的，自货物依法变卖之日起一年内，经收货人申请，予以发还；其中属于国家对进口有限制性规定，应当提交许可证件而不能提供的，不予发还。逾期无人申请或者不予发还的，上缴国库。

确属误卸或者溢卸的进境货物，经海关审定，由原运输工具负责人或者货物的收发货人自该运输工具卸货之日起三个月内，办理退运或者进口手续；必要时，经海关批准，可以延期三个月。逾期未办手续的，由海关按前款规定处理。

前两款所列货物不宜长期保存的，海关可以根据实际情况提前处理。

收货人或者货物所有人声明放弃的进口货物，由海关提取依法变卖处理；所得价款在扣除运输、装卸、储存等费用后，上缴国库。

第三十一条 按照法律、行政法规、国务院或者海关总署规定暂时进口或者暂时出口的货物，应当在六个月内复运出境或者复运进境；需要延长复运出境或者复运进境期限的，应当根据海关总署的规定办理延期手续。

第三十二条 经营保税货物的储存、加工、装配、展示、运输、寄售业务和经营免税商店，应当符合海关监管要求，经海关批准，并办理注册手续。

保税货物的转让、转移以及进出保税场所，应当向海关办理有关手续，接受海关监管和查验。

第三十三条 企业从事加工贸易，应当按照海关总署的规定向海关备案。加工贸易制成品单位耗料量由海关按照有关规定核定。

加工贸易制成品应当在规定的期限内复出口。其中使用的进口料件，属于国家规定准予保税的，应当向海关办理核销手续；属于先征收税款的，依法向海关办理退税手续。

加工贸易保税进口料件或者制成品内销的，海关对保税的进口料件依法征税；属于国家对进口有限制性规定的，还应当向海关提交进口许可证件。

第三十四条 经国务院批准在中华人民共和国境内设立的保税区等海关特殊监管区域，由海关按照国家有关规定实施监管。

第三十五条 进口货物应当由收货人在货物的进境地海关办理海关手续，出口货物应当由发货人在货物的出境地海关办理海关手续。

经收发货人申请，海关同意，进口货物的收货人可以在设有海关的指运地、出口货物的发货人可以在设有海关的启运地办理海关手续。上述货物的转关运输，应当符合海关监管要求；必要时，海关可以派员押运。

经电缆、管道或者其他特殊方式输送进出境的货物，经营单位应当定期向指定的海关申报和办理海关手续。

第三十六条 过境、转运和通运货物，运输工具负责人应当向进境地海关如实申报，并应当在规定期限内运输出境。

海关认为必要时，可以查验过境、转运和通运货物。

第三十七条 海关监管货物，未经海关许可，不得开拆、提取、交付、发运、调换、改装、抵押、质押、留置、转让、更换标记、移作他用或者进行其他处置。

海关加施的封志，任何人不得擅自开启或者损毁。

人民法院判决、裁定或者有关行政执法部门决定处理海关监管货物的，应当责令当事人办结海关手续。

第三十八条 经营海关监管货物仓储业务的企业，应当经海关注册，并按照海关规定，办理收存、交付手续。

在海关监管区外存放海关监管货物，应当经海关同意，并接受海关监管。

违反前两款规定或者在保管海关监管货物期间造成海关监管货物损毁或者灭失的，除不可抗力外，对海关监管货物负有保管义务的人应当承担相应的纳税义务和法律责任。

第三十九条 进出境集装箱的监管办法、打捞进出境货物和沉船的监管办法、边境小额贸易进出口货物的监管办法，以及本法未具体列明的其他进出境货物的监管办法，由海关总署或者由海关总署会同国务院有关部门另行制定。

第四十条 国家对进出境货物、物品有禁止性或者限制性规定的，海关依据法律、行政法规、国务院的规定或者国务院有关部门依据法律、行政法规的授权作出的规定实施监管。具体监管办法由海关总署制定。

第四十一条 进出口货物的原产地按照国家有关原产地规则的规定确定。

第四十二条 进出口货物的商品归类按照国家有关商品归类的规定确定。

海关可以要求进出口货物的收发货人提供确定商品归类所需的有关资料；必要时，海关可以组织化验、检验，并将海关认定的化验、检验结果作为商品归类的依据。

第四十三条 海关可以根据对外贸易经营者提出的书面申请，对拟作进口或者出口的货物预先作出商品归类等行政裁定。

进口或者出口相同货物，应当适用相同的商品归类行政裁定。

海关对所作出的商品归类等行政裁定，应当予以公布。

第四十四条 海关依照法律、行政法规的规定，对与进出境货物有关的知识产权实施保护。

需要向海关申报知识产权状况的，进出口货物收发货人及其代理人应当按照国家规定向海关如实申报有关知识产权状况，并提交合法使用有关知识产权的证明文件。

第四十五条 自进出口货物放行之日起三年内或者在保税货物、减免税进口货物的海关监管期限内及其后的三年内，海关可以对与进出口货物直接有关的企业、单位的会计账簿、会计凭证、报关单证以及其他有关资料和有关进出口货物实施稽查。具体办法由国务院规定。

第四章　进出境物品

第四十六条 个人携带进出境的行李物品、邮寄进出境的物品，应当以自用、合理数量为限，并接受海关监管。

第四十七条 进出境物品的所有人应当向海关如实申报，并接受海关查验。

海关加施的封志，任何人不得擅自开启或者损毁。

第四十八条 进出境邮袋的装卸、转运和过境，应当接受海关监管。邮政企业应当向海关递交邮件路单。

邮政企业应当将开拆及封发国际邮袋的时间事先通知海关，海关应当按时派员到场监管查验。

第四十九条 邮运进出境的物品，经海关查验放行后，有关经营单位方可投递或者交付。

第五十条 经海关登记准予暂时免税进境或者暂时免税出境的物品，应当由本人复带出境或者复带进境。

过境人员未经海关批准，不得将其所带物品留在境内。

第五十一条 进出境物品所有人声明放弃的物品、在海关规定期限内未办理海关手续或者无人认领的物品，以及无法投递又无法退回的进境邮递物品，由海关依照本法第三十条的规定处理。

第五十二条 享有外交特权和豁免的外国机构或者人员的公务用品或者自用物品进出境，依照有关法律、行政法规的规定办理。

第五章 关 税

第五十三条 准许进出口的货物、进出境物品，由海关依法征收关税。

第五十四条 进口货物的收货人、出口货物的发货人、进出境物品的所有人，是关税的纳税义务人。

第五十五条 进出口货物的完税价格，由海关以该货物的成交价格为基础审查确定。成交价格不能确定时，完税价格由海关依法估定。

进口货物的完税价格包括货物的货价、货物运抵中华人民共和国境内输入地点起卸前的运输及其相关费用、保险费；出口货物的完税价格包括货物的货价、货物运至中华人民共和国境内输出地点装载前的运输及其相关费用、保险费，但是其中包含的出口关税税额，应当予以扣除。

进出境物品的完税价格，由海关依法确定。

第五十六条 下列进出口货物、进出境物品，减征或者免征关税：

（一）无商业价值的广告品和货样；

（二）外国政府、国际组织无偿赠送的物资；

（三）在海关放行前遭受损坏或者损失的货物；

（四）规定数额以内的物品；

（五）法律规定减征、免征关税的其他货物、物品；

（六）中华人民共和国缔结或者参加的国际条约规定减征、免征关税的货物、物品。

第五十七条 特定地区、特定企业或者有特定用途的进出口货物，可以减征或者免征关税。特定减税或者免税的范围和办法由国务院规定。

依照前款规定减征或者免征关税进口的货物，只能用于特定地区、特定企业或者特定用途，未经海关核准并补缴关税，不得移作他用。

第五十八条 本法第五十六条、第五十七条第一款规定范围以外的临时减征或者免征关税，由国务院决定。

第五十九条 暂时进口或者暂时出口的货物，以及特准进口的保税货物，在货物收发货人向海关缴纳相当于税款的保证金或者提供担保后，准予暂时免纳关税。

第六十条 进出口货物的纳税义务人，应当自海关填发税款缴款书之日起十五日内缴纳税款；逾期缴纳的，由海关征收滞纳金。纳税义务人、担保人超过三个月仍未缴纳的，经直属海关关长或者其授权的隶属海关关长批准，海关可以采取下列强制措施：

（一）书面通知其开户银行或者其他金融机构从其存款中扣缴税款；

（二）将应税货物依法变卖，以变卖所得抵缴税款；

（三）扣留并依法变卖其价值相当于应纳税款的货物或者其他财产，以变卖所得抵缴税款。

海关采取强制措施时，对前款所列纳税义务人、担保人未缴纳的滞纳金同时强制执行。

进出境物品的纳税义务人，应当在物品放行前缴纳税款。

第六十一条 进出口货物的纳税义务人在规定的纳税期限内有明显的转移、藏匿其应税货物以及其他财产迹象的，海关可以责令纳税义务人提供担保；纳税义务人不能提供纳税担保的，经直属海关关长或者其授权的隶属海关关长批准，海关可以采取下列税收保全措施：

（一）书面通知纳税义务人开户银行或者其他金融机构暂停支付纳税义务人相当于应纳税款的存款；

（二）扣留纳税义务人价值相当于应纳税款的货物或者其他财产。

纳税义务人在规定的纳税期限内缴纳税款的，海关必须立即解除税收保全措施；期限届满仍未缴纳税款的，经直属海关关长或者其授权的隶属海关关长批准，海关可以书面通知纳税义务人开户银行或者其他金融机构从其暂停支付的存款中扣缴税款，或者依法变卖所扣留的货物或者其他财产，以变卖所得抵缴税款。

采取税收保全措施不当，或者纳税义务人在规定期限内已缴纳税款，海关未立即解除税收保全措施，致使纳税义务人的合法权益受到损失的，海关应当依法承担赔偿责任。

第六十二条 进出口货物、进出境物品放行后，海关发现少征或者漏征税款，应当自缴纳税款或者货物、物品放行之日起一年内，向纳税义务人补征。因纳税义务人违反规定而造成的少征或者漏征，海关在三年以内可以追征。

第六十三条 海关多征的税款，海关发现后应当立即退还；纳税义务人自缴纳税款之日起一年内，可以要求海关退还。

第六十四条 纳税义务人同海关发生纳税争议时，应当缴纳税款，并可以依法申请行政复议；对复议决定仍不服的，可以依法向人民法院提起诉讼。

第六十五条 进口环节海关代征税的征收管理，适用关税征收管理的规定。

第六章 海关事务担保

第六十六条 在确定货物的商品归类、估价和提供有效报关单证或者办结其他海关手续前，收发货人要求放行货物的，海关应当在其提供与其依法应当履行的法律义务相适应的担保后放行。法律、行政法规规定可以免除担保的除外。

法律、行政法规对履行海关义务的担保另有规定的，从其规定。

国家对进出境货物、物品有限制性规定，应当提供许可证件而不能提供的，以及法律、行政法规规定不得担保的其他情形，海关不得办理担保放行。

第六十七条 具有履行海关事务担保能力的法人、其他组织或者公民，可以成为担保人。法律规定不得为担保人的除外。

第六十八条 担保人可以下列财产、权利提供担保：

（一）人民币、可自由兑换货币；

（二）汇票、本票、支票、债券、存单；

（三）银行或者非银行金融机构的保函；

（四）海关依法认可的其他财产、权利。

第六十九条 担保人应当在担保期限内承担担保责任。担保人履行担保责任的，不免除被担保人应当办理有关海关手续的义务。

第七十条 海关事务担保管理办法，由国务院规定。

第七章 执法监督

第七十一条 海关履行职责，必须遵守法律，维护国家利益，依照法定职权和法定程序严格执法，接受监督。

第七十二条 海关工作人员必须秉公执法，廉洁自律，忠于职守，文明服务，不得有下列行为：

（一）包庇、纵容走私或者与他人串通进行走私；

（二）非法限制他人人身自由，非法检查他人身体、住所或者场所，非法检查、扣留进出境运输工具、货物、物品；

（三）利用职权为自己或者他人谋取私利；

（四）索取、收受贿赂；

（五）泄露国家秘密、商业秘密和海关工作秘密；

（六）滥用职权，故意刁难，拖延监管、查验；

（七）购买、私分、占用没收的走私货物、物品；

（八）参与或者变相参与营利性经营活动；

（九）违反法定程序或者超越权限执行职务；

（十）其他违法行为。

第七十三条 海关应当根据依法履行职责的需要，加强队伍建设，使海关工作人员具有良好的政治、业务素质。

海关专业人员应当具有法律和相关专业知识，符合海关规定的专业岗位任职要求。

海关招收工作人员应当按照国家规定，公开考试，严格考核，择优录用。

海关应当有计划地对其工作人员进行政治思想、法制、海关业务培训和考核。海关工作人员必须定期接受培训和考核，经考核不合格的，不得继续上岗执行职务。

第七十四条 海关总署应当实行海关关长定期交流制度。

海关关长定期向上一级海关述职，如实陈述其执行职务情况。海关总署应当定期对直属海关关长进行考核，直属海关应当定期对隶属海关关长进行考核。

第七十五条 海关及其工作人员的行政执法活动，依法接受监察机关的监督；缉私警察进行侦查活动，依法接受人民检察院的监督。

第七十六条 审计机关依法对海关的财政收支进行审计监督，对海关办理的与国家财政收支有关的事项，有权进行专项审计调查。

第七十七条 上级海关应当对下级海关的执法活动依法进行监督。上级海关认为下级海关作出的处理或者决定不适当的，可以依法予以变更或者撤销。

第七十八条 海关应当依照本法和其他有关法律、行政法规的规定，建立健全内部监督制度，对其工作人员执行法律、行政法规和遵守纪律的情况，进行监督检查。

第七十九条 海关内部负责审单、查验、放行、稽查和调查等主要岗位的职责权限应当明确，并相互分离、相互制约。

第八十条 任何单位和个人均有权对海关及其工作人员的违法、违纪行为进行控告、检举。收到控告、检举的机关有权处理的，应当依法按照职责分工及时查处。收到控告、检举的机关和负责查处的机关应当为控告人、检举人保密。

第八十一条 海关工作人员在调查处理违法案件时，遇有下列情形之一的，应当回避：

（一）是本案的当事人或者是当事人的近亲属；

（二）本人或者其近亲属与本案有利害关系；

（三）与本案当事人有其他关系，可能影响案件公正处理的。

第八章 法律责任

第八十二条 违反本法及有关法律、行政法规，逃避海关监管，偷逃应纳税款、逃避国家有关进出境的禁止性或者限制性管理，有下列情形之一的，是走私行为：

（一）运输、携带、邮寄国家禁止或者限制进出境货物、物品或者依法应当缴纳税款的货物、物品进出境的；

（二）未经海关许可并且未缴纳应纳税款、交验有关许可证件，擅自将保税货物、特定减免税货物以及其他海关监管货物、物品、进境的境外运输工具，在境内销售的；

（三）有逃避海关监管，构成走私的其他行为的。

有前款所列行为之一，尚不构成犯罪的，由海关没收走私货物、物品及违法所得，可以并处罚款；专门或者多次用于掩护走私的货物、物品，专门或者多次用于走私的运输工具，予以没收，藏匿走私货物、物品的特制设备，责令拆毁或者没收。

有第一款所列行为之一，构成犯罪的，依法追究刑事责任。

第八十三条 有下列行为之一的，按走私行为论处，依照本法第八十二条的规定处罚：

（一）直接向走私人非法收购走私进口的货物、物品的；

（二）在内海、领海、界河、界湖，船舶及所载人员运输、收购、贩卖国家禁止或者限制进出境的货物、物品，或者运输、收购、贩卖依法应当缴纳税款的货物，没有合法证明的。

第八十四条 伪造、变造、买卖海关单证，与走私人通谋为走私人提供贷款、资金、账号、发票、证明、海关单证，与走私人通谋为走私人提供运输、保管、邮寄或者其他方便，构成犯罪的，依法追究刑事责任；尚不构成犯罪的，由海关没收违法所得，并处罚款。

第八十五条 个人携带、邮寄超过合理数量的自用物品进出境，未依法向海关申报的，责令补缴关税，可以处以罚款。

第八十六条 违反本法规定有下列行为之一的，可以处以罚款，有违法所得的，没收违法所得：

（一）运输工具不经设立海关的地点进出境的；

（二）不将进出境运输工具到达的时间、停留的地点或者更换的地点通知海关的；

（三）进出口货物、物品或者过境、转运、通运货物向海关申报不实的；

（四）不按照规定接受海关对进出境运输工具、货物、物品进行检查、查验的；

（五）进出境运输工具未经海关同意，擅自装卸进出境货物、物品或者上下进出境旅客的；

（六）在设立海关的地点停留的进出境运输工具未经海关同意，擅自驶离的；

（七）进出境运输工具从一个设立海关的地点驶往另一个设立海关的地点，尚未办结海关手续又未经海关批准，中途擅自改驶境外或者境内未设立海关的地点的；

（八）进出境运输工具，不符合海关监管要求或者未向海关办理手续，擅自兼营或者改营境内运输的；

（九）由于不可抗力的原因，进出境船舶和航空器被迫在未设立海关的地点停泊、降落或者在境内抛掷、起卸货物、物品，无正当理由，不向附近海关报告的；

（十）未经海关许可，擅自将海关监管货物开拆、提取、交付、发运、调换、改装、抵押、质押、留置、转让、更换标记、移作他用或者进行其他处置的；

（十一）擅自开启或者损毁海关封志的；

（十二）经营海关监管货物的运输、储存、加工等业务，有关货物灭失或者有关记录不真实，不能提供正当理由的；

（十三）有违反海关监管规定的其他行为的。

第八十七条 海关准予从事有关业务的企业，违反本法有关规定的，由海关责令改正，可以给予警告，暂停其从事有关业务，直至撤销注册。

第八十八条 未向海关备案从事报关业务的，海关可以处以罚款。

第八十九条 报关企业非法代理他人报关的，由海关责令改正，处以罚款；情节严重的，禁止其从事报关活动。

报关人员非法代理他人报关或者超出其业务范围进行报关活动的，由海关责令改正，处以罚款。

第九十条 进出口货物收发货人、报关企业向海关工作人员行贿的，由海关禁止其从事报关活动，并处以罚款；构成犯罪的，依法追究刑事责任。

报关人员向海关工作人员行贿的，处以罚款；构成犯罪的，依法追究刑事责任。

第九十一条 违反本法规定进出口侵犯中华人民共和国法律、行政法规保护的知识产权的货物的，由海关依法没收侵权货物，并处以罚款；构成犯罪的，依法追究刑事责任。

第九十二条 海关依法扣留的货物、物品、运输工具，在人民法院判决或者海关处罚决定作出之前，不得处理。但是，危险品或者鲜活、易腐、易失效等不宜长期保存的货物、物品以及所有人申请先行变卖的货物、物品、运输工具，经直属海关关长或者其授权的隶属海关关长批准，可以先行依法变卖，变卖所得价款由海关保存，并通知其所有人。

人民法院判决没收或者海关决定没收的走私货物、物品、违法所得、走私运输工具、特制设备，由海关依法统一处理，所得价款和海关决定处以的罚款，全部上缴中央国库。

第九十三条 当事人逾期不履行海关的处罚决定又不申请复议或者向人民法院提起诉讼的，作出处罚决定的海关可以将其保证金抵缴或者将其被扣留的货物、物品、运输工具依法变价抵缴，也可以申请人民法院强制执行。

第九十四条 海关在查验进出境货物、物品时，损坏被查验的货物、物品的，应当赔偿实际损失。

第九十五条 海关违法扣留货物、物品、运输工具，致使当事人的合法权益受到损失的，应当依法承担赔偿责任。

第九十六条 海关工作人员有本法第七十二条所列行为之一的，依法给予行政处分；有违法所得的，依法没收违法所得；构成犯罪的，依法追究刑事责任。

第九十七条 海关的财政收支违反法律、行政法规规定的，由审计机关以及有关部门依照法律、行政法规的规定作出处理；对直接负责的主管人员和其他直接责任人员，依法给予行政处分；构成犯罪的，依法追究刑事责任。

第九十八条 未按照本法规定为控告人、检举人、举报人保密的，对直接负责的主管人员和其他直接责任人员，由所在单位或者有关单位依法给予行政处分。

第九十九条 海关工作人员在调查处理违法案件时，未按照本法规定进行回避的，对直接负责的主管人员和其他直接责任人员，依法给予行政处分。

第九章　附　则

第一百条 本法下列用语的含义：

直属海关，是指直接由海关总署领导，负责管理一定区域范围内的海关业务的海关；隶属海关，是指由直属海关领导，负责办理具体海关业务的海关。

进出境运输工具，是指用以载运人员、货物、物品进出境的各种船舶、车辆、航空器和驮畜。

过境、转运和通运货物，是指由境外启运、通过中国境内继续运往境外的货物。其中，通过境内陆路运输的，称过境货物；在境内设立海关的地点换装运输工具，而不通过境内陆路运输的，称转运货物；由船舶、航空器载运进境并由原装运输工具载运出境的，称通运货物。

海关监管货物，是指本法第二十三条所列的进出口货物，过境、转运、通运货物，特定减免税货物，以及暂时进出口货物、保税货物和其他尚未办结海关手续的进出境货物。

保税货物，是指经海关批准未办理纳税手续进境，在境内储存、加工、装配后复运出境的货物。

海关监管区，是指设立海关的港口、车站、机场、国界孔道、国际邮件互换局（交换站）和其他有海关监管业务的场所，以及虽未设立海关，但是经国务院批准的进出境地点。

第一百零一条 经济特区等特定地区同境内其他地区之间往来的运输工具、货物、物品的监管办法，由国务院另行规定。

第一百零二条 本法自 1987 年 7 月 1 日起施行。1951 年 4 月 18 日中央人民政府公布的《中华人民共和国暂行海关法》同时废止。

3. 中华人民共和国刑法（节选）

第一百五十一条 【走私武器、弹药罪】【走私核材料罪】【走私假币罪】走私武器、弹药、核材料或者伪造的货币的，处七年以上有期徒刑，并处罚金或者没收财产；情节特别严重的，处无期徒刑，并处没收财产；情节较轻的，处三年以上七年以下有期徒刑，并处罚金。

【走私文物罪】【走私贵重金属罪】【走私珍贵动物、珍贵动物制品罪】走私国家禁止出口的文物、黄金、白银和其他贵重金属或者国家禁止进出口的珍贵动物及其制品的，处五年以上十年以下有期徒刑，并处罚金；情节特别严重的，处十年以上有期徒刑或者无期徒刑，并处没收财产；情节较轻的，处五年以下有期徒刑，并处罚金。

【走私国家禁止进出口的货物、物品罪】走私珍稀植物及其制品等国家禁止进出口的其他货物、物品的，处五年以下有期徒刑或者拘役，并处或者单处罚金；情节严重的，处五年以上有期徒刑，并处罚金。

单位犯本条规定之罪的，对单位判处罚金，并对其直接负责的主管人员和其他直接责任人员，依照本条各款的规定处罚。

第一百五十二条 【走私淫秽物品罪】以牟利或者传播为目的，走私淫秽的影片、录像带、录音带、图片、书刊或者其他淫秽物品的，处三年以上十年以下有期徒刑，并处罚金；情节严重的，处十年以上有期徒刑或者无期徒刑，并处罚金或者没收财产；情节较轻的，处三年以下有期徒刑、拘役或者管制，并处罚金。

【走私废物罪】逃避海关监管将境外固体废物、液态废物和气态废物运输进境，情节严重的，处五年以下有期徒刑，并处或者单处罚金；情节特别严重的，处五年以上有期徒刑，并处罚金。

单位犯前两款罪的，对单位判处罚金，并对其直接负责的主管人员和其他直接责任人员，依照前两款的规定处罚。

第一百五十三条 【走私普通货物、物品罪】走私本法第一百五十一条、第一百五十二条、第三百四十七条规定以外的货物、物品的，根据情节轻重，分别依照下列规定处罚：

（一）走私货物、物品偷逃应缴税额较大或者一年内曾因走私被给予二次行政处罚后又走私的，处三年以下有期徒刑或者拘役，并处偷逃应缴税额一倍以上五倍以下罚金。

（二）走私货物、物品偷逃应缴税额巨大或者有其他严重情节的，处三年以上十年以下有期徒刑，并处偷逃应缴税额一倍以上五倍以下罚金。

（三）走私货物、物品偷逃应缴税额特别巨大或者有其他特别严重情节的，处十年以上有期徒刑或者无期徒刑，并处偷逃应缴税额一倍以上五倍以下罚金或者没收财产。

单位犯前款罪的，对单位判处罚金，并对其直接负责的主管人员和其他直接责任人员，处三年以下有期徒刑或者拘役；情节严重的，处三年以上十年以下有期徒刑；情节特别严重的，处十年以上有期徒刑。

对多次走私未经处理的，按照累计走私货物、物品的偷逃应缴税额处罚。

第一百五十四条 【走私货物、物品罪的特殊形式】下列走私行为，根据本节规定构成犯罪的，依照本法第一百五十三条的规定定罪处罚：

（一）未经海关许可并且未补缴应缴税额，擅自将批准进口的来料加工、来件装配、补偿贸易的原材料、零件、制成品、设备等保税货物，在境内销售牟利的；

（二）未经海关许可并且未补缴应缴税额，擅自将特定减税、免税进口的货物、物品，在境内销售牟利的。

第一百五十五条 【以走私罪论处的间接走私行为】下列行为，以走私罪论处，依照本节的有关规定处罚：

（一）直接向走私人非法收购国家禁止进口物品的，或者直接向走私人非法收购走私进口的其他货物、物品，数额较大的；

（二）在内海、领海、界河、界湖运输、收购、贩卖国家禁止进出口物品的，或者运输、收购、贩卖国家限制进出口货物、物品，数额较大，没有合法证明的。

第一百五十六条 【走私共犯】与走私罪犯通谋，为其提供贷款、资金、账号、发票、证明，或者为其提供运输、保管、邮寄或者其他方便的，以走私罪的共犯论处。

4. 最高人民法院、最高人民检察院关于办理走私刑事案件适用法律若干问题的解释（节选）

第十六条 走私普通货物、物品，偷逃应缴税额在十万元以上不满五十万元的，应当认定为刑法第一百五十三条第一款规定的"偷逃应缴税额较大"；偷逃应缴税额在五十万元以上不满二百五十万元的，应当认定为"偷逃应缴税额巨大"；偷逃应缴税额在二百五十万元以上的，应当认定为"偷逃应缴税额特别巨大"。

走私普通货物、物品，具有下列情形之一，偷逃应缴税额在三十万元以上不满五十万元的，应当认定为刑法第一百五十三条第一款规定的"其他严重情节"；偷逃应缴税额在一百五十万元以上不满二百五十万元的，应当认定为"其他特别严重情节"：

（一）犯罪集团的首要分子；

（二）使用特种车辆从事走私活动的；

（三）为实施走私犯罪，向国家机关工作人员行贿的；

（四）教唆、利用未成年人、孕妇等特殊人群走私的；

（五）聚众阻挠缉私的。

第十七条　刑法第一百五十三条第一款规定的"一年内曾因走私被给予二次行政处罚后又走私"中的"一年内"，以因走私第一次受到行政处罚的生效之日与"又走私"行为实施之日的时间间隔计算确定；"被给予二次行政处罚"的走私行为，包括走私普通货物、物品以及其他货物、物品；"又走私"行为仅指走私普通货物、物品。

第十八条　刑法第一百五十三条规定的"应缴税额"，包括进出口货物、物品应当缴纳的进出口关税和进口环节海关代征税的税额。应缴税额以走私行为实施时的税则、税率、汇率和完税价格计算；多次走私的，以每次走私行为实施时的税则、税率、汇率和完税价格逐票计算；走私行为实施时间不能确定的，以案发时的税则、税率、汇率和完税价格计算。

刑法第一百五十三条第三款规定的"多次走私未经处理"，包括未经行政处理和刑事处理。

第十九条　刑法第一百五十四条规定的"保税货物"，是指经海关批准，未办理纳税手续进境，在境内储存、加工、装配后应予复运出境的货物，包括通过加工贸易、补偿贸易等方式进口的货物，以及在保税仓库、保税工厂、保税区或者免税商店内等储存、加工、寄售的货物。

第二十条　直接向走私人非法收购走私进口的货物、物品，在内海、领海、界河、界湖运输、收购、贩卖国家禁止进出口的物品，或者没有合法证明，在内海、领海、界河、界湖运输、收购、贩卖国家限制进出口的货物、物品，构成犯罪的，应当按照走私货物、物品的种类，分别依照刑法第一百五十一条、第一百五十二条、第一百五十三条、第三百四十七条、第三百五十条的规定定罪处罚。

刑法第一百五十五条第二项规定的"内海"，包括内河的入海口水域。

第二十一条　未经许可进出口国家限制进出口的货物、物品，构成犯罪的，应当依照刑法第一百五十一条、第一百五十二条的规定，以走私国家禁止进出口的货物、物品罪等罪名定罪处罚；偷逃应缴税额，同时又构成走私普通货物、物品罪的，依照处罚较重的规定定罪处罚。

取得许可，但超过许可数量进出口国家限制进出口的货物、物品，构成犯罪的，依照刑法第一百五十三条的规定，以走私普通货物、物品罪定罪处罚。

租用、借用或者使用购买的他人许可证，进出口国家限制进出口的货物、物品的，适用本条第一款的规定定罪处罚。

第二十二条 在走私的货物、物品中藏匿刑法第一百五十一条、第一百五十二条、第三百四十七条、第三百五十条规定的货物、物品，构成犯罪的，以实际走私的货物、物品定罪处罚；构成数罪的，实行数罪并罚。

第二十三条 实施走私犯罪，具有下列情形之一的，应当认定为犯罪既遂：

（一）在海关监管现场被查获的；

（二）以虚假申报方式走私，申报行为实施完毕的；

（三）以保税货物或者特定减税、免税进口的货物、物品为对象走私，在境内销售的，或者申请核销行为实施完毕的。

第二十四条 单位犯刑法第一百五十一条、第一百五十二条规定之罪，依照本解释规定的标准定罪处罚。

单位犯走私普通货物、物品罪，偷逃应缴税额在二十万元以上不满一百万元的，应当依照刑法第一百五十三条第二款的规定，对单位判处罚金，并对其直接负责的主管人员和其他直接责任人员，处三年以下有期徒刑或者拘役；偷逃应缴税额在一百万元以上不满五百万元的，应当认定为"情节严重"；偷逃应缴税额在五百万元以上的，应当认定为"情节特别严重"。

5. 中华人民共和国知识产权海关保护条例（2018 修订）

第一章 总 则

第一条 为了实施知识产权海关保护，促进对外经济贸易和科技文化交往，维护公共利益，根据《中华人民共和国海关法》，制定本条例。

第二条 本条例所称知识产权海关保护，是指海关对与进出口货物有关并受中华人民共和国法律、行政法规保护的商标专用权、著作权和与著作权有关的权利、专利权（以下统称知识产权）实施的保护。

第三条 国家禁止侵犯知识产权的货物进出口。

海关依照有关法律和本条例的规定实施知识产权保护，行使《中华人民共和国海关法》规定的有关权力。

第四条 知识产权权利人请求海关实施知识产权保护的，应当向海关提出采取保护措施的申请。

第五条 进口货物的收货人或者其代理人、出口货物的发货人或者其代理人应当按照国家规定，向海关如实申报与进出口货物有关的知识产权状况，并提交有关证明文件。

第六条 海关实施知识产权保护时，应当保守有关当事人的商业秘密。

第二章 知识产权的备案

第七条 知识产权权利人可以依照本条例的规定，将其知识产权向海关总署申请备案；申请备案的，应当提交申请书。申请书应当包括下列内容：

（一）知识产权权利人的名称或者姓名、注册地或者国籍等；

（二）知识产权的名称、内容及其相关信息；

（三）知识产权许可行使状况；

（四）知识产权权利人合法行使知识产权的货物的名称、产地、进出境地海关、进出口商、主要特征、价格等；

（五）已知的侵犯知识产权货物的制造商、进出口商、进出境地海关、主要特征、价格等。

前款规定的申请书内容有证明文件的，知识产权权利人应当附送证明文件。

第八条 海关总署应当自收到全部申请文件之日起30个工作日内作出是否准予备案的决定，并书面通知申请人；不予备案的，应当说明理由。

有下列情形之一的，海关总署不予备案：

（一）申请文件不齐全或者无效的；

（二）申请人不是知识产权权利人的；

（三）知识产权不再受法律、行政法规保护的。

第九条 海关发现知识产权权利人申请知识产权备案未如实提供有关情况或者文件的，海关总署可以撤销其备案。

第十条 知识产权海关保护备案自海关总署准予备案之日起生效，有效期为10年。

知识产权有效的，知识产权权利人可以在知识产权海关保护备案有效期届满前6个月内，向海关总署申请续展备案。每次续展备案的有效期为10年。

知识产权海关保护备案有效期届满而不申请续展或者知识产权不再受法律、行政法规保护的，知识产权海关保护备案随即失效。

第十一条 知识产权备案情况发生改变的，知识产权权利人应当自发生改变之日起 30 个工作日内，向海关总署办理备案变更或者注销手续。

知识产权权利人未依照前款规定办理变更或者注销手续，给他人合法进出口或者海关依法履行监管职责造成严重影响的，海关总署可以根据有关利害关系人的申请撤销有关备案，也可以主动撤销有关备案。

第三章 扣留侵权嫌疑货物的申请及其处理

第十二条 知识产权权利人发现侵权嫌疑货物即将进出口的，可以向货物进出境地海关提出扣留侵权嫌疑货物的申请。

第十三条 知识产权权利人请求海关扣留侵权嫌疑货物的，应当提交申请书及相关证明文件，并提供足以证明侵权事实明显存在的证据。

申请书应当包括下列主要内容：

（一）知识产权权利人的名称或者姓名、注册地或者国籍等；

（二）知识产权的名称、内容及其相关信息；

（三）侵权嫌疑货物收货人和发货人的名称；

（四）侵权嫌疑货物名称、规格等；

（五）侵权嫌疑货物可能进出境的口岸、时间、运输工具等。

侵权嫌疑货物涉嫌侵犯备案知识产权的，申请书还应当包括海关备案号。

第十四条 知识产权权利人请求海关扣留侵权嫌疑货物的，应当向海关提供不超过货物等值的担保，用于赔偿可能因申请不当给收货人、发货人造成的损失，以及支付货物由海关扣留后的仓储、保管和处置等费用；知识产权权利人直接向仓储商支付仓储、保管费用的，从担保中扣除。具体办法由海关总署制定。

第十五条 知识产权权利人申请扣留侵权嫌疑货物，符合本条例第十三条的规定，并依照本条例第十四条的规定提供担保的，海关应当扣留侵权嫌疑货物，书面通知知识产权权利人，并将海关扣留凭单送达收货人或者发货人。

知识产权权利人申请扣留侵权嫌疑货物，不符合本条例第十三条的规定，或者未依照本条例第十四条的规定提供担保的，海关应当驳回申请，并书面通知知识产权权利人。

第十六条 海关发现进出口货物有侵犯备案知识产权嫌疑的，应当立即书面通知知识产权权利人。知识产权权利人自通知送达之日起 3 个工作日内依照本条例第十三条的规定提出申请，并依照本条例第十四条的规定提供担保的，海关应当扣留侵权嫌疑货物，书面通知知识产权权利人，并将海关扣留凭单送达收货人或者发货人。知识产权权利人逾期未提出申请或者未提供担保的，海关不得扣留货物。

第十七条 经海关同意，知识产权权利人和收货人或者发货人可以查看有关货物。

第十八条 收货人或者发货人认为其货物未侵犯知识产权权利人的知识产权的，应当向海关提出书面说明并附送相关证据。

第十九条 涉嫌侵犯专利权货物的收货人或者发货人认为其进出口货物未侵犯专利权的，可以在向海关提供货物等值的担保金后，请求海关放行其货物。知识产权权利人未能在合理期限内向人民法院起诉的，海关应当退还担保金。

第二十条 海关发现进出口货物有侵犯备案知识产权嫌疑并通知知识产权权利人后，知识产权权利人请求海关扣留侵权嫌疑货物的，海关应当自扣留之日起 30 个工作日内对被扣留的侵权嫌疑货物是否侵犯知识产权进行调查、认定；不能认定的，应当立即书面通知知识产权权利人。

第二十一条 海关对被扣留的侵权嫌疑货物进行调查，请求知识产权主管部门提供协助的，有关知识产权主管部门应当予以协助。

知识产权主管部门处理涉及进出口货物的侵权案件请求海关提供协助的，海关应当予以协助。

第二十二条 海关对被扣留的侵权嫌疑货物及有关情况进行调查时，知识产权权利人和收货人或者发货人应当予以配合。

第二十三条 知识产权权利人在向海关提出采取保护措施的申请后，可以依照《中华人民共和国商标法》《中华人民共和国著作权法》《中华人民共和国专利法》或者其他有关法律的规定，就被扣留的侵权嫌疑货物向人民法院申请采取责令停止侵权行为或者财产保全的措施。

海关收到人民法院有关责令停止侵权行为或者财产保全的协助执行通知的，应当予以协助。

第二十四条 有下列情形之一的，海关应当放行被扣留的侵权嫌疑货物：

（一）海关依照本条例第十五条的规定扣留侵权嫌疑货物，自扣留之日起20个工作日内未收到人民法院协助执行通知的；

（二）海关依照本条例第十六条的规定扣留侵权嫌疑货物，自扣留之日起50个工作日内未收到人民法院协助执行通知，并且经调查不能认定被扣留的侵权嫌疑货物侵犯知识产权的；

（三）涉嫌侵犯专利权货物的收货人或者发货人在向海关提供与货物等值的担保金后，请求海关放行其货物的；

（四）海关认为收货人或者发货人有充分的证据证明其货物未侵犯知识产权权利人的知识产权的；

（五）在海关认定被扣留的侵权嫌疑货物为侵权货物之前，知识产权权利人撤回扣留侵权嫌疑货物的申请的。

第二十五条 海关依照本条例的规定扣留侵权嫌疑货物，知识产权权利人应当支付有关仓储、保管和处置等费用。知识产权权利人未支付有关费用的，海关可以从其向海关提供的担保金中予以扣除，或者要求担保人履行有关担保责任。

侵权嫌疑货物被认定为侵犯知识产权的，知识产权权利人可以将其支付的有关仓储、保管和处置等费用计入其为制止侵权行为所支付的合理开支。

第二十六条 海关实施知识产权保护发现涉嫌犯罪案件的，应当将案件依法移送公安机关处理。

第四章　法律责任

第二十七条 被扣留的侵权嫌疑货物，经海关调查后认定侵犯知识产权的，由海关予以没收。

海关没收侵犯知识产权货物后，应当将侵犯知识产权货物的有关情况书面通知知识产权权利人。

被没收的侵犯知识产权货物可以用于社会公益事业的，海关应当转交给有关公益机构用于社会公益事业；知识产权权利人有收购意愿的，海关可以有偿转让给知识产权权利人。被没收的侵犯知识产权货物无法用于社会公益事业且知识产权权利人无收购意愿的，海关可以在消除侵权特征后依法拍卖，但对进口假冒商标货物，除特殊情况外，不能仅清除货物上的商标标识即允许其进入商业渠道；侵权特征无法消除的，海关应当予以销毁。

第二十八条　海关接受知识产权保护备案和采取知识产权保护措施的申请后，因知识产权权利人未提供确切情况而未能发现侵权货物、未能及时采取保护措施或者采取保护措施不力的，由知识产权权利人自行承担责任。

知识产权权利人请求海关扣留侵权嫌疑货物后，海关不能认定被扣留的侵权嫌疑货物侵犯知识产权权利人的知识产权，或者人民法院判定不侵犯知识产权权利人的知识产权的，知识产权权利人应当依法承担赔偿责任。

第二十九条　进口或者出口侵犯知识产权货物，构成犯罪的，依法追究刑事责任。

第三十条　海关工作人员在实施知识产权保护时，玩忽职守、滥用职权、徇私舞弊，构成犯罪的，依法追究刑事责任；尚不构成犯罪的，依法给予行政处分。

第五章　附　则

第三十一条　个人携带或者邮寄进出境的物品，超出自用、合理数量，并侵犯本条例第二条规定的知识产权的，按照侵权货物处理。

第三十二条　本条例自 2004 年 3 月 1 日起施行。1995 年 7 月 5 日国务院发布的《中华人民共和国知识产权海关保护条例》同时废止。

6. 关于完善跨境电子商务零售进口监管有关工作的通知（商财发〔2018〕486 号）

为做好跨境电子商务零售进口（下称跨境电商零售进口）监管过渡期后政策衔接，促进跨境电商零售进口健康发展，经国务院同意，现将过渡期后有关监管安排通知如下：

一、本通知所称跨境电商零售进口，是指中国境内消费者通过跨境电商第三方平台经营者自境外购买商品，并通过"网购保税进口"（海关监管方式代码 1210）或"直购进口"（海关监管方式代码 9610）运递进境的消费行为。上述商品应符合以下条件：

（一）属于《跨境电子商务零售进口商品清单》内、限于个人自用并满足跨境电商零售进口税收政策规定的条件。

（二）通过与海关联网的电子商务交易平台交易，能够实现交易、支付、物流电子信息"三单"比对。

（三）未通过与海关联网的电子商务交易平台交易，但进出境快件运营人、邮政企业能够接受相关电商企业、支付企业的委托，承诺承担相应法律责任，向海关传输交易、支付等电子信息。

二、跨境电商零售进口主要包括以下参与主体：

（一）跨境电商零售进口经营者（下称跨境电商企业）：自境外向境内消费者销售跨境电商零售进口商品的境外注册企业，为商品的货权所有人。

（二）跨境电商第三方平台经营者（下称跨境电商平台）：在境内办理工商登记，为交易双方（消费者和跨境电商企业）提供网页空间、虚拟经营场所、交易规则、交易撮合、信息发布等服务，设立供交易双方独立开展交易活动的信息网络系统的经营者。

（三）境内服务商：在境内办理工商登记，接受跨境电商企业委托为其提供申报、支付、物流、仓储等服务，具有相应运营资质，直接向海关提供有关支付、物流和仓储信息，接受海关、市场监管等部门后续监管，承担相应责任的主体。

（四）消费者：跨境电商零售进口商品的境内购买人。

三、对跨境电商零售进口商品按个人自用进境物品监管，不执行有关商品首次进口许可批件、注册或备案要求。但对相关部门明令暂停进口的疫区商品，和对出现重大质量安全风险的商品启动风险应急处置时除外。

四、按照"政府部门、跨境电商企业、跨境电商平台、境内服务商、消费者各负其责"的原则，明确各方责任，实施有效监管。

（一）跨境电商企业

1. 承担商品质量安全的主体责任，并按规定履行相关义务。应委托一家在境内办理工商登记的企业，由其在海关办理注册登记，承担如实申报责任，依法接受相关部门监管，并承担民事连带责任。

2. 承担消费者权益保障责任，包括但不限于商品信息披露、提供商品退换货服务、建立不合格或缺陷商品召回制度、对商品质量侵害消费者权益的赔付责任等。当发现相关商品存在质量安全风险或发生质量安全问题时，应立即停止销售，召回已销售商品并妥善处理，防止其再次流入市场，并及时将召回和处理情况向海关等监管部门报告。

3. 履行对消费者的提醒告知义务，会同跨境电商平台在商品订购网页或其他醒目位置向消费者提供风险告知书，消费者确认同意后方可下单购买。告知书应至少包含以下内容：

（1）相关商品符合原产地有关质量、安全、卫生、环保、标识等标准或技术规范要求，但可能与我国标准存在差异。消费者自行承担相关风险。

（2）相关商品直接购自境外，可能无中文标签，消费者可通过网站查看商品中文电子标签。

（3）消费者购买的商品仅限个人自用，不得再次销售。

4. 建立商品质量安全风险防控机制，包括收发货质量管理、库内质量管控、供应商管理等。

5. 建立健全网购保税进口商品质量追溯体系，追溯信息应至少涵盖国外启运地至国内消费者的完整物流轨迹，鼓励向海外发货人、商品生产商等上游溯源。

6. 向海关实时传输施加电子签名的跨境电商零售进口交易电子数据，可自行或委托代理人向海关申报清单，并承担相应责任。

（二）跨境电商平台

1. 平台运营主体应在境内办理工商登记，并按相关规定在海关办理注册登记，接受相关部门监管，配合开展后续管理和执法工作。

2. 向海关实时传输施加电子签名的跨境电商零售进口交易电子数据，并对交易真实性、消费者身份真实性进行审核，承担相应责任。

3. 建立平台内交易规则、交易安全保障、消费者权益保护、不良信息处理等管理制度。对申请入驻平台的跨境电商企业进行主体身份真实性审核，在网站公示主体身份信息和消费者评价、投诉信息，并向监管部门提供平台入驻商家等信息。与申请入驻平台的跨境电商企业签署协议，就商品质量安全主体责任、消费者权益保障以及本通知其他相关要求等方面明确双方责任、权利和义务。

4. 对平台入驻企业既有跨境电商企业，也有国内电商企业的，应建立相互独立的区块或频道为跨境电商企业和国内电商企业提供平台服务，或以明显标识对跨境电商零售进口商品和非跨境商品予以区分，避免误导消费者。

5. 建立消费纠纷处理和消费维权自律制度，消费者在平台内购买商品，其合法权益受到损害时，平台须积极协助消费者维护自身合法权益，并履行先行赔付责任。

6. 建立商品质量安全风险防控机制，在网站醒目位置及时发布商品风险监测信息、监管部门发布的预警信息等。督促跨境电商企业加强质量安全风险防控，当商品发生质量安全问题时，敦促跨境电商企业做好商品召回、处理，并做好报告工作。对不采取主动召回处理措施的跨境电商企业，可采取暂停其跨境电商业务的处罚措施。

7. 建立防止跨境电商零售进口商品虚假交易及二次销售的风险控制体系，加强对短时间内同一购买人、同一支付账户、同一收货地址、同一收件电话反复大量订购，以及盗用他人身份进行订购等非正常交易行为的监控，采取相应措施予以控制。

8. 根据监管部门要求，对平台内在售商品进行有效管理，及时关闭平台内禁止以跨境电商零售进口形式入境商品的展示及交易页面，并将有关情况报送相关部门。

（三）境内服务商

1. 在境内办理工商登记，向海关提交相关资质证书并办理注册登记。其中：提供支付服务的银行机构应具备银保监会或原银监会颁发的《金融许可证》，非银行支付机构应具备人民银行颁发的《支付业务许可证》，支付业务范围应包括"互联网支付"；物流企业应取得国家邮政局颁发的《快递业务经营许可证》。

2. 支付、物流企业应如实向监管部门实时传输施加电子签名的跨境电商零售进口支付、物流电子信息，并对数据真实性承担相应责任。

3. 报关企业接受跨境电商企业委托向海关申报清单，承担如实申报责任。

4. 物流企业应向海关开放物流实时跟踪信息共享接口，严格按照交易环节所制发的物流信息开展跨境电商零售进口商品的国内派送业务。对于发现国内实际派送与通关环节所申报物流信息（包括收件人和地址）不一致的，应终止相关派送业务，并及时向海关报告。

（四）消费者

1. 为跨境电商零售进口商品税款的纳税义务人。跨境电商平台、物流企业或报关企业为税款代扣代缴义务人，向海关提供税款担保，并承担相应的补税义务及相关法律责任。

2. 购买前应当认真、详细阅读电商网站上的风险告知书内容，结合自身风险承担能力做出判断，同意告知书内容后方可下单购买。

3. 对于已购买的跨境电商零售进口商品，不得再次销售。

（五）政府部门

1. 海关对跨境电商零售进口商品实施质量安全风险监测，在商品销售前按照法律法规实施必要的检疫，并视情发布风险警示。建立跨境电商零售进口商品重大质量安全风险应急处理机制，市场监管部门加大跨境电商零售进口商品召回监管力度，督促跨境电商企业和跨境电商平台消除已销售商品安全隐患，依法实施召回，海关责令相关企业对不合格或存在质量安全问题的商品采取风险消减措施，对尚未销售的按货物实施监管，并依法追究相关经营主体责任。对食品类跨境电商零售进口商品优化完善监管措施，做好质量安全风险防控。

2. 原则上不允许网购保税进口商品在海关特殊监管区域外开展"网购保税＋线下自提"模式。

3. 将跨境电商零售进口相关企业纳入海关信用管理，根据信用等级不同，实施差异化的通关管理措施。对认定为诚信企业的，依法实施通关便利；对认定为失信企业的，依法实施严格监管措施。将高级认证企业信息和失信企业信息共享至全国信用信息共享平台，通过"信用中国"网站和国家企业信用信息公示系统向社会公示，并依照有关规定实施联合激励与联合惩戒。

4. 涉嫌走私或违反海关监管规定的跨境电商企业、平台、境内服务商，应配合海关调查，开放交易生产数据（ERP数据）或原始记录数据。

5. 海关对违反本通知规定参与制造或传输虚假"三单"信息、为二次销售提供便利、未尽责审核订购人身份信息真实性等，导致出现个人身份信息或年度购买额度被盗用、进行二次销售及其他违反海关监管规定情况的企业依法进行处罚。对涉嫌走私或违规的，由海关依法处理；构成犯罪的，依法追究刑事责任。对利用其他公民身份信息非法从事跨境电商零售进口业务的，海关按走私违规处理，并按违法利用公民信息的有关法律规定移交相关部门处理。对不涉嫌走私违规、首次发现的，进行约谈或暂停业务责令整改；再次发现的，一定时期内不允许其从事跨境电商零售进口业务，并交由其他行业主管部门按规定实施查处。

6. 对企业和个体工商户在国内市场销售的《跨境电子商务零售进口商品清单》范围内的、无合法进口证明或相关证明显示采购自跨境电商零售进口渠道的商品，市场监管部门依职责实施查处。

五、各试点城市人民政府（平潭综合实验区管委会）作为本地区跨境电商零售进口监管政策试点工作的责任主体，负责本地区试点工作的组织领导、实施推动、综合协调、监督管理及措施保障，确保本地区试点工作顺利推进。试点过程中的重大问题及情况请及时报商务部等有关部门。

六、本通知适用于北京、天津、上海、唐山、呼和浩特、沈阳、大连、长春、哈尔滨、南京、苏州、无锡、杭州、宁波、义乌、合肥、福州、厦门、南昌、青岛、威海、郑州、武汉、长沙、广州、深圳、珠海、东莞、南宁、海口、重庆、成都、贵阳、昆明、西安、兰州、平潭等 37 个城市（地区）的跨境电商零售进口业务，自 2019 年 1 月 1 日起执行。非试点城市的直购进口业务，参照本通知相关规定执行。

为帮助企业平稳过渡，对尚不满足通知监管要求的企业，允许其在 2019 年 3 月 31 日前继续按过渡期内监管安排执行。本通知适用范围以外且按规定享受跨境电商零售进口税收政策的，继续按《跨境电子商务零售进口商品清单（2018 版）》尾注中的监管要求执行。

商务部　发展改革委　财政部　海关总署　税务总局　市场监管总局

2018 年 11 月 28 日

7. 关于增列海关监管方式代码的公告（海关总署公告 2014 年第 12 号）

为促进跨境贸易电子商务零售进出口业务发展，方便企业通关，规范海关管理，实现贸易统计，决定增列海关监管方式代码，现将有关事项公告如下：

一、增列海关监管方式代码"9610"，全称"跨境贸易电子商务"，简称"电子商务"，适用于境内个人或电子商务企业通过电子商务交易平台实现交易，并采用"清单核放、汇总申报"模式办理通关手续的电子商务零售进出口商品（通过海关特殊监管区域或保税监管场所一线的电子商务零售进出口商品除外）。

二、以"9610"海关监管方式开展电子商务零售进出口业务的电子商务企业、监管场所经营企业、支付企业和物流企业应当按照规定向海关备案，并通过电子商务通关服务平台实时向电子商务通关管理平台传送交易、支付、仓储和物流等数据。

上述规定自 2014 年 2 月 10 日起实施。

特此公告。

8. 关于增列海关监管方式代码的公告（海关总署公告 2014 年第 57 号）

为促进跨境贸易电子商务进出口业务发展，方便企业通关，规范海关管理，实施海关统计，决定增列海关监管方式代码，现将有关事项公告如下：

一、增列海关监管方式代码"1210"，全称"保税跨境贸易电子商务"，简称"保税电商"。适用于境内个人或电子商务企业在经海关认可的电子商务平台实现跨境交易，并通过海关特殊监管区域或保税监管场所进出的电子商务零售进出境商品（海关特殊监管区域、保税监管场所与境内区外（场所外）之间通过电子商务平台交易的零售进出口商品不适用该监管方式）。

"1210"监管方式用于进口时仅限经批准开展跨境贸易电子商务进口试点的海关特殊监管区域和保税物流中心（B 型）。

二、以"1210"海关监管方式开展跨境贸易电子商务零售进出口业务的电子商务企业、海关特殊监管区域或保税监管场所内跨境贸易电子商务经营企业、支付企业和物流企业应当按照规定向海关备案，并通过电子商务平台实时传送交易、支付、仓储和物流等数据。

上述规定自 2014 年 8 月 1 日起实施。

特此公告。

9. 关于增列海关监管方式代码的公告（海关总署公告 2016 年第 75 号）

为促进跨境贸易电子商务进出口业务发展，方便企业通关，规范海关管理，实施海关统计，决定增列海关监管方式代码，现将有关事项公告如下：

一、增列海关监管方式代码"1239"，全称"保税跨境贸易电子商务 A"，简称"保税电商 A"。适用于境内电子商务企业通过海关特殊监管区域或保税物流中心（B 型）一线进境的跨境电子商务零售进口商品。

二、天津、上海、杭州、宁波、福州、平潭、郑州、广州、深圳、重庆等 10 个城市开展跨境电子商务零售进口业务暂不适用"1239"监管方式。

上述规定自 2016 年 12 月 1 日起实施。

特此公告。

10. 关于开展跨境电子商务企业对企业出口监管试点的公告（海关总署公告 2020 年第 75 号）

为贯彻落实党中央国务院关于加快跨境电子商务（下称"跨境电商"）新业态发展的部署要求，充分发挥跨境电商稳外贸保就业等积极作用，进一步促进跨境电商健康快速发展，现就跨境电商企业对企业出口（下称"跨境电商 B2B 出口"）试点有关监管事宜公告如下：

一、适用范围

（一）境内企业通过跨境电商平台与境外企业达成交易后，通过跨境物流将货物直接出口送达境外企业（下称"跨境电商 B2B 直接出口"）；或境内企业将出口货物通过跨境物流送达海外仓，通过跨境电商平台实现交易后从海外仓送达购买者（下称"跨境电商出口海外仓"）；并根据海关要求传输相关电子数据的，按照本公告接受海关监管。

二、增列海关监管方式代码

（二）增列海关监管方式代码"9710"，全称"跨境电子商务企业对企业直接出口"，简称"跨境电商 B2B 直接出口"，适用于跨境电商 B2B 直接出口的货物。

（三）增列海关监管方式代码"9810"，全称"跨境电子商务出口海外仓"，简称"跨境电商出口海外仓"，适用于跨境电商出口海外仓的货物。

三、企业管理

（四）跨境电商企业、跨境电商平台企业、物流企业等参与跨境电商 B2B 出口业务的境内企业，应当依据海关报关单位注册登记管理有关规定，向所在地海关办理注册登记。

开展出口海外仓业务的跨境电商企业，还应当在海关开展出口海外仓业务模式备案。

四、通关管理

（五）跨境电商企业或其委托的代理报关企业、境内跨境电商平台企业、物流企业应当通过国际贸易"单一窗口"或"互联网＋海关"向海关提交申报数据、传输电子信息，并对数据真实性承担相应法律责任。

（六）跨境电商 B2B 出口货物应当符合检验检疫相关规定。

（七）海关实施查验时，跨境电商企业或其代理人、监管作业场所经营人应当按照有关规定配合海关查验。海关按规定实施查验，对跨境电商 B2B 出口货物可优先安排查验。

（八）跨境电商 B2B 出口货物适用全国通关一体化，也可采用"跨境电商"模式进行转关。

五、其他事项

（九）本公告有关用语的含义：

"跨境电商 B2B 出口"是指境内企业通过跨境物流将货物运送至境外企业或海外仓，并通过跨境电商平台完成交易的贸易形式。

"跨境电商平台"是指为交易双方提供网页空间、虚拟经营场所、交易规则、信息发布等服务，设立供交易双方独立开展交易活动的信息网络系统。包括自营平台和第三方平台，境内平台和境外平台。

（十）在北京海关、天津海关、南京海关、杭州海关、宁波海关、厦门海关、郑州海关、广州海关、深圳海关、黄埔海关开展跨境电商 B2B 出口监管试点。根据试点情况及时在全国海关复制推广。

（十一）本公告自 2020 年 7 月 1 日起施行，未尽事宜按海关有关规定办理。

特此公告。

11. 关于跨境电子商务零售进出口商品有关监管事宜的公告（海关总署公告 2018 年第 194 号）

为做好跨境电子商务零售进出口商品监管工作，促进跨境电子商务健康有序发展，根据《中华人民共和国海关法》《中华人民共和国进出境动植物检疫法》《中华人民共和国进出口商品检验法》《中华人民共和国电子商务法》等法律法规和《商务部　发展改革委　财政部　海关总署　税务总局　市场监管总局关于完善跨境电子商务零售进口监管有关工作的通知》（商财发〔2018〕486号）等国家有关跨境电子商务零售进出口相关政策规定，现就海关监管事宜公告如下：

一、适用范围

（一）跨境电子商务企业、消费者（订购人）通过跨境电子商务交易平台实现零售进出口商品交易，并根据海关要求传输相关交易电子数据的，按照本公告接受海关监管。

二、企业管理

（二）跨境电子商务平台企业、物流企业、支付企业等参与跨境电子商务零售进口业务的企业，应当依据海关报关单位注册登记管理相关规定，向所在地海关办理注册登记；境外跨境电子商务企业应委托境内代理人（以下称跨境电子商务企业境内代理人）向该代理人所在地海关办理注册登记。

跨境电子商务企业、物流企业等参与跨境电子商务零售出口业务的企业，应当向所在地海关办理信息登记；如需办理报关业务，向所在地海关办理注册登记。

物流企业应获得国家邮政管理部门颁发的《快递业务经营许可证》。直购进口模式下，物流企业应为邮政企业或者已向海关办理代理报关登记手续的进出境快件运营人。

支付企业为银行机构的，应具备银保监会或者原银监会颁发的《金融许可证》；支付企业为非银行支付机构的，应具备中国人民银行颁发的《支付业务许可证》，支付业务范围应当包括"互联网支付"。

（三）参与跨境电子商务零售进出口业务并在海关注册登记的企业，纳入海关信用管理，海关根据信用等级实施差异化的通关管理措施。

三、通关管理

（四）对跨境电子商务直购进口商品及适用"网购保税进口"（监管方式代码1210）进口政策的商品，按照个人自用进境物品监管，不执行有关商品首次进口许可批件、注册或备案要求。但对相关部门明令暂停进口的疫区商品和对出现重大质量安全风险的商品启动风险应急处置时除外。

适用"网购保税进口A"（监管方式代码1239）进口政策的商品，按《跨境电子商务零售进口商品清单（2018版）》尾注中的监管要求执行。

（五）海关对跨境电子商务零售进出口商品及其装载容器、包装物按照相关法律法规实施检疫，并根据相关规定实施必要的监管措施。

（六）跨境电子商务零售进口商品申报前，跨境电子商务平台企业或跨境电子商务企业境内代理人、支付企业、物流企业应当分别通过国际贸易"单一窗口"或跨境电子商务通关服务平台向海关传输交易、支付、物流等电子信息，并对数据真实性承担相应责任。

直购进口模式下，邮政企业、进出境快件运营人可以接受跨境电子商务平台企业或跨境电子商务企业境内代理人、支付企业的委托，在承诺承担相应法律责任的前提下，向海关传输交易、支付等电子信息。

（七）跨境电子商务零售出口商品申报前，跨境电子商务企业或其代理人、物流企业应当分别通过国际贸易"单一窗口"或跨境电子商务通关服务平台向海关传输交易、收款、物流等电子信息，并对数据真实性承担相应法律责任。

（八）跨境电子商务零售商品进口时，跨境电子商务企业境内代理人或其委托的报关企业应提交《中华人民共和国海关跨境电子商务零售进出口商品申报清单》（下称《申报清单》），采取"清单核放"方式办理报关手续。

跨境电子商务零售商品出口时，跨境电子商务企业或其代理人应提交《申报清单》，采取"清单核放、汇总申报"方式办理报关手续；跨境电子商务综合试验区内符合条件的跨境电子商务零售商品出口，可采取"清单核放、汇总统计"方式办理报关手续。

《申报清单》与《中华人民共和国海关进（出）口货物报关单》具有同等

法律效力。

按照上述第（六）至（八）条要求传输、提交的电子信息应施加电子签名。

（九）开展跨境电子商务零售进口业务的跨境电子商务平台企业、跨境电子商务企业境内代理人应对交易真实性和消费者（订购人）身份信息真实性进行审核，并承担相应责任；身份信息未经国家主管部门或其授权的机构认证的，订购人与支付人应当为同一人。

（十）跨境电子商务零售商品出口后，跨境电子商务企业或其代理人应当于每月 15 日前（当月 15 日是法定节假日或者法定休息日的，顺延至其后的第一个工作日），将上月结关的《申报清单》依据清单表头同一收发货人、同一运输方式、同一生产销售单位、同一运抵国、同一出境关别，以及清单表体同一最终目的国、同一 10 位海关商品编码、同一币制的规则进行归并，汇总形成《中华人民共和国海关出口货物报关单》向海关申报。

允许以"清单核放、汇总统计"方式办理报关手续的，不再汇总形成《中华人民共和国海关出口货物报关单》。

（十一）《申报清单》的修改或者撤销，参照海关《中华人民共和国海关进（出）口货物报关单》修改或者撤销有关规定办理。

除特殊情况外，《申报清单》《中华人民共和国海关进（出）口货物报关单》应当采取通关无纸化作业方式进行申报。

四、税收征管

（十二）对跨境电子商务零售进口商品，海关按照国家关于跨境电子商务零售进口税收政策征收关税和进口环节增值税、消费税，完税价格为实际交易价格，包括商品零售价格、运费和保险费。

（十三）跨境电子商务零售进口商品消费者（订购人）为纳税义务人。在海关注册登记的跨境电子商务平台企业、物流企业或申报企业作为税款的代收代缴义务人，代为履行纳税义务，并承担相应的补税义务及相关法律责任。

（十四）代收代缴义务人应当如实、准确向海关申报跨境电子商务零售进口商品的商品名称、规格型号、税则号列、实际交易价格及相关费用等税收征管要素。

跨境电子商务零售进口商品的申报币制为人民币。

（十五）为审核确定跨境电子商务零售进口商品的归类、完税价格等，海关可以要求代收代缴义务人按照有关规定进行补充申报。

（十六）海关对符合监管规定的跨境电子商务零售进口商品按时段汇总计征税款，代收代缴义务人应当依法向海关提交足额有效的税款担保。

海关放行后30日内未发生退货或修撤单的，代收代缴义务人在放行后第31日至第45日内向海关办理纳税手续。

五、场所管理

（十七）跨境电子商务零售进出口商品监管作业场所必须符合海关相关规定。跨境电子商务监管作业场所经营人、仓储企业应当建立符合海关监管要求的计算机管理系统，并按照海关要求交换电子数据。其中开展跨境电子商务直购进口或一般出口业务的监管作业场所应按照快递类或者邮递类海关监管作业场所规范设置。

（十八）跨境电子商务网购保税进口业务应当在海关特殊监管区域或保税物流中心（B型）内开展。除另有规定外，参照本公告规定监管。

六、检疫、查验和物流管理

（十九）对需在进境口岸实施的检疫及检疫处理工作，应在完成后方可运至跨境电子商务监管作业场所。

（二十）网购保税进口业务：一线入区时以报关单方式进行申报，海关可以采取视频监控、联网核查、实地巡查、库存核对等方式加强对网购保税进口商品的实货监管。

（二十一）海关实施查验时，跨境电子商务企业或其代理人、跨境电子商务监管作业场所经营人、仓储企业应当按照有关规定提供便利，配合海关查验。

（二十二）跨境电子商务零售进出口商品可采用"跨境电商"模式进行转关。其中，跨境电子商务综合试验区所在地海关可将转关商品品名以总运单形式录入"跨境电子商务商品一批"，并需随附转关商品详细电子清单。

（二十三）网购保税进口商品可在海关特殊监管区域或保税物流中心（B型）间流转，按有关规定办理流转手续。以"网购保税进口"（监管方式代码1210）海关监管方式进境的商品，不得转入适用"网购保税进口A"（监管方式代码1239）的城市继续开展跨境电子商务零售进口业务。网购保税进口商品可在同一区域（中心）内的企业间进行流转。

七、退货管理

（二十四）在跨境电子商务零售进口模式下，允许跨境电子商务企业境内代理人或其委托的报关企业申请退货，退回的商品应当符合二次销售要求并在海关放行之日起 30 日内以原状运抵原监管作业场所，相应税款不予征收，并调整个人年度交易累计金额。

在跨境电子商务零售出口模式下，退回的商品按照有关规定办理有关手续。

（二十五）对超过保质期或有效期、商品或包装损毁、不符合我国有关监管政策等不适合境内销售的跨境电子商务零售进口商品，以及海关责令退运的跨境电子商务零售进口商品，按照有关规定退运出境或销毁。

八、其他事项

（二十六）从事跨境电子商务零售进出口业务的企业应向海关实时传输真实的业务相关电子数据和电子信息，并开放物流实时跟踪等信息共享接口，加强对海关风险防控方面的信息和数据支持，配合海关进行有效管理。

跨境电子商务企业及其代理人、跨境电子商务平台企业应建立商品质量安全等风险防控机制，加强对商品质量安全以及虚假交易、二次销售等非正常交易行为的监控，并采取相应处置措施。

跨境电子商务企业不得进出口涉及危害口岸公共卫生安全、生物安全、进出口食品和商品安全、侵犯知识产权的商品以及其他禁限商品，同时应当建立健全商品溯源机制并承担质量安全主体责任。鼓励跨境电子商务平台企业建立并完善进出口商品安全自律监管体系。

消费者（订购人）对于已购买的跨境电子商务零售进口商品不得再次销售。

（二十七）海关对跨境电子商务零售进口商品实施质量安全风险监测，责令相关企业对不合格或存在质量安全问题的商品采取风险消减措施，对尚未销售的按货物实施监管，并依法追究相关经营主体责任；对监测发现的质量安全高风险商品发布风险警示并采取相应管控措施。海关对跨境电子商务零售进口商品在商品销售前按照法律法规实施必要的检疫，并视情发布风险警示。

（二十八）跨境电子商务平台企业、跨境电子商务企业或其代理人、物流企业、跨境电子商务监管作业场所经营人、仓储企业发现涉嫌违规或走私行为的,应当及时主动告知海关。

(二十九)涉嫌走私或违反海关监管规定的参与跨境电子商务业务的企业,应配合海关调查,开放交易生产数据或原始记录数据。

海关对违反本公告,参与制造或传输虚假交易、支付、物流"三单"信息、为二次销售提供便利、未尽责审核消费者(订购人)身份信息真实性等,导致出现个人身份信息或年度购买额度被盗用、进行二次销售及其他违反海关监管规定情况的企业依法进行处罚。对涉嫌走私或违规的,由海关依法处理;构成犯罪的,依法追究刑事责任。对利用其他公民身份信息非法从事跨境电子商务零售进口业务的,海关按走私违规处理,并按违法利用公民信息的有关法律规定移交相关部门处理。对不涉嫌走私违规、首次发现的,进行约谈或暂停业务责令整改;再次发现的,一定时期内不允许其从事跨境电子商务零售进口业务,并交由其他行业主管部门按规定实施查处。

(三十)在海关注册登记的跨境电子商务企业及其境内代理人、跨境电子商务平台企业、支付企业、物流企业等应当接受海关稽核查。

(三十一)本公告有关用语的含义:

"跨境电子商务企业"是指自境外向境内消费者销售跨境电子商务零售进口商品的境外注册企业(不包括在海关特殊监管区域或保税物流中心内注册的企业),或者境内向境外消费者销售跨境电子商务零售出口商品的企业,为商品的货权所有人。

"跨境电子商务企业境内代理人"是指开展跨境电子商务零售进口业务的境外注册企业所委托的境内代理企业,由其在海关办理注册登记,承担如实申报责任,依法接受相关部门监管,并承担民事责任。

"跨境电子商务平台企业"是指在境内办理工商登记,为交易双方(消费者和跨境电子商务企业)提供网页空间、虚拟经营场所、交易规则、信息发布等服务,设立供交易双方独立开展交易活动的信息网络系统的经营者。

"支付企业"是指在境内办理工商登记,接受跨境电子商务平台企业或跨境电子商务企业境内代理人委托为其提供跨境电子商务零售进口支付服务的银行、非银行支付机构以及银联等。

"物流企业"是指在境内办理工商登记,接受跨境电子商务平台企业、跨境电子商务企业或其代理人委托为其提供跨境电子商务零售进出口物流服务的企业。

"消费者（订购人）"是指跨境电子商务零售进口商品的境内购买人。

"国际贸易'单一窗口'"是指由国务院口岸工作部际联席会议统筹推进，依托电子口岸公共平台建设的一站式贸易服务平台。申报人（包括参与跨境电子商务的企业）通过"单一窗口"向海关等口岸管理相关部门一次性申报，口岸管理相关部门通过电子口岸平台共享信息数据、实施职能管理，将执法结果通过"单一窗口"反馈申报人。

"跨境电子商务通关服务平台"是指由电子口岸搭建，实现企业、海关以及相关管理部门之间数据交换与信息共享的平台。

适用"网购保税进口"（监管方式代码1210）进口政策的城市：天津、上海、重庆、大连、杭州、宁波、青岛、广州、深圳、成都、苏州、合肥、福州、郑州、平潭、北京、呼和浩特、沈阳、长春、哈尔滨、南京、南昌、武汉、长沙、南宁、海口、贵阳、昆明、西安、兰州、厦门、唐山、无锡、威海、珠海、东莞、义乌等37个城市（地区）。

（三十二）本公告自2019年1月1日起施行，施行时间以海关接受《申报清单》申报时间为准，未尽事宜按海关有关规定办理。海关总署公告2016年第26号同时废止。

境内跨境电子商务企业已签订销售合同的，其跨境电子商务零售进口业务的开展可延长至2019年3月31日。

特此公告。

12. 关于跨境电子商务零售出口税收政策的通知（财税〔2013〕96号）

各省、自治区、直辖市、计划单列市财政厅（局）、国家税务局，新疆生产建设兵团财务局：

为落实《国务院办公厅转发商务部等部门关于实施支持跨境电子商务零售出口有关政策意见的通知》（国办发〔2013〕89号）的要求，经研究，现将跨境电子商务零售出口（以下称电子商务出口）税收政策通知如下：

一、电子商务出口企业出口货物（财政部、国家税务总局明确不予出口退（免）税或免税的货物除外，下同），同时符合下列条件的，适用增值税、消费税退（免）税政策：

1. 电子商务出口企业属于增值税一般纳税人并已向主管税务机关办理出口退（免）税资格认定；

2. 出口货物取得海关出口货物报关单（出口退税专用），且与海关出口货物报关单电子信息一致；

3. 出口货物在退（免）税申报期截止之日内收汇；

4. 电子商务出口企业属于外贸企业的，购进出口货物取得相应的增值税专用发票、消费税专用缴款书（分割单）或海关进口增值税、消费税专用缴款书，且上述凭证有关内容与出口货物报关单（出口退税专用）有关内容相匹配。

二、电子商务出口企业出口货物，不符合本通知第一条规定条件，但同时符合下列条件的，适用增值税、消费税免税政策：

1. 电子商务出口企业已办理税务登记；

2. 出口货物取得海关签发的出口货物报关单；

3. 购进出口货物取得合法有效的进货凭证。

三、电子商务出口货物适用退（免）税、免税政策的，由电子商务出口企业按现行规定办理退（免）税、免税申报。

四、适用本通知退（免）税、免税政策的电子商务出口企业，是指自建跨境电子商务销售平台的电子商务出口企业和利用第三方跨境电子商务平台开展电子商务出口的企业。

五、为电子商务出口企业提供交易服务的跨境电子商务第三方平台，不适用本通知规定的退（免）税、免税政策，可按现行有关规定执行。

六、本通知自2014年1月1日起执行。

13. 关于跨境电子商务综合试验区零售出口货物税收政策的通知（财税〔2018〕103号）

各省、自治区、直辖市、计划单列市财政厅（局）、商务主管部门，国家税务总局各省、自治区、直辖市、计划单列市税务局，国家税务总局驻各地特派员办事处，海关总署广东分署、各直属海关：

为进一步促进跨境电子商务健康快速发展，培育贸易新业态新模式，现将跨境电子商务综合试验区（下称综试区）内的跨境电子商务零售出口（下称电子商务出口）货物有关税收政策通知如下：

一、对综试区电子商务出口企业出口未取得有效进货凭证的货物，同时符合下列条件的，试行增值税、消费税免税政策：

（一）电子商务出口企业在综试区注册，并在注册地跨境电子商务线上综合服务平台登记出口日期、货物名称、计量单位、数量、单价、金额。

（二）出口货物通过综试区所在地海关办理电子商务出口申报手续。

（三）出口货物不属于财政部和税务总局根据国务院决定明确取消出口退（免）税的货物。

二、各综试区建设领导小组办公室和商务主管部门应统筹推进部门之间的沟通协作和相关政策落实，加快建立电子商务出口统计监测体系，促进跨境电子商务健康快速发展。

三、海关总署定期将电子商务出口商品申报清单电子信息传输给税务总局。各综试区税务机关根据税务总局清分的出口商品申报清单电子信息加强出口货物免税管理。具体免税管理办法由省级税务部门商财政、商务部门制定。

四、本通知所称综试区，是指经国务院批准的跨境电子商务综合试验区；本通知所称电子商务出口企业，是指自建跨境电子商务销售平台或利用第三方跨境电子商务平台开展电子商务出口的单位和个体工商户。

五、本通知自 2018 年 10 月 1 日起执行，具体日期以出口商品申报清单注明的出口日期为准。

14. 关于跨境电子商务零售进口税收政策的通知（财关税〔2016〕18号）

各省、自治区、直辖市、计划单列市财政厅（局）、国家税务局，新疆生产建设兵团财务局，海关总署广东分署、各直属海关：

为营造公平竞争的市场环境，促进跨境电子商务零售进口健康发展，经国务院批准，现将跨境电子商务零售（企业对消费者，即 B2C）进口税收政策有关事项通知如下：

一、跨境电子商务零售进口商品按照货物征收关税和进口环节增值税、消费税，购买跨境电子商务零售进口商品的个人作为纳税义务人，实际交易价格（包括货物零售价格、运费和保险费）作为完税价格，电子商务企业、电子商务交易平台企业或物流企业可作为代收代缴义务人。

二、跨境电子商务零售进口税收政策适用于从其他国家或地区进口的、《跨境电子商务零售进口商品清单》范围内的以下商品：

（一）所有通过与海关联网的电子商务交易平台交易，能够实现交易、支付、物流电子信息"三单"比对的跨境电子商务零售进口商品；

（二）未通过与海关联网的电子商务交易平台交易，但快递、邮政企业能够统一提供交易、支付、物流等电子信息，并承诺承担相应法律责任进境的跨境电子商务零售进口商品。

不属于跨境电子商务零售进口的个人物品以及无法提供交易、支付、物流等电子信息的跨境电子商务零售进口商品，按现行规定执行。

三、跨境电子商务零售进口商品的单次交易限值为人民币 2000 元，个人年度交易限值为人民币 20000 元。在限值以内进口的跨境电子商务零售进口商品，关税税率暂设为 0%；进口环节增值税、消费税取消免征税额，暂按法定应纳税额的 70% 征收。超过单次限值、累加后超过个人年度限值的单次交易，以及完税价格超过 2000 元限值的单个不可分割商品，均按照一般贸易方式全额征税。

四、跨境电子商务零售进口商品自海关放行之日起 30 日内退货的，可申请退税，并相应调整个人年度交易总额。

五、跨境电子商务零售进口商品购买人（订购人）的身份信息应进行认证；未进行认证的，购买人（订购人）身份信息应与付款人一致。

六、《跨境电子商务零售进口商品清单》将由财政部商有关部门另行公布。

七、本通知自 2016 年 4 月 8 日起执行。

特此通知。

15. 关于完善跨境电子商务零售进口税收政策的通知（财关税〔2018〕49 号）

各省、自治区、直辖市、计划单列市财政厅（局），新疆生产建设兵团财政局，海关总署广东分署、各直属海关，国家税务总局各省、自治区、直辖市、计划单列市税务局，国家税务总局驻各地特派员办事处：

为促进跨境电子商务零售进口行业的健康发展，营造公平竞争的市场环境，现将完善跨境电子商务零售进口税收政策有关事项通知如下：

一、将跨境电子商务零售进口商品的单次交易限值由人民币 2000 元提高至 5000 元，年度交易限值由人民币 20000 元提高至 26000 元。

二、完税价格超过 5000 元单次交易限值但低于 26000 元年度交易限值，且订单下仅一件商品时，可以自跨境电商零售渠道进口，按照货物税率全额征收关税和进口环节增值税、消费税，交易额计入年度交易总额，但年度交易总额超过年度交易限值的，应按一般贸易管理。

三、已经购买的电商进口商品属于消费者个人使用的最终商品，不得进入国内市场再次销售；原则上不允许网购保税进口商品在海关特殊监管区域外开展"网购保税+线下自提"模式。

四、其他事项请继续按照《财政部　海关总署　税务总局关于跨境电子商务零售进口税收政策的通知》（财关税〔2016〕18号）有关规定执行。

五、为适应跨境电商发展，财政部会同有关部门对《跨境电子商务零售进口商品清单》进行了调整，将另行公布。

本通知自 2019 年 1 月 1 日起执行。

特此通知。

后　记

蓦然回首，距离全国人大常委会正式启动《电子商务法》的立法进程已逾八年之久。这八年间，我从作为一名海关关员参加海关总署《电子商务法》立法工作，转变为一名律师从事跨境电子商务合规及争议解决业务，变的是从"甲方的甲方"到为"甲方"服务的"乙方"这一角色设定，不变的是对法律工作的热爱以及能够在这个波澜壮阔的时代参与到中国跨境电商新业态的感恩。

作为一名深耕海关进出口业务的法律人，多年的专业实践和探索促使我一直在思索如何为中国跨境电商的规范化、法制化发展奉献出自己的绵薄之力。怀揣这份"抛砖引玉"的心情，感恩于各方支持，《跨境电商通关：运营与合规》于2019年7月问世，我对跨境电商的基本概念、不同的商业模式、发展历程及未来趋势进行了梳理和介绍，填补了当时市面上跨境电商法律实务书籍的空白。

这几年，跨境电商的监管和实践又几乎以奔跑的速度进入新纪元。在这种背景下，为保持自身知识体系的更新、保持对跨境电商业务新动态的跟踪与研究，并希望藉此机会记录跨境电商的发展，撰写第二本关于跨境电商的图书几乎是水到渠成的想法。

写作计划定下来后，便是两百多个伏案的日夜。前途是光明的，道路是曲折的。囿于跨境电商领域较为薄弱的立法体系和仍在不断发展的实践经验，我在本书的写作过程中也遇到了一系列难题。

首先，本书涵盖的主题较广，包括消费者权益保护、走私、知识产权、违法广告宣传、反垄断、供应链等。背后涉及的内容非常多，相关的法律法规、规章制度等规定浩如烟海且更新频繁，收集、整理资料耗时甚巨。

其次，本书涉及的知识架构跨度较大，对跨学科知识体系提出高要求。

例如，供应链金融一章横跨合同法、物权法、金融法等法律体系，还需要以跨境电商企业为切入点，写作的过程也是不断融会贯通不同领域的过程。

最后，疫情阻断了多次请教专家学者、实地调研的计划；写作过程中跨境电商业务蓬勃发展带来的高强度的业务工作进一步压缩了专著的写作时间，使得本书在写作过程中平添了几分波折。

幸运的是，在不懈努力下本书最终得以面世。本书不仅重新全面梳理和更新了跨境电商监管方式的介绍和解读，而且就目前跨境电商结合非常紧密的消费者权益保护、反不正当竞争、反垄断等问题进行了探讨和分析；对于跨境电商中的热门品类，如医药、母婴产品等所涉及的合规问题进行了专项论述，弥补了前著中碍于篇幅不够而有所删减的遗憾。

本书最大的特点是在法规和政策梳理的基础上，用以案说法的方式进一步充实对每一部分观点的论述，这是在我前一本书《跨境电商通关：运营与合规》之外一个非常重要的尝试。近几年的法律服务实践告诉我们，案件是对正面监管尺度最重要的反映，也是检验跨境电商从业者合规与否的金标准，所以案例分析和研究的价值不低于理论上探讨和梳理的价值。希望本书不仅能帮助读者理解监管的法律和政策的相关内容，还可以帮助读者理解在具体的执法和司法案件中相关法律和政策的落地应用。考虑到相关领域有不少案例仍在审理过程当中，因此在写作过程中，我对案例、观点进行了精挑细选、大浪淘沙，力求留给读者最精华的沉淀部分。

本书中对跨境电商新发展的跟踪、研究和思考，希望能给政府相关主管部门、跨境电商参与主体、法律实务同侪、学界以及消费者，都带来裨益，这也是我写作的初衷。书的价值和意义最终在于读者，取法其上，得乎其中，对于本书的读者，如果身处监管部门，希望这些思考能为监管的执法司法和制度顶层设计提供一些角度和思路；如果同在法律服务行业，希望能抛砖引玉，引起更多的切磋和讨论；对于在跨境电商行业从业的读者，希望本书能给各位带来合规上的指引，助力企业的长久发展。

如果把我国跨境电商经济比作高楼大厦，希望这本书能为这座大厦添砖加瓦。而组成本书的每一次句读、每一个概念与词语、每一段逻辑与分析，都离不开客户、同事、家人的鼎力支持。

感谢我服务过的每一位客户，你们在跨境电商面临的挑战正是我思索的方向，你们的迫切需求也是我耕耘的动力。在服务过程中遇到的挑战、思考和收获，是本书写作的基石。

感谢金杜律师事务所的同侪，为我在写作时提供了有益帮助。本书在写作过程中涉及许多新兴领域，以我一人之力无法在每个领域做到"高精尖"。金杜律师事务所其他不同领域合伙人的无私帮助和支持使本书在写作中能集各家之所长，为读者呈现尽可能完备的内容。

感谢邓惠、刘艺涵、王溢美、马聪、佘雨泽、李思然、徐菲、杨海超、张诏强等年轻律师和实习骨干对本书资料收集、法条更新、文字校对、排版等方面的付出，特别是徐菲，为了尽早完成书稿的前期资料收集、整理准备工作，甚至在春节假期期间放弃与家人团聚的机会，为后面项目组成员开展正式写作工作提供了有力支撑；杨海超承担了大量的工作，在此过程中表现出来的严谨的治学态度和深厚的笔头功底，尤其令我感慨。

最后，感谢我的家人们。谢谢你们一如既往对我工作的理解、尊重和支持。很幸运我们能拥有彼此。

跨境电商这座高楼，外部框架仍在不断发展、完善，内部主体仍需要不断充实、加固，这需要一代又一代法律人不断添砖加瓦。本书虽然对其中的一些重要问题进行了探讨和研究，但和跨境电商涉及的所有要点相比，无疑只是沧海一粟。而且个人才疏学浅，在论述中难免会挂一漏万，无法把相关问题都论述清楚。跨境电商相关的许多问题，仍需要持续的关注和研究。我还需要在与同行和学界的学习交流中增长见识，在实务中锻炼能力。

遥想二十三年前，我因缘际会地考入广州海关时，并未意料到我未来会与跨境电商紧密相连，也不曾想象跨境电商行业在新冠肺炎疫情这艰难时代能突出重围。很多岁月如果我们没有经历过，后来听起来都像是非之争。但是如果真的经历一遍，那不就是历史本身么？

冯晓鹏

二〇二二年一月二十四日

律师团队简介

感谢笔者所在律师团队对本书内容编辑、文字校对等方面所作出的贡献。

邓惠

金杜律师事务所
合规业务部　资深律师

邓惠律师现为金杜律师事务所合规业务部资深律师，主要执业领域为海关贸易合规、跨境电商合规及争议解决。

邓律师毕业于中山大学，获得法学学士学位、民商法学硕士学位。

王溢美

金杜律师事务所
合规业务部　律师

王溢美律师现为金杜律师事务所合规业务部律师，主要执业领域为海关贸易合规和跨境电商合规。

王律师毕业于中山大学，获得法学学士学位；后就读于 Georgetown University Law Center，获得 International Business and Economic Law 方向 LL.M. 学位。

马聪

金杜律师事务所
合规业务部　律师助理

马聪律师现为金杜律师事务所合规业务部律师助理，主要执业领域为海关贸易合规、跨境电商合规及争议解决。

马律师毕业于吉林大学，获得法学学士学位、理学学士学位；后就读于 Boston University School of Law，获得 International Business 方向 LL.M. 学位，并通过了美国纽约州律师资格考试。

李思然

金杜律师事务所
合规业务部　律师助理

　　李思然律师现为金杜律师事务所合规业务部律师助理，主要执业领域为海关贸易合规和跨境电商合规。

　　李律师毕业于中山大学，获得法学学士学位；后就读于 University of California, Berkeley，获得 traditional track 方向 LL.M. 学位，并通过了美国纽约州律师资格考试。

张弨强

　　张弨强现为金杜律师事务所合规业务部实习生，吉林大学法学院法律硕士（在读），研究方向为国际经济法。

佘雨泽

　　佘雨泽本科毕业于山东大学，获得法学学士学位；研究生毕业于外交学院，获得国际法硕士学位。2021 年曾在金杜律师事务所担任合规业务部律师助理。

徐菲

　　徐菲本科毕业于华南理工大学法学院，获得法学学士学位。现为华南理工大学法学院硕士研究生，专业为国际法学。2021 年曾在金杜律师事务所实习。

杨海超

　　杨海超本科毕业于中山大学法学院，获得法学学士学位。现为中山大学法学院硕士研究生，专业为国际法学。2021 年曾在金杜律师事务所实习。